ALEXANDRE

DU MÊME AUTEUR :

Fonctions des cavernes crétoises, Bibliothèque des Écoles françaises de Rome et d'Athènes, Diffusion E. de Boccard, Paris, 1964.

La Vie quotidienne en Crète au temps de Minos (1500 av. J.-C.), Hachette Littérature, 3e édition, 1980 (ouvrage couronné par l'Académie française).

La Vie quotidienne en Grèce au temps de la guerre de Troie (1250 av. J.-C.), Hachette Littérature, 2e édition, 1979.

La Vie quotidienne des colons grecs, de la mer Noire à l'Atlantique, au siècle de Pythagore (VIe siècle av. J.-C.), Hachette Littérature, 1978.

Guide grec antique (en collaboration avec M.-J. Gaignerot), Hachette Classiques, 1980 (3e tirage, 1982). Sigle G.G.A.

Ulysse le Crétois, Arthème Fayard, 1980 (ouvrage couronné par l'Académie française).

La Renaissance, P.U.F., 7e édition, 1982.

Henri Schliemann, *Une vie d'archéologue*, textes présentés et commentés par Paul Faure, Ed. J. C. Godefroy, Paris, 1982.

La Vie quotidienne des armées d'Alexandre, Hachette, 1982.

Paul Faure

ALEXANDRE

Fayard

Conventions de présentation

Pour ne pas dérouter la plupart de nos lecteurs, peu à l'aise avec les écritures du Proche et du Moyen-Orient, il n'est recouru, ci-après, qu'à des translittérations en caractères latins. Convenons que pour les mots turcs, iraniens, afghans, uzbeks et indiens, *u* transcrit le son *ou*, *kh* transcrit une occlusive sourde aspirée.

Les mots entrés dans l'usage courant sont gardés dans leur forme la plus commune. Exemples : Philippe, Alexandre, Arbèles, Aristote, Callisthène, Clitarque, Darius (prononcé encore aujourd'hui, en Iran, Darioush), Gaugamèles (et non Gavgomela), Xerxès (et non Khshayarshâ), un satrape (et non la forme perse *kshatrapavân*, « protecteur du pays »). Inversement, nous appelons « Alexandros » le conspirateur arrêté en 334, « Kratéros » l'Ami du roi, « Paurava » le roi indien vaincu en 326 (et non Porus, ni Poros), etc. Les habitants de l'Inde sont les Indiens. Les hindous sont les adeptes de l'hindouisme ou brahmanisme.

Quand les noms propres ou communs du grec sont translittérés, le è transcrit un êta (*e* long), le é un epsilon (*e* bref). On voudra bien admettre et prononcer en conséquence Athèna, Dèmètrios, *hègèmôn* (conducteur ou chef suprême), Hèphaïstion, Hèraklès, hétaïroï, Kleïtos, Lètô.

Nous écrivons Amis, Cadets, Compagnons avec une capitale, quand ces mots traduisent des titres honorifiques. Attention : un phalangite est un soldat de la redoutable phalange macédonienne... et non un phalangiste, ou partisan du général espagnol Franco.

Les références aux textes antiques et modernes sont données entre parenthèses, ainsi que les équivalences topographiques. Les appels de notes renvoient à la fin de l'ouvrage, où figure une courte *Bibliographie*.

On trouvera avant la table des matières la liste de toutes celles et tous ceux qu'il me reste à remercier.

INTRODUCTION

Mystérieux Alexandre

Rien de plus obscur que le concept de clarté.

Cette lumière dont rayonnent les images et la personnalité d'Alexandre, cette auréole de gloire qui nimbe les moindres actions de son aventure sur terre, d'où proviennent-elles, de qui, de quoi dépendent-elles ?

De Dieu, comme il l'a cru lui-même et comme ont pu le croire quelques-uns de ses contemporains, chantant avec Pindare, le poète respecté d'Alexandre jusqu'au milieu des ruines de Thèbes : « L'homme n'est que le songe d'une ombre. Mais que le Ciel jette seulement ses rayons : voilà des héros éblouissants de clarté, une éternité à saveur de miel ! » (*Pythiques,* VIII, 96) ? Affirmation métaphysique, indémontrable. L'historien la refuse, car il reste sans prise sur elle. Et serait-il disciple d'Aristote, maître d'Alexandre, ou providentialiste comme Bossuet, qu'il serait bien contraint d'avouer que la recherche des causes premières lui échappe, tout comme celle des causes finales. L'homme prédestiné ne brille que d'une lumière noire.

Est-ce à lui seul qu'il faut demander compte de son rayonnement ? Mais à quoi, au juste, en lui ? A son caractère, à sa conduite, à ses actes ou à ses intentions ? C'est à peine si nous connaissons les étapes essentielles de sa carrière, des treize années

qui l'ont porté de Pella, capitale de la Macédoine, à
Babylone, où il est mort. Alors que dire ou que deviner de sa volonté personnelle en cette fulgurante
aventure ?

Nul homme ne se fait seul, ne s'impose seul. Et
celui-là s'est si peu imposé en Grèce, de son vivant,
qu'on ne connaît pas d'être qui fût alors plus
contesté, plus raillé, plus détesté même : les trois
cités grecques les plus puissantes, Thèbes, Athènes et
Sparte, lui ont dénié toute gloire, tout mérite, toute
grandeur véritables. On connaît le mot de Diogène :
« Retire-toi de mon soleil », les moqueries des
auteurs comiques qui le traitaient d'ivrogne, les
dédains de Démosthène : « Ce petit jeune homme...
il veut des autels, eh bien, qu'on les lui élève ! Cela a
si peu d'importance ! » Les Spartiates n'ont pas
attendu sa mort, comme le parti démocratique à
Athènes, pour refuser de l'idolâtrer, pour se regimber
et pour entraîner leurs voisins dans la révolte. Quant
aux complots contre sa personne en Macédoine
comme en Asie, ils montrent assez l'hostilité même
de ses proches.

Si ce n'est à ses seuls mérites personnels qu'il a dû
sa gloire, ferons-nous valoir sa réussite, ses succès
qui, comme chacun sait, s'appellent et justifient
tout ? Laissant de côté l'opinion de ceux qui les nient
absolument, sous prétexte que l'Empire conquis
s'effondra sous ses pas, qu'au souffle du désert
« s'évanouit ce bruit qui fut la Grande Armée »,
allons-nous, comme les Anciens, chercher la raison
de tant de victoires éclatantes dans l'irrationnel, dans
l'inanalysable, dans l'inexpliqué et l'inexplicable,
dans ce qu'on nomme un heureux concours de circonstances ? Ni dans le Destin, soumission des dieux
aux lois qu'ils ont posées, ni dans le hasard, aveu de
l'ignorance humaine, mais dans la Bonne Fortune,
Agathèi Tykhèi? Sujet mille fois débattu dans les
classes de rhétorique de l'Antiquité, jusqu'à la publi-

cation vers l'an 95 du traité de Plutarque *De la chance ou du mérite d'Alexandre*. C'est nous ramener par le biais du langage à l'explication théologique, la Fortune étant regardée par les Grecs de l'époque hellénistique comme la principale de leurs divinités. Nous préférons penser comme un autre conquérant, Frédéric II, que le Ciel est d'ordinaire du côté des gros bataillons. Mais qui des deux peut se flatter d'avoir raison, le mystique ou le matérialiste ? Et avec ce « d'ordinaire » nous voilà en pleine relativité.

La gloire d'Alexandre en elle-même pourrait bien n'être rien. Cette grande clarté qu'il a répandue ressemble à la lueur d'un brasier, simple épiphénomène. Le brasier, en l'occurrence, fut alimenté, dit-on, par Philippe II de Macédoine, père du jeune roi, par ses généraux, ses ingénieurs, ses financiers, ses publicistes ou thuriféraires, ses épouses, par les soldats revenus vivants de la grande expédition. Loin de nous l'intention de refuser à Alexandre tout courage, tout talent, toute capacité politique et militaire. Le mérite est une chose, la célébrité une autre. Généralement, les créateurs, les héros et les saints vivent et meurent inconnus. Un fait me paraît certain parmi tant d'autres obscurs : Alexandre a été beaucoup moins encensé de son vivant qu'après sa mort. Sa gloire ne serait due ni à l'ampleur de ses conquêtes, ni à son génie, ni à je ne sais quelle grâce mystérieuse, mais à tous ceux qui ont entretenu son culte autour de sa momie. En tout cas, aux écrivains qui ont retourné l'opinion en sa faveur. Ceux que l'Antiquité nommait des hérauts, des prophètes, des messagers, des panégyristes, et qui tenaient la place de nos journalistes et de nos médias, ont précédé les faiseurs de communiqués officiels et de lettres royales, les historiens ou les chroniqueurs, les sophistes qui n'étaient, somme toute, que des professeurs. Nous savons bien, depuis un siècle, de quel poids pèsent

les fausses nouvelles, la contre-information, la
calomnie, les insinuations répétées et colportées,
mais aussi la réclame, la publicité idéalisante et
comme il est dangereux, sinon impossible, même en
matière scientifique, de toucher à une idée reçue. *A
fortiori* en des siècles où toute information passait
d'abord de bouche à oreille. La célébrité d'Alexandre n'a débuté que par un bruit confus couvrant un
autre bruit.

L'histoire ne les a enregistrés que tardivement, les
grossissant, les déformant au gré des intérêts et des
haines, des désirs et des rêves, sans que jamais la critique ait cessé de se faire entendre. Vingt-trois siècles
après sa mort, j'ai entendu contester à Téhéran la
gloire d'Alexandre, que l'on me surnommait le Petit.
Les Perses ont certainement préféré l'empire gigantesque de Darius Ier aux royaumes émiettés du
conquérant. Ils n'ont pas cependant empêché que
l'on célébrât partout, jusqu'à nos jours, de la Géorgie
au Turkestan chinois et de la mer Noire au confluent
des deux Nils, Iskander dhû-l Qarnaïn, Alexandre à
la double corne, le personnage surhumain ou inhu-
main. De siècle en siècle, l'auréole de gloire s'est
élargie dans un double cercle de ténèbres ; en deçà,
le dénigrement ; au-delà, la légende. Aux diatribes
des adversaires et des Cyniques ont succédé les
éloges des admirateurs, les fantaisies des adorateurs,
les *Romans d'Alexandre*, les poèmes en vers « alexandrins ». En s'attachant à la couronne, on a fini par
oublier celui qui l'a portée. Nous nous laissons
entraîner par le jugement de la postérité, par les traditions, par les préjugés. Si c'est à eux que tient la
gloire, autant ne point faire d'elle le principe de
notre recherche. Ou plutôt écrire une histoire du
devenir d'Alexandre, partant de ce qu'il fut à ce qu'il
est, provisoirement.

Tel est le but de cet ouvrage. Non un visage de
souverain, mais les multiples masques que la posté-

rité lui a imposés et superposés. Sa grandeur ou sa gloire ne sont que des questions de point de vue. Si nous nous en tenons à notre éducation, notre vue est faussée par notre position d'Européens, héritiers de la culture grecque, par la partialité et le caractère tardif de nos sources et spécialement par les romans que le Moyen Age a vus foisonner, par notre ignorance des textes orientaux ou simplement parce qu'on n'a pas laissé les Orientaux s'exprimer. Ils ont subi le sort de tous les vaincus.

Nos méthodes mêmes d'investigation du passé, essentiellement livresques, ignorent en général les trouvailles de l'archéologie et de l'ethnographie, quand il y en a, et encore plus ce qui se dit, les « légendes », si riches dans les pays de transmission orale. Songez qu'aucune des quarante-deux Alexandrie que la tradition attribue au grand fondateur, à « Iskander », n'a été systématiquement fouillée et que les plus connues, parmi les sept qui soient authentiques, gisent on ne sait où, sous les fondations de villes nouvelles ou dans le limon des fleuves. C'est à peine si une dizaine de courtes inscriptions peuvent être rapportées à l'époque de la conquête. Notre premier effort devra tenter de dégager le peu de vérité contenu dans des témoignages aussi partiels que partiaux, aussi fabuleux qu'incertains, aussi rares que contradictoires.

Il est encore une autre illusion, c'est de s'imaginer qu'on pourra expliquer la lumière par les ténèbres, le rayonnement de l'esprit par l'inertie ou la stupidité de la matière, pratiquement l'intelligence des Grecs par la lourde sottise de leurs adversaires. Je conseillerais volontiers aux partisans d'un tel dualisme, pour ne pas dire d'un tel manichéisme, hérité de la scholastique, d'aller visiter les musées du Caire, de Bagdad, de Téhéran, de Kaboul ou de Lahore et ils apprendront vite que l'originalité n'est pas dans l'opposition, ni dans la synthèse des contraires, mais dans la capacité à inventer. Le recours à ces sources diverses donne sans doute à qui ne l'a pas le sens de la relativité. Il lui apprend aussi que les productions de l'art et de l'esprit sont surchargées de symboles, que toute chose est, aux yeux des Orientaux et des Africains sujets d'Alexandre, ce qu'elle est et autre chose encore. Toute victoire reste, d'une certaine façon, une défaite et toute défaite est lourde de fruits. Le vainqueur finit par s'avouer vaincu. Et que cela nous mette en garde contre les tentations d'un structuralisme qui prétendrait revenir aux classifications ou au système d'oppositions des Anciens. Alexandre ne s'insère pas dans une foule d'entités ou d'individus plus ou moins ténébreux : il s'en détache.

C'est pourquoi et pour échapper à la fois à la pauvreté de nos informations et à l'excès de nos préjugés, j'ai usé d'autres approches. Certes, j'ai lu, la plume à la main, les auteurs antiques grecs et latins, les inscriptions et les écrits perses, sassanides et iraniens, le Coran, les histoires modernes qui, en une douzaine de langues, célébraient les hauts faits ou stigmatisaient les méfaits du conquérant. On me dispensera de recommencer, pour le lecteur que l'érudition agace, une analyse critique tentée cent fois depuis Sainte-Croix (1804). Qu'il lui suffise de savoir que, pratiquement, toute notre information écrite, pour l'Occident, repose sur les ouvrages d'auteurs grecs d'Alexandrie, en Égypte : que ce soit la *Vulgate* qui dépend de l'histoire (en fragments) des campagnes d'Alexandre (en 13 livres ?) de Clitarque d'Alexandrie [1] (entre 320 et 300 av. J.-C.), ou que ce soit l'*Anabase* d'Arrien, d'après les Mémoires perdus d'Aristoboulos et de Ptolémée Ier, roi d'Égypte (entre 305 et 283 av. J.-C.), ou enfin qu'il s'agisse du *Roman d'Alexandre,* faussement attribué à Callisthène, mais, en réalité, œuvre d'un rhéteur d'Alexandrie contemporain de l'empereur Alexandre Sévère (222-235 ap.

J.-C.), l'Égypte où était exposée la momie du conquérant inspira pendant plus de six siècles toutes les
reconstitutions historiques ou non.

Certes, toute histoire, quelle qu'elle soit, est une
reconstitution. Encore exige-t-on, de nos jours, des
témoignages nombreux, divers et même opposés. *Testis unus, testis nullus.* Depuis une centaine d'années,
les historiens de profession préfèrent l'*Anabase*
d'Arrien[2] aux anecdotes ou aux historiettes édifiantes de Clitarque, parce que, formés à la vieille
école, ils considèrent l'histoire comme une suite
d'événements diplomatiques et militaires. La jeune
école et le grand public s'intéressent plus aux masses
qu'aux individus et, en chaque individu, aux traits de
caractère et de mœurs plus qu'aux actes et à leur
chronologie. Pour Alexandre, ils s'adressent à Plutarque, à Quinte-Curce et à Justin, c'est-à-dire aux
récits des soldats plus qu'au roi Ptolémée et à ses
officiers.

Malgré l'ostracisme ou les réserves de l'Université
(« ce n'est pas critique, ce n'est pas scientifique »),
pour comprendre quelque chose à l'extraordinaire
aventure humaine que constitua l'expédition
d'Alexandre, j'ai cru bon d'employer les méthodes
de l'ethnographie, d'aller sur le terrain, de refaire, en
partie à pied, la longue marche de l'armée depuis les
berges du Danube jusqu'à celles de l'ultime fleuve
du Pendjab, d'interroger les habitants des pays traversés sur leurs mœurs et leur vie quotidienne, de
comparer sans cesse les lieux, les climats, les
hommes. Mais si comparaison n'est pas raison, il
faut tenir compte, en toute reconstitution, de la permanence des conditions géographiques et des usages
économiques et sociaux qui leur sont liés. Un
homme de la plaine verdoyante n'agit et ne réagit
pas comme un homme du désert, pas plus que le
montagnard n'est un homme du marais. L'antique
conflit d'Abel, pasteur nomade, et de Caïn, jardinier

sédentaire, se poursuit encore sous nos yeux. Et
qu'advient-il quand une foule en marche entreprend
de se sédentariser ?

L'histoire d'Alexandre et de la troupe dont il était
solidaire est faite de l'action et de la réaction de
montagnards balkaniques affrontés à des climats
inouïs et à des hommes incompréhensibles. Nous
avons tort de nous indigner de tant de massacres —
d'ailleurs grossis et arrondis par la légende — perpé-
trés par le conquérant : faisons plutôt un tour au
Moyen-Orient pour saisir ce que la majorité des
hommes y pensent de la vie humaine et de son peu
de prix, de l'au-delà, de la vérité, de la foi... Et comment un homme qui ne se nourrit que de laitages et
de chair penserait-il et sentirait-il comme un végéta-
rien, un ichtyophage ou un être affamé ? Ce qu'ont
dû souffrir les soldats dans les déserts du Béloutchistan ! Qu'est-ce qui nous permet de comprendre
l'ultime ivresse d'Alexandre, sinon un rite aussi
vieux que le monde indo-européen, celui des beuveries rituelles ?

La biographie est un genre littéraire qui n'a guère
ou rien à voir avec l'histoire économique et sociale,
l'histoire des techniques, l'historiographie, simple
réflexion sur l'histoire. Nous ne nions pas que la
volonté et l'exemple des meneurs d'hommes ont toujours pesé sur l'organisation des sociétés, ont stimulé
les inventeurs, ont ébloui et aveuglé l'esprit critique
des narrateurs. Les uns, en Occident surtout, surnom-
ment Alexandre « le Grand ». J'en ai entendu
d'autres, en Orient, faire comme Lucien de Samosate, l'appeler « le Petit », ou plus simplement « le
Macédonien ». Le biographe n'a pas à se demander
en quoi consistent la grandeur et la petitesse, notions
toutes relatives, ni si son héros n'est qu'un produit
comme un autre de l'économie et de l'industrie. Il ne
s'agit ni de décerner ni d'ôter des couronnes, mais
comme Diogène, contemporain d'Alexandre, de

chercher un homme, et qui ne nous masque pas le soleil, bref un caractère.

Pour l'atteindre, une fois ses actes présentés aussi objectivement que possible, j'userai de quatre ou cinq ressources souvent dédaignées : le jugement des contemporains, les conséquences des décisions prises, la conduite après la victoire, l'iconographie (arts plastiques et numismatique), le témoignage de l'architecture et de l'urbanisme. La création de villes telles que les sept ou huit Alexandrie fondées de 331 à 323 et l'érection de catafalques tels que celui d'Hèphaïstion, en 324, témoignent aussi bien d'un goût que d'une certaine volonté, bien supérieure aux réalisations techniques des maîtres d'œuvre. D'une statue à l'autre, et presque d'un monnayage à un autre, le visage du conquérant parle et laisse apparaître d'autres aspects de sa personnalité. L'homme en grandissant change de caractère. Inutile, pour finir, de porter un jugement moral. Il y a tout au plus à marquer une évolution. Comment un être qui n'a, dit-on, jamais subi de revers, un jeune homme qui a fini par se faire appeler « dieu invincible », *théos ani-kètos,* a-t-il affronté la mort ? Peut-être les médecins auraient-ils aussi leur mot à dire. On admet en général qu'aux dispositions naturelles, héritées de tels ou tels parents, l'éducation, la vie en société, les chocs, l'amour, l'ambition ajoutent leurs effets divers. Qui donc nous aidera à les discerner, sinon le psychologue ? Il m'est impossible de croire que la personne d'Alexandre n'ait été qu'une suite de personnages, au sens du mot latin, *persona,* le masque.

Mais à peine mort et embaumé, le voilà revêtu, dans l'imagination de la postérité, de plus de masques que jamais. Chaque nation, chaque narrateur même se sont crus obligés d'interpréter les ombres courant sur ce visage impassible, et que l'on venait contempler dans son cercueil de cristal, au fond du petit mausolée d'Alexandrie, jusqu'à la fin du paga-

nisme. Pour les Ptolémées et leurs courtisans, c'est le
dieu vivant, fils et lointain descendant de dieux. Sa
présence est garante de légitimité et de l'autorité de
la nouvelle dynastie, la trentième à dominer l'Égypte.
De là, la double, la trouble tradition que nous envisa-
gions tout à l'heure.

Pour Arrien de Nicomédie, qui vers 140 de notre
ère écrivait son *Anabase* ou *Montée d'Alexandre* vers
la Haute Asie, « Ptolémée et Aristoboulos méritent le
plus de crédit, Aristoboulos pour avoir fait campagne avec Alexandre, et Ptolémée non seulement
pour l'avoir accompagné, mais parce qu'un roi tel
que lui aurait eu plus de honte que quiconque à mentir. Et comme ils écrivaient après la mort d'Alexandre aucune obligation ni le moindre besoin d'argent
ne les poussaient à déformer la réalité » (I, 1, 2). La
belle définition de l'objectivité ou le beau sophisme,
en ce milieu du second siècle qui voit renaître la rhétorique grecque ! « Le roi de droit divin l'a dit et
même écrit : donc, c'est la vérité. »

Mais pour la foule, pour l'homme de la rue, pour
le voyageur, aux yeux de qui Alexandre est un dieu
mort, ou un demi-dieu qui a subjugué le monde en
douze ans, tout devient possible, au-delà même du
réel, du sensible, du palpable. Quelques rares soldats, soustraits aux flèches des Parthes et des
Scythes, aux horreurs des déserts et des mers, racontent leurs exploits amoureux auprès des femmes de
Babylone ou de Persépolis. Il n'en faut pas plus à
Clitarque pour mettre dans le lit d'Alexandre toutes
les reines de l'Asie, y compris celles des Amazones...
qui n'ont jamais existé. Bientôt, ce qui n'était qu'un
projet ou un rêve, la soumission de l'Arabie, la
conquête de l'Occident, la royauté universelle, la
connaissance de toute sagesse, vont lui être attribuées et d'autant plus vite que se multiplient les faux
de toute sorte, au temps où les Diadoques, ses héritiers, se déchirent ; mémoires tendancieux, livres

blancs, fausses lettres, ambassades fictives comme
celle des Romains à Babylone, récits de voyages ima-
ginaires, tels que la venue d'Alexandre en pèlerinage
à Jérusalem. Tous les grands conquérants qui, de
Pyrrhus à Marc Antoine, sans garder la tête froide,
aspirent à l'empire universel, contribuent à modeler
le nouveau visage d'Alexandre. Le *Roman,* exactement le *Livre des hauts faits et de la vie d'Alexandre,*
abusivement attribué à Callisthène, s'écrit dans les
esprits et dans les cœurs dès le début de l'époque hellénistique [3].

Et pourtant l'image qu'il nous donne du Roi des
rois n'est guère plus invraisemblable que celle que
l'on doit aux pinceaux de Ptolémée et d'Aristoboulos. Le critère de la vérité n'est pas la vraisemblance.
Je ne vois pas pourquoi nous tiendrions pour vraie la
seule et trouble peinture de ces guerriers et pour faux
les portraits si colorés et si vivants des générations
postérieures. Chaque époque a droit à sa conception
propre de l'histoire. Chaque pays peut-être aussi.
L'œuvre de Clitarque avait beau être enseignée dans
toutes les écoles d'Italie jusqu'au moins à la fin du
Ier siècle de notre ère, les Romains, jaloux de leur
grandeur, noircissaient à plaisir le visage du Macédonien, soulignaient ses crimes, doutaient de ses
mérites militaires, refusaient toute efficacité à l'organisation de la phalange macédonienne. Ou bien ils
relevaient à plaisir tous les faits fabuleux rapportés
par les explorateurs de l'Asie compagnons ou successeurs d'Alexandre, Onésicrite, Daïmakhos, Mégasthène. Ils ne se rendaient pas compte que ces derniers traduisaient des textes perses et hindous, où ils
cherchaient la preuve que la réalité dépasse toujours
la fiction : ainsi, sur les Pygmées, sur les Cyclopes,
sur les pouvoirs des fakirs, sur les fourmis fouilleuses
des mines d'or, sur les civilisations primitives.
L'esprit positif des Occidentaux rejetait aussi bien
l'adulation envers le maître que le goût des lecteurs

pour le merveilleux. Même l'honnête Quinte-Curce[4]
(le consul de l'an 43 ?) se croit obligé de déclarer :
« J'écris plus de choses que je n'en crois » (*Histoire,*
IX, 1), un siècle avant que Lucien ne consacre deux
traités à se moquer de tant de racontars[5].

Je ne prétends pas qu'ils soient vrais. Mais ils relèvent d'un état d'esprit, d'une représentation de
l'homme qui méritent également de prendre place
dans l'historiographie d'Alexandre. D'autant plus
que, malgré nous, nous l'admirons encore, en cette
fin du XXe siècle, beaucoup plus comme le voulaient
les auteurs du *Roman d'Alexandre,* de Julius Valerius
à Lambert de Châteaudun, auteur de tant de vers
alexandrins. Nous le voyons autrement que ses propres contemporains. Nous l'appelons toujours le
Grand, et malheur à qui ose dire, comme quelques
critiques modernes, qu'il n'était qu'un homme
comme les autres, avec ses faiblesses et ses zones
d'ombre ! Il suffit de songer à tous les interdits jetés
sur ce qui est devenu sacré. La postérité l'a héroïsé et
même divinisé. Elle a fait de lui un personnage
d'épopée — six Alexandriades antiques, au moins
—, de romans, au pluriel, un être d'apothéose, dont
les aventures sont peintes dans les miniatures du
Moyen Age chrétien, musulman et même mongol, ou
sculptées dans la pierre des cathédrales.

Ce serait trahir l'histoire que de ne pas citer des
témoins comme le Pseudo-Callisthène pour qui
Alexandre incarne le prince sage et vertueux. Cinquante générations humaines, à sa suite, ont tellement vu en ce jeune homme un modèle de courage et
de piété qu'il est devenu quasi impossible de soutenir
le contraire, surtout en un temps où les bandes dessi-
nées magnifient le héros. Après tout, le biographe
comme le romancier s'identifie avec son personnage
et nous révèle toujours une face, une facette de
l'Homme. Comme le disent les textes sacrés de
l'Inde, parfois le sage et le héros sont des avatars,

c'est-à-dire des descentes de la divinité en l'être humain. L'une d'elles est l'image colorée que l'on garde de lui sur nos jeux de cartes : le preux, le roi paladin qui porte le nom d'Alexandre.

S'il est exclu qu'on sache clairement et totalement un jour qui fut Alexandre III de Macédoine et ce qu'il a accompli de sa naissance, le 6 (?) octobre 356, à sa mort, le 10 juin 323 av. J.-C., du moins en comparant le peu que l'on connaît de son activité à ce que sa postérité en a retenu et célébré pourrons-nous entrevoir ce que l'humanité appelle un grand homme. Même si les critiques des temps modernes depuis Sainte-Croix essaient de dépouiller Alexandre de tous les prestiges dont la tradition l'a entouré, de dissiper les encens et les miasmes, ses biographes, ne serait-ce que par sympathie, continuent à parler de génie, d'être d'exception, de destin hors de pair, quitte à lui attribuer les qualités idéales du héros de leur temps. Il devient romantique avec Droysen, un surhomme avec Nietzsche, il raisonne avec Kraft, il préfigure l'esprit de la S.D.N. avec Tarn, etc. Je soutiens que ces images sont aussi vraies que celles que l'Antiquité, le Moyen Age et la cour de Louis XIV ont pu nous laisser du conquérant « traînant tous les cœurs après soi ». Ou encore que celles que plusieurs peintres pourraient donner simultanément du même paysage. Condamnés à n'être sensibles qu'au paraître et ne vivre que dans le devenir, nous savons bien que l'art qui éternise n'est que l'expression individuelle d'une foi collective. Bienheureux le présent album, s'il pouvait passer pour une série d'images d'art et non pas de clichés !

Ces considérations sur nos sources, sur nos méthodes et sur notre conception de l'histoire multiforme ou stéréoscopique s'opposent à l'une des tendances les plus marquées de l'historiographie moderne et qui consiste à évacuer les personnalités pour leur substituer, comme au temps de Taine, la

race, le milieu, le moment. Bref, on fait longuement
et largement l'histoire de la civilisation ou des mœurs
en oubliant les pasteurs de peuples, les inventeurs,
les responsables, les caractères. Il n'est pas de biographie d'Alexandre qui ne commence par un interminable état de la Macédoine avant 336, ou par une
biographie de tous ses prédécesseurs connus et
inconnus. Ou bien encore on le transforme en un épi-
gone, à la remorque de Philippe II de Macédoine et
de ses inspirateurs : ministres, ingénieurs, banquiers,
commerçants. On cherche à expliquer ou à justifier
son comportement par la pression de son entourage,
par l'hérédité maternelle, par la confiance mal placée
en des hommes incapables ou capables de tout, par
tout ce qu'on ignore aussi. C'est ainsi que le souverain semble maître des événements jusqu'à la bataille
de Gaugamèles (1er octobre 331), puis aspiré,
absorbé par sa conquête ou par le vide. Or l'Histoire,
comme la Nature, a horreur du vide.

Alexandre a empli toute la seconde moitié de son
siècle, toute l'époque hellénistique. Rome avec ses
proconsuls et ses empereurs n'a fait que suivre son
exemple. Les yeux fascinés par ce modèle, ils ont
marché à leur tour à la conquête, à la domination du
monde habité, jusqu'au moment où leurs héritiers
germains et latins franchirent le Fleuve Océan.
Alexandre n'est pas mort tout à fait, puisqu'il n'a
jamais cessé d'inspirer les chefs d'État occidentaux,
y compris les trois Alexandre de Russie, puisqu'il n'a
jamais cessé d'être aimé des poètes et des conteurs
populaires. Pour vivre ou survivre, les disparus ont
besoin qu'on les aime. Sinon,

> « Le corps se perd dans l'eau, le nom dans la
> mémoire. »

Il n'est pas de résurrection du passé sans amour,
intérêt, sympathie, sans foi aussi dans le dépassement humain.

C'est pourquoi on lira dans les pages suivantes peut-être moins la vie que la survie d'Alexandre. L'homme est allé au-delà de lui-même non seulement en son temps, mais hors de son temps. Il s'est demandé anxieusement s'il était dieu et quand il a su de manière indubitable que sa renommée, avec ses images, devait passer d'âge en âge à l'immortalité, il s'est abandonné à son propre au-delà. Rien de plus révélateur que ses derniers jours, quelle que soit la forme prise par sa mort terrestre : consomption, suicide ou empoisonnement. Il avait transformé son destin en destinée. Au Temps de l'accomplir en la transfigurant !

Notre plan s'inscrit tout entier dans cette perspective diachronique. D'abord *les faits* dans leur nudité, du moins ceux que la critique et la confrontation des textes aux pays parcourus et aux structures sociales permettent de dégager, de la naissance à la mort du conquérant. Puis *l'homme,* c'est-à-dire la personnalité et le caractère, tels que son éducation, ses images, ses réalisations, sa fin, ses desseins permettent de l'entrevoir, si toutefois l'individu, comme le dit J.-P. Sartre, n'est que la somme de ce qu'il fait. Puis *le héros,* cette espèce de demi-dieu que les diadoques, ses successeurs, et en premier lieu Ptolémée Ier et les écrivains à sa solde ont fabriqué, non sans protestations, du reste, du monde littéraire attaché surtout aux faiblesses de l'individu : pendant près de cinq cents ans, c'est Alexandre contesté l'*anti-héros.* Il ne devient véritablement l'égal d'*un dieu,* une idole, qu'à partir du moment où sa légende s'impose aux esprits sous les formes les plus diverses et que l'on veut oublier les premiers témoins et les savants et la raison : pendant quinze siècles, c'est l'Alexandre des conteurs et des poètes, psalmodiant dans toutes les langues de l'Europe et dans celles de la moitié de l'Asie son pseudo-évangile. Il nous faudra bien un sixième chapitre pour montrer ce qu'il est devenu depuis le Siècle des lumières : *un roi symbolique,* et comment son visage s'est éclairé au gré des projecteurs plus ou moins colorés que braquaient sur lui les nationalismes et les philosophies de l'histoire. Et une question finale, non pour essayer de répondre à l'ambitieuse et sans doute insoluble question que pose un pareil destin : qu'est-ce donc qui mène l'histoire ? mais pour essayer de donner une signification, un sens à cette suite de biographies ou suggérer au moins une orientation de recherches : *et après ?*

Le conquérant, le personnage, le héros, l'anti-héros, le dieu, le symbole et l'œuvre, peut-être enfin. Telles seront provisoirement les sept faces du mystérieux Alexandre.

CHAPITRE PREMIER

Les faits

Entre le 10 et le 15 octobre de l'an 356 av. J.-C.,
Philippe II de Macédoine, alors en guerre contre les
Péoniens, au nord de son pays, reçoit coup sur coup
quatre courriers. Ils lui apprennent la victoire d'une
de ses écuries de course aux Jeux olympiques, le 27
ou le 28 septembre, la capitulation entre les mains du
général Parménion d'une tribu illyrienne à l'ouest du
lac Ochrid, vers la fin du même mois ou au début
d'octobre, la naissance de son troisième fils, celui
que nous appellerons Alexandre de Macédoine,
enfin le feu, mis par un fou, à l'une des sept merveilles de l'ancien monde, je veux dire le temple
d'Artémis à Éphèse, en Asie Mineure. Ce sont là des
nouvelles de moins en moins réjouissantes et qu'il
appartiendra plus tard aux devins de lier et d'interpréter.
   Par la première d'entre elles, le jeune chef
d'armée, âgé de vingt-six ans, se voit reconnu par
tous les Grecs comme un champion et un proprié-
taire comblés. Par la seconde, comme un voisin
redouté. Par la troisième, comme un roi embarrassé.
Car il a déjà deux autres fils de deux lits différents.
Lequel sera roi : Karanos, enfant d'une noble Macédonienne, ou Arrhidaios, né un an plus tard d'une
noble Thessalienne, ou Alexandre, que vient de mettre au monde une princesse à moitié grecque d'Épire,

Olympias ? Quant à l'incendie du grand sanctuaire
d'Asie, quel Grec, quel Macédonien hellénisé, quel
croyant, quel artiste aurait le cœur de s'en réjouir ?

ENFANCES

Nous ne sommes pas moins embarrassés que Philippe II. Nous ne savons ni où, ni quand, ni comment Alexandre est né. A Pella, répètent les historiens modernes, parce que là se trouvait un palais où
le roi Philippe recevait parfois les ambassadeurs.
Est-ce la hauteur voisine d'Arkhaia Pella, comme
semble l'indiquer ce nom en dialecte macédonien
« la Roche », ou est-ce la ville basse, près d'une
grande étendue marécageuse communiquant au loin
avec la mer ? Les mosaïques et les décors des grandes
ruines de la plaine datent plutôt des successeurs
d'Alexandre que de ses prédécesseurs. Au sommet de
la ville haute de Pella, les fouilles ne font que commencer autour de basiliques postérieures de sept ou
huit siècles aux événements. Dans ce paysage d'eaux
dormantes et de mornes collines, aux saisons bien
plus contrastées que celles de la péninsule hellénique, je croirais volontiers qu'Olympias évita de venir
mettre au monde ici son premier enfant. Au cours de
sa jeunesse, Alexandre a échappé au paludisme
local, lequel devait tuer tant de combattants près de
Salonique, pendant la Première Guerre mondiale.
Pour accoucher, Olympias resta selon toute apparence en montagne, près de Véria : on vient de dégager la demeure royale à Palatitsa, lieu-dit de Vergina,
qui correspond à l'antique Aigéai[6], capitale et nécropole des premiers rois de Macédoine.
« Il vécut trente-deux ans et huit mois, dit Aristoboulos, un de ses officiers d'état-major, et régna
douze ans et également huit mois » (Arrien, *Anabase,*

VII, 28, 1). Comme le conquérant est mort le 10 juin 323[7] et qu'il est devenu roi en octobre 336, c'est donc qu'il est né en octobre 356. Par malchance Plutarque, qui a cité le mathématicien Ératosthène quelques lignes plus haut, écrit : « Alexandre naquit le six du mois (athénien) hèkatombaiôn que les Macédoniens appellent lôios » (*Vie d'Alexandre*, 3, 5). Cette date correspondrait au 20 juillet 356, en admettant que le calendrier athénien ne fût pas, cette année-là, totalement perturbé et si on ne lisait chez Démosthène (*Discours sur la Couronne*, 157) que le mois macédonien de lôios correspond au mois athénien de boédromion, c'est-à-dire, en gros, au mois de septembre. Que d'hésitations permises de juillet à octobre !

Faut-il opter ? Je m'en tiendrai à la simultanéité signalée tout d'abord entre la nouvelle d'une victoire olympique et la naissance de l'enfant. La tradition littéraire veut aussi que l'accouchement ait eu lieu au cours d'une tempête d'automne. Laissant de côté les majorations pieuses, les éclairs flamboyants, les roulements du tonnerre, les torrents de la pluie et, naturellement, les aigles de Zeus perchés sur le toit de l'appartement de la reine, mais sensible au fait que les orages sont fréquents en haute Macédoine dans les premières semaines d'octobre, je situerais volontiers une dizaine de jours après le début ou après la fin des Jeux olympiques de 356, soit entre le 6 et le 10 octobre[8], un accouchement aussi tonitruant. Il faut bien donner aux messagers le temps de parcourir des centaines de kilomètres. Consolons-nous d'ignorer le jour et l'heure : à trois ans près, nous ne savons pas davantage où placer la naissance de Jésus.

Mais ici, en Macédoine[9], nulle merveille, nul miracle. Une atmosphère lourde, tout au plus. Le troisième mariage de Philippe II avait été plus politique que sentimental. On n'épousait pas, en son temps,

l'héritière d'un trône, orpheline de surcroît, en pays
pastoral, sans intentions ni sans calculs. Le roi avait
fait la connaissance quelques années auparavant de
la princesse Olympias encore adolescente au sanctuaire de Samothrace, un des foyers du mysticisme
antique mais aussi du panhellénisme. Or, une fois
passées les fêtes et les premières effusions du
mariage au cours de l'hiver 357-356, Philippe avait
laissé son épouse à ses pieuses pratiques et à sa
jalousie rétrospective, pour se livrer tout entier à ses
propres ambitions politiques.

La diplomatie, l'administration, les conquêtes, la
chasse, les beuveries chevaleresques l'intéressaient
bien plus que les longues couleuvres dont s'entourait
son épouse et qu'elle allait jusqu'à introduire dans le
lit royal. Inutile d'imaginer la répulsion de l'homme
à partager sa couche avec un serpent. Un fait est sûr
et confirmé par les historiens, sources de la biographie de Plutarque : Philippe témoignait officiellement à Olympias les honneurs dus à son rang, mais il
l'aimait de moins en moins. S'il naissait d'elle un fils,
le roi se devait de l'arracher à l'influence maternelle.
Il paraît que la naissance ne le toucha guère. Il
acheva la campagne qu'il menait contre les Péoniens,
vers l'actuel Titov Veles de Yougoslavie et la haute
vallée du Vardar, et vint reconnaître l'enfant un ou
deux mois plus tard. Il lui donna non pas le nom
attendu d'Amyntas, son grand-père, mais, avec une
intention politique évidente, celui d'Alexandros, en
souvenir du philhellène célèbre (498-454), symbole
d'une union avec le monde grec, toujours souhaitée
et toujours différée.

Enfance sans histoire et qui n'explique rien. Le
bébé est confié à une nourrice appelée Lanikè (abré-
viation d'Hellanikè ?), une mère de famille appartenant à la plus haute noblesse macédonienne et dont
le jeune frère, Kleïtos le Noir, deviendra le chef de
l'escadron royal, le sauveur, l'homme de confiance,

puis la victime d'Alexandre. On peut penser, étant donné le nom étrange de la dame et le fait que le prince s'exprimait parfois en patois, que les premiers mots de l'enfant appartenaient au dialecte macédonien[10] et qu'il ne tarda pas à devenir bilingue. La cour de Philippe, comme la reine Olympias elle-même, s'exprimait officiellement en un grec composite fort marqué d'atticismes. Mais avec leurs soldats, leurs pâtres et leurs paysans, et probablement entre eux, les seigneurs s'exprimaient en une langue assez proche du thessalien, où l'*a* bref initial du grec devenait un *è* long, l'*ai* atone un simple *a*, l'*y* un *ou*. On disait *dramis* pour « le pain » et *wèdes* pour « l'eau ». Quand Alexandre, pris de vin et de fureur, s'apprête, en 328, à assassiner le frère de sa nourrice, c'est en dialecte macédonien qu'il s'adresse à ses écuyers (Plutarque, *Vie,* 51, 6).

Jusqu'à six ou sept ans, il joue avec ses demi-frères, ses cousins et les plus jeunes enfants du clan des Argéades habitant les palais d'Aigéai, d'Edessa et de Pella, à tous les jeux des enfants grecs de son époque, les billes, les balles, les pions, les dés, la course, le grimper, les cachettes, la marelle... Il aime et aimera les bains, mais jamais il ne saura nager. Un beau jour, ou un triste jour, il est confié à un gouverneur, Léonidas, « homme de mœurs austères et parent d'Olympias », la reine mère. Plutarque, auquel nous devons ce renseignement, suggère que Léonidas fit tout pour tempérer l'ardeur, voire le caractère emporté du jeune garçon, en prescrivant des exercices physiques avant le lever du jour, une piété rigoureuse et non de l'encens jeté à poignées dans les cassolettes, un déjeuner léger, des leçons bien sues, l'obéissance. « Ce même personnage, confiait plus tard Alexandre à un biographe (Callisthène d'Olynthe ?), allait jusqu'à ouvrir les coffres qui contenaient mes couvertures et mes vêtements pour vérifier si ma mère n'y avait pas placé quelque chose de luxueux ou de superflu » (Plutarque, *Vie*, 23,10).

Ce trait, à lui seul, permet de réfuter ceux qui prêtent à Olympias une influence décisive sur les actes, voire sur la politique de son fils. Dès l'âge de sept ans, Alexandre échappe à la tendresse ombrageuse et véhémente de sa mère. Il va apprendre d'une demi-douzaine de précepteurs masculins, en compagnie d'ailleurs d'autres garçons de l'aristocratie macédonienne, tout ce qu'un Athénien cultivé doit connaître et pratiquer[11]. Et ce sont, dans l'ordre, la gymnastique pour le corps (lutte, course, lancer, saut en longueur), la musique pour l'âme, à la fois vocale et instrumentale — le vainqueur de l'Asie se consolera plus tard de ses peines en pinçant une sorte de guitare —, la poésie enfin, avec la récitation psalmodiée des poèmes d'Homère. Enseignement d'abord strictement oral, plus artistique que littéraire et plus sportif qu'intellectuel. Plus tard, on lui apprendra à lire, à écrire, à compter sur l'abaque.

Il est certain que ses éducateurs, et spécialement le vieux Lysimakhos surnommé Phénix, donnent au jeune Alexandre à travers l'*Iliade* un modèle à suivre : le grand, le bouillant Achille dont les souverains d'Épire et sa mère prétendent descendre. Alexandre emportera avec lui dans ses campagnes son exemplaire personnel d'Homère. En dix circonstances de sa carrière, le jeune roi suivi de Lysimaque prie, rappelle, imite consciemment et consciencieusement Achille. Son premier geste en Asie sera d'aller courir nu autour du tombeau du royal ancêtre. Lorsque, en juillet 346, Démosthène et les ambassadeurs d'Athènes reviennent à Pella pour traiter de la paix avec Philippe, Alexandre, au cours d'une fête, récite des vers d'Homère, puis, avec un de ses camarades âgé comme lui d'une dizaine d'années, joue une scène d'Euripide. L'orateur athénien déclarera qu'il avait trouvé le fils du roi à la fois studieux, appliqué

et ridicule « comme le Margitès d'Homère ». Il est
vrai que la haine de la Macédoine aveuglait Démosthène et qu'il savait les prétentions de la dynastie
régnante à descendre d'un demi-dieu, le gigantesque
Hèraklès, celui que les Latins devaient appeler Hercule. Quoi, un enfant de dix ans se croirait issu de la
déesse de la mer par les femmes et du dieu du Ciel,
Zeus, par son père, Philippe, cet ivrogne borgne et
boiteux !

Car il y a aussi toute une part d'éducation que
nous cachent nos informateurs, c'est celle de l'exemple. Les précepteurs, pendant des années, se sont
appliqués à soustraire le jeune Alexandre aux
influences de l'entourage de Philippe, de ceux qu'il
appelait ses « vrais » amis, *hétaïroï*, c'est-à-dire ses
suivants, ses compagnons de guerre, de table, de
boisson, de lit, de fortune et d'infortune. Il y a parmi
eux, aux dires de Théopompos, de franches canailles
et des gens sans scrupules, venus de tous les horizons, mais que Philippe a enrôlés en raison de leur
absence même de préjugés ou pour leur audace, leur
esprit inventif. Les éducateurs font plutôt valoir au
jeune prince les vertus de la Tradition.

Familiale tout d'abord, en lui rappelant les origines péloponnésiennes de ses prédécesseurs, même
si le clan des Argéades auquel il appartient n'est présent que dans l'Argos, la Ville Blanche, du lac Kastoria, et non dans celle de l'Argolide, à partir du
VIIe siècle et non à partir du XIVe siècle av. J.-C. Tradition aristocratique ensuite, c'est-à-dire « des meilleurs » : les rois de Macédoine sont élus par les
acclamations de la nation en armes, c'est-à-dire par
une assemblée de soldats-paysans, pour leur mérite
et leur valeur militaire, *arétā* ; ils sont les garants de
la religion, de la justice, de la stricte observance du
droit coutumier. Tradition ethnique aussi et qui
remonte à l'époque très lointaine où quelques tribus
indo-européennes faisaient paître leurs troupeaux et

cultivaient la terre entre le Don et le Danube : une
tradition de conquérants chez qui prendre et donner
ne s'expriment que par une seule racine verbale
nem-, ce qui implique simultanément le courage et
la générosité, mais aussi l'hospitalité avec ses droits
et ses devoirs, la franchise et la confiance réciproques. Il ne s'agit là, bien évidemment, que d'un idéal
de morale collective dans une société modèle, fortement structurée[12]. A sa tête, un chef ou monarque est
censé donner l'exemple de toutes les vertus et posséder tous les charismes. Le roi ne règne pas mais,
comme l'exprime le mot *rex,* il dirige, il dit et fait ce
qui est droit, dans les règles. Sinon, son peuple le
destitue, le chasse ou l'exécute. Toutes ces traditions
n'en font qu'une, d'autant plus tenace qu'elle n'est
pas écrite mais vécue, chantée et mise en vers épiques. C'est une tradition essentiellement morale, une
éthique sans grand rapport avec la conduite de Philippe II, qui changeait d'épouses au gré de ses ambitions. Où étaient la fidélité, la loyauté, le respect de
la parole donnée, en tout cela ?

De dix à quatorze ans, l'enfant apprend encore
l'équitation, l'art de parler aux chevaux, de les soigner, de les dominer, de les enfourcher à cru d'un
brusque saut, de les mener aux trois allures de la
parade et des carrousels. Une des plus fameuses statues de bronze au musée archéologique d'Athènes
nous montre à la même époque un tout jeune écuyer
sur une immense monture lancée au galop. Un futur
officier de cavalerie, destiné à charger en tête de
l'escadron royal, un futur chasseur à cheval, ne pouvait attendre d'être adulte pour jouir d'un des privilèges de sa caste, pour se préparer simplement à faire
son devoir. Alexandre ne sera jamais un athlète se
mesurant avec de simples particuliers dans les
grands concours internationaux, mais il deviendra
un extraordinaire cavalier.

Dans ce milieu d'hommes et de garçons, d'où les

femmes et les filles sont totalement exclues, non seulement parce qu'elles vivent au gynécée, mais parce qu'elles ont un autre rôle à jouer dans la vie, Alexandre se fait ses premiers amis, connaît ses premiers et virils attachements. On ne lutte pas, le corps absolument nu et tout brillant d'huile, on ne couche pas, corps contre corps, avec des êtres de même sexe, on ne célèbre pas dans ses chansons les amours d'Achille et de Patrocle, d'Oreste et de Pylade, d'Hèraklès et de ses mignons, sans que les sens en soient émus, en un siècle surtout où les gymnases, les palestres, voire les rochers au bord des grèves sont couverts d'inscriptions amoureuses.

L'homosexualité, qui ne fleurit pas que chez les gens de lettres, mais dans les armées les plus belliqueuses et notamment dans le Bataillon sacré des Thébains que connaissait bien Philippe, avait, aux yeux des Anciens, un autre avantage : elle faisait des amants de véritables lions au combat, chacun se battant pour défendre et sauver l'objet de ses amours, pour le venger s'il était blessé ou tué. Le descendant d'Achille ne pouvait faire moins que son grand ancêtre. Alexandre dans tout l'éclat de sa jeunesse s'éprit à jamais du bel Hèphaïstion, fils d'Amyntas de Pella. « Il avait, dit Quinte-Curce (III, 12, 15-16) grandi auprès du roi et il était le confident de chacun de ses secrets. De tous ses Amis, il était de beaucoup le plus cher. Nul autre, dans ses remarques, n'avait droit à plus de liberté... Il était de même âge, mais de taille supérieure. » J'ajoute : et d'une grâce toute virile, surtout si je compare les portraits que les sculpteurs nous ont laissés des deux amis. Il est à peu près certain qu'Alexandre, qui refusa systématiquement tous les partis féminins jusqu'au printemps de 327 et dont les historiens célèbrent l'extrême retenue, eut Hèphaïstion pour amant.

Au cours de l'hiver 343-342 ou au printemps de 342, Philippe II s'intéresse directement à la formation du meilleur de ses fils, alors dans sa quatorzième année. Il décide de le confier au *nymphaion* de Miéza, une sorte de pépinière de gouverneurs et d'officiers, installée dans un grand parc, au flanc boisé du mont Bermion, exactement à Leukadia, à 2 km à l'est de l'actuelle Naoussa. C'était une coutume de l'aristocratie macédonienne d'envoyer à la cour, c'est-à-dire à l'école des Cadets, ses garçons entre treize et quinze ans, à la fois comme otages, gardes du corps et aspirants. Encore fallait-il les former. L'innovation de Philippe est de faire venir à grands frais auprès de lui depuis Mytilène, où il a ouvert une école, Aristote, fils du médecin Nicomaque et gendre du tyran d'Atarneus, et de le charger de diriger l'école de Miéza. Aristote n'y enseigne pas tout, car il a des chefs de travaux. Comme dans un cours de lettres supérieures ou de culture générale, il ne s'adresse qu'à des adolescents. Avec d'autres fils de l'aristocratie, notamment avec Marsyas de Pella et Hèphaïstion, Alexandre semble avoir approfondi le sens politique et moral des épopées homériques, l'*Iliade* et l'*Odyssée,* avoir expliqué les vers des lyriques grecs les plus obscurs et les plus fameux : Pindare, Stésichore, Philoxène, ceux des trois grands tragiques athéniens également, avoir appris quelques éléments de botanique et, par conséquent, de médecine empirique, avoir assisté, au cours de promenades, à l'élaboration de la *Métaphysique* d'Aristote, c'est-à-dire à des discussions, en principe ésotériques, sur l'Au-delà. Le disciple vouera longtemps au maître une grande admiration et lui témoignera dans ses lettres une vive reconnaissance pour l'avoir initié non à l'hellénisme, comme on le croit trop aisément, mais à la critique littéraire et scientifique. Peut-être, plus simplement, pour avoir excité en lui le goût de la recherche et de la nouveauté. En même temps, Alexandre subit une préparation militaire et sportive accélérée.

En principe, le cycle des études auprès d'Aristote durait cinq ans. Mais, dès 340, Philippe fait venir près de lui à Pella son fils Alexandre alors âgé de seize ans. Ses deux autres fils sont ou débile ou épileptique. Il lui explique le fonctionnement des rouages de l'État, ce que sont les *stratagoï* ou magistrats militaires, les *skoïdoï* ou intendants, les *tagoï* ou notables, chefs de grandes familles, dirigeant avec les *péligonès* ou « anciens » les huit tribus de la vieille Macédoine. Il prépare à cette date une expédition contre Périnthe et Byzance et laisse entrevoir tous les problèmes financiers et sociaux que pose une mobilisation de l'armée et de la flotte. Puis il entoure le prince de conseillers expérimentés tels qu'Antipatros. Il lui confie, en son absence, la direction nominale de l'administration et le sceau royal.

C'est apparemment à cette occasion que Philippe achète à un éleveur thessalien un superbe étalon bai, marqué au front d'une tache blanche, semblable à une tête de bœuf, l'ombrageux Bucéphale. Alexandre l'apprivoise et fait de lui un inséparable compagnon, à la chasse comme à la guerre. L'octroi d'une pareille monture implique que l'adolescent a déjà fait ses preuves, qu'il a été initié selon les usages de l'aristocratie macédonienne. Le code de l'honneur voulait que l'on ne pût participer aux banquets de la noblesse, allongé sur un sofa, que si l'on avait abattu à l'épieu une bête fauve, en l'occurrence un sanglier. Et cela ne relevait ni de l'enseignement de Léonidas, ni de celui d'Aristote. Pour ce qui est de l'éducation sexuelle d'Alexandre, la belle Kallixeina, toute professionnelle qu'elle était, n'avait obtenu aucun succès (Théophraste, *in* Athénée, x 435 a).

A la fin de la même année 340, Philippe II doit abandonner momentanément ses projets sur les Détroits. Il n'a pu s'emparer ni de Périnthe ni de Byzance soutenus par les Perses et les alliés d'Athènes. Il mène alors ses troupes et sa flotte le

Les sept épouses de Philippe II
et leurs sept enfants

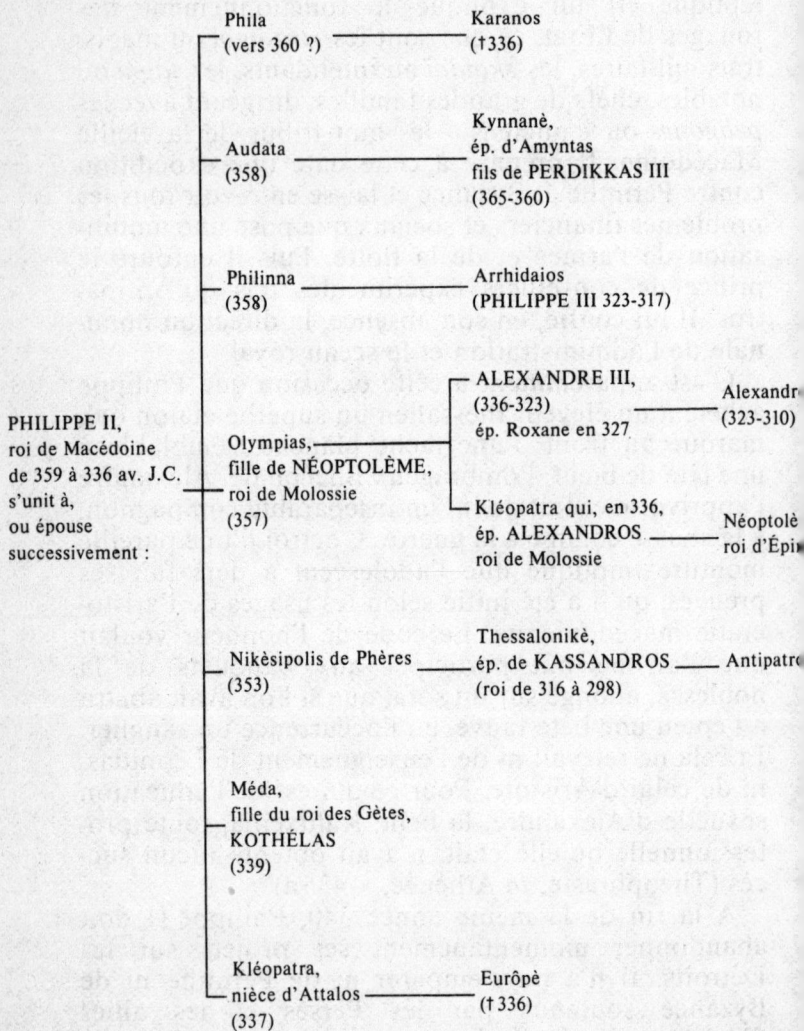

PHILIPPE II,
roi de Macédoine
de 359 à 336 av. J.C.
s'unit à,
ou épouse
successivement :

Phila
(vers 360 ?) ———————— Karanos
(†336)

Audata
(358) ———————— Kynnanè,
ép. d'Amyntas
fils de PERDIKKAS III
(365-360)

Philinna
(358) ———————— Arrhidaios
(PHILIPPE III 323-317)

Olympias,
fille de NÉOPTOLÈME,
roi de Molossie
(357)

ALEXANDRE III,
(336-323) ———————— Alexandre
ép. Roxane en 327   (323-310)

Kléopatra qui, en 336,
ép. ALEXANDROS ———————— Néoptolè
roi de Molossie   roi d'Épi

Nikèsipolis de Phères
(353) ———————— Thessalonikè,
ép. de KASSANDROS ———————— Antipatro
(roi de 316 à 298)

Méda,
fille du roi des Gètes,
KOTHÉLAS
(339)

Kléopatra,
nièce d'Attalos ———————— Eurôpè
(337)   (†336)

long des côtes occidentales de la mer Noire, en direction des comptoirs grecs, Apollonia, Mésambria,
Odessos. Quelque part dans la région de l'actuelle
Dobroudja (?), il se heurte aux cavaliers de la steppe,
ceux que la tradition nomme tantôt les Scythes, tantôt les Gètes, et qu'il amène à composer. Aux termes
du traité, le Macédonien épouse en sixièmes noces
Méda, fille de Kothélas, roi des Gètes (on a retrouvé
une partie de la dot dans la tombe de Palatitsa) et
fait reconnaître son protectorat sur la Thrace, en gros
l'actuelle Bulgarie, qui échappe ainsi à la suzeraineté
nominale de l'Empire perse. Les tribus thraces de
l'ouest se soulèvent et quand, au printemps de 339,
Philippe rentre en Macédoine, bien décidé à dominer
l'ensemble de la Grèce, il demande à Alexandre de
remonter le cours du Strymon (la moderne Strouma)
avec quelques milliers d'hommes et de chevaux et,
comme dit Plutarque (*Vie,* 9, 1), « de soumettre ceux
des Maïdoï qui étaient en rébellion ». Ce sera la première campagne militaire d'Alexandre.

A part deux défilés au sud de l'actuelle Simitli et
de Blagoevgrad, la progression se fait dans un large
couloir alluvionnaire entre deux séries de hauteurs
boisées sur environ 200 km du sud au nord. Intérêt
économique douteux : la Macédoine n'a besoin ni de
charbon de bois, ni même de minerais. Mais intérêt
politique et humain évident : il faut assurer les
arrières de Philippe, couvrir une frontière et empêcher une population semi-pastorale en pleine expan-
sion, belliqueuse de surcroît, de se laisser entraîner
par ses troupeaux de chevaux et de bovins vers le
sud. Tout ce que l'on sait d'une expédition qui ressemble assez à un raid, c'est qu'elle aboutit à la destruction d'une bourgade des indigènes, à la fixation
de quelques clans « barbares » et à l'installation
d'une garnison macédonienne, outre des commerçants et des artisans grecs, dans un poste colonial
majestueusement appelé « la Ville d'Alexandre »,

Alexandropolis, quelque part vers l'actuel Stanke
Dimitrov, au nord du haut massif de la Rila
(2 925 m). C'était renouveler là un geste de Philippe II qui, dix-sept ans plus tôt, en 356, au flanc est
du mont Pangée, avait fondé Philippoï (au pluriel) en
associant trois populations : indigène, macédonienne
et grecque ; cela servira de modèle à toutes les
Alexandrie qui seront fondées plus tard par Alexandre et ses successeurs. L'intérêt de l'expédition est
autre : elle a fait du jeune homme un guerrier expéri-
menté et l'a mis en rapport direct avec Langaros, roi
d'une tribu thrace fidèle, les Agrianes des sources du
Strymon.

Roi des Macédoniens

Il n'a pas encore dix-huit ans, au début de septembre 338, quand on le retrouve à la tête d'un escadron
de 225 cuirassiers, à l'aile gauche du dispositif macédonien, sur le champ de bataille de Chéronée, à 8 km
au nord de la moderne Livadia (Béotie). Philippe,
requis par le conseil amphictionique de Delphes de
châtier les sacrilèges habitants d'Amphissa, doit
d'abord anéantir les forces que lui opposent Athènes
et ses alliés thébains et phocidiens. Les détails de la
mêlée entre les rives du Céphise et de l'Hémon nous
échappent. Mais il paraît assuré que la cavalerie
macédonienne, celle des *Hétaïroï* (Compagnons à
cheval ou hommes liges du roi) décida de la victoire,
en contournant l'aile droite des alliés grecs et en
enfonçant les phalanges thébaines, fortes d'environ
12 000 hommes, y compris le célèbre Bataillon sacré.
Devenue force d'assaut essentielle, la cavalerie de
Philippe a pour mission de découvrir les flancs de
l'adversaire, de le tourner, de le charger, de le disper-

ser et de l'anéantir dans une chasse à l'homme impitoyable.

Cette fois, le jeune Alexandre est reconnu par l'armée comme un véritable chef, digne de succéder au roi. Il a gagné ses galons et la confiance des Macédoniens. Mais qu'y a-t-il de vrai dans cette phrase de Plutarque (*Vie,* 9, 4) : « Tout cela, bien sûr, rendait bien cher son fils à Philippe, tant il prenait plaisir à entendre les Macédoniens appeler Alexandre roi et Philippe général » ? Disons qu'il est devenu un jeune prince relativement populaire, mais qui a encore beaucoup à apprendre de son père.

Ce dernier, peu après la bataille, l'envoie avec ses deux meilleurs généraux, Antipatros et Alkimakhos, rendre aux Athéniens les cendres de leurs concitoyens abattus et combiner les termes d'une paix honorable. Athènes renoncerait à ses prétentions sur la Chersonèse de Thrace, l'actuelle presqu'île de Gallipoli, à l'entrée des Dardanelles, dissoudrait la Confédération maritime qu'elle dirigeait et jurerait une alliance éternelle avec le roi de Macédoine. Moyennant quoi, elle garderait ses anciennes possessions de Lemnos, Imbros, Samos et Dèlos et recouvrerait le territoire d'Oropos au nord de l'Attique. La paix est ratifiée grâce aux partisans que la modération de Philippe lui a valus dans Athènes, grâce à son or aussi et à la terreur que la défaite de Chéronée a inspirée aux Athéniens. Par décret, ils le déclarent citoyen d'Athènes, ils lui élèvent une statue sur l'agora. On ne sait si Alexandre s'y attarde après l'échange des serments, s'il ne fait pas plutôt avec son père le tour du Péloponnèse, car il est représenté en statue avec Philippe à Olympie, ou s'il ne rejoint pas en Macédoine sa mère Olympias qui a tout à redouter des intrigues de ses rivales et qui, c'est certain, a plus que jamais besoin de l'appui de son fils.

A peine Philippe est-il rentré de voyage, en 337, que deux scandales éclatent. Il a décidé de répudier

Olympias pour épouser Kléopatra, la nièce d'un de ses généraux et parents nommé Attalos ; elle a quinze ou seize ans et lui plus de quarante-cinq. Mais surtout, elle appartient à la noblesse macédonienne, tandis qu'Olympias reste une étrangère à Pella. Ce ne sera guère que la septième épouse officielle du souverain sans parler de ses maîtresses ou concubines et de ses gitons. « Toutes les femmes sont pareilles quand la lampe est éteinte », dira l'une d'elles. Simultanément, il négocie avec le satrape Pixodaros de Carie le mariage de son second fils, le faible Arrhidaios. Il faut savoir que la succession au gouvernement de ce pays pouvait être assurée par une femme et que, depuis deux ans, Pixodaros travaillait à se rendre tout à fait indépendant du roi de Perse. L'époux de sa fille deviendrait roi, pensait-on, non seulement en Asie mais, après une telle alliance, en Macédoine aussi. C'est probablement à cette époque qu'il faut placer la découverte des intrigues d'Olympias, de son fils Alexandre et de leurs amis pour faire échouer ce mariage. Le comédien Thessalos, envoyé en secret à Halicarnasse, discrédite Arrhidaios et propose à l'ambitieux satrape de conclure l'union plutôt avec Alexandre. Philippe l'apprend, reproche publiquement à son plus jeune fils de se conduire de façon basse et indigne et bannit de Macédoine au moins quatre des partisans d'Alexandre : Harpale, Néarque, Erigyios et Ptolémée.

Philippe est alors tout-puissant. Les délégués des Cités et des États grecs, à l'exception de Sparte, réunis à Corinthe au printemps de 337, ont décidé de conclure une paix générale et perpétuelle en Grèce, de constituer une Confédération ou Ligue gouvernée par un Conseil commun *(Synédrion)* élu à la proportionnelle. Celui-ci, à son tour, a décidé une guerre de représailles contre la Perse « pour venger les Grecs des sacrilèges que les Barbares avaient commis contre les sanctuaires de la Grèce », cent soixante

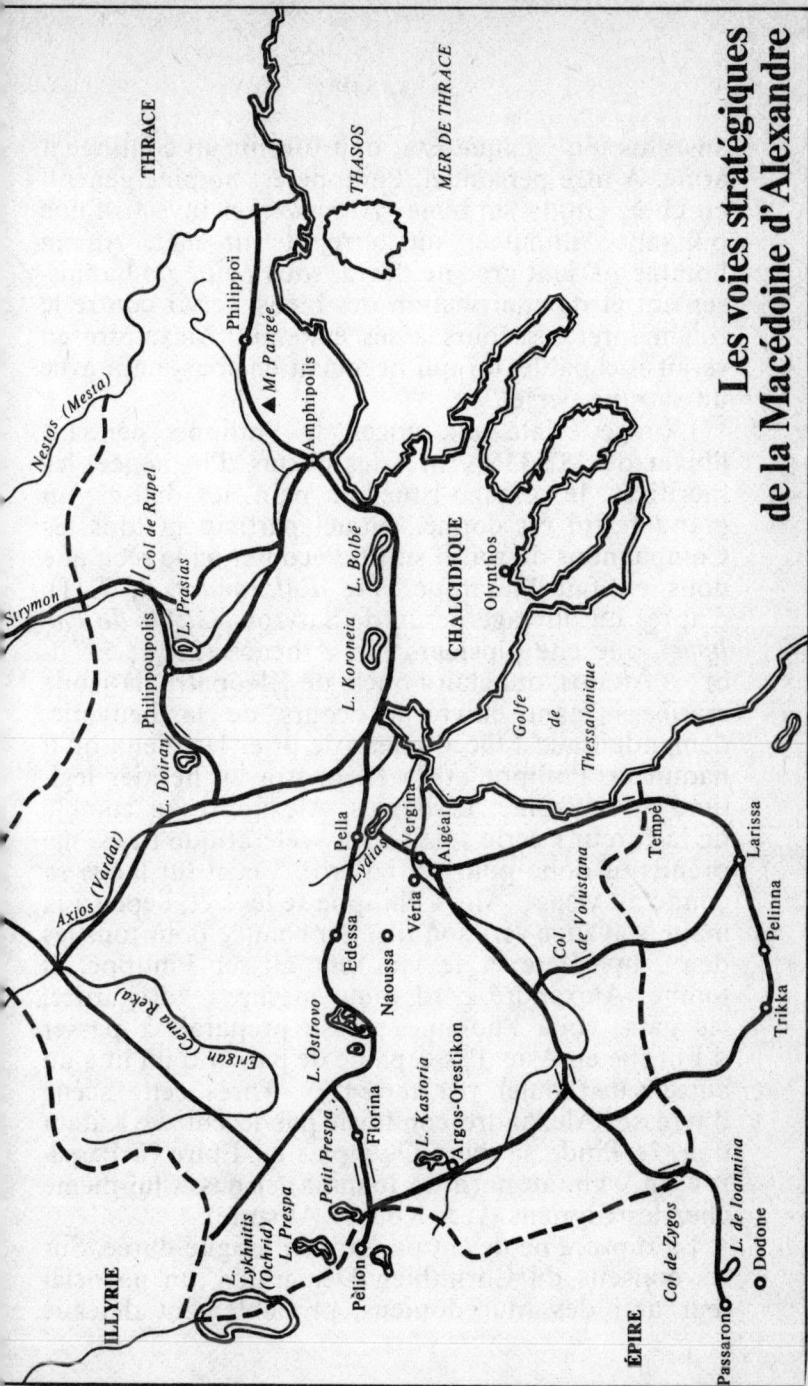

Les voies stratégiques
de la Macédoine d'Alexandre

THRACE

Nestos (Mesta)

THASOS

MER DE THRACE

Philippoï

▲ Mt Pangée

Amphipolis

Col de Rupel

Strymon

L. Prasias

L. Bolbé

Philippoupolis

L. Doïran

L. Koroneia

CHALCIDIQUE

Olynthos

Axios (Vardar)

Golfe
de
Thessalonique

Pella

Lydias

Vergina

Edessa

Véria

Aigéai

Tempé

Larissa

Eriban (Cerna Reka)

Naoussa

Col de Volustana

Pelinna

L. Ostrovo

Florina

Trikka

Petit Prespa

L. Kastoria

Argos-Orestikon

L. Lykhnitis
(Ochrid)

L. Prespa

Pélion

ILLYRIE

Col de Zygos

L. de Ioannina

Dodone

ÉPIRE

Passaron

ans plus tôt. Chaque État doit fournir un contingent armé. A titre personnel, Philippe est nommé général en chef, Guide suprême *(Hègèmôn)* et investi d'une puissance illimitée, sur terre et sur mer. Aucun homme parlant grec ne devra, sous peine de bannissement et de confiscation des biens, servir contre le roi, ni prêter secours à ses ennemis. Alexandre en serait-il capable, lui qui négociait en sous-main avec un satrape perse ?

L'orage éclate aux noces de Philippe, pendant l'hiver de 337-336. Après les chants d'hyménée, les sacrifices, le partage rituel du pain, les danses, un grand festin est donné, auquel participent tous les Compagnons du roi. Il suffit d'écouter ici le récit que nous en fait Plutarque (*Vie d'Alexandre,* 9, 7-11), d'après un ouvrage perdu de Satyros (*La Vie de Philippe),* que cite plusieurs fois Athénée (250 f ; 557 d-e) : « Attalos, qui était l'oncle de Kléopatra, la jeune mariée, s'étant enivré au cours de la beuverie, demandait aux Macédoniens de prier les dieux qu'il naquît de Philippe et de Kléopatra un héritier légitime du royaume. Là-dessus, Alexandre au comble de la fureur s'écrie : " Et moi, scélérat que tu es, me prends-tu donc pour un bâtard ? " et il lui lance sa coupe au visage. Alors Philippe se lève et, l'épée à la main, s'avance vers son fils. Par chance pour tous les deux, la colère et le vin font glisser Philippe. Il tombe. Alexandre perd toute mesure : " Regardez, les gars, voilà l'homme qui se préparait à passer d'Europe en Asie. Pas capable de passer d'un lit à un autre sans rouler par terre ! " » Après cette scène d'ivresse, Alexandre conduisit par le col de Katara dans le Pinde sa mère Olympias en Épire (à Passaron ? à 9 km au nord de Ioanina) et passa lui-même chez les Illyriens (vers Korça ? Albanie).

La rupture ne devait pas être de longue durée. Sur les conseils du Corinthien Dèmaratos, un négociateur ami des Macédoniens, probablement délégué par le Conseil de la Ligue de Corinthe, Philippe rappelle auprès de lui son fils, dont il a besoin à plusieurs titres : pour exercer la régence en Europe quand lui-même conduira les troupes fédérales en Asie Mineure, pour recruter aussi et organiser le corps expéditionnaire qui, en ce printemps de 336, va jeter une tête de pont par-dessus les Détroits, pour se concilier la neutralité de l'Épire où la mère d'Alexandre intrigue et excite les adversaires de la Macédoine. Après l'algarade des noces manquées de Carie, Alexandre doit apprendre la diplomatie. On ne sait ce qui s'est passé secrètement. Toujours est-il qu'après quelques mois de négociations, il est entendu que Philippe unira la sœur d'Alexandre, une autre Kléopatra, au roi d'Épire Néoptolèmos, frère d'Olympias. Ainsi on assurera aux Épirotes de nouveaux droits au trône de la Macédoine, on ménagera les susceptibilités d'Alexandre et de sa mère, on stabilisera les frontières de l'ouest lorsque commencera la campagne vers l'est.

A la fin du printemps ou au début de l'été, 10 000 hommes sous la conduite de Parménion et d'Attalos passent aisément en Asie Mineure et avancent sans rencontrer de résistance jusque dans la région de Magnésie du Méandre, à une quarantaine de kilomètres au nord de Smyrne, en longeant la côte. Les satrapes, plus préoccupés de problèmes de succession en Perse que de la défense de la façade maritime de l'Ionie hellénique, laissent faire momentanément. Et ils entretiennent dans les cités grecques et même en Macédoine assez d'informateurs et de partisans pour douter que la paix d'Antalkidas (387) soit vraiment rompue.

Attalos, l'oncle de la nouvelle reine, a quitté la capitale, ayant dressé contre lui tout un parti de mécontents, voire d'ennemis. Parmi eux figure le jeune Pausanias, fils de Kérastos, seigneur du district d'Orestis, un des gardes du corps de Philippe II. Dio-

dore (*Bibliothèque,* XVI, 93,3-94) nous raconte longuement comment, par dérision, Attalos avait enivré et
fait violer Pausanias par un palefrenier. Le roi, qui
en avait vu d'autres, n'aurait fait qu'en rire. La date
donnée, 344, rend le motif de la vengeance de Pausanias, huit ans plus tard, fort suspect. Les sources
antiques accusent tour à tour le clan des Lyncestes,
la cour de Perse, Olympias et même Alexandre
d'avoir excité sa haine contre Philippe et armé son
bras. Le récit d'Aristote, contemporain des événements (*Politique,* V, 8, 10 (1311 b), de beaucoup le
moins romanesque, doit prévaloir : Pausanias poi-
gnarda le roi, à l'entrée du théâtre d'Aigéai, à l'occasion du mariage de sa fille avec le souverain d'Épire,
vers la fin d'août 336, « pour des raisons personnelles », et non à la suite d'un complot. Cinq ans
plus tard, Alexandre interrogeant l'oracle d'Ammon
sur le véritable auteur du crime n'en savait pas plus
que nous.

Nous ne pouvons même pas dire si Pausanias fut
abattu sur-le-champ par les gardes ou s'il fut arrêté,
torturé, condamné à mort par l'Assemblée des soldats après s'être expliqué. Le récit de la *Vulgate*
s'oppose ici avec celui du *Papyrus d'Oxyrhinkos,* XV,
1798, 1, lignes 6-8, et de Justin, IX, 7 et XI, 2. Toujours
est-il que le nouveau règne commença par un bain de
sang : sept meurtres au moins. Qu'on ne s'en étonne
ni ne s'en indigne ! Outre que ce fut toujours la règle
dans les monarchies du Proche-Orient, y compris
celles de Macédoine, et que la justice de clans n'a
rien à voir avec notre justice, la polygamie entraîne
partout d'inévitables conflits entre les différentes
mères d'héritiers présomptifs et entre des demis-
frères ou faux frères qui aspirent tous à la succession. A peine Olympias est-elle revenue d'Épire
(160 km), portant bien haut le deuil de son époux
assassiné, qu'elle fait tuer le nourrisson de la dernière reine, sa rivale, contraint celle-ci à se pendre,

réclame la mort d'Attalos, oncle et tuteur de Kléopatra, et l'obtient, demande à Alexandre, en vrai fils,
« de rechercher et de punir les auteurs de l'attentat »,
c'est-à-dire pratiquement de faire disparaître ses
compétiteurs : Karanos, enfant d'un premier lit (Justin, IX, 8, 2 ; XI, 2, 3), Amyntas, fils de l'ancien roi
Perdikkas et époux d'une des filles de Philippe
(Polyen, VIII, 60 ; Arrien, *Hist. des temps après Alex.*,
22), Arrhabaios et Hèroménès, de la famille princière
de la Lynkestis, accusée collectivement d'avoir
conspiré avec Pausanias pour faire disparaître le roi
Philippe. Alexandros le Lynceste, frère des deux
princes précédents, ne dut d'avoir été épargné —
momentanément — qu'au fait « qu'il avait été l'un
des premiers, parmi ses amis, à se ranger du côté
d'Alexandre et que, revêtu de sa cuirasse, il l'avait
accompagné dans le palais » (Arrien, I, 26, 1). Ce
dernier trait en dit long, tant il implique de hâte à
s'emparer de vive force des instruments du pouvoir :
trône, armes, cachets, trésor... Quinte-Curce (VII, 1, 6)
ajoute, d'après la *Vulgate,* un détail encore plus symbolique : « Comme (le Lynceste) avait le premier
salué Alexandre roi, il avait échappé au supplice plutôt qu'à l'accusation. » Et pour bien marquer la
continuité, Pella émet des « philippes » d'or et
d'argent jusqu'en 328 et quelques « alexandres »
d'argent au type de l'aigle, de même poids que les
philippes [14].

A vrai dire, le titre de roi ne fut décerné officiellement qu'un bon mois plus tard à Alexandre, fils de
Philippe. Non parce qu'il allait bientôt avoir vingt
ans, mais parce qu'il avait fallu au plus haut et plus
glorieux gradé du palais, Antipatros, faisant fonction
de régent, convoquer l'Assemblée des Macédoniens
en armes à laquelle revenait, selon l'usage (*nomos),*
le droit de désigner son souverain. Il faut imaginer un
ordre soudain de mobilisation générale envoyé
depuis les trois palais d'Aigéai, d'Edessa et de Pella

à tous les hommes libres de Macédoine en état de
porter les armes depuis les sources de la Cerna et le
lac Prespa à l'ouest, jusqu'à l'embouchure du Nestos
face à l'île de Thasos à l'est, soit sur 30 000 km² d'un
pays aux trois quarts montagneux et sans route véritable, au total huit principautés et douze territoires
annexés ou contrôlés. Si le contingent mobilisable
était bien, comme le veut la *Vulgate* (Diodore, XVII,
17, 3-5) de 24 000 fantassins et de 3 300 cavaliers et si
la densité de la population, évaluée d'après la toponymie et l'archéologie, était analogue à ce qu'elle
était à la fin du siècle dernier, la population totale de
la Macédoine pouvait osciller entre 520 000 et
550 000 habitants. En 336, près de la moitié du
contingent opérait en Asie Mineure (Polyen, IV, 44, 4)
et, en raison de ses succès, il n'était plus question de
le rappeler. Vers le 10 octobre 336, une troupe en
armes de 10 000 hommes au plus, soigneusement
haranguée par les officiers et compagnons de Philippe, acclame Alexandre « roi des Macédoniens »
en tenant compte des campagnes auxquelles il a pris
déjà part et aussi du manque de compétiteurs.

Il y a là tout autre chose qu'un vote et qu'une élec-
tion, étant donné qu'il n'y a aucun choix véritable. Il
s'agit plutôt d'une désignation, avec ce que ce terme
implique de dessein et même de contrat tacite. Le roi
s'engage à assumer et garantir les cultes de la nation,
à conduire ses soldats à la victoire, à être juste dans
le partage du butin et des territoires conquis, à agrandir son pays tout en le faisant prospérer. Maître des
cultes, juge suprême, chef des armées, généreux
donateur, il doit se maintenir en place par ses succès
et sa bonne fortune, par ses cadeaux et au besoin par
sa sévérité. Si le souverain manque à ses devoirs,
l'Assemblée peut refuser d'entrer en campagne,
d'exécuter les sentences, voire d'obéir et elle peut
même le déposer. Mais une fois le roi est-il acclamé
que des serments individuels lient les hommes libres

au chef de guerre librement désigné. Des sacrifices solennels soulignent le caractère sacré de la désignation.

Il ne reste plus pour Alexandre qu'à se faire consacrer par les plus hautes instances de la Grèce, pendant que les hommes rassemblés et des artistes venus de tout le monde hellénique érigent la demeure d'éternité où reposeront les cendres du roi défunt. C'est la gigantesque *toumba* de Palatitsa (14 m de hauteur, 120 m de diamètre), au sud de Vergina, où les fouilles de Manolis Andronikos, en octobre 1977, ont mis au jour deux chambres funéraires somptueuses avec les restes incinérés et le mobilier de Philippe II et d'une jeune princesse, peut-être Kynnanè, sa fille, mariée à Amyntas en 337 et assassinée en 316 (Diodore, XIX, 52, 2).

Peu de mois dans la vie d'Alexandre sont aussi remplis de faits positifs, d'actes résolus, que les mois de l'automne de l'an 336. A peine la mort de Philippe a-t-elle été connue en Grèce que, partout, les partis hostiles à la Macédoine reprennent le pouvoir. Athènes, avec Démosthène, donne l'exemple et déclenche l'agitation en Thessalie, à Thèbes, dans le Péloponnèse. Laissant à leurs travaux de terrassement les moins aguerris de ses soldats et emmenant avec lui toute sa cavalerie de lanciers et de piquiers, Alexandre contourne les massifs de l'Ossa et du Pèlion, débouche tout soudain au sud-est de la Thessalie et contraint la noblesse locale réunie en assemblée à Pharsale à lui renouveler le titre de gouverneur et de défenseur des Thessaliens *(tagos)*, jadis décerné à son père. Il franchit sans opposition le défilé des Thermopyles et, dans la bourgade d'Anthéla où les amphictions, représentants de la Confédération sacrée de Delphes, tiennent leur session d'automne, il se fait confirmer le titre de « Conducteur » ou « Guide suprême » *(Hègèmôn)* de la Grèce.

Par Thèbes, où la garnison macédonienne n'a pas

fléchi, il poursuit sa marche jusqu'à Corinthe. Là,
dans un Congrès où ne manquent que les seuls Spartiates, il fait renouveler le pacte de 338 : on lui
concède, comme à son père, le titre personnel de
général avec pleins pouvoirs *(statègos autokratôr)*,
chargé de la guerre contre les Perses. L'idée maîtresse de la politique du défunt roi est affirmée et
confirmée. Elle tient en deux mots : *koinè eirènè* « la
paix commune » entre les Grecs d'Europe et ceux
d'Asie Mineure, ce qui implique leur solidarité
contre les Barbares qui prétendraient les asservir et
l'unité du commandement. De là les trois titres
décernés au jeune chef macédonien : *tagos, hègèmôn,
stratègos*. A lui de rassembler, de conduire et d'attaquer. Les Athéniens terrorisés n'avaient pu, entre-
temps, que le nommer par décret « bienfaiteur » de
leur cité et eux qui avaient, en septembre, voté une
couronne d'honneur pour l'assassin de Philippe,
croyaient bon de décerner quelques mois plus tard
deux couronnes d'or à Alexandre ! Ne rions pas avec
Diogène, le vieillard cynique, qui, cette année-là,
cherchait à la lanterne un vrai homme, en plein jour,
et demandait, paraît-il, à Alexandre de ne pas
l'empêcher de voir clair. « Que puis-je faire pour
toi ? dit le roi. — Retire-toi un peu de mon soleil »
(Plutarque, *Vie*, 14, 4 ; Arrien, *Anabase*, VIII, 2, 1,
etc.).

Au début de 335, il est de retour à Aigéai. La
Macédoine en armes et les délégations des États
alliés ou soumis accompagnent le jeune souverain au
dolman brodé, qui va incinérer le corps embaumé de
Philippe II et ses parures au sommet du tertre géant
que des milliers de bras lui ont érigé dans la basse
vallée de l'Haliakmon. Il dépose au fond du souter-
rain le lourd coffret d'or étoilé renfermant les cendres de son père et son diadème. Il couvre le tout
d'une étoffe de pourpre brochée d'or, encore
aujourd'hui palpitante de vie. Il organise aussitôt les

jeux funèbres qui seront donnés à Dion, au pied de l'Olympe, avec des courses et des concours musicaux. Et pour bien marquer qu'il suit constamment la politique de son père, en attendant que les contingents alliés soient prêts à envahir l'Asie, il s'apprête à forcer tous les peuples des Balkans à coopérer à la libération du monde hellénique. Comme il a fait taire les opposants au sud de la Macédoine, il doit étouffer dans l'œuf toute velléité d'indépendance ou d'agression des peuples du nord-est et de l'ouest, Triballes, Thraces, Illyriens, « convaincu que s'il se relâchait de sa fermeté tous l'attaqueraient » (Plutarque, *Vie*, 11, 3). Et même il assurera ses arrières en traitant, comme Philippe, avec les populations seminomades des bords du Danube.

L'expédition du printemps de 335 a été méthodiquement et savamment préparée par terre et par mer. Elle ne nous est guère connue que par quelques paragraphes de l'*Anabase* d'Arrien (i, 1-6) et de la *Géographie* de Strabon (vii, 3, 8), également inspirés des *Mémoires* du roi Ptolémée Ier postérieurs de quarante ans aux événements. Nous n'en retiendrons que trois épisodes qui se répéteront dans les campagnes ultérieures : le forcement d'un col ; le franchissement d'un grand fleuve ; l'emploi décisif de l'artillerie. La campagne que mène Alexandre en personne de mars à mai 335 est peut-être la plus brillante et la plus allègre de son règne. Elle le conduit d'Amphipolis, point de ralliement des Macédoniens et de leurs alliés balkaniques, jusqu'au-delà du Danube, vers l'actuelle Alexandria de Roumanie, par les vallées de la Strouma, de la Mesta, de la Maritsa et de l'Osam : 400 km à vol d'oiseau du sud au nord en moins d'un mois. Des gorges, des forêts, des torrents, des monts, des steppes.

La campagne a pour but la pacification et la soumission d'une tribu thrace indépendante nomadisant entre Pleven et Tarnovo, au nord de la moderne Bulgarie. Mais, pour l'atteindre, il faut faire franchir à 15 000 phalangites et archers, à 1 500 cavaliers et à un très lourd convoi le Balkan central, la Stara Planina, non loin du sommet (le Botev, 2 376 m). Le col de Trojan (1 051 m), que barrent les chariots à deux et quatre roues des Barbares, est attaqué de front par la phalange macédonienne et de flanc par les plus alertes des auxiliaires agrianes dévalant des sommets voisins. Dans la plaine, Alexandre charge en tête de sa cavalerie. Le Danube, alors en pleine crue, est franchi de nuit, entre Belene et Svistov, par 1 500 cavaliers et 4 000 fantassins, sur des radeaux faits de pirogues reliées par des planchers, sur des outres et sur quelques navires grecs venus de la mer Noire. Enfin l'armée, ramenée en toute hâte par la vallée de l'Isker, la région de Sofia, la Macédoine yougoslave (de Titov Veles à Bitola) et le col de Poloskë, sur le front illyrien, dans l'actuelle Albanie-Shqipria, entreprend avec ses machines le siège d'une forteresse montagnarde, Pèlion, probablement la butte voisine de la moderne Korça (Kortcha, Goricë). Les Macédoniens, encerclés à leur tour par les Taulantioï (ou Gens de la montagne), ne se dégagent du cercle mal fermé qu'en faisant appel à leurs appareils de tir à répétition, catapultes et balistes, au passage du cours du Devol-Semani, exutoire du lac du Petit-Prespa. Par une feinte, Alexandre a amené ses adversaires à descendre des hauteurs séparément et il les vainc séparément.

Ce qui implique : 1º que les pièces d'artillerie étaient démontables ; 2º qu'un corps important du génie accompagnait l'expédition ; 3º que le jeune Alexandre, sans Parménion ni Antipatros à ses côtés, avait obtenu de ses différentes armes une discipline et une manœuvrabilité parfaites et qu'il avait le sens de la tactique. Bilan de cette campagne, qui constitue une répétition générale de l'expédition prévue en Asie Mineure : elle donne confiance au soldat ; elle

procure à l'armée un contingent important de mercenaires thraces, péoniens et illyriens ; elle enrichit le
trésor par la vente aux trafiquants grecs de la mer
Noire de milliers de prisonniers réduits en esclavage.
Philippe avait bien montré que la guerre pouvait
payer sur tous les plans, politique, diplomatique,
économique.

Alexandre était allé si loin vers le grand Nord à la
rencontre des Scythes et des Celtes que le bruit de sa
mort se répandit partout en Grèce. Comme l'année
précédente, les États de la Ligue ne se sentaient plus
liés par le pacte passé avec leur *hègèmôn*, leur *stratègos autokratôr*. Démosthène a même présenté à
l'Assemblée d'Athènes un combattant qui a vu tomber Alexandre sous ses yeux. En réalité, il n'a été que
blessé par une pierre de fronde et un coup de massue
en Illyrie. Les Thébains ont massacré deux des officiers que le roi avait laissés chez eux et assiégé la garnison macédonienne dans la Cadmée. Les Athéniens
et les Thébains hostiles au « tyran de la Grèce »
négocient avec le roi de Perse en vue d'une alliance
contre la Macédoine : à la « paix commune » ils préfèrent « la Paix du Roi », cet abandon de la cause
hellénique en Asie et ces honteux subsides perses
qui, depuis près d'un siècle, transforment les États
grecs en mendiants et les excitent les uns contre les
autres.

Les nouvelles de la révolte thébaine et des menées
de Démosthène et des partisans des Perses parviennent à Alexandre en août 336, alors qu'il reçoit la
soumission des Illyriens vaincus dans la vallée du
Devol-Semani, en bordure de l'Adriatique. En moins
de treize jours, il franchit avec 15 000 hommes, leurs
chevaux et tout le matériel de siège, les montagnes
qui le séparent des frontières de la Béotie, exploit
extraordinaire qu'aucun publiciste, poète ou rhéteur,
n'a jamais célébré, parce que la chancellerie macédonienne n'a pas encore organisé la propagande royale

sous forme de communiqués, de rapports ou de bulletins de victoire. Cela viendra un an plus tard après la libération des côtes d'Asie Mineure. Pour le moment, la colonne en marche soutient une allure journalière de plus de 32 km malgré la chaleur du karst, les forêts touffues des piémonts, la poussière de la plaine thessalienne, les obstacles des rivières dépourvues de ponts, la hauteur des cols entre 1 000 et 2 000 m, la fatigue des hommes et des attelages qui luttent et peinent sans repos depuis cent vingt jours. Dans les défilés arides du Grammos, du Pinde et de l'Othrys, sans parler des Thermopyles, la voie est si étroite qu'à peine quatre hommes peuvent marcher de front[16].

Alexandre est à Onkhestos, à 15 km de Thèbes. Les révoltés veulent croire qu'il s'agit d'un homonyme, l'un des trois princes de Lynkestide hostiles à Philippe, ou d'Antipatros le régent. Tragique illusion. Le véritable chef se fait connaître, essaie de négocier, propose un pardon qui est refusé, range les bataillons de sa phalange face au double retranchement qui couvre la petite citadelle au sud de la ville, participe à l'assaut et aux combats de rue et laisse ses soldats et leurs alliés — Béotiens, Platéens et Phocidiens, Péoniens, Thraces et Thessaliens — piller, violer, massacrer. « Mettant à part les prêtres, tous les hôtes des Macédoniens, les descendants de Pindare et ceux des Thébains qui avaient voté contre la défection, il fit vendre les autres. Ils étaient environ 30 000. Le nombre des morts dépassa 6 000 » (Plutarque, *Vie*, 11, 12).

Ne nous fions pas à ces chiffres. Ils sont trop éloquents. Alexandre laissa en réalité aux Grecs réunis à Corinthe le soin de régler le sort de Thèbes. « Les alliés qui avaient participé à l'action et à qui Alexandre avait confié la décision résolurent d'imposer une garnison à la Cadmée, mais de raser la ville et d'en répartir le territoire entre eux sauf les sanctuaires ; de réduire en esclavage les enfants, les femmes et tous les Thébains survivants, sauf les prêtres, les prêtresses, les hôtes de Philippe et d'Alexandre et les chargés d'affaires, protecteurs des Macédoniens. On dit qu'Alexandre, qui estimait le poète Pindare, épargna sa maison et la personne de ses descendants » (Arrien, *Anabase*, I, 9, 9-10). Il fit preuve de plus de clémence à l'égard d'Athènes : il n'exigea que l'exil d'un seul orateur*. Aristoboulos de Kassandreia, témoin oculaire de l'expédition, raconte même qu'Alexandre poussa la magnanimité jusqu'à faire grâce à la sœur du Thébain Théagénès, le vaincu de Chéronée. Elle était pourtant accusée devant le tribunal du roi d'avoir précipité dans un puits le Macédonien qui l'avait violentée.

Tous les auteurs antiques affirment que la catastrophe de Thèbes, en septembre 335, donna à réfléchir aux autres cités grecques. Bien peu constatent que ce ne sont pas les Macédoniens ni leur roi qui exigèrent la destruction partielle de la cité rebelle au son des flûtes et des tambours, mais ses voisins les plus immédiats, et que l'on a imputé à Alexandre un crime qu'il n'a jamais voulu. Nous remarquerons qu'il fit épargner les sanctuaires de Dionysos, le dieu né ou élevé à Thèbes, et d'Hèraklès, ancêtre de sa propre dynastie. La cité repeuplée reprit si bien vie que quelques années plus tard elle se soulevait à nouveau contre la Macédoine. Il est une chose que le jeune roi ne comprit et n'admit jamais : la déloyauté.

---

* Il est un mot que lui prête alors Plutarque (*Vie*, 11, 6) et qui marque un tournant dans sa biographie : « Démosthène me traitait d'enfant tant que j'étais chez les Triballes et les Illyriens, puis de petit jeune homme quand j'étais en Thessalie. Je veux lui faire voir sous les murs d'Athènes que je suis devenu un homme. » Ainsi le héros de l'Odyssée était appelé « Personne » au royaume des Cyclopes borgnes ; après son exploit, il était devenu quelqu'un : Ulysse (*Odyssée*, IX, 116-566).

Roi d'Asie

En octobre 335, Alexandre regagne la Macédoine. Il est tout à fait douteux qu'il soit revenu de Corinthe par Delphes, comme le veut Plutarque (*Vie*, 14, 7), qu'il soit allé consulter sur sa prochaine expédition la pythie, à une époque interdite et néfaste, et qu'elle lui ait déclaré : « Tu es invincible, mon fils. » Mais il est admis avec Arrien (*Anabase*, I, 11, 1) qu'il offrit à Zeus Olympien un grand sacrifice à Aigéai, capitale des anciens rois de Macédoine, et qu'il célébra en son honneur et en l'honneur des Muses des jeux solennels, avec courses et concours musicaux, à Dion, au pied de l'Olympe. Grecs et alliés y étaient tous conviés, ce qui était une façon de fixer à nouveau les modalités du départ, l'importance des contingents respectifs et les objectifs à atteindre.

Depuis un an déjà, le corps expéditionnaire macédonien, privé de ses chefs primitifs et affronté aux mercenaires grecs des satrapes, allait d'un repli stratégique à un autre et évacuait les villes d'Asie « libérées ». Il tenait bon cependant entre Priapos, sur l'actuelle mer de Marmara, et le cap Sigeion (Kum Kale) dans la région de Troie, bref sur la côte orientale des Dardanelles. Il fut convenu que les troupes de la Ligue de Corinthe se réuniraient dans la basse vallée du Strymon vers l'équinoxe du printemps prochain (21 mars 334 av. J.-C.), et que 160 navires de guerre et 400 vaisseaux de charge environ transporteraient juqu'aux têtes de pont d'Asie les hommes, les chevaux et les mulets, le matériel et le ravitaillement. Ceux des alliés qui gardaient les accès de l'Asie, Byzance, Chalcédoine, Cyzique, Sestos et Abydos, devaient empêcher la flotte au service des Perses, si jamais elle parvenait à se concentrer, de fermer les

Détroits. L'organisation du départ était confiée au meilleur général de Philippe, le très méthodique et prudent Parménion.

Les effectifs du corps expéditionnaire s'élèvent à 32 000 fantassins et à 5 200 cavaliers. Plus des deux tiers, la force vive et jeune de l'armée, viennent de la Macédoine et des pays soumis des Balkans. Le reste appartient aux contingents grecs alliés. Le commandement compte essentiellement sur les 9 000 hommes de la phalange, armés d'une longue lance en bois de cornouiller ou de micocoulier, sur les huit escadrons des Compagnons à cheval, dont le premier constitue la Garde royale *(Agèma)*, sur le corps d'élite enfin que constituent les Agrianes des sources du Strymon et du massif de la Vitoša : lanceurs de javelines, grimpeurs aux brodequins et aux casaques de peau, voltigeurs et éclaireurs, ils seront de tous les coups de main, de toutes les poursuites. Quand cette infanterie et cette cavalerie auront opéré leur jonction avec le corps opérationnel de Kallas, en Asie Mineure, entre Abydos et Lampsaque, l'armée comptera 43 000 fantassins et 6 100 cavaliers, soit au total, en ajoutant les retardataires, environ 50 000 combattants [17].

Il faut tenir compte aussi de l'artillerie aux ordres des ingénieurs Diadès de Pella, Polyeidos, Kharias, d'un corps du génie chargé de construire les ponts et les machines de siège, d'un train des équipages de plusieurs milliers de chariots, d'un service de santé, d'une intendance, d'une paierie, et aussi d'une foule de non-combattants qui accompagnent l'armée : artistes, savants, commerçants, financiers, domestiques et esclaves, femmes et trafiquants de toute sorte. Quand, après trois semaines de marche entre Amphipolis et la péninsule de Gallipoli et une semaine de passages individuels à travers l'Hellespont, toute cette foule aura touché terre en Asie, on pourra l'évaluer à 100 000 personnes environ.

Mais nous n'aurons garde d'oublier la flotte, si importante et si injustement négligée des historiens. L'armée navale, ou hellénique, *hellènikon nautikon,* tel en est le nom officiel, qui réunit à Amphipolis tous les contingents des alliés de la Macédoine en mer Égée et en mer Noire, compte entre 160 et 182 navires de guerre (Arrien, I, 18, 4 ; Justin, XI, 6, 2), c'est-à-dire qu'il a fallu pour l'équiper entre 32 000 et 37 000 marins, rameurs et soldats, soit presque autant d'hommes libres que l'armée de terre compte de fantassins. La flotte n'a pris part aux opérations de débarquement, d'accompagnement et de combat que de façon discontinue entre 334 et 332 et de 325 à 323, en tout la moitié du temps. Mais elle a joué dans l'histoire des campagnes d'Alexandre un rôle capital.

Pour entretenir toutes ces troupes le commandement ne dispose au départ que de 70 talents valant chacun 6 000 francs or et de trente jours de vivres. Il a dû emprunter 200 talents. Il faut absolument que la victoire nourrisse la guerre.

Le premier acte du conquérant en abordant au « port des Achéens » près du cap Sigeion (Kum Kale) est de ficher sa javeline dans le sol pour manifester ainsi symboliquement qu'il prend possession de la terre d'Asie. Juridiquement et religieusement, un pays conquis à la pointe de la lance appartient avec ses hommes et tous ses biens au vainqueur. Reste à savoir ce qu'il entend par le mot Asie. Ce ne sont pas, certainement, comme chez Homère, les marais à l'embouchure du Caystre. Ce ne sont probablement pas les seuls territoires voisins des côtes où les Grecs se sont installés depuis l'époque mycénienne, ni les seules villes que les Grecs ont fondées ou colonisées et qui paient tribut au roi de Perse, mais bien ce que le rhéteur Isocrate demandait au roi Philippe, douze ans plus tôt : « Délimiter un terri-

Itinéraires des forces grecques et perses jusqu'au Granique (mai 334 av. J.C.)

THRACE

PROKONNÉSOS

ARKTONNÉSOS

Mt Dindymos

OPHIOUSA

PROPONTIS (MER DE MARMARA)

Port de Daskyleion

Apollonia

Daskyleion des Perses ?

Rhyndakos (Kemalpaşa Çai)

L. Artynia (Apolyont)

Makestos (Simav Çai)

Cyzique (Bandirma)
(Erdek)

L. Aphnitis (Maniyas)

Maltepe

Zeleia (Gönen)

Tarsios

Priapos (Karabiga)

Pitya

Dimetoka
Portes de l'Asie

Karêsos

Aisêpos (Gönen Çai)

PHRYGIE HELLESPONTIQUE

Parion

Biga
(Biga Çai)

Rhèsos (Kocabaş Çai)

Granikos

Kolonai

(forces venant d'Ionie et de Sardes)

Lampsakos

Perkôtê

CHERSONÈSE

Kardia

Sestos

Arisbê

Abydos (Çanak Kale)

Rhoition

Massif de l'Ida

Skepsis

TROADE

Elaion

Cap Sigeion

Troie (Ilium Novum)

Skamandros

DARDANOS

HELLÈS (l'Hellespont)

0   50 km

toire aussi grand que possible et couper l'Asie, ainsi
qu'on l'appelle, de la Cilicie jusqu'à Sinope, et, en
outre, fonder des villes dans ce pays et y établir ceux
qui errent maintenant faute de moyens de vivre et
qui font du mal à tous ceux qu'ils rencontrent » (*Philippe,* § 120) : c'est pratiquement tout le plateau anatolien, d'Ankara au golfe d'Alexandrette.

Mais ce but, ou plus exactement ces buts sont trop
imprécis pour ne pas être restreints ou élargis ultérieurement, au gré des victoires et des divinités. Pieusement, Alexandre va prendre avis du tombeau
d'Achille, dans la plaine de Troie, se concilier les
divinités locales par des sacrifices et se faire remettre
en talisman un bouclier de la déesse Athèna à Ilion.
Puis, avec ses troupes regroupées par Parménion à
Arisbè, il parvient à la fin d'un après-midi de la
deuxième quinzaine de mai 334 sur la rive gauche
d'un petit torrent côtier de la mer de Marmara, le
Granique, aujourd'hui le Biga Çai ou Kocabas Çai.
Malgré les avis de ses conseillers et notamment de
Parménion, il fait ranger sa cavalerie à l'aile droite le
long du maigre cours d'eau et décide d'attaquer le
jour même la cavalerie perse qui l'attend de l'autre
côté[18]. Le roi passe le premier, bientôt suivi par
treize escadrons et par la phalange. La cavalerie
perse, plus forte en nombre, cède devant la fougue
des Macédoniens et surtout devant la longueur de
leurs lances. Alexandre, reconnaissable aux deux
aigrettes blanches de son casque, encerclé et frappé,
désarçonné même, ne doit son salut qu'à son Compagnon, Kleïtos le Noir, qui pourfend Spithridatès,
satrape de Lydie. Les mercenaires grecs des satrapes
massés sur une colline refusent de capituler et sont
massacrés par l'infanterie à la solde des Macédoniens.

Victoire moins importante par le nombre des victimes, quelques milliers, et des prisonniers, quelques
centaines envoyés aux mines, que par le retentisse-

ment : communiqués triomphaux à Antipatros, alors régent de la Macédoine et aux États de la Ligue hellénique, envoi de boucliers avec une inscription honorifique à Athènes, statues en bronze érigées aux nobles Macédoniens tombés au champ d'honneur, espoir et courage rendus aux cités grecques d'Éolide, d'Ionie et de Doride en Asie Mineure. « Cette bataille, écrit Plutarque (*Vie,* 17, 1) eut pour effet immédiat de modifier grandement la situation en faveur d'Alexandre. »

La majeure partie de la cavalerie perse et de ses mercenaires asiatiques à pied a réussi à quitter le champ de bataille et s'est repliée sur Milet que Memnon de Rhodes met en état de défense. A marches forcées, les troupes d'Alexandre occupent les côtes d'Ionie et débarrassent les villes des garnisons étrangères, concèdent la liberté et l'autonomie aux cités qui se soumettent, favorisent les régimes démocratiques et remplacent les abominables « tributs » *(phoroï)* au roi de Perse par une « contribution » *(syntaxis)* à la cause commune des alliés. Les villes indigènes, en tant que « domaine royal », demeurent soumises au tribut, mais, cette fois, au chef de la Ligue. Le satrape Mithrènès livre les citadelles et les trésors de Sardes que Parménion occupe. Les alliés hardiment s'emparent de l'île de Ladè, à l'embouchure du Méandre, bloquent l'entrée du port de Milet avec quelques navires et « chaque jour (de juillet 334), par vagues successives, soumettent les remparts de la ville à des assauts continuels » (Diodore, XVII, 22, 1).

La ville prise grâce surtout aux machines de guerre, 500 mercenaires à la solde des Perses serviront du côté des Grecs. Alexandre, considérant que sa flotte n'avait aucune chance de vaincre la flotte adverse, phénicienne surtout, deux fois et demie supérieure, et incapable en outre de subvenir à ses frais, la licencie. Il luttera sur terre désormais en ran-

Itinéraires des armées d'Alexandre
(334-331 av. J.C.)

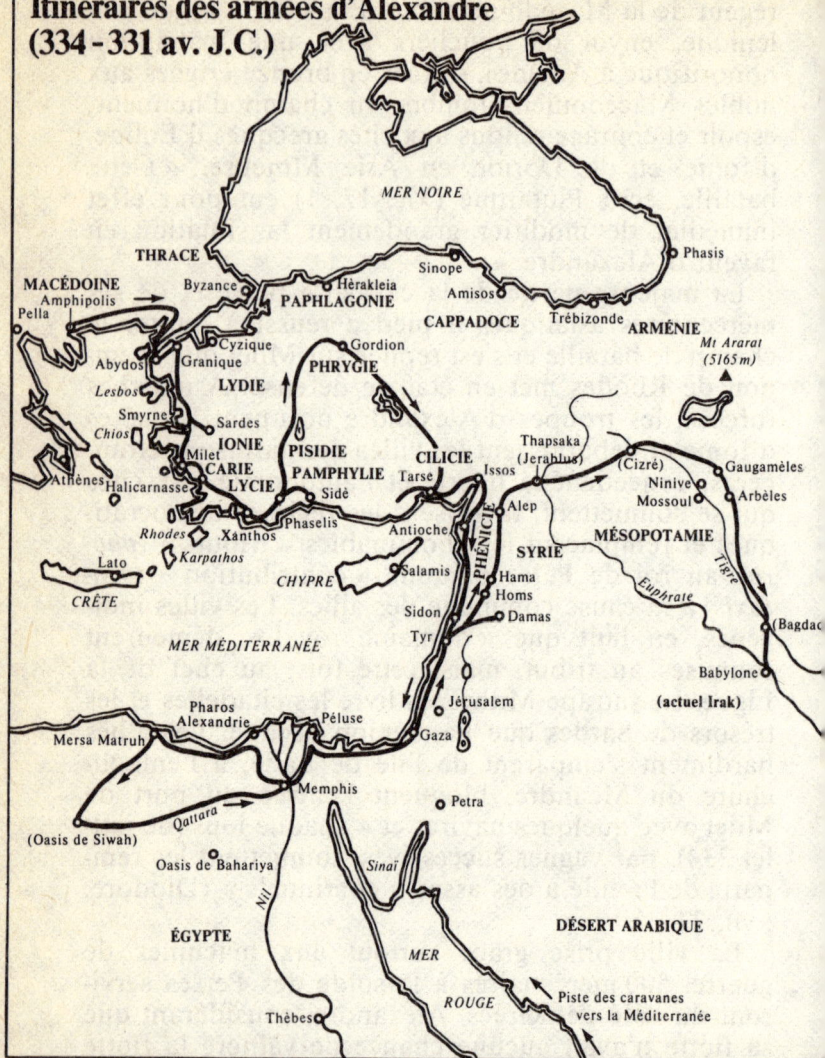

MER NOIRE

THRACE

MACÉDOINE
Amphipolis
Pella
Byzance
Hérakleia
PAPHLAGONIE
Sinope
Amisos
Trébizonde
ARMÉNIE
Mt Ararat
(5165 m)
CAPPADOCE

Abydos
Cyzique
Gordion
Granique
PHRYGIE
LYDIE
Lesbos
Smyrne
Chios
Sardes
Athènes
IONIE
Milet
CARIE
Halicarnasse
LYCIE
PISIDIE
PAMPHYLIE
Tarse
CILICIE
Sidé
Issos
Alep
Thapsaka
(Jerablus)
(Cizré)
Ninive
Mossoul
Gaugamèles
Arbèles
MÉSOPOTAMIE

Rhodes
Xanthos
Phaselis
Antioche
PHÉNICIE
SYRIE
Euphrate
Tigre
Lato
Karpathos
CHYPRE
Salamis
Hama
Homs
Damas
(Bagdad)
CRÈTE

MER MÉDITERRANÉE
Sidon
Tyr
Babylone
(actuel Irak)

Pharos
Alexandrie
Péluse
Jérusalem
Mersa Matruh
Gaza
Qattara
Memphis
Petra

(Oasis de Siwah)
Oasis de Bahariya
Sinaï
Nil

ÉGYPTE
DÉSERT ARABIQUE
MER
ROUGE
Piste des caravanes
vers la Méditerranée
Thèbes

geant dans son alliance toutes les côtes d'Asie Mineure d'où Darius tirait ses navires et leurs équipages. Seules, Halicarnasse en Carie, la forteresse des Marmariens au-dessus de Phasélis en Lycie et Termessos en Pamphylie résistent. Elles sont investies, prises d'assaut, détruites à l'automne. Toutefois, les deux forts d'Halicarnasse ne capituleront que plus tard entre les mains d'un Ptolémée. Au cours du même hiver, Alexandre fait arrêter et jeter en prison son homonyme, prince des Lyncestes et chef de la cavalerie thessalienne soupçonné de trahison.

C'est en traversant la Lycie qu'Alexandre est censé faire ses dévotions au sanctuaire de la déesse Lètô, mère d'Apollon, près de la ville de Xanthos et qu'il entend prédire « la destruction de l'Empire perse par les Grecs » (Plutarque, *Vie*, 17, 4). Les fouilles françaises, en dégageant en 1976-1977 les installations de la source sacrée ont mis au jour une dédicace d'« Alexandre, roi » dont rien ne prouve qu'elle date de cette campagne[19]. Elle peut fort bien, comme celles de Priène, d'Erésos de Chios, de Kalymna, être postérieure de plusieurs années au passage supposé du conquérant. Cette titulature n'est d'ailleurs pas celle des chancelleries perse ou macédonienne. Elle constitue une pieuse réclame à l'usage des touristes, mais, telle quelle, elle témoigne de la soumission des autorités locales et du respect d'Alexandre pour les cultes des pays soumis. Elle implique aussi que dès la fin de 334, Alexandre était considéré ici comme « roi de l'Asie », au sens restreint de ce terme géographique.

L'hiver se passe à assurer les arrières des villes grecques de la côte de Pamphylie jusqu'à Sidè, à transformer la rebelle Aspendos de cité autonome en cité sujette et à pacifier la Pisidie. Alexandre nomme alors son ami Néarque gouverneur de la nouvelle satrapie de Lycie-Pamphylie. Par Pergè, Sagalassos et Kélainai de Phrygie, l'armée se rend au printemps de 333 vers le nord à Gordion, capitale de Phrygie sur le Sangarios (Sakariya) : 750 km de marche depuis la côte à travers les monts enneigés et la steppe. Antigone le Borgne est nommé satrape de Grande Phrygie et Kallas satrape de Phrygie. Le roi se comporte désormais comme si la royauté sur l'Asie Mineure, de la côte ouest jusqu'à l'Halys (Kizil Irmak) lui était définitivement acquise.

En mai, la Cappadoce est érigée en satrapie aux ordres de Sabiktas, sans même être conquise, et la Paphlagonie est déclarée exempte de tribut avec la seule obligation de fournir un contingent militaire : c'est qu'Alexandre veut croire et faire croire qu'il a déjà réalisé le programme de Philippe, cité plus haut et, en même temps, qu'il a réellement conquis à la pointe de la lance tous les territoires depuis Sinope, ville grecque au nord sur la mer Noire, jusqu'aux côtes de la Méditerranée qui font face à l'île de Chypre, avec tout l'intérieur de la boucle de l'Halys.

Oui, si Alexandre, au lieu de poursuivre sa route sur la côte sud de l'Anatolie, monte sur le plateau central en direction de Gordion, ce n'est pas pour toutes les raisons plus ou moins puériles, magiques ou religieuses que la postérité a inventées : « Celui qui déferait le nœud du roi Gordios deviendrait le roi de l'Asie. » Il s'agit là d'une historiette récitée trente ans après la mort du conquérant (Aristoboulos, *F.G.H.*, n° 139,7 et 7B). Qu'une cheville fixant le joug d'un char au timon ait été dégagée à la pointe d'une épée ou qu'un nœud compliqué ait été sectionné, un jour, à Gordion de Phrygie, cela relève du folklore ou, au mieux, du fait divers. Alexandre ne vient en ces lieux que pour des raisons stratégiques évidentes : il opère la jonction de ses troupes avec les recrues que lui amène Parménion, il s'apprête à défendre ses conquêtes occidentales menacées par la flotte intacte de Memnon et des satrapes perses, il coupe enfin les deux routes royales qui, de Perse, amènent à l'ouest de l'Empire des soldats, des vivres et de l'or, nerf de la guerre. Et puis, Gordion avait été la capitale de l'antique roi (macédonien ?) Midas, qui changeait tout en or, certains préférant dire le cœur, le nombril ou le centre de l'Asie.

Par bonheur pour les Macédoniens, en mai 333, Memnon meurt de maladie et ne laisse aucun stratège qui le vaille à la tête des troupes et des navires perses. Alexandre peut tenter une brève incursion en territoire cappadocien, à l'est de l'actuelle Ankara, et il décide d'atteindre la limite sud-orientale de sa nouvelle royauté d'Asie. C'est dire que, pratiquement, il va suivre d'aussi près que possible le méridien de Sinope à Tarse, notre trente-cinquième degré de longitude est, limite extrême de la conquête qu'il s'est assignée et dont a rêvé Philippe son père.

D'Irmak à Tarse, il y a 450 km qui sont des plus pénibles à parcourir au cœur de l'été : un mois entier de marche. Il faut longer une nouvelle mer, au milieu d'une steppe aride, le lac Salé. Ce sont les 90 km de l'actuel Tuz Gölü, à huit jours au sud d'Ankara. Malheur à qui, homme ou monture, piétine trop longuement la frange de sel d'un blanc éblouissant qui vient mourir au bord du chemin ! Le sel et la soude lui rongent le cuir ou le sabot. Puis c'est l'escalade des pentes du Taurus dont la sierra enneigée culmine, à droite de la piste, à 3 585 m. On entre dans la Cilicie. Le défilé principal à travers la chaîne, le Gülek Boğaz (966 m), est connu sous le nom de Pylaï tès Kilikias, ou Portes ciliciennes. Il ne livre passage qu'à un seul char à la fois, ou à quatre hommes de front. Laissant les troupes lourdes et le bagage à l'entrée nord du défilé, le roi s'enfonce au cœur de la nuit avec un corps de voltigeurs par des sentiers latéraux, surprend et disperse les défenseurs. A l'aube, l'armée entière franchit le col et, cinq jours plus tard, parvient à Tarse que le satrape perse Arsamès évacue sans combat.

La ville se trouve dans une plaine humide et chaude et dont le climat, en été, est des plus énervant. Il y régnait alors ce que l'on appelait la fièvre cilicienne. Alexandre, étouffant de chaleur, se jette à midi dans l'eau glacée du Kydnos (Tarsus Irmak) et tombe victime de la plus belle hydrocution que l'Antiquité ait jamais décrite (Quinte-Curce, III, 5, 1-9 ; Arrien, II, 4, 7 ; Plutarque, *Vie,* 19, 2 ; Justin, XI, 8, 3). On ne sait par quel moyen son médecin Philippos d'Acarnanie parvint en trois jours à le remettre sur pied. Purge, potion, fomentations, révulsifs, frictions, excitations diverses, tous les traitements nous sont mentionnés. La convalescence semble avoir duré plus de deux mois (août-septembre 333).

A Tarse, Alexandre s'estime tellement devenu le souverain de l'Asie Mineure tout entière qu'il y fait frapper monnaie. Il envoie Parménion, alors âgé de soixante-sept ans, occuper à 180 km de là, vers le sud-est, le défilé de Belen ou Portes de Syrie-Cilicie dans le massif de l'Amanus (2 262 m), à 10 km au nord de l'actuelle Iskenderun (Alexandrette). Lui-même, cependant, va rallier à sa cause les villes à demi-grecques de la côte à l'ouest de Tarse : Ankhialos et Soloï, la cité des « solécismes », condamnée à payer l'énorme amende de 200 talents d'argent et à recevoir une garnison. Il guerroie pendant sept jours contre les montagnards de la Cilicie Trachée (Toros Dağ), reçoit leur soumission et organise à Soloï un grand défilé et des concours sportifs et artistiques. Il revient à Tarse et, par Mallos, antique colonie d'Argos, opère vers la fin du mois d'octobre sa jonction avec Parménion parvenu en Syrie, au sud d'Iskenderun.

« Darius, ayant franchi les montagnes par les Portes dites amaniennes, Arslan Boğaz et Toprakkale (au nord du golfe d'Alexandrette, vers l'actuel Osmaniye), marcha sur Issos et arriva dans le dos

ataille d'Issos (novembre 333 av. J.C.)

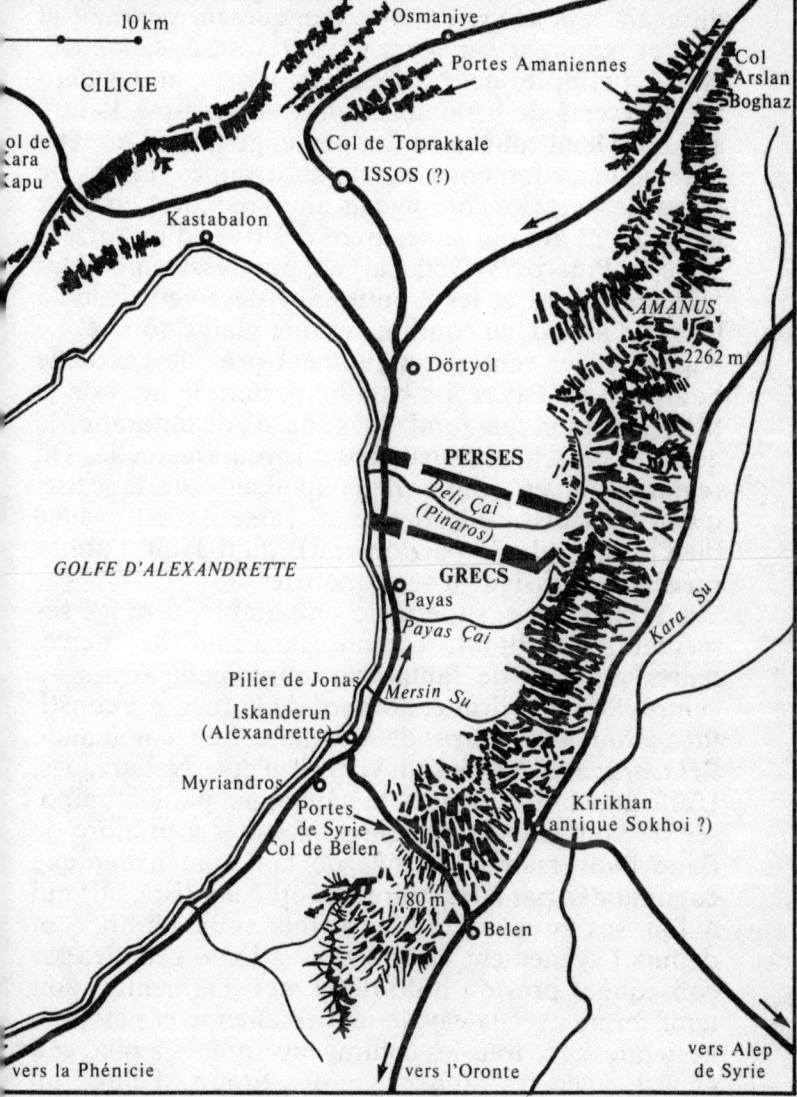

10 km

CILICIE

Osmaniye

Portes Amaniennes

Col Arslan Boghaz

ol de Kara Kapu

Col de Toprakkale

ISSOS (?)

Kastabalon

Dörtyol

AMANUS
2262 m

PERSES

Deli Çai (Pinaros)

GOLFE D'ALEXANDRETTE

GRECS

Payas

Payas Çai

Kara Su

Pilier de Jonas

Mersin Su

Iskanderun (Alexandrette)

Myriandros

Portes de Syrie
Col de Belen

Kirikhan antique Sokhoi ?)

780 m

Belen

vers la Phénicie

vers l'Oronte

vers Alep de Syrie

d'Alexandre » (Arrien, *Anabase,* II, 7, 1). « Darius faisait route vers la Cilicie tandis qu'Alexandre se dirigeait vers la Syrie. Ils se manquèrent pendant la nuit et revinrent sur leurs pas » (Plutarque, *Vie,* 20, 4-5). En effet les deux armées ont passé par des défilés différents de l'Amanus, l'une au nord-est, l'autre au sud. Demi-tour nord. La phalange lourde en tête, l'armée macédonienne, suivie des troupes légères de la cavalerie et des contingents alliés parcourt en deux jours les 23 km qui la séparent des rives d'un torrent à sec, le Pinaros [20] (Deli Çai), et, progressivement, les 50 000 hommes et les montures se déploient jusqu'à barrer d'un rideau continu l'étroite plaine côtière. Le bagage et les renforts stationnent près de l'actuelle bourgade de Payas. La bataille portera le nom de la plaine d'Issos, au fond du golfe d'Alexandrette, le golfe le plus méridional de la Turquie actuelle. On remarquera, en jetant un coup d'œil sur la carte, qu'en franchissant le fleuve de Tarse il s'est avancé bien au-delà du 35º de longitude qu'il avait, l'année précédente, assigné à ses conquêtes.

L'armée perse, supérieure en nombre, a rangé ses meilleurs bataillons, composés surtout de mercenaires grecs et de fantassins lourdement armés au centre. Son aile droite, au bord de la mer, est constituée d'un gros corps de cavalerie que commande l'*Hazarapatiš,* ou Grand Vizir, le Perse Nabarzanès. L'aile gauche, appuyée à la montagne, paraît composée de voltigeurs et d'archers, destinés à prendre de flanc l'adversaire. L'armée de la Ligue hellénique commandée par Alexandre a adopté un dispositif qui a fait ses preuves plusieurs fois sous Philippe et depuis l'avènement de son fils : à l'aile gauche, par conséquent près du bord de la mer, Parménion doit tenir ferme avec la cavalerie thessalienne et péloponnésienne, avec tous les contingents thraces à pied et à cheval, avec les archers crétois, tireurs d'élite ; au centre, sous Kratéros, la lourde phalange des porteurs de sarisses, six bataillons d'hommes au coude à coude, semblables à un hérisson d'acier ; à l'aile droite, sous Alexandre, les huit escadrons de la cavalerie macédonienne des Compagnons, les voltigeurs péoniens, les contingents mobiles des Agrianes.

Vers le milieu du jour, le jeune roi, qui vient d'avoir vingt-trois ans, passe en revue le front de ses troupes savamment alignées à bonne distance de la rivière et hurle aux chefs de corps ses encouragements, puis il vient prendre position à la jonction de son aile droite et de son centre, face au char de Darius. Et brusquement, il charge. Il est douteux, malgré l'historien Kharès de Mytilène, chambellan d'Alexandre, que celui-ci et Darius se soient mesurés corps à corps et que le Roi des rois, excellent archer, ait blessé le jeune et fougueux Macédonien personnellement. En réalité, « dans la lettre qu'Alexandre écrivit à Antipatros (régent de Macédoine) sur la bataille... on lit seulement qu'il reçut un coup d'épée à la cuisse et que cette blessure (la troisième depuis son avènement) n'eut pas de suite fâcheuse » (Plutarque, *Vie*, 20, 9). La cavalerie lourde macédonienne emporte la décision : au premier choc, l'aile gauche perse est enfoncée. Au centre, la phalange macédonienne, un instant rompue par l'obligation de passer les obstacles que présente le cours d'eau, est longtemps aux prises avec les mercenaires grecs de Darius, jusqu'à ce qu'Alexandre prenne ceux-ci de flanc. Près de la mer, les cavaliers thessaliens plient lentement, mais la fuite de Darius et des siens oblige la cavalerie du Grand Vizir à lâcher prise. A la bataille succèdent la poursuite jusqu'à la nuit, la prise du camp de Darius, le partage du butin. La mère du Grand Roi, sa femme, sa sœur, ses deux filles et son fils Ochos, âgé de six ans, tombent entre les mains d'Alexandre, qui les traite avec beaucoup d'égards. Ce sont là des gages plus précieux que tout l'or découvert sous les tentes du roi.

Cette bataille, célébrée à grand bruit et peinte par Philoxène d'Érétrie (copie sur la mosaïque pompéienne du musée de Naples), n'est qu'un demi-succès. Darius, abandonnant son char, ses armes, ses bagages et quelques milliers de morts sur la plaine d'Issos et dans les défilés de l'Amanus, a réussi à échapper au vainqueur. Avec lui se sont enfuis au moins 4 000 cavaliers perses sous la conduite des chefs les plus énergiques, dont peut-être Nabarzanès. Empruntant le parcours de la voie royale du nord, ils s'installent dans des régions qui restent encore, en novembre 333, réellement en dehors de l'autorité et du contrôle macédoniens, la Cappadoce et la Paphlagonie, c'est-à-dire le nord, le centre et tout l'est du plateau anatolien. Ils y instituent la conscription et se trouvent en quelques mois à la tête de forces considérables, prêtes à reconquérir toute l'Asie Mineure, à l'ouest de l'Halys, tandis qu'en Europe Agis de Sparte noue une coalition contre la Macédoine. Les mercenaires grecs qui n'ont pas péri à Issos ont préféré Darius à Alexandre.

Tout ce qui reste de la flotte macédonienne et de la flotte de la Ligue, mobilisée en juin 333 pour dégager les Détroits et pour couvrir en hâte les côtes de Thrace et de Macédoine, ne pourrait affronter l'immense flotte chypro-phénicienne du Perse Pharnabaze, qui vient de reprendre Milet, Chios, Andros, Siphnos. Au cours de l'automne 333, les trois principales cités de la Grèce, Thèbes reconstruite, Athènes épargnée, Sparte indépendante, ont envoyé à Damas des délégations. Elles désirent s'allier à Darius contre Alexandre. Moment critique : le commandement macédonien est véritablement à la croisée de quatre chemins : doit-il revenir sur ses pas, avancer vers le sud, poursuivre Darius ou secourir la Grèce ? Il opte pour le sud.

Roi de la cité de Tyr

Le tout premier soin du vainqueur d'Issos, en novembre de la même année, est de dépêcher, par la vallée de l'Oronte et par la Bekaa, Parménion, avec une solide escorte, à 500 km vers le sud, à Damas de Syrie où le trésor de Darius doit lui être livré par un traître, tandis que lui-même, Alexandre, longe la côte avec le gros de l'armée en direction des ports phéniciens. Leurs navires constituent une menace permanente contre les escadres et le commerce grecs. La nouvelle de sa victoire, l'installation de Ménon comme satrape dans l'ouest de la Syrie, au Liban et en Judée, avec toute la cavalerie alliée, le châtiment infligé aux cités qui avaient osé résister et les avantages concédés à celles qui étaient venues à composition incitent les princes de Chypre, aux trois quarts Grecs d'origine, et la plupart des rois plus ou moins hellénisés des villes phéniciennes à envoyer des ambassades auprès d'Alexandre : ils déclarent ne plus vouloir obéir au souverain perse, mais vouloir unir leurs forces à celles du libérateur, pourvu que soient garanties leurs libertés et leur autonomie. Straton, fils du roi d'Arvad (actuelle Rouad, nord Liban) remet à Alexandre l'île de Marathos, Sigon, Mariamme « et toutes les autres places où s'exerçait sa souveraineté » (Arrien, *Anabase,* II, 13, 8). Nous sommes en décembre 333. Les flottes ne sont pas en état de tenir la mer. La navigation ne reprendra qu'en avril. Il faut avant le printemps s'assurer de toute la côte jusqu'à Gaza.

Au début de l'hiver, Alexandre reçoit à Marathos même des envoyés de Darius. Ils sont porteurs d'une lettre du roi : il lui offre un traité d'alliance et d'amitié et des rançons pour la libération de son fils et des

principales captives, sa mère, sa femme et ses filles.
Le refus d'Alexandre, assorti de considérations historiques, morales et politiques, différentes selon les
auteurs, paraît net et tranchant. S'il faut en croire
Arrien (*Anabase,* II, 14, 8-9), Alexandre, outré de
n'avoir pas été salué du nom de roi, aurait écrit à
Darius en ces propres termes : « Viens me voir
comme le maître de toute l'Asie que je suis... Doréna-
vant, quand tu auras à t'adresser à moi, fais-le moi
savoir comme à quelqu'un qui est maître de tes
biens. Autrement, je considérerais ton attitude
comme une injure. Si tu en appelles pour le titre de
roi à un autre combat, tu peux m'attendre de pied
ferme. Ne te dérobe pas. Je t'atteindrai partout. » Le
style que lui prête Quinte-Curce, le Romain, est
encore plus lapidaire : « A l'avenir, quand tu m'écri-
ras, rappelle-toi que tu n'écris pas seulement à un
roi, mais à ton roi » (*Histoires,* IV, 1, 14). Mais qu'en
faut-il retenir, quand on sait le soin avec lequel les
narrateurs antiques recomposaient tous les discours
et tous les messages ?

De Damas, Parménion lui fait parvenir une partie
du trésor de Darius, une maîtresse, la noble Barsine,
naguère épouse ou concubine de Mentor, frère de
Memnon, et les négociateurs que les cités grecques
ont envoyés à Darius pour conclure la paix avant la
bataille d'Issos. Alexandre les relâche tous, sauf
Euryklès, ambassadeur des Spartiates en guerre
déclarée contre la Macédoine. Tous actes politiques
plus que sentimentaux.

Suivant la côte de l'actuel Liban, du nord au sud,
Alexandre reçoit, en janvier 332, la soumission des
villes de Byblos et de Sidon. En cette dernière ville,
Hèphaïstion, l'ami du roi, se charge de remplacer le
vieux client des Perses, Straton, par un prince philhellène, Abd'alonim. Il mettra la flotte des lourds
vaisseaux de son pays au service d'Alexandre par
reconnaissance, par haine aussi de Tyr, la cité rivale.

Tyr va subir un siège mémorable pendant sept mois
(février-août 332). Le sarcophage de Sidon, dit
d'Alexandre, une des gloires du musée d'Istanbul,
orné de scènes héroïques de chasse et de guerre inspirées par la vie des deux rois, a probablement
contenu les restes d'Abd'alonim[21]. Une ambassade
tyrienne, conduite par l'héritier du roi Abdimilik, au
service des Perses en mer Égée, essaie de se concilier
les faveurs d'Alexandre par des présents, à condition
qu'aucun Macédonien ni aucun Perse n'entrent en
ville : en termes diplomatiques, les Tyriens entendent
ménager l'avenir en prétextant la neutralité.

Alexandre, qui croit descendre du héros Hèraklès-
Melqart, « Roi de la Cité » de Tyr, prétend, de son
côté, qu'il veut offrir un sacrifice royal à son ancêtre,
à l'intérieur même de l'île dans laquelle la ville et ses
deux ports sont bâtis. L'aristocratie et le clergé de
Tyr lui opposent un refus formel. Il réunit son état-
major. Il lui montre les dangers militaires, politiques
et économiques auxquels il s'expose s'il a contre lui
et derrière lui la plus grande puissance navale de la
Méditerranée. Par la flotte de Tyr, les conquêtes déjà
faites sur terre sont menacées de toutes parts. Aux
ingénieurs et aux mécaniciens du génie il appartiendra de dire comment s'emparer sans escadres d'une
île fortifiée. A partir du continent, l'armée tout
entière construit une jetée longue de plus de 700 m et
large de 60 m pour relier la terre ferme à l'île, fait
avancer ses machines et, à maintes reprises, lance ses
colonnes d'assaut. Alexandre en personne dirige les
travaux. Quand la tempête emporte une partie de la
digue, il faut la reconstruire en l'étayant de gros
troncs d'arbres et reconstruire des parapets et des
tours malgré les brûlots des ennemis. Au milieu des
opérations du siège et tandis que, peu à peu, tous les
contingents alliés par mer et par terre se rassemblent
autour de la presqu'île de Tyr, Alexandre dirige une
brève expédition, un raid plutôt contre les Syriens de

l'Anti-Liban qui menacent ses communications avec Alep. Quand il revient, il trouve un appoint de 4 000 mercenaires grecs et 190 navires de guerre prêts à combattre avec lui. Il demande allégeance et subsides au Grand Prêtre des Juifs à Jérusalem, distante de 250 km, et les obtient.

Finalement, c'est par la mer que l'ancienne île est prise. Ses deux ports, au nord et au sud-est, étant bloqués par les escadres grecques, chypriotes et syrophéniciennes et un grand nombre de vaisseaux alliés à quatre et cinq files de rameurs ayant été pourvus d'artillerie, l'assaut est donné simultanément à travers le port « sidonien », au nord, et à travers l'arsenal, au sud, tandis que l'infanterie fixe l'attention des défenseurs du côté de la chaussée à l'est. A l'aide de ponts volants lancés du haut d'une tour de bois assujettie à deux navires couplés, les écuyers d'Admètos et le roi, près de l'arsenal, sautent sur le rempart, bientôt suivis par les soldats embarqués. La ville est prise ruelle par ruelle, maison par maison, étage par étage. Les prêtres du temple et les magistrats capitulent enfin. On évalue le nombre des Tyriens massacrés à environ 6 000, sur une population de 30 000 personnes. Il paraît que 2 000 hommes furent mis en croix et que 5 000 femmes et enfants furent vendus comme esclaves.

Le siège et la prise de Tyr ont excité la verve des narrateurs [22], surtout parce que ces combats ont marqué la fin de la puissance phénicienne et donné au commerce grec la maîtrise absolue de la Méditerranée orientale. Quinte-Curce écrit : « Alexandre épargna les députés de Carthage (alors en pèlerinage à Tyr), mais il ajouta qu'il déclarait aux Carthaginois une guerre que les circonstances présentes remettaient à plus tard » (*Histoires,* IV, 4, 18). Effectivement, la conquête de la Méditerranée occidentale figura parmi ses derniers projets.

De Tyr, l'actuelle Sour, jusqu'au sud du pays des

Philistins, les différents ports, les différentes villes fortes adressent des félicitations, des vœux, des couronnes, des bénédictions au vainqueur, y compris Jérusalem où Alexandre ne pénètre pas, mais qu'il laisse se gouverner selon son régime théocratique, en dispensant désormais, semble-t-il, le clergé du Temple de tout tribut au roi de Perse. Mais simultanément, à la fin du siège de Tyr, arrive de Babylone une seconde ambassade de Darius. En lui écrivant « comme à un roi », il fait à Alexandre de nouvelles propositions. En plus des rançons, il offre la main de sa fille Stateira et une dot : « toute la région placée entre l'Hellespont et le fleuve Halys » (Quinte-Curce, IV, 5, 1). Selon Arrien (II, 25, 2), Parménion aurait incité Alexandre à accepter en disant : « Si j'étais à ta place... » ; mais le jeune roi aurait répliqué : « Moi aussi, si j'étais à la tienne. » Ce qui est sûr, c'est que le double refus du Macédonien s'explique par le caractère fictif des concessions qui lui sont faites : en dotant ainsi sa fille prisonnière, Darius n'abandonnait pas son droit éminent de souveraineté sur des pays qui, en réalité, ne lui appartenaient plus.

Sûr désormais de ses arrières, Alexandre poursuit sa route en direction du sud. Un seul port lui résiste, Gaza, l'antique Minoa, capitale des Philistins, que se sont toujours disputée les Phéniciens, les Juifs, les Crétois, les Égyptiens et où, en septembre 332, les officiers perses et leurs auxiliaires arabes tiennent garnison sous le commandement d'un Perse énergique, Batis. On essaie d'abord de prendre la ville à l'aide de tours roulantes et de galeries de mines. Au cours d'une escarmouche, le roi est blessé. Alors on élève un remblai presque aussi haut que les murailles, on y juche des tours qui dominent la ville, on multiplie les mines. Le rempart s'effondre, les soldats alliés se fraient un chemin par la brèche. Nouvelle blessure (la cinquième) et fureur du roi qui fait ou laisse massacrer tous les défenseurs y compris le gouverneur et réduire tous les non-combattants en esclavage (octobre 332). Butin énorme, surtout en aromates (Pline, *Hist. nat.*, XII, 32, 62). La ville fut repeuplée avec les indigènes du voisinage et transformée en forteresse, ou plutôt en base d'opérations ultérieures, tandis que la flotte macédonienne reprenait les îles et les cités grecques de Chios, de Lesbos et de Milet occupées par les Perses l'année précédente.

ROI DE HAUTE ET DE BASSE-ÉGYPTE

En octobre 332, Alexandre sait qu'après sa seconde réponse à Darius, la capture en mer Égée et l'exécution de ses généraux, la détention de toute sa famille, le commandement perse se prépare à une bataille décisive, mobilise et entraîne autour de Babylone les contingents d'éléphants, de chameliers, de cavaliers, de piquiers et d'archers qui ont toujours fait la force vive de l'Empire. Mais on entre dans la mauvaise saison, celle des pluies sur la côte et des tempêtes de sable dans le désert. Il est aussi périlleux et difficile à l'un qu'à l'autre des adversaires de se mettre en route avant six mois. Et immédiatement au sud de Gaza commence l'Égypte, où subsiste l'autorité nominale des Perses et où le Macédonien Amyntas vient de tenter une folle équipée[23]. Alexandre sait aussi que le clergé égyptien est en état de rébellion permanente contre ses oppresseurs. L'armée de la Ligue hellénique dispose de six mois relativement frais pour réaliser un vieux rêve des marins grecs, d'Ulysse le Crétois à Cimon d'Athènes : ouvrir l'immense marché égyptien au commerce grec. La flotte phénicienne, naguère rivale, s'est ralliée au vainqueur ou a coulé au large de Tyr.

Accompagné par les forces navales aux ordres

d'Hèphaïstion, Alexandre arrive en sept jours à
Péluse. Il y met garnison. Ses navires chargés de
troupes remontent jusqu'à Memphis. Il s'y rend en
longeant le bras pélusiaque du delta, puis le Nil,
avec sa formidable cavalerie. Le satrape Masakès
n'oppose aux Grecs qu'une résistance théorique et
bientôt remet sa satrapie à leur chef. Le roi traite
immédiatement avec le clergé, le rétablit dans ses
antiques privilèges, immole des victimes au dieu
Apis et aux autres divinités de l'Égypte, ordonne de
rebâtir les grands sanctuaires de Karnak et de Louk-
sor. Au début de décembre 332, il est reconnu solennellement pharaon, « Sublime Porte », Roi de Haute
et Basse-Égypte, Bien-Aimé d'Ammon et Préféré de
Rê, Fils de Rê[24], c'est-à-dire qu'il doit être considéré
à la fois comme le frère et le fils des dieux, le pro-
priétaire éminent de toute la terre cultivable et de ses
richesses, le souverain dispensateur de l'abondance
en Égypte, etc.

Après les cérémonies égyptiennes de l'intronisa-
tion, pour garder leur identité religieuse et pour montrer qu'ils ne sont pas les « peuples de la mer » du
temps de la XIXe dynastie, ni les Perses brutaux,
ennemis des idoles, les Grecs et les Macédoniens
organisent à Memphis des concours musicaux, des
spectacles et des jeux athlétiques, essence même de
l'hellénisme, ce que nous appellerions de nos jours
des manifestations culturelles, mais dont l'aspect
liturgique, voire hiératique, fait pendant aux fêtes
strictement égyptiennes du couronnement. Deux
actes également religieux accompagnent encore le
séjour d'Alexandre en Égypte pharaonique : la fondation, selon les rites, d'une ville mixte au lieu-dit
Per-ao, Pharaon, *Pharos* en grec, près de la bouche
canopique du Nil, et un pèlerinage auprès du dieu
père des pharaons, Ammon Rê, dans l'oasis de
Siwah, à 250 km au sud-ouest de Mersah Matruh.

En un certain sens, on peut soutenir que lorsqu'il

se dirigeait vers l'Égypte, puis vers la Cyrénaïque et même vers Babylone et Persépolis, le Chef suprême ou Guide, *Hègèmôn,* de la Ligue hellénique accomplissait la mission dont on l'avait chargé : délivrer les Grecs partout où ils se trouvaient opprimés, même si depuis qu'il avait franchi les Portes de la Syrie, en octobre 333, le libérateur substituait une ambition personnelle à la volonté collective et se transformait peu à peu de stratège en conquérant.

La ville à fonder, le 20 janvier 331 av. J.-C., le 25 du mois égyptien tybi, l'an premier de Sa Majesté Alexandros, n'est pas destinée à ressembler à une cité qui s'administrerait à la façon grecque. C'est plutôt la ville d'un homme qui serait d'essence divine, *Alexandreia pros ton Aigypton*[25], « Alexandrie voisine du fleuve Aigyptos » (demeure du dieu Ptah), comme Pi-Ramsès, au temps de Moïse, portait le nom de Ramsès II et Bubastet le nom de Bastit, la déesse Chatte. Et, en même temps, ce serait une ville bien située pour être une capitale, « la tête » d'un grand corps dont les agglomérations ne seraient que les membres, un centre où la volonté du roi de droit divin pourrait s'exercer le plus commodément dans toutes les directions, sur « les neuf arcs » de l'Empire pharaonique, un point de l'espace où viendrait s'enraciner le pouvoir. L'enceinte n'en sera pas le caractère propre. Ce sera le plan en damier, inspiré des conceptions du père de la géométrie et des proportions mathématiques, Pythagore (572-492 av. J.-C.), autrefois colon de Naukratis en Égypte.

Ce que l'on sait de positif sur la fondation décidée par Alexandre, assisté de l'architecte Deinokratès de Rhodes et des ingénieurs de l'armée, Diadès et Kharias, tient en quelques phrases. Au début de janvier 331, une troupe de quelques milliers de cavaliers et fantassins macédoniens et de volontaires grecs, artisans et commerçants, quitte les abords de Memphis pour l'extrémité occidentale du delta du Nil.

Elle est grossie en route d'autant de Grecs et d'Égyptiens voisins du lac Maréotis, l'actuel Mariout et, finalement, des habitants de la bourgade de Rhakotis, face à l'île de Pharos. Ce sera le modèle des villes triples, Tripoli(s), du monde antique. Les prêtres et les devins sont consultés. On se rend propices les dieux du sol et du sous-sol, les Bons Génies, *Agathoï Daïmones,* qui apparaissent sous forme de serpents, et les dieux du ciel et des eaux qui apparaissent sous forme d'oiseaux. Ordre est donné de déposer pour eux, de place en place, de petits tas de gruau ou de bouillie. Alexandre parcourt à pied le chemin de ronde que lui indique Deinokratès, faisant piqueter le tracé ou fixer des repères clairs de place en place ; il approuve le contour en forme de dolman déployé — longueur 30 stades (5 340 m), largeur entre 7 et 8 stades (environ 1 325 m) —, la jonction de l'île à la terre ferme par une jetée de 1 260 m, le dispositif en cinq quartiers, l'idée d'y réserver deux agoras et des espaces verts. Il fait confiance aux urbanistes, aux arpenteurs et aux chefs des équipes des trois nations représentées, puis ils disparaît avec un peloton de cavaliers et de chameliers dans les sables de l'Occident.

S'il faut en croire les récits dérivés des *Histoires* de Clitarque (Diodore, XVII, 49, 2 ; Quinte-Curce, IV, 7, 9 ; et peut-être Arrien, V, 25, 4 ; VII, 9, 7), Alexandre aurait reçu à Paraitonion (Mersah Matruh) une ambassade des Grecs de Cyrénaïque qui lui apportaient une couronne honorifique et de riches présents. Il reste vraisemblable « qu'il conclut avec eux un traité d'amitié et une alliance militaire », ce qui n'implique en aucune façon que la république de Cyrène reconnût Alexandre pour son roi. L'équipée dans le désert de sable [26] va durer un peu moins de deux mois, mais en la meilleure saison, celle où il pleut quelquefois et à verse.

Négligeant ici les anecdotes, ne retenons du pèlerinage d'Alexandre au temple d'Ammon-Rê, père de tous les pharaons, que le témoignage de Ptolémée, qui l'accompagnait : « Alexandre est pris du désir de se rendre auprès d'Ammon en Afrique, d'une part pour consulter le dieu, parce que l'oracle d'Ammon était réputé infaillible et que l'on disait que Persée et Hèraklès (ses ancêtres !) l'avaient consulté... Il faisait, lui aussi, remonter sa naissance, en quelque sorte, à Ammon, comme les légendes font remonter celles d'Hèraklès et de Persée à Zeus » (Arrien, *Anabase*, III, 3, 1-2). Comme ces deux héros passaient pour les vrais fils de Zeus, il ne saurait faire de doute qu'Alexandre est venu demander de qui il était le fils et qu'il a ensuite laissé entendre qu'il était effectivement fils de Zeus.

Depuis au moins Pindare (*Pythiques,* IV, 17 ; en 462 av. J.-C.), l'identification du dieu grec Zeus et du dieu égyptien Ammon était partout admise et en particulier à Cyrène, la cité grecque la plus voisine de l'oasis. Plutarque (*Vie,* 27, 8), qui rapporte, comme les autres, que le prophète de l'oasis de Siwah salua Alexandre du titre de fils de dieu, cite une lettre qui confirme le trouble momentané et la discrétion du consultant : « Alexandre lui-même, dans une lettre adressée à sa mère, dit qu'il reçut des révélations secrètes dont il lui ferait part, à elle seule, quand il serait de retour. » C'est là un aveu assez clair, pour qui croit comprendre la conduite ultérieure du conquérant. Mais rien ne prouve qu'Alexandre ait voulu, en ce mois de février 331, se faire reconnaître comme un dieu par les Macédoniens. Ses propres incertitudes, ses problèmes, comme on dit, ont duré au moins jusqu'à la campagne de l'Inde, en 327-326.

Le libérateur de Babylone

« Et ayant entendu, comme il disait, ce que son cœur désirait, il rejoignit l'Égypte... et directement Memphis, selon Ptolémée » (Arrien, iii, 4, 5). Pour parcourir, par la dépression de Qattara et Bir Abū Gharādiq, 550 km en trois semaines, il fallait avancer de nuit et s'abriter du simoun, pendant le jour, sous les tentes. C'était un moindre exploit de faire parler le dieu que de réussir là ou le roi Cambyse avait perdu, disait-on, 50 000 hommes. A Memphis, Alexandre réorganise l'administration de l'ancienne satrapie. Il offre les deux préfectures de Haute et Basse-Égypte à des Égyptiens de naissance, Doloaspis et Pitisis, mais le contrôle des finances et la levée des impôts à un Grec de Naukratis, Kléoménès. Il nomme des gouverneurs militaires, des généraux et un amiral grecs. Il ne veut pas confier à un seul homme un pays trop riche et trop facile à défendre. Il quitte sur un pont de bateaux Memphis, le 21 mars. Il descend le cours du Nil jusqu'à Péluse où se rassemblent tout ce qui reste de ses troupes, les mercenaires venus de Grèce et d'Asie Mineure, et leur convoi, soit 7 000 cavaliers et environ 40 000 fantassins, chiffres très voisins de ceux du départ.

Pour marcher à la rencontre des armées de Darius, il suit le même itinéraire côtier que lors de sa venue en Égypte, au moins jusqu'à Tyr. Là, en mai 331, sont célébrées des fêtes en l'honneur d'Hèraklès-Melqart et de Dionysos. Mais surtout, il prend trois décisions importantes : pour se ménager, avant de partir, la faveur des Athéniens, il leur rend leurs concitoyens faits prisonniers à la bataille du Granique, trois ans auparavant ; pour mater les soulèvements du Péloponnèse, il ordonne aux 100 navires chypriotes et phéniciens mouillés dans les deux ports rénovés de Tyr de faire voile vers la Crète et d'opérer leur jonction avec les forces navales macédoniennes ; enfin, il procède à la réorganisation financière de l'Asie antérieure. Pour percevoir les tributs et les contributions, il nomme Koiranos de Berrhoè (l'actuelle Vèria de Macédoine) à Tyr en Phénicie, et Philoxénos en Asie Mineure, à Sardes. Harpale, l'ami de jeunesse qui s'était enfui en Grèce avant la bataille d'Issos, est réinstallé dans son poste de gardien du trésor et de contrôleur des finances. Il va gérer la caisse militaire pendant sept ans.

La solde des troupes, l'achat du ravitaillement et des moyens de transport dépendent étroitement d'une rigoureuse administration, qui ne doit pas se confondre avec celle des nouveaux satrapes, ni avec celle des gouverneurs militaires macédoniens. Justement, l'un d'entre eux, Andromakhos, a été fait prisonnier et brûlé vif par les Samaritains à 55 km au nord de Jérusalem : ses assassins sont livrés et sont suppliciés (Quinte-Curce, IV, 5, 9 ; 8, 11). Les tyrans de Lesbos, qui avaient pris le parti des Perses, demandent grâce : que leurs concitoyens se chargent de les torturer et de les exécuter ! L'essentiel est de laisser en paix à l'ouest de l'armée en marche toutes les terres que baignent les flots de la Méditerranée.

Avec tous ses civils et avec son immense équipage de plus de 3 000 voitures, l'armée qui va affronter pour la troisième fois les troupes de Darius avance deux fois plus lentement que les cavaliers et les chameliers qui accompagnaient naguère Alexandre à l'oasis de Siwah[27]. Entre le port de Tyr et Thapsaka (Jérablus) au nord de la Syrie, sur l'Euphrate, il y a un peu plus de 600 km, via Sidon, Beyrouth, Damas, Homs, Hama, Alep et les steppes parsemées de tells morts. Cinquante et un jours de marche du 10 juin au 31 juillet 331, en plein été, à raison de 12 km quotidiens parcourus presque uniquement à l'aube et au crépuscule. Onze étapes seulement.

À ce régime épuisant, les plus faibles tombent et meurent. C'est le cas de Stateira, l'épouse de Darius, parmi les prisonnières. Alexandre lui fait des funérailles honorables, probablement à Alep. On a tout lieu de douter que le Perse ait appris par un des eunuques de la suite de la reine la digne conduite d'Alexandre et ait envoyé une troisième ambassade pour proposer au Macédonien de régner sur le tiers de l'Empire, de la Méditerranée jusqu'à la boucle de l'Euphrate : les offres et les refus que nous rapportent Quinte-Curce (IV, 11) et Justin (XI, 12 ; d'après Trogue-Pompée) semblent des doublets du courrier échangé un an auparavant par les deux rois. La seule chose probable en ces terres d'espions, d'agents doubles, d'informateurs ou de simples interprètes est que chacun des deux souverains se tenait exactement informé des positions et des intentions de son adversaire. De son côté, Alexandre a envoyé un corps du génie jeter un pont de bateaux sur l'Euphrate à 120 km au nord-est d'Alep ; il est couvert par une batterie de catapultes. Et, de l'autre côté, Darius a chargé son chef d'état-major, Mazaios, de garder avec 2 000 mercenaires grecs et 3 000 cavaliers perses tous les passages donnant accès à la Mésopotamie. Effectifs dérisoires. « Quand Mazaios eut appris qu'Alexandre approchait (de Thapsaka), il s'enfuit avec toutes ses troupes. Ensuite, deux ponts furent lancés jusqu'à la rive d'en face et Alexandre y passa avec toutes ses troupes » (Arrien, *Anabase,* III, 7, 2).

À nouveau, la steppe ou le désert et, malgré les faibles vallonnements du sol et la relative fréquence des points d'eau et des caravansérails, de Karkemish jusqu'au Tigre, malgré quelques rares pauses, il faut à la colonne en ordre de marche quarante-trois jours au minimum pour franchir les 440 km qui la séparent de ce second fleuve [28]. Un peu plus de 10 km par jour au fort de la chaleur dans ce pays d'Assyrie où Crassus devait perdre ses légions et les empereurs Decius et Julien trouver la mort. Alexandre sait par ses éclaireurs que les Perses ont concentré toutes leurs forces dans une grande plaine, à 27 km au nord de l'antique Ninive et à 80 km au nord-ouest d'Arbèles (Irbil, en Iraq). La cavalerie des Compagnons et la phalange macédonienne franchissent péniblement le Tigre dans la nuit du 20 au 21 septembre 331, au gué de Jezirat (en turc Cizré), à 160 km au nord-ouest de la moderne Mossoul. Après deux jours de repos, marqués par une éclipse de lune, Alexandre fait avancer lentement ses troupes et ses bagages jusqu'au champ de bataille de Gaugamèles[29], « le Pâturage du Chameau », qu'il atteint dans l'après-midi du 30 septembre 331. Huit jours pleins pour franchir les quarante derniers kilomètres.

Darius a fait araser des collines pour permettre à ses chars de guerre, munis latéralement de lames de faux, de désorganiser la phalange en formation serrée, pour permettre aussi à sa cavalerie et à ses éléphants d'écraser toute résistance. Il a certainement la supériorité numérique et l'avantage du terrain. Mais Alexandre a l'avantage de l'armement, de la tactique et du moral. Dans la nuit, il organise une ligne de front aussi étirée que possible, la phalange au centre, les alliés en angle obtus sur les ailes, la cavalerie auprès d'eux en dispositif oblique ou en coin pour éviter l'enveloppement. Le bagage, avec les prisonniers et, parmi eux, la mère et les enfants de Darius, sont retranchés sur une colline à bonne distance du champ de bataille.

Au matin du 1er octobre, après les prières, les vœux et les sacrifices rituels à Zeus et à Athèna Nikè, déesse des Victoires, les sonneries de clairon et les hurlements du branle-bas de combat, la troupe voit filer l'escadron royal en dolmans rouges, derrière le roi, reconnaissable à sa triple aigrette de plumes blanches et de crins et derrière Kleïtos le Noir. Malgré un grand nombre de récits circonstanciés, nous ne savons de l'énorme mêlée que deux choses positives : la première, c'est que les sarisses aiguës de la cavalerie et de la phalange macédonienne ont neutralisé les conducteurs des chars d'assaut et les cavaliers scythes et perses (« Pointez au visage », avait dit Alexandre) ; la seconde, c'est que le bagage grec, mal gardé et mal appuyé, faillit être emporté par les Perses. Malgré son dépit, Alexandre dut envoyer plusieurs escadrons de lanciers pour dégager son aile gauche à demi-enveloppée. Parménion a prié par deux fois le commandement d'interrompre l'offensive à l'aile droite et de venir au secours du camp, sur ses arrières. Cette demande de renfort a empêché Alexandre de transformer son succès en victoire totale. Il ne pardonnera jamais à Parménion de l'avoir empêché de prendre Darius vivant.

Et, cette fois, les pertes grecques sont considérables. Selon Arrien (III, 15, 6) les alliés auraient perdu plus de mille chevaux au cours de la bataille de Gaugamèles et dans la poursuite. On peut estimer entre 4 000 et 5 000 leurs pertes en hommes, le dixième de l'effectif total. On ne compte pas les blessés, dont la plupart devaient mourir dans les jours suivants. Ce qu'il y a de sûr, c'est qu'à peine le champ de bataille pillé et les morts grecs enfouis, une épidémie (de choléra ?) s'est répandue dans l'armée européenne et sa suite et que, pour Alexandre, rien ne paraissait véritablement acquis tant que l'armée n'aurait pas réparé ses pertes, capturé Darius fuyant vers la Médie, installé des garnisons dans les places fortes et soumis les satrapes indociles.

Il y a deux fois plus de chemin à parcourir entre Mossoul et la frontière orientale du Pakistan, limite extrême de l'Empire, que les vainqueurs n'en ont déjà parcouru entre les dernières villes grecques d'Asie Mineure et Mossoul. Ainsi s'expliquent l'usure et l'irritation des troupes balkaniques et la décision d'Alexandre de s'appuyer de plus en plus sur les forces vives des populations du Moyen-Orient, administrations, armées, sources de revenus. Son premier soin, quelques heures après la bataille de Gaugamèles, est « de partir à toute vitesse pour Arbèles avec l'intention d'y mettre la main sur le trésor et le reste du bagage de Darius. Il y arriva le lendemain » (3 octobre 331) (Arrien, III, 15, 5). Au départ d'Arbèles, il ne se lance pas à la poursuite de Darius vers le nord et la mer Caspienne, mais il rassemble ses troupes et leur butin, ses malades et tout le train des équipages et prend la direction opposée, le sud.

De Gaugamèles à Babylone, par la route royale et sans obstacle, l'armée en formation de combat parcourt 400 km en trente-quatre jours. Précautions inutiles : une grande partie de la population déteste les Perses ; en outre, Babylone, immense agglomération cosmopolite, possède ses quartiers grecs, phéniciens, égyptiens, acquis d'avance au « libérateur ». Alexandre y est accueilli en grande pompe, le 6 novembre 331. Monté sur un char, comme les souverains antérieurs, il fait une entrée triomphale dans la ville. Les autorités civiles et religieuses viennent lui remettre la cité, la citadelle et ses trésors. Il donne l'ordre de restaurer les temples que Xerxès a fait détruire en 479, en particulier celui de Baal Marduk, dieu principal de la ville. Il lui sacrifie selon les rites que lui indiquent les prêtres chaldéens et il se fait ainsi reconnaître comme roi légitime « des quatre parties du monde ». L'appui de la caste sacerdotale, en Babylonie comme en Égypte, lui permet d'imposer aisément la domination macédonienne.

Un mois de repos et de plaisirs divers est accordé aux troupes à Babylone pour se refaire. Au début de décembre 331, Alexandre les fait sortir de la ville, les

installe dans un camp entre le Tigre et la Susiane et
les contraint à s'entraîner quotidiennement : exercices, manœuvres, revues, prises d'armes doivent pré-
luder à de nouvelles conquêtes. Bientôt l'état-major
va apprendre qu'Antipatros, régent de Macédoine, a
vaincu la coalition des Spartiates et des Grecs révoltés, près de Mégalèpolis, au Péloponnèse, le mois
même, octobre 331, où l'armée de la Ligue défaisait
l'armée perse à Gaugamèles. A raison de cinquante
kilomètres chaque jour, et par la voie royale du nord,
il a fallu aux courriers macédoniens deux mois environ pour apporter la nouvelle et rassurer Alexandre.
Au début de 330, ayant de son côté, avec la Grèce,
tout le Croissant fertile et ses trésors, il peut songer à
être à la fois « roi des Macédoniens », *basileus tôn
Makedonôn,* et « maître de l'Asie », *kyrios tès Asias*
(Plutarque, *Vie,* 34, 1), en entendant, cette fois, par
Asie tout le continent.

C'est à Babylone qu'Alexandre prend, au cours de
l'automne de 331, une décision lourde de conséquences. Pour la première fois, il désigne un noble
perse, naguère son adversaire, Mazaios, comme
satrape de la Babylonie nouvellement soumise.
Désormais, il va s'appuyer sur les aristocraties
locales pour gouverner l'Empire perse, quitte à doubler chacun des douze satrapes perses nommés de
331 à 327 d'un *stratègos* ou *épiskopos* (préposé, surveillant) macédonien chargé de commander les
troupes d'occupation et à confier la garde des trésors
et l'administration des finances à un autre Macédonien. En confirmant dans leurs fonctions ces sortes
de vice-rois que sont les satrapes, Alexandre fait
l'économie d'une organisation et montre à une
noblesse toujours turbulente qu'elle a intérêt à se
détacher de la dynastie des Achéménides. Dès sa
nomination, Mazaios fait frapper des pièces de
module grec à son nom, montrant ainsi qu'il s'agit
d'un régime transitoire. En outre, et pour stimuler le

courage et le dévouement des Macédoniens, Alexandre fait désigner par une sorte de jury militaire les
plus braves. Il les nomme chefs des bataillons de
1 000 hommes nouvellement institués. Il dédouble les
escadrons de cavalerie et nomme aussi les chefs de
1 000 cavaliers. La haute noblesse macédonienne
perd ainsi une partie de son autorité au profit d'un
monarque qui entend régner sur les terres conquises
autrement que sur la Macédoine.

Vers le milieu de décembre 331, Alexandre, *Hègèmôn,* c'est-à-dire Guide suprême des contingents de
la Ligue hellénique depuis quatre ans déjà, pourrait
considérer sa double mission accomplie : venger les
dieux grecs des sacrilèges de Darius et de Xerxès
cinq générations plus tôt, libérer les Grecs d'Asie du
tribut qu'ils étaient obligés de verser aux souverains
achéménides, quitte à confondre, dans la même
noble cause, guerre de revanche et guerre de libération. N'oublions pas qu'à Babylone, Alexandre, roi
des Macédoniens, n'avait pas congédié les troupes
grecques et que celles-ci étaient en droit de réclamer
aussi bien les dépouilles de leurs ancêtres ornant les
palais perses que la liberté pour leurs compatriotes
opprimés (?) dans les capitales de l'Empire. Même si
le vengeur désigné par la Ligue paraissait de plus en
plus confondre l'intérêt collectif avec le sien propre,
la volonté des soldats grecs et macédoniens avec son
pouvoir personnel, le butin de tous avec le trésor
royal, il pouvait donner l'ordre d'aller de l'avant
dans la saison la plus fraîche, à la poursuite d'un
Darius qui se disait invaincu et toujours Roi des rois,
Khshayarshâ.

EN PERSE

De Babylone jusqu'à Suse, l'actuel Shush du Khuzistan iranien, l'armée grossie de renforts envoyés
par Antipatros doit franchir 370 km en trois
semaines de marche. « A son entrée dans la ville
(vers le 25 décembre 331), Alexandre prit possession
du trésor, soit 50 000 talents d'argent, et du reste des
avoirs impériaux (9 000 dariques d'or), outre beaucoup d'autres objets que Xerxès avait pillés et
emportés avec lui en quittant la Grèce et, en particulier, les statues en bronze d'Harmodios et d'Aristo-
geiton » (Arrien, III, 16, 7). Rien ne pouvait faire plus
plaisir aux Athéniens que de les leur restituer. A
Suse, qui a fait sa soumission et où Alexandre siège
sur le trône royal, aucun pillage, mais des jeux, des
concours sportifs, un grand sacrifice aux dieux grecs,
et le maintien du satrape Aboulitès dans ses fonctions sous le contrôle de deux Macédoniens. Trente-
quatre jours de repos (Justin, XI, 14).

A la fin de janvier 330, l'armée franchit le cours
navigable du Karûn, à la hauteur de Shushtār, et
entre dans une province de l'antique Elam, celle
d'Ouxiane, par où il faut nécessairement passer
quand on veut entrer en Perse proprement dite. Les
Ouxiens de la plaine et des collines cultivées font
immédiatement leur soumission. Ceux des contreforts méridionaux du Zagros prétendent faire payer
un droit de passage à tout étranger se dirigeant vers
Persépolis. Vers l'actuel Pāzanān (sur le 50ᵉ degré de
longitude est, à 55 km du golfe Persique), Alexandre
force un premier défilé tandis que le corps d'armée
de Kratéros opère un mouvement tournant à travers
la montagne.

Cette tactique macédonienne de l'encerclement,

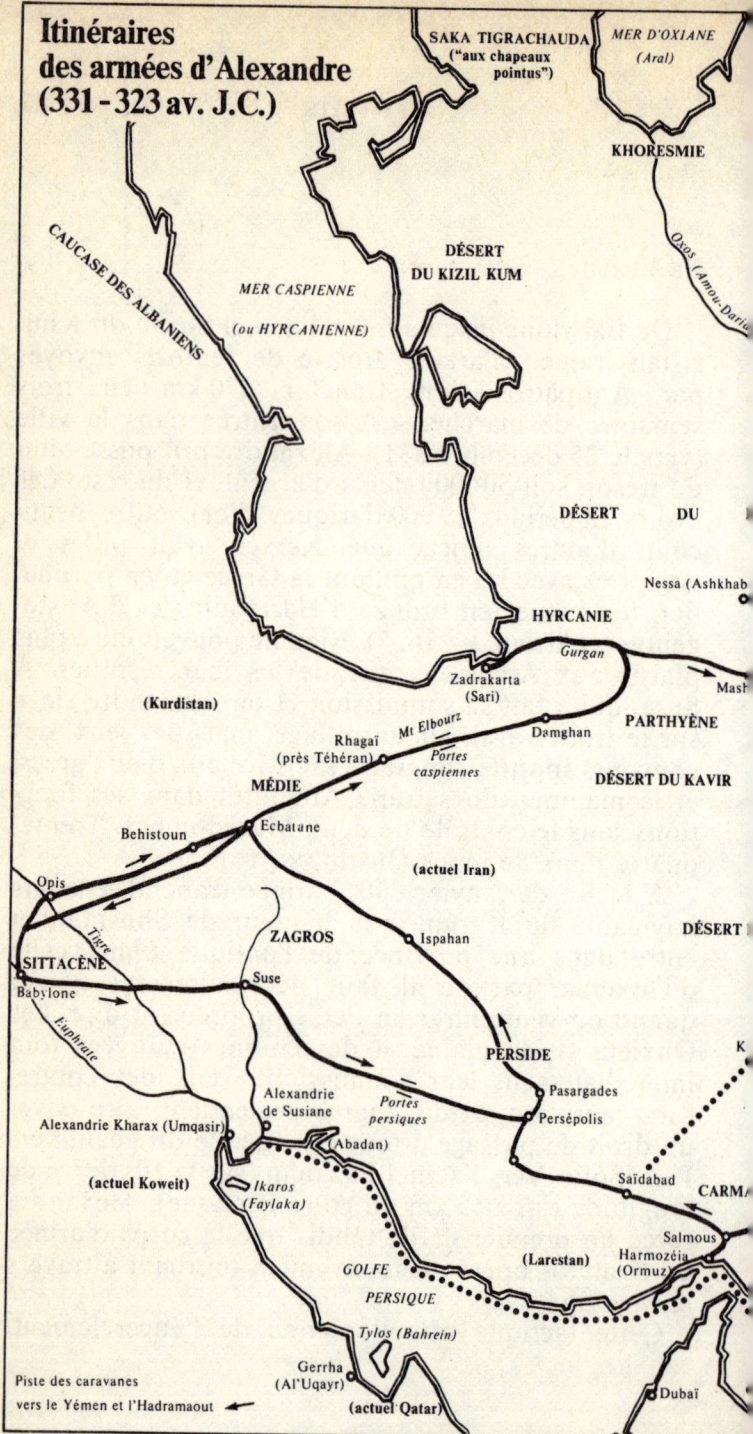

Itinéraires des armées d'Alexandre (331-323 av. J.C.)

SAKA TIGRACHAUDA ("aux chapeaux pointus")

MER D'OXIANE (Aral)

KHORESMIE

CAUCASE DES ALBANIENS

MER CASPIENNE (ou HYRCANIENNE)

DÉSERT DU KIZIL KUM

Oxos (Amou-Daria)

DÉSERT DU

Nessa (Ashkhab

HYRCANIE

Gurgan

Zadrakarta (Sari)

Mash

(Kurdistan)

Rhagaï (près Téhéran)

Mt Elbourz

Damghan

PARTHYÈNE

Portes caspiennes

DÉSERT DU KAVIR

MÉDIE

Ecbatane

Behistoun

Opis

ZAGROS

Ispahan

(actuel Iran)

DÉSERT

Tigre

SITTACÈNE

Suse

Babylone

Euphrate

PERSIDE

K

Pasargades

Alexandrie de Susiane

Portes persiques

Persépolis

Alexandrie Kharax (Umqasir)

(Abadan)

Ikaros (Faylaka)

Saïdabad

CARMA

(actuel Koweit)

(Larestan)

Salmous

Harmozéia (Ormuz)

GOLFE PERSIQUE

Tylos (Bahrein)

Gerrha (Al'Uqayr)

Piste des caravanes vers le Yémen et l'Hadramaout ←

(actuel Qatar)

Dubaï

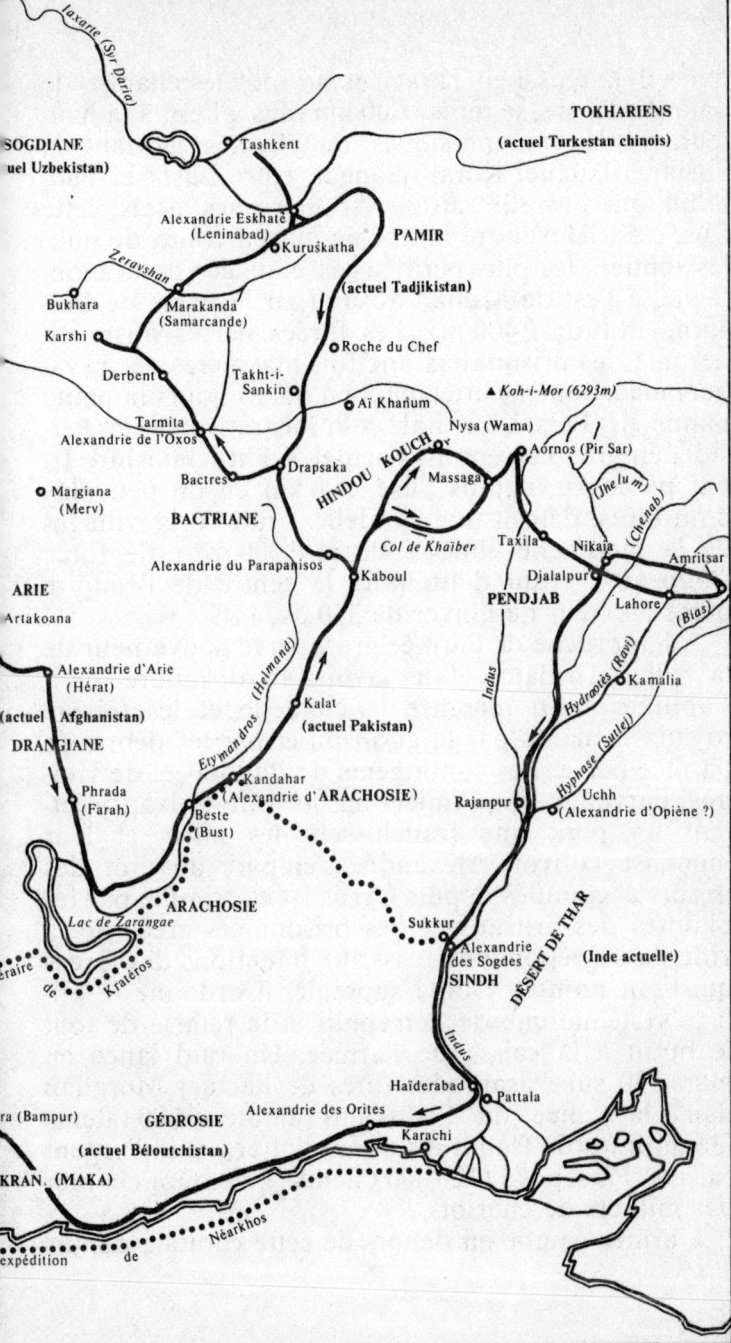

SAKA HAOMAVARGA
(Nomades "faiseurs de drogue")

Iaxarte (Sir Daria)

SOGDIANE
(uel Uzbekistan)

Tashkent

TOKHARIENS
(actuel Turkestan chinois)

Alexandrie Eskhatè
(Leninabad)
Kuruškatha

PAMIR

Zeravshan

Bukhara

Marakanda
(Samarcande)

Karshi

Roche du Chef

(actuel Tadjikistan)

Derbent

Takht-i-
Sankin

▲ Koh-i-Mor (6293m)

Tarmita
Alexandrie de l'Oxos

Aï Khañum

Nysa (Wama)

Aornos (Pir Sar)

Bactres

Drapsaka

HINDOU KOUCH

Massaga

(Jhelum)

Margiana
(Merv)

BACTRIANE

Col de Khaïber

Taxila

Nikaia

Amritsar

(Chenab)

Alexandrie du Parapanisos

Kaboul

Djalalpur

Lahore

PENDJAB

(Bias)

ARIE

Artakoana

Alexandrie d'Arie
(Hérat)

Indus

Hydraotes (Ravi)

Kamalia

(actuel Afghanistan)

DRANGIANE

Etymandros (Helmand)

Kalat

(actuel Pakistan)

Hyphase (Sutlej)

Uchh
(Alexandrie d'Opiène ?)

Phrada
(Farah)

Kandahar
(Alexandrie d'ARACHOSIE)

Beste
(Bust)

ARACHOSIE

Rajanpur

Lac de Zarangae

éraire

de
Kratéros

Sukkur

Alexandrie
des Sogdes
SINDH

DÉSERT DE THAR

(Inde actuelle)

Indus

Haïderabad

Pattala

ara (Bampur)

GÉDROSIE

Alexandrie des Orites

Karachi

(actuel Béloutchistan)

KRAN. (MAKA)

Néarkhos

expédition

de

qui a déjà réussi en Thrace et sur tous les champs de bataille d'Asie, se répète 200 km plus à l'est, à la hauteur des Portes persiques ou Roches gardant la Susiane, l'actuel Kotal-i-Sangar, entre Bāsht et Fahliyūn, que barre le satrape Ariobarzanès. Mais, cette fois, c'est Alexandre lui-même qui parcourt, de nuit, les sentiers les plus périlleux et enneigés de la montagne, à l'est de Mullah Susan (par la passe de Bolsorn, altitude 2 400 m). Les forces perses mises en déroute, les prisonniers une fois massacrés, les cavaliers macédoniens atteignent en quatre jours la petite plaine de Parsaï, capitale administrative de la Perside, en grec Persépolis, l'actuel Takht-i-Jamshid. Ils ont parcouru, depuis Suse, 590 km en un peu plus d'un mois, détruit une citadelle, brûlé force villages de la montagne entre 1 500 et 3 000 m, raflé force troupeaux, avant d'atteindre le centre de l'Empire perse au cœur de l'hiver de 330 av. J.-C.

A l'approche de l'armée grecque, le gouverneur de la ville, Tiridatès, fait savoir à Alexandre qu'il s'apprête à lui remettre la citadelle et les trésors royaux menacés par la garnison et par les débris de l'armée perse. Les contingents de Philotas et de Koïnos, parvenus les premiers au bord du Pulvar, y jettent ur pont que franchissent les alliés et leur immense convoi. Alexandre s'empare aussitôt des trésors accumulés depuis Cyrus Ier et, stimulé par les plaintes des artisans et des prisonniers grecs de la ville basse, répondant aussi aux intentions des Grecs qui l'ont nommé Guide suprême, il ordonne le pillage systématique de Persépolis et la remise de tout le butin à la caisse de l'armée. Un raid lancé en mars 330 sur Pasargades (près de l'actuel Morghâb dans la vallée du Shādkām) ajoute 6 000 talents (36 millions de francs or) à tout l'or et à tout l'argent saisis à Persépolis (120 000 talents ?), de quoi charger des milliers de chariots.

L'armée campe en dehors de cette capitale depuis

deux mois pleins quand, le 25 avril 330, elle aperçoit de la fumée et des flammes s'élevant au-dessus du palais de Xerxès. L'incendie n'a pas été fortuit[30], au cours d'une immense beuverie de l'état-major suivie d'une bacchanale qu'aurait conduite l'Athénienne Thaïs, la danseuse ivre : le feu a été mis de propos délibéré et, malgré les avis de Parménion — destruction inutile aux Grecs et odieuse aux Perses ! —, voulu par Alexandre, qui en a donné une justification politique et morale : « Je dois cette vengeance aux Grecs » (Arrien, III, 18, 12 ; Quinte-Curce, V, 6, 1 ; Strabon, XV, 3, 6). On remarquera que la partie laissée intacte de la ville haute abrita désormais une garnison et un gouverneur macédoniens, surveillant le nouveau satrape perse, Phrasaortès.

De nos jours, on montre, parmi les ruines d'un des plus majestueux palais-sanctuaires du monde, les bas-reliefs représentant les Iavanas, c'est-à-dire les Grecs, jadis tributaires du Roi des rois, et aussi les tablettes d'argile, cuites par l'incendie et comptabilisant leurs anciens tributs. Les plaquettes d'or du musée national de Téhéran nous apprennent aussi quelle part les artisans grecs au service de l'Empire avaient prise dans l'érection et la décoration des palais. D'un souvenir d'esclavage le monde hellénique ne pouvait se faire un titre de gloire. Mieux valait que sa honte fût cachée sous la cendre, la poussière et le sable et qu'un roi de Macédoine n'y insultât pas.

En « libérant » 800 (?) Grecs et en détruisant le palais de Persépolis, l'*Hègèmôn* montre bien simultanément qu'il a atteint les objectifs de la Ligue hellénique et qu'il n'entend pas faire sa capitale de cette ville assassinée. « Il se fit là, écrit Plutarque d'après les dépêches officielles (*Vie*, 37, 3), un grand massacre des prisonniers. Alexandre écrit lui-même qu'il ordonnait d'égorger ces gens-là, hommes et femmes, parce qu'il jugeait que tel était son intérêt. » Intérêt politique, évidemment, et qui le poussait à réduire les dernières résistances, à s'emparer des derniers trésors et de la personne du dernier Grand Roi, à livrer une dernière bataille..., même si ce devait être toujours ainsi : la dernière guerre.

Darius, dit-on, est à Ecbatane, la moderne Hamadan, à rassembler des cavaliers, des chars, des mercenaires, avec l'aide de son grand vizir Nabarzanès et des satrapes qui lui sont restés fidèles. Alexandre n'attend pas qu'il lui coupe le chemin du retour ni qu'il vienne l'attaquer dans un pays ruiné et sans vivres. De Persépolis incendiée à Ecbatane, capitale intacte de la Médie, il franchit 700 km en quarante-quatre jours, via Aspadana (Ispahan) et la Paraita-cène dont il reçoit la soumission et où il nomme un nouveau satrape.

A trois jours de route d'Ecbatane, Bisthanès, fils d'Ochos, roi de Perse juste avant Darius, apprend à Alexandre que Darius a fui quatre jours plus tôt vers le nord-est, avec le trésor de Médie, environ 7 000 talents, et avec une petite troupe de 3 000 cavaliers et de 6 000 fantassins. Au cours d'une halte au palais d'Ecbatane, le conquérant estime qu'il n'a pas besoin, pour aller vite et pour vaincre, de la lourde suite de ses alliés : il démobilise les contingents grecs, Thessaliens compris, après leur avoir fait verser la totalité de leur solde en ajoutant 2 000 talents de la caisse royale, sauf ceux qui demandent à se rengager. En même temps, il charge Parménion d'entreposer dans la citadelle d'Ecbatane le trésor amené de Persépolis et d'en faire assurer la garde par 6 000 Macédoniens avant de le confier à Harpale.

Puis, avec une fraction de l'armée, l'élite de ses troupes et surtout les plus rapides, Alexandre se lance à la poursuite de Darius. Il faut à tout prix le rattraper avant qu'il n'aille, avec ses trésors, ses chariots, ses concubines et ses mercenaires grecs, cadusiens et scythes, soulever les satrapies du nord de l'Iran et se refaire une armée. La cavalerie macédonienne et l'infanterie légère, à pas pressés, entre le 9 et le 20 juin 330, courent sur 310 km, d'Ecbatane à Rhagaï, à 8 km au sud-est de l'actuelle Téhéran. Les plus alertes, dont le roi, occupent rapidement les Portes caspiennes (les actuels défilés de Sialek et de Sardar) à 82 km à l'est de Téhéran, dans un des contreforts de l'Elbourz que Darius vient de franchir, et avancent ensuite à la vitesse prodigieuse de 300 km en six jours, jusqu'à une courte distance à l'ouest de Damghan, en Parthyène, où ils découvrent le corps du roi de Perse assassiné (1er juillet 330 av. J.-C.) par ordre des chefs des Touraniens. Bessos, satrape de Bactriane, Satibarzanès et Barsaentès avaient fait Darius prisonnier, l'avaient enfermé dans une voiture couverte et destitué pour s'être trois fois déshonoré en prenant la fuite à Issos, à Gaugamèles et à Ecbatane. Et eux-mêmes s'en allaient soulever en Haute Asie leurs inépuisables satrapies. « Alexandre envoya le corps de Darius en Perse, avec l'ordre de l'ensevelir dans la nécropole royale comme les rois qui avaient régné avant lui » (Arrien, III, 22, 1).

La preuve que le conquérant n'avait pas l'intention de s'arrêter en chemin est fournie par deux ordres qu'il a donnés d'Ecbatane, un mois plus tôt : dès que Parménion aura entreposé le trésor à Ecbatane, qu'il franchisse par l'ouest (Qazvin et Gardaneh-ye-Kūhin) le massif de l'Elbourz en direction de la mer Caspienne avec la moitié de l'armée ; dès que Kleïtos convalescent, commandant l'escadron royal, sera arrivé à Ecbatane, venant de Suse, qu'il prenne avec lui tous les Macédoniens disponibles et qu'il rejoigne Alexandre en Parthyène, à l'est du même massif. Il s'agissait d'encercler les dernières forces de Darius et de le contraindre à reconnaître humblement et publiquement son vainqueur. Or Bessos, s'appuyant sur la cavalerie bactrienne, s'est proclamé chef de la résistance et il s'est sauvé en direction du nord-est, prêt à soulever la moitié orientale de l'Empire contre les envahisseurs venus d'Occident : Yauna d'Ionie, Skudra de Gétie et de Thrace, Yauna coiffés du pétase ou Grecs et Macédoniens d'Europe. Les mesures que prend Alexandre à partir de l'été 330, alors qu'il vient d'avoir vingt-six ans et qu'il est sans le savoir au milieu de son règne, sont à la fois commandées par la situation et envisagées depuis au moins l'entrée de ses troupes à Suse, six mois plus tôt. Nul ne peut dire qu'avec la mort du vaincu une page fût tournée. Les faits simplement s'enchaînaient avec une rigoureuse nécessité.

Entre les modernes bourgades de Sa'idabad et Damghan, à environ 380 km à l'est de Téhéran, Alexandre attend au pied de l'Elbourz, pendant quelques jours, les troupes laissées en arrière au cours de la poursuite et, après deux jours de marche en direction du nord-est, il « établit son camp à proximité de la ville que l'on nomme la Ville-aux-Cent-Portes » (Diodore, XVII, 75, 1). Il s'agit là en réalité d'une fondation ultérieure de Séleukos Ier (à Qumis, à 32 km à l'ouest de Damghan ?). La scène se passe, à mon avis, à Damghan même. « Alexandre y installa donc son cantonnement, les approvisionnements lui étant apportés de partout. Aussi la rumeur, inconvénient de l'oisiveté des troupes, se répandit-elle sans raison que le roi, satisfait de ce qu'il avait réalisé, avait décidé de rentrer en Macédoine. Les soldats, comme des fous, courent en tous sens vers les tentes ; ils préparent leurs bagages pour la route... Comme le roi avait donné à chaque cavalier (allié) 6 000 deniers et 1 000 à chaque fantassin, les autres (= les Macédoniens) croyaient le moment de la démobilisation venu pour eux aussi » (Quinte-Curce, VI, 2, 15-17). Telle est la première mutinerie à laquelle Alexandre doit faire face. Il réunit son état-major et le persuade de réagir. Puis il convoque l'Assemblée des soldats et, faisant jouer l'honneur, les promesses et l'espoir, il les retourne en sa faveur. Mais tout le monde comprend que désormais la « royauté de l'Asie » est une affaire plus personnelle que macédonienne, plus dynastique que panhellénique, d'autant plus qu'Alexandre, adoptant les usages de son prédécesseur, exige des Perses qu'ils se prosternent devant sa personne et qu'on tienne un journal de ses faits et gestes[31] analogue à celui de Darius.

Pour conquérir les abords de la mer Caspienne ou Hyrcanienne, il répartit ses troupes en trois colonnes. La première, la plus légère, conduite par Alexandre lui-même, prend la voie la plus courte mais aussi la plus difficile, de Damghan à la côte par des cols à près de 3 000 m de hauteur. Elle parcourt d'est en ouest la bordure septentrionale du massif de l'Elbourz jusqu'à Sari où le roi reçoit la soumission des Mardes et où il enrôle les volontaires grecs de l'ancienne armée de Darius. La deuxième colonne, faite surtout d'infanterie, se dirige par la voie moyenne de Shahrud à Asterabad (antique Zadrakarta) à travers Tash et la riante vallée du Gurgan, l'antique Hyrkan. Elle a pour mission de réduire les Tapours. La troisième colonne, celle des mercenaires et du convoi, prend la route la plus longue et la plus orientale, par Bastam et Telabad, en franchissant un col à 2 079 m seulement. Tous se retrouvent, au milieu d'août, à Zadrakarta, capitale de l'Hyrcanie. Là sont célébrés à nouveau des jeux athlétiques et offerts des sacrifices aux dieux grecs.

Par souci de continuité administrative, Alexandre, qui revêt pour la première fois le costume perse, confirme dans leur charge les satrapes perses des Mardes et des Tapours, de Parthyène et d'Hyrcanie, d'Arie et de Drangiane. Il incorpore dans sa cavalerie l'élite des cavaliers orientaux et donne l'ordre d'entraîner à la façon macédonienne une nouvelle génération de soldats asiatiques. Une muraille conti-

nue, reliant trente-six fortins, sera construite cent ans
plus tard, sous Séleukos II, tout le long de la vallée
du Gurgan pour protéger les populations agricoles
contre les razzias des cavaliers du Nord, Dahaï ou
Saka. C'est le Sadd-e-Iskender, ou Mur d'Alexandre,
qui étire ses ruines croulantes sur plus de 180 km, de
la Caspienne à Qara Quzi, à la frontière du Turkménistan[32].

AU CŒUR DE L'AFGHANISTAN

A la fin d'août 330, Alexandre apprend par des
messages perses que Bessos, satrape de Bactriane,
vient de coiffer la tiare royale et qu'il s'est proclamé
le successeur légitime de Darius sous le nom
d'Artaxerxès. Il ne saurait y avoir deux maîtres de
l'Asie, dont un surtout s'est conduit de façon
déloyale. Or Bessos réunit ses forces à Bactres,
l'actuel Balkh, au nord de l'Afghanistan, à 1 400 km
à l'est de la Caspienne.

La tactique macédonienne, qui consiste à devancer
toujours l'adversaire, incite Alexandre à aller de
l'avant, quitte à chevaucher pendant plus de trois
mois sans interruption. En chemin, à Tosa (= Tush,
près de Mashad, nord-est de l'Iran), après 500 km de
marche dans la vallée de l'Atrak et entre les deux
hauts massifs des Kopet Daglari, on apprend que le
satrape d'Arie, Satibarzanès, a pris le parti de Bessos
et qu'il concentre des troupes dans sa propre capitale
Artakoana (près de Hérat ?). Alexandre avec la cavalerie couvre alors en deux jours près de 110 km,
pourchasse le félon, s'empare du fort de Naratu et
massacre dans toutes les directions ceux qui lui sont
dénoncés comme ayant pris part à la révolte. Puis,
rejoint par son armée à la fin de septembre 330, il
parcourt, via Hérat (la future Alexandrie d'Arie), les

vallées de l'Adraskant et de l'Harut et met en fuite le satrape de Drangiane, Barsaentès, assassin de Darius.

Vers la fin d'octobre 330 l'armée campe à Phrada (Farah), au sud-ouest du massif central de l'Afghanistan, un peu au nord de la dépression marécageuse que l'on appelle le lac de Zarangai, c'est-à-dire de Drangiane, Hamun-i Puzak[33]. Ici se place vers le 10 novembre une dénonciation qui fit changer le nom de Phrada en celui des Prophthasia (Anticipation) : Philotas, un des officiers les plus prestigieux de l'état-major reconnaît avoir été au courant d'un complot des Compagnons contre Alexandre et ne lui en avoir rien dit. Il est jugé par l'Assemblée des soldats et exécuté avec tous ceux qui y ont pris part. Alexandre donne l'ordre de faire périr, en son palais de Suse, Parménion, père de Philotas, en vertu de la solidarité des clans macédoniens dans le crime et le châtiment. Mais c'est un signe, le second depuis la mutinerie de juillet, que les cadres macédoniens ne comprennent plus ce que veut leur chef. Ajoutons que les prêtres perses, naguère au service des rois achéménides, ceux que l'on appelle les mages, ne reconnaissent pas Alexandre comme leur souverain légitime et que, depuis l'incendie du palais-sanctuaire de Persépolis, ils inspirent la propagande anti-macédonienne : les sectateurs de Zoroastre, réformateur de la religion des tribus du nord de l'Empire au VIIe siècle av. J.-C., présentent le Macédonien comme « le destructeur de la religion », comme « l'envahisseur » et comme le suppôt d'Ahriman le Maudit, principe de tout mal.

Après la découverte du « complot » de Dimnos et de Philotas, les Compagnons sont scindés en deux corps et reçoivent deux commandants. « Alexandre procéda à un tri parmi les Macédoniens : tous ceux qui tenaient contre lui des propos hostiles, ceux que la mort de Parménion avaient indignés et, en outre, ceux qui dans des lettres expédiées en Macédoine avaient écrit à leurs proches contre l'intérêt du roi furent enrôlés en une seule unité qu'il nomma le " Bataillon des indisciplinés ", ne voulant pas que leur franchise hors de propos pourrît l'ensemble de l'armée macédonienne. » Ces mesures disciplinaires, signalées par Diodore (XVII, 80, 4) et qui sont confirmées par Quinte-Curce (VII, 2, 35-36) et par Justin (XII, 5) furent complétées par la mise à mort d'Alexandros, chef du clan macédonien des Lyncestes, accusé lui aussi de complot contre le roi.

Ces mesures énergiques une fois prises pour écraser toute opposition intérieure, le roi lève le camp et se dirige vers le sud, décidé à s'assurer de la fidélité des satrapies de Drangiane, de Gédrosie (Béloutchistan iranien) et d'Arachosie (capitale Kandahar). Les Ariaspes de la basse vallée de l'Etymandros (Helmand) fournissent 3 000 chariots de vivres à l'armée qui piétine dans la neige. Ils reçoivent le titre perse, fort envié, de Bienfaiteurs *(Orosangaï),* l'exemption de tribut et divers privilèges. De Hérat à Phrada, près de l'actuelle Tarah, et de là à Kandahar et à Gazni, aux confins du Paropanisos (Para Upari-Sēna), cette montagne « si haute que l'aigle Sena ne peut la franchir » (l'actuel Hindou Kouch), les bématistes, ou métreurs de l'armée, ont compté l'équivalent de 1 010 km : trois mois de marche à l'altitude moyenne de 2 000 m.

L'armée qui arrive avec Alexandre à Ortospana, près de la moderne Kaboul, en décembre 330, est si harassée, si épuisée de froid et de faim, que le roi décide de fonder avec 4 000 éclopés, 3 000 non-combattants et 7 000 habitants du Gandhara, une Alexandrie dite du Caucase, au cœur de l'hiver 330-329, à 68 km au nord de Kaboul, entre Bégram et Charikar[34]. Il s'agit là surtout d'un poste militaire sur la route de l'Inde à la Bactriane et à la Perse. La conduite des travaux d'établissement de la colonie :

remparts, monuments publics, voirie, ravitaillement en eau, stockage des vivres, est confiée à un des Compagnons macédoniens d'Alexandre, Neiloxénos, chargé également du commandemant militaire de la difficile satrapie des Paropanisades. La satrapie voisine, celle de l'Arachosie, est confiée simultanément à un autre Macédonien, Ménon, avec 4 600 hommes. Les actes du roi ne sont pas seulement à cette époque ceux d'un chef de guerre, mais ceux d'un administrateur, soucieux d'assurer ses communications avec les parties les plus éloignées de ses possessions.

De Phrada, en octobre 330, Alexandre a donné l'ordre aux troupes cantonnées à Ecbatane de le rejoindre sur la route de l'Inde. Elles n'ont pas pu parcourir les 2 000 km les séparant du pied de l'Hindou Kouch avant le plein hiver. Elles campent comme le font la plupart des soldats d'Alexandre dans les vallées voisines de Kaboul, les hommes et les montures logeant dans les fermes dont n'apparaît que le toit caréné sous la neige. Au moment où fondent les premiers glaçons, au début d'avril 329, ce qui reste de l'armée et de sa suite se met en route, non vers l'Inde, mais vers le nord de l'actuel Afghanistan pour soumettre la Bactriane et son faux roi, Bessos. On traverse péniblement en seize ou dix-sept jours l'Hindou Kouch par la haute vallée du Panjir et le col de Khawak (3 548 m), Alexandre marchant à pied et taillant dans la glace comme les autres. Puis, descendant le cours torrentueux du Surkhab, la colonne se ravitaille à Drapsaka (= Kunduz) et s'empare en juin d'Avarana, « la citadelle, la place forte » couvrant la capitale. C'est l'actuelle hauteur de Tashkurgân, à 70 km à l'est de Bactres (= Balkh).

Avant de s'enfuir, Bessos a ordonné de dévaster les piémonts pour affamer l'armée de ses adversaires, sans y parvenir. Les métreurs recopiés par nos informateurs comptent 400 stades (72 km) entre Bactres et

le cours immense de l'Oxos, l'antique Wakhsh
« l'Eau bouillonnante », l'actuel Amou Daria : c'est
juste la distance qui sépare Wazirabad de Termez,
jadis Tarmita, à la frontière de l'Uzbekistan. Mais
Bessos a fait détruire tous les bacs, toutes les barques. Le fleuve semblable au Nil en crue à travers le
désert et large en juillet de 1 100 m doit être franchi,
faute de pont, sur des flotteurs. Il s'agit non de toiles
de tentes bourrées de paille, comme l'écrivent les historiens, mais d'outres faites de peaux brutes de chè-
vres, de yaks ou de buffles, gonflées d'air, groupées
par quatre, six, huit ou seize et portant un plancher
de bambous et de joncs[35]. Les chevaux et les lourds
chariots du train des équipages traversent ainsi en six
jours le cours enflé du fleuve, à 50 km en aval de Termez, à Tchuchka Ghuzar, la Nawidah des géographes arabes[36].

Puis, tandis que le détachement de Ptolémée s'en
va capturer Bessos dans la steppe de Karshi
(= Kashkadarjinsk, à 70 km au sud-ouest de Samarcande), Alexandre s'empare de Tarmita, en partie
peuplée par des descendants de Milésiens (Diodore,
XVII, *périochè,* 29 ; Quinte-Curce, VII, 5, 27-29 ; *Epi-
tomé de Metz,* 4) et il fonde une nouvelle ville,
Alexandrie de l'Oxos. Les plus âgés des Macédoniens, les Thessaliens démobilisés et 7 000 indigènes
recrutés aux abords du fleuve garderont pour lui le
passage. Dix-sept siècles plus tard, Tirmidh (Termez)
passait encore chez les géographes arabes pour avoir
été bâtie par Dhû-l Qarnaïn, Alexandre « à la double
corne ».

Debout sur le char du roi des Perses, il reçoit
l'usurpateur Bessos enchaîné, le fait fouetter comme
un chien et l'envoie à Ecbatane pour y être jugé par
un tribunal perse et exécuté. Puis il se rend, par Derbent et Nautaka (= Sakhris'abz), dans la capitale de
la Sogdiane, Marakanda (Samarcande), ville forte de
la fertile vallée du Zeravshan[37]. Tous les chevaux

sogdes et scythes qui faisaient la force de l'armée de
Bessos sont saisis et servent à la remonte de la cavalerie d'Alexandre, mise à mal par le franchissement
des hauts massifs montagneux, le cours de l'Oxos et
les déserts de sable rouge.

Durant les combats qui accompagnent, au mois
d'août 329, la marche vers l'Iaxarte, à l'extrémité
nord de l'Empire, l'actuel Syr Daria, Alexandre attaque la forteresse de montagne d'une tribu qui a massacré quelques-uns de ses cavaliers et, au cours de
l'assaut, il a la jambe droite transpercée par une
flèche. Une guerre terrible de représailles commence.
La Sogdiane tout entière soulevée par Spitaménès,
cavalier insaisissable, et probablement par les prêtres, fidèles de l'ordre prêché ici même au VIIe siècle
par Zoroastre (Zarathoustra), massacre les garnisons
macédoniennes, harcèle les convois de l'armée,
prêche la guerre de libération. Encore boitant,
Alexandre fait reprendre six ou sept des citadelles
gardant la frontière du fleuve, s'engage en personne
à l'intérieur du Kuruškatha « la Ville de Cyrus »
(= Ura Tiube, au Tadjikistan, à 73 km au sud-ouest
de Leninabad), est à nouveau blessé par une grosse
pierre à la nuque, laisse massacrer, réduire en esclavage, piller, déporter les défenseurs. Souffrant en
outre de dysenterie et malgré l'avis de son devin
Aristandros et d'une partie de l'état-major, il décide
de franchir le cours de l'Iaxarte, à 150 km au sud de
Tashkent, à l'extrême nord de l'Uzbekistan, en septembre 329. Cette fois, les outres supportent des
plates-formes assez fortes et larges pour porter des
chevaux et des machines et assez stables pour permettre d'ajuster le tir des catapultes. Sur la rive
opposée, il mène à la charge contre les Scythes le
principal corps des Compagnons et combat jusqu'au
moment où l'on doit l'emporter défaillant et délirant.
L'avantage reste aux Macédoniens, la steppe aux
Sakas [38].

La bataille a du moins assez impressionné les cavaliers et les archers de ce qui est devenu, de nos jours, le Kazakhstan, pour que le chef de quelque tribu des Saka Haomavarga (les nomades « faiseurs de drogue ») offrît une alliance et des cadeaux. « Dans une lettre adressée à Antipatros, où il fait un récit exact de tout ce qui s'était passé, Alexandre écrit que le roi des Scythes lui offrit sa fille en mariage, mais il ne parle pas de l'Amazone » (Plutarque, *Vie,* 46, 3). Arrien (IV, 15, 4-5) ajoute : « En même temps arriva auprès d'Alexandre Pharasmanès, roi des Chorasmiens (actuels Kara Kalpak et Khorezm, près de Khiva, au sud de la mer d'Aral), avec 1 500 cavaliers : il dit qu'il habitait un pays limitrophe de celui des Colchidiens et des Amazones et que, si Alexandre voulait les attaquer..., il s'offrait à le guider et à fournir le nécessaire à son armée. Alexandre répondit courtoisement aux ambassadeurs scythes, mais dit qu'il n'éprouvait pas le besoin d'épouser une Scythe. » Il faudra nous rappeler ces échanges de courriers, quand nous aborderons la légende d'Alexandre couchant avec Thalestris, reine des Amazones, ou avec quelques centaines d'autres...

Au retour de son raid d'une vingtaine de kilomètres chez les Sakas qu'on appelle aussi les Scythes, en octobre 329, Alexandre décide de faire garder la frontière par une cité analogue aux trois Alexandrie précédentes. Ce sera Eskhatè, « l'Ultime », ou plus simplement Alexandreia Sogdianè, ou Alexandrie de l'Iaxarte. Le rempart de la cité, long de 60 stades (10 800 m), est terminé, dit-on, en trois semaines, ce qui veut dire que le roi y campe une vingtaine de jours. Il peuple la ville avec des soldats macédoniens, des Grecs mercenaires, tous les Sogdiens et les Scythes faits prisonniers à Kuruškatha, la « Ville de Cyrus », et dans les sept fortins pris d'assaut, enfin avec tous les indigènes de la région qui se portent volontaires. Cette ville « ultime », c'était naguère

Khodjent, sous l'actuelle Leninabad, au Tadjikistan, à quelques jours de marche de l'Empire chinois.

Pendant ce temps, le Perse Spitaménès assiège Marakanda (Samarcande). Alexandre averti envoie une colonne de 60 Compagnons à cheval, 1 500 mercenaires à pied et 800 à cheval. Vers Obručevo, ils tombent dans une embuscade où plus des trois quarts d'entre eux périssent. Alexandre accourt de l'Iaxarte en ordonnant de ne rien dire de cette catastrophe pour éviter de démoraliser les siens : en quatre jours, il est sur le lieu du massacre. Spitaménès s'enfuit vers l'ouest. Sur 280 km, les lanciers macédoniens et l'infanterie légère le poursuivent, ne s'arrêtant qu'au désert, au-delà de Bukhara, ravageant le pays arrosé par le Zeravshan, l'antique Polytimètos, au centre de la Sogdiane, et tuant les hommes en état de porter les armes. Puis, suivant le vieux chemin des oasis, Tribaktra (= Bukhara), Karshi, Derbent, Termez devenue Alexandrie de l'Oxos, Alexandre va prendre ses quartiers d'hiver à Bactres, à 336 km au nord-ouest de Kaboul. La citadelle de Wazirabad, l'Arg persan, marque encore le cœur de la vieille capitale de la Bactriane, Zariaspa, la ville « aux Chevaux d'or ». Ainsi l'avaient nommée les indigènes.

« Dans l'Antiquité, écrit Strabon (*Géographie,* XI, 11, 3), le genre de vie et les mœurs des Sogdiens et des Bactriens ne différaient guère de ceux des nomades... Par exemple, si les abords extérieurs des murs entourant la capitale de la Bactriane étaient propres, l'intérieur était jonché d'ossements humains. Alexandre, selon Onésicrite (témoin oculaire), mit fin à cette coutume. » Là ne se borne pas l'activité du conquérant, qui réfléchit sur la guerre qu'il doit désormais mener contre des populations toujours mouvantes et contre un seigneur de la guerre hardi et invisible mais qui se veut l'âme de la résistance d'un grand peuple. Spitaménès, le chef sogdien, enrôle tous les cavaliers scythes prêts à pil-

ler les villes et les villages des sédentaires. Leurs chevaux rapides transportent chacun deux hommes
armés qui sautent à terre brusquement, chacun à leur
tour, et bouleversent les dispositifs de combat de
cavalerie. Alexandre doit renoncer aux batailles rangées, multiplier les colonnes mobiles, s'adapter à la
guérilla pendant un an encore.

A la fin de l'hiver 329-328, en mars 328, un détachement d'élite, mené par le roi, s'empare de la forteresse du rebelle Ariamazès, en Sogdiane. C'est l'*Avarana,* ou Forteresse, de Bajsun-tau, à 20 km à l'est de
Derbent et à environ 120 km au nord de Termez
(Uzbekistan). Les Grecs ont traduit le nom perse en
« Aornos » ou« Aornis », littéralement « où l'oiseau
ne peut voler », et raconté qu'Alexandre avait promis
une récompense énorme aux « voltigeurs » ou grimpeurs qui parviendraient au sommet. Il est du moins
admis qu'au nombre des prisonnières figurait la fille
du noble Oxyartès, Rhoxanè, « Radieuse », dont le
roi devait faire, quelques mois plus tard, son épouse
légitime.

L'armée, divisée en cinq corps expéditionnaires,
passe tout l'été en campagnes diverses dans les
monts de l'Alaï et dans la vallée du Zeravshan. Un
détachement va s'emparer de l'oasis de la Margiane,
l'actuelle Mary sur le Murghab (naguère Merv, au
Turkménistan), et l'entoure de six fortins. L'un d'eux
sera nommé bientôt Alexandrie de Margiane, puis
Antiokheia, sous Antiokhos Ier (Quinte-Curce, VII,
10, 15)[38]. Au mois de juillet, après un raid sur Bactres, Spitaménès est accroché par la colonne mobile
de Koïnos ; il s'enfuit au nord de la Sogdiane et il est
décapité par les cavaliers massagètes. A la fin de
l'été, dans la haute vallée du Wakhsh à 80 km de
Dushanbe (R.S.S. du Tadjikistan), Alexandre reçoit
la reddition de la Roche du Chef ou « Avarana du
khoriénès », Sisimithrès, un roitelet sogdien célèbre
pour avoir épousé sa mère et avoir eu d'elle deux

garçons. Enfin les chefs locaux se rallient l'un après
l'autre et Alexandre peut donner de grandes chasses
dans le massif de l'Alaï, de grands banquets à Samarcande, des fêtes à Bactres.

C'est précisément au cours d'une de ces battues
d'automne et de ces beuveries officielles que se pro-
duisent, dans l'entourage d'Alexandre, deux actes
d'indiscipline lourds de conséquences. Tout doucement et pour encourager l'aristocratie des Hautes
Satrapies à se soumettre, le roi avait demandé aux
officiers grecs et macédoniens de donner le bon
exemple en se prosternant devant Sa Majesté. Non,
sans doute, à genoux et le front dans la poussière,
mais en inclinant au moins le buste et en portant la
main au front[39]. Il n'avait obtenu d'obéissance que
des plus vils flatteurs. La noblesse macédonienne,
très attachée à ses traditions de franchise et d'égalité
et soutenue par les chanteurs et les intellectuels de
l'entourage du roi, s'y refusait obstinément. On ne se
prosternait que devant les dieux. Au cours d'un banquet à Samarcande, Kleïtos, pris de vin, dit à Alexandre ce qu'il pense de son orgueil et de ses vantardises. Le roi, non moins ivre, le transperce de sa javeline.

Son deuil est de courte durée. A peine s'est-il
remis à chasser et à boire qu'un de ses pages, Hermolaos, arrête d'un coup d'épieu le sanglier que le roi
entend abattre seul. Le jeune homme, fouetté publiquement et privé de son cheval, décide de se venger.
Il conspire la mort d'Alexandre avec six autres
Cadets, est dénoncé, arrêté, supplicié. « Cependant,
un peu plus tard, dans une lettre à Antipatros (c'est
probablement le rapport annuel au régent de Macédoine), il incrimine aussi Callisthène (philosophe et
historien de l'expédition) et dit : " Les jeunes gens
ont été lapidés par les Macédoniens, mais pour le
sophiste, c'est moi qui le punirai, ainsi que ceux qui
l'ont envoyé (entendez : Aristote, son cousin) et ceux

qui accueillent dans leur ville (en l'occurrence
Athènes) les conspirateurs " » (Plutarque, *Vie*, 55, 7).
En effet, Callisthène, connu pour avoir exhorté les
Cadets à se montrer vraiment des hommes, est arrêté
et jeté en prison à Zariaspa (= Bactres), en Bactriane
(Strabon, XII, 2, 4) : il y périra de maladie pédiculaire
sept mois plus tard, mais sa disparition soulèvera les
passions contre Alexandre, autant que l'assassinat de
Kleïtos, ami de jeunesse et bienfaiteur du roi.

LE BOUT DU MONDE

Au cours de l'hiver 328-327, Alexandre épouse à
Bactres, selon le rite perse, Roxane, fille du satrape
Oxyartès, sa jeune captive. Il donne des fêtes, désigne des satrapes et des gouverneurs et prépare active-
ment l'invasion de l'Inde. L'armée, éprouvée par
deux années de durs combats en Sogdiane et en Bactriane et amoindrie par la fondation de deux Alexandrie et de six fortesses sur les pistes des caravanes,
est renforcée par les contingents venus d'Europe et
d'Asie Mineure. Antipatros a envoyé de Grèce
8 000 mercenaires, 600 cavaliers, 7 400 fantassins.
Des Balkans sont arrivés 1 000 cavaliers et 4 000 fantassins. Asandros, Néarque et les gouverneurs de
Syrie ont amené d'Asie Mineure 1 000 cavaliers et
8 000 fantassins.
En ajoutant tous les corps de cavalerie et d'infanterie, lanciers, archers et piquiers, recrutés dans les
Hautes Satrapies, Alexandre entraîne derrière lui une
foule de 120 000 êtres humains, combattants et non-
combattants, lorsqu'en juin 327 il leur donne l'ordre
de quitter Alexandrie « du Caucase » (près de
Bégram), en brûlant tous les bagages inutiles. On
remarque qu'il y a désormais beaucoup plus d'Asiatiques dans ses troupes que d'Européens, qu'aucun

renfort purement macédonien n'a été envoyé par Antipatros, probablement sur son ordre, et que des nobles sogdiens figurent parmi les gardes du corps d'Alexandre, au grand dépit de ses Compagnons macédoniens (Quinte-Curce, VII, 10, 9). Outre 15 000 chevaux et les bêtes de somme traditionnelles, le convoi comprend des buffles, des dromadaires et des éléphants, de lourds chariots à quatre roues transportant le matériel de siège et de franchissement des fleuves, probablement même des navires démontés.

Au plus court, par le col de Kaoshan (à 4 800 m), 400 km séparent Bactres d'Alexandrie dite « du Caucase », au nord de Kaboul. En contournant le massif de l'Hindou Kouch par le nord-est, via Drapsaka (Kunduz), la passe de Khawak (à 3 548 m seulement) et la vallée du Panjir, on compte 600 km. A raison de 15 km par jour, moyenne vérifiée dans toutes les campagnes précédentes et considérée comme normale jusqu'à l'invention des chemins de fer, les marcheurs du printemps de 327 sont arrivés, les uns au bout d'un mois, les autres après un mois et demi au point de ralliement. Le roi, parti le premier et par la voie la plus courte, franchit les 2 500 m de dénivellation entre Bactres et le col en dix jours : nouvel exploit qu'ont noté les chroniqueurs.

Comme à l'accoutumée, Alexandre a divisé ses forces en plusieurs corps. Le fidèle Hèphaïstion et Perdikkas, futur régent, partent d'Alexandrie « du Caucase » (Bégram) en avant-garde pour réduire toutes les places qui barreraient le chemin de l'Indus, y mettre des garnisons, cas de Peukelaotis (en sanskrit : Puskalavati, l'actuelle Charsadda) et d'Orobatis (Peshawar ?), préparer de quoi traverser le fleuve à la hauteur d'Udabhānda (Ohind), à 72 km à l'ouest de Rawalpindi, au Nord Pakistan. Omphis, en sanscrit Ambhi, roi de Taxila, et les Indiens de la rive gauche de l'Indus fournissent le ravitaillement

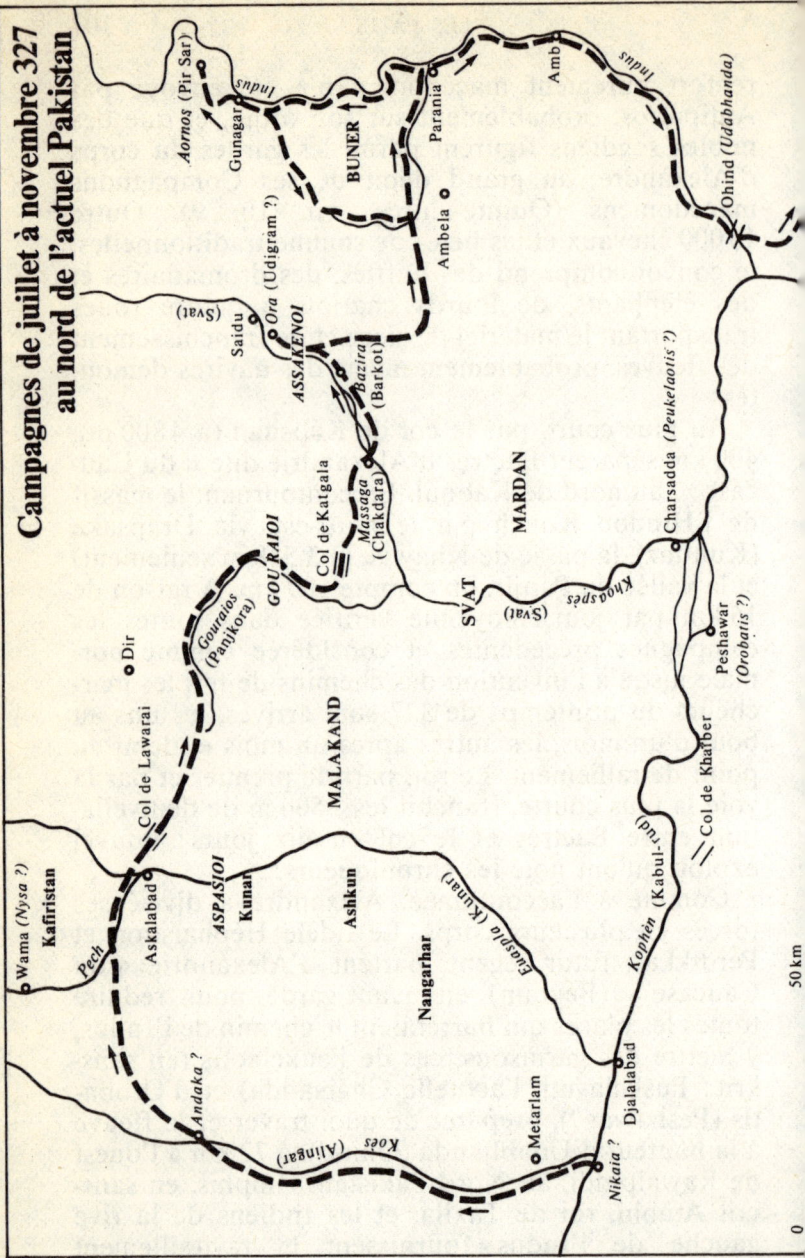

Campagnes de juillet à novembre 327 au nord de l'actuel Pakistan

demandé, servent de guides et promettent vingt-cinq éléphants.

En juillet 327, Hèphaïstion franchit la célèbre passe de Khaïber qui commande l'accès au Pendjab. Alexandre emploie tout l'été et le début de l'automne à s'emparer des places fortes commandant les trois affluents de la rive gauche du Kophèn (Kabul-rud), le Khoès (Khô, Alingar), l'Euaspla (Kunar), le Khoaspès (le Svat, grossi du Panjkora ou Gouraios) et une place réputée imprenable, « inaccessible à l'aigle », dans la haute vallée de l'Indus[40]. Il ne veut pas laisser sur sa gauche et derrière lui des populations essentiellement pastorales, turbulentes et qui le couperaient de ses bases de départ. Il remonte sur une cinquantaine de kilomètres le cours de la Kunar et du Svat, puis coupe de Barkot à Parania. C'est au prix de durs assauts et même de plusieurs blessures que le conquérant obtient la soumission de tribus qui ne restent pour nous que des noms, Aspasiens, Gouraiens, Assakéniens (en sanskrit Açvaka, ou « Gens du Cheval »), « Barbares », c'est-à-dire non-Indiens des vallées du Buner et du Chitral obéissant à un incertain Aphrikès (= Afraka, « l'Inébranlable » ?), Nysaiens obéissant à Akouphis (le même que le précédent ?).

De ces conflits les témoins n'ont retenu que deux moments fameux : le siège de Massaga (actuel Chakdara) dans la vallée du Svat, suivi du massacre des 7 000 mercenaires indiens de la reine Kléophis, l'investissement et la prise d'Aornos, c'est-à-dire du piton-citadelle de Pir Sar dans une des boucles de l'Indus, que le dieu Indra lui-même, disait-on, l'Hèraklès indien, n'avait pu soumettre. Au cours d'une halte dans le Kafiristan, avant de franchir le cours de la Kunar, Alexandre et quelques Compagnons improvisent une fête bachique, frappés par l'homonymie de la bourgade de Nysa (Wama, dans la vallée du Pech, actuel Muristan ?) et du lieu de la naissance mythique du dieu Dionysos, par l'existence d'un mont Meru(s) (actuel Koh-i Mor), compris comme « la Cuisse » (de Zeus) et surtout par le culte du dieu Indra et du dieu Shiva.

Les historiens préfèrent retenir de cette dure campagne l'extermination en masse des résistants et la saisie d'un immense cheptel dont, paraît-il, les meilleurs étalons furent envoyés en Macédoine. On restera sensible aussi à l'assimilation, due à Alexandre et aux prêtres de son entourage, des mythes indiens relatifs à Indra et à Shiva aux mythes des conquérants grecs, le héros Hèraklès et le dieu Dionysos.

Ayant surpassé ses grands ancêtres, le roi peut espérer avec son invincible armée aller plus loin qu'eux : au bout du monde. Les bèmatistes, ou métreurs de l'armée, continuent à noter les distances parcourues, gênés d'ailleurs par la largeur des fleuves. Pour Alexandre, l'Inde commence à l'est de l'Indus et est bornée à l'est par le cours du Fleuve Océan, comme l'enseignent Aristote et les géographes de son temps. Aussi, quand il entre dans le Pendjab (= « les cinq rivières ») sur un immense pont de bateaux, croit-il entrer dans la dernière province de l'Asie. Il sacrifie selon le rite grec et vient prendre ses quartiers d'hiver près d'Islamabad, à Taxila[41] (en sanskrit Takshaśila) dont les habitants et le rajah Omphis le reçoivent avec respect. Les savants grecs de l'expédition s'entretiennent avec les « sages » indiens, Kâlaṇâ et Dandamis, « l'homme au bâton » (danda). Plusieurs députations de peuples voisins y compris celles du Cachemire font acte de soumission et apportent des présents. Alexandre célèbre des jeux, augmente ses effectifs de 5 000 Indiens, agrandit le domaine de son vassal de Taxila, mais établit le Macédonien Philippos satrape de la région, avec une garnison de soldats fatigués par la campagne précédente.

En mai 326, il lance toute son armée en direction

du sud-est. Le puissant rajah de la haute vallée du Jhelum (en grec, l'Hydaspès), Paurava (en grec, Poros), a pris position derrière le fleuve, large en cet endroit de 700 m, entre les actuelles Djalalpur au nord et Haranpur au sud, à 108 km de Rawalpindi (25 juin 326)[42]. Sur la rive gauche du Jhelum se dresse l'épaisse barrière que constitue une grosse cavalerie, 30 000 (?) fantassins et archers, un grand nombre de chars de guerre et surtout environ deux cents éléphants de combat. Pour passer et pour vaincre, Alexandre use d'une feinte : une partie de la cavalerie et de la phalange reste avec Kratéros sur la rive droite, faisant mine de vouloir traverser et allumant de grands feux pour concentrer l'attention de l'adversaire. Le reste des troupes file de nuit à travers les forêts et la pluie de mousson, à 28 km de là en direction du nord, est transporté sur des radeaux et en barques le long de l'île d'Admana, traverse une autre île boisée, franchit un dernier bras du fleuve et apparaît soudain sur le flanc droit de Paurava. La cavalerie d'Alexandre, avec ses longues sarisses ou ses flèches, neutralise la cavalerie et la charrerie adverses, puis vient au secours de ses fantassins aux prises avec les éléphants. Quatre-vingts de ces derniers sont capturés vivants après huit heures de combat. Paurava, blessé, capitule. Alexandre lui rend son royaume et se fait de lui un allié fidèle : 9 000 hommes viendront combler les pertes et grossir le corps expéditionnaire du Roi des rois.

La victoire une fois acquise, les dieux remerciés, les morts brûlés ou inhumés, les jeux funèbres célébrés, deux villes sont fondées de part et d'autre du Jhelum, Boukephalia en souvenir du valeureux Bucéphale, sur la rive droite, à l'endroit où la cavalerie a passé le fleuve, près de l'actuelle Djalalpur, l'autre appelée Nikaia, sur la rive gauche, pour rappeler la victoire remportée. Une partie de l'armée restera avec Kratéros pour construire et défendre ces camps retranchés dont le roi vient de tracer le plan. Comme dans les quatre Alexandrie précédentes, la main-d'œuvre locale participe aux travaux et au peuplement.

Avec la moitié des Compagnons, les archers à cheval et l'élite de ses fantassins, éclaireurs et piquiers, Alexandre s'en va soumettre quelques tribus et royaumes au sud du Cachemire et place leur pays (par ex. l'Abhisara) sous la souveraineté nominale de Paurava. Pendant quelques jours, il est bien accueilli par Saubhuti (Sôpeithès, en grec) qui lui offre des chiens magnifiques. Il fait franchir avec peine à ses troupes le cours violent de la rivière Noire, Aksini ou Akésinès (= Chenab), met en fuite le cousin et homonyme de son allié Paurava, traverse l'Hydraotès (= la Ravi), assiège et prend de vive force Sangala (= Samkala), capitale des Kathas, Indiens autonomes (près de l'actuelle Lahore), parvient enfin sur la rive droite du Vipasa, l'Hyphasis grec (= le Bias) un affluent du Sutlej, en pleine mousson* (août 326).

Il pleut depuis plus de deux mois, les soldats européens mal équipés résistent mal au climat, aux épidémies, aux blessures, à la fatigue et ils sont démoralisés par les pertes subies depuis un an. Le bruit court parmi eux qu'il existe, au-delà du désert, un peuple plus nombreux, un fleuve plus large que l'Indus, la Ganga, et que ce n'est sûrement pas là l'extrémité de l'Inde et encore moins celle du monde. Alexandre, instruit de la réalité géographique par ses alliés indiens et du découragement des Macédoniens, réunit deux conseils d'état-major. Koïnos, s'exprimant au nom des officiers, explique pourquoi il convient de s'en tenir là. L'armée immobile reste silencieuse. Les devins consultés allèguent de mauvais présages.

* La saison des pluies dure *normalement* du milieu de juin au milieu de septembre dans le Pendjab et les rivières, déjà grosses de la fonte des neiges, débordent à la mi-juillet.

Le roi, qui ne veut pas d'une Assemblée des soldats qui le désapprouverait, ni d'un acte d'autorité qui provoquerait une mutinerie, s'avise d'une élégante solution, si du moins nous suivons le récit d'Arrien (V, 28) qui s'appuie sur les *Mémoires* de Ptolémée : ce sont les officiers seuls qui donneront l'ordre aux troupes de revenir sur leurs bases du Jhelum après avoir rendu grâces aux dieux et remercié Alexandre. Lui, reste trois jours enfermé sous sa tente.

Pour marquer le point extrême de l'avance de l'armée, à l'est de la moderne Amritsar (dans l'Inde), douze (?) grands autels sont construits à Athèna-Providence, à Apollon Pythique, à Hèraklès, l'ancêtre du roi, à Zeus Olympien, aux dieux Cabires de Samothrace, à Ammon, dieu personnel d'Alexandre, au Soleil indien... comme un mémorial des travaux du roi. Le nombre douze rappelle aussi les douze travaux d'Hèraklès qui a atteint à Gibraltar les bornes occidentales du monde. Pour impressionner d'éventuels envahisseurs indo-gangétiques, l'armée laisse en partant les installations d'un camp gigantesque.

LA RETRAITE DE GÉDROSIE

Retraversant en octobre 326 l'Hydraotès (Ravi) et l'Akésinès (Chenab), il fait remettre en état les parties des villes de Nikaia et de Boukephalia qui ont souffert de la mousson et des débordements de l'Hydaspes (Jhelum). Une flottille de 200 navires sans blindage à trente rameurs sur chaque bord a été remontée ou construite à Nikaia. S'y ajoutent environ 1 800 embarcations locales, cargos et chaloupes. Le tiers de l'armée, avec le roi, 300 chevaux, quelques non-combattants, embarque en décembre 326. Les deux autres tiers, avec Kratéros et Hèphaïstion, longent les rives du fleuve avec l'ordre de briser toute résistance. Peu avant le confluent du Chenab et du Jhelum (actuel barrage Emerson), la flotte prise dans les tourbillons perd quelques unités. Alexandre charge Néarque de la conduire jusqu'au confluent suivant, à 70 km environ au nord de l'actuelle agglomération de Multan, et, avec ses troupes, il va faire capituler les villes fortes des populations riveraines : Sivas, Agalasseis, Mâlavas (« les Lutteurs », en grec *Malloi*) et Kshudrakas, aborigènes de « petite taille » que les narrateurs nomment Soudraques, Oxydraques ou Hydraques, faute de connaître le sanskrit. Ces deux derniers peuples, en guerre le plus souvent les uns contre les autres, viennent de se coaliser.

Près de Kamalia, à 150 km au sud-ouest de Lahore, sur la rive droite de la Ravi, une capitale se présente, qui, à la différence des autres, prétend résister. On en ignore le nom. Alexandre fait enfoncer une poterne et avec trois Compagnons : Peukestas, Léonnatos et Abréas, pénètre dans la ville et franchit sur une échelle le mur de la citadelle. Il est bientôt encerclé et blessé grièvement d'un trait de flèche au-dessous du mamelon droit. Les soldats macédoniens le dégagent évanoui et massacrent toute la population. Perdikkas débride la plaie, dégage la pointe barbelée et Alexandre entre en convalescence (février ? 325).

Toutes les troupes se rejoignent au confluent de la Ravi avec le Chenab, où stationne la flotte. Le roi y reçoit la soumission officielle des chefs locaux, avec leurs otages et leurs chars. Ils joignent leurs contingents à ceux de la grande armée. Il fait construire de nouvelles embarcations pour 1 700 chevaux et continue sa navigation jusqu'au confluent du Chenab et du Sutlej. Hèphaïstion, le général bien-aimé du roi, dirige là les travaux de fortification d'une cité indienne, y regroupe quelques tribus indigènes consentantes et des mercenaires de l'armée aux

ordres de Philippos. Il se peut qu'elle ait porté le nom
du chien indien préféré d'Alexandre, Péritas, le chasseur de lions (Plutarque, *Vie*, 61, 3) et qu'ultérieurement elle ait été désignée comme l'Alexandrie
d'Opiène, au Moyen Age Askaland-Usah, Uchh de
nos jours. La légende de « Sikandar » y est toujours
vivante.

Reprenant sa descente et usant de la même stratégie, le roi reçoit la soumission des Ambaṣthyas (en
grec les Sambastes) et des Sūdras (Sogdoi, chez
Arrien, VI, 15, 4) et, parvenu au confluent de la Mula
et de l'Indus, il fonde et fortifie près de Sukkur, au
printemps de 325, une ville que presque tous les narrateurs nomment Alexandrie des Sogdes : grosse cité
munie de chantiers de construction navale et où,
nous dit-on, furent enrôlés 10 000 colons. Le mot
oikètoras qu'emploie Diodore (XVII, 102, 4) implique
qu'ils étaient de toute origine. A 200 km au nord finit
la satrapie de Philippos, dite de l'Inde supérieure, et
commence la satrapie d'Oxyartès, beau-père
d'Alexandre. Peithon en est le commandant militaire : 10 000 km^2 difficiles à tenir. Un chef indien,
Sambhu, est désigné comme satrape des Indiens
montagnards entre l'Indus et l'Afghanistan et
contrôle les voies d'accès du Sindh à l'Arachosie par
les cols de Mula et de Bolan.

Mais à peine Alexandre a-t-il quitté, en avril 325,
sa cinquième Alexandrie, que les royaumes du
Sindh, animés par les brahmanes, se soulèvent contre
les envahisseurs. Il faut des raids terrifiants pour
venir à bout des Mūshikas d'Alor, près de Rohri, des
Prastha, ou Gens de la plaine, autour de Larkana,
des sujets de Sambhu défendant leur capitale Sindimana (Shewan ?), des habitants d'Harmatelia [43]
(Brahmabad ?), dernière ville aux mains des brahmanes, usant de flèches empoisonnées. Diodore
(XVII, 102, 6) soutient qu'au cours de ce printemps
furent tués « plus de 80 000 Barbares ». Il n'est pas

Les 4 itinéraires de la retraite de l'Inde (octobre 325 - janvier 324 av. J.C.)

0   300 km

IRAN

SINDH

Sukkur

Teratani

Sibi

Quetta

Col de Bolan

Monts Brahui

Kalat

Kandāhar (Alexandrie d'Arachosie)

AFGHANISTAN

Désert de Margo

Helmand (Etymandros)

Khosh

Farah (Phrada)

Marais de Saberi

Marais de Hirmand

Harut

itinéraire de Kratéros

(frontières actuelles d'États)

Tarakum

SEISTAN

KERMAN D'IRAN

Kerman

Saïdabad

Carmanie (antique

Baft

Col de Bakri

Khanu (2225 m)

Bam

Tahrud

Halil-rud

Golashkerd

Khanu (Salmous) (Alexandrie de Carmanie)

DÉSERT DE LUT

Jaz Murian

Bampur

Iranshar (Pura)

MAKRAN

itinéraire d'Alexandre

Dozdan

Red-rud

Bandar Abbas

Ormuz

Ras Mossandam

OMAN

Kalat

Sarbaz

Jagin

Jask

OUEST PAKISTAN

Massif de Siahan

Massif Central du Makran

(Alexandrie de Makarène)

Dasht côtier du Makran

Kowr-e-Koja

Talar-i-Band ou Massif côtier du Makran

Pasni

BÉLOUTCHISTAN

Hingol (Tomeros)

Purali

Béla

(Alexandrie des Orites)

Léonnatos

Alexandrie

Gédrosie (antique

Monts Kirthar

Liari

Sonmiani

Port d'Alexandre

Ras Malan

Ormara (Cophas)

I. Astola

Nearque

Haiderabad (Pattala)

Karachi

Indus

Alexandrie des Sogdes

sûr que ce chiffre soit exagéré, quand on fait le décompte des massacres signalés par Arrien.

A Sukkur, vers la fin de juin 325, Kratéros reçoit l'ordre de rallier l'Iran via Kandahar et la vallée de l'Helmand avec l'infanterie lourde, les éléphants et la cavalerie asiatique. Il doit aussi arrêter tous les fauteurs de troubles.

Au sommet du delta de l'Indus, vers la moderne Haïderabad, l'armée que commande alors Hèphaïstion fortifie Pattala près de Tatta, à 155 km à l'est de Karachi, ouvre un arsenal et un port avec des appontements et des docks, creuse des puits, appelle à l'habiter avec les Grecs tous les sans-logis du Sindh. Puis Alexandre, en compagnie de ses « Amis », descend sur une centaine de kilomètres le cours de l'Indus : « Repérant (dans le delta) deux îles (Killouta ? et le rocher d'Abu Shah ?), il y célébra de magnifiques sacrifices aux dieux [de la mer, et à Ammon] et il jeta dans les flots, en même temps qu'il accomplissait les libations, plusieurs grandes coupes d'or. Et en élevant des autels en l'honneur de Tèthys et d'Okéanos, il se disait que l'expédition qu'il avait entreprise était parvenue à son terme » (Diodore, XVII, 104, 1). On était au début de juillet 325. La descente vers la mer depuis Nikaia-Haranpur avait duré sept mois et la coordination des multiples forces avait été excellente.

Alexandre fait alors demi-tour et remonte le cours du fleuve jusqu'à Pattala. Il s'y attarde quelques semaines pour organiser la colonie, radouber ses vaisseaux et préparer le retour des trois parties de son immense armée dans les meilleures conditions possibles. Il explore la branche orientale du delta de l'Indus. A l'embouchure, la barre interdit d'y aventurer la flotte. Il s'informe soigneusement de l'itinéraire le plus court pour rejoindre par le sud les capitales de la Perse, Persépolis et Suse, il donne l'ordre

aux satrapes d'expédier du ravitaillement sur son
parcours, il envoie Léonnatos et sa troupe en avant-
garde pour forer des puits. Il se charge du maximum
de grain et de fourrage car il entend passer dans la
meilleure saison et beaucoup plus prudemment que
ses prédécesseurs : Sémiramis, reine d'Assyrie
(810-807), et Cyrus le Grand, fondateur de l'Empire
(vers 560 av. J.-C.). Le géographe Strabon (xv, 1, 3),
dont l'information repose essentiellement sur les
Mémoires d'Aristoboulos, dit qu'Alexandre quitta
Pattala en été quand on pouvait espérer que les
pluies de mousson allaient emplir le lit des torrents
et les puits, c'est-à-dire au début de septembre 325.
Néarque, avec 10 000 hommes et 120 navires environ,
devait attendre le coucher des Pléiades (vers le
5 octobre 325), qui marque le début de la navigation
sur l'océan Indien, avant de lever l'ancre en direction
du fond du golfe Persique.

Afin d'éviter de verser dans le dramatique ou le
pittoresque facile, qu'il suffise ici de citer Quinte-
Curce (IX, 10, 4-8) qui reproduit le journal de marche
des armées vers la Gédrosie, l'actuel Béloutchistan :
« Alexandre conduisait ses troupes (soit environ
25 000 hommes, et tout le convoi d'accompagnement)
par voie de terre. En neuf étapes, on parvint dans le
pays des Arabites (actuelle région de Karachi), puis
en autant de jours dans celle des Gédrosiens (Béloutchistan). Le peuple indépendant des Arabites réunit
une assemblée et capitula. Aux termes de la capitulation, on ne les imposa qu'en ravitaillement. Quatre
jours plus tard, Alexandre atteignit un fleuve que les
indigènes appellent Ara-bah (l'actuel Hab) et auquel
succède un désert sans eau. Après l'avoir traversé, il
passa chez les Horites (vallée du Purali, capitale
Rhambakia). Là, il remit à Hèphaïstion le gros de
l'armée et il partagea avec Ptolémée et Léonnatos les
troupes légères. Trois détachements à la fois rava-
geaient cette partie de l'Inde. On rapporta un butin

considérable. Ptolémée mettait à feu et à sang le secteur côtier, Léonnatos un autre secteur et le roi le
reste du pays. Là aussi, Alexandre fonda une ville
(Alexandreia Oreitôn, ayant pour port Kôkala, à
l'embouchure du Purali, à 100 km au nord-ouest de
Karachi) et on y déporta des Arachosiens (c'est-à-
dire des indigènes de l'arrière-pays, Hèphaïstion
étant chargé avec ses troupes d'organiser cette nouvelle place forte). De là, on passa dans le pays des
Indiens maritimes (ceux que les textes nomment les
Ichtyophages, parce qu'ils ne se nourrissent, eux et
leurs troupeaux, que de la chair des poissons). Ils
s'étendent sur une vaste région désertique et aucun
rapport commercial ne les met en contact même avec
leurs plus proches voisins. »

De l'embouchure du Purali jusqu'à Bampur dans
le Makran, la partie la plus solide de l'armée (environ 12 000 hommes) et son convoi de chariots quit-
tent, avec le roi, la piste traditionnelle des caravanes,
pour se rapprocher de la côte et même pour pouvoir
la longer entre Pasni et Gwadar. Ils vont mettre
soixante jours pour parcourir 700 km au milieu des
pires souffrances[44]. La moitié de ses effectifs meurt
de soif et de fatigue. Une bonne partie du convoi
avec les femmes, les enfants, les attelages est emportée par un torrent (le Bahri ?) brusquement enflé par
les pluies des monts du Makran, loin de la côte.
Alexandre, mal renseigné et mal compris, a cherché
en vain à appuyer depuis la côte, en réalité depuis
une terre inhospitalière, son invisible escadre. Cette
traversée des déserts de rochers blancs et de sable en
dunes constitua un véritable désastre, assez comparable, l'ennemi en moins, à la retraite de Russie en
1812. Il paraît que le roi, marchant à pied et refusant
de boire avant ses hommes, donnait l'exemple du
vouloir vivre et de la générosité. Alexandre, chef
aussi exigeant envers lui-même qu'envers ses
hommes, demandait ici trop à la nature humaine.

A Pura, capitale de la Gédrosie, près de l'actuelle Bampur du Makran (Iran), Alexandre laisse ce qui lui reste de soldats (6 000 ou 7 000 hommes ?) se reposer et se pourvoir en montures, pendant au moins une quinzaine de jours en décembre 325. Ils sont rejoints par les 8 000 hommes du détachement de Léonnatos. Le roi destitue le satrape de Gédrosie (Apollophanès ?) « pour n'avoir rien fait de ce qui lui a été prescrit ». La Carmanie voisine, dont le satrape Astaspès a perfidement compté sur la mort d'Alexandre, échoit à un Grec, Tlépolèmos, en attendant que soit instruit le procès du coupable. Les satrapies du Sud sont réorganisées et confiées à des Grecs. Philippos, satrape de l'Inde, ayant été assassiné par ses mercenaires, le rajah de Taxila et le Grec Eudamos sont chargés d'administrer provisoirement la satrapie. La chancellerie et l'intendance reçoivent l'ordre de remédier aux erreurs et aux maux passés.

En janvier 324, les troupes, les civils d'accompagnement et le bagage reprennent la direction du nord-ouest, cheminant par la vallée malsaine du Bampur, la dépression du Jaz Murian et la vallée de l'Halil-rud. Après trois semaines de marche, elles font halte à Salmous, l'actuel Khanu, dit au Moyen Age Cano-Salmi, dans la plaine irriguée de Reobar (= Rud-bar), en Carmanie, à 120 km au nord du détroit d'Ormuz. On compte environ 300 km entre Bampur de Gédrosie et Salmous de Carmanie et il n'y a aucune raison pour que les soldats à pied ou à dos d'âne, la seule monture disponible, aient dépassé les 15 km de moyenne quotidienne[45]. Alexandre attend anxieusement des nouvelles de sa flotte. Tous les jours, il envoie des hommes, des chariots et des vivres sur le golfe d'Ormuz. Enfin, l'escadre confiée à Néarque et à Onésicrite accoste à l'embouchure de l'Anamis, l'actuel Rud-bar, après quatre-vingts jours, soit 1 300 km, de navigation.

Le roi, pleurant de joie, se fait raconter par Néarque, Arkhias et les cinq ou six hommes qui les accompagnent « le périple de l'Océan » depuis Karachi, surnommé par eux « Port d'Alexandre », jusqu'à l'entrée du golfe Persique. Après les sacrifices d'actions de grâces, les concours musicaux et athlétiques (Arrien, vi, 28, 3), le roi demande à l'amiral de rallier Suse, capitale de l'Empire, par l'Euphrate et le cours du Karûn. Soldats et convoyeurs épuisés, mercenaires volontaires, recrues indigènes sont laissés à Salmous au départ de l'armée, ne serait-ce que pour pacifier le pays ou faire cesser le brigandage. Cette bourgade sera désignée comme l'Alexandrie de Carmanie à l'époque romaine (Pline, *Hist. nat.*, vi, 107).

C'est probablement en quittant Salmous que l'armée tout entière participe à une sorte de défilé de carnaval, en l'honneur de Dionysos, dieu du vin nouveau, mais aussi dieu vainqueur, dit-on, des Indiens, comme Alexandre. Ce cortège de liesse *(kômos)* où l'on but beaucoup et où l'on vit le roi sur un char traîné par des ânes, selon Karystios de Pergame (dans Athénée x, 434), a donné naissance à la légende des bacchanales de Carmanie et à celles d'un cortège triomphal de sept jours, etc. Le silence de Ptolémée et d'Aristoboulos, témoins oculaires, est plus éloquent que toutes les amplifications de la rhétorique ultérieure.

De là, après trois nouvelles semaines de marche, les quelques escadrons et bataillons valides qui suivent encore Alexandre en direction du nord-ouest atteignent Karmana, capitale de la Carmanie (= Baft ? Saïdabad ?), en tout cas là où se trouve le *basileion,* palais du vice-roi. Tel est le terme précis qu'emploie Plutarque (*Vie,* 67, 7) après avoir, comme tant d'autres, décrit le cortège bachique. Et, à ce point de notre récit, il faut bien nous arrêter un peu pour observer combien nos sources sont troubles, combien la chronologie des événements reste incertaine et quelle part les premiers narrateurs ont laissée

à la reconstitution ou à l'imagination de leurs audi-
teurs. Sans points de repères, sur cette immense piste
quasi désertique et qui s'étire de Karachi à Persépolis — plus de 1 700 km ! — sinon quelques oasis et
quelques plateaux jonchés de morts, comment s'y
retrouver, sinon en refaisant l'itinéraire à pied ou à
dos d'âne ou de chameau comme l'ont osé Marco
Polo au XIIIᵉ siècle, F. J. Goldsmid, Aurel Stein,
François Balsan et J. V. Harrison au cours des cent
dernières années ?

Il serait absurde de penser qu'Alexandre, après la
halte dans les vignobles du Rud-bar, fût allé d'une
seule traite jusqu'à Pasargades, à 620 km de distance,
et peut-être encore plus absurde de s'imaginer qu'il
eût fait venir à Salmous les troupes de Kratéros, franchissant au cœur de l'hiver avec soixante-quinze éléphants le col enneigé de Deh Bakri à 2 225 m d'altitude. En quittant avec son lourd contingent les rives
de l'Indus (Sukkur ?), en juin 325, Kratéros a reçu
l'ordre de rejoindre le roi « en Carmanie » (Arrien,
VI, 17, 3), ce qui ne veut pas dire dans une obscure
sous-préfecture au sud de ce pays grand comme le
tiers de la France, mais dans sa capitale et sur la
route de la Perside. La jonction de la petite troupe
d'Alexandre et du contingent de Kratéros s'est faite à
Karmana, préfecture de la Carmanie, ou quelque
part entre l'oasis de Bam et Saïdabad, qui fut capitale du Kerman à l'époque des califes sous le nom de
Sirdjan. On n'oubliera surtout pas qu'une armée en
marche de 40 000 hommes avec ses milliers de chariots s'étire sur plus de 25 km et ne progresse au
Moyen-Orient que de 12 à 15 km par jour. Kratéros
aura mis huit mois pour traverser le Pakistan — les
monts Brahui et la région de Quetta —, Kandahar
(Alexandrie d'Arachosie), la vallée de l'Helmand au
sud de l'actuel Afghanistan, puis pour longer par le
sud le grand désert de Lut en Iran, faire prisonniers
quelques rebelles en cours de route et décider ou

contraindre les satrapes voisins et les gouverneurs militaires d'envoyer des vivres, des attelages, des hommes, bref du secours à Alexandre, perdu quelque part vers le sud.

Dans cette capitale régionale, Karmana, à 300 km au moins au nord du détroit d'Ormuz, Alexandre fit rendre des actions de grâces aux dieux qui avaient permis le salut et la victoire des quatre corps expéditionnaires, du roi, de Léonnatos, de Néarque et de Kratéros. On offrit des sacrifices, on célébra des jeux sportifs et l'on donna des spectacles, à la façon grecque. Puis, le roi de Perse étant avant tout un roi juste et respectueux de l'Ordre *(Arta),* il fit exécuter, après jugement, deux nobles perses rebelles, Ordanès et Zariaspès, et deux généraux corrompus commandant les troupes de Médie, Sitalkès et Kléandros, accusés par leurs propres soldats et leurs administrés civils d'exactions, de viols, de profanations et de pillages. Astaspès, naguère satrape de Carmanie, convaincu de déloyauté, subit le même châtiment.

Les sentences communiquées à chacune des vingt-quatre (?) satrapies de l'Empire étaient assorties de considérants édifiants : « Sous le règne d'Alexandre, il ne serait pas permis aux gouvernants de faire du tort aux gouvernés » (Arrien, VI, 27, 5). Apprenant que certains, en Perside, en Syrie, en Babylonie, disposant de mercenaires, se soulevaient ou menaçaient de se rendre indépendants, « le roi écrivit à tous les stratèges et satrapes d'Asie d'avoir à licencier immédiatement leurs mercenaires dès qu'ils auraient lu sa lettre » (Diodore, XVII, 106, 3). Harpale, l'ami de jeunesse d'Alexandre, s'était vu confier l'administration du trésor de Babylone et des revenus royaux. Il assumait en outre les fonctions de satrape sur toute la Mésopotamie, c'est-à-dire pratiquement la surveillance des communications avec la Grèce. Mais il dilapidait l'argent du roi pour ses plaisirs personnels et l'entretien de ses propres mercenaires. Craignant le même châtiment que les autres satrapes, il s'enfuit précipitamment de Babylone à la fin de mars 324 avec plusieurs milliers de soldats et de talents en or et une fameuse courtisane athénienne, Glycère. Deux mois plus tard, il était à Tarse, en Asie Mineure, prêt à s'embarquer pour la Grèce et à la soulever contre Alexandre.

A la fin de février 324, tandis qu'Hèphaïstion ramène le gros de l'armée, les bêtes de somme et les éléphants en Perse par la route du Sud, Târom-Fasa-Chiraz, de température plus clémente, Alexandre, avec ses fantassins les plus légèrement armés, la cavalerie des Compagnons et une partie des archers se dirige directement sur Pasargades, nouvelle capitale de la Perse, à près de 500 km à l'ouest de Karmana. Il s'y conduit à nouveau en justicier, en faisant passer en jugement puis pendre par ses sujets le pseudo-satrape Orxinès, coupable de crimes et de sacrilèges, en faisant exécuter le pseudo-roi des Mèdes et des Perses Baryaxès et ses complices, coupables de complots, en faisant restaurer dans son parc le tombeau de Cyrus le Grand, profané par Poulamakhos, un notable macédonien, et punir ce coupable, en regrettant enfin publiquement d'avoir mis le feu, six ans plus tôt, au palais de Persépolis. Et pour marquer encore plus qu'il veut être considéré comme le roi et le défenseur des Perses, il nomme à Persépolis son garde du corps Peukestas satrape, c'est-à-dire vice-roi de Perside. C'était un brave qui l'avait sauvé près de Kamalia, dans l'Inde, en le couvrant de son bouclier et un fidèle bien utile, le seul des Compagnons qui consentît à porter le costume des Mèdes et à apprendre la langue des Perses. Respectueux des usages locaux, Alexandre distribua à toutes les femmes enceintes de Pasargades une pièce d'or à son passage.

La jonction avec les troupes d'Hèphaïstion se fait

dans la plaine de Chiraz, au début du printemps de 324. Encore 520 km de cheminement au sud du Zagros par les Portes persiques et la vallée du Karûn, et l'ensemble de l'armée, que précède son chef, atteint vers le 26 avril la seconde capitale de Darius, Suse, à 100 km au nord-ouest de la moderne Ahwaz (Khuzistan). Et là, il réorganise l'administration, l'armée, l'économie de l'Empire, chacune des trois grandes fonctions qui constituent pour les Indo-Iraniens et leurs ancêtres indo-européens l'essentiel de la vie du monde. Le Grand Roi, héritier de Darius, doit assurer le maintien de l'ordre cosmique en son palais où tout vient aboutir.

C'est apparemment aux abords de Suse que l'armée assiste au suicide solennel par le feu du vieux fakir indien Kālaṇā (nom grécisé en Kalanos), de la secte des jaïnistes. Alexandre l'avait décidé à quitter le Pendjab et à tenir compagnie aux intellectuels, philosophes et écrivains, de son état-major, qui le questionnaient sur la métaphysique et les mœurs hindoues. Néarque, Onésicrite, Kharès, qui nous ont laissé un récit édifiant de cette mort, semblent considérer qu'Alexandre s'était fait de ce « sage » un ami et que son mépris des biens matériels et même de la souffrance devait être donné en exemple aux soldats et aux Grecs en général. Il paraît aussi que Kâlaṇâ parlant à Alexandre de réincarnation lui dit qu'il le retrouverait à Babylone et que l'entourage du roi vit là un avertissement du destin. Les interprètes ne manquèrent pas de signaler au roi que « kāla » en sanskrit a précisément ce sens, et celui de « fin », de « mort », « d'heure de mourir ». Plutarque (*Vie,* 65, 3) prétend que le sage abordait les Grecs avec le mot « *kâle* ». Ce n'était pas, quoiqu'il dise, une salutation, ni le vocatif d'un mot grec, mais une forme de *kāla,* « il est à propos, à temps ». En fait, après la disparition en fumée de l'ami du roi, le temps se précipite. Il réalise en un an le poids de dix années de conquêtes.

Un peu avant Suse également, près du pont provisoire sur lequel passe l'armée de terre, Alexandre offre des sacrifices aux dieux qui lui rendent ses navires intacts et ses hommes sains et saufs. Au cours des jeux, quarante et un officiers meurent d'excès de boisson et de refroidissement.

LA PAIX DU ROI

Le premier acte du souverain, à son retour au palais de Suse, fut de faire arrêter et exécuter le satrape Aboulitès et son fils Oxathrès « pour leurs crimes dans l'administration de la Susiane ». Alexandre avait agi de même manière après sa traversée du désert à Pura, à Karmana, à Pasargades. Hèrakon, convaincu par les habitants de Suse d'avoir pillé un temple, subit lui aussi le châtiment. Tout désormais devait s'ordonner autour de la personne du roi, entouré d'un cérémonial imposant et assisté d'une chancellerie aussi efficace que méticuleuse. Eumène de Kardia est archichancelier. Hèphaïstion, ami intime du roi, recueille le titre achéménide de *Hazarapatiš*, Chef de la Maison militaire ou Chef des Mille Porteurs de canne à pommeau d'or et des huissiers du Palais, le titre de « Chiliarque » ou Chef suprême de la cavalerie, les pouvoirs administratifs d'Harpale sur la Mésopotamie, ce félon dont on vient d'apprendre la fuite, en mars 324. Hèphaïstion exerce les pouvoirs d'un Grand Vizir et il est « le premier après le roi » selon l'étiquette. Le nombre des Gardes du corps, conseillers personnels de Sa Majesté et chargés de missions, est porté à dix. Ceux que leurs prouesses ont illustrés, Hèphaïstion, Peukestas, Léonnatos, Néarque et Onésicrite, sont décorés solennellement d'une couronne d'or. Les satrapes fautifs sont remplacés par des Compagnons jouissant de la confiance exclusive du roi. Ordre est donné à tous de faire rentrer sans défaut les tributs et de châtier les fauteurs de troubles. Et ils ne manquent pas : car, dès 325, plusieurs garnisons grecques des Hautes Satrapies de Sogdiane et de Bactriane ont abandonné leur poste[46], se sont emparées de Baktra et puis ont pris le maquis. Dans les montagnes, les fuyards doivent être traqués ; les satrapes de l'Inde ne parviennent guère à se faire obéir et les royaumes vassaux de Taxila, des deux Paurava, d'Akouphis, d'Abisarès dans le Cachemire se rendent pratiquement indépendants, tout en étant menacés par leur puissant voisin de la vallée du Gange, l'ambitieux Çandragupta. Le cœur de l'Empire bat à deux mois de distance des membres les plus reculés de l'immense corps.

Encore faut-il assurer la sécurité des routes et tenir compte des rigueurs des climats. Un édit *(épitagma)* longuement préparé part de Suse, au printemps (en mai ?) de 324, et qui doit être lu solennellement par le héraut à tous les Grecs réunis aux Jeux olympiques, au mois d'août de la même année. Alexandre se fait proclamer Roi de l'Asie et exige, à ce titre et au titre de « Roi Alexandre », c'est-à-dire de souverain de la Macédoine, de Protecteur de la Thessalie, de la Thrace, etc., et de Chef suprême de la Ligue hellénique : 1° l'abolition des tyrannies ; 2° le rappel de tous les bannis dans leurs cités respectives, les sacrilèges exceptés. Cette dernière exigence est assortie d'une lettre au régent de Macédoine, Antipatros, « afin qu'il contraigne les cités réfractaires » (Diodore, XVII, 109, 1 ; XVIII, 8, 4 ; Quinte-Curce, X, 2, 4-7 ; Plutarque, *Vie d'Alexandre* 34, 1 ; M. Tod, *A selection of Greek Historical Inscriptions, II, n° 202).* Elle va provoquer le mécontentement des Étoliens et des Athéniens, ces derniers étant bien décidés à ne pas abandonner la grande île de Samos dont ils ont expulsé les propriétaires. Et il semble à tous que le

« Roi de l'Asie » et en même temps « Roi des Macédoniens » se considère aussi comme le roi de l'Europe et qu'il veut faire prévaloir partout, comme les Perses, ses prédécesseurs, « la Paix du Roi », c'est-à-dire la volonté d'un autocrate, au besoin par la terreur et par la force. L'édit royal est assorti de menaces non voilées aux Athéniens s'ils osaient accueillir Harpale et ses mercenaires.

En ce même printemps de l'an 324, Alexandre, désireux d'assurer la légitimité et la pérennité de son pouvoir en Perse et aussi de le consacrer, épouse Stateira, fille aînée de Darius, et Parysatis, fille d'Ochos, sans d'ailleurs répudier Roxane. Dans la même cérémonie solennelle, sous une tente immense, son ami Hèphaïstion épouse Drypétis, sœur de Stateira, son autre ami Kratéros épouse Amastrine, nièce de Darius. Il donne ainsi comme femmes légitimes à quatre-vingt-sept de ses Compagnons les filles des plus illustres familles perses et mèdes. « Les mariages furent célébrés selon le rituel perse : on avait disposé plusieurs rangs de sofas pour les futurs époux. Quand ils eurent bu à la santé les uns des autres, les futures épouses vinrent s'asseoir chacune à côté de son fiancé. Mains jointes, ils procédèrent à l'exemple du roi. Tous les mariages furent célébrés en même temps. Ensuite, chacun prenant son épouse l'emmena chez lui. Alexandre leur avait fait à toutes des cadeaux. Il fit consigner en outre par écrit le nom des Macédoniens qui avaient pris pour femmes des Asiatiques. Il s'en trouva plus de 10 000 auxquels il offrit un cadeau de noces » (Arrien, VII, 4, 7-8). J'ai tenu à citer cette véritable pièce d'archives ou de comptabilité pour éviter toute emphase, pour montrer aussi le caractère politique que le roi voulait donner à ce rapprochement de deux aristocraties, une sorte de pacte de gouvernement.

En même temps, Alexandre, qui ne manquait pas de se faire traduire les inscriptions et les textes concernant le rituel des fêtes perses, ordonnait d'entretenir les feux sacrés, symboles de la permanence du pouvoir royal et essayait de rallier à sa cause le clergé des mages. Ils participaient certainement aux noces de Suse, comme ils allaient prendre part au banquet de la bonne entente, quatre mois plus tard, à Opis.

Je ne sais en quel mois de 324 placer une étrange circulaire *(diagramma)* émanant de la chancellerie de Suse et adressée à toutes les cités grecques. Le Roi des rois réclamait qu'on le surnommât « Fils d'Ammon » et non « Fils de Philippe » et qu'on lui accordât, en conséquence, les honneurs réservés aux dieux célestes, c'est-à-dire des statues, des espaces consacrés, des sacrifices. La lettre était assortie d'attendus faisant valoir l'exemple d'Hèraklès, douze années de victoires ininterrompues, la souveraineté reconnue sur le plus grand empire qui fût, les bornes du monde franchies... A Athènes, sensibilisée par l'affaire de Samos, Démosthène proposa de l'appeler « Roi Alexandre, dieu Invincible ». L'Assemblée du peuple décida de lui rendre un culte en l'associant aux douze dieux, comme Hèraklès son ancêtre, et d'envoyer une ambassade en Perse pour le féliciter.

A mesure que le printemps sur les hauteurs arides du Khuzistan se transformait en été, arrivaient à Suse les gouverneurs des places fortes récemment établies et des territoires soumis. Ils amenaient de jeunes recrues qu'Alexandre appelait ses Successeurs, les Épigones, tous des Asiatiques. Comme ils étaient destinés à combler les vides de l'armée et à remplacer les futurs démobilisés, ils portaient l'armement macédonien et suivaient l'entraînement militaire en usage en Macédoine, avec commandements en grec. Au début, ils formaient des corps distincts de la phalange et étaient commandés par des Perses. Mais quand les Macédoniens virent l'intendance payer après enquête les dettes des militaires européens, quand ils surent qu'on démobilisait, avec une prime, les plus âgés et que leur chef avait l'intention de rester en Asie, 6 000 phalangites maintenus contre leur gré au service d'un autocrate de plus en plus attaché aux usages perses se mutinèrent. Les fantassins macédoniens, réunis en assemblée, menaçaient le roi d'une grève. Les meneurs lui criaient de faire désormais la guerre « avec son père Ammon » et « avec ses jeunes sauteurs », les Épigones. Bondissant de son estrade, Alexandre désigne treize meneurs à sa garde asiatique, les fait mettre aux fers et exécuter sans jugement ; ils sont jetés dans le fleuve, le jour même, avec leurs chaînes.

Un contre-bataillon de fantassins d'Asie sera formé avec lequel le roi déclare qu'il gouvernera désormais l'Empire. Les grévistes se font suppliants. Tandis que quelques vétérans démobilisés sont autorisés à rester en Asie, que la plupart devront suivre Kratéros souffrant, homme de confiance de tous, et son adjoint Polysperkhon encore en activité, les Macédoniens reçoivent des avantages matériels. A leurs enfants est garanti un statut juridique. Mais les trois mesures d'amalgame envisagées sont confirmées et maintenues : des nobles perses sont incorporés dans la cavalerie des Compagnons et dans la Garde royale, un cinquième régiment de cavalerie, ou *hipparchie,* est créé mais composé surtout d'Iraniens armés de la lance macédonienne, 1 000 Perses sont amalgamés à l'infanterie d'élite macédonienne. Les bataillons « barbares » portent les noms prestigieux de Compagnons à pied et de Boucliers d'argent. Au départ de Kratéros pour la Grèce en août 324, il est demandé par lettre à Antipatros d'amener de Macédoine un contingent capable de remplacer les 11 000 démobilisés et d'assurer la campagne d'été de 323.

Au début de septembre 324, Alexandre donne l'ordre à Hèphaïstion de conduire la majeure partie de cette armée mixte et composée surtout d'Asiatiques depuis Suse, la capitale, jusqu'à l'entrée du golfe Persique. Lui-même s'embarque avec la Garde, quelques Compagnons à pied et à cheval, descend jusqu'à l'embouchure de l'Eulaios (Karûn), fait installer à Dourine, près de la moderne Abadan, une nouvelle Alexandrie, dite de Susiane, ordonne de détruire tous les barrages qui rendaient le cours du Tigre impraticable et il remonte avec toute l'armée jusqu'à Opis (Upè), à 30 km au sud de la moderne Bagdad.

Au camp, un banquet d'adieux scelle la réconciliation du roi et des Macédoniens, la paix aussi entre les cadres (septembre-octobre 324). « Sur ce, Alexandre sacrifie aux dieux auxquels il avait coutume de sacrifier. Il offre un banquet aux frais de l'État. Il s'assied. Tous s'assoient : autour de lui, les Macédoniens, plus loin, les Perses, ensuite les représentants des autres nations les plus distingués ou les plus valeureux. Lui-même et ceux qui l'entouraient puisant au même mélangeoir firent les mêmes libations. Les devins grecs et les pages préludèrent à la cérémonie. Entre autres vœux, Alexandre souhaita que s'établissent entre Macédoniens et Perses la bonne entente *(homonoia)* et l'exercice en commun du commandement *(koïnônia tès arkhès).* » Texte illustre d'Arrien (VII, II, 8-9) et sur lequel bien des contresens ont été commis. Il ne s'agit, en réalité, que d'une réunion d'officiers supérieurs et d'aristocrates, et non d'un banquet monstre de 9 000 ou 90 000 soldats. Seuls, les chefs macédoniens et les chefs perses sont pris en considération et ils ont la préséance sur tous les autres, Grecs aussi bien qu'Asiatiques, assis en cercles concentriques, symboles d'un espace social et moral, géographique et même cosmique. Enfin, il ne s'agit que du commandement de l'armée et non d'un quelconque pouvoir politique. Ce dernier reste aux mains du Roi des rois qui est seul à savoir s'il doit traiter, selon la formule d'Aristote, les Grecs en conducteur *(hègèmôn)* et les Barbares en maître absolu (Plutarque, *De la chance ou du mérite d'Alexandre,* I, 6, 329 b).

La cérémonie terminée, Alexandre prend congé de Kratéros, de Polysperkhon et des démobilisés, qui traversent le Tigre et se dirigent vers la Cilicie, au nord-ouest. Quant à lui, il remonte en direction de l'est les pentes effrayantes des monts du Louristan, souffle un instant dans le « paradis » de Bagastana, « séjour des dieux » (Béhistoun), se fait traduire les célèbres inscriptions gravées sur le rocher de Koh-i Parsa, chasse aux alentours et arrive au début de novembre 324 à Ecbatane, l'actuelle Hamadan, qu'il n'a pas vue depuis six ans.

S'il a fait créer, avec l'aide de ses amiraux, un port entre les embouchures du Karûn et du Tigre, s'il a fait arracher les barrages du grand fleuve jusqu'à Opis, s'il écrit aux gouverneurs des provinces d'Asie Mineure de lui envoyer des mercenaires, des agrès et des navires par le cours du Double Fleuve, c'est sans doute qu'il entend revenir bientôt à Babylone et exploiter à fond la nouvelle voie commerciale que lui a ouverte la flotte de Néarque et d'Onésicrite. Joindre l'Inde à la Méditerranée, soumettre les principautés d'Arabie, le long de la voie, leur faire au moins payer le tribut que « l'Arabaya » ou Pays de la Steppe payait autrefois à Darius et à ses successeurs : ce ne sont pas là des hypothèses, ni des rêves prêtés au grand conquérant qui chevauche à travers la plaine néséenne (en vieux perse *nēsāya*) et contemple ses 60 000 chevaux. Les ordres qu'il adresse aux ingénieurs navals de Thapsaka (Jérablus au nord de la Syrie) sur l'Euphrate, au gouverneur de Babylone, aux chantiers où se trouve aujourd'hui Umqasir, avant-port de Bassorah, à Néarque, chargé de reconnaître les côtes jusqu'à Tylos (Bahrein), autant de relais et d'escales, sont des actes aussi parlants que les projets découverts dans les derniers papiers d'Alexandre. On sait aussi que, sur le trajet de Suse à Ecbatane, il s'est intéressé particulièrement aux déportés grecs de Kissie à 37 km de Suse, d'Ampè sur le site de la future Bassorah, de Cizré en Gortyène à 150 km au nord de Mossoul, de Khalonitide (Khāniqin) à l'entrée de la Médie : on constate que tous ces établissements ou colonies se trouvent en relation directe avec la production de l'asphalte et du naphte, si utiles pour le calfatage des navires.

L'entrée à Ecbatane a pour but de recevoir l'hommage des Mèdes, après celui des Perses, d'éprouver la fidélité du satrape Atropatès, de contrôler l'état du trésor, mis à mal par le faux roi des Mèdes et par les successeurs de Parménion, exécutés quelques mois plus tôt, de rendre la justice encore. Et puis, il y a la remonte de cavalerie, le problème des cavaliers scythes ou Saka et de leurs Amazones menaçant les rivages au sud-ouest de la mer Caspienne, l'Arménie insoumise. Atropatès lui propose d'équiper un escadron de femmes pour faire la guerre dans le nord.

Alexandre accorde à son armée quelques moments de loisir à Ecbatane. Il offre un sacrifice, donne des jeux sportifs et artistiques, danses et concours théâtraux, et participe à des beuveries avec ses Compagnons. Le 4 novembre, le Chiliarque Hèphaïstion, second personnage de la monarchie, tombe malade. Il ne peut s'astreindre à une diète rigoureuse. Pris de fièvre, il boit glacé et trop. Six jours plus tard, il est mort. Très vivement affecté, le roi confie à Perdikkas le soin de convoyer à Babylone avec le maximum d'escorte le corps embaumé du défunt. Il ordonne de lui élever un bûcher gigantesque. Il fait prescrire un deuil public sur toute l'étendue de l'Empire et interdire toute musique. Il institue des concours en son honneur. Il envoie demander à l'oracle d'Ammon, dans le désert d'Égypte, s'il faut honorer Hèphaïstion comme un héros ou comme un dieu. La ville en fête où est mort, en pleine jeunesse, l'ami bien-aimé, devient odieuse à Alexandre. Alors, cherchant dans la guerre une diversion à son chagrin, il escalade en plein hiver avec ses Compagnons les montagnes enneigées du Zagros qui le séparent du bûcher. A tout prix, il doit se rendre à Babylone.

De décembre 324 à février 323, « il se mit à traquer les hommes comme à la chasse. Il soumit la nation des Kosséens (ou Kassites) et massacra tous ceux qui étaient en âge de combattre. On appela cela le sacrifice à Hèphaïstion » (Plutarque, *Vie*, 72, 4). Les populations du Louristan ne furent cependant pas anéanties. Les villages fortifiés qui consentirent à se soumettre au fisc et à l'impôt du sang se repeuplèrent si bien qu'ils se trouvaient indépendants quelques années plus tard.

LE BANQUET DE BABYLONE

Après cette campagne terrifiante de quarante jours et l'installation de quelques postes militaires, Alexandre descend la vallée de la Diyala en direction d'Opis et de Babylone. Il en est à 50 km, sur la rive droite du Tigre, quand il apprend par des émissaires de Néarque ou par Néarque lui-même qu'il doit accomplir certains rites prophylactiques avant d'entrer en ville, s'il veut en croire les astrologues et astronomes chaldéens chargés d'établir les horoscopes royaux. « Il pourrait, d'ailleurs, échapper au danger, s'il restaurait le tombeau de Ba'al (le seigneur qui meurt et qui renaît) détruit par les Perses et si, modifiant le sens de sa marche, il contournait (par l'est) la ville » (Diodore, XVII, 112, 3).

Il établit son camp à Borsippa, à 35 km au nord-ouest de Babylone, et n'en bouge plus, jusqu'à ce que les philosophes de son entourage l'aient persuadé de la vanité des horoscopes. La ville, malsaine à tous points de vue, est une immense oasis, entourée de 14 km de remparts et parcourue par les nombreux canaux de l'Euphrate. C'est par l'ouest qu'on y pénètre le plus aisément. L'armée avec ses pesants chariots suit cette voie naturelle et se précipite dans les plaisirs que promet la saison nouvelle.

Cependant, voici qu'arrivent tout au long du printemps de 323 les *théores,* ou ambassadeurs sacrés des Cités grecques, et les délégations de tous les pays soumis venus féliciter le Roi des rois, le saluer de son titre de Fils de dieu (Ammon), lui offrir des couronnes, des objets précieux, des hommages. Athènes, entre autres, annonçait au roi Alexandre « dieu Invincible » que ses vœux de l'année antérieure étaient exaucés. D'autres s'adressent à lui pour régler leurs différends avec leurs voisins ou leurs exilés. Il reçoit aussi et surtout les rapports des marins chargés d'explorer les côtes de la péninsule arabique, Arkhias, Androsthénès, Hiéron de Soloï, Néarque. Il fait donc accélérer la construction des trières et le creusement d'un port à Babylone, puis descend le cours de l'Euphrate sur 150 km. Il fait verrouiller le déversoir instable du Pallakopas et ouvrir dans la roche, à 5 km en aval, un déversoir solide à écluse, afin de régulariser le courant. « A son retour à Babylone, il trouva Peukestas qui arrivait de Perse avec une armée de 20 000 Perses et un nombre considérable de Kosséens et de Tapours. Il fut rejoint par Philoxénos amenant un contingent de Cariens, par Ménandros avec d'autres troupes de Lydie et par Ménidas avec un escadron de cavalerie. Il adressa alors des félicitations aux Perses... et à Peukestas..., puis il les versa dans les régiments de la phalange », à raison de quatre Macédoniens pour douze Perses par section (Arrien, VII, 23, 1-4). L'amalgame continue dans la cavalerie.

Une fois les ambassades congédiées, Alexandre

s'occupe des funérailles d'Hèphaïstion. Il enjoint
aux habitants de l'Asie d'éteindre soigneusement les
feux sacrés, ce que les Perses n'ont coutume de faire
qu'à la mort du Grand Roi, pendant cinq jours
d'interrègne. Une ziggourat gigantesque, haute de
58 m et large à sa base de 180 m, est construite à
l'emplacement du rempart, décorée de statues, de
trophées, de symboles. Tout en haut, le corps du
défunt est incinéré au milieu des encens et des aromates. Ordre est adressé à tout l'Empire d'honorer
Hèphaïstion, non comme un dieu, mais comme un
héros : ainsi en a décidé l'oracle d'Ammon dont Philippos vient de rapporter la réponse.

On est en mai 323. Alexandre quitte à nouveau
l'inquiétante Babylone pour explorer les bras de
l'Euphrate et les marais à l'est de la ville. Il s'agit de
savoir où loger les 1 200 navires de son expédition
autour de la péninsule arabique. Il navigue avec ses
Amis, tout préoccupé et nerveux. Là, une partie de sa
flottille se perd bel et bien dans les chenaux.

Pendant plusieurs jours (trois jours et trois nuits ?),
le roi passe pour disparu. Un coup de vent violent
emporte parmi les roseaux son chapeau rouge à
larges bords et le ruban doré à deux pans qui lui sert
de diadème. Les devins ne manquent pas de voir là
un mauvais présage. Les historiens alexandrins,
sérieux comme Aristoboulos, ou fantaisistes comme
Clitarque, sont d'accord pour signaler qu'Alexandre
paraissait de plus en plus soupçonneux à mesure que
ses devins et exorcistes lui demandaient de conjurer
les sinistres présages de la destinée. Il avait très mal
pris, notamment, qu'un inconnu, un certain Dionysios, se fût assis sur le trône royal, qu'il s'agît d'une
fête de l'an nouveau babylonien, d'une étourderie de
visiteur ou d'une plaisanterie de domestique. Après
le rendez-vous donné par l'Indien Kâlaṇâ mourant,
après la mort mystérieuse d'Hèphaïstion et les horoscopes des prêtres de Babylone, la double profana-

tion des insignes de la royauté irritait un esprit naturellement superstitieux, à la veille d'une immense
entreprise. Et il ne s'agissait de rien moins que de
franchir vers le sud les bornes indéfinies du monde !

Dans les derniers jours de mai 323, il décide de
mettre fin à son deuil, et après les sacrifices propitia-
toires et votifs accoutumés, fait distribuer de grandes
quantités de vin et de viande à l'armée par sections et
par compagnies. Lui-même banquète avec ses amis.
Il veut célébrer le succès de la seconde expédition de
Néarque, l'automne précédent, dans le golfe Persique. Il veut partir en même temps que lui sous les
meilleurs auspices et en portant des toasts : avec
confiance, dans la joie. Après la fête, il est prié
d'assister à un banquet dionysiaque *(kômos)* chez
l'un de ses Amis, Mèd(e)ios, prince de Larissa, soldat, écrivain et homme de confiance entre tous. La
réunion, très libre, a lieu au soir du 30 mai 323. Y
figurent presque tous les hauts dignitaires de l'armée
et de la cour, dont voici la liste précise : Perdikkas,
Mèd(e)ios, Méléagros, Peithôn, Léonnatos, Asandros, Peukestas, Ptolémée fils de Lagos, Lysimaque,
Holkias, Eumène, le médecin Philippos d'Arcarnanie, Néarque, Stasanor, Hèrakleidès, Séleukos, Ariston, l'ingénieur Philippos, Ménandros, Philotas (le
futur satrape de Cilicie), Ménidas, soit vingt-deux
convives, en comptant le roi. On remarquera
l'absence du grand échanson Iolas et de son frère
Kassandros, tous deux fils du régent de Macédoine
et tous deux soupçonnés plus tard de complot contre
la vie d'Alexandre. On mange, on chante, on discute,
on gambade sur fond de musique, on voit se produire des artistes, on boit toute la nuit et jusqu'à
l'aube. Aristoboulos, le narrateur le plus objectif, dit
qu'Alexandre, pris d'un fort accès de fièvre et ayant
très soif, but également beaucoup de vin et qu'il se
mit alors à délirer (Plutarque, *Vie,* 75, 6).

Mais il est encore plus objectif de s'en tenir au

Journal officiel de la cour tenu par Eumène, l'un des convives, ce qu'il a publié du moins sous le titre d'*Éphémérides royales*. On le trouve cité à peu près dans les mêmes termes par Plutarque (*Vie,* 76) et par Arrien (*Anabase,* VII, 25).

30 mai : « Le roi participa à la beuverie et à la fête qui avait lieu chez Mèd(e)ios. Puis, s'étant levé, il alla prendre un bain et dormir.

31 mai : « De nouveau, il s'est rendu chez Mèd(e)ios pour dîner et de nouveau il est resté à boire jusqu'à une heure avancée de la nuit. Il a quitté la beuverie pour prendre un bain. Une fois baigné, il a mangé un peu sur place et il a dormi dans la salle de bains à cause de la fièvre.

1er juin : « Une fois baigné, il s'est fait transporter en litière pour offrir les sacrifices quotidiens ordinaires. De retour (au palais), il est resté étendu dans l'appartement des hommes jusqu'à la tombée de la nuit. Il a joué aux dés avec Mèd(e)ios. Il a pris un bain à une heure tardive. Il a fait un sacrifice aux dieux et dîné. Pendant la nuit, accès de fièvre.

2 juin : « Après s'être à nouveau baigné, il a offert le sacrifice habituel, puis, couché dans la salle de bains, il a passé longtemps à écouter Néarque et son état-major parler de leur voyage et de l'océan Indien.

3 juin : « Instructions aux officiers concernant la marche de l'armée et la navigation (" les uns se prépareront à faire mouvement le surlendemain ; les autres embarqueront avec lui un jour plus tard "). Puis il s'est fait transporter jusqu'au fleuve, est monté à bord d'une embarcation, a traversé l'Euphrate jusqu'au Parc et, là, s'est de nouveau baigné et reposé.

4 juin : « Comme la veille, bain et sacrifices habituels. Puis il est allé s'étendre dans sa chambre. Il s'est entretenu avec Mèd(e)ios. Les officiers ont reçu l'ordre de se présenter au roi (demain) au point du jour. Cela fait, il a dîné légèrement. Il s'est fait ramener dans sa chambre, mais la température avait monté et une fièvre ininterrompue l'a tenu toute la nuit.

5 juin : « Bain et, après le bain, sacrifices. Fièvre très forte. On a transporté le roi auprès de la grande piscine. Il est resté étendu au bord de l'eau. Il s'est entretenu avec ses généraux des postes vacants dans le commandement et il les a engagés à ne nommer que des hommes éprouvés. Il a donné ensuite à Néarque et à son état-major ses instructions concernant les modalités de la navigation. Départ remis à après-demain.

6 juin : « Nouveau bain. Le roi, toujours très fiévreux, s'est fait porter à l'endroit des sacrifices. La fièvre ne l'a plus laissé un instant en repos. Même dans cet état, il a fait convoquer les officiers (de marine) et leur a demandé de tenir tout prêt pour le départ de la flotte. Il a ordonné à ses généraux (de l'armée de terre) de rester au palais et aux commandants de 1 000 hommes et de 500 hommes d'attendre devant les portes. Le corps tout entier grelottant, il a été ramené du pavillon du Parc au Palais (sur l'autre rive de l'Euphrate).

7 juin : « Il a dormi un peu, mais la fièvre n'a pas cédé. Quand les officiers sont entrés, il les a reconnus, mais il n'a pu leur adresser la parole, étant désormais sans voix. Toute la nuit, fièvre énorme.

8 juin : « Fièvre continue. Les Macédoniens, le croyant mort, sont venus jusqu'aux portes du Palais en criant. Ils ont contraint par leurs menaces les Compagnons du roi à les laisser entrer. On a ouvert les portes. Ils ont défilé tous, un à un, en simple tunique, devant le lit. Muet, il saluait chacun en soulevant la tête au prix d'un grand effort ou en faisant un signe des yeux. Dans le temple d'Oser-hapi (Sérapis dans le texte grec), Peithôn, Attalos, Dèmophôn se sont relayés pour dormir dans l'attente d'un oracle du dieu, voulant savoir s'il vaut mieux transporter

Alexandre dans son sanctuaire pour qu'il le guérisse. La même fièvre a continué toute la nuit.

9 juin : « Même état (le roi dans le coma). Nouvelle consultation du dieu (père d'Alexandre) : Kléoménès, Ménidas et Séleukos se relaient dans le sanctuaire d'Oser-hapi (Sérapis dans le texte grec) pour dormir et le consulter.

10 juin : (= le 28 ou le 30, ancien style, du mois macédonien *daisios*) : « Le dieu a rendu sa réponse, qui était de ne pas transporter Alexandre dans le temple : " Il serait mieux et préférable pour lui qu'il restât là où il était. " Les Compagnons ont fait connaître cette réponse (aux soldats). Peu de temps après, vers le soir, il est mort. »

Aristoboulos, témoin oculaire de l'expédition, a précisé qu'Alexandre avait vécu trente-deux ans et huit mois et régné douze ans et huit mois. Les *Éphémérides royales,* telles que nous les lisons, retouchées ou non, laissent entendre qu'il est mort d'une crise aiguë de paludisme *(malaria tropica)*[47]. Tel est aussi le diagnostic reconnu et admis dès 1865 par E. Littré*, éditeur des œuvres du père de la médecine, Hippocrate. Hèphaïstion, huit mois avant Alexandre, paraît être mort dans les mêmes conditions de fièvre et de soif incurables (Plutarque, *Vie,* 72, 2). Kratéros, de son côté, le second ami d'Alexandre, également atteint, a quitté la Babylonie au cours de l'été de 324 avec un contingent de vétérans fatigués et malades. Au moment de la mort du roi, il se trouvait immobilisé en Cilicie sans avoir pu, en dix mois, rejoindre la Grèce.

Rappelons qu'Alexandre, en douze années de

---

* E. Littré, *la Vérité sur la mort d'Alexandre le Grand,* Ed. Pincebourde, Paris, 1865. On notera qu'il y avait en permanence des médecins auprès d'Alexandre. Ainsi, chez les Mâlavas, en 326, il a été soigné par Kritoboulos de Cos (Quinte-Curce, IX, 5, 25) ou/et par Kritodèmos (Arrien, VI, 11, 1).

campagnes, avait été blessé sept ou huit fois, dont
une assez grièvement dans l'Inde, et que les derniers
témoins de son activité l'ont montré surmené,
anxieux et d'une exceptionnelle nervosité. Les projets de constructions et de conquêtes découverts dans
ses papiers, après sa mort, ont paru délirants, démesurés, irréalisables à l'Assemblée des Macédoniens
(Diodore, XVIII, 4, 4-6). Mais au moment même où il
les consigne par écrit et où l'on profane le trône
royal, Alexandre quitte tout pour aller boire. Boire,
seul, au milieu des marais, et en dehors des beuveries
rituelles.

On ne voit pas figurer dans les *Éphémérides royales*
un acte gros de conséquences, mais bien attesté :
avant d'entrer dans le coma, apparemment le 7 juin,
au huitième jour de la crise, Alexandre cède à Perdikkas sa bague portant le sceau royal. C'est ce véritable chancelier qui assurera la régence au nom de
Philippe Arrhidée, l'épileptique, et qui veillera sur la
vie de l'enfant d'Alexandre et de Roxane, lorsqu'il
naîtra. Il ne nous appartient pas d'énumérer ici les
querelles, les meurtres et les guerres qui précédèrent,
accompagnèrent et suivirent les funérailles du roi.
Seule, sa mémoire nous intéresse [48]. On ne sait si les
« dernières paroles » qu'on lui a prêtées correspondent à la moindre réalité historique. Il aurait dit qu'il
cédait l'Empire au plus fort, ou bien encore au plus
digne. Cela reste aussi peu prouvé que la phrase :
« La compétition pour la royauté me prépare de
grands et funèbres jeux... », ou plus simplement :
« Je vois que j'aurai de belles funérailles. »

Prophétie après l'événement. Tant de faux documents, lettres, discours, mots célèbres, livres blancs
ont circulé après la disparition du héros que j'aime
mieux considérer comme son dernier acte authentique le salut muet qu'il adressait à ses soldats passant
un à un devant lui.

CHAPITRE II

L'homme

L'homme ne serait-il que la somme de ses actions, son « faire », *karma,* comme disait Kâlaṇâ, le sage hindou, ami d'Alexandre ? Ou plutôt son « savoir faire », c'est-à-dire la somme d'une volonté et d'une conduite ? « Le monde a deux histoires, dit G. Duhamel : l'histoire de ses actes, celle que l'on grave dans le bronze, et l'histoire de ses pensées, celle dont personne ne semble se soucier. En vérité, qu'importent mes actes, si toutes mes pensées n'en sont que le désaveu et la dérision ? » (*Confession de minuit,* XXII). C'est rouvrir le vieux débat, bien connu des Anciens : dans quelle mesure le conquérant a-t-il été le jouet des événements, de la Fortune ou du Hasard, comme ils disaient ?

Poser la question implique nécessairement un au-delà caché des actes. Que l'acteur ait ou non, bien ou mal récité un rôle, il lui a au moins conféré un style, une personnalité, une âme. Nous n'avons ici ni à porter un jugement moral ni à renoncer à toute lucidité. L'œuvre du biographe, pas plus que celle de l'historien, ne consiste à aligner ou à entasser des dates et des noms, des faits et des nombres. Elle vise à les comprendre, c'est-à-dire à les grouper, à les enchaîner, à leur trouver un sens. Et ce qui donne un sens aux événements, en dehors de tous les partis pris et malgré toutes les lacunes de l'information, c'est, en dernière analyse, la résolution des individus, leur esprit d'initiative, la plus ou moins forte personnalité des héros. Pour Alexandre, cette connaissance au moins partielle reste possible. Il n'y a pas que ses actes qui parlent : il y a ses antécédents, sa formation, les hommes et les fauves qu'il a affrontés, les souffrances qu'il a endurées, les portraits qu'il a laissés, ses ultimes projets, ses amours, sa mort. La mort, à la fois fin et commencement, et qui décide de la survie des hommes.

HÉRITAGES

Le mystère d'Alexandre commence avant même sa naissance. Pour essayer d'expliquer son caractère emporté, passionné, voire mystique ou, au contraire, l'aspect calculateur, réaliste, pratique de sa politique et de sa stratégie, on recourt très généralement à ce qu'on appelle son hérédité. On disserte longuement sur l'âme violente et cruelle d'Olympias, une demi-barbare, sa mère, et sur la souple intelligence et l'habileté diplomatique de Philippe II, un vrai Grec, son père. Alexandre aurait dû à la première sa piété, sa fougue et son farouche orgueil, au second ses ambitions, sa générosité calculée.

Vues simplistes ou simplifications arbitraires. Car outre que les frères et les sœurs d'Alexandre n'ont pas connu semblable destin, remarquons que nous ne savons vraiment pas si Philippe et Olympias différaient tellement l'un de l'autre. C'est en se faisant initier lui-même aux mystères de Samothrace, avec épreuves, jeûnes et confession des péchés, que Philippe rencontre la jeune princesse qu'il doit épouser en 357. Et, sa vie durant, il manifeste, lui aussi, une piété rigoureuse, aussi bien envers les dieux qu'envers les morts de sa famille. Garant des cultes de la nation macédonienne, il célèbre les sacrifices, à Hèraklès, à Zeus, à Athèna Alkidèmos, participe aux processions, organise les jeux en l'honneur de Zeus Olympien, son ancêtre, fait jouer des pièces de théâtre en l'honneur de Dionysos, favorise par son silence et ses présents les cultes à mystères qui plaisent à ses épouses, entretient ses devins et ses augures, va même, à la fin de sa vie, jusqu'à se faire représenter par une statue « digne de celle d'un dieu » dans le cortège des douze Olympiens. On le dit dévot par devoir. Mais l'athéisme, en son temps et en sa place, est inconcevable et la religion de son pays ne met pas l'accent, comme le nôtre, sur la morale ni sur la métaphysique, mais sur les rites. Si Alexandre, en ce domaine, tenait de quelqu'un, c'était plutôt de son père que de sa mère. Celle-ci, dit-on, maniait des serpents et se livrait à des danses frénétiques, réservées aux femmes : Alexandre avait horreur des serpents et se méfiait des femmes.

Génétiquement, le caractère d'Alexandre nous échappe. Il y avait certainement des tares dans les deux familles de ses parents : tant de crimes et d'assassinats qu'on leur reproche, tant de scènes d'ivresse et de débauches racontées par les historiens amis ou ennemis, des mariages disproportionnés entre filles à peine nubiles et rois quinquagénaires, des alliances consanguines, la réputation d'alcoolique qu'entretenait et méritait Philippe, tout cela explique, à la rigueur, qu'un de ses fils, Arrhidaios, fût un handicapé mental et un épileptique. Mais il n'explique en aucune façon l'intelligence et la vigueur d'Alexandre. Tout ce que l'on peut dire de son hérédité tient en un seul fait positif : les Argéades, ses ancêtres, n'avaient dû leur pouvoir qu'à la loi du plus fort, pratiquement celle de la jungle. Théoriquement, c'était la nation macédonienne en armes qui les élisait par acclamations. Nous avons vu, en réalité, dans quel bain de sang et à la suite de quelles intrigues le plus jeune fils de Philippe s'était imposé aux quelques chefs de clans, à ses frères et à ses rivaux.

Rien de neuf en ces pratiques : Philippe II, survivant au massacre de ses frères, avait évincé Amyntas, le jeune roi présomptif, son neveu, en 359 et il faut entendre Platon parler à la même époque de l'un des rois les plus fameux de la dynastie, Arkhélaos Ier (413-399) : « Il n'avait aucun titre au pouvoir qu'il exerce, étant né d'une esclave d'Alkétès, frère du roi Perdikkas... Il a commis tous les crimes. Pour commencer, il a fait venir cet Alkétès, son oncle et son maître, sous prétexte de lui rendre le pouvoir dont le roi l'avait dépouillé ; mais l'ayant reçu chez lui, il l'enivra ainsi que son fils Alexandros qui était son propre cousin et avait à peu près le même âge que lui et, les mettant tous deux dans une voiture, il les emmena de nuit, les égorgea et les fit disparaître... Peu de temps après, bien que son propre frère, le fils légitime de Perdikkas, un enfant d'environ sept ans, se trouvât l'héritier légal de la monarchie..., il le jeta dans un puits, le noya, puis alla dire à sa mère Kléopatra qu'en poursuivant une oie il était tombé dans un puits et avait péri. Et voilà pourquoi, étant le plus criminel de la Macédoine, il est, bien sûr, le plus malheureux des Macédoniens ! » (*Gorgias,* 471 b-c).

Disons qu'Alexandre, né dans une famille de meurtriers, avait tout à craindre des nerfs de ses compétiteurs et de sa propre nervosité. On peut douter que la criminalité soit héréditaire. On ne peut douter de l'atmosphère meurtrière que l'on respirait dans les cours de Macédoine et d'Épire. Toute la vie d'Alexandre sera hantée par une question de légitimité. Fils cadet d'un roi polygame et fils unique d'une princesse qui ne recule devant aucun assassinat pour assurer l'avenir de sa descendance, il souffre, en naissant, de ce que je pourrais appeler « le complexe du second ». Un second que sa mère pousse constamment à être premier.

De l'influence réelle d'Olympias sur le caractère et la sensibilité de son fils, on ne sait presque rien, il faut bien l'avouer. On l'infère des actes simplement. La biographie que Satyros de Kallatis avait consacrée à Philippe II et à ses épouses, un siècle après leur mort, est perdue. Les rares fragments qu'on en lit chez Plutarque et chez Athénée (248 d-f ; 557 b-c) nous apprennent qu'Olympias, orpheline de père et de mère, avait vécu jusqu'à son mariage sous la tutelle de son oncle et beau-frère, Arybbas, roi de Molossie, en Épire. Elle aussi était une cadette et dans une famille que menaçaient autant les autres clans d'Épire que ceux de Macédoine. Le mariage strictement politique arrangé par son oncle faisait d'elle un gage et un otage. « Cette alliance, écrit Justin (VII, 6,10), causa tous les revers et la ruine d'Arybbas. Il espérait étendre sa puissance en s'alliant à Philippe. Mais celui-ci le dépouilla de son royaume et l'envoya vieillir dans l'exil. » Devenue, à dix-neuf ans, reine du plus puissant État de la péninsule balkanique et, qui plus est, la première épouse en titre de Philippe II, elle entendait bien faire valoir ses droits en Épire comme en Macédoine.

Alexandre III naît d'elle en octobre 356, Kléopatra en 353, pour assurer la succession aux trônes, aussi bien ici que là. Car jusqu'à la mort de Philippe, on n'entend plus parler des demi-frères d'Alexandre — Karanos, fils de Phila, Arrhidaios, fils de Philinna, ni de son cousin Amyntas, fils du feu roi Perdikkas III — mais on voit Olympias jouer un rôle décisif en faveur de ses deux enfants et de son propre frère : ce dernier, nommé lui aussi Alexandros et âgé de six ans lors du mariage d'Olympias, est appelé cinq ans plus tard à la cour de Pella, formé à l'école des Cadets macédoniens et promu roi des Molosses au printemps de 342, en attendant de pouvoir épouser en 337 sa nièce, fille d'Olympias et de Philippe. Il sera à la fois l'allié, l'obligé, l'oncle et le beau-frère d'Alexandre de Macédoine. La Molossie[49] n'est pas alors un État aussi fortement centralisé et administré que la Macédoine. C'est ce qu'on appelle un *koïnon,* une communauté d'ethnies ou de tribus pastorales, gouvernée par un collège de représentants, les *damiorgoï* ou *synarchontes,* nommant un président *(prostatès)* et son secrétaire. Le roi, ou son représentant, n'a que des pouvoirs religieux et militaires. Les frontières avec ses voisins sont aussi mouvantes, dans le haut massif du Pinde, que les troupeaux qui transhument et cherchent toujours à empiéter. Par deux fois, en 337 et en 331, Olympias devra regagner son pays, la rage au cœur. Et puis, un doute pèse sur le droit d'Alexandre à régner sur la Macédoine : Olympias y est une étrangère.

Ce qu'elle a pu communiquer à son fils Alexandre, c'est son ambition, sa fierté, ses colères soudaines, sa crainte de la trahison et de la solitude, son désir de vengeance. Les narrateurs antiques, biographes, historiens, mémorialistes ou romanciers, tombent à peu près d'accord sur l'orgueil peu commun de cette femme qui finit par détruire toutes ses rivales et persuader son entourage, et même son fils, que, seul, le dieu de l'Olympe Zeus Pater l'avait rendue enceinte. Femme violente, impérieuse et imbue de sa haute naissance, mystique et assurément hystérique, elle a communiqué à son fils, c'est probable, au moins une part de sa fougue et de son impulsivité, la conviction en tout cas que rien n'était impossible au descendant d'Eaque, d'Achille et du roi des dieux.

Il y a quelque féminité chez Alexandre, aussi paradoxal que cela puisse paraître : la grâce tout d'abord, le charme, l'ovale d'un visage toujours imberbe, l'extrême soin de son corps, l'amour des parfums, mais aussi une certaine façon de préférer les hommes

aux femmes, la gentillesse de l'accueil, la distinction,
qui contraste tant avec la rudesse et même avec la
grossièreté de Philippe II, le souci du menu détail,
les sautes d'humeur, le besoin constant d'être aimé et
je ne sais quel penchant à être toujours sincère, mais
successivement... Je n'irais pas jusqu'à dire, comme
les psychologues, qu'Olympias fut une mère jalousement protectrice, voire abusive. Mais les faits sont là,
avec une partie du courrier royal que le grand chancelier, Eumène de Kardia, et Plutarque et Athénée
nous ont conservé : c'est elle qui, pendant dix ans au
moins, s'occupe directement de la façon dont on fait
le lit de son fils, dont on l'habille, dont il mange,
dont il prie les dieux, c'est elle qui lui choisit, dans sa
propre famille, un pieux et très moral précepteur,
c'est sur l'enfant qu'elle reporte toute sa tendresse
quand Philippe l'abandonne, c'est elle qui prend
parti pour l'adolescent contre son père, c'est avec lui
qu'elle s'enfuit de Macédoine quand, âgée de quarante ans, elle se voit supplantée par une jeune
Macédonienne, c'est pour lui qu'elle revient en hâte
et fait assassiner tous ses compétiteurs, c'est à lui
qu'elle confie, en mars 336, le secret de sa naissance.
Un secret d'ailleurs depuis longtemps ébruité
(Arrien, IV, 10, 2) et qui devait plus tourmenter le
jeune homme que le rassurer : « La preuve que tu as
bien le droit de régner sur l'Europe entière et même
sur l'Asie, c'est, je peux te l'avouer, que tu n'es pas le
fils de ton père. » Déjà, Attalos le lui avait laissé
entendre, en souhaitant publiquement et enfin un
héritier légitime à Philippe, au festin de ses dernières
noces. Alexandre n'aura de cesse en Lycie, en Phrygie, en Égypte, qu'il n'ait consulté les dieux sur ses
origines et sa propre destinée. Inquiétante Olympias !
    Au cours des douze années de sa grande expédi-
tion, le Petit Prince, devenu roi et même Roi des rois,
reçut un grand nombre de lettres de son ombrageuse
mère qui devenait de plus en plus acariâtre (Arrien,

VII, 13, 6). Elle prétendait régenter le régent Antipatros comme elle avait prétendu régenter son mari et son fils. Elle voyait partout des conspirateurs contre Alexandre et contre elle-même. Elle intriguait tellement que la noblesse macédonienne finit, en 331, par la contraindre à regagner l'Épire. Alexandre avait donné sa confiance à Antipatros et ne la lui retira pas. Il écrivait bien à Olympias comme « à la plus douce des mères », il disait bien à son ami Hèphaïstion de garder le secret sur les reproches d'Antipatros et sur la jalousie d'Olympias, il multipliait bien les cadeaux à l'adresse de sa mère, il feignait « qu'une seule larme d'une mère efface dix mille lettres » (Plutarque, *Vie*, 39, 7-13, etc.) : il ne pouvait s'empêcher de lui écrire qu'elle exagérait et qu'elle voulût bien ne pas se mêler de politique, de *sa* politique. On reste surpris du ton direct et même brutal dont il répliqua un jour à Olympias qui l'accusait de faiblesse ou d'imprudence : « Cesse de déblatérer contre nous ! Ne m'agace pas. Ne me provoque pas. Après tout, si ça ne te plaît pas, on s'en moque. Tu sais bien que je suis le plus fort ! » (Diodore, XVII, 114, 3). *« Oxys kai thymoeidès »*, vif et emporté, écrit Plutarque dans ses *Propos de table* (I, 6) en parlant d'Alexandre : c'est bien là tout ce que ce fils trop aimé a dû garder du tempérament maternel.

IMPATIENT ET SOUMIS

Car il n'a pas tardé à se libérer de son emprise. Enfant docile et impressionnable, il a voué très tôt à son père et aux ancêtres de son père un attachement, une obéissance, un désir de les imiter, un amour même qui vont bien au-delà de la tendresse pour sa mère. Dès qu'il a pu comprendre, à la cour de Pella ou à l'école de ses précepteurs, ce qu'était la puissance de Philippe qui, en moins de dix ans, avait doublé l'empire de la Macédoine et s'était joué des représentants de toute la Grèce, ce qu'était la grandeur tout simplement, il se sentit beaucoup plus près intellectuellement et moralement de son père que de sa mère. Avide comme lui, non de plaisirs ni de richesses, mais de prouesses et de gloire, l'enfant disait aux jeunes garçons qu'on élevait avec lui : « Mon père ne me laissera donc rien (à faire) ? » Comme ils rétorquaient : « C'est pour toi qu'il fait ces conquêtes », « A quoi bon, disait-il, si je dois posséder beaucoup, mais ne rien accomplir ? » C'est tout le conflit de l'être et de l'avoir. J'ai tenu à citer ce dialogue des *Apophtegmes* de Plutarque (1, 179 D) plutôt que la jolie page de la *Vie* d'Alexandre où sont entassées les anecdotes édifiantes : on y voit mieux le dépit de n'être que le second et l'admiration qui échauffaient l'enfant, dans cette atmosphère de communiqués triomphaux, vers 346 av. J.-C. Il ne se découvrait vraiment lui-même que comme le fils de Philippe.

La preuve qu'il n'y avait nul conflit œdipien entre l'un et l'autre nous est fournie par l'entente profonde qui a toujours inspiré leur commune conduite, malgré l'algarade de 337. Très tôt, nous l'avons vu, Philippe a présenté son fils aux diplomates athéniens. Il a interrompu les études théoriques d'Alexandre pour l'initier, pour l'associer aux affaires, pour lui confier même à seize ans la régence de l'empire, à dix-huit ans le commandement d'une aile de sa cavalerie, à dix-neuf ans une grande mission à Athènes. Mais voici plus pittoresque : « A l'occasion d'une bagarre qui avait opposé des soldats macédoniens et des mercenaires grecs, Philippe avait reçu un mauvais coup et restait sur le carreau, ne trouvant de sûreté qu'à faire le mort. Et lui, Alexandre, il avait couvert de son bouclier le corps inerte de son père et tué de sa main ceux dont l'assaut le menaçait » (Quinte-Curce, VIII, 1, 24).

On connaît l'extraordinaire éloge de Philippe qu'Arrien prête à Alexandre parlant à ses soldats, lors de la sédition d'Opis, dans l'été de 324 : « Philippe vous a trouvés sans demeure fixe, sans argent, presque tous vêtus de peaux de bêtes, menant de petits troupeaux au flanc des monts et vous battant mal pour les défendre contre les Illyriens, les Triballes et les Thraces de vos frontières. Il a changé vos touloupes contre des dolmans brodés ; il vous a fait descendre des montagnes dans les plaines... Des barbares qui vous razziaient il vous a rendus maîtres quand vous étiez leurs esclaves. Il a ajouté la plus grande partie de la Thrace à la Macédoine et, s'emparant des plus belles places de la côte, il a ouvert votre pays au commerce. Il vous a permis d'exploiter vos mines en paix. Il a assuré votre domination sur les Thessaliens devant lesquels, depuis longtemps, vous étiez morts de peur. Il a écrasé les Phocidiens et vous a ouvert une avenue au cœur de la Grèce... Entré dans le Péloponnèse, il a fait régner l'ordre, là aussi, et, désigné comme chef suprême de toute la Grèce avec les pleins pouvoirs pour faire campagne contre la Perse, il acquit ce nouveau titre de gloire moins pour lui-même que pour la Macédoine tout entière » (*Anabase*, VII, 9, 2-5). Même si nous faisons la part belle à la rhétorique, nous sommes bien contraints de voir là, au-delà de l'éloge, un hommage justifié.

Je crois qu'on a mal interprété le départ d'Alexandre avec sa mère, en 337, comme un exil ou un bannissement : Philippe eût été bien mal avisé d'envoyer à ses ennemis le vainqueur de Chéronée, le cavalier le plus populaire de son armée, le seul fils qu'il eût en âge de lui succéder. Et d'autre part, comment Alexandre eût-il pu fomenter des troubles en Illyrie, un pays hostile qu'il ne connaissait pas et où il faillit perdre une armée deux ans plus tard ? La réalité est tout autre : après avoir escorté militairement Olympias, avec tous les honneurs dus à son rang, et après l'avoir rendue à sa famille, près du lac de Ioannina, à Passaron ou à Dodone (Épire), le jeune Alexandre a dû, avant de revenir auprès de son père, faire campagne — un raid ou une razzia — chez les Illyriens, au printemps de 336. Par la vallée de l'Aous et par les versants ouest du Smolika et du Grammos, il n'a pas tardé à franchir la passe de Bara et à descendre le cours de l'Haliakmon, avec promesse de pardon et de récompense. C'est ce que suggère le discours qui prélude à l'assassinat de Kleïtos et que nous citions tout à l'heure : « Après l'expédition qu'Alexandre avait faite seul, sans Philippe, contre les Illyriens, une fois vainqueur, il avait écrit à son père que l'ennemi était battu et en fuite. Pourtant Philippe n'avait participé nulle part aux combats » (Quinte-Curce, VIII, 1, 25). Que cette information remonte à Théopompos et à Satyros, biographes de Philippe, ou à Ptolémée, biographe d'Alexandre, peu importe : l'essentiel est l'obéissance ou la soumission du fils. Quelle différence avec la conduite de sa mère, apparemment dans les mêmes circonstances ! A la veille de sa mort, Alexandre rappelait qu'elle lui avait réclamé un loyer exorbitant pour les dix mois où elle l'avait logé (Arrien, *Anabase,* VII, 12, 6).

Dans ces conditions, ce qu'Alexandre a pu hériter du caractère de son père est encore plus douteux que ce que la tradition attribue à l'hérédité maternelle. Est-ce le sens pratique ? Le réalisme ? La clairvoyance ? la ténacité ? Ces traits sont bien trop généraux pour qu'on puisse les attribuer au seul Philippe et les composer avec l'emportement, l'autoritarisme, la crainte jalouse qu'on attribue en même temps à l'ascendant d'Olympias. Peut-être une autre des constantes du caractère d'Alexandre appartient-elle en propre à Philippe : l'ouverture d'esprit, la curio-

sité ou, pour parler comme R. Le Senne, un champ
de conscience large. Nulle petitesse, nulle mesquine-
rie dans les actes du conquérant. Tout y respire la
grandeur et l'audace d'entreprendre. Un autre trait
reste net dans le naturel de l'enfant, mais qui me
semble plus le fait de la volonté ou de l'exemple de
Philippe que d'une transmission inconsciente :
Alexandre s'est montré docile. Il a dû, coûte que
coûte, se discipliner. Un seul châtiment nous est
connu à l'école des Cadets : le fouet. Ce jeune être
qu'on disait si vif et si emporté obéissait de force à
son père. Après tout, la vivacité de l'esprit et du
corps n'est pas incompatible avec la maîtrise de soi,
et bien des éducateurs ont pu assouplir une nature
qu'on croyait indomptable. A certains égards,
Alexandre ressemble à Bucéphale, son étalon préféré : impatient et soumis. Ou encore à un sauvageon
enté d'un rameau fruitier et parfaitement soigné.

ÊTRE UN CHAMPION

Ce qu'il a retenu de ses maîtres et de ses camarades d'étude, ce sont les grands principes d'une éducation de caste, laquelle remonte aux siècles lointains où se formait l'idéologie indo-européenne.
Deux mille ans au moins de traditions culturelles,
inscrites aussi bien dans la langue que dans les
mythes et les usages sociaux, ont persuadé les classes
dirigeantes de Macédoine que les Macédoniens, ou
« Gens du haut pays », constituaient une communauté structurée à trois fonctions (religieuse, guerrière, économique) et à quatre cercles d'apparte-
nance sociale (la famille, le clan, la tribu, la nation) à
la tête desquels un chef, ou roi, issu de l'aristocratie
guerrière, était le garant du culte, de la victoire et de
la prospérité de son peuple. La tribu d'Emathia ou

« Gens du sable » au sud-est (vers l'actuelle Véria, l'antique Berrhoè), déjà connue d'Homère, au VIIIe siècle avant J.-C., et célèbre par son élevage de chevaux, avait fini par fournir, dans la première moitié du VIIe siècle, une dynastie princière, celle des Argéades, qui, venue ou non d'une des nombreuses Argos (« la Blanche ») que comptait la péninsule, fonda le premier royaume uni de Macédoine. Selon une légende rapportée par Hérodote (*Enquête,* VIII, 137), les premiers princes, trois « frères », un berger, un gardian, un bouvier, portaient le nom de trois animaux, Perdikkas, la perdrix, Gauanès, le hibou, Aéropos, le guêpier.

C'est dire que les Macédoniens vivaient encore sous un régime de clans, avec des traces de totémisme, d'exogamie et de semi-nomadisme. Les trois talismans de la souveraineté — la coupe d'or du soleil, le coutelas ou la dague, le pain sacré — étaient détenus par le clan de Perdikkas et déposés dans la bourgade d'Aigéai, près de Vergina, dans la basse vallée de l'Haliakmon. Il n'est pas jusqu'aux trois couleurs, caractéristiques des trois castes, qu'on ne retrouve dans la légende de fondation : le blanc d'Argos, le rouge (des roses) du Bermion, le noir de la « terre grasse » de Piérie. Il avait appartenu à Arkhélaos Ier, à la fin du Ve siècle, et surtout à Philippe II, père d'Alexandre, au milieu du IVe siècle, d'ajouter à ces trois castes d'hommes libres, d'Aryens pur sang, un corps de techniciens, le plus souvent recrutés parmi les Grecs de la péninsule, ingénieurs, mécaniciens, fondeurs, constructeurs navals, artistes, médecins, qui font penser, *mutatis mutandis,* aux *sûdra* non-aryens de l'Inde, aux forgerons de Mamurius Veturius à Rome, aux Dactyles ou aux Dédalides de Crète, aux démiurges ou artisans du monde mycénien.

En racontant au jeune Alexandre qu'il descendait directement d'Hèraklès, le champion guerrier, et d'Achille, le roi des Myrmidons, en gravant dans sa mémoire leurs exploits par le chant et les vers de l'épopée, ses éducateurs, parents et précepteurs, imprégnaient son esprit de schémas narratifs indestructibles, d'idéaux politiques et moraux qu'on retrouve tout au long de sa courte existence. De la conviction tout d'abord qu'il appartenait à une aristocratie, c'est-à-dire au groupe des meilleurs, pour qui la gloire, *kléos*, est le but suprême de l'existence et le courage, *ménos*, qualifie l'homme comme un seigneur. Si Achille a préféré une vie brève et glorieuse à une vie longue et obscure, c'est qu'il avait opté pour la seule forme désirable de survie, la gloire immarcescible, celle à laquelle, seuls, les meilleurs peuvent aspirer. Parmi les meilleurs, le roi. Représentant sur terre des trois fonctions, le roi en doit assumer par excellence les vertus essentielles : il doit être véridique, se battre loyalement, se montrer en tout généreux. Toutes ces formules, toutes ces qualifications, nous les découvrons non seulement dans les épopées les plus anciennes, de l'Irlande jusqu'à l'Inde, mais tout au long de la vie, ou de ce que l'on n'a pas tardé à appeler l'épopée d'Alexandre.

Il faut insister notamment sur la franchise étrange du jeune homme, puis du roi, qui ne tolérait pas plus les conspirations contre sa personne que les mensonges de ses subalternes. Philippe, en le réprimandant publiquement d'avoir agi en sous-main pour empêcher le mariage de son demi-frère avec la fille du satrape Pixodaros, en 337, l'avait guéri à jamais des intrigues. La leçon a porté. Ce qui perdit Philotas, fils de Parménion, en octobre 330, c'est qu'il n'avait pas dit franchement à Alexandre ce qui se tramait autour de lui. Même les soldats endettés ou coupables d'amours vénaux trouvaient grâce à ses yeux, s'ils avouaient leurs dettes et leurs besoins. Alexandre, qui aimait discuter avec les philosophes et même avec les Cyniques insolents, détestait « les

Sophistes », c'est-à-dire les intellectuels qui, comme Callisthène, soutenaient n'importe quelle thèse, en faisant passer le vrai pour le faux et réciproquement. Et le scandale de cette rhétorique était ressenti par tout l'état-major qui, en 328, entendait le Grec Callisthène d'Olynthe, cousin bavard d'Aristote, faire successivement et indifféremment l'éloge et la satire des Macédoniens.

Croire à l'existence de la Vérité, c'est croire qu'il existe une Justice. Les différends soumis au tribunal du roi étaient entendus, au moins jusqu'à cette date, et tranchés avec une impartialité que tous les biographes antiques considéraient comme admirable. La franchise, souvent brutale, dans l'armée, les vérités parfois très crues échangées entre les hommes et leur chef, étaient entretenues par l'usage des serments et celui des beuveries : les « vrais de vrais » (car tel est le sens du mot, *hétaïroï*, qui désignait les Compagnons ou véritables amis du roi), en échangeant la boisson et le baiser, s'estimaient liés à jamais l'un à l'autre comme des époux ou comme des frères qui n'ont rien à se cacher.

Ce culte de la vérité, cette sincérité n'allaient pas, chez Alexandre, sans quelques entorses. Il ignorait sans doute que nous ne sommes pas plus sincères envers nous-mêmes qu'envers les autres, comme le montre Pirandello dans les *Trois pensées de la petite bossue*. « Certains pensaient (avant la bataille du Granique) que l'on devait observer l'usage en cours pendant le mois daisios (mai) où les rois de Macédoine n'avaient pas coutume de se mettre en campagne avec leur armée : Alexandre leva la difficulté en faisant appeler ce mois le second artémisios » (Plutarque, *Vie*, 16, 2). « Le roi qui, personnellement, faisait grand cas des présages, donna l'ordre de ne plus compter ce jour-là comme le 30e du mois, mais comme le 28e », à la fin du siège de Tyr, en août 332 (*id.*, 25, 2). En septembre 329, Alexandre malade mais désireux de franchir à tout prix l'Iaxarte (Syr Daria) exigea de son devin Aristandros qu'il lui fabriquât des présages favorables (Quinte-Curce, VII, 7, 22-29). A chacun sa vérité, et surtout pour une âme superstitieuse. Plus tard encore, le roi, entouré de flatteurs et de courtisans orientaux, se fit de la vérité une idée de plus en plus subjective et accepta de moins en moins qu'elle fût mise en doute. Et bien qu'il se fît expliquer en Perse et dans l'Inde ce qu'étaient *Arta* et *R(i)ta,* valeurs suprêmes du monde aryen, cette Vérité divine qui fonde, avec l'ordre du monde, le serment et le contrat *(mithra),* il ne pouvait s'empêcher de penser, comme son père et bien des Grecs, que toute vérité n'est pas bonne à dire, ni à recevoir.

Parmi les meilleurs, le roi doit être un champion, capable de terrasser seul à seul son adversaire sur la place, champ de bataille, champs où l'on chasse, ou champ de courses. Tous ces lieux deviennent pour lui des champs d'honneur. Il est remarquable qu'Alexandre, ce cadet, voulait à tout prix être le premier, aussi bien quand il chargeait l'ennemi en tête de son escadron que dans les parcs royaux, « les paradis » de Sidon, de Susiane, de Parthyène ou de Sogdiane, où il se mesurait aux fauves les plus redoutables, comme un lion, symbole de sa monarchie. Sur les lieux des quatre grands engagements de l'expédition d'Asie, au Granique, dans la plaine d'Issos, sur les vallonnements de Gaugamèles, à Djalalpur, Alexandre se précipite vers le chef adverse, satrape ou roi, pour que de sa victoire personnelle dépende la victoire de tous. Il trouve bon que des généraux comme Erigyios ou Ariston provoquent un ennemi en combat individuel et accomplissent ainsi l'exploit qui qualifie le héros épique (Quinte-Curce, VII, 4, 32-39 ; Plutarque, *Vie,* 39, 2). Mais il ne permet pas qu'on abatte un fauve ou un roi quand il les considère comme ses proies. En octobre 328, au nord de

Samarcande, dans le massif de l'Alaï, l'armée se repose et se distrait dans un des parcs royaux. « Alexandre avait ordonné de battre la réserve en tous sens, pour poursuivre des bêtes sauvages. L'une d'elles, un lion de taille peu commune, courait. Il allait attaquer le roi en personne, lorsque son voisin le plus proche, Lysimaque, qui plus tard devint roi, se prépara à affronter le fauve avec un épieu. Mais Alexandre écarta Lysimaque et lui dit de s'éloigner, en ajoutant qu'il était aussi capable que lui d'abattre, tout seul, un lion... Bien qu'Alexandre eût réussi à se tirer d'affaire, les Macédoniens décidèrent que, conformément à la coutume nationale, le roi ne chasserait plus à pied ou sans une suite de seigneurs ou d'amis » (Quinte-Curce, VIII, 1, 13-18).

L'usage voulait aussi en Macédoine qu'un membre de l'aristocratie mangeât assis sur un tabouret et non allongé sur un sofa tant qu'il n'avait pas tué un sanglier. Le cadet devait laisser à l'aîné ou à un seigneur plus titré et spécialement au roi ou au chef de clan l'honneur de porter l'estocade en cas de rencontre simultanée. Hermolaos, jeune homme de la noblesse mais non encore initié et qui appartenait au corps des Cadets, fut fouetté publiquement pour avoir atteint le premier le sanglier que le roi avait l'intention d'abattre : origine d'une jalousie et d'une conspiration qui tournèrent fort mal à Samarcande au cours du même automne de 328 av. J.-C.

Aucune défaite ne doit ternir la gloire du champion ou grand combattant qu'est le roi. C'est ce qui explique l'attitude d'Alexandre en quatre circonstances au moins de sa courte carrière. Plutarque (*Vie,* 4, 9-10 ; *De la chance ou du mérite..., I, 331 B ; Apophtegmes,* 2, 179 D) raconte que Philippe, qui tirait vanité de la victoire de son écurie de courses à Olympie, incitait son fils à disputer le prix de la course à pied et qu'Alexandre répondit : « Oui, si je devais n'avoir pour concurrents que des rois. » En 328, il tue Kleïtos le Noir qui porte atteinte à sa réputation en déclarant publiquement que le roi, tournant le dos aux Perses, avait dû son salut au dévouement de ses amis. En septembre 329 et en 326, il considère que toutes ses victoires antérieures sont nulles tant qu'il n'a pas atteint vers le nord et vers l'est les limites extrêmes du monde, c'est-à-dire le Fleuve Océan, et il reproche à ses soldats de lui refuser toute gloire. Il n'aura de cesse qu'il n'ait navigué sur l'océan Indien, à l'embouchure de l'Indus, puis projeté une circumnavigation de la péninsule arabique (et de l'Afrique ?) pour rejoindre l'océan Atlantique. Faire ce qu'aucun homme, aucun fils de Zeus, fût-il Hèraklès ou Dionysos, n'avait tenté avant lui, franchir, par exemple, les 700 kilomètres des déserts de Gédrosie et du Makran, en bordure de l'océan Indien, là où Sémiramis et Cyrus le Grand avaient englouti leur armée.

Successeur et héritier des pharaons d'Égypte, il se devait aussi de faire mieux qu'eux qui, par deux fois au moins, avait vu disparaître leurs troupes dans la marée des sables, au temps de Moïse, (*Exode*, 14, 15-31) et au temps de Cambyse (Hérodote, III, 26 ; Plutarque, *Vie*, 26, 12). La devise de tous les fils des dieux antiques de la guerre et de la gloire pourrait être celle que l'on prête à César : *nihil actum reputans, si quid restaret agendum*, (il se disait que rien n'était fait, s'il lui restait quelque chose à faire). Plutarque (*Vie*, 4,8) dit plus simplement d'Alexandre enfant : « L'ambition *(philotimia)* tenait son esprit dans une gravité et une magnanimité au-dessus de son âge. »

LES DEVOIRS D'UN ROI

Il est peut-être pour le guerrier indo-européen, chef de troupe ou champion, une vertu supérieure au courage et à l'aptitude à commander : c'est la loyauté. Alexandre n'a jamais compris ni jamais admis la trahison, la perfidie, les moyens de se battre déloyaux. Scandalisé, outré de la déloyauté des Thébains et des Athéniens en 335, comme son père en 338, il se précipite avec toute son armée contre eux. Il est prêt à pardonner si on lui livre seulement deux coupables de parjure. Visiblement, il ne comprend rien aux tergiversations, aux négociations en sous-main avec l'adversaire perse, aux marchandages, à la diplomatie secrète, aux palinodies. Son attitude est la même avant et après Issos. Quand on est Grec, on n'a pas le droit de se faire le mercenaire ou l'esclave de Xerxès, d'Artaxerxès ou de Darius. Mais on n'a pas le droit non plus de chercher à les faire disparaître en conspirant ou en empoisonnant le roi. A Gaugamèles, dans la nuit du 30 septembre au 1er octobre 331, les plus âgés des Compagnons, et surtout Parménion, lui conseillent d'en venir aux mains avec les hordes formidables de Darius « afin de dissimuler dans les ténèbres l'aspect le plus redoutable du combat qui doit se livrer ». Alexandre leur répond alors par le mot fameux : « Je ne vole pas la victoire » (Plutarque, *Vie,* 31, 11-12 ; cf. Arrien, III, 10, 2). La réplique que Quinte-Curce prête au chef est encore plus explicite : « Ce que vous me conseillez, c'est une ruse de misérables brigands et de voleurs dont le seul désir est de dissimuler... j'aime mieux être mécontent de ma fortune que honteux de ma victoire » (*Histoires,* IV, 13, 8-9). De là, la fureur du roi vainqueur, contre Bessos, qui assassine son roi, et contre Spitaménès qui trahit Bessos, ses propres alliés et les Grecs.

Pour un Alexandre, tout se passe à la guerre comme à la chasse et il n'y a de l'une à l'autre qu'une différence de degré, non de nature : l'homme, autre bête fauve, s'affronte avec des moyens à sa dimension et une proie vendue ou donnée ne saurait intéresser un vrai chasseur. Elle n'est bonne que pour Mélanion, le chasseur noir de la mythologie. On a souvent reproché à Alexandre d'avoir fait exterminer les mercenaires des Assakéniens de la vallée du Svat, dans l'Inde, en 327, au mépris des conventions de capitulation : « C'est là, écrit Plutarque (*Vie*, 59, 7), comme une tache sur la conduite militaire d'Alexandre qui, en toute autre occasion, fut loyale et digne d'un roi. » Arrien (IV, 27, 3-4), qui suit la narration de Ptolémée — un roi ne saurait mentir — justifie Alexandre en faisant valoir la perfidie de ses adversaires.

On n'est pas noble en Macédoine, c'est-à-dire apte à commander et à mener des hommes au combat, seulement par le sang, ni parce que l'on est « de naissance » (tel est le sens originel du mot grec *éleuthéros,* de même racine que le mot « libre », ou tel est le sens du mot *eugénès* qui signifie « de bonne race »). On n'est pas noble parce qu'on est connu, ce que dit le mot latin *nobilis,* « notable » ou « célèbre », ni non plus parce qu'on est riche ou chanceux ou plus simplement fortuné, ni même parce qu'on s'est signalé par le courage ou les exploits. Mais la noblesse se signale, selon le vieux schéma indo-européen, par une vertu qui dépend plus du caractère personnel de l'individu que de l'institution : la générosité, c'est-à-dire l'aptitude à donner, à se donner et, au-delà, à pardonner. Par un mimétisme à la fois spontané et soigneusement cultivé, Alexandre devient de plus en plus généreux, *mégalodorôtatos,* comme son père Philippe qui croyait de son devoir de répartir le fruit de ses conquêtes et acquisitions jusqu'à les prodiguer. Les biographies antiques pullulent d'anecdotes, plus ou moins authentiques ou arrangées, montrant Alexandre gaspillant l'encens et multipliant les sacrifices aux dieux, distribuant les titres de propriété et les offices à ses Compagnons, les talents d'or à ses soldats, les bienfaits à tous, femmes et enfants compris. C'est ce qu'on appelle aussi sa *philanthrôpia,* littéralement son affection pour les êtres humains, son humanité.

Répétons qu'il ne s'agit pas là d'un trait spontané de sa nature, une sorte de gentillesse, comme l'écrit parfois Plutarque, *philophrosynè,* mais d'une obligation de l'homme appelé à régner sur de plus en plus d'hommes, un devoir que connaissent bien les textes sacrés de la Perse et de l'Inde et qu'ils incarnent dans la personne de Bhaga : ce nom même a fini par désigner, en iranien et en slave, la divinité par excellence, Dieu. Un jeune prince *doit* être généreux pour obtenir la reconnaissance de ceux qui l'ont porté au pouvoir, pour s'assurer leur loyauté en temps de guerre, pour avoir du « crédit » dans l'âme de ses sujets. Le don lie et engage. Le don dans cette optique n'est en réalité qu'un échange de bons procédés, assez voisin du potlatch des Indiens d'Amérique du Nord. L'indifférence apparente d'Alexandre aux problèmes financiers, voire aux pillages de ses soldats, jusqu'à l'affaire d'Harpale, rejoint son mépris pour les calculs des intellectuels, des politiciens et des conspirateurs. Donner, répartir libéralement. Ce sont là des attitudes acquises, des devoirs d'État, qui définissent « des grandeurs d'établissement », comme dit Pascal, plus que « des grandeurs naturelles ». Et l'intérêt supplémentaire qui s'y attache, c'est que la générosité relève de la troisième fonction. Elle fait du roi le bienfaiteur du peuple, sans privilégier ses seuls chefs spirituels et ses chefs militaires.

Il vaut la peine de constater qu'Alexandre, devenu

roi, n'a jamais été accusé d'avoir manqué aux obliga-
tions de son modèle indo-européen, d'avoir été sour-
nois, déloyal ou avare, de s'être parjuré, d'avoir
rompu un pacte, de n'avoir pas payé au-delà de sa
valeur un service rendu. Mais tout cela n'a pratiquement rien à voir avec sa mystérieuse hérédité, avec le
caractère passionné, tendre et sauvage qu'il devrait à
sa mère, avec le caractère à la fois ambitieux et impérieux de son père. Son tempérament, sa complexion
comme on disait autrefois, sont dus essentiellement
au milieu culturel dans lequel il a grandi, à son éducation, aux difficultés qu'il a rencontrées et surmon-
tées, à la façon toute personnelle enfin dont il a réagi
au succès, puis à l'échec. Il ne paraît pas s'être fait
trop d'illusions sur ses possibilités. L'homme qui
savait qu'un pauvre sang humain coulait de ses blessures (Plutarque, *Vie,* 28, 3), l'homme que l'anxiété
n'a jamais quitté dit un jour « qu'il est d'un roi de
faire du bien et d'entendre mal parler de lui » (*id.,*
41, 1-2 ; *Apopht.,* 32, etc.). On connaît un mot terrible
de Louis XIV, rapporté par Voltaire, et assez semblable à celui-là : « Quand je donne une place, je fais
cent mécontents et un ingrat. »
   La personnalité d'Alexandre, son moi avec ses
insuffisances, avec ses passions et son activité créa-
trice, dépend également d'autres influences que
celles de ses parents et de ses premiers gouverneurs.
Le roi, maître très pur, très brave et très bon, n'est
chez lui qu'un modèle, un archétype, pour nous
exprimer comme des lecteurs de C. Jung ou de Mir-
cea Eliade. Nous avons déjà vu, au chapitre des faits,
quelle éducation très stricte il avait reçu à Miéza et
quelle culture, à la fois générale et hâtive, il devait
aux leçons d'Aristote et de ses collaborateurs. La
méthode plus que les matières a laissé sur son âme
des traits ineffaçables. Alexandre, au cours de ces
trois années de formation, s'est montré d'une attention et d'une bonne volonté exemplaires. Il a appris à

exceller en tout, à être le premier parmi ses compagnons d'étude, le premier parmi ses frères et ses rivaux, le premier parmi les princes des huit tribus de la Macédoine. Devancer tous les autres : maxime de champion. En l'initiant à des questions au-dessus de son âge, de médecine, de géographie, de physique et de métaphysique, ses éducateurs ne se bornaient pas à exciter une curiosité naturelle ou à nourrir une intelligence précoce : ils l'engageaient à aller au plus difficile, ils entretenaient en lui le sens de l'effort, la résistance physique, le besoin de se dépasser. Ils le stimulaient.

En outre, c'est dans ce milieu de travaux, de recherches et de jeux en équipe qu'Alexandre à appris la solidarité du groupe, la camaraderie, l'amitié virile. Il gardera pour ses maîtres à penser un constant respect, ne cessant de leur écrire du fond de l'Asie, leur envoyant des cadeaux, les appelant même à sa cour. Quant à ses condisciples, nous savons qu'il a fait d'eux ses Compagnons, ses Amis, ses hommes de confiance, ses chefs d'armée ou de gouvernement, allant jusqu'à les rappeler et à leur donner de plus grands emplois lorsqu'ils s'esquivaient, comme Harpale en 332. L'usage des beuveries sacramentelles, l'échange des baisers ne faisaient que renforcer ces liens. Ame tendre et qui avait besoin de tendresse, le jeune Alexandre a trouvé loin de ses parents, entre treize et quinze ans, de quoi s'épancher et de quoi s'épanouir.

Philippe était d'autant plus pressé de le voir devenir un homme qu'il avait besoin d'un fils capable de le seconder, de le remplacer, de conserver et, si possible, d'agrandir un patrimoine difficilement acquis. Blessé plusieurs fois au combat, éborgné, claudicant, le vieux roi (quarante ans était alors une limite d'âge) se voyait menacé par tous ses voisins au moment même où il cherchait à les unir contre l'ennemi commun, le Perse, qui dominait l'Asie et une partie de l'Afrique. Philippe devait inspirer à Alexandre le désir d'être roi le plus tôt possible, c'est-à-dire d'administrer un pays d'un demi-million d'habitants, de le défendre militairement et même d'attaquer ses adversaires. Bref, lui inspirer le goût de la guerre. Je crois que Philippe et qu'Alexandre avaient, l'un et l'autre, très profondément l'amour de la paix, de la concorde, de la bonne entente entre les nations, ne fût-ce que pour pouvoir digérer leurs conquêtes. La Ligue de Corinthe, clef de voûte de cette politique, devait imposer la paix en Grèce, comme les édits et les mariages mixtes de Suse devaient, quatorze ans plus tard, consolider la paix en Europe et en Asie.

Mais que faire, quand les petits peuples de Grèce, jaloux de leur indépendance et de leurs propres conquêtes et vivant sous les régimes les plus divers, ne songeaient, depuis des siècles, qu'à se battre ? Que faire quand les peuples plus ou moins « protégés » par les Macédoniens, Épirotes, Illyriens, Péoniens, Thraces, colons divers de la Chalcidique et des Détroits, ne pensaient qu'à recouvrer leur indépendance ? Que faire, quand les Grecs d'Asie, les Spartiates et un grand nombre d'Athéniens et de Thébains préféraient la « Paix du Grand Roi », c'est-à-dire l'asservissement économique au potentat d'Asie, à la Paix macédonienne ? Jamais n'était aussi vrai que dans ce cas l'adage latin *« Si vis pacem, para bellum. »* Et en initiant son fils à la diplomatie et à la stratégie, Philippe donnait à son tendre et inquiet Alexandre le moyen de satisfaire sa naturelle et profonde *philanthrôpia.* Inversement, se disait-il, s'ils ne m'aiment pas ou s'ils me trahissent, qu'ils soient abattus sans pitié !

Je ne crois pas que le père ait appris au fils le courage — la chasse, les sports, l'émulation de l'école de Miéza l'y avaient incité — mais il le convainquit qu'avec les armes qu'il lui mettait en main — sarisses, artillerie et machines de guerre, cavalerie

lourde, phalange, flotte démontable — il n'avait rien
à craindre, il était assuré de renverser tous les obstacles. Il lui a donné mieux que des conseils : avec le
sens de la discipline et du commandement, un sens
admirable de l'organisation. Après la mort de Philippe, Alexandre a gardé son administration et il s'est
inspiré, dans toutes les campagnes menées en trois
continents, de ses ordres de marche, de sa stratégie,
de ses dispositifs et de sa tactique d'enveloppement.
Même la politique finale de l'amalgame était inspirée
de l'exemple de Philippe.

DE LA VOLONTÉ

Nous n'avons jusqu'ici parlé d'Alexandre qu'en
termes déterministes, comme s'il devait tout à l'hérédité, au milieu ambiant, au moment où il vivait.
« Notre enfant, écrit Montaigne (*Essais,* I, 26), ne
doit à la pédagogie que les premiers quinze ou seize
ans de sa vie. Le reste est dû à l'action. » Mais cette
action même fut-elle volontaire ou non ? Voilà le
grand mot lâché : la volonté. « La raison principale
pour laquelle Alexandre envahit la Perse fut, sans
aucun doute, qu'il ne lui vint jamais à l'idée de ne
pas le faire » (William W. Tarn, *Alexander the Great,*
1950, t. I, p. 8).

Les partisans d'une telle thèse, en soutenant
qu'Alexandre ne pouvait pas faire autrement que son
père, Philippe, lui dénient toute spontanéité, toute
capacité de décider. La conquête de l'Asie relèverait
de la stricte nécessité ou d'on ne sait quelle « force
qui va ». Ce serait une série d'actes échappant au
contrôle de la volonté. Alexandre aurait été poussé
inconsciemment par tous ses antécédents, par un
désir insatiable d'autre chose *(pothos),* puis attiré,
aspiré invinciblement par l'inconnu ou par le vide.

Pour parler comme Aristote, son maître, chacune de
ses réussites serait restée en puissance, elle n'aurait
jamais été en acte. Le vainqueur réel serait l'homme
de troupe, ou la machine militaire construite par un
autre. Encore fallait-il la mettre en marche, l'animer,
l'accélérer ou la ralentir. Et même si nous pensions,
comme Spinoza, que « la volonté et l'intelligence
sont une seule et même chose », encore faudrait-il
croire à l'un de ces deux termes. Notre vie ne vaut
que ce qu'elle nous a coûté d'efforts personnels.
Alexandre n'a pu échapper à cette loi. Et même s'il a
joué parfois sa vie en s'en remettant au hasard, ce
bon joueur de dés, ce risque-tout de toujours a fait
quelque chose de positif et de volontaire, il a couru
pendant treize ans le beau danger de commander
après avoir pendant dix-neuf ans été durement
contraint d'obéir.

Au compte de ce qu'il n'a pas voulu, ou de la
chance, ou de la Bonne Fortune, pour nous exprimer
comme Plutarque et l'ancienne rhétorique, mettons
le bonheur d'avoir eu, pour guider ses premier pas,
d'excellents généraux tels que Parménion, Kallas et
Antipatros, une armée aguerrie et disciplinée, une
administration souple et efficace, des ingénieurs et
des mécaniciens inventifs, la possibilité de maintenir
pendant trois ans une solide tête de pont en Asie
Mineure, sans que les satrapes, préoccupés de leurs
vice-royautés particulières aient réussi à coordonner
leurs efforts, la mort soudaine par maladie de Memnon, le plus redoutable de ses adversaires, au printemps de 333, pendant que le corps expéditionnaire
piétinait à Gordion, la victoire d'Antipatros sur les
Grecs révoltés à Mégalèpolis, en octobre 331, tandis qu'il fallait poursuivre Darius, l'assassinat de ce
dernier sur l'ordre de Bessos, l'intervention soudaine
et providentielle des Compagnons d'Alexandre sur le
champ de bataille du Granique (mai 334) ou dans la
forteresse des Mâlavas (été 326) à l'instant où il allait

périr, la brusque mort d'Hèphaïstion, celle-là même d'Alexandre enfin, en pleine gloire.

D'aucun de ces événements on ne peut dire que le Conquérant l'avait prévu, décidé, voulu. La plupart l'ont singulièrement servi, sans qu'il sût jamais pourquoi, sans que nous en sachions nous-mêmes les causes ou les séries causales. Cette accumulation d'ignorances et d'incertitudes est ce qu'on appelle pudiquement le hasard, la bonne ou la mauvaise fortune, un heureux concours de circonstances. Si tout ce qu'on ignore de la vie et de la mort d'Alexandre dépasse de beaucoup ce que l'on en devine, alors autant désespérer de connaître l'homme et son caractère. Mais si, parmi ses aventures et notamment parmi les quelque quinze campagnes auxquelles il a participé, il est prouvé qu'il a pris consciemment la moindre initiative, alors il faut essayer de cerner cette volonté, ce caractère, cette personnalité, cette « vertu » *(arétè),* quel qu'en soit le nom, qui définissent l'homme.

Qu'est-ce que ce « désir impérieux » *(pothos)* qui s'empara de lui d'aller au-delà du Danube, en juin 335, et de faire traverser, de nuit, à 1 500 cavaliers et à 4 000 fantassins le cours du plus long et large fleuve d'Europe sur des radeaux et des pirogues (Arrien, ɪ, 3, 5)? Ce terme de désir plus ou moins exacerbé n'implique pas un état d'âme permanent ni propre à Alexandre. Il revient chez d'autres historiens de l'Empire romain. Arrien signale ici à la fois une ambition de gloire et une volonté de dépassement. En accomplissant sans nécessité politique ou stratégique apparente un acte héroïque, Alexandre allait plus loin que son père, plus loin même qu'il n'avait eu l'intention d'aller en envahissant la Thrace, au nord de l'Hèmos. En outre, en s'emparant d'une bourgade des Gètes et en dispersant la cavalerie des Scythes, il réussissait là où Darius le Grand avait, disait-on, échoué : il s'aventurait plus loin que lui, il atteignait vers le nord les limites du monde habité, il anticipait sur la soumission des autres extrémités du monde. Si, par bonheur ou à la réflexion, un profit matériel ou un intérêt politique venait s'ajouter à l'acquisition de la gloire, cette dernière restait aux yeux du conquérant l'essentiel. Les expéditions et les batailles antérieures n'avaient dépendu que de la volonté de Philippe qui en avait revendiqué jalousement l'initiative et la gloire. En 328, Alexandre « se mit à dénigrer les actes de Philippe et il se vantait que l'illustre victoire de Chéronée (dix ans plus tôt) fût son œuvre ; il disait que la gloire d'une telle action lui avait été ravie par la méchanceté et la jalousie de son père » (Quinte-Curce, VIII, 1, 23). Résumons : la volonté d'Alexandre en 335 est avant tout celle d'être enfin lui-même, d'agir par lui-même. On remarquera qu'il n'était accompagné que de jeunes officiers de son âge.

En des pages remarquables de clarté, de bon sens et aussi de connaissance topographique, N. G. L. Hammond a expliqué ce qu'avait été la tactique d'Alexandre en Illyrie après sa campagne des Balkans (*Alexander the Great, King, Commander and Statesman*, 1981, pp. 48-57). Le récit de Ptolémée, témoin oculaire sur lequel il s'appuie, met en valeur la promptitude, l'esprit de décision, les qualités manœuvrières, le courage du jeune chef qui s'était mis dans un mauvais pas. Il ne fait valoir que des qualités militaires, brillantes sans doute, mais déjà connues, sans avoir à traiter du caractère de l'homme, à moins que faire front, ne pas reculer, feindre, attaquer où on ne l'attend pas, témoigner d'une audace calculée relèvent autant de l'énergie que de l'intelligence, c'est-à-dire de la volonté personnelle en action. Et puis, ces manœuvres autour de Pèlion et le forcement de la Passe-du-Loup, à l'exutoire du lac de Prespa paraîtront à certains le type même du jeu sportif : quand on joue, on improvise.

Dans l'affaire du sac de Thèbes (octobre 335) et de sa destruction par décision du Conseil de la Ligue de Corinthe, Alexandre se signale dans le combat de rues par son goût du sang et dans le règlement final par son intervention d'homme de cœur : les seuls actes de clémence et de piété qui aient pu être retenus dans la ville d'Hèraklès et de Dionysos lui sont dus. La volonté d'épargner les partisans de la Macédoine, les descendants du poète Pindare, les prêtres et les prêtresses, témoigne du sens politique d'Alexandre et de ses craintes religieuses. En massacrant les révoltés, en détruisant les maisons, en éliminant de la Ligue le plus puissant État de la Grèce, Alexandre faisait un exemple. En sauvant ce qui pouvait être conservé du passé, il ménageait l'avenir, aussi rationnellement que possible. Après la folle tuerie, l'acte de générosité réfléchie. Ici, plus qu'ailleurs, se confondent sensibilité et intelligence pratique. Au reste, s'il appartient à un chef de prendre des initiatives, ce n'est pas pour détruire son empire, mais pour le conserver et si possible l'agrandir. De toute façon, il a besoin des autres.

C'est peut-être à la bataille du Granique, en mai 334, qu'Alexandre montre le mieux son caractère. Il a pris toutes les précautions matérielles, morales et spirituelles nécessaires. Sans qu'aucune escadre ennemie ait empêché ses 32 000 fantassins, ses 5 100 cavaliers et toute leur suite de franchir le détroit des Dardanelles, il a opéré sa jonction avec le corps opérationnel envoyé par Philippe trois ans plus tôt, il a pris officiellement et légitimement possession du sol d'Asie en piquant sa lance au point de son débarquement, il a multiplié les dévotions aux dieux, ses ancêtres, il s'est fait précéder du bouclier talismanique de la déesse Athèna (jusque dans l'Inde il restera ainsi sous son « égide »), il a fait changer le nom du mois néfaste, daisios, en celui d'artémisios, il a consulté longuement les devins, ne fût-ce que pour

rassurer une troupe dont la crainte grandit de jour
en jour.

Dans la dernière semaine de mai 334, la petite
armée parcourt les 84 km qui séparent Arisbè de la
plaine de Dimetoka où coule un petit torrent côtier,
l'antique Granique, l'actuel Kocabas Çai. Il prend
son eau au massif de l'Ida de Troade (le Kaz Daǧ) et
se jette dans la mer de Marmara entre les deux colonies grecques de Priapos (Karabiga) et de Cyzique
(Erdek). Il a, tout au plus, 25 à 30 m de largeur. De
nombreuses îles de sable le coupent, à 4 km de son
embouchure. Il se franchit à gué, par l'ouest, au pied
de trois collines hautes d'une soixantaine de mètres.
L'infanterie ennemie, composée essentiellement de
20 000 mercenaires grecs à la solde des satrapes,
attend au flanc de ces hauteurs. Entre elles et la
rivière, dont le cours actuel sinue à 800 m environ au
nord du cours ancien, les Perses ont déployé leur
cavalerie sur une distance d'environ 2 km.

Et ici deux versions s'affrontent. Selon la première, absurde et romanesque mais destinée à ménager les susceptibilités des alliés grecs de la Macédoine, Alexandre établit son camp sur la rive occidentale du Granique, laisse passer une nuit en suivant le conseil de Parménion, franchit le cours d'eau
à l'aube, range son armée entière en bataille, livre
d'abord un combat de cavalerie dans lequel se distinguent les Thessaliens, puis un combat d'infanterie où
se distinguent les fantassins alliés. Et naturellement
Alexandre est le premier à charger les Perses et,
comme dans l'Iliade, reçoit des dieux l'occasion d'un
combat singulier (Diodore, XVII, 19-21 : d'après Clitarque et probablement une lettre officielle au
Conseil de la Ligue de Corinthe). La seconde version
est celle d'Arrien (I, 13-16), qui suit évidemment le
récit de Ptolémée, et c'est pour l'essentiel la version
de Plutarque (Vie, 16), qui paraît suivre Aristoboulos : Alexandre, avec la partie la plus solide de ses

troupes et surtout sans les mercenaires grecs, peu fia-
bles, avance depuis Arisbè en formations de combat ;
il arrive à la fin de l'après-midi dans la plaine de
Dimetoka, aligne sa phalange et ses porte-écus au
centre, sa cavalerie à droite et à gauche avec une couverture d'archers et de voltigeurs à l'extrême droite,
donne l'ordre, malgré l'avis de Parménion, aux cavaliers et aux fantassins de l'aile droite de traverser
obliquement avant la nuit le cours d'eau en
s'appuyant mutuellement, charge lui-même à la tête
de l'escadron royal des Compagnons, a un cheval tué
sous lui, reçoit plusieurs coups, est sauvé *in extremis*
par Kleïtos et, contre toute attente, disperse ou
détruit une armée deux fois plus forte que la sienne.
« Du côté des Macédoniens, vingt-cinq Compagnons
environ furent tués au début de l'attaque... le reste de
la cavalerie eut plus de soixante tués, l'infanterie
environ trente » (Arrien, I, 16-4).

Telle est la modeste réalité sur laquelle nous
devons nous fonder pour apprécier la conduite
d'Alexandre. Loin de la considérer, à la façon des
Anciens, comme un coup de tête heureux ou une
héroïque folie, nous y voyons, après examen du terrain, une sorte de risque intelligemment calculé, une
résolution d'homme jeune, faisant confiance à ses
jeunes Compagnons et à leurs longues lances, un
acte d'autorité personnelle. La décision d'engager le
combat repose sur cinq principes qui se retrouveront
pratiquement dans toutes les autres grandes batailles
engagées par Alexandre : diviser ses troupes en plusieurs colonnes, en s'appuyant personnellement sur
les forces macédoniennes, péoniennes et thraces ;
attaquer plutôt que de rester sur la défensive (avec ce
conseil : pointez aux visages !) ; surprendre par la
soudaineté ou l'origine de la charge ; coordonner
l'action de la cavalerie avec celle de l'infanterie ;
essayer de déborder l'ennemi latéralement et l'enve-
lopper par les ailes. Expérience et hardiesse : je ne

vois rien là qui soit folie. J'y vois ce qu'en langage militaire on appelle du cran, en langage sportif du style. Ajoutez à cela une qualité rarissime et que l'on appelle la ténacité ou la résistance aux épreuves : vous aurez une idée de ce que pouvait être l'ascendant du jeune chef sur ses hommes ou simplement sa volonté. « On gouverne les hommes avec la tête. On ne joue pas aux échecs avec un bon cœur » (Chamfort, *Maximes et pensées,* VII).

Nous avons vu les raisons, essentiellement politiques, qui le conduisaient du Granique aux ports grecs de l'ouest, puis du sud de l'Asie Mineure jusqu'à Gordion, au centre, après 500 km de marche, enfin de la boucle de l'Halys jusqu'à la plaine d'Issos. Nous n'avons pas dit les actes d'une colère qu'il n'avait pas su maîtriser, aussi bien sur le champ de bataille du Granique où il laissait massacrer les mercenaires grecs de l'ennemi et envoyer aux mines tous les prisonniers comme traîtres à la cause hellénique, qu'à Phasélis où il faisait arrêter un rival, Alexandros le Lynceste, commandant de la cavalerie thessalienne, ou qu'à Aspendos de Pamphylie dont les chefs avaient manqué de loyauté.

Cette colère, aussi brusque que brutale dans ses conséquences, se manifestera bien des fois au cours de l'expédition et pour des raisons de plus en plus intimes, tout en redoublant de violence dans ses manifestations : le sac de Tyr, le supplice de Batis, traîné par les talons autour de Gaza, le jugement et l'exécution de Philotas et de Parménion, l'assassinat de Kleïtos, l'arrestation de Callisthène à Bactres-Zariaspa, la mise à mort des mercenaires indiens de Massaga, les exécutions de satrapes et de commandants militaires après la traversée du désert de Gédrosie... Arrien fait remarquer (*Anabase,* IV, 9, 6) qu'Alexandre, loin de s'enorgueillir de ses crimes et de se faire l'avocat d'une faute, inspirée par la colère ou l'ivresse, « reconnaissait qu'il s'était trompé comme un homme qu'il était », pleurait et se repentait.

Ce tendre, comme tous les tendres, ne savait plus se maîtriser quand sa bonne volonté, la volonté de bien faire, était ignorée, méconnue, bafouée. Elle se changeait alors automatiquement en mauvaise volonté. L'emportement naturel de l'enfant et du jeune prince reprenait le dessus. Les instincts meurtriers, entretenus par la chasse et la préparation militaire, par l'exemple des grands ancêtres aussi, d'Achille à Philippe II, parlaient plus fort que le contrôle de soi et la discipline personnelle, enseignés par Aristote ou Lysimakhos : « Vertu, toi qui n'es à la portée du genre humain qu'au prix de longues peines... ! » (Aristote, *Hymne*, fragment 675 Rose).

« COMMANDER DE GRANDES CHOSES »

Après la victoire d'Issos (novembre 333), la prise du camp de Darius et la mainmise sur son trésor à Damas, Alexandre avait le choix entre la poursuite du vaincu en Mésopotamie, pendant l'hiver, ou l'affermissement de l'empire macédonien en Asie Mineure, du golfe d'Alexandrette, au sud, jusqu'à Sinope ou Amisos sur la mer Noire, au nord. La logique, une estimation juste des forces en présence et peut-être surtout l'amour-propre le firent opter pour une troisième solution, aussi imprévue que ses attaques foudroyantes : il avancerait vers le sud, en dépit des conseils de Parménion. « Darius envoya à Alexandre une lettre et des amis, lui demandant d'accepter 10 000 talents comme rançon des captifs (la reine et ses enfants, en particulier), tout le territoire à l'ouest de la boucle de l'Euphrate, une de ses filles comme épouse ; il serait ainsi son ami et son allié. Alexandre communiqua ces propositions à ses

Compagnons : « Si j'étais Alexandre, dit Parménion, j'accepterais ces propositions. — Moi aussi, je te le jure, repartit Alexandre, si j'étais Parménion » (Plutarque, *Vie*, 29, 7-8 ; *Apophtegmes...*, 11). Réplique magnanime, confirmée par tous les historiens antiques et notamment par Arrien, qui ajoute (*Anabase*, II, 25, 3) : « Alexandre fit répondre à Darius qu'il n'avait aucun besoin de ses richesses et qu'il n'accepterait pas comme territoire la partie pour le tout : que les richesses, en effet, comme le territoire lui appartenaient totalement ; qu'il épouserait la fille de Darius, s'il en avait envie, et qu'il l'épouserait même malgré son père ; que Darius n'avait qu'à venir en personne s'il voulait qu'on fît preuve envers lui de générosité. »

On croirait lire ce passage du neuvième chant de l'*Iliade* — l'ambassade auprès d'Achille — où Agamemnon, le Roi des rois, fait offrir au héros irrité et qui boude la moitié de son empire, sa fille et une fortune, à condition qu'il revienne sur sa décision, et où Achille, regardant de travers les ambassadeurs, leur exprime avec mépris son irrévocable décision. En pareille occurrence, Alexandre, qui avait traité avec générosité et même avec courtoisie la mère, la femme et les filles de son ennemi, allait plus loin qu'Achille, son ancêtre et son modèle littéraire, puisqu'il assurait la défense des Grecs en dépit des obstacles. Plus ferme en son propos qu'Achille, Alexandre passait un an entier à abattre les rivaux phéniciens de la Grèce et quatre mois à créer la première ville grecque d'Égypte, Alexandrie. Il poussait même l'audace et la ténacité jusqu'à sauter l'un des premiers du haut d'une passerelle volante sur le rempart de Tyr et à traverser avec quelques Bédouins 250 km de Sahara pour aller saluer le dieu Ammon, père de tous les Pharaons, son père.

On ne sait quelle part faire à l'effort d'invention, en cette conduite, et si tout ce rêve dépassé, comme disait Benoist-Méchin, ne lui avait pas été suggéré, voire imposé par Olympias, sa mère, ou par les devins à sa solde. Il est notable que l'emplacement de la future Alexandrie lui apparut en songe, au son de la musique de quelques vers de l'*Odyssée* (IV, 354-355) :

« Il est ensuite une île dans le ressac des flots,
A l'embouchure de l'Aigyptos ; on l'appelle Pharos. »

Telle est la version des Alexandrins eux-mêmes, consignée par Hèraclide Lembos, commentateur d'Homère (Plutarque, *Vie*, 26, 3-5). Arrien (III, 2, 2), dont le récit paraît, à ce propos, d'une extraordinaire sobriété, signale l'intervention des devins « et surtout d'Aristandros de Telmessos qui passait pour avoir fait maintes fois des prédictions justes à Alexandre ». Que l'impressionnable jeune homme ait cru aux songes, aux prophéties, à la divination, aux présages tirés d'un mot entendu par hasard ou d'un vol d'oiseaux, il n'y a pas lieu de s'en étonner. Tous ses contemporains, au moins aussi crédules que lui, n'entreprenaient rien sans mettre de leur côté le destin et l'au-delà.

Mais ce qu'il y a de remarquable dans la fondation d'Alexandrie en Égypte, c'est l'effort d'imagination qui a présidé, entre le 20 janvier et le 7 avril 331 av. J.-C., à la création de la future capitale. « Alexandreia voisine du fleuve Aigyptos » — tel en est le nom véritable — reste un défi à la géographie et à l'économie. Le choix de son emplacement sur une côte déserte, précédée d'une ligne de récifs redoutables, ne s'imposait pas. Une bonne garnison à Péluse, Canope, Saïs ou Memphis eût probablement suffi à tenir le pays. A quoi bon choisir la branche la plus occidentale du delta, en pays de sauvages et de naufrageurs, avec des sables à l'est comme à l'ouest et

des marais derrière soi ? Tyr et Gaza, villes phéniciennes, étant anéanties, le commerce grec, qui disposait de gros comptoirs à Saïs et à Naukratis depuis
plus de deux cents ans, n'avait plus de concurrents
dans le delta du Nil. Économiquement, l'implantation d'une immense cité sur une langue de dunes et
de calcaire blanc, entre la mer et le lac Maréotis, était
ruineuse. Il fallait rattacher le rocher biscornu de
Pharos à la terre ferme par une large jetée, longue de
7 stades (près de 1 300 m), créer trois ports, deux sur
la mer, un sur le lac, alimenter en eau douce et propre la ville par un canal de dérivation du Nil, disputer le terrain disponible aux serpents, aux nuées
d'oiseaux, aux moustiques, répartir les diverses
nationalités en cinq secteurs sur un plan en damier,
les persuader, au besoin par la force, de vivre en
paix. En indiquant lui-même aux architectes le tracé
des murs de la future enceinte sur plus de 15 km et
en préposant un Grec de Naukratis, Kléoménès, au
contrôle financier et à l'achèvement des travaux,
Alexandre faisait plus confiance à l'intelligence créa-
trice et à l'énergie des hommes qu'aux rêves du
passé. Mais, en même temps, par ce défi lancé à la
nature et à l'histoire, il entendait imposer

> « la marque de l'étreinte et de la force humaines
> Et recréer les monts et la terre et les plaines
> D'après une autre volonté ».

   « Accomplir de grandes choses est difficile ; mais
le plus difficile, c'est de commander de grandes
choses » (Nietzsche).
   Ce que cherche Alexandre en quittant sa ville nouvelle pour l'oasis de Siwah, au début de février 331,
c'est de quoi apaiser son inquiète rêverie, de quoi se
rassurer. Non le goût de l'aventure, ni la fantaisie, ni
la simple curiosité du voyageur. Le violent désir plutôt de se voir confirmé dans sa charge, dans sa mis-

sion, dans ses opinions. « Sa participation à la nature divine dépendait-elle des mensonges qu'avait forgés Olympias ? », comme écrivait Callisthène, son historiographe, cité par Arrien (IV, 10, 2). Après tant de difficultés rencontrées en Asie Mineure, à Tyr et à Gaza, après une victoire incomplète sur Darius, Alexandre ne sait pas s'il est vraiment invincible, s'il doit vaincre encore ou reculer. Même Achille, même Hèraklès, ses grands ancêtres, ont finalement été vaincus. Et Philippe a été assassiné à la suite d'on ne sait quel complot.

Alexandre désire, selon l'expression d'Arrien, « s'instruire plus rigoureusement de ce qui concerne sa personne ou du moins passer pour en être instruit » (III, 3, 2). Successeur des Pharaons, il est salué par le grand prêtre du titre officiel de « Fils d'Ammon », en grec « Fils de Zeus », et il est autorisé à pénétrer à l'intérieur du sanctuaire, au cœur de la seconde enceinte. On ignore naturellement tout de ce qui s'y est dit. D'après Callisthène, au cours du rituel secret de consultation, le prophète répondait par des signes de tête aux questions posées. Le consultant pouvait-il se flatter d'interpréter exactement les signes ambigus d'un vieil homme, qui d'ailleurs ne parlait pas la même langue que lui ? Ce qui est sûr, c'est qu'Alexandre sortit de l'oasis de Siwah réconforté, nimbé d'une aura surnaturelle et laissant croire à son historiographe et à ses Compagnons qu'il se considérait réellement comme fils d'Ammon, mais aussi incertain, aussi ignorant sur sa destinée qu'il l'était auparavant. La preuve, c'est qu'il reconnut plus tard que le sang qui coulait de sa blessure, n'était pas de l'*ikhôr,* fluide divin, mais un liquide bien humain et dont la perte allait le priver de vie. Cet homme pieux, qui avait blâmé Parménion de n'avoir pas obéi à la troisième maxime delphique (« Si tu réponds pour un autre, tu t'en repentiras »), connaissait certainement aussi les deux autres :

« Rien de trop », c'est-à-dire « Ne fais pas le dieu », et « Connais-toi toi-même », c'est-à-dire « Sache que tu n'es qu'un homme ». Dans son entourage, certains se moquèrent jusqu'à sa mort de sa crédulité ou de ses prétentions. Il dut attendre la victoire de Gaugamèles pour dire et faire dire officiellement qu'il n'était pas seulement le descendant de Zeus (*Diothen gegonôs,* Plutarque, *Vie,* 33, 1) mais le Fils réel de Zeus. En Égypte, sa volonté tout humaine ne se confondait pas encore avec celle d'un dieu. Elle prenait conseil, prudemment, de ses Compagnons, de ses devins, de ses ingénieurs. Ame naturellement anxieuse, Alexandre cherchait dans la piété de quoi fortifier sa résolution.

DE LA SÉDUCTION ET DE LA GRÂCE

Alors, ce prodigieux ascendant d'Alexandre sur ses Compagnons et sur ses soldats, et même sur les étrangers venus le saluer, à quoi est-il dû ? Est-ce le jeune athlète que l'on admirait en lui, l'homme capable de chevaucher, de courir, de marcher, de chasser et de combattre, des heures durant, sans fatigue apparente ? Le voici dans l'Hindou Kouch en avril 329, tandis que ses troupes progressent lentement dans les neiges glacées : « Le roi allait et venait à pied le long de la colonne, relevant les soldats effondrés et offrant à d'autres, qui suivaient avec difficulté, l'appui de son corps. En tête, au centre, à la queue de la colonne, il était présent, multipliant pour lui-même les fatigues du chemin » (Quinte-Curce, VII, 3, 17). Le voici dans le désert torride du Béloutchistan : « Parcourant le pays dans tous les sens, il faisait rassembler tout ce qu'il pouvait pour ravitailler les forces navales qui devaient ranger la côte »

(Arrien, VI, 24, 5). « Un chagrin et un souci extraordinaires l'envahissaient » (Diodore, XVII, 105, 6).

Mais n'importe quel chef, surtout s'il est jeune et vigoureux, se doit de donner l'exemple. Qu'Alexandre, officier de cavalerie, chargeât en tête de l'escadron royal, l'*agèma,* escorté d'ailleurs d'un de ses Amis et de l'écuyer porteur de l'égide d'Athèna, déesse des combats, il n'y a là rien que de très normal. Au reste, malgré l'entraînement, le dur régime de préparation militaire, Alexandre n'a jamais fait preuve d'un tempérament d'athlète véritable. Refusant de concourir aux Jeux olympiques, ne participant jamais aux compétitions qu'il organisait, ne sachant même pas nager, mais se baignant et se parfumant abondamment, il était plutôt tenace ou endurant que réellement sportif. Sa résistance physique avait des limites. Il s'était remis lentement de son hydrocution près de Tarse en 333, de sa dysenterie près de la Ville de Cyrus en 329, de sa blessure chez les Mâlavas en 326 et encore plus mal, semble-t-il, de la mort d'Hèphaïstion en novembre 324.

Nul doute que le soldat fût sensible à d'autres facteurs, plus affectifs ou émotionnels que rationnels : à la fougue du fonceur, à l'audace du jeune chef, au panache de son casque que surmontaient une double aigrette de plumes blanches et une touffe de crins de cheval. A son autorité aussi d'homme qui savait commander parce qu'il avait su longtemps obéir et qui était capable de récompenser largement, de punir sans faiblesse et parfois de pardonner. Dans le désert du Béloutchistan, il charge un commando d'acheminer quelques vivres jusqu'à la côte, mais les gardes sont si affamés qu'ils y puisent : le roi comprend et accorde son pardon.

Voici, entre beaucoup d'autres, une anecdote célèbre et que la légende a transformée en la situant dans les Enfers. Les narrateurs sérieux en placent le théâtre dans les déserts les plus variés entourant la Perside. « La poursuite fut aussi longue que pénible. En onze jours, on parcourut à cheval 3 300 stades (650 km), et la plupart des hommes défaillaient. L'eau surtout manquait. C'est alors que le roi vit venir à lui des Macédoniens qui apportaient dans des outres, à dos de mulets, de l'eau de rivière. Voyant Alexandre mort de soif sous la canicule, ils se dépêchèrent de remplir un casque et de le lui tendre. Il leur demanda à qui ils apportaient ces outres. « A nos fils, répondirent-ils. Mais tant que tu seras en vie, nous en aurons d'autres, même si nous perdons ceux-là. » A ces mots, il prit le casque entre ses mains, mais jetant les yeux autour de lui, il vit que tous les cavaliers de sa suite tournaient la tête dans sa direction et fixaient la boisson. Il rendit le casque sans boire, remercia les porteurs et dit : « Si je bois tout seul, les hommes vont se décourager. » Les cavaliers, voyant sa maîtrise et sa grandeur d'âme, lui crièrent de les conduire hardiment et ils fouettèrent leur monture. Ils ne pouvaient se dire fatigués ou assoiffés, bref, soumis à la mort, tant qu'ils auraient un tel roi » (Plutarque, *Vie*, 42, 6-10).

Le roi aimait ses soldats. Il savait bien que le sang, que la vie, que l'âme de ses hommes n'avaient pas de prix et que ce n'étaient pas les vingt-quatre statues de bronze commandées au sculpteur Lysippe qui remplaceraient jamais les vigoureux Compagnons tués dans le premier choc de la bataille du Granique. « Il prit grand soin des blessés, allant en personne voir chacun d'eux, examinant ses blessures, lui demandant dans quelles circonstances il avait été blessé, lui donnant l'occasion de raconter ce qu'il avait fait au combat et de se faire valoir » (Arrien, I, 16, 5). En guise de décoration ou de citation à l'ordre de l'armée, il accordait des primes, de l'avancement, des remises de dettes, des permissions, comme celle qui lui fit envoyer en Macédoine pendant l'hiver 334-333 tous les jeunes mariés qui s'étaient distingués depuis le Granique jusqu'à Halicarnasse. Quant aux parents et aux enfants des morts de la première grande bataille, il les exemptait de contributions foncières, d'impôts sur la fortune, de charges individuelles.

La religion l'obligeait à faire ensevelir honorablement les morts de son camp. Il ajoutait cette élégance à sa piété de faire ensevelir aussi les Grecs qui avaient été tués au service de l'ennemi et même les officiers perses. Il poussait le sens de l'honneur jusqu'à ne pas toucher aux femmes de l'entourage de Darius et à leur garantir qu'elles conserveraient tous les privilèges dont elles jouissaient sous le pouvoir de Darius. « Et pourtant, ajoute Plutarque (*Vie,* 21, 6), la femme de Darius était, dit-on, de beaucoup la plus magnifique de toutes les reines... Quant aux autres captives, qui étaient d'une beauté et d'une taille remarquables, Alexandre dit en les voyant, par manière de plaisanterie : « Les femmes perses sont le tourment des yeux » (*id.,* 21, 10). Le même Plutarque, qui loue la retenue et la frugalité peu communes d'Alexandre, cite une de ses lettres à Parménion : « Non seulement personne ne saurait dire que j'ai regardé ou désiré voir la femme de Darius. Je n'ai même jamais permis que l'on parlât de sa beauté devant moi » (*Vie,* 22, 5). Il y a tout lieu de croire qu'un homme de guerre qui ne connaissait, depuis dix ans, que la camaraderie militaire a fait peu de cas de la concubine de Mentor, Barsine, que le vieux Parménion lui proposait comme maîtresse, à la fin de 333. Il paraît qu'il eut d'elle, cinq ans plus tard, un fils nommé Hèraklès et que personne ne voulut de lui pour roi. Kassandros le fit assassiner, à l'âge de quatorze ans, dans l'indifférence générale.

Les femmes attiraient si peu le Conquérant qu'il fallut attendre l'hiver de 328-327 pour qu'il s'intéressât à Roxane (en perse, Raoxšna = Lumière), fille du noble perse Oxyartès que 300 soldats d'élite avaient faite prisonnière avec d'autres femmes de la noblesse en escaladant l'Avarana, le « Roc de Sogdiane », à Bajsun-tau, à 20 km à l'est de Derbent en Uzbekistan (Arrien, *Anabase,* IV, 18, 4-19, 4 ; Quinte-Curce, VII, 11 ; Strabon, XI, 11, 4 ; Polyen, IV, 3, 29). Il l'épousa solennellement à Bactres, avant de partir dans l'Inde. Il voulait aussi rallier à sa cause la noblesse locale et encourager l'union des officiers occidentaux et des femmes d'Orient. Mais il attendit la mort de son propre ami de cœur, Hèphaïstion, pour la rendre enceinte, en décembre 324, d'un fils qu'il ne connut jamais. Ses mariages officiels avec Parysatis, fille d'Artaxerxès III, et avec une autre Barsine, dite aussi Stateira, fille aînée de Darius III, à Suse, en mars 324, lors du grand banquet destiné à établir l'harmonie et la concorde entre les peuples, furent l'un et l'autre stériles.

Quant à l'épisode célèbre de la rencontre d'Alexandre avec la reine des Amazones, Thalestris, il est controuvé, et les historiens sérieux que cite Plutarque (*Vie,* 46) le considèrent comme purement fictif. Il repose vraisemblablement sur l'offre que fit à Alexandre une députation scythe, venue des bords de la Caspienne à Samarcande en 328 av. J.-C. : un chef de tribu nomade était prêt à donner sa fille en mariage au Roi des rois. Simultanément, Pharasmanès, chef des Chorasmiens, en bordure de la mer d'Aral, offrait à Alexandre de faire campagne avec lui contre les Scythes et les Amazones (Arrien, IV, 15, 1-6 ; Quinte-Curce, VIII, 1, 7-9). Quatre ans plus tard, en novembre 324, le satrape de Médie, Atropatès, lui fit don de 100 femmes dont on disait qu'elles faisaient partie des Amazones (Arrien, VII, 13, 2). « Protecteur du pays » *(khshatrapavân),* il devait lutter contre les Scythes des bords de la mer Caspienne, « les Gens », « les Peuplades », *ha mashyai* dont les Grecs ont tiré le mot Amazones[50]. Alexandre rejeta toutes ces propositions. Il souffrait assez de l'autoritarisme de sa mère pour ne jamais tomber sous l'empire de femmes-soldats et s'éprendre, tel Achille, d'une quelconque Penthésilée. Si Alexandre séduisit, ce ne fut ni à la façon de Don Juan, ni à celle de Faust.

Qu'il ait été bisexuel, comme son père Philippe et tous les Compagnons ou officiers de l'état-major de Philippe, comme bon nombre de philosophes et d'artistes grecs du IVe siècle, par goût, par mode ou par entraînement, c'est ce qu'il serait aussi difficile de contester que de prouver. Le même homme qui repoussait avec dégoût les propositions d'un proxénète qui lui offrait contre argent les plus jolis garçons du monde (Plutarque, *Vie*, 22, 1-2), passait pour préférer les eunuques du harem de Darius à ses 365 femmes (Quinte-Curce, VI, 6, 8 et X, 1, 42) et pour avoir baisé publiquement sur la bouche l'eunuque Bagoas, ancien favori de Darius, un soir de fête (Plutarque, *Vie*, 67, 8 ; Athénée, *Banquet*, 603 a-b ; tous deux d'après Dicéarque). Certes, cela ne signifie pas grand-chose ; ce sont là des racontars de Macédoniens, agacés par la politique orientale du souverain, et sans doute ont-ils été amplifiés par les moralistes grecs et latins au temps de Néron.

Mais le cas d'Hèphaïstion, fils d'Amyntas de Pella, donne à réfléchir. « Il avait, dit Quinte-Curce (III, 12, 15-16), grandi auprès du roi et il était le confident de chacun de ses secrets. De tous ses Amis, il était de beaucoup le plus cher. Nul autre, dans ses remarques, n'avait droit à plus de liberté, mais il en usait comme d'une permission et non comme d'un droit qu'il aurait pris. Il était du même âge, mais de taille supérieure. » Ce que confirment non seulement Plutarque (*Vie*, 47, 9-12), mais les représentations figurées d'Alexandre et d'Hèphaïstion aux musées d'Athènes et de Thessalonique. Hèphaïstion ressemblait tellement au roi par le costume et même par le visage que la mère de Darius le confondait avec Alexandre. Loin de s'en indigner, ce dernier décla-

rait en souriant : « Lui aussi est Alexandre. » Il fut
un de ceux qui firent mettre à la torture, puis exécuter, Philotas, que le roi autant que lui-même soup-
çonnait et redoutait. De retour à Suse, où Alexandre
lui demande d'épouser, pour la forme, Drypetis, une
des filles de Darius, Hèphaïstion accumule tous les
titres : Hipparque, c'est-à-dire général en chef de la
cavalerie des Compagnons, Chiliarque ou Chef des
Mille de la cour perse, c'est-à-dire Grand Vizir, premier dignitaire après le roi « avec délégation de pouvoirs s'étendant à tout l'Empire », enfin homme de
confiance, beau-frère et substitut du roi, il finit par se
croire on ne sait quel commensal des dieux, Hèraklès, frère de Dionysos (ou l'inverse ?). La statuaire
laisse à penser que, dans le couple, c'est lui qui
jouait le rôle du mâle. Après sept jours de festins
bachiques quasi ininterrompus à Ecbatane, tout fiévreux, il mange comme quatre et prétend vider d'un
trait le hanap d'Hèraklès — plus de deux litres de vin
pur — et il tombe foudroyé, le 10 novembre 324. Les
témoins sur tous ces faits sont d'accord : on eut
peine à arracher à son cadavre Alexandre sanglotant
et cherchant à mourir. « Il pensait et disait sans cesse
que si Kratéros aimait son roi, Hèphaïstion aimait
Alexandre » (Plutarque, *Vie*, 47, 10).
    La fidélité des soldats reposait en partie sur ses
réussites. Même s'il tirait profit, dans les premières
années de son règne, de plans élaborés par l'état-
major de Philippe II et puis, jusqu'à la prise de Gaza
en novembre 332, de l'écrasante machine de guerre
que constituaient la cavalerie des Compagnons, la
phalange et le corps du génie macédoniens, Alexandre était et resta longtemps un chef infaillible. Que
l'on attribuât ses victoires, même incomplètes, même
inutiles, à la promptitude et à l'imprévu de ses décisions, au choix de ses auxiliaires, à sa vaillance ou à
la faveur des dieux, sa propre confiance en lui-même
se communiquait aux autres. Le succès attirant le

succès, on le vit, en quelques mois de la belle saison de 335, amener ses troupes bien armées au contact des Gètes et des Celtes de l'actuelle Roumanie, se tirer du guêpier illyrien, prendre d'assaut avec son artillerie la citadelle de Thèbes aux sept portes et imposer la paix macédonienne aux cités de la Grèce continentale.

Après Issos, en novembre 333, il se croyait, il se savait réellement invincible. Le ton des réponses qu'il adressait à Darius depuis Marathos et Tyr, l'acharnement mis à prendre cette ville réputée imprenable au milieu des flots, le ralliement spontané de tout le monde sémitique et du clergé égyptien à sa cause, tout indique une foi rayonnante en sa mission. Son charme ou, si l'on veut, sa séduction auprès de son entourage était faite de cette exceptionnelle alliance de qualités en elles-mêmes assez banales, jeunesse, beauté, intelligence, fougue, endurance, bref d'un tempérament, et aussi de cette aura de gloire qui allait, d'année en année, s'élargissant : c'était, pour ses soldats la rencontre des dons personnels et de la grâce divine.

DE L'IVRESSE PHYSIQUE À L'IVRESSE MORALE

L'expédition d'Égypte, la création d'Alexandrie qui faisait de lui un « héros fondateur » et la visite au sanctuaire de Siwah, qui faisait de lui un fils du dieu Ammon, le confirmèrent dans ses sentiments, ou plutôt dans sa foi personnelle. Il n'était plus seulement le garant et le maître des rites de son pays, la Macédoine, ni même pour toute l'armée, devant laquelle il offrait des sacrifices chaque matin, le défenseur des pratiques religieuses du monde hellénique, mais il se demandait quels travaux, quelles épreuves, quels exploits, quelles conquêtes lui réservait sa paternité divine ou, en d'autres termes, s'il devait être un nouvel Achille ou un nouveau Persée, un nouvel Hèraklès ou un nouveau Dionysos pour mériter — à quel âge ? — l'apothéose. Les légendes suscitent des vocations.

Ce dernier dieu, surtout, l'inquiétait. Lui aussi était « fils de Zeus », Di-wo-nu-so(s), comme l'indique son nom dès l'époque mycénienne. Or en Macédoine, au IVe siècle, Dionysos recevait deux sortes de cultes, l'un militaire et accompagné de jeux officiels (voyez ceux de Tyr, en mai 331), l'autre de caractère orgiastique et qui semble avoir été pratiqué par des groupes restreints de l'aristocratie et en dehors du cadre étatique, notamment par Olympias, la reine mère, et par son entourage de bacchantes. Dans une de ses lettres, citée par Athénée (*Banquet,* XIV, 659-660), elle offre à son fils Alexandre l'esclave-sacrificateur Pélignas pour l'assister dans l'exercice de ses fonctions religieuses, étant donné que ce *mageiros* connaît les sacrifices pratiqués par les ancêtres paternels d'Alexandre — rites des Argéades et rites bachiques (festins et danses) — et les sacrifices que pratique de son côté Olympias — rites des Éacides et rites orgiastiques de Dionysos. Le caractère outré, extravagant, extatique et frénétique de ces transports nous est confirmé par les peintures de vases, la tragédie des *Bacchantes* qu'Euripide composa en Macédoine et surtout par le passage de la *Vie d'Alexandre* où Plutarque nous présente la reine mère (*Vie,* 2, 7-8).

Fut-ce en réaction contre elle, fut-ce parce que les cultes propres aux soldats n'avaient rien à voir avec les courses délirantes de ces dames, toujours est-il que, par trois fois au moins, avant de rencontrer la légende de Dionysos dans l'Inde, à Nysa, en 327, Alexandre se heurte gravement à la personne vindicative du dieu : une première fois en 335, lorsqu'il fait raser la ville de Thèbes où le culte de Dionysos est né en Grèce, une seconde fois, le 25 avril 330, lorsque avec une prostituée il provoque le dieu à la tête du cortège ivre qui met le feu au palais de Persépolis, une troisième fois en novembre 328, lorsque à Samarcande il néglige un sacrifice traditionnel à Dionysos pour en offrir un aux Dioscures (Arrien, *Anabase,* IV, 8, 1-2). Dans les trois cas, Alexandre a de quoi se repentir amèrement et il regrette publiquement ce qu'il a fait. On sait notamment que le sacrifice aux Dioscures fut suivi d'une beuverie au cours de laquelle Alexandre, devenu furieux, transperça d'un coup de sarisse le corps de son frère de lait, Kleïtos le Noir. « Et là-dessus les devins psalmodiaient, comme un refrain, que le courroux venait de Dionysos, parce que le sacrifice à ce dieu avait été oublié » (Arrien, IV, 9, 5). A chacun de ces égarements, le souverain d'ordinaire si clairvoyant, si logique même dans ses décisions, prend brusquement conscience de l'irrationnel qui vient de faire irruption en lui, qui le possède et le jette en avant. Et, en même temps, il se sent et déclare coupable d'une faute qui entache sa gloire, cette gloire personnelle à laquelle il tient plus qu'à tout au monde.

Il n'aura de cesse qu'il fasse mieux, qu'il aille plus loin que les héros dont il descend, mieux et plus loin que les fils de Zeus dont les exploits emplissent le monde oriental. Dès la fin du Ve siècle, le poète épique Antimaque de Colophon, auteur d'une *Thébaïde* en vingt-quatre chants, sait que Dionysos, après avoir châtié les impies qui l'attaquaient au voisinage de Nysa, revint de l'Inde jusqu'à Thèbes, monté sur un éléphant[51]. Or, dès leur entrée dans l'Inde, les Macédoniens croient découvrir, aussi bien dans la topographie que dans les pratiques religieuses des Hindous, les vestiges de l'ancien passage de Dionysos. On a vu comment, emporté par l'enthousiasme de son entourage, Alexandre improvisa un banquet dionysiaque en plein air, en 327, près de la bourgade de Nysa dans le Kafiristan où le dieu devait être né. C'est ce que la tradition nommera plus tard la bacchanale de Nysa, comme elle nommera bacchanales de Carmanie un cortège de liesse au départ de Salmous, en février 324, où l'on vit Alexandre ivre, sur un char traîné par des ânes, et ses officiers célébrer le dieu du vin.

En érigeant lui-même au bord du Bias douze autels colossaux aux dieux qui l'avaient conduit aux frontières orientales du monde, il voulait accréditer l'idée qu'il était allé plus loin qu'Hèraklès, mais aussi qu'il imitait Dionysos (Strabon, III, 5, 5). Ce dieu, disait-on, avait élevé au-delà de l'Iaxarte (Syr Daria) une colonne ou des bornes analogues aux célèbres colonnes d'Hèraklès du détroit de Gibraltar (Pline, *Hist. nat.,* VI, 16-49 ; Quinte-Curce, VII, 9, 15 ; *Epitomè de Metz,* § 12). Cependant, l'anxiété, le sentiment de sa culpabilité envers le dieu de Thèbes ne cessaient de poursuivre le Conquérant : « L'abandon des Macédoniens qui, aux confins de l'Inde, en refusant de le suivre, laissèrent comme imparfaites son expédition et sa gloire, il l'attribua à la colère et à la vindicte de Dionysos » (Plutarque, *Vie,* 13, 4). De même aussi la catastrophique retraite de Gédrosie. Peu de jours avant sa mort, un certain Dionysios s'assied sur le trône royal : présage sinistre qui augmente encore l'inquiétude d'Alexandre (*id.,* 73-74).

A mon avis, s'il y eut de sa part imitation consciente de Dionysos, ce n'était pas pour faire le dieu ni pour être un second Dionysos, comme le déclarèrent les Alexandrins, mais pour se réconcilier avec lui, le dieu du vin. On se rappellera que, si Hèphaïstion est mort en novembre 324 pour avoir voulu vider d'un trait le hanap d'Hèraklès, Alexandre a certainement, lui aussi, précipité sa fin au cours d'interminables beuveries et qu'à la dernière, en l'honneur de Dionysos, chez Mèdeios de Larissa, « pris d'un fort accès de fièvre et ayant très soif, il but énormément et se mit alors à délirer » (Aristoboulos, cité par Plutarque, *Vie*, 75, 6).

Tous les historiens antiques ont signalé qu'à partir de janvier 324, Alexandre s'adonnait de plus en plus à la boisson. L'ivresse morale, la griserie avait, en réalité, commencé plus tôt. On peut admettre, avec les témoins antiques, que la victoire de Gaugamèles (1er octobre 331) a modifié considérablement les rapports de la troupe et de son jeune roi : devenu maître de l'Asie et bientôt des palais de Darius, Alexandre adopte, ne fût-ce que pour régner, les mœurs et le faste de son nouvel empire. En décembre 331, après trente-quatre jours de « jeux de repas », simples orgies avec déshabillage obligatoire des maîtresses de maison à Babylone, les officiers gréco-macédoniens commencent à se démoraliser. La discipline militaire se relâche. Le roi, sentant la menace, conduit ses troupes en pleine campagne en direction de Suse, les force à établir des camps mobiles, à faire l'exercice, à manœuvrer. Mais dans les trois palais, où l'or donne tous les moyens, l'état-major et le roi en tête, fêtent joyeusement leurs victoires. C'est après une saoulerie mémorable, où le vin perse (de Chiraz ?) ajoute ses méfaits aux effets des vins d'Égypte, de Macédoine et des îles, que flambe le palais de Persépolis.

Darius une fois mort, Alexandre se comporte de plus en plus comme un potentat asiatique avec des rêves de souveraineté universelle. Dès le mois d'août 330, le changement est manifeste. Si sur les champs de bataille et dans les marches d'approche le roi garde le costume macédonien, en revanche au campement, en ville, sur son char d'apparat, on ne le reconnaît plus. Il s'est inventé un équipement qu'il croit capable de lui rallier ses sujets orientaux, mais qui fait rire ou indigne les Grecs et les Macédoniens : autour de son chapeau rouge à larges bords, la *kausia*, il noue le turban bleu rayé de blanc qu'on

nomme en Perse la *kidaris* et en Grèce le *diadèma*. Il
revêt une tunique pourpre traversée sur le devant
d'une bande de broderie blanche : « Des éperviers
d'or qui paraissent s'attaquer du bec rehaussent la
beauté d'un manteau broché d'or ; à une ceinture
d'or, nouée à la façon de celle des femmes, est suspendu un cimeterre dont le fourreau n'est qu'une
gemme » (Quinte-Curce, III, 11, 17 ; cf. Diodore, XVII,
77, 5). Plutarque (*Vie*, 45, 3-4) ajoute : « Il porta ce
costume d'abord dans ses audiences avec les Barbares, puis chez lui avec ses Compagnons, enfin il se
montra ainsi accoutré en public, lorsqu'il sortait à
cheval ou traitait d'affaires de l'État. Ce spectacle
affligeait les Macédoniens, qui pourtant admiraient
sa valeur *(arétè)*. »

Voilà pour l'extérieur : la pompe, le faste, l'étalage
du luxe. Mais en rejetant le masque de l'austérité et
de la dépendance, Alexandre laisse apparaître un
singulier appétit de domination, un orgueil ou amour
de soi que l'éducation et les épreuves avaient fait
oublier : « Les mœurs de son pays, observe Quinte-
Curce (VI, 6, 1-3), le pouvoir sainement tempéré des
rois de Macédoine, leur conduite de citoyens paraissaient au-dessous de sa grandeur. Il prenait pour
modèle la monarchie perse, qui s'égalait en puissance à celle des dieux. Il avait le vif désir de voir les
vainqueurs de tant de nations à plat ventre sur le sol
pour le révérer. » C'est ce qu'on a appelé l'affaire de
la *proskynèsis* ou prosternation.

Pour établir l'égalité entre Macédoniens et Asiatiques, Alexandre essaya d'abord discrètement d'obtenir de ses nobles visiteurs un type de salutation commun et qui ressemblât à de la vénération : il ne s'agissait que d'incliner le buste en portant la main droite
à la bouche, et, l'habitude une fois prise, on verrait si
on ne pouvait s'incliner un peu plus, à la façon orientale. Ni les Grecs ni les Macédoniens ne l'entendi-
rent de cette oreille. Pour eux, se prosterner, c'est-à-

dire toucher réellement la terre de la main ou du front, c'était un geste d'adoration qu'ils n'accordaient qu'aux dieux ou à leurs idoles. Les Occidentaux s'estimaient des hommes libres, des soldats se saluant militairement. Sur les conseils de deux courtisans, l'écrivain Kléon de Sicile et le philosophe Anaxarkhos, les principaux Compagnons du roi et l'aristocratie barbare furent convoqués vers la fin de 328 à un banquet solennel. On devait essayer, en l'absence d'Alexandre, de persuader à tous de rendre au roi vainqueur les mêmes honneurs qu'à Hèraklès ou à Dionysos. Le cousin d'Aristote, Callisthène, peut-être stimulé par une lettre du maître « sur le gouvernement des États », montra que nul ne pouvait conférer à un mortel un honneur dû aux Olympiens. Au cours d'un autre banquet, au début de 327, les convives sont invités à se prosterner seulement devant l'autel du foyer, à boire le vin sacré et à donner un baiser au roi. A nouveau, Callisthène refuse cette solution de compromis, tandis qu'un des Compagnons, Léonnatos, se gausse de la posture des invités perses, le menton au sol et l'arrière-train en l'air. Au cours du même hiver, Kleïtos, nommé satrape de Sogdiane, lance au roi ivre ses quatre vérités : il est exécuté sommairement. Les Cadets de la garde royale conspirent : ils sont torturés et lapidés. Callisthène est arrêté et jeté en prison, et Alexandre peut écrire à Antipatros, régent de Macédoine, qu'après l'exécution des jeunes gens, il saura bien punir Callisthène, leur maudit conseiller, « ainsi que ceux qui l'ont envoyé et ceux qui accueillent dans leur pays les conspirateurs » (Plutarque, *Vie*, 55,7). Trois banquets où le vin et le sang coulent à flots.

Bu pur, le vin très liquoreux de Perse grise encore plus vite que le vin coupé de l'archipel grec. En donnant l'impression de l'éternelle jeunesse, il ôte aux hommes l'esprit, surtout s'ils y mêlent ces parfums capiteux qui viennent de l'Inde, du Béloutchistan et

de l'Arabie, cannelle, benjoin, myrrhe, amome...
« Bien qu'Alexandre fût de relations plus agréables
que tout autre prince et qu'il ne manquât pas de
charme, il se rendait alors pénible par ses vantardises
dignes d'un soudard. Porté lui-même à se flatter, il
laissait le champ libre à ses flatteurs, au point d'aga-
cer les convives un peu plus raffinés » (Plutarque,
Vie, 23, 7). Au cours de la beuverie trop longue, Kleïtos va trouver la mort pour avoir récité un passage de
l'*Andromaque* d'Euripide s'achevant sur ces mots :
« Les chefs se croient dans la cité supérieurs au peuple quand ils ne sont rien », quelques convives disent
qu'ils estiment que Castor et Pollux ne peuvent pas
comparer leurs travaux à ceux d'Alexandre.

Un an plus tard, dans le Svat, on lui laisse entendre que l'Hèraklès indien, Indra, dieu de la guerre,
n'a jamais pu s'emparer de l'*avarana,* ou hauteur fortifiée, de Pir Sar, alors que le conquérant macédonien l'a fait céder en un instant. Il entre, après la
prise de Pattala, dans l'océan qui entoure le monde,
ce que n'ont jamais réalisé les dieux grecs. Il traverse
700 km de déserts où les plus grands potentats de
l'Asie ont englouti leurs armées. Simultanément, ses
derniers ennemis en Europe capitulent. Et flatteurs
d'applaudir et banqueteurs de boire, jusqu'à la mort
de quarante d'entre eux, après un concours de boisson, en 324.

Le vin des banquets excitant les imaginations, les
courtisans, les philosophes, les poètes, les auteurs de
comparaisons inspirent peu à peu à Alexandre l'idée
qu'il a fait et qu'il fera mieux réellement que les
Dioscures, qu'Hèraklès et que Dionysos, tous quatre
fils de Zeus. « Le Fils d'Ammon » se demande, entre
327 et 324, s'il n'est pas réellement un dieu ou un
héros réincarné. Ainsi s'explique la circulaire
envoyée aux cités grecques, par laquelle la chancellerie réclame qu'on lui élève des autels « comme à un
dieu invaincu ». Le « moi » de l'*autokrator* s'est

hypertrophié au point de devenir celui du *pantokrator,* « le Tout-Puissant ». Ainsi s'expliquent également les derniers projets d'Alexandre, ceux du moins que laissent entrevoir ses préparatifs, à Babylone. Il ne visait à rien de moins qu'à la conquête de l'Arabie, au retour en Égypte et à la soumission de la Méditerranée occidentale : un rêve, plus ou moins délirant, de domination universelle.

MESURE ET DÉMESURE

Si les mœurs, si le comportement du roi, grisé par le succès, le pouvoir et le vin, ont beaucoup changé au cours des six dernières années de son existence, peut-on dire que son caractère ait vraiment changé ? Tout bien examiné, je n'en crois rien. D'un bout à l'autre de son activité consciente, j'en retrouve les traits essentiels : la fougue et la maîtrise de soi, le goût du sang et la tendresse, l'ambition et la générosité, la religiosité et la lucidité, mais aussi, et plus profondément, l'inquiétude, l'amour-propre, le goût de l'ordre et de la paix, le besoin d'amis, au masculin. Autant que le vin, la mort d'Hèphaïstion a précipité la fin d'Alexandre. Ayant vu ou fait disparaître ses Compagnons les plus chers, loin de sa mère avec laquelle il ne s'entendait plus et soupçonnant la famille du régent de Macédoine et une partie des troupes de s'opposer à ses desseins, voire de conspirer contre lui, errant dans les marais de Babylone, il est mort dans une quasi-solitude, à plus de 3 000 km d'un pays dont il avait, comme tous les Grecs, la nostalgie.

Tout ce que l'on peut dire de plus probable sur la prétendue évolution de son caractère, c'est que les traits longtemps masqués en reparaissaient à mesure que les échecs et la fatigue le rendaient à lui-même.

La violence qu'il avait manifestée dans sa prime jeunesse et au moment de son avènement éclate soudain dans la conspiration supposée de Philotas et de Parménion. D'abord plein d'indulgence pour ceux qui le critiquaient, « il perdait finalement son sang-froid quand on disait du mal de lui et il devenait dur et inexorable parce qu'il aimait la gloire plus que la vie et la royauté » (Plutarque, *Vie*, 42, 4). Ne supportant pas plus les contraintes que les contrariétés et les contretemps, surtout lorsque les mauvais présages se multiplièrent, il parut de plus en plus démesuré, méfiant, superstitieux. Doit-on attribuer tous ces faits à un durcissement de son caractère ou simplement à son moi véritable ? Faut-il en décider ? Ce roi, ce guerrier, ce « pasteur de peuples » exceptionnel alliait ce qu'aucun de ses frères, pourtant élevés comme lui, n'avait jamais su mettre d'accord : l'âme d'un Barbare et la raison d'un Grec.

On peut nuancer et préciser. Les goûts artistiques, les portraits, la façon dont est mort Alexandre sont, à leur façon, révélateurs de sa personnalité. Ce sont là, si l'on veut, trois sortes de miroirs qui, en combinant leurs effets, donnent un nouveau relief au visage mystérieux du Conquérant. Il faut bien reconnaître qu'en matière d'art la sensibilité d'Alexandre ne répond ni à la nôtre ni à celle des Athéniens du IVe siècle classique. « Il avait par nature du goût pour les lettres et pour la lecture. Jugeant et appelant l'*Iliade* un auxiliaire en matière de valeur guerrière, il emporta le texte qu'Aristote en avait corrigé et qu'on appelle " l'*Iliade* de l'étui ". Il l'avait toujours sous son oreiller avec son épée, au témoignage d'Onésicrite (premier pilote de sa flotte). Faute d'autres livres dans les montagnes de l'Asie, il demanda à Harpale de lui en envoyer ; celui-ci lui expédia les œuvres de Philistos (historien de la Sicile), plusieurs tragédies d'Euripide (notamment *les Bacchantes*), de Sophocle et d'Eschyle, et les dithyrambes de Télestès (de Sélinonte, fin du Ve siècle) et de Philoxène (de Cythère, début du IVe siècle) » (Plutarque, *Vie*, 8, 2-3). On constate que, si le hasard a bien fait les choses, ses préférences allaient aux œuvres martiales, dramatiques et chorales, toutes s'exprimant d'ailleurs en musique, toutes vieilles de plusieurs générations. Ce qu'il attend d'elles, ce n'est, semble-t-il, ni un message esthétique ni un frisson de beauté, mais des conseils politiques, moraux et, éventuellement, religieux.

Il ne s'était entouré que de poètes médiocres et il ne tarda pas à demander au groupe d'intellectuels qu'il avait emmenés avec lui, médecins, naturalistes, philosophes, publicistes, qu'ils voulussent bien servir avant tout sa politique. On connaît le refus et la fin de Callisthène. Le roi aimait le théâtre et faisait venir à grands frais les meilleurs acteurs d'Athènes ou de Macédoine, à Tyr, à Memphis, en Perse et à Babylone, à des fins de propagande culturelle. Selon Athénée (*Banquet*, XIII, 595 et suiv.), il aurait fait représenter, à l'occasion de son mariage et de celui de ses principaux Compagnons, à Suse, ou plutôt à Ecbatane, en 324, un petit drame politique et satirique où, sous le nom d'*Agèn*, il se moquait du pusillanime amant des courtisanes d'Athènes, Harpale, le satrape félon (cf. *id.*, XII, 537 d et sq.). Pièce politique et dont les fragments conservés ne donnent pas une haute idée de l'humour de ses auteurs.

Mais c'est en matière architecturale que se révèlent à plein les préférences artistiques d'Alexandre : il choisit toujours le colossal, l'immense, le démesuré. Que ce soit dans le plan de ses diverses Alexandrie, dont une, « près du fleuve Aigyptos », était appelée à être la plus grande ville de la Méditerranée jusqu'au début de l'ère chrétienne, que ce soit dans l'édification des tombes des membres de sa famille ou de ses Amis, ou que ce soit dans l'érection des autels aux douze dieux, sur les bords du Bias, dans l'Inde, non loin de camps factices, parsemés de mangeoires et de mors énormes, il commande toujours à ses architectes, Deinokratès ou Stasikratès, tout ce qu'il y a de grandiose, de magnifique, d'audacieux et de fastueux. C'est ce Stasikratès qui avait proposé de transformer le mont Athos en une statue d'Alexandre « tenant dans sa main gauche une ville de 10 000 habitants, et, de la droite, versant un fleuve qui s'écoulerait à flots dans la mer » (Plutarque, *Vie,* 72, 6 ; *De la chance ou du mérite...,* 2, 335 C-E). Il paraît qu'Alexandre écarta cette offre, mais qu'on trouva dans ses papiers des projets beaucoup plus fantastiques et onéreux que celui-là.

La *toumba* géante, haute de 14 m et large de 120 m, où reposaient les cendres de Philippe II et d'une de ses filles, au milieu d'un mobilier fastueux, au lieu dit Palatitsa, près d'Aigéai (actuelle Vergina de Macédoine), n'est quasiment rien à côté du gigantesque catafalque qu'Alexandre fit dresser pour son très cher Hèphaïstion, à Babylone, au début de 323. Il faut citer ici *in extenso* le texte de Diodore (XVII, 115, 1-5) qui le décrit, apparemment d'après les documents de la chancellerie, mis en œuvre par Clitarque. Rien ne donne plus, dès l'abord, l'impression du baroque et du style « nouveau riche » : « Alexandre réunit autour de sa personne les architectes et une foule d'ouvriers spécialisés. Il fit abattre les remparts sur 1 800 m environ. On en récupéra les briques cuites et on aplanit l'emplacement réservé au bûcher. Puis on construisit avec ces briques un mur quadrangulaire de 180 m de côté à trente compartiments intérieurs. On recouvrit cet ensemble carré d'une plateforme de troncs de palmiers. Après cela, il fit appliquer un décor sur toute la paroi extérieure de l'édifice. La base était totalement recouverte de 240 proues dorées de navires à cinq files de rameurs, avec, sur les caissons latéraux, deux archers de 4 coudées (1,80 m), appuyés chacun sur un genou, et des

statues de fantassins, hautes de 5 coudées (2,25 m).
Des oriflammes de feutre pourpres remplissaient les
intervalles. Au-dessus, des torches de 15 coudées
(6,75 m) occupaient le second étage. Elles avaient
entre elles des couronnes d'or à mi-hauteur, au
niveau de la poignée, et des aigles éployant leurs
ailes et baissant la tête au niveau de la flamme ; près
de chaque socle, des serpents dardaient le regard
vers les aigles. Au 3e étage, figuraient toutes sortes
d'animaux et de chasseurs. Ensuite, le 4e étage représentait une centauromachie dorée ; le 5e, alternativement, des lions et des taureaux dorés. Des trophées
d'armes macédoniennes et d'armes barbares emplissaient la zone d'au-dessus, symbolisant, les unes, des
victoires militaires, les autres, des défaites. Sur tout
cela (au 7e étage), on avait placé des Sirènes creuses,
à l'intérieur desquelles pouvaient prendre place, sans
être aperçus, des chanteurs chargés de la complainte
du défunt. La hauteur totale de l'édifice dépassait
130 coudées (plus de 58 m)... On dit que la dépense
s'éleva à 12 000 talents (72 millions de francs-or). »
Justin, Plutarque et Arrien ramènent ce chiffre à
10 000 talents. Démesure et profusion n'en caractéri-
sent pas moins cette forme d'art, dont s'inspireront
d'ailleurs les souverains hellénistiques et les auteurs
du catafalque d'Alexandre. On a pu noter, au passage, combien ce bûcher à sept étages ressemblait à
la fois aux tours roulantes des mécaniciens de
l'armée et aux ziggourats de la région de Babylone :
une synthèse d'exotisme et d'architecture militaire.

LES PORTRAITS D'ALEXANDRE

La physiognomonie a été pratiquée par les Grecs
depuis au moins l'époque où Homère composait
l'*Iliade* et l'*Odyssée,* à la fin du VIIIe siècle av. J.-C. :

l'aspect des héros, leur comportement, leur nom même expliquent leur caractère. Il suffit de relire les portraits que trace Hélène, du haut des remparts de Troie, d'Agamemnon, de Ménélas ou d'Ulysse, trapu, boudeur, le regard bas, et dérobant sous des dehors rustiques des ressources formidables de calcul, de tactique et d'éloquence (*Iliade,* III, 200-224). Nous ne procédons pas autrement quand nous parlons d'un front têtu, d'un menton volontaire, de lèvres sensuelles, de gestes éloquents, d'une démarche perfide.

Cet art de connaître les êtres humains d'après leur physionomie a été mis en théorie par Aristote et son école qui en ont fait un principe de relation. Il est expliqué, à la fin des *Premières analytiques,* que l'extérieur est un signe, *sèméion,* de l'intérieur, comme la forme l'est du fond, l'apparence de l'essence, par analogie. Les Grecs, friands de théâtre, n'avaient pas manqué, en outre, de réfléchir sur la signification et le rôle du masque, ce masque que nous revêtons tous dès la naissance et qui nous défend et nous trahit. La physiognomonie s'exprime dans plusieurs traités d'Antonius Polémon (88-145), du médecin Adamantios (première moitié du IVe siècle), de son adaptateur latin (deuxième moitié du IVe siècle) et d'autres anonymes grecs, latins, arabes, édités par Richard Foerster chez Teubner (1880) et par J. André à la société d'éditions des Belles Lettres. Les *Scripta Physiognomonica* occupent plusieurs volumes et inspirent aussi bien un rhéteur comme Quintilien (1. XI, à propos du langage des yeux) que des biographes comme Plutarque ou Suétone. Ne leur attribuons pas plus d'importance qu'ils n'en ont, d'autant plus que nous ne sommes guère gâtés avec le personnage, c'est-à-dire, littéralement, le masque d'Alexandre[52]. C'est tout au plus si Polémon (éd. Foerster, t. I, p. 144, 14) et Adamantios (t. II, p. 328 ; cf. l'*Anonyme* latin, trad. André, 8, 33, p. 78) déclarent que les yeux brillants et toujours en mouvement d'Alexandre témoignaient de son mauvais caractère, coléreux et orgueilleux. De plus, l'humidité du regard[53], selon Adamantios, dénoterait l'amour d'une gloire plus qu'humaine.

Voici plus, chez Plutarque (*Vie*, 4, 2-5) : « Les traits que, plus tard, beaucoup de ses amis et de ses successeurs imitaient particulièrement : la légère inclinaison de son cou vers la gauche et ses yeux humides (c'est-à-dire paraissant tout attendris ou chargés d'émotion) ont été fidèlement rendus par l'artiste. Mais Apelle, qui le peignit brandissant le foudre, n'a pas su reproduire la couleur de son teint. Il l'a fait trop sombre et basané. Il avait en réalité la peau blanche, à ce qu'on dit. Cette blancheur s'empourprait particulièrement sur la poitrine et au visage. En outre, sa peau exhalait une très agréable odeur... Il en faut sans doute attribuer la raison à son tempérament qui était très ardent et de feu. » En deux autres traités (*Comment distinguer le flatteur de l'ami*, 53 D ; *Vie de Pyrrhus*, 8, 2), le même auteur mentionne la rudesse ou la dureté de la voix d'Alexandre.

Nulle part il n'est question d'yeux bleus ni de cheveux blonds : il faut attendre la version en latin du *Roman d'Alexandre*, au IVe siècle ap. J.-C., pour le voir affadi en un blond Ménélas qui aurait eu un œil bleu clair et un autre presque noir. Contentons-nous des indications que Plutarque devait aux *Mémoires* d'Aristoxène de Tarente, disciple d'Aristote, et peut-être à l'*Histoire* du chambellan Kharès de Mytilène : le visage d'Alexandre respirait la vivacité, la promptitude à répliquer et à s'enflammer, la dureté parfois. La copie de la peinture de Philoxène d'Érétrie que nous voyons au musée de Naples lui donne des cheveux et des favoris bruns, et des yeux profonds et sombres. Je serais assez tenté de penser que l'époque alexandrine, qui vit et adora Alexandre en son cercueil transparent, le considéra comme le modèle même de la beauté grecque et que Polémon, à l'époque d'Hadrien, ne fit que suggérer cette forme idéale lorsqu'il écrivait : « Ceux qui ont pu préserver la race hellénique et ionienne dans toute sa pureté sont des hommes d'assez haute taille, plutôt larges, droits, bien charpentés, de teint assez pâle. Ils portent une chevelure qui n'est pas tout à fait blonde (c'est-à-dire brun clair ou châtain), relativement souple et légèrement ondulée. Ils ont le visage qui s'inscrit dans un carré, les lèvres minces, le nez droit, les yeux brillants et pleins de feu. Oui, les yeux des Grecs sont les plus beaux du monde. » Et tout le monde sait que, dans leur immense majorité, les yeux grecs sont bruns. Tel nous apparaît Alexandre, au moins partiellement, à travers ses statues, les intailles et les monnaies qui le représentent et l'idéalisent plus ou moins.

De gros livres ont été consacrés à son effigie [54] et il ne se passe pas d'année, depuis celui de Miss Marguerite Bieber (1964), qui ne voie surgir de l'ombre quelque monument oublié ou méconnu. Le plus authentique et le plus ancien, quoique assez fade, est la petite tête d'ivoire, haute de 2 cm, trouvée près du lit funèbre de Philippe II dans la tombe de Palatitsa, en 1977, par Manolis Andronikos. C'est le visage affligé ou inquiet du jeune roi de vingt ans, le front barré d'une ride, les sourcils levés et les regards tournés vers le ciel, le nez long, le menton rond et assez fort. Plusieurs de ces traits se retrouvent accentués sur les répliques des statues attribuées à Lysippe, portraitiste attitré d'Alexandre. La plus célèbre de ses œuvres était, paraît-il, l'*Alexandre à la lance*.

Nous possédons, en réalité, deux séries de ce type, l'une le représentant nu, tandis que l'autre lui couvre les épaules d'une chlamyde guerrière : un bronze du Louvre, l'hermès ou buste-pilier Azara et la tête de Genève donnent une faible idée de l'original, figurant un athlète au repos, regardant vers le ciel et tenant de la droite une courte sarisse. L'original se trouvait à Alexandrie et l'on est tenté de le dater de l'hiver 332-331. Il a donné lieu à diverses épigrammes. Voici celle de Poseidippos de Pella, qui semble avoir vu la statue au palais de Ptolémée Philadelphe (*Anthologie* de Planude, XVI, 119) : « Salut, divin démiurge, Lysippe, que Sicyone a vu naître. La figure d'Alexandre que tu as fondue dans le bronze jette des feux. Pris de panique en la voyant, les Perses s'enfuient comme des bestiaux devant un lion puissant. » Tout ce qu'a perçu le poète, c'est l'éclat des yeux, obtenu par un assemblage de cristal, de calcaire et de bronze, et c'est aussi la puissance de la musculature en contraste avec la petitesse de la tête : tels l'Hèraklès Épitrapézios, ancêtre d'Alexandre, et l'Arès, dieu de la guerre, tous deux œuvres du même fondeur, qui, dès la bataille du Granique, recevait l'ordre de statufier les vingt-quatre héros tombés autour d'Alexandre.

Il est convenu que désormais le visage du roi, naguère si enveloppé et féminin, prendra un aspect mâle et vigoureux rappelant le profil d'Hèraklès coiffé de la dépouille du lion, symbole même de la monarchie, lequel demi-dieu figure sur les monnaies frappées depuis 335 à Amphipolis. Qu'il s'agisse de la tête Dressel, de la tête Schwarzenberg, de la tête du musée Barraco, à Rome, de l'Alexandre Ktistès du musée de Kaboul, les traits caractéristiques de ce visage toujours glabre et légèrement incliné sont les suivants : une double mèche de cheveux ondulés jaillissant comme une crinière du sommet du front (c'est ce qu'on appelle l'*anastolè*), des orbites profondes, des yeux levés, un nez busqué, la narine enflée, une bouche relativement petite, un menton bien marqué. Les monnaies au profil d'Alexandre, frappées par ses successeurs, Ptolémée ou Lysimaque, à partir de 322-321, font valoir en outre un gros bourrelet orbital et la bosse d'un nez assez fort dans un visage épaissi. Sans doute s'agit-il là du masque du souverain dans les derniers mois de son règne, ou tel qu'il apparaissait momifié à Alexandrie. On aperçoit en tous ces portraits officiels tout autre chose que de la sérénité, de la grâce ou de la force. Même idéalisés, ils ont quelque chose de profondément ambigu, de léonin et d'efféminé à la fois. Ils expriment je ne sais quelle interrogation muette, quel élan contenu, quelle amertume aussi. Une âme tourmentée, déjà romantique, mais une âme avec, enfin, sa vie intérieure.

BRÛLÉ DE SOIF ET D'AMOUR

Cette forte personnalité qui renonce à mi-chemin de la victoire, ce baroudeur qui s'éteint dans son lit, cet athlète à la santé de fer qui finit dans une orgie à trente-deux ans, à qui fera-t-on croire qu'il est mort de sa belle mort ?

Les documents officiels ne font valoir qu'un seul symptôme : la fièvre, provoquant avec le grelottement une soif inextinguible. Et, fait encore plus étrange si l'on prétend tout expliquer par une raison physique, microbe ou virus inconnus, parasitose ou kala-azar prise dans l'Inde aux chiens de Sambhûti (Quinte-Curce, IX, 1, 31-34 ; etc.), éthylisme aigu, cancer, sida, aucun des vingt-deux convives de l'ultime banquet n'a été atteint du même mal, n'est mort par exemple de malaria, de la fièvre jaune, de leishmaniose (fièvre noire) ou d'intoxication alimentaire. Et il ne s'agit pas d'une épidémie, puisque tous vivaient dans les mêmes conditions de chaleur moite et d'alimentation incohérente. Ajoutons que, médicalement, un coma éthylique ne s'étend pas sur huit jours et qu'il n'est pas sûr du tout qu'aucun des agents pathogènes incriminés existât en ces lieux et à cette date. Voyez ce qui se passe sous nos yeux avec la grippe, dont les virus évoluent et mutent si soudai-

nement. Babylone n'eût pas été la capitale gigantesque qu'elle fut réellement pendant des millénaires, si
la fièvre des marais y avait eu les caractères qu'elle a
pris au VIIe siècle de notre ère.

Bien sûr, on n'a pas manqué de faire valoir le penchant devenu proverbial d'Alexandre pour la boisson, penchant dont les effets se trouvaient consignés
même dans ce Journal officiel que constituaient les
Éphémérides royales, « dans lesquelles reviennent
constamment les mots « dormant ce jour-là sous
l'effet de la boisson », quelquefois même « ainsi que
la journée suivante » (Plutarque, *Propos de table,* 1, 6,
623 E ; cf. Élien, *Var. hist.,* III, 23 et Athénée, *Banquet,* 434 B). Encore faut-il remarquer qu'un témoin
oculaire comme Aristoboulos s'inscrivait en faux
contre ces allégations : « Il prolongeait les beuveries,
non parce qu'il aimait le vin, car Alexandre buvait
peu de vin, mais parce qu'il aimait ses Compagnons » (Arrien, VII, 29, 4 ; cf. Plutarque, *Vie,* 23, 1).
Et puis, les banquets et les orgies ne se sont multipliés qu'à l'extrême fin du règne, de janvier 324 à
mai 323. Seize mois auraient-ils suffi à transformer
un modeste buveur en un ivrogne ? De toute façon,
sa mort constitue pour nous un véritable scandale.

Il est bien des problèmes qui, en médecine, ne sont
pas encore résolus, l'asthme, les céphalées, l'énurésie, l'obésité, l'ulcère du duodénum, pour n'en citer
que quelques-uns, véritables infirmités et fléaux
sociaux du fait de leurs conséquences. Certains leur
attribuent une origine organique, la plupart psycho-
gène. Il est vraisemblable que l'origine en est mixte
et que, sans une certaine complaisance du corps et
du psychique, le phénomène n'apparaîtrait pas. Car
il s'agit d'affections psychosomatiques. Vue de l'intérieur, cette fois, la mort d'Alexandre peut être due à
un mal de ce genre[55]. La fièvre, simple symptôme,
n'explique rien. L'abus du vin rouge, même addi-
tionné d'hypothétiques hallucinogènes du type de

l'haoma perse, ne justifie rien. L'ivresse qui a mis à mal une quarantaine d'officiers lors des fêtes de Suse n'a rien de commun avec la soif finale d'Alexandre, car dans le premier cas il s'agissait d'un concours à qui boirait le plus et dans le second « d'une forte poussée de fièvre » (Aristoboulos, cité par Plutarque, *Vie*, 75, 6).

Au chapitre des faits nous avons souligné, comme tous les témoins antiques, l'inquiétude, l'instabilité, la nervosité et l'irritation qui agitaient l'esprit d'Alexandre à partir de décembre 324, six mois avant sa mort. Il paraît, d'après Athénée (*Banquet*, XII, 53) qui le tenait de bonne source, qu'Alexandre était devenu un homme aux pensées sombres et sinistres et que, lui qui avait si tendrement aimé ses soldats et ses Compagnons, il ne montrait plus aucun égard pour la vie humaine. Dans son excès de violence, il faisait massacrer 10 000 Kassites du Louristan, sans distinction d'âge ni de sexe, et il participait lui-même à la boucherie.

Une sorte de désespoir s'était emparée de lui à la mort de son ami, de son viril et bien-aimé Hèphaïstion, mort, lui aussi, d'avoir trop mangé et trop bu en pleine fièvre, le 10 novembre 324. « Arrivés là, les historiens donnent diverses versions du deuil d'Alexandre ; tous s'accordent pourtant sur l'immensité de son chagrin... Parmi ces historiens, ceux qui ont fait mention d'actes relevant de la folie pensaient qu'il était tout à son honneur d'avoir ainsi agi ou parlé dans l'excès de sa douleur... » (Arrien, VII, 14, 2). C'est le type même du traumatisme, du choc affectif qui, ajoutant ses effets à ceux d'un agent physique, à la connivence du corps, est capable d'entraîner la mort. Le moral n'y était plus, quand l'homme, se sentant abandonné, se livrait aux coucheries, aux tueries, aux beuveries, aux projets les plus insensés de conquête du monde, à toutes les superstitions imaginables, à l'astrologie, et qu'il s'égarait lamenta-

blement dans les canaux entourant Babylone. Pris de
peur, lui le brave des braves, il s'effrayait des songes,
des signes prémonitoires, des présages fâcheux et
multiples du printemps de 323. Il ordonnait qu'on
associât son culte à celui d'Hèphaïstion à Alexandrie. Il désirait trop le rejoindre pour que le corps
n'y consentît pas. De même qu'on peut mourir de
chagrin, Alexandre, à mon avis, est mort d'une
extrême détresse physique et morale à la fois. Appe-
lez-en le diagnostic comme vous voulez : dépression,
stress, neurasthénie ou mélancolie, certains, dès
l'Antiquité, n'ont pas eu tort d'y voir une sorte de
suicide. Avec quelle sérénité enfin retrouvée il voit
défiler ses Compagnons devant lui et confie, en
silence, sans aucun mot « historique », son anneau à
Perdikkas !

Bien des fois, au cours de la conquête, ses amis
avaient comparé ses travaux, ses exploits à ceux
d'Hèraklès, et Alexandre lui-même avait fait appeler
son premier fils Hèraklès, comme un ancêtre mythique. Il mourait comme le héros thébain sur l'Oeta,
brûlé de soif et d'amour. Similitude étrange, en
vérité, et qui devait donner l'essor à mainte interprétation future. La fin d'Alexandre, si équivoque, rappelait irrésistiblement l'incertitude de ses origines. Et
point n'était besoin des philosophes grecs ni hindous
pour savoir et pour dire qu'au confluent de plusieurs
causes toute mort ressemble, d'une certaine façon, à
une nouvelle naissance.

Admirablement servi par son entourage, ses
parents, ses éducateurs, ses ingénieurs et ses Compagnons, qu'il a su conquérir par son courage et sa
générosité, Alexandre nous apparaît, au terme de son
existence, comme une âme inquiète et tendre, passionnée moins de gloire que du désir d'échapper à sa
condition.

CHAPITRE III

Le héros

Le Guide suprême *(Hègèmôn),* le Roi des rois, le « Dieu invincible » une fois mort à Babylone, le 10 juin 323 av. J.-C., le premier soin de ses Gardes du corps, de ses Amis et de ses Compagnons fut de ne penser strictement qu'à eux. Qu'allaient-ils devenir loin de leur pays sans ce chef qui réfléchissait et prévoyait pour eux ? Leur second soin fut de se quereller et presque d'en venir aux mains pour se partager le pouvoir, les titres, les territoires, les troupes, l'argent.

Pris de court par la disparition du souverain et aussi par l'animosité réciproque de l'infanterie et de la cavalerie macédoniennes, le Conseil réuni par Perdikkas dans la salle du trône de la citadelle Sud de Babylone doit composer avec les quelque 6 000 phalangites stationnés dans la ville et qui réclament leur droit ancestral d'investir le roi des Macédoniens. En vertu d'un compromis lentement élaboré, Arrhidaios, l'épileptique et débile demi-frère d'Alexandre, est acclamé roi sous le nom de Philippe III, et l'on réserve les droits de l'enfant à naître d'Alexandre et de Roxane, le futur Alexandre IV. Un homme de confiance doit veiller sur Philippe III : ce sera Kratéros, quand il reviendra, avec le titre de Protecteur *(Prostatès).* Antipatros gouvernera l'Europe comme *Stratègos* et Perdikkas, le Chiliarque, c'est-à-dire le

Grand Vizir d'Alexandre, administrera l'Asie et commandera l'armée royale en tant qu'*épimélètès* du royaume, c'est-à-dire comme régent.

Ainsi les Constituants de Babylone se sont-ils ralliés en six jours à l'idée d'un triumvirat, un triumvirat qui ne durera d'ailleurs pas plus de trois ans, puisque Perdikkas sera tué en Égypte au début de 320. La plupart des satrapes sont réinvestis dans leur gouvernement de provinces. Trois satrapies particulièrement importantes — celles d'Égypte, de Phrygie et de Médie — sont confiées à d'illustres Compagnons du Macédonien, à Ptolémée, à Léonnatos et à Peithon respectivement, en attendant que tous ces favoris de la fortune aspirent à échanger leurs pouvoirs de vice-rois contre ceux de rois absolument indépendants, et bientôt à s'entretuer. Voici venu le temps des Diadoques ou Successeurs.

Au bout d'une semaine, ils se rappelèrent enfin que le cadavre d'Alexandre III gisait quelque part, au fond du palais, dans la chaleur humide de juin. Il devait être horrible à voir et à sentir. « Nulle part ne règne de chaleur plus étouffante qu'en Mésopotamie... Quand enfin les Amis eurent le loisir de s'occuper du corps inanimé, ceux qui entrèrent le virent sans aucune décomposition, sans même la moindre lividité. La fermeté des chairs qui tient au souffle vital était encore sensible sur son visage. Aussi les Égyptiens et les Chaldéens, chargés d'embaumer le corps selon leurs usages, n'osèrent-ils tout d'abord porter la main sur ce mort qui semblait respirer. Ensuite, après avoir prié qu'il leur fût permis et possible de toucher à un dieu, ils nettoyèrent le corps. On emplit d'aromates le sarcophage d'or et, sur la tête d'Alexandre, on déposa les insignes de sa royauté. »

Quinte-Curce (x, 10, 10-13), auquel je dois cette citation, souligne bien qu'il reproduit une tradition plutôt qu'une conviction personnelle. Car là commence bien la légende, littéralement ce qui se dit, de quoi parler, au neutre, sans un nom de témoin précisément désigné, ce qui se transmet de bouche à oreille, le témoignage de la foule anonyme. Et pourquoi l'idée que se sont faite de la conquête et du Conquérant ses accompagnateurs serait-elle plus à dédaigner que celle des historiens modernes ? Pourquoi ce visage embaumé et diadèmé ne serait-il pas un visage véridique, « tel qu'en lui-même enfin l'éternité le change » ? Et qu'importe, après tout, que les embaumeurs eussent fait leur besogne avant le couronnement de Philippe III Arrhidaios et que la momie royale fût exposée seulement plus tard dans la salle du trône aux regards des Amis et des Compagnons ? La conviction des fidèles était qu'Alexandre, fils du dieu Ammon, échappait à l'humaine condition et à toute corruption, qu'il demeurait vivant et agissant et qu'en l'absence de fils et de frère en état de régner il était toujours roi. Il n'y a que les morts qu'on aime qui soient immortels. Il n'y a que les grands morts qui soient des héros.

NAISSANCE D'UN DEMI-DIEU

Il ne nous appartient pas de suivre pas à pas les progrès de cette héroïsation ni d'en dénoncer toutes les intentions politiques et religieuses. Les premières manifestations doivent nous suffire. Perdikkas réunit le Conseil devant la dépouille d'Alexandre qui présidait ainsi aux désignations des autorités : il n'était pas réellement mort, il appartenait à la race des êtres surnaturels qui l'avaient prêté au genre humain pour une mission désormais achevée et, comme Hèraklès, son ancêtre, il était allé rejoindre ses semblables, les demi-dieux. C'était comme tel qu'on le prenait à

témoin des accords que l'on concluait pour assurer
l'unité et la continuité de l'Empire.

Sans pour autant instituer de culte en son honneur, on offrit des sacrifices funèbres à sa mémoire,
puis le Conseil chargea le roi Arrhidaios de conduire
la dépouille de son frère dans l'oasis de Siwah, au
temple d'Ammon (Justin, XIII, 4). On mit en chantier
un fourgon extraordinaire et destiné par son faste et
ses symboles à frapper l'esprit de tous les sujets et
des soldats du feu roi. Un témoin anonyme, cité par
Diodore (XVIII, 26-27), nous a laissé une description
schématique du véhicule, sorte de maison roulante,
tractée par d'innombrables attelages et qui allait
lentement, en deux ans, parcourir 1 800 km avant
d'atteindre l'embouchure pélusiaque du Nil. Les
foules qui se pressaient sur le passage du convoi
apercevaient, outre les lions héraldiques et les
insignes de la souveraineté d'Alexandre, toute une
imagerie édifiante. Elle rappelait les chasses, les
conquêtes, les victoires navales, la sagesse, l'équité
de celui qu'un panneau décoratif représentait, sceptre en main et trônant sur le char de parade hérité
des rois perses. Tout y était surhumain, fastueux et
déjà mythique.

Il y a tout lieu de croire que quelques-uns des
motifs peints sur le pourtour du catafalque ont inspiré les auteurs du sarcophage d'Abd'alonim de
Sidon, actuellement conservé au musée d'Istanbul et
appelé le sarcophage d'Alexandre : les Grecs, dans
la nudité héroïque, y sont aux prises avec des fauves
et avec des cavaliers perses. Alexandre et probablement Hèphaïstion figurent au nombre des héros[56].
On sait comment Ptolémée, satrape d'Égypte,
conduisit le corps d'Alexandre, non en plein désert
dans l'oasis du dieu Ammon, mais à Memphis (printemps 321), puis à Alexandrie (vers 300), ses capitales successives, comprenant quel prestige la possession de cette momie lui assurerait auprès des Égyp-

tiens et des Macédoniens. Ce corps dont on parle, c'est la légende personnifiée, la tradition garantie et justifiée.

Comme les Diadoques ne tardent pas à se quereller et à vouloir traiter les pays « conquis par la lance » d'une manière discrétionnaire et sans se laisser séduire par le mirage oriental, on voit se multiplier les publications de documents officiels, les uns authentiques comme les derniers plans de conquête, les *Éphémérides royales,* un choix de lettres et d'ordonnances d'Alexandre, le récit de l'expédition jusqu'en 330 par Callisthène, d'autres apocryphes comme *le Testament* (en 321), le courrier secret, les réponses aux ambassades, etc., d'autres encore polémiques comme le libelle d'Ephippos *Sur la mort d'Alexandre et d'Hèphaïstion.* L'ex-chancelier Eumène de Kardia publie les pièces d'archives qui servent ses ambitions. Kassandros, en Macédoine, passe commande au peintre Philoxène d'Erétrie d'une *Bataille d'Alexandre et de Darius.*

Ptolémée fait frapper à Alexandrie, de 321 à 300, des monnaies, non plus à l'effigie d'Hèraklès, mais à celle d'Alexandre coiffé de la dépouille d'un éléphant, tandis qu'Eumène fait frapper à Babylone, entre 318 et 316, pour payer les soldats et les cornacs du contingent indien d'Eudamos, des décadrachmes d'argent figurant, au droit, un cavalier chargeant contre un éléphant monté et, au revers, Alexandre cuirassé, debout, tenant une sarisse et un foudre et couronné par la Victoire [57], de quoi laisser supposer que, dix ans plus tôt, Alexandre s'était mesuré en personne à Paurava (Poros) en fuite et l'avait fait choir de sa monture. Il s'agit là d'une fiction ou d'une illusion, comme le signale malicieusement Lucien de Samosate dans son pamphlet *Comment écrire l'histoire* (§ 12) : Alexandre aurait arraché des mains d'Aristoboulos son manuscrit des *Mémoires* en lui reprochant d'avoir écrit « qu'il suffisait au roi d'un coup de javeline pour abattre un éléphant ». A partir de 297, Lysimaque, alors maître de la Thrace et de la majeure partie de l'Asie Mineure, se pose en pieux héritier d'Alexandre et fait frapper d'admirables pièces d'or et d'argent qui figurent non plus un Alexandre hèrakléen coiffé de la dépouille du lion, mais le profil du roi avec, autour de l'oreille, la corne d'un bélier, ce qui évoque le mystère de la naissance du « Fils d'Ammon ». Ainsi, peu à peu, se répand dans le public l'image du héros au triple symbole : de l'éléphant, du lion, du bélier, et qui en revêt l'intelligence, la force, la fortune ou plus simplement la divine puissance. A partir de cette véritable propagande, toutes les assimilations et toutes les légendes sont permises.

De leur côté, quelques-uns des témoins et même des plus illustres acteurs de la grande expédition [58] entreprennent de publier leurs souvenirs, soit pour se justifier, soit pour se mettre en valeur, soit pour faire valoir ou flatter un royal protecteur. De ce nombre sont Aristoboulos de Kassandreia, un officier qui ne déteste ni l'anecdote édifiante ni le recours au surnaturel, Marsyas de Pella, compagnon du roi et historien de la monarchie, Kharès de Mytilène, l'ancien chambellan d'Alexandre, Onésicrite d'Astypaleia, premier pilote de la flotte de l'océan Indien, Néarque, fils d'Androtimos, amiral crétois de la flotte royale de 326 à 323, puis chef d'état-major d'Antigone et de Dèmètrios jusqu'en 313 au moins, enfin et surtout Ptolémée Sôter (le « Sauveur »), fils de Lagôs, l'officier même dont on disait qu'il avait sauvé Alexandre et qui publia ses *Mémoires* vers 285-283.

Mais surtout, il y a ce que racontent les vétérans, les rescapés, les artistes, les intellectuels qui ont suivi ou croisé le Conquérant entre 336 et 323. Pour les Grecs épris de « beau danger », comme dit Platon, l'expédition d'Asie reste la plus belle des explorations et la plus belle à raconter. En elle leur rôle est celui d'un personnage à jouer, à mimer, à approfondir, et le protagoniste est aussi bien eux qu'Alexandre. En célébrant les hauts faits du dieu mort et en les majorant, ils ne font en réalité que rendre hommage à l'endurance de leurs compagnons disparus et à leur propre ténacité. Ils ont dans le public des théâtres grecs l'auditoire le plus attentif de ce psychodrame, et le plus sûrement acquis d'avance. En commentant et en cherchant à comprendre l'action, en s'extasiant aussi sur l'inouï et l'inexplicable, ce public entretient la légende. Comme au théâtre, il admet l'intervention des dieux de l'Olympe, de la Némésis, de la Fortune et du Destin dans la vie du héros et dans la catastrophe finale. Avant de devenir un nouveau Dionysos, Alexandre devient dans les récits de ses compagnons d'armes comblés et de tous ses obligés un nouvel Achille, un nouvel Hèraklès. On ne prête qu'aux riches.

Il a appartenu à un écrivain de talent de rassembler et de mettre en œuvre ces témoignages écrits et oraux, c'est Kleitarkhos d'Alexandrie [59] que nous appelons Clitarque. Fils de l'historien Dinon de Colophon, élève du rhéteur Aristote de Cyrène, qui paraît bien l'avoir formé à Athènes, et du dialecticien Stilpon de Mégare, Clitarque était trop jeune à l'avènement d'Alexandre pour accompagner le corps expéditionnaire en Asie. Mais il avait acquis parmi les intellectuels d'Athènes, disciples de Platon, d'Aristote et de Diogène, assez de curiosité d'esprit, d'érudition et de talent oratoire pour rédiger à partir de 320 les premiers livres d'une *Histoire des hauts faits d'Alexandre*. Vers 308, Ptolémée l'appelle en Égypte, l'y installe et lui fournit des informateurs et des informations, notamment les écrits de Callisthène et d'Anaximène. Clitarque trace alors du Macédonien un portrait qui répond aux vœux de Ptolémée, ami et sauveur d'Alexandre. L'œuvre en douze livres, comme il y a douze années de campagnes entre 334 et 323, se présente comme une série de récits, de discours, de sujets de drames et de réflexions philosophiques sur la grandeur et sur le pouvoir. Largement diffusée dès la fin du IVe siècle et apparemment par les soins de la toute jeune bibliothèque du musée d'Alexandrie, elle devient si célèbre qu'elle est encore au programme des études littéraires à Rome, un siècle après Cicéron. Diodore, Trogue-Pompée, Quinte-Curce, Plutarque, Polyen, le Pseudo-Callisthène et l'auteur inconnu de l'*Epitomè de Metz* y puisent largement. Elle fait la délectation de lecteurs épris d'héroïsme, de moments dramatiques et de merveilleux.

Même s'ils en rejettent l'emphase, les fantaisies et la courtisanerie, nos biographes considèrent cette véritable somme de témoignages non comme l'histoire d'un roi, mais comme la geste vivante d'un héros aux prises avec sa destinée. Et d'une manière assez paradoxale, il se trouve aujourd'hui que l'œuvre la moins critique, la moins scientifique et qui est, sauf quelques pauvres fragments, entièrement perdue, paraît la plus humainement vraie. Déjà, aux yeux des Grecs et des Romains hellénisés, jusqu'au début de l'ère chrétienne, les épisodes de la vie d'Alexandre où paraissent sa grandeur d'âme, son humanité, sa générosité, sa bonté, sa clémence, passent pour aussi importants que ses victoires. Il est probable que Ptolémée, « grand et célèbre dans les arts de la paix », « menant le train modeste d'un simple citoyen, libéral entre tous, facile à aborder » (Quinte-Curce, IX, 8), a incité Clitarque à modeler ce nouveau visage du héros, modèle des souverains hellénistiques.

Diodore, Quinte-Curce, Plutarque nous aident à tracer de lui le portrait le plus traditionnel. A la même époque que Clitarque, Evhémère de Messène se fixe dans un faubourg d'Alexandrie. Il compose, entre 298 et 280, et publie son *Histoire sacrée,* ou plutôt son *Histoire du sacré ou du fait religieux.* Il y soutient la thèse que les dieux grecs étaient primitivement des conquérants et des bienfaiteurs de l'humanité et que les peuples reconnaissants les avaient, dans un lointain passé, divinisés après leur mort, en raison même de leurs vertus. Cette conception révolutionnaire de la religion s'inspire, elle aussi, de l'expérience vécue et des témoignages oraux des fidèles d'Alexandre et pour qu'on saisisse bien le sens de l'allégorie historique et philosophique, il transporte à Pankhaia, dans une île au-delà de l'Arabie, la scène de l'héroïsation. Comme celle de Clitarque, l'œuvre d'Evhémère contribua à fournir d'Alexandre, jusqu'à la fin de l'Empire romain, jusqu'à Lactance au moins qui la cite copieusement, l'image d'un demi-dieu.

NAISSANCE MIRACULEUSE ET JEUNESSE MAGNANIME

Voici donc comment on se représentait cette vie en ses moments essentiels : naissance, jeunesse, aventures, amours et mort, d'après la *Vulgate.* Des signes divins annoncent la venue au monde d'Alexandre. Philippe, son père putatif, étant encore adolescent, rencontre la jeune Olympias, sœur du roi des Molosses, au cours d'une initiation aux mystères de Samothrace et décide de l'épouser. « Or, avant la nuit où ils furent enfermés dans la chambre nuptiale, la jeune fille s'imagina qu'au cours d'un orage la foudre tombait sur son ventre et qu'après sa chute un grand feu s'allumait qui, après s'être éparpillé en flammes de tous côtés, se dissipa. Philippe, quelque temps après son mariage, eut un songe : il se vit mettre un sceau sur le ventre de sa femme et il lui sembla que l'empreinte de ce sceau figurait un lion... Aris-

tandros de Telmessos[60] (qui devait accompagner
Alexandre en Asie et laisser un *Livre de prodiges*) dit
que la femme était enceinte, attendu qu'on ne scelle
pas le vide, et il ajouta qu'elle portait un enfant d'un
grand courage et de la nature d'un lion.

On vit en outre un serpent étendu auprès d'Olympias endormie... Philippe, après avoir aperçu ce spectacle, envoya à Delphes Khairôn de Mégalopolis qui
lui rapporta, dit-on, un oracle : le dieu (Apollon) lui
demandait de sacrifier à Ammon et de vénérer ce
dieu particulièrement. L'oracle ajoutait que Philippe
perdrait un de ses yeux (ce qui arriva effectivement
deux ans plus tard), celui-là même qu'il avait appliqué à la serrure de la porte pour épier le dieu qui,
sous la forme d'un serpent, partageait la couche de
sa femme. Quant à Olympias... elle révéla à Alexandre, seule à seul, le secret de sa naissance et le pria
d'avoir des sentiments dignes de son origine » (Plutarque, *Vie*, 2, 3, et 3, 1-3). On dit aussi que la vue de
ce serpent en qui s'était métamorphosé Zeus Ammon
est ce qui affaiblit le plus les ardeurs amoureuses de
Philippe. Il était pris de scrupules à approcher sa
jeune épouse parce qu'elle s'unissait à un être supérieur. Aucun des narrateurs et presque aucun des
fidèles de Ptolémée, en Égypte, ne voyait là quelque
chose d'impossible, tant la mythologie grecque
offrait d'exemples de héros, fils d'un dieu et d'une
mortelle, à commencer par Hèraklès, fils de Zeus et
d'Alcmène et ancêtre de la dynastie des Argéades.
Alexandre n'était qu'à demi l'enfant du miracle, en
un temps et en un pays où l'on croyait tant aux oracles et à la prédestination et où la poésie homérique
célébrait les rois, fils ou « nourrissons » de Zeus.

Et, naturellement ou surnaturellement, des prodiges ont accompagné la naissance d'Alexandre : la
foudre tombant sur les aigles qui servaient d'acro-
tères au palais, l'incendie du temple d'Artémis
à Éphèse, tous deux de bon augure puisqu'ils con-

firmaient l'élévation de l'Europe et l'abaissement de l'Asie. Je ne jurerais pas que la tradition n'ait pas tenu compte d'autres coïncidences étranges, puisqu'elle mettait en relation l'apparition de l'enfant prédestiné avec trois victoires de Philippe.

Comme celle d'Hèraklès, la jeunesse d'Alexandre est illustrée par de véritables exploits qui sont en même temps des épreuves. La coutume macédonienne voulait qu'un jeune seigneur ne pût participer aux banquets rituels, allongé et accoudé sur un sofa, que s'il avait abattu une bête fauve à la loyale, le plus généralement un sanglier en Macédoine[61], pays où couraient encore des lions au ve siècle. Or, non seulement Alexandre figure tout jeune à la cour dans les réceptions officielles — on l'y mentionne pour la première fois quand il n'a que dix ans, en 346 — mais s'il y a un motif qui revient fréquemment sur les mosaïques ou les panneaux sculptés qui le représentent, à Pella, à Sidon ou à Babylone, c'est bien celui de la chasse. Plus tard, les *Éphémérides royales* diront que sa distraction préférée resta la chasse au lion, au cerf, au renard, aux oiseaux : vocation de jeunesse.

Le cheval Bucéphale, dit Arrien (v, 19, 5) d'après Onésicrite, « avait environ trente ans quand la fatigue eut raison de lui : il ne se laissait monter que par Alexandre, parce qu'il jugeait tous les autres hommes indignes de le monter. D'une haute taille et hardi, il était marqué d'une tête de bœuf qui lui donnait, dit-on, son nom. D'autres prétendent que sa robe était noire, mais qu'il avait sur le front une tache blanche dessinant exactement une tête de bœuf ». Trente ans en 326, sur les bords du Jhelum, au Pendjab : longévité fabuleuse et qui implique que Bucéphale était né en même temps qu'Alexandre et qu'il l'avait dompté et apprivoisé dans sa jeunesse. Tout le monde connaît la page de la *Vie d'Alexandre* où Plutarque raconte comment l'intrépide enfant parvint à enfourcher l'étalon intraitable en lui tour-

nant la face vers le soleil. Les narrateurs ne sont
d'accord ni sur la provenance, ni sur le prix, ni sur le
paiement, ni même sur l'emploi de cet animal fantastique pour lequel les Ouxiens du Zagros ou les
Mardes d'Hyrcanie seront menacés d'extermination
s'ils ne le rendent pas à leur possesseur. On pense à
Pégase, l'étalon de Persée, un des ancêtres mythiques
d'Alexandre. « Bucéphale ne tolérait pas d'autre
cavalier, mais il s'agenouillait spontanément pour
accueillir le roi quand il voulait le monter » (Quinte-
Curce, VI, 5, 18).

Enfin, épreuve encore plus considérable que les
deux précédentes, parce qu'elle est d'ordre intellectuel et moral, le jeune Alexandre dépasse ses maîtres,
Léonidas, Lysimakhos et Aristote, en contrôle de soi,
en austérité et en savoir. « Peu sensible aux plaisirs
physiques, il ne s'y adonnait qu'avec beaucoup de
retenue ; l'amour de la gloire *(philotimia)* tenait son
esprit dans une gravité et une magnanimité au-dessus
de son âge » (Plutarque, *Vie,* 4, 8). Au cours de sa
grande aventure dans l'Inde, il se montrera plus
savant en médecine, en botanique et en géographie
qu'Aristote, et ce dernier reconnaîtra même dans une
lettre qu'Alexandre seul était capable de comprendre
sa morale et sa métaphysique (selon Andronikos de
Rhodes, cité par Aulu-Gelle, *Nuits attiques,* XX, 5,
11-12) parce qu'il avait reçu un enseignement ésotéri-
que.

Dans la mythologie indo-européenne, la fureur du
champion qu'on vient d'initier et d'introduire dans la
caste des seigneurs ou des rois se manifeste avec
éclat. Les plus anciennes épopées font commettre
trois actes antisociaux ou trois péchés à ce surhomme qu'il faudra ramener à la condition
humaine [62]. Pas plus qu'Hèraklès ou qu'Achille, le
jeune Alexandre n'échappe à ce nouveau type
d'épreuve. Il va commettre aux yeux des Grecs trois
actes de démesure, trois manquements qu'il devra

généreusement expier : il se querelle avec son père putatif, Philippe, qui vient d'épouser la jeune nièce d'Attalos, et il doit partir pendant dix mois en exil ; lorsque Pausanias, le garde du corps, poignarde Philippe — avec quelles complicités ? — Alexandre, nouvel Horace, fait exécuter ses frères et sœurs, tous les princes ses compétiteurs et le malheureux Attalos, chef de l'armée opérant en Asie ; enfin, moins d'un an après son avènement, il fait raser Thèbes, la ville du dieu Dionysos et du héros Hèraklès, ancêtre de sa lignée. Trois fautes dans les trois plans du sacré, du militaire et de la vie collective. Mais c'est là que se manifestent le mieux la générosité et la magnanimité d'Alexandre. Non pas seulement dans son repentir éclatant, mais par la façon élégante dont il devient simplement un homme.

Voici, à titre d'exemple et toujours d'après la tradition orale, comment il se conduit, à la fin de l'été 335, dans l'affaire de Thèbes. Il mène une campagne difficile contre les Illyriens et les Taulantiens de l'actuelle Shqipria (Albanie), lorsqu'il apprend que les Thébains, membres de la Ligue hellénique, ont mis à mort deux officiers macédoniens, en garnison dans la Cadmée, voté la défection de leur ville à la cause commune des alliés, assiégé la garnison macédonienne, et que les Athéniens sont d'intelligence avec ces traîtres. Il fait immédiatement passer les Thermopyles à ses troupes. « Démosthène, dit-il, me traitait d'enfant tant que j'étais chez les Illyriens et les Triballes, puis de petit jeune homme *(meirakion)* quand je suis entré en Thessalie (via Volustana et Pelinna) ; je veux lui faire voir sous les murs d'Athènes que je suis un homme » (Plutarque, *Vie,* 11, 6 ; cf. Démosthène, *Discours,* 23, 2). Arrivé avec une vitesse foudroyante devant Thèbes et voulant permettre à la cité de revenir sur son vote, il essaie de négocier et fait proclamer qu'il accordera l'amnistie à ceux qui viendraient à résipiscence. Les Thébains répondent en exigeant que lui-même leur livre ses meilleurs généraux. Il lance les Macédoniens à l'assaut, participe au massacre de 6 000 à 10 000 personnes, puis, mettant à part les prêtres, les hôtes des Macédoniens, les descendants de Pindare, à cause de l'estime qu'il voue à ce poète, et ceux des Thébains qui ont voté contre la défection, il fait vendre les autres au nombre de 30 000.

Cependant, « parmi tant de terribles calamités que subissait la ville de Thèbes, des soldats thraces saccageaient la maison de Timokleia, dame illustre et de bonne conduite, et pillaient ses biens, tandis que leur chef prenait de force cette femme et la violait. Puis il lui demanda si elle avait de l'or ou de l'argent caché quelque part. Elle déclara qu'elle en avait et, l'ayant conduit seul dans son jardin, elle lui montra un puits à sec où, dit-elle, elle avait déposé ce qu'elle avait de plus précieux au moment de la prise de la ville. Le Thrace se pencha sur la margelle et se mit à examiner le fond. L'autre, qui se trouvait derrière lui, le poussa dedans et, lui lançant une grêle de pierres, l'acheva. Lorsque les Thraces l'eurent amenée, enchaînée, devant Alexandre, il reconnut tout de suite à son air et à sa démarche sa noblesse et son grand courage, car elle suivait sans trouble ni crainte ceux qui la conduisaient. Le roi lui demanda qui elle était. « Je suis, répondit-elle, la sœur de Théagénès qui a lutté contre Philippe pour la liberté de la Grèce et qui est tombé à Chéronée où il était général. » Alexandre, saisi d'admiration pour sa réponse et son acte, la fit libérer et la laissa partir avec ses enfants » (Plutarque, *Vie,* 12). Le même narrateur est revenu au moins deux fois sur cet épisode. Dans une variante, le vilain rôle est joué non par un Thrace, mais par un officier macédonien commandant le bataillon des pillards et répondant au nom d'Alexandre ! (*De la vertu des femmes,* 24, 259 D-E-260, A-B). Après quoi, le vainqueur, aussi généreux que juste, se réconcilia avec les

Athéniens, ajoutant, paraît-il, que, s'il lui arrivait quelque malheur, ce serait leur ville qui dirigerait la Grèce.

S'il y a deux façons d'être généreux, l'une en donnant, l'autre en pardonnant, les soldats sont en général plus sensibles à la première qu'à la seconde. L'expédition d'Afrique et d'Asie est remplie d'actes de munificence. Alexandre ne s'embarque pas avant de s'être enquis de la situation financière de ses Compagnons et d'avoir donné à l'un un domaine, à l'autre les revenus d'un village, d'une bourgade ou d'un port. « Il distribuait à ses amis tout son patrimoine de Macédoine et d'Europe, en déclarant que l'Asie lui suffisait » (Justin, *Histoire*, XI, 5, 4). « Il avait déjà dépensé pour cette série de donations presque tous les biens du domaine royal, quand Perdikkas lui dit : « Mais pour toi, que gardes-tu ? — L'espérance, répondit Alexandre » (Plutarque, *Vie*, 15, 4). « Il envoya 50 talents — cinquante fois 6 000 francs-or — au philosophe Xénocrate. Ce dernier refusait en disant qu'il n'en avait pas besoin. Alexandre voulut savoir si Xénocrate ne possédait pas non plus d'ami, « car pour moi, ajouta-t-il, c'est à peine si les richesses de Darius m'ont suffi pour mes amis » (Plutarque, *Apophtegmes des rois...*, 30). « Un certain Périllos de ses amis lui demanda de quoi doter ses filles. Alexandre lui offrit 50 talents. L'autre affirmant que 10 suffisaient : « Pour toi qui reçois, ils suffisent sans doute, répliqua-t-il, mais pour moi qui donne, non » (*id.*, 6). « Il prescrivit à son intendant de donner au philosophe Anaxarkhos autant qu'il voudrait. L'intendant fit savoir qu'il demandait 100 talents. « Bravo, dit Alexandre. Il se rend compte qu'il a un ami capable et désireux de lui faire de pareils présents ! » (*id.*, 7).

Par toutes sortes de recoupements, nous connaissons les soldes journalières des combattants[63]. Chaque Compagnon de la garde montée pouvait compter

sur 16 drachmes et 4 oboles par jour, chaque cavalier
allié sur 14 drachmes, chaque Compagnon de la
garde à pied sur 5 drachmes et demie, chaque mercenaire étranger sur 3 ou 4 drachmes. Or, à la même
époque, un citoyen participant à l'Assemblée du peuple, ou membre du Conseil, à Athènes, recevait une
seule drachme par jour entier de séance et un travailleur libre deux drachmes par jour plein de travail ; et,
la moitié du temps, aucun citoyen ne travaillait à
Athènes.

On comprend l'intérêt qu'avaient les jeunes chô-
meurs de Macédoine et de Grèce à s'enrôler dans les
armées d'Alexandre : la promesse d'un salaire quoti-
dien de quatre à quinze fois supérieur à celui des
ouvriers grecs les mieux payés. De plus, les
166 drachmes mensuelles du phalangite macédonien
étaient payées en or sous la forme de 8 statères et
demi, chaque statère pesant 8,55 grammes, alors que
nos louis d'or ne pèsent que 6,45 grammes. Il s'agissait là d'une monnaie forte, treize fois plus forte que
la monnaie grecque d'argent. Aux soldats du contingent grec licenciés après la mort de Darius, à la fin
de l'été 330, une indemnité spéciale est versée : chaque cavalier reçoit un talent, soit 6 000 drachmes, et
chaque fantassin 1 000 drachmes seulement, outre
l'arriéré des soldes dues et une prime de retour dans
les foyers. Un an plus tard, 900 vétérans sont démobilisés en Sogdiane et, cette fois, ils touchent la double solde. Sur l'argent livré par le trésor perse on distribue en prime 10 % de la solde mensuelle. Et nous
ne parlons ni du paiement des dettes, ni des dons
gratuits, ni du butin, ni du simple trafic autorisé.

Le récit que fait Arrien (*Anabase,* IV, 18, 4-19, 4) de
la reddition de l'*avarana,* ou fort de Bajsun-tau, à
20 km à l'est de Derbent (Uzbekistan), est recoupé
par celui de Quinte-Curce (VII, 11) : « De tous côtés à
arêtes vives et à pic, la roche (que tenait le Sogdien
Arimazès) n'est accessible que par un sentier fort

étroit... Le roi allait s'arranger, la nuit suivante, pour que le Barbare crût les Macédoniens capables même de voler : " Prélevez, dit-il, sur vos divers contingents 300 hommes jeunes, très entraînés, habitués dans leur pays à mener leurs troupeaux par des sentiers et des escarpements à peu près inaccessibles... La récompense de celui qui parviendra, le premier, au sommet sera de 10 talents (12 talents chez Arrien), un de moins pour le second, et ainsi de suite jusqu'au dixième (Arrien accorde plus généreusement 300 pièces d'or au dernier). Mais je suis sûr que ma générosité compte moins pour vous que ma volonté... " Le lendemain, le soleil n'était pas encore levé quand le roi aperçut les panneaux blancs signalant l'occupation du sommet. » Ajoutons, pour donner plus de panache à l'action, que la tradition mettait au nombre des prisonnières la belle Roxane, dont Alexandre devait faire son épouse légitime.

Alexandre, « aussi généreux après la victoire qu'il est terrible au combat », pousse même l'élégance jusqu'à ordonner de magnifiques funérailles près d'Alep, en mai 331, pour Stateira, l'épouse de Darius son ennemi, « et l'on put voir le chagrin qu'il éprouvait d'avoir perdu une aussi belle occasion de manifester combien il était honnête homme » (Plutarque, *Vie,* 30). Diodore (XVII, 38, 7) et Quinte-Curce (IV, 10, 18-34) ne tarissent pas d'éloges sur la bonté d'Alexandre envers ses prisonnières. Eux, ou leur source, Clitarque, et au-delà, les soldats qui virent pleurer le vainqueur ! La générosité du roi ne manquait cependant pas d'humour. Une anecdote sans lieu ni date — l'héroïsme échappe aux catégories kantiennes — met en scène un simple soldat macédonien conduisant un mulet chargé d'or, et le roi. « Comme la bête était épuisée, le soldat prit la charge sur son dos et commença à l'emporter. Alexandre, voyant le soldat pliant sous le poids et éreinté, demanda de quoi il s'agissait. L'autre allait tout lâcher, quand il lui dit : " Ne mollis pas. Si tu peux seulement poursuivre ta route jusqu'à ta tente et y porter tout cela, l'or est à toi " » (Plutarque, *Vie*, 39, 3).

Il est si populaire auprès des soldats par ses campagnes en Thrace, en Grèce (il commande une aile à Chéronée) et en Illyrie, que l'Assemblée de l'armée le fait roi par acclamations après l'assassinat de Philippe en 336.

LES FAVEURS DU CIEL

On le disait d'une piété extrême. Dès son plus jeune âge, il lançait à poignées dans la flamme le précieux encens destiné aux dieux, au grand dépit de Léonidas, son gouverneur, qui le morigénait[64]. Son premier acte, chaque matin, était de participer au sacrifice. Il consultait sans cesse les augures, les interprètes des songes, les devins, et surtout, parmi eux, le fidèle et complaisant Aristandros de Telmessos (Lycie) qui l'accompagna en Asie, jusqu'en Sogdiane, quitte d'ailleurs à corriger ce qu'une pareille foi aurait pu présenter de crédulité en recourant à la raison et à la philosophie.

A Corinthe, il va consulter, un jour, le célèbre Cynique Diogène de Sinope, qui le prie de se retirer de son soleil. « Si je n'étais Alexandre, dit-il, je voudrais être Diogène ! » Et aussitôt, prétend la légende, il se rend à Delphes pour consulter Apollon sur le succès de son expédition future. On était en ces jours néfastes où il n'est pas permis de solliciter des oracles. La pythie refusa de venir au sanctuaire. Il alla lui-même la trouver et, vaincue par la foi du jeune homme, l'interprète du dieu s'écria : « Tu es invincible, mon enfant ! » A ces mots, Alexandre déclara qu'il n'avait pas besoin d'une autre prophétie et qu'il tenait d'elle l'oracle qu'il désirait. Qu'importe que les historiens modernes ne croient plus à cette historiette, si tous les soldats y croyaient ?

A Dion, en Macédoine, peu de temps avant le départ pour l'Asie, il offre des sacrifices et organise des jeux magnifiques pendant neuf jours en l'honneur des neuf Muses et de Zeus Olympien. De grandes tentes garnies de lits pour les banquets reçoivent ses Amis, ses officiers généraux et les ambassadeurs des États grecs. On distribue aux troupes la viande d'innombrables victimes. L'armée partira sous de bons présages, même si l'on doit interpréter dans ce sens la sueur dont s'est couverte l'antique statue d'Orphée, au pied du mont Olympe. « Alexandre fut le premier Macédonien à sauter à terre en Troade, déclarant recevoir l'Asie des dieux... Il honora également les tombes d'Achille, d'Ajax et des autres héros par des sacrifices funèbres et par d'autres rites en usage » (Diodore, XVII, 17, 2-3). Après s'être frotté d'huile et avoir couru sans vêtements autour du tertre d'Achille, il déposa des couronnes. Il offrit également un sacrifice à Athèna Ilias, consacra son armure dans le temple et prit en échange un bouclier destiné à lui porter bonheur dans toutes les batailles. Avant chacune d'entre elles sont invoqués les trois protecteurs traditionnels de la Macédoine : Zeus Olympien, Hèraklès, Athèna Alkidèmos, et aussi les dieux propres aux divers contingents alliés, l'Arès thrace, par exemple, le Poséidon des cités maritimes, les Nymphes des eaux, des montagnes et des bois.

Et aussitôt, en Troade même, les miracles succèdent aux miracles : le sacrificateur remarque, gisant à terre devant le temple d'Athèna, une statue d'Ariobarzanès, ancien satrape de Phrygie, des aigles descendent de l'Ida. Les Perses, qui ont concentré leurs troupes à Didymoteikhos (Dimetoka) pour fermer les Portes de l'Asie et la route de Daskyleion, refusent de pratiquer la tactique de la terre brûlée que leur conseille le valeureux Memnon ; ils attendent les ordres de leur souverain pour attaquer et ils restent sur la défensive. Brusquement, Alexandre à la tête de ses Compagnons franchit le Granique qu'on disait infranchissable et, malgré les coups qui pleuvent de tous côtés sur lui, s'aidant de la force de son élan, il plante sa javeline dans la poitrine du satrape de Lydie et d'Ionie, Spithridatès (ou Spithrobatès), tandis que le fidèle Kleïtos pourfend le général Perse Rhoisakès. Selon d'autres versions, Alexandre abat aussi d'un coup de lance au visage Mithridatès, gendre de Darius, et d'un revers d'épée Rhoisakès, frère du satrape. C'en est fait du combat : le courage personnel d'Alexandre, si bien inspiré, lui a permis de prendre pied sur l'autre rive de la rivière, de tenir bon avec ses Compagnons, de tailler en pièces le rideau de cavalerie ennemie, de permettre à la phalange de passer le cours d'eau et d'anéantir les mercenaires des Perses, tapis sur leur colline. L'affrontement de deux champions a décidé du sort de deux armées, de deux peuples, de deux civilisations.

Les Anciens ont souligné le retentissement énorme qu'eut cette victoire personnelle d'Alexandre sur les Grecs d'Europe et d'Asie et l'impression qu'elle fit sur les soldats qui l'accompagnaient. En touchant la lyre de son ancêtre Achille dans Ilion, il souhaitait trouver un Homère pour chanter sa gloire future. Faute d'en avoir un près de lui, car le gros Callisthène n'était bon qu'à faire des discours, il envoya des bulletins lapidaires à ses alliés et des cadeaux. L'essentiel se lit dans ce résumé de Plutarque : « Les pertes des Barbares sont évaluées à 20 000 fantassins et 2 500 cavaliers. Du côté d'Alexandre, selon Aristoboulos, il n'y eut en tout que 34 morts, dont 9 fantassins. Le roi leur fit dresser des statues de bronze, œuvres de Lysippe. Pour associer les Grecs à sa victoire, il envoya aux Athéniens, en particulier, 300 des

boucliers arrachés aux prisonniers et il demanda
qu'on gravât sur l'ensemble de ces dépouilles cette
inscription triomphale : « Alexandre, fils de Philippe, et les Grecs moins les Lacédémoniens, victorieux des Barbares qui habitent l'Asie. » Quant aux
vases, aux étoffes de pourpre et autres objets pris à
l'ennemi perse, il les envoya presque tous à sa mère »
(*Vie*, 16, 15-19).

La légende ne s'est guère emparée de la soumission de Sardes, de la Lydie et de la Carie, ni des
sièges difficiles de Milet et d'Halicarnasse, sinon
qu'elle prétendait que la seule présence d'Alexandre
en plusieurs engagements suffisait à retourner la
situation, qu'on avait aperçu un aigle posé sur le
rivage de Ladè, à la proue de ses vaisseaux, présa-
geant qu'il vaincrait la flotte perse à partir de la terre,
et qu'enfin il nomma satrape de la Carie tout entière
la reine Ada qui le combla de gâteries et l'appela son
fils. Qu'on ne voie pas là des bavardages de petite
histoire, de l'hagiographie ou du roman. Il y a tant
d'expérience vécue derrière les mots ! Et surtout un
autre visage du Conquérant se dessine à travers les
récits, rayonnant de puissance et de chance, sédui-
sant, magnétique. « Il y a en Lycie, près de la ville de
Xanthos, une source qui, dit-on, trouva d'elle-même
un nouvel exutoire et enfla en rejetant de ses profondeurs une tablette de bronze couverte de caractères
anciens. On y pouvait lire que l'empire des Perses
allait finir sous les coups des Grecs. Exalté par ces
mots, Alexandre eut vite fait de nettoyer le littoral
jusqu'à la Phénicie et à la Cilicie.

Sa course le long de la Pamphylie a fourni à plusieurs historiens l'occasion de descriptions surpre-
nantes et hyperboliques : par l'effet d'une faveur
divine, la mer se retira devant Alexandre, malgré la
houle constante qui bat le rivage en ne découvrant
que rarement des sentiers directs au pied des falaises
et des escarpements de ce massif. C'est de ce prodige

que Ménandre fait plaisamment mention dans une comédie : « Cela me rappelle Alexandre. Je n'ai qu'à chercher quelqu'un, il se présente de lui-même, et si je dois traverser la mer, elle s'ouvre devant moi » (Plutarque, *Vie,* 17, 4-7). Qu'importe que les fouilles françaises de Xanthos n'aient pas retrouvé la tablette prophétique ou la réponse de l'oracle, mais seulement une dédicace postérieure au passage d'Alexandre, et qu'Alexandre lui-même n'ait mentionné dans ses lettres aucune merveille de ce genre (il dit seulement avoir parcouru les échelles de la côte, de Phasélis à Sidè) : ce qui comptait le plus aux yeux des narrateurs et dans l'opinion, vingt ans après sa mort, c'étaient la Faveur, la Fortune, les grâces dont le Ciel le comblait. Le héros prédestiné était un héros providentiel.

On s'étonne que l'histoire célèbre du nœud gordien ne figure ni chez Diodore, pourtant si disert sur le peuple inconnu des Marmariens, ni dans le *Roman d'Alexandre,* inspiré des conteurs égyptiens. Il ne figurait pas non plus chez Ptolémée, roi d'Égypte, plus préoccupé des prophéties de son pays que de celles d'Asie Mineure. Mais on en possède au moins deux versions. Dans la première, transmise apparemment par le devin favori d'Alexandre, Aristandros de Telmessos, Gordios est un laboureur phrygien qui, troublé par la descente d'un aigle sur le joug de ses bœufs, épouse une fille de Telmessos et a d'elle un fils, nommé Midas. Ce dernier, devenu grand, paraît un jour entre son père et sa mère sur la place publique de Gordion (à 100 km au sud-ouest d'Ankara), debout sur un char à bœufs. Un oracle, pris au grand sanctuaire local, désigne aussitôt Midas comme roi. Il consacre le char de son père sur l'acropole, en témoignage de reconnaissance à Zeus-Roi.

Plus tard, un autre oracle prédit l'empire de l'Asie, ou même de la terre entière, à celui qui déferait le nœud d'écorce de cornouiller par lequel le joug était fixé au timon. Quatre cents ans plus tard, en mai 333, Alexandre arrive à Gordion. Une fois la ville soumise, il entre dans le temple de Zeus, désireux de réaliser la prédiction que lui répètent les indigènes. « On ne voyait ni où le nœud commençait, ni où il finissait. Alexandre, sans avoir le moyen de le défaire, n'admettait pas de le laisser intact, car il craignait que son échec ne jetât le trouble dans les esprits (c'est-à-dire ne prît valeur de présage)... Aristoboulos dit qu'il retira la goupille du timon, c'est-à-dire la cheville traversant le timon de part en part, et que, tenant ainsi les deux extrémités du lien, il tira et sépara le joug du timon » (Arrien, *Anabase,* II, 3, 7).

Dans la seconde version, de beaucoup la plus répandue et qui remonte peut-être à Callisthène, il s'agit non d'un char entier, mais d'un joug fixé à un timon ou à une simple tige de bois par toute une série de nœuds, *compluribus nodis,* dit Quinte-Curce (III, 1, 15), *intra nodos,* dit Justin (XI, 7, 16). Alexandre lutte longuement contre ces nœuds qui cachent les extrémités des courroies de cuir, dégaine son épée et coupe ou scie tous les liens, « éludant ainsi la prédiction de l'oracle, ou la réalisant ». Le Macédonien Marsyas de Philippes (*Fragmente der Griechischen Historiker,* n° 136, fr. 4) ajoute que le char était celui qui avait amené Midas en Phrygie depuis le mont Bermion de Macédoine. Par conséquent, comme il s'agissait d'une affaire macédonienne, Alexandre était en droit de revendiquer avec le char et ses liens inextricables la royauté de la Phrygie. Les narrateurs ont voulu souligner tantôt l'ingéniosité du roi, tantôt son esprit de décision, tantôt ses connaissances secrètes, ses « dons » : lui seul avait pu, comme on dit en magie, dénouer l'aiguillette. Le sérieux Arrien (II, 3, 8) ne manque pas d'ajouter sans l'ombre d'un sourire : « De fait, dans la nuit qui suivit, le Ciel fit comprendre sa volonté par son tonnerre et ses éclairs. Alexandre offrit le lendemain un sacrifice aux dieux qui lui avaient envoyé ces signes et montré comment défaire le nœud. »

Qui ne connaît l'histoire admirable et théâtrale de la maladie d'Alexandre à Tarse, en août 333, le plus bel exemple de grandeur d'âme qu'ait donné le héros ? Laissant de côté toutes les variantes concernant les acteurs et les circonstances du drame, retraduisons, après des millions d'écoliers, la version latine du texte que Clitarque avait si joliment composé : « Arrivé à Tarse, Alexandre fut séduit par la beauté des eaux du Kydnos qui traverse la ville. Il quitta son armure et se jeta, couvert de sueur et de poussière, dans les flots glacés de ce fleuve. A l'instant, ses nerfs se roidirent, il perdit l'usage de la voix. On désespérait déjà de le sauver. On ne voyait même aucun moyen de retarder le danger. Un seul de ses médecins, nommé Philippos (d'Arcarnanie), promettait de le guérir. Mais une lettre de Parménion, arrivée la veille de Cappadoce, rendait le remède suspect : sans connaître la maladie d'Alexandre, il lui écrivait de se méfier du médecin Philippe, corrompu, disait-il, par les trésors de Darius. Cependant Alexandre trouva plus sûr de s'abandonner à la foi douteuse d'un médecin que d'attendre une mort indubitable. Il reçut la coupe des mains de Philippe, lui présenta la lettre et but, les yeux fixés sur le visage de l'homme en train de lire. Le voyant impassible, il reprit confiance et fut guéri quatre jours après » (Justin, *Histoire,* XI, 8).

Combien de dissertations, de sermons, de pièces de théâtre, de tableaux cette anecdote n'a-t-elle pas suscités ! Et qu'y a-t-il d'historiquement vrai là-dessous, sinon une hydrocution vaillamment surmontée et une lettre venimeuse d'Olympias engageant son fils Alexandre à se méfier de tout le monde, de Parménion, son meilleur général, de son ami Alexandros, prince des Lyncestes, de tous ses médecins... ?

A mettre au moins au crédit du jeune roi : il n'a pas ajouté foi aux délations.

DE VICTOIRE EN VICTOIRE, TEL HÈRAKLÈS

En novembre 333 s'engage la bataille d'Issos. Ici, le ton des narrateurs devient facilement épique. Ils dénombrent 400 000 fantassins et 100 000 cavaliers asiatiques face à la petite armée d'Alexandre, dix fois moins nombreuse. « En combattant au premier rang, il fut blessé d'un coup d'épée à la cuisse par Darius, aux dires de Kharès, selon qui ils en étaient venus aux mains » (Plutarque, *Vie*, 20, 8). Les traits volaient si dru qu'ils s'entrechoquaient et tombaient à mi-course. Le quadrige de Darius disparaissait derrière des monceaux de cadavres. La fuite du Grand Roi entraîna la déroute de sa cavalerie, puis de son infanterie. Les Grecs trouvèrent dans son camp abandonné « des masses énormes d'or et d'argent qui servaient aux plaisirs, non à la guerre » (Quinte-Curce, III, 11, 19). « Les Perses tombèrent de toute part. On leur tua 61 000 fantassins et 10 000 cavaliers. 40 000 des leurs furent faits prisonniers. Les Macédoniens perdirent 130 hommes de pied et 150 cavaliers » (Justin, XI, 9). D'après Diodore et Quinte-Curce, qui suivent le récit de Clitarque, les Perses perdirent 100 000 fantassins et 10 000 cavaliers. Arrien majore encore ces chiffres en distinguant les Perses de leurs alliés.

Mais après la bataille, que de compassion, que d'humanité, que de générosité de la part du vainqueur ! Il décide d'élever le fils de Darius comme son propre enfant, de doter ses filles, de garder aux reines captives leur Maison civile, de considérer comme sa seconde mère Sisygambris, mère de Darius. Le plus beau trait de modération et de

Les principales batailles d'Alexandre

MER NOIRE

Pella

Granique (334)

Gordion

Milet
Halicarnasse
Sidé
Tarse

Issos (333)

Tyr (332)
Gaza
Péluse

MER MÉDITERRANÉE

Alexandrie d'Égypte

Memphis

Nil

MER

MER CASPIENNE

Iaxarte

Oxos

Alexandrie Eskhatè (Leninabad)
Kuruskatha
Marakanda (328) (Samarkande)
Bukhara
Avarana

Alexandrie de l'Oxos (329)

Bactres
Nysa
Massaga
Alexandrie du Paropanisos (330)

Kalat

Phrada
Kandahar (Alexandrie d'Arachosie)

Artakoana

Damghan
Portes caspiennes

Zadrakarta (Sari)
Rhagai
Ecbatane

Portes persiques

Persépolis (330 et 324)

Gaugamèles (331)
Arbèles (331)
(Cizre)

Tigre

Euphrate

Babylone (331 et 323)

Aornos (327)
Taxila
Dialalpur
Uchh
Alexandrie d'Opiène ?)

Ville des Malavas (326)
(Amritsar)

Ravi

Indus
Indus

Alexandrie des Sogdes

Alexandrie des Orites

Pattala

(325)

GOLFE PERSIQUE

Golfe Persique

Golfe d'Oman

sagesse reste encore le dédain d'Alexandre pour tout
le luxe de Darius : « Quand il vit les bassines, les
cruches, les baignoires et les flacons de parfum, le
tout en or supérieurement ciselé, et la salle divinement embaumée d'aromates et d'onguents, lorsque,
parvenu dans la tente, admirable de hauteur et de
largeur, il vit le luxe des divans, des tables et des
mets, il se tourna vers ses Compagnons et leur dit :
« Ce n'était que cela être roi ? » (Plutarque, *Vie*, 20,
13).

On reste surpris du mode épique sur lequel s'expriment à propos de la bataille d'Issos les auteurs de la
Vulgate : agrandissement des lieux, distribution des
exploits personnels *(aristeiaï),* exaltation de l'individu, opposition de l'aristocrate courageux à la sol-
datesque imbécile et cupide, exagération numérique,
goût pour les images antithétiques, rien n'y manque.
Pourtant nos récits ne reconnaissent plus comme
suprêmes les seules qualités du corps et du courage,
mais tout autant les qualités d'intelligence du chef, la
claire vision des buts à atteindre, la promptitude de
la décision, l'invention, la réflexion finale et aussi le
sentiment que cette mêlée que l'on croyait la dernière
n'a pas été une victoire décisive. C'est sans doute
qu'entre Homère et Clitarque les perspectives ont
changé, que la réflexion a fait son chemin en Grèce
et qu'un nouvel héroïsme est né : le savoir a pro-
gressé aux dépens du courage.

De l'interminable épisode du siège et de la prise de
Tyr (février-août 332) la foule anonyme n'a voulu
retenir que quelques images. Elles vont tout à fait
dans le même sens que celles que nous venons de
discerner après Issos. D'un côté, elles représentent
l'homme qui, en faisant combler un bras de mer
d'une immense profondeur, entreprend une besogne
de Géant ou de Titan, qui, en sautant le premier tout
harnaché, le sabre au côté et la lance en avant, du
haut d'une tour d'assaut sur un rempart haut de plus

de cinq étages, décide de la prise de la ville, et qui, faisant vendre 30 000 Tyriens et en crucifiant 2 000 autres en sacrifice à Hèraklès-Melqart, son ancêtre, se conduit comme un roi d'une piété exemplaire. Mais d'un autre côté, nos récits si copieux du siège de Tyr (14 pages chez Quinte-Curce, 11 chez Diodore) insistent beaucoup moins sur les prodiges et les songes qui l'ont illustré que sur l'ingéniosité des architectes navals et des mécaniciens, sur la coordination des efforts, sur l'habileté diplomatique, sur la patience et l'intelligence d'Alexandre. La compétition, ici aussi, est passée du plan du courage au plan du savoir et même du savoir-faire.

Nous avons déjà parlé des présages qui, disait-on, avaient accompagné la fondation d'Alexandrie, de ces vols d'oiseaux s'abattant sur les lignes de farine ou les tas de gruau destinés à marquer l'enceinte de la cité géante. Mais le plus merveilleux en tout cela, c'est qu'Alexandre, héros fondateur, n'ait pas voulu s'abandonner au découragement de ses troupes et que, contre vents et marées, il soit parvenu à imposer sa volonté, à faire d'un îlot désert et d'un isthme marécageux la plus grande et la plus belle ville de la Méditerranée. Il lui a suffi de montrer, en homme clairvoyant, « que la cité fondée par lui abonderait en ressources et nourrirait des hommes de tous pays [65] », comme elle avait déjà repu une infinité d'oiseaux (Plutarque, *Vie,* 26, 10 ; cf. Arrien, *Anabase,* III, 2, 1-2 ; Quinte-Curce, IV, 8, 6 ; etc.).

A côté de cet acte de confiance raisonnée, le voyage jusqu'à l'oasis de Siwah avec une poignée de cavaliers et de méharistes paraît de la pure folie. Les Égyptiens exagéraient encore, en ce mois de février 331, les périls du désert : « Le voyage à entreprendre dépassait presque les forces d'hommes équipés légèrement et peu nombreux ; sur terre, dans le ciel, aucune eau ; c'est l'étendue stérile des sables... Il ne faut pas lutter seulement contre la chaleur brûlante et la sécheresse du pays, mais encore contre un sable extrêmement adhérent et dont la grande profondeur, cédant sous le pas, gêne la progression » (Quinte-Curce, IV, 7, 6-7).

Pourtant, là aussi, l'intelligence et la ténacité d'Alexandre viennent à bout de tous les obstacles. Car on s'est mis en route, de Mersah Matruh pour Siwah, avec une escorte de chameaux bien pourvus d'outres, on ne marche que la nuit, on est dans la saison des pluies et, là où les naïfs voudraient voir des prodiges — vols de corbeaux, apparition de serpents des oasis —, les guides trouvent la piste à suivre. Le miraculeux ou providentiel est ailleurs. Il est dans la consultation de l'oracle d'Ammon, à l'intérieur de la seconde enceinte de la citadelle de Siwah, au temple d'Aghurmi. Tandis que les Compagnons de l'escorte vont consulter (à l'extérieur) l'idole couverte de pierreries et portée dans un vaisseau doré, Alexandre, successeur des pharaons, est autorisé par les prêtres à pénétrer à l'intérieur du temple. Le récit qui suit est analogue, dans ses grandes lignes, chez tous les auteurs de la *Vulgate*. A travers Clitarque, il remonte à Callisthène, qui a longuement raconté la marche, à travers le désert, vers la révélation suprême.

Alexandre entre donc dans la cella du temple, le saint des saints, et il se recueille devant le dieu. Le plus âgé des prêtres, interprète de sa volonté, s'avance : « Salut, dit-il, fils d'Ammon ! » (en grec : fils de Zeus, *paï Dios,* ce que certains entendaient comme « mon fils », *païdion*). Alexandre réplique : « J'accepte et reconnais ce titre. Mais me donnes-tu l'empire de la terre entière ? » Le prêtre lui répond affirmativement. Ensuite, Alexandre demande s'il a bien châtié tous les meurtriers de son père. Le prophète se récrie : « Silence ! Il n'existe personne au monde qui puisse attenter à la vie de Celui qui t'a engendré. Tous les assassins de Philippe ont été punis. Ce qui prouvera que tu es né d'un dieu, ce

sont la grandeur et le succès de tes entreprises.
Jusqu'à présent, tu étais invaincu. Désormais tu seras
à tout jamais invincible » (Diodore, XVII, 51, 3-4 ; et,
presque mot pour mot, Quinte-Curce, IV, 7, 25-27).

Alexandre, rassuré et ravi, gratifie le dieu
d'offrandes somptueuses et donne de l'argent aux
prêtres. Tel est le récit que font les jeunes amis du
nouveau pharaon aux anciens Compagnons restés à
Memphis. S'il provoque quelque scepticisme, Ptolémée et sa cour se chargeront de l'accréditer. Mais
surtout, en volant de victoire en victoire, pendant
douze ans, la troupe sera le meilleur garant que le
prophète d'Ammon a dit vrai. Les dieux et les
hommes cautionnent le roi. En cette circonstance, la
sagesse d'Alexandre est de ne rien affirmer, mais de
laisser entendre. Et il sait bien que si la troupe veut
avoir foi en son général, celui-ci doit avoir confiance
en lui-même et le montrer. « Cette croyance, dit Plutarque, était pour lui un instrument de domination »
(*Vie*, 28, 6). En avril 331, il quitte l'Égypte et marche
au-devant des forces innombrables de Darius avec,
déjà, l'âme du vainqueur.

Mais avant de livrer bataille, à quelques kilomètres
de l'antique Ninive, à Gaugamèles (« le pâturage du
chameau »), le descendant d'Hèraklès, en qui certains veulent déjà voir une réincarnation de ce héros,
revient à Tyr, sa patrie, qu'il a fait restaurer et repeu-
pler. Il offre des sacrifices et des processions en
l'honneur des dieux. Il organise des concours de
dithyrambes, ou dialogues chantés et dansés, et de
tragédies où se distinguent les chorèges et les acteurs
les plus illustres de Chypre, de Cilicie et d'Athènes.
Ce sont là des actes de piété autant que de prudence,
d'expiation autant que de propagande en faveur de
l'hellénisme. En route, il chasse le lion, comme Hèraklès, dans un des « paradis » royaux, et il arrache
son ami Lysimaque aux griffes du plus féroce de ces
fauves. On évoque le lion du Cithéron, le lion de

Némée, le lion de Naxos, victimes d'Hèraklès, et les
statues du Baal assyrien étouffant son lion d'une
pression du coude.

A lire les récits détaillés de la bataille de Gaugamèles (1er octobre 331), on croirait que les deux principaux narrateurs, Callisthène et Clitarque, ont voulu
attribuer à Alexandre seul le mérite d'avoir rétabli
une situation plusieurs fois compromise. Gaugamèles est sa propre victoire, une victoire immense
aussi bien sur lui-même que sur la vieillesse et la
peur de Parménion et sur le million d'hommes, cette
cohue, qu'a pu réunir Darius. On s'élève du mode
épique au mode hagiographique. « Il se produisit
une éclipse de lune au mois de boédromion (septembre 331), alors que les Athéniens commençaient à
célébrer les mystères d'Éleusis. La onzième nuit
après l'éclipse, les armées furent face à face (le
30 septembre). Darius tint ses troupes sous les armes
et parcourut les rangs à la lumière des flambeaux. De
son côté, Alexandre, laissant les Macédoniens se
reposer, demeura dans sa tente avec son devin Aristandros pour accomplir certains rites secrets et sacrifier à la Peur » (Plutarque, *Vie*, 31, 8-9). « Alexandre,
plus effrayé qu'il ne le fut jamais, fit appeler Aristandros pour des vœux et des prières. Celui-ci, de blanc
vêtu, tenant ses rameaux à la main, tête voilée, réci-
tait les prières avant le roi qui cherchait à se concilier
Jupiter (Zeus Olympien), Minerve Victorieuse (en
réalité : Athèna Alkidèmos) < et Hèraklès, dieu
dynastique >. Alors, une fois accompli le sacrifice
rituel, Alexandre, désireux de se reposer le reste de la
nuit, se retira sous sa tente » (Quinte-Curce, IV, 13,
14-16).

Il ne trouve le sommeil que fort tard. Il faut que
Parménion vienne le réveiller, quand le jour est déjà
levé, mais il a l'esprit et le cœur tranquilles. Il a fait
connaître depuis la veille à ses officiers son dispositif
de combat. Il a donné l'ordre aux fantassins alliés

d'ouvrir les rangs quand se jetteraient sur eux les chars perses, porteurs de faux, lancés au grand galop, et aux phalangites de serrer les rangs et de baisser leurs sarisses pour embrocher les équipages. Il a prononcé, il prononce de belles harangues devant les corps de cavalerie. « Il avait enfilé une tunique sicilienne à ceinturon et par-dessus une double cuirasse de lin... Son casque était de fer, mais il brillait comme de l'argent pur... A ce casque était ajusté une gorgerin de fer, incrusté de pierres précieuses. Il avait une épée d'une trempe et d'une légèreté merveilleuses... Il portait, agrafé à l'épaule un dolman (rouge) d'un travail plus minutieux que le reste de son armure... Il montait un cheval autre que Bucéphale... Alors, faisant passer sa pique dans sa main gauche, il invoqua de la droite les dieux en les priant, à ce que dit Callisthène, s'il était réellement issu de Zeus (Ammon ou Olympien ?), de défendre et d'assister les Grecs. Son devin Aristandros, portant un manteau blanc et une couronne d'or, chevauchait auprès de lui. Il leur montra un aigle qui planait au-dessus de la tête d'Alexandre et se dirigeait en droite ligne vers les ennemis » (Plutarque, *Vie*, 32, 8-33, 2). Mais le miracle n'est pas là : il est dans la fuite de Darius, sitôt qu'il a vu Alexandre fondre sur lui et abattre son cocher. Le vainqueur massacre ou poursuit les fuyards jusqu'au soir, quand Parménion, pour la seconde fois, lui demande du secours. « On dénombra, dit-on, quelque 300 000 cadavres barbares » (Arien, III, 15, 6). Diodore, plus modeste, ne compte que 90 000 victimes (XVII, 61, 3). Il n'appartient qu'au héros de tuer tant de monde et de respecter cependant les morts.

Laissant Darius disparaître dans les montagnes du Kurdistan et longer lentement, avec les débris de sa cohue, les contreforts de l'Elbourz, Alexandre est reçu triomphalement à Babylone, force les Portes de la Perse en les prenant à revers avec une incroyable

audace, s'empare sans coup férir des capitales, Suse,
Persépolis, Pasargades, Ecbatane et de tous leurs trésors. La somme de métal précieux que l'administration militaire a pu récupérer, malgré les pillages individuels, les pertes et les fuites, ne peut être évaluée,
même à quelques tonnes près. Peut-on croire Plutarque (*Vie*, 37, 4) ou Onésicrite, sa source, lorsqu'ils
écrivent : « On dit qu'il trouva à Persépolis autant
d'argent monnayé qu'à Suse (40 000 talents valant
6 000 francs-or chacun) et que, pour emporter (à
Ecbatane) l'argent monnayé et le mobilier, il lui fallut 10 000 paires de mulets et 5 000 chameaux » ?
Diodore (XVII, 71, 1) et Quinte-Curce (V, 6, 9), plus
réservés, évaluent, d'après Clitarque, à 120 000
talents le seul trésor de Persépolis et les animaux du
convoi à 3 000 chameaux. Strabon (XV, 3, 9) dit que
tous les trésors perses furent rassemblés en 331 dans
la citadelle d'Ecbatane, l'actuel Hamadan en Iran, et
qu'ils représentaient 180 000 talents. Le dernier butin
fait sur l'escorte de Darius, après son assassinat, en
juillet 330, rapporta 26 000 talents, dont 12 000 furent
distribués aux soldats et autant furent soustraits par
les gardiens malhonnêtes.

La saisie des trésors perses, poursuivie en Bactriane, où l'Oxos (le Wakhsh) est le fleuve de l'or, et
en Sogdiane, où l'or vient par caravanes de l'Altaï et
du Turkestan chinois, apportait au fils de Philippe
deux cents fois plus de numéraire que n'en produisaient toutes les mines de Macédoine orientale.
Alexandre, bien loin de le dilapider, prit grand soin
de le faire garder militairement et administrer par
des trésoriers royaux, à la fois contrôleurs généraux
et préposés aux revenus, commandant à toute une
hiérarchie de fonctionnaires. Non qu'il fût avare,
cupide ni même préoccupé par des questions d'économie politique. Mais il avait là un moyen de se
montrer tel qu'il croyait être : généreux envers ses
amis et les soldats qui le servaient bien, défenseur

des Grecs dont il favorisait le commerce, les entreprises et les arts. Les banquiers et les changeurs qui,
sur toutes les places publiques de Grèce et des colonies, rachetaient en pièces d'argent aux soldats
démobilisés les dariques ou pièces d'or perses de leur
solde, les États et les cités qui les refondaient ou les
convertissaient en statères d'or macédoniens de
8,55 grammes faisaient les plus profitables opérations.

Mais surtout l'or avait à ses yeux, comme aux yeux
des bénéficiaires de sa munificence, une tout autre
valeur que matérielle. Ils avaient tous la conviction
innée, quoique inexprimée, que l'or est d'essence
divine, comme le soleil ou comme le feu, la chose
sacrée entre toutes. L'or est désirable pour des raisons religieuses, mystiques même. Quiconque le
touche et le possède avec la permission des dieux a,
dans les mains en monnaie, ou sur la peau en parure,
une parcelle de soleil pétrifié, une promesse d'éternité. Et ce n'est pas pour rien que les monnaies
d'Alexandre, frappées surtout par les ateliers d'Asie
de 330 à 323, portent les images de Zeus, d'Athèna,
de la Victoire et d'un demi-dieu qui ressemble prodi-
gieusement à Alexandre, le héros Hèraklès coiffé de
la dépouille du lion.

Mais là ne s'arrête pas la ressemblance d'Alexandre avec Hèraklès. Tout le monde connaît les heurs
et malheurs du fils d'Alcmène en Asie, comment,
avec quelques compagnons, il prit une première fois
la ville de Troie pour punir le roi parjure, Laomédon,
comment il partit vers le pays des Amazones et
s'empara de la ceinture de leur reine, Hippolyte
(c'est là l'avant-dernier de ses « travaux »), comment
il devint esclave de la reine de Lydie, Omphale, qui
lui imposa un certain nombre de tâches : la capture
des Cercopes monstrueux, la soumission de Syleus,
de Lityersès et des Itones, comment il vécut auprès
d'Omphale, vêtu de longs vêtements féminins et

filant, avec la laine, le parfait amour, comment il alla
jusqu'au fond du Caucase délivrer Prométhée
enchaîné et tuer l'aigle ou le vautour qui lui dévorait
le foie, comment il dressa à l'extrémité orientale du
monde, au bord de l'Iaxarte, des colonnes de pierre,
bornes de sa conquête, analogues aux célèbres
« colonnes d'Hercule » qu'on voyait de part et
d'autre du détroit de Gibraltar, comment il avait participé à l'expédition des Argonautes et perdu, en
Mysie, Hylas, son amant. On sait aussi par les
drames de Sophocle et d'Euripide, les *Trachiniennes*
(vers 445) et *l'Hèraklès* « furieux » (vers 420), comment le héros, égaré par Zeus, commettait trois
graves fautes envers Eurytos, le roi d'Oikhalia (en
Thessalie, selon Homère) et contre son fils : une
atteinte aux lois de l'hospitalité, un meurtre par trahison, l'amour illégitime d'une femme, comment il
en était puni en revêtant la tunique empoisonnée de
Nessos qui collait à ses chairs, comment enfin, avant
l'apothéose, il se purifiait dans les flammes de son
propre bûcher. Telle était la rançon de la force physique et de la gloire.

Voilà des souvenirs bien scolaires. Ils restaient
familiers aux Grecs de la fin du IVe siècle qui ne manquèrent pas de trouver des analogies entre le destin
de l'ancêtre et le destin du dernier-né de la race des
Hèraclides, comme si Alexandre répétait, au moins
en partie, la geste d'Hèraklès, comme si le héros se
réincarnait même. Sur trois plans, particulièrement,
la comparaison semblait s'imposer : le plan des
amours, avec la rencontre d'Alexandre et des Amazones et ses mariages asiatiques, le plan de la fureur,
avec l'assassinat de ses Compagnons, le plan de la
mort, avec la disparition d'Hèphaïstion et la fin dramatique d'Alexandre, apparemment empoisonné.

HÉROÏQUES AMOURS

D'Ecbatane, avec ses lanciers et ses voltigeurs, Alexandre se met, le 9 juin 330, à la poursuite de Darius, une chasse fantastique qui leur fait parcourir, à marches forcées, d'abord 310 km jusqu'à Rhagaï, à deux lieues de Téhéran, puis 300 km en six jours. La poursuite atteint son paroxysme le 30 juin et le 1er juillet, quand Alexandre et sa courte escorte parcourent 70 km sans interruption en dix-huit heures. Un peu à l'ouest de Damghan, en Parthyène, ils découvrent dans son chariot bâché le corps meurtri de Darius III. Les satrapes félons l'ont abandonné pour aller soulever les satrapies du bout du monde habité et, avant de partir, ont donné à leurs sbires l'ordre de l'égorger. Selon la version de la *Vulgate,* le Roi des rois a encore assez de conscience et de souffle avant de mourir pour féliciter Alexandre, pour le remercier d'avoir bien traité sa famille en captivité et pour lui confier son empire.

Darius ayant fait publiquement d'Alexandre son successeur légitime, il appartient à ce dernier de venger noblement son prédécesseur sur le trône de l'Asie et de tirer vengeance de ses assassins, Bessos, satrape de Bactriane, Satibarzanès, satrape d'Arie, et Nabarzanès, Grand Vizir. En attendant, Alexandre accorde à Darius des funérailles royales. Il concentre ses troupes à Hékatompylaï en Parthyène, vers l'actuelle Shahrud, et prend la direction de l'Hyrcanie et des bords de la mer Hyrcanienne, notre Caspienne. Il rencontre dans la vallée du Gurgan toutes sortes de merveilles : d'immenses canaux souterrains, de grands serpents d'eau, des esturgeons, du blé et de la vigne sauvages, des arbres à sucre, des pêchers, des abricotiers, des abeilles mouchetées. Il envahit et soumet le pays des Mardes (littéralement « des Hommes »), au nord de l'Elbourz. Et puisque Hèraklès et Achille, ancêtres d'Alexandre, ont vaincu le peuple fabuleux des Amazones quelque part en bordure du Caucase, le jeune conquérant doit les rencontrer à son tour.

Tout le monde, depuis Homère (*Iliade,* ii, 811-815 ; iii, 189-198 ; vi, 179-187 ; xxiv, 804-805) et surtout depuis l'*Enquête* d'Hérodote (iv, 110-117) sait combien ces proches parentes des Scythes constituent, pour un Grec, le monde renversé[66] : elles excluent les hommes de leur société sinon pour s'accoupler avec eux en plein air, elles chevauchent à cru, jambes écartées (ô horreur !) la plus noble conquête de l'homme, on les représente sur d'innombrables vases peints en pantalons collants, elles bandent leur arc la poitrine découverte et avec un sein mutilé, elles sont gouvernées par des femmes, etc.

Aux textes concordants de la *Vulgate* et qui remontent tous à Clitarque, je préfère la savoureuse interprétation des *Essais* de Montaigne (iii, 5) : elle donne quelque nerf au résumé de Diodore (xvii, 77, 1-4). « Il faut laisser à la licence amazonienne pareils traits à cettuy-cy. Alexandre passant par l'Hircanie, Thalestris, Royne des Amazones, le vint trouver avec trois cents gendarmes de son sexe, bien montez et bien armez, ayant laissé le demeurant d'une grosse armée, qui la suyvoit, au-delà des voisines montaignes ; et luy dict, tout haut et en publiq, que le bruit de ses victoires et de sa valeur l'avoit menée là pour le veoir, luy offrir ses moyens et sa puissance au secours de ses entreprinses ; et que, le trouvant si beau, jeune et vigoureux, elle, qui estoit parfaicte en toutes ses qualitez, lui conseilloit qu'ils couchassent ensemble, afin qu'il nasquist de la plus vaillante femme du monde et du plus vaillant homme qui fust lors vivant quelque chose de grand et de rare pour l'advenir. Alexandre la remercia du reste ; mais, pour donner temps à l'accomplissement de sa dernière demande, arresta treize jours en ce lieu, lesquels il festoya le plus alaigrement qu'il peut en faveur d'une si courageuse princesse. »

En quoi, d'ailleurs, il se montra fort inférieur à Hèraklès qui passa cinquante nuits avec les filles du roi Thespios et eut d'elles cinquante filles. Cependant Alexandre n'était ni niais, ni bégueule. Contrairement à la réputation de chasteté ombrageuse qu'entretenaient ses historiographes ou ses courtisans, il n'était pas, aux dires des soldats, hostile au beau sexe. S'il n'avait pas voulu suivre le conseil de se marier et d'avoir un enfant, conseil que lui donnait Parménion avant la grande expédition, il avait bien traité la jolie et féconde Barsine que le même Parménion lui avait envoyée après la bataille d'Issos et il avait eu bientôt d'elle un fils, Hèraklès. Après la défaite de Darius à Gaugamèles, « trois cent soixante-cinq concubines, tout autant qu'en avait eu Darius dans son harem, remplissaient le palais » (Quinte-Curce, VI, 6, 8). Et Diodore, qui puise évidemment à la même source, ajoute (XVII, 77, 6-7) : « Comme Darius, Alexandre emmenait partout avec lui ses concubines dont le nombre n'était pas inférieur à celui des jours de l'année. Elles étaient d'une beauté éclatante, car elles avaient été triées entre toutes les femmes de l'Asie. Chaque nuit, elles tournaient autour de la couche du roi, afin qu'il choisît lui-même celle qui allait faire l'amour avec lui. Alexandre cependant n'avait que rarement recours à ces pratiques. »

On comprend, dans ces conditions, les violences et les viols permis aux soldats dans la ville de Persépolis et surtout l'incendie du palais de Xerxès à Persépolis, à l'instigation et sur l'initiative d'une courtisane, Thaïs. C'est Clitarque qui, exaltant son rôle par flagornerie, car elle avait été la maîtresse de Ptolémée, inspire ici la plupart des narrateurs (*Fr. Gr.*

Hist., n° 137, 11). Citons Plutarque (*Vie,* 38, 1-6), le plus sobre et le moins romanesque d'entre eux : « Il arriva que, voulant s'enivrer et se distraire avec ses Compagnons, il fit participer des femmes légères à la beuverie et à la fête, avec leurs amants. La plus célèbre d'entre elles était l'Athénienne Thaïs, compagne du futur roi Ptolémée. Elle savait flatter Alexandre et plaisanter avec lui comme il faut. Emportée par l'ivresse, elle alla jusqu'à lui tenir un discours assez conforme à l'esprit de sa patrie, mais bien au-dessus de sa condition : " Je suis en ce jour, lui dit-elle, bien payée des peines que j'ai endurées en errant par toute l'Asie, puisque j'ai avec moi tout le luxe des superbes palais persans. Mais ma joie serait bien plus grande, si je pouvais mettre le feu dans une farandole à la maison de ce Xerxès qui a incendié Athènes, et allumer ce feu moi-même, en présence du roi, pour faire dire partout au monde que les femmes de la suite d'Alexandre ont mieux vengé la Grèce des insultes perses que tous les généraux et amiraux de ce temps-là ! " Ce discours fut accueilli avec des applaudissements et des cris redoublés. Les Compagnons excitaient le roi à qui mieux mieux. Entraîné par eux, il se leva soudain de table et, une couronne de fleurs sur la tête et une torche à la main, il ouvrit la marche. Les autres en gambadant et en hurlant à sa suite firent le tour du palais. Tous les autres Macédoniens, à cette nouvelle, accoururent tout joyeux avec des flambeaux... » Il y a des femmes comme il faut, et des femmes comme il en faut.

On ne s'étonnera pas non plus qu'un roi scythe de l'outre-Iaxartès, dans l'actuel Kazakhstan, ait offert sa fille à Alexandre, que le satrape de Médie lui ait présenté cent Amazones ou femmes de Scythie, qu'il ait encouragé ses officiers et ses soldats macédoniens à prendre, non seulement des concubines, mais des épouses en Asie. Dans le Svat, au nord du Pakistan,

Kléophis, reine des Assaka de Masakāvāti (Chak-dara), escortée d'une foule de nobles femmes, vient demander sa grâce au généreux vainqueur et elle est si belle, si noble de conduite, qu'Alexandre lui engendre un fils qui portera son nom (Quinte-Curce, VIII, 10, 34-36). Justin (XII, 7, 10) ajoute : « Mais les Indiens, pour punir une reine impudique, l'appelè-rent la putain couronnée. » Cette union paraît une invention romanesque, bien dans la manière de Cli-tarque. Pourtant, le *Roman d'Alexandre* devait lui accorder dans la vie du conquérant un rôle démesuré. Voici plus romanesque encore, l'histoire du premier et véritable mariage d'Alexandre. Il faut ici laisser parler Clitarque à travers le récit de Quinte-Curce (VIII, 4, 22-30) :

« Oxyartès (chef bactrien) avait mis une opulence de Barbare à organiser un festin digne du roi qu'il recevait. Il présidait le repas avec beaucoup d'amabilité. Il fit entrer trente jeunes filles de la noblesse. L'une d'elles était sa propre fille, Roxane (« la Lumineuse »), d'une beauté extraordinaire et d'une élégance rare chez les Barbares. Elle s'était avancée parmi une élite de femmes, mais c'est vers elle que tous tournèrent les regards et surtout le roi, désormais moins maître de ses désirs. Au milieu des faveurs de la Fortune, comme il l'était, les hommes ne se tiennent pas assez sur leurs gardes... Il se laissa si bien aller à son inclination pour cette petite jeune fille, sans naissance à côté de sa propre ascendance royale, qu'il déclara nécessaires des mariages entre Perses et Macédoniens pour affermir son autorité de roi... " Achille aussi, disait-il, dont il était issu, s'était uni à une captive ; on ne devait pas croire qu'il allait attenter à sa pudeur, car il voulait convoler avec elle en justes noces. " Le père entendit avec joie ces paroles auxquelles il ne s'attendait pas. Le roi, dans l'ardeur de son désir, fit apporter le pain des noces selon la coutume de son pays. C'était, chez les Macé-

doniens, le gage le plus sacré du mariage. On le partageait avec une épée et chaque époux y goûtait... De
la sorte, le roi de l'Asie et de l'Europe s'unit par le
mariage à une femme qu'on lui présentait parmi les
distractions d'un banquet. Une captive allait lui donner l'enfant qui commanderait aux vainqueurs ! Ses
amis rougissaient de voir qu'au milieu des vins et des
plats il se fût choisi un beau-père parmi des gens qui
avaient capitulé. »

Pour ajouter un peu de piquant à ce coup de foudre, il faut savoir que la belle Roxane figurait au
nombre des nobles captives du Roc de Sogdiane,
l'imprenable citadelle d'Ariamazès (à 20 km à l'est
de Derbent (Uzbekistan), pour lequel Alexandre
avait dû combler un précipice ou inventer, selon une
autre tradition, les soldats volants : 32 morts par
obéissance et pour la main d'une princesse ! Les soldats qui avaient assisté à de pareilles scènes d'amour
et de mort ne pouvaient pas juger le roi à la dimension humaine.

L'*Epitomè de Metz* (§ 70) est seul à prétendre que
Roxane, officiellement épousée à Bactres au cours de
l'hiver 328-327, donna le jour à un fils, pendant la
campagne de l'Inde, lequel mourut presque aussitôt.
Alexandre devait la rendre à nouveau enceinte juste
après la mort d'Hèphaïstion, à la fin de 324. Au printemps de la même année, il avait épousé deux autres
princesses perses, Parysatis, fille d'Artaxerxès III, et
Barsine-Stateira, fille de Darius, et organisé à Suse
les noces de 10 000 Occidentaux avec des Asiatiques.
La cérémonie la plus fastueuse qu'on ait pu rêver
n'était pas simplement destinée à frapper l'imagination et à rester gravée dans toutes les mémoires : elle
avait pour but d'installer définitivement la nation
macédonienne au cœur de l'Asie et d'unir étroitement sous un même chef deux peuples trop longtemps ennemis. Ce dut être une fameuse fête, et
haute en couleur, que celle des noces officielles plus

ou moins forcées de tant de soldats grecs et d'autant de femmes perses, à Suse, en mars 324.

Kharès, chambellan du roi et témoin (?) aurait passé à Plutarque (*De la chance ou du mérite...*, I, 329 E-F), à Arrien (VII, 4, 4-8) et à Athénée (*Banquet*, 538 b-539 a) l'essentiel de leur information : un banquet de 10 000 canapés et de 10 000 couverts sous les tentes de Sa Majesté, une beuverie entre hommes durant cinq jours, l'entrée solennelle de 10 000 femmes perses voilées, leur répartition entre les divers canapés, la distribution d'une coupe d'or à chaque couple pour la libation sacramentelle, la remise officielle des dots au nom du roi ou par le roi, fraternisant avec les uns et les autres, le retour à la maison, et dans quel état ! Coût de l'opération : 8 870 talents, à la valeur de 6 000 francs-or le talent, et une ingratitude générale. Et tout cela dans l'intention d'établir à tout jamais l'harmonie, la concorde, c'est-à-dire la bonne entente entre les peuples.

LE HÉROS SOLITAIRE

Mais c'est en vain que le jeune roi avait espéré, dès 330, rapprocher les esprits et les cœurs, opérer un amalgame du génie grec, du dynamisme macédonien et de la vitalité perse — les célèbres trois fonctions des castes indo-iraniennes, souveraineté, force, fécondité. Quand il eut abattu Darius et qu'il se fut emparé de ses trésors, les soldats macédoniens mobilisés depuis quatre ans n'aspiraient qu'à rentrer dans leurs foyers avec leur solde et leur butin, les mercenaires grecs pensaient que la Ligue de Corinthe n'avait plus de raison d'être, aucun des anciens Compagnons de Philippe ne voulait devenir le sujet d'un nouveau roi d'Asie, d'un potentat successeur et imitateur des rois de Perse. Une des premières mesures d'Alexandre, après la saisie du dernier trésor de Darius à Ecbatane, fut la démobilisation des contingents grecs, Thessaliens compris.

Mais aussitôt après la mort de Darius, les soldats macédoniens, péoniens et thraces, pris d'un vent de folie ou de panique, se préparèrent à les suivre. Cela se passait près d'Hékatompylaï vers l'actuelle Shahrud en Parthyène. Le roi fit promettre à chaque officier individuellement qu'il reprendrait en main les Macédoniens démoralisés, puis il convoqua l'armée en assemblée. Au terme d'un long discours faisant valoir l'honneur militaire et sa gloire personnelle, il les persuada d'entreprendre une nouvelle expédition et, désireux de montrer son désintéressement, il fit brûler ses propres bagages. D'enthousiasme, paraît-il, les soldats brûlèrent les leurs et s'élancèrent derrière le conquérant en direction du nord à la poursuite des Amazones, car ils croyaient tous qu'elles résidaient en bordure de la mer Hyrkanienne, notre Caspienne. Au-delà, vers l'est, s'étendait le pays des Scythes. En quelques jours de chevauchée dans la plaine, on atteindrait aisément le Tanaïs (le Don) et l'Ister (le Danube), aux portes de la Thrace et de la Macédoine. Tels furent, en août 330, le premier avertissement, le premier défi lancés à la gloire royale.

Pour des raisons politiques et morales que ni la plupart des officiers, ni la phalange macédonienne, ni la cavalerie d'élite ne pouvaient saisir, Alexandre décida de faire volte-face, de poursuivre Bessos, le satrape félon qui venait d'usurper le titre de roi de Perse, et, pour montrer que le véritable héritier de Darius, c'était son vainqueur, il adopta sa politique, sa tenue, son cérémonial et ses mœurs. Il maintint l'administration en place, nomma des satrapes perses, ordonna d'entretenir les feux rituels de la religion iranienne, continua la frappe des dariques, garda dans ses rapports avec ses sujets orientaux tout le protocole aulique antérieur, avec huissiers et gardes du corps, fit tenir comme les rois perses un journal des actes royaux — les futures *Éphémérides* —, et enfin essaya de persuader ses fiers et farouches Compagnons qu'ils devaient donner le bon exemple de la soumission. Hèraklès n'avait-il pas obéi à Omphale et Bellérophon à Iobatès, roi de Lycie ?

« Il se rendit chez les Parthes, écrit Plutarque (*Vie*, 45, 1-4) et, comme il était de loisir, il revêtit pour la première fois l'habit des Barbares, soit qu'il voulût se plier aux coutumes locales, parce que les mêmes habitudes et le même comportement font beaucoup pour apprivoiser les hommes, soit qu'il essayât d'introduire furtivement la prosternation parmi les Macédoniens... Pourtant, il n'adopta pas la tenue des Mèdes parce qu'elle était tout à fait barbare et spéciale. Il ne prit ni les pantalons bouffants, ni la robe à manches, ni la tiare, mais il fit un assez heureux mélange qui tenait le milieu entre le costume perse et le costume mède, moins pompeux que ce dernier et plus grave que l'autre (en fait une longue tunique rouge rayée de blanc, à ceinturon d'or, et un diadème). Il en usa d'abord dans ses relations avec les Barbares, puis chez lui avec ses Compagnons, enfin il se montra en public ainsi vêtu, lorsqu'il sortait à cheval et lorsqu'il donnait ses audiences. Ce spectacle déplaisait fort aux Macédoniens. » Il ne manquait pas alors de porter le sceptre, de s'asseoir sur le trône royal à tabouret, d'utiliser le char et même la tente de son prédécesseur.

Mais il y a plus grave, et qui est non seulement exprimé par les moralistes grecs et latins, mais qui se lit dans les fragments d'*Éphémérides* conservés par Plutarque ou Athénée. « Ses étonnantes qualités de caractère, ce naturel qui le mettait au-dessus de tous les rois, cette fermeté face aux dangers, cette promptitude à entreprendre et à réaliser, cette loyauté envers qui se soumettait, cette clémence envers les prisonniers, cette modération jusque dans les plaisirs permis et naturels, il gâta tout cela par un goût insupportable pour le vin » (Quinte-Curce, v, 7, 1). Et du même, un peu plus loin : « Une fois son esprit allégé de la menace des soucis, Alexandre, plus résistant aux fatigues de la guerre qu'au repos et à l'inaction, se mit à écouter les invitations des plaisirs. Lui que les armes des Perses n'avaient pu briser, il fut vaincu par leurs vices : banquets interminables, attrait des longues beuveries et des longues veilles, jeux, troupes de concubines. Il adopta tout à fait les mœurs de l'étranger. Il les prit pour modèles, comme si elles étaient préférables aux siennes, et il offensa aussi bien l'esprit que la vue de son entourage au point d'encourir l'hostilité de bon nombre de ses amis » (VI, 2, 1-2).

N'exagérons rien cependant : les banquets et beuveries prolongées ne nous sont attestés et confirmés qu'en de rares occasions entre octobre 331 et mars 327 et toujours pour célébrer des victoires éclatantes, par exemple à Babylone, à Persépolis, à Hékatompylaï, à Marakanda (Samarcande), à Bactres (Balkh). Les dures campagnes de l'Inde et de la Gédrosie n'eussent pas été possibles à un commandement amolli par l'abus de l'alcool et des femmes. L'ivresse et la sexualité ne sont déchaînées qu'après le retour dans les capitales de la Perse, à Suse, à Ecbatane et à Babylone, pratiquement dans les douze derniers mois du règne et quand le héros, accablé de soucis et de chagrins, essaie de les oublier dans l'ivresse dionysiaque. Si le mois de juillet 330, date de la mort de Darius et de l'accession au trône de l'Asie par Alexandre, marque bien une coupure au milieu de son épopée, il a, pendant quatre ans encore pu voler de victoire en victoire, et, triomphe suprême, pu se vaincre lui-même dans la traversée des déserts.

Cette adoption des mœurs barbares, cette ivresse qui l'énerve, au vieux sens du mot, expliquent, sans

les justifier, les complots fomentés contre son existence, les mutineries de soldats, les ressentiments des
Macédoniens qui, finalement, ont provoqué la mort
du héros. Dans cette vision de l'histoire, il est vaincu
par sa conquête, mais sa force d'âme le grandit
encore. Les récits qui narrent la condamnation de ses
Amis, de ses Cadets, de ses obligés visent à dégager la
responsabilité du roi. Il est victime de la Fortune ou
de son destin, comme Hèraklès de sa folie. Zeus-
Ammon les a rappelés tous les deux par l'épreuve
durement à lui. En souffrant, l'un et l'autre en savent
plus que le commun des hommes. Avec quelle passion Alexandre interroge-t-il, selon la tradition, les
« philosophes » ou sages hindous de la cour de
Taxila sur les mystères de la vie et de la mort ! Il sait
lui-même d'expérience, après l'avoir entendu de la
bouche d'Aristote, qu'être initié, c'est souffrir.
« *Pathein, mathein* » répétaient les Grecs : la douleur
instruit. Nul masochisme en ces récits d'un autre âge.
Plusieurs fois ils nous montrent Alexandre blessé,
souffrant, se repentant, pleurant : être un homme, un
homme d'une essence supérieure, c'est avoir le courage de ses larmes.

Quittant Hékatompylaï et l'heureuse Parthyène,
l'armée traverse l'Asie révoltée, de Susia, près de
Mashad en Iran, jusqu'à Hérat, en Afghanistan, puis
la Drangiane et le pays de Ariaspes au nord du lac
de Zarangaï, l'actuel Hamun-e-Helmand. Et c'est là,
à Phrada (Farah), qu'en octobre 330 est dénoncé et
puni de mort le complot dit de Philotas. Le véritable
complot était ourdi en réalité par un des Compagnons d'Alexandre, malgré les serments, les beuveries et la fraternité d'armes. Dimnos avait pris part à
la campagne depuis le début. C'était un des Amis du
roi. « Il avait eu quelques raisons (?) de se plaindre
d'Alexandre et, cédant à la colère, il avait fomenté
un complot contre lui. Il avait pour mignon un
dénommé Nikomakhos. Il le persuada de prendre

part au complot. Celui-ci, en jeune Cadet qu'il était, fit part de l'affaire à son frère Kébalinos qui, par crainte d'être devancé par un des conjurés qui révélerait au roi la conjuration, résolut de la dénoncer lui-même. Il vint donc à la cour et, rencontrant Philotas l'hipparque, c'est-à-dire le général en chef de toute la cavalerie macédonienne, il prit langue avec lui et lui recommanda d'apprendre l'affaire au roi le plus rapidement possible. Mais, soit que Philotas fût du nombre des conjurés, soit par négligence, il ne réagit pas à ces avis. Il se rendit auprès d'Alexandre, s'entretint longuement avec lui de toutes sortes de questions, mais ne lui dit rien des propos de Kébalinos... Le lendemain, Philotas agit encore de la même façon. Alors Kébalinos, prenant garde de se trouver personnellement inculpé si la dénonciation était faite par quelqu'un d'autre, laissa de côté Philotas et s'en alla trouver l'un des pages royaux (Métron) auquel il raconta toute l'affaire en détail, en lui demandant de la rapporter au roi le plus vite possible » (Diodore, XVII, 79, 1-4).

C'était le soir, Alexandre prenait son bain. Soudain, Kébalinos lui dénonce Dimnos et huit de ses complices, tous officiers de la vieille garde, et il laisse entendre que Philotas, par son silence, favorise la conspiration ou en est l'instigateur. Le roi ordonne d'arrêter immédiatement Dimnos qui, se voyant pris, tire son épée, se défend et est tué par le garde chargé de l'amener. Alexandre, encore plus profondément troublé à la pensée que les preuves du complot lui échappent, convoque nuitamment son Conseil privé, uniquement composé de ses plus jeunes et plus fidèles Compagnons. Hèphaïstion et Kratéros chargent Philotas qu'ils détestent et qu'Alexandre fait espionner depuis deux ans par une concubine. Ils ne lui pardonnent pas, notamment, d'attribuer au vieux général de Philippe, Parménion, et à ses fils tout le mérite de la conquête de l'Asie et de dénier à Alexandre toute filiation divine, tout droit divin à régner sur les terres nouvellement conquises. Au nom de la coutume macédonienne, le *nomos,* qui charge le roi d'instruire les procès concernant sa personne et laisse, en temps de guerre, l'Assemblée des soldats prononcer la sentence, une cour martiale est convoquée : « Soumis à la torture, Philotas reconnaît avoir conspiré. Il est exécuté selon la coutume macédonienne (à coups de lance) en compagnie des autres condamnés » (Diodore, XVII, 80, 2).

Simultanément, Alexandre envoie à Ecbatane Polydamas, le meilleur ami de Parménion, avec une faible escorte de Bédouins, montés sur des dromadaires de course. En dix jours ils traversent les 700 km du désert du Kavir et exécutent, sur ordre, le père de Philotas dans le parc de sa résidence, malgré ses gardes et toutes ses troupes. Il paraît que la loi condamnait à mourir les proches parents des traîtres. En réalité, Philotas et Parménion n'étaient que les représentants les plus illustres de tout un courant politique, fidèle à l'image de la royauté nationale en Macédoine, et ils ne comprenaient plus la transformation voulue par Alexandre au contact des monarchies orientales. En outre, Parménion disposait en Médie de telles ressources en hommes et en numéraire qu'il constituait un réel danger[67]. Personne, même parmi les historiens contemporains du drame, ne voyait en eux des conspirateurs. Mais, d'un côté, « Parménion et Philotas accusaient Alexandre d'avoir détruit les coutumes nationales et celles de son père Philippe » (Justin, XII, 5, 1), de l'autre, Alexandre redoutait le crédit et l'influence de ses aînés sur leurs troupes. C'est un fait que Parménion retenait à Ecbatane, malgré les ordres de son roi, 6 000 Macédoniens, 200 nobles, 5 000 Grecs avec 600 cavaliers, alors que ce dernier était isolé et démuni au cœur de la Drangiane, un pays hostile ; il dut attendre deux mois, après l'exécution de Parmé-

Alexandre adolescent.
Copie en marbre du
er s. av. J.-C. (en provenance
du Caire) d'une statue de
Lysippe, *Musée du Louvre,
fon Guimet.*

Alexandre à l'âge de 20 ans.
Tête en ivoire due à Léokharès (?)
et provenant de la tombe de
Philippe II. Musée de
Thessalonique. *Reproduction
d'Ekdotiké Athènôn, no 5904.*

Copie en marbre d'époque trajane
d'une tête d'Alexandre lysippique.
Collection du Dr Erkinger
Schwarzenberg, Vienne (Autriche).
*Avec l'autorisation de la fondation
Hardt, à Genève.*

Alexandre du *Musée d'Art et d'Histoire de Genève*. Copie en marbre d'un modèle lysippique, datée du IIIe s. av. J.-C. et achetée en Basse-Égypte en 1924. Nez, lèvre supérieure et menton restaurés.

Tête d'un « Alexandre à la lance », de Lysippe. Buste-pilier de la collection Campana au musée du Louvre, nº 234, réplique de l' « hermès Azara » (Tivoli, IIᵉ s. ap. J. C.). Masque refait au XIXᵉ s. *Photo Giraudon.*

Alexandre à la bataille d'Issos (nov. 333). D'après un tableau de Philoxène d'Érétrie commandé par Kassandros à la fin du IVe s. Mosaïque de la Casa del Fauno (Pompéi), *Musée national de Naples.*

Type monétaire d'Alexandre coiffé de
la dépouille du lion d'Hèraklès.
Tétradrachme en argent. Atelier
d'Asie Mineure. *Bibliothèque
nationale, Cabinet des Médailles.*

Copie augustéenne, en
pâte de verre, d'une
gemme de la fin du
IVe s. : Alexandre à la
fin de son règne (ou
momifié ?).
*Berlin-Ouest,
Antikenmuseum.*

Alexandre à la lance. Médaillon d'or
frappé à Éphèse vers 215 et trouvé
près d'Aboukir vers 1900. Copie d'une
gravure de Pyrgotélès ? *Berlin-Est,
Staatliche Museen.*

Le nom sacré du pharaon Alexandre en caractères hiéroglyphiques : *alksendrs*. Basalte. Fragment d'horloge à eau de Basse-Égypte, *Louvre*, ancienne collection Guimet, AE/MG 23090.

Alexandre divinisé, rappelant l'Hèlios de Lysippe, à Rhodes. Époque néronienne. Rome, musée Barraco. *Photo Roger Viollet.*

nion, pour les voir rejoindre son armée épuisée de faim, de fatigue et de froid.

La raison d'être de toute cette tragédie se lit dans le prologue que lui donnait Clitarque, résumé par Diodore (XVII, 79, 1) : « Un des Amis du roi avait des raisons de se plaindre d'Alexandre ». Il s'est agi là d'un conflit de générations et d'un conflit politique. Même si Philotas, de beaucoup l'aîné du roi, ne participa pas directement au complot, il représentait pour beaucoup une espérance et il laissa faire ses partisans. Nul doute aussi que, depuis au moins la visite à l'oasis de Siwah et l'héroïsation d'Alexandre, le contentieux était de plus en plus lourd entre le clan de Parménion et celui des Argéades.

Nous n'avons pas à juger en moralistes, comme les Latins, de ces rivalités familiales. La politique exigeait que le plus fort éliminât le plus faible et, en novembre 330, Alexandre n'avait plus le choix. A peine les « conspirateurs » avaient-ils été éliminés qu'Alexandre faisait juger et exécuter par ses soldats son homonyme, Alexandros de Lyncestide, accusé de complot depuis quatre ans, traîné dans les fourgons de l'armée, épuisé, abruti et qui ne put même pas se défendre : bon moyen d'éteindre une dynastie rivale. Mais qui ne voit que le roi manipule ici la loi à son gré et se prend de plus en plus pour un monarque de droit divin ? Qui ne ressent qu'en perdant ses plus anciens défenseurs le héros devient de plus en plus solitaire ?

PLUS LOIN ET MIEUX QU'HÈRAKLÈS

L'hiver 330-329, passé à fonder une Alexandrie au nord de Kaboul et à franchir l'Hindou Kouch enneigé, offre à Alexandre des obstacles dignes d'un héros. Il croit traverser le Caucase, aux extrémités septentrionales du monde, là où Hèraklès, son ancêtre, est venu délivrer Prométhée enchaîné et tuer le vautour qui lui rongeait le foie. Et précisément les indigènes montrent aux Macédoniens une montagne du Gandhara, où le héros Verethragna passe pour avoir abattu, dans son abri sous roche, l'oiseau Simurgh, et ils nomment tout le massif Upari-Sena, « l'infranchissable à l'aigle Sena ». Les Grecs appelleront désormais cette montagne Paropanisos et, convaincus de l'avoir franchie, ils assimileront la légende grecque et le mythe iranien. Ils croiront même retrouver en bordure de l'Iaxarte (Syr Daria), près de l'actuelle Leninabad, les bornes du monde plantées par Hèraklès[68]. Alexandre fait mieux encore : il fonde là la quatrième de ses Alexandrie, celle que l'on dit Eskhatè, « l'Ultime ».

Puis, après avoir abattu tous les révoltés de Bactriane et de Sogdiane, après avoir pris les imprenables forteresses du Tadjikistan et contraint même les Scythes à se soumettre, le voici en octobre 328 à Marakanda, l'actuelle Samarcande de l'Uzbekistan. Il s'habille à la façon perse, il exige la prosternation des Asiatiques, demande aux officiers macédoniens et grecs de sa cour des marques de respect au moins analogues. Qu'ils se plient au protocole ! Les deux tentatives de compromis que nous relate Kharès, le grand chambellan, n'ont pas plus le succès l'une que l'autre. Alexandre fait alors un rêve inquiétant : il voit le fidèle Kleïtos, qu'on appelle le Noir, assis en vêtements de deuil au milieu des fils de Parménion, tous morts. Pour conjurer le sort, il l'invite à souper et à boire joyeusement, il le nomme satrape de Sogdiane et gardien des marches nord-orientales de l'Asie, une promotion de géant. Il a sacrifié ce soir-là, non à Dionysos, mais aux Dioscures, des Gémeaux qui sont fils de Zeus. Alexandre n'est-il pas, lui aussi, fils de Zeus et Kleïtos n'est-il pas son frère de lait ? Mais le Destin est plus fort que les hommes et même que les dieux, et parfois la fatalité voue le guerrier à sortir de son statut et à commettre de graves excès.

Il faut nous en tenir au récit le plus sobre, qui est celui d'Arrien (*Anabase,* IV, 8 et 9), tant ceux de Quinte-Curce et de Plutarque ajoutent de fioritures au drame : « Ce jour-là (le 6 novembre ?), Alexandre oublia, dit-on, Dionysos et sacrifia aux Dioscures... Comme la beuverie se prolongeait, car, même en cette matière, Alexandre prenait des habitudes nouvelles et tout à fait dignes de celles des Barbares, on en vint à discuter des Dioscures et de la façon dont leur filiation avait été ôtée à Tyndare (roi de Sparte) pour être attribuée à Zeus. Certains..., par flatterie envers Alexandre, dirent qu'à leur avis Castor et Pollux ne soutenaient pas la comparaison avec lui, ni leurs exploits avec les siens. Tout en buvant, d'autres allaient jusqu'à rabaisser ceux d'Hèraklès... Il y avait longtemps déjà que Kleïtos se montrait agacé du changement d'Alexandre en faveur des Barbares et irrité contre ses flatteurs et leurs propos. Excité, lui aussi, par la boisson, il dit qu'il ne tolérerait pas de tels outrages à la divinité, ni qu'on témoignât à Alexandre une vaine faveur pour déprécier les hauts faits des héros d'autrefois ; qu'en réalité, les actions d'Alexandre n'étaient ni si grandes ni si admirables qu'on le prétendait afin de l'encenser ; qu'il ne les avait d'ailleurs pas accomplies tout seul, mais qu'elles revenaient, pour la plupart, aux Macédoniens. Alexandre fut piqué de ces propos... Kleïtos, ne se possédant plus, fit alors l'éloge des exploits de Philippe pour rabaisser Alexandre et ses prétendues prouesses. Au comble de l'ivresse, il multipliait les reproches et les outrages envers Alexandre : " C'est par moi, disait-il, en réalité, que tu as été sauvé... à la bataille du Granique... C'est ce bras qui t'a sauvé la vie. "

Alexandre se sentit incapable de supporter davantage ces injures d'ivrogne. Fou de colère, il s'élança pour le frapper, mais il fut retenu par ses commensaux. Kleïtos continuait de plus belle... Les Compagnons devenaient impuissants à retenir Alexandre. Il bondit et, d'après certains, arrachant sa lance à l'un des gardes, il en transperça Kleïtos. » Devant le cadavre ruisselant de sang, le meurtrier réalise brusquement son crime et sa folie. En plein désarroi, en pleine détresse, tel Hèraklès revenu à lui, il hurle sa douleur. Pendant trois jours, il refuse toute nourriture et toute boisson, il ne se lave plus, il ne se rase plus : il pleure...

Tandis que les devins et les prêtres essaient de le consoler en mettant son malheur sur le compte du courroux de Dionysos plutôt que sur sa propre méchanceté et en rappelant les présages et la toute-puissance du Destin, le philosophe Anaxarkhos d'Abdère, élève de Pyrrhon, engage cyniquement Alexandre à faire justice comme bon lui semble, puisque, étant Roi des rois et représentant le dieu suprême, Zeus, sur terre, il est à la fois ce qui est juste et ce qui est droit, Thémis et Dikè en une seule personne. En donnant un fondement logique à l'exercice de l'autorité, ce prédécesseur de Machiavel incite encore plus Alexandre à confondre la monarchie macédonienne avec le pouvoir absolu des potentats asiatiques. Protestations de Callisthène, le cousin d'Aristote, qui ressasse aux Cadets les maximes de la *Politique* et de l'*Éthique à Nicomaque*. On les retrouve dans une *Lettre d'Aristote à Alexandre,* dont nous ne connaissons que la version arabe du VIIIe siècle et qui est probablement un pastiche scolaire d'époque hellénistique [69].

L'essentiel tient en ces quelques formules : « Il faut traiter les Grecs comme un chef *(hègèmôn)* et les Barbares comme un maître *(despotès)*. Ne froisse pas autrui par un ordre qui ferait de toi non quelqu'un qui gouverne, mais un maître, non un roi, mais un tyran détesté. Exercer le pouvoir sur des hommes libres et nobles vaut mieux que de dominer des esclaves, même en grand nombre. Sache que toute atteinte à leur dignité est plus cruelle pour les hommes libres qu'une atteinte à leur fortune et à leur corps, car ils donneraient volontiers l'un et l'autre pour conserver intactes leur noblesse et leur dignité. » Et voilà pourquoi, quelques mois à peine après les propos indignés de Kleïtos et sa mise à mort, se découvre au début de 327, à Bactres-Zariaspa, ce qu'on a appelé la conjuration des Cadets ou des Pages, ce corps d'élite qui constituait chez les Macédoniens une sorte de pépinière d'officiers et de gouverneurs.

Le jeune Hermolaos, fils d'un officier de la cavalerie des Compagnons et qui avait la réputation d'être un disciple de l'insolent Callisthène, a abattu un sanglier que le roi se réservait. En proie à la colère, celui-ci a fait fouetter le jeune homme sous les yeux des autres Cadets et l'a privé de son cheval. Hermolaos, ulcéré par la violence qui lui a été faite et apparemment poussé par Callisthène, fomente un complot avec neuf autres Cadets en vue d'assassiner le tyran, un soir de beuverie. Ils sont dénoncés par le frère de l'un d'entre eux, arrêtés, torturés, lapidés. Hermolaos aurait dit à Alexandre, en plein Conseil de guerre : « Nous avons formé le projet de te tuer parce que tu as substitué à une royauté sur des hommes libres un despotisme sur des esclaves » (Quinte-Curce, VIII, 7, 1). « Alexandre, écrivant aussitôt à Kratéros, Attalos et Alkétas (en mission de pacification dans l'est de la Sogdiane), dit que les jeunes gens, mis à la torture, reconnurent avoir agi spontanément sans que personne d'autre fût dans le complot » (Plutarque, *Vie*, 55, 6). Mais soupçonnant leur maître et éducateur, Callisthène, de les avoir démoralisés, Alexandre le fit jeter en prison à Bactres. Il fut gardé pendant sept mois, attendant un hypothétique jugement et mourut dans ses ordures, dévoré par les poux, tandis que le héros qu'il avait célébré dans ses *Histoires* poursuivait dans l'Inde son épopée et ses épreuves.

Nous avons dit comment, dans le Svat, les Grecs avaient cru retrouver au pied du mont Mèros (en grec « la Cuisse ») le lieu de la naissance de Dionysos, né de la cuisse de Zeus, comment en s'emparant de la forteresse de Pir Sar et en conquérant tout le Pendjab ils croyaient faire mieux que les dieux locaux, Shiva et Krishna, assimilés à Dionysos et à Hèraklès. Nous avons dit aussi qu'Alexandre et son jeune état-major, animés d'une ardente sympathie pour la sagesse et les mœurs orientales, s'étaient liés d'amitié avec deux « philosophes » hindous, Kâlaṇâ et Dandamis, près de Taxila. L'essentiel de leur savoir a passé dans les récits d'Onésicrite, Compagnon d'Alexandre et de Mégasthène, parti enquêter dans l'Inde, une génération plus tard.

La plupart des assimilations que l'on avait cru être de pure imagination se sont révélées aux indianistes modernes pleines de sens [70]. Le mont Mèros, par exemple, est réellement le mont Meru sur lequel vivent les dieux immortels, au centre du Jambudvîpa. Au début du *Mahâbhârata,* il est raconté comment, assemblés sur le Meru, ils décidèrent de fabriquer le breuvage de « non-mort », *amṛta,* en barattant la mer de lait à l'aide du mont Mandara, comment le dieu Shiva absorba toutes les vapeurs de mort et les fit disparaître en son corps et comment, après une lutte terrible contre les démons, la précieuse liqueur resta aux dieux. Les Grecs n'ont guère retenu de cet épisode que les souffles frais et les eaux guérisseuses du mont Meru. Mais aussi le pèlerinage et la liesse d'Alexandre sur ce massif, au nord-est de Massaga (Chakdara), et la leçon de sagesse et de piété que lui donnaient les habitants de l'Inde. Cela se passait en 327. Deux ans plus tard, Alexandre guérissait, en bordure de l'Indus, ses Compagnons blessés par des flèches empoisonnées et voyait en songe l'herbe qui sauvait de la mort son cher Ptolémée. Lui-même, la poitrine transpercée par une flèche au cours de l'assaut donné à la citadelle des Mâlavas, échappait par prodige à la mort. Et c'est alors que, dans le royaume de Sambos (Sambhu), il entrait en contact avec les brahmanes, ceux que la tradition appelle les gymnosophistes, c'est-à-dire les sages sans vêtements.

« Parmi eux, il en captura dix, les principaux instigateurs de la révolte de Sabbas (Sambhu), responsables de la plupart des maux causés aux Macédoniens. Ils avaient la réputation d'être habiles et précis dans leurs réponses. Il leur proposa des questions embarrassantes, en leur déclarant qu'il ferait périr en premier celui qui aurait le plus mal répondu et, après lui, les autres, selon le même principe. Il ne désigna qu'un juge, le plus âgé d'entre eux.

« Il demanda au premier : "Quels sont les plus nombreux, les vivants ou les morts ? " Il répondit : "Les vivants, étant donné que les morts ne sont plus. "

« Au second : " Qu'est-ce qui nourrit les plus grands animaux, la terre ou la mer ? " Il dit : " La terre, parce que la mer en fait partie. "

« Au troisième : " Quel est l'animal le plus rusé ? — Celui que l'homme ne connaît pas encore. "

« Au quatrième : " Pourquoi as-tu poussé Sabbas à se révolter ? — Parce que je voulais qu'il eût une belle vie ou une belle mort. "

« A la question : " Lequel a existé le premier, le jour ou la nuit ? ", le cinquième répondit : " Le jour, mais il n'a précédé la nuit que d'un jour. " Et comme le roi s'étonnait, il ajouta que des questions embarrassantes demandaient des réponses de même nature.

« Passant alors au sixième, Alexandre lui demanda : " Comment peut-on se faire le plus aimer ? — En étant le plus puissant sans se faire craindre. ”

« Il en restait trois. L'un d'eux reçut cette question : “ Comment un homme peut-il devenir dieu ? — En faisant ce qu'aucun homme ne peut faire. ”

« Au suivant il fut demandé : “ Laquelle est la plus forte : la vie ou la mort ? ” Il répondit : “ La vie, qui supporte tant de maux ! ”

« Au dernier : “ Jusqu'à quand convient-il à l'homme de vivre ? — Jusqu'à ce qu'il ne croie plus la mort préférable à la vie. ”

« Alors Alexandre, se tournant vers le juge, lui dit de se prononcer. “ Ils ont tous plus mal répondu l'un que l'autre, déclara-t-il. — C'est donc toi qui mourras le premier pour ce beau jugement, dit Alexandre. — Non, seigneur, repartit l'autre, à moins que tu n'aies menti quand tu as dit que tu ferais mourir en premier l'auteur de la plus mauvaise réponse. ” Alexandre leur fit des présents et les congédia » (Plutarque, *Vie,* 64 et 65,1).

On aurait tort de ne voir là que légende et jeux de rhétorique, bons tout au plus à alimenter le *Roman d'Alexandre.* Onésicrite a réellement interrogé des prêtres et des penseurs indiens, et leurs réponses se retrouvent dans le brahmanisme ou le bouddhisme le plus traditionnel. Elles reposent toutes sur des conceptions particulières du mal, de la suppression du désir, de la vie continue, de la réincarnation, du divin et de la non-violence, *ahiṃsâ.* La quatrième question concerne l'expédition même d'Alexandre dans l'Inde et la raison d'être des soulèvements. La réponse reprend une doctrine bien connue du brahmanisme : le *kṣatriya,* c'est-à-dire le noble, le guerrier, spécialement le *rajan,* a un code de devoirs *(dharma)* qu'il doit à sa caste, à sa couleur *(varṇa),* et qui n'a rien à voir avec la loi grecque, fixée par un vote de la collectivité. Ce sont deux conceptions philosophiques qui s'affrontent. Mais l'admirable, c'est que non seulement le Grec ne condamne pas ceux qu'il ne peut pas comprendre, mais qu'il essaie de se mettre à leur école. Kâlaṇâ, le jaïniste, va suivre Alexandre jusqu'au cœur de la Perse, et le chef ordonnera à ses officiers d'assister au suicide du sage par le feu, tout en méditant lui-même sur la parole prophétique de son nouvel ami : « Je te retrouverai à Babylone. » Et sans doute se demandait-il s'il n'était pas lui-même quelque héros réincarné pour ses fautes passées et destiné à se réincarner encore jusqu'au moment où il échapperait au devenir, pour ne plus être, ou plutôt pour « être » enfin.

Alexandre retenait surtout la réponse à la septième question. C'était une incitation à aller plus loin, à faire mieux que le héros Hèraklès en personne. Aussi, dans l'Inde, accomplit-il trois exploits qui lui font dépasser la condition humaine : en mai 326, à la bataille de Djalalpur, il abat le géant Paurava (en grec, Poros) sur son colossal éléphant ; au cours de l'hiver 326-325, il force seul la muraille et la citadelle des Mâlavas ; en juillet 325, par l'embouchure de l'Indus, il pénètre dans le vaste Océan, limite du monde que nul mortel n'a franchie. Avant de quitter l'Inde, il laisse quelques témoins de ses exploits : au bord du Bias, que les soldats épuisés n'ont pas voulu traverser, douze autels évoquant les douze travaux d'Hèraklès, un camp avec des mangeoires et des mors de chevaux gigantesques, quatre colonies : Nikaïa et Boukephalia, Alexandrie d'Opiène (Uchh), Alexandrie des Sogdes (près de Sukkur). Enfin, dans l'été de cette même année 325, l'armée du vainqueur s'en va fonder l'Alexandrie des Orites, port de commerce à l'embouchure du Purali, à 100 km au nord-ouest de Karachi et au voisinage d'une bourgade appelée Rhambakia.

Les historiens ont été peu prolixes sur les grands combats menés dans l'Inde contre les éléments, les hommes et les bêtes. Ils ont surtout dénombré d'immenses massacres. Ils ont à peine signalé cet exploit qui consistait à construire et à rassembler 2 000 navires et à descendre, avec une armée de 120 000 hommes, le cours du Jhelum et de l'Indus jusqu'à la mer. Mais la légende s'est attachée à nous raconter la prise d'une cité anonyme du pays des Mâlavas, au nord du confluent du Chenab et de la Ravi (vers l'actuelle Kamalia ?), « les plus nombreux et les plus belliqueux des peuples de cette région de l'Inde », dit Arrien (VI, 4, 3).

Sans vouloir répéter toutes les amplifications de la *Vulgate*, disons simplement qu'Alexandre, pressé de s'emparer de force de cette ville, fut le premier à enfoncer une poterne et à pénétrer dans l'enceinte. « Il abattit bien des gens et poursuivit les autres qui s'enfuyaient vers la citadelle. Tandis que les Macédoniens perdaient leur temps à l'assaut des remparts de la ville, il se saisit d'une échelle, l'appuya contre le mur de la citadelle et, se couvrant la tête de son petit bouclier, il monta. Sa rapidité fut telle que, devançant la parade de l'ennemi, il eut tôt fait de prendre pied sur le chemin de ronde. Les Indiens n'osaient l'approcher et se tenaient à distance. Ils lançaient des javelots et tiraient des flèches dont le nombre importunait le roi. De leur côté, les soldats macédoniens avaient appliqué deux échelles contre le bastion et cherchaient à l'escalader en force. Mais les échelles se rompirent et ils furent précipités à terre. Laissé seul et sans secours, le roi osa une action extraordinaire et qui mérite d'être racontée... Il sauta seul dans la place, tout armé qu'il était. De partout les Indiens se précipitèrent » (Diodore, XVII, 98, 4 ; 99, 1-2).

« Par chance, ajoute Plutarque (*Vie,* 63, 3), il se retrouva debout. Comme il brandissait ses armes, les Barbares crurent voir une sorte de spectre lumineux se mouvoir devant lui. » Et tantôt, selon les narra-teurs, il repousse ses assaillants l'un après l'autre, tantôt il les provoque et les pourfend, tantôt il reste longtemps seul à se battre héroïquement, le dos appuyé à un tronc de figuier, tantôt il est couvert par deux ou trois écuyers qui ont sauté en même temps que lui, tantôt il est assommé par des coups de massue et de cimeterre, tantôt il pare tous les coups avec son mince bouclier. Finalement, une flèche l'atteint au-dessous du mamelon droit et pénètre jusqu'au poumon. Il tient bon, saisit de la main gauche une branche de figuier qui pousse contre la muraille, se bat de l'autre bras, tue un ennemi, puis s'effondre. Un de ses deux écuyers tombe à son tour. Et c'est le miracle : les Compagnons font irruption dans la citadelle, massacrant tous ceux qu'ils rencontrent, et emportent le héros évanoui. Il mettra peu de jours à reparaître : il ne fallait pas démoraliser les soldats.

On saluera au passage l'habileté des chirurgiens qui réussirent à extraire de la cuirasse et de la plaie un fer de trois doigts de largeur et de quatre de longueur et à éviter au patient le tétanos ou la septicémie. On notera aussi qu'à peine la blessure fut-elle connue au centre de l'Empire, les satrapes et les gouverneurs espérèrent qu'Alexandre ne s'en remettrait pas.

L'héroïsme d'Alexandre, lors de la traversée du désert de Gédrosie (Béloutchistan), en octobre et en novembre 325, se manifeste de trois façons : par l'esprit dans lequel il l'a conçue, par la force d'âme avec laquelle il l'a supportée, par les fruits qu'il en a tirés. Toutes les précautions humainement concevables avaient été prises dès le départ de Pattala, vers Haïderabad, dans l'Inde, pour rendre possible la traversée de 700 km de déserts entre Béla, sur le Purali, et Bampur du Makran, en Gédrosie : recrutement de guides et de caravaniers indigènes, creusement de puits, jalonnement de la piste, réquisition de grains et de bétail, ordres adressés aux satrapes de Parthyène, d'Arie et de Drangiane d'acheminer des vivres et des bêtes de somme, départ au temps de la saison des pluies, recherches poursuivies dans les archives de la chancellerie sur les expéditions antérieures des Assyriens de Sémiramis (Sammouramat, à la fin du VIIIe siècle) et des Perses de Cyrus II le Grand (Kurush, vers 550 av. J.-C.), deux souverains qu'il fallait dépasser en audace et en intelligence.

D'autre part, Alexandre avait confié les fractions les plus lourdes et les plus lentes de son armée à ses lieutenants Kratéros et Léonnatos et il les avait chargés de suivre les pistes les plus éloignées de la côte et les plus faciles, tandis que lui-même, avec la partie la plus légère (environ 12 000 hommes) et un bref convoi de non-combattants, devait se rapprocher le plus possible de l'Océan et secourir, le cas échéant, la grande flotte que pilotaient Néarque et Onésicrite. Et puis, l'itinéraire du sud avait l'énorme avantage d'être plus court que les autres et de permettre ainsi d'atteindre assez rapidement la Perse et la Médie, où les satrapes faisaient mine de se rendre indépendants : il n'est pas bon qu'un souverain s'absente de sa capitale pendant plus de cinq ans.

On a arbitrairement majoré les pertes de cette petite armée et parlé d'extrême disette et même de catastrophes. Quand Plutarque (*Vie,* 66, 4-5) écrit « qu'Alexandre perdit tant de monde qu'il ne ramena même pas de l'Inde le quart de ses effectifs qui se montaient à 120 000 fantassins et 15 000 cavaliers », il confond l'ensemble des troupes réunies à Alexandrie des Paropanisades (Bégram), puis à Suse, avec les soldats d'élite restés avec Alexandre à l'automne de 325. Et d'autre part, il oublie tous les hommes laissés dans les colonies de l'Inde et de la Carmanie, tous les marins de la flotte, tous les commerçants, tous les démobilisés.

En réalité, la traversée des déserts de Gédrosie, où périrent 6 000 jeunes hommes des Balkans et où fut emportée une partie du bagage personnel d'Alexan-

dre, fut pour lui une occasion de montrer sa résistance à la soif et à la faim, son courage, sa générosité
de chef qui ne voulut pas boire, un jour, avant ses
hommes et qui leur pardonna d'avoir abattu leurs
montures et d'avoir ouvert des colis de vivres scellés
pour pouvoir se nourrir eux-mêmes, son esprit d'initiative à la recherche d'eau douce au bord de la mer,
sa pitié enfin pour les malheureux. A Bampur, à Salmous et à Karmana, il sut faire reposer et récompenser les hommes qui n'avaient pas désespéré de leur
roi, en festoyant et en buvant avec eux. Il sut aussi
punir les satrapes et les gouverneurs qui avaient
douté de sa victoire. Il revenait de l'Inde véritablement « *anikètos* », ce qui signifie aussi bien invaincu
qu'invincible.

Le fruit de cette victoire sur les éléments et sur les
hommes, c'était peut-être la conviction qu'il avait
réussi là où ses prédécesseurs avaient échoué, qu'il
avait refait l'unité de l'Empire et consolidé son propre pouvoir. Économiquement parlant, c'était un
triomphe : trois voies nouvelles étaient ouvertes au
commerce de l'Inde avec l'Europe, l'une par l'océan
Indien, le détroit d'Ormuz et le golfe Persique ;
l'autre par la piste des caravanes du Sindh, du
Béloutchistan et de la Carmanie, la dernière par les
passes de Mula et de Bolan, Alexandrie d'Arachosie
(l'actuelle Kandahar), le sud de l'Afghanistan, les
oasis de Bam et de Kerman et enfin la Perside, au
cœur de l'Iran moderne.

LE HÉROS TRAHI

Le voici à nouveau dans les anciennes capitales de
l'Empire, Pasargades, Persépolis, Suse, plus souverain, plus généreux, plus grand buveur que jamais. Il
a fait exécuter les satrapes et les gouverneurs

déloyaux, renforcé son armée d'un grand nombre de contingents asiatiques formés à la macédonienne, fondé deux autres Alexandrie, l'une en Carmanie, l'autre en Susiane, démobilisé avec une prime considérable ses vétérans, marié 10 000 de ses soldats à 10 000 femmes perses bien dotées, et pourtant il n'est ni payé de retour ni heureux. Une partie de son infanterie, jalouse des privilèges accordés aux gardes perses, se mutine à Opis ; l'administrateur des trésors royaux, Harpale, s'enfuit en mars 324 de Babylone ; l'ami le plus cher, Hèphaïstion, le Chiliarque, c'est-à-dire le Grand Vizir, meurt à Ecbatane ; le régent de Macédoine, Antipatros, n'envoie plus de volontaires ; les Grecs refusent de se soumettre aux édits qui leur demandent de rappeler les exilés et d'instituer un culte officiel en l'honneur d'Alexandre. Bref, tous les amis, l'un après l'autre, abandonnent ou trahissent le Conquérant qui projette de contourner l'Arabie et de soumettre la Méditerranée tout entière jusqu'à Gibraltar, comme Hèraklès.

Et effectivement, les rapports entre Alexandre, à Suse ou à Ecbatane, et Antipatros, à Pella de Macédoine, deviennent ceux d'Hèraklès et de son cousin Eurysthée, à Tirynthe : le régent, resté au pays, bien à l'abri de sa citadelle, exige du héros des conquêtes, des travaux, des exploits toujours nouveaux, toujours plus grands, y compris la descente aux Enfers, avec l'espoir qu'il y restera. Plus le héros ou le génie s'élève, plus le monde devient bas, envieux, timoré. Alexandre, qui ne se fait aucune illusion sur l'humanité (« il est d'un roi de faire du bien aux hommes et de les entendre dire du mal de lui »), n'échappe pas à la loi de Némésis, à la jalousie universelle. Il descendra donc aux Enfers de la solitude et, tel le héros babylonien Gilgamesh, n'en ramènera ni l'eau de Jouvence ni la félicité, mais l'annonce de sa fin prochaine.

Avant le retour à Babylone, les signes prémonitoires se multiplient. Après une nouvelle victoire sur les Kosséens ou Kassites, montagnards du Louristan, au cours de l'hiver 324-325, la petite armée avance lentement dans la vallée du Tigre. A 50 km de Babylone, les astrologues ou les prêtres de Baal Marduk, qui viennent d'établir l'horoscope du Roi du monde, lui font savoir « que, pour le moment, il lui serait funeste d'entrer dans Babylone » (Arrien, *Anabase*, VII, 16, 5). Ils disent que, si la plus grosse des planètes du système solaire, que nous appelons Jupiter, approche du signe du Taureau, vers le 20 avril de notre calendrier, le roi doit se plier à des rites prophylactiques très compliqués. Il ne doit pas, notamment, pénétrer par l'ouest, région des morts, dans la ville sainte, mais par l'est, région impraticable aux machines de guerre macédoniennes.

« Arrivé près des remparts, Alexandre vit une foule de corbeaux en train de se quereller et de se frapper à coups de bec ; quelques-uns même s'abattirent près de lui. On lui dénonça ensuite Apollodôros d'Amphipolis (un de ses Compagnons), gouverneur militaire de la Babylonie, pour avoir fait un sacrifice destiné à connaître l'avenir de sa personne. Alexandre fit appeler le devin Peithagoras qui, bien loin de nier, lui répondit que le foie des victimes était sans lobe : " Hélas ! s'écria Alexandre, c'est là un signe inquiétant... " Le lion le plus grand et le plus beau de ceux qu'il faisait élever fut attaqué par un âne domestique et tué d'une ruade » (Plutarque, *Vie*, 73, 2-5).

Malgré ces présages, Alexandre entre avec son armée du côté sinistre de la ville et, qui plus est, au mauvais moment, et à peine est-il arrivé qu'un roi de mascarade, un indigène inconnu, revêt sa robe et son diadème et s'assied sur son trône sans rien dire. Alexandre fait disparaître le personnage, peut-être un substitut royal qui, aux fêtes du nouvel an *(akitu)*, a pris sur lui les malheurs menaçant le roi. Mais il n'arrive pas à effacer le détestable présage : par quel usurpateur va-t-il être remplacé ?

En vain s'emploie-t-il, tout autour de Babylone, à faire créer des arsenaux, des appontements, des darses, pour les mille navires qu'il y concentre, à inspecter les canaux et les bras de rivière de l'immense oasis, à faire creuser un canal de dérivation le long de l'Euphrate pour en régulariser le cours : tel Hèraklès détournant le cours de l'Alphée et du Pénée pour nettoyer les écuries d'Augias. Les dieux, jaloux de sa destinée, ont décidé qu'il ne commencerait même pas la grande expédition en Arabie et autour de la péninsule arabique qu'il a projetée avec Néarque, son grand amiral. Alexandre se mesurant aux fleuves fait tellement songer à Hèraklès vainqueur des torrents de la région d'Olympie et terrassant, au sens propre du verbe, le dieu de l'Achéloos, avant d'être mortellement atteint par le monstrueux passeur, Nessos !

Et, en effet, tandis qu'Alexandre inspecte le grand marais qui entoure Babylone, en mai 323, sa légère embarcation se sépare du reste de la flotille et se perd pendant trois jours et trois nuits sous le couvert des arbres. « Une branche pendant au-dessus de sa tête enleva son diadème, qui tomba dans le marais. Un des rameurs l'atteignit à la nage et, pour être sûr de le sauver, le mit sur sa propre tête avant de regagner l'embarcation en quelques brasses » (Diodore, XVII, 116, 6, confirmé par Arrien, VII, 22, 1-6). Cette fois, on n'exécute pas aussitôt le sacrilège, surtout s'il s'agit du futur roi Séleukos, mais on consulte les devins, qui essaient une nouvelle fois de conjurer le sort en ordonnant des sacrifices somptueux en l'honneur des dieux, c'est-à-dire pratiquement d'abattre de grasses victimes et d'en répartir la chair au cours de grands festins, bien arrosés de vins orientaux. Puisque Alexandre est un nouvel Hèraklès, qu'il vide jusqu'à la dernière goutte la grande coupe du demi-dieu !

Alexandre, qui sait qu'il a rendez-vous avec la mort à Babylone (le sage indien Kâlaṇâ lui a fixé ce rendez-vous, voilà un peu plus d'un an), commence à se décourager. Il perd confiance en la religion, il devient soupçonneux envers ses amis. Les plaintes d'Olympias contre le régent de Macédoine, Antipatros, contre l'aristocratie macédonienne, contre ses médecins même, lui reviennent d'autant plus à l'esprit que le jeune fils d'Antipatros, Iolas, est son grand échanson et par conséquent peut, à tout instant, l'empoisonner, que Kassandros, le fils aîné d'Antipatros, vient d'arriver à Babylone pour justifier son père et se moquer des mœurs orientales de la cour, qu'Antipatros, enfin, relevé de ses fonctions de régent et chargé de conduire en Asie de jeunes recrues, n'en a rien fait. « Il n'arrivait rien d'insolite ni d'étrange, si menu fût-il, qu'Alexandre ne prît pour un prodige et un présage. Son palais était plein de sacrificateurs, d'exorcistes et de devins, et l'esprit d'Alexandre rempli de sottises et de craintes » (Plutarque, *Vie*, 75, 1-2).

On a lu précédemment le procès-verbal officiel de la mort d'Alexandre, tel qu'il fut consigné dans les *Éphémérides royales*. Il se résume en une phrase du sérieux Arrien (*Anabase*, VII, 26, 3) : « Il est mort pour avoir bu du vin pur alors qu'il avait la fièvre. » Mais le même Arrien, mais Plutarque, qui pourtant a reproduit les *Éphémérides*, mais toute la tradition alexandrine et notamment le récit très circonstancié de cette mort qui fait suite à l'*Epitomè de Metz*, tous, dis-je, font état d'une tout autre version : le jeune roi, ou plutôt le jeune tyran que détestaient aussi bien les Macédoniens retenus contre leur gré en Asie que les partisans de l'ex-régent de Macédoine, a été empoisonné par Iolas, son échanson, au cours d'une beuverie chez Mèdeios de Larissa, prince de Thessalie. Le poison incolore, apporté par Kassandros dans une fiole de corne et appelé « eau du Styx », le fleuve

infernal, aurait été versé dans l'eau froide destinée à
couper le vin pur du roi. L'échanson aurait goûté le
premier, comme c'était son devoir, à la coupe de vin
non mêlé et, le trouvant trop chaud ou trop fort,
l'aurait rafraîchi ou étendu. C'est ainsi que, tel
Achille, victime du débile Paris, le plus vaillant périt
de la main du plus lâche et qu'Alexandre fut frappé en
son seul point vulnérable, l'amour du bon vin, comme
Achille fut blessé d'une flèche au talon. « Soudain,
comme atteint d'un coup violent, il poussa un grand
cri et se mit à gémir. Ses amis l'emmenèrent en le prenant sur leurs bras. Dès que les gens de sa maison
l'eurent fait entrer, ils le couchèrent et le veillèrent
étroitement. Le mal s'aggravant, on appela les médecins. Aucun ne fut capable de le soigner. La douleur
allait grandissant. Les souffrances devenaient intolé-
rables. Quand il eut perdu tout espoir, il retira sa
bague et la donna à Perdikkas..., en ajoutant — et ce
furent ses dernières paroles — que ses plus proches
Amis engageraient un grand combat à l'occasion de
ses funérailles » (Diodore, XVII, 117, 2-4).

Ce qui conforte cette thèse [71], ce n'est pas l'enquête
menée par la mère d'Alexandre, quelques mois après
la mort du héros, ce ne sont même pas les rumeurs
répandues par Olympias en 317, pour discréditer la
famille d'Antipatros, Kassandros, le futur roi, et
Iolas, son frère. Et encore moins les libelles accusant
Alexandre de tous les vices. La thèse de l'empoisonnement est confirmée *a contrario* par la bonne santé
des vingt et un autres convives de l'ultime festin et
par l'indifférence dans laquelle le mort a laissé toute
la Cour pendant les huit premiers jours. Les préten-
dants au trône, ou aux trônes au pluriel, les Grecs et
les Macédoniens indignés depuis l'assassinat de Parménion par les méthodes tyranniques du nouveau
régime, les aristocrates perses victimes de sanctions,
tous avaient trop intérêt à faire disparaître Alexandre
pour ne pas tenter de conspirer encore une fois.

On se rappellera comment, en ce temps et en ces capitales de l'Empire perse, le poison était un moyen commode de substituer un régime à un autre. L'année même où Philippe de Macédoine, secondé par son fils Alexandre, abattait définitivement par les armes Athènes et ses alliés, en 338 av. J.-C., le roi de Perse Artaxerxès III Vahûka (Ochos) mourait empoisonné par l'eunuque Bagoas, qui installait Darius III Kodoman sur le trône. Il devenait ensuite le favori d'Alexandre... Les règnes des Arsacides et des Sassanides se termineront presque tous par des assassinats.

La thèse officielle des *Éphémérides royales,* publiées par ceux qui prétendirent remplacer Alexandre à la tête de l'Empire, ne tient pas debout : elle ne fournit qu'un seul et très vague symptôme, la fièvre après boire, sans décrire le moindre syndrome ; elle souligne même que le jeune roi n'a pas perdu connaissance ni conscience après boire, ce qui élimine l'hypothèse du coma éthylique. Pas question non plus d'une fièvre récurrente, prise dans les marais un mois avant. Et visiblement, elle cherche à salir la mémoire du personnage, qui passe, selon les *Éphémérides,* tout son temps en projets déments, en jeux et en orgies. Au contraire, la thèse de la famille d'Alexandre, celle d'une mort rapide, sans fièvre, mais douloureuse, sans que les médecins toujours présents aient pu ou voulu trouver de remède, paraît beaucoup plus vraisemblable aux yeux des admirateurs du héros. Celui-ci étant devenu un personnage dangereux pour le régent de Macédoine et pour ses fils appelés à régner, le clan d'Antipatros l'a fait empoisonner en attendant d'assassiner sa mère, sa femme, son fils, bref, de liquider tout le clan des Argéades.

Échec et mat : deux mots persans, *shâh mât,* pour dire « le roi est mort ». C'est en effet de Perse que nous a été apporté par les Arabes le jeu des échecs au

Moyen Age, le jeu du *shâh* par excellence[72]. Le nom ancien des diverses pièces le dit assez : les paonnez, ou péons ou pions, qui constituent toute sa piétaille, son infanterie ; les chevaliers ou cavaliers qui représentent sa cavalerie ; les auffins ou alfins, devenus nos deux fous, mais qui sont réellement les éléphants de guerre, en arabe *al fin* ; les rocs, en persan *rûkh*, les chameaux des méharistes, que l'Occident, par jeu de mots, a métamorphosés en tours ; la fierce, dont il est certain, par le farsi et le hindi actuels, qu'elle représente le *vizir* des Persans et des Turcs et le *wazir* arabe, un personnage plus mobile que le roi et parfois plus puissant que lui, mais que la galanterie française et le culte de la Vierge ont transformé en « dame » au XVe siècle ; enfin, le roi. Alexandre, qui jouait encore avec Mèdeios à Babylone, quelques heures avant d'être *mât,* a été battu à son propre jeu de roi par des adversaires déloyaux.

CHAPITRE IV

L'anti-héros

Après les points de vue de l'historien, du psychologue, du compagnon d'armes, voici le point de vue des moralistes. L'éclairage étant tout autre, on ne s'étonnera pas de voir courir des ombres sur la vie d'Alexandre, mais on appréciera que, de sa naissance à sa mort, le personnage soit tout en contrastes. Les Grecs, qui n'avaient pas notre sens des couleurs, mais qui opposaient, comme nos photographes, le mat au brillant, avaient du moins plus que nous le sens des reliefs et des volumes. Ce n'étaient pas des peintres-nés, mais des sculpteurs-nés. Avant qu'Alexandre ne devînt une icône, il a été une médaille, un bas-relief, une statue, se détachant fortement sur le fond clair de l'argent, du marbre ou du ciel.

La morale, qui donna une réelle profondeur à sa vie, en fut la troisième dimension. Les Latins, que le droit et les mœurs intéressaient plus que la métaphysique, ont emboîté le pas aux Cyniques, aux Aristotéliciens, aux Stoïciens, qui pesaient le bien et le mal de toute entreprise. Ils ont tous jugé l'homme, ce que refusaient de faire les historiographes et les admirateurs, fascinés par le brillant et la gloire du Conquérant. Ils l'ont jugé à la valeur de ses actes et aux résultats de son expédition. Presque tous ont dit, ou suggéré, ce que Juvénal écrivait d'Hannibal : « Pèse ses cendres ; combien de livres trouves-tu dans un si grand chef ? » (*Satires*, x, 147.)

Il ne s'agit donc pas ici d'entasser les critiques ou les reproches, de réduire le héros en poussière et sa vaillance à néant, mais de confronter ses mœurs à celles des autres hommes, d'oublier le héros, le demi-dieu ou l'être prédestiné, simple idée préconçue. Il n'a pas été non plus uniquement l'emporté, l'aventurier, l'amant, l'ivrogne, le fou que la plupart de ses contemporains ont subi. Il s'est agi plutôt de le comparer, comme l'ont fait généralement les écrivains latins, à d'autres chefs, à d'autres maîtres véritables : Socrate, Philippe de Macédoine, Aristote, Diogène, Fabius Maximus, Pompée, Germanicus ou même Jésus. Alexandre cesse alors d'être un surhomme pour assurer notre humaine condition qui, comme chacun sait, n'est que faiblesse ou misère. Pindare, le poète chéri d'Alexandre, l'a dit dans une *Ode* célèbre : « Êtres d'un jour ! Qu'est-on ? que n'est-on pas ? L'homme est le songe d'une ombre » (*Pythiques*, VIII, 95).

DE FÂCHEUX ANTÉCÉDENTS

Prise dans cet éclairage, la naissance d'Alexandre passa tout à fait inaperçue, on ne sait où, un quelconque jour de l'automne de 356. A plusieurs mois près, les contemporains n'en connaissaient pas la date. L'enfant est né, non de l'amour ni de la religion, mais de la raison d'État ou de la diplomatie. Philippe, dès son avènement, en 359, avait pris pour épouse une fille de l'aristocratie élimiote, Phila, dont il avait eu bientôt un fils, Karanos. Un an plus tard, après avoir vaincu les redoutables Illyriens, il épousait Audata, la fille ou la petite-fille de leur roi, et elle ne lui donnait qu'une fille. La même année, il

prenait pour concubine une danseuse de Larissa, en
Thessalie, la belle Philinna, qui le rendait père d'un
enfant taré, Arrhidaios. Et c'est lors d'une visite à
Samothrace, lieu d'initiations et de pèlerinages
fameux, qu'il conclut une alliance avec Arybbas, roi
des Molosses d'Épire ; aux termes du traité, il épouserait Olympias, fille du feu roi Néoptolèmos, et il
garantissait le petit royaume ayant Dodone pour centre contre les ambitions des autres tribus épirotes.

En réalité, dit Justin, qui résume le réaliste Trogue-
Pompée (VII, 6), peu après ce mariage — le quatrième
en deux ans —, Philippe dépouilla le roi des
Molosses de sa Molossie et le laissa vieillir en exil.
Tel était l'exemple de ruse politique et de déloyauté
que devait voir se répéter constamment l'enfant,
l'adolescent, le jeune Alexandre pendant les vingt
premières années de son existence. Il n'avait pas
trois ans, quand Philippe abandonnait la couche
d'Olympias pour celle d'une maîtresse sans com-
plexes, Nikèsipolis de Phères, qui le rendait père
d'une fille, Thessalonikè. De celle-là, du moins, il
était sûr. Car la reine en titre, Olympias, une grande
nerveuse qui se livrait aux plus étranges bacchanales,
laissait entendre qu'elle avait commerce avec le Père
des dieux et des hommes, Zeus en personne, sous la
forme d'un serpent. Philippe, pour en avoir le cœur
net, avait un soir jeté un regard par une des fentes de
la porte de la chambre nuptiale et avait vu avec
dégoût et horreur l'épouse endormie partager sa
couche avec une immense couleuvre des marais. Les
mauvaises langues ne manquèrent pas de mettre ce
coup d'œil sacrilège en relation avec la blessure que
reçut Philippe, l'année même, en 354, au siège de
Méthonè : une flèche ennemie le rendit borgne.
Olympias délaissée et outragée dans sa dignité de
reine ne tarda pas à se livrer aux pratiques les plus
extravagantes, en matière de mysticisme, et à devenir
acariâtre. Philippe finit par se demander s'il était

bien le père d'Alexandre, d'autant plus que les autres enfants traitaient ce dernier de bâtard[73].

L'atmosphère à la cour devait être singulièrement empoisonnée, quand Philippe répudia Olympias et épousa, en 339, pour des raisons politiques, Méda, fille de Kothélas, roi des Gètes du Danube, et en 337 Kléopatra, nièce d'Attalos : « Ayant trop bu, après le repas de noces, Attalos incitait les Macédoniens à prier les dieux qu'il naquît de Philippe et de Kléopatra un héritier légitime du royaume » (Plutarque, *Vie*, 9, 7). L'histoire ne compte pas toutes les concubines de Philippe, ni non plus les beaux garçons qu'il sodomisait les soirs de beuverie. Mais elle laisse entendre que si Pausanias, un ancien mignon, l'assassina, ce fut pour se venger d'avoir été outragé et qu'il agit à l'instigation d'Olympias alors en exil.

Les désordres dans la famille royale de Macédoine sont si graves et si patents à la fin du règne de Philippe II que le Corinthien Dèmaratos ou Dèmarétos son hôte, doit venir le rappeler poliment à ses devoirs, au nom de la Ligue hellénique dont le roi Philippe était le chef élu. « Après les premières salutations et les civilités, Philippe lui demanda ce que devenait la concorde (ou l'entente cordiale, *homonoia*) entre les Grecs. « Il te convient bien, ma foi, répondit Démarate, de te soucier de la Grèce, quand tu as rempli ta propre maison de tant de dissensions et de tant de maux ! » (Plutarque, *Vie*, 9, 13.)

Mais le meilleur témoignage de moralité reste encore celui de Théopompos, un contemporain, auteur d'une *Histoire* qui raconte les événements survenus en Grèce sous le règne de Philippe. Voici un extrait de son 49e livre, cité par Polybe deux cents ans plus tard (*Histoire*, VIII, 9) : « S'il se trouvait en Grèce ou chez les Barbares un débauché ou un impudent, il venait en Macédoine retrouver chez Philippe une foule de ses semblables que le roi nommait ses Compagnons (littéralement : les vrais de vrais). Quiconque n'était pas de cette espèce en arrivant était gagné à son tour par le genre de vie et les mœurs de la Macédoine et ne tardait pas à ressembler aux autres. Tantôt les guerres et les raids, tantôt les prodigalités les poussaient à se montrer hardis et à vivre démesurément, éperdument et presque comme des bandits. Les gens de mœurs honnêtes et soucieux de leurs biens, Philippe les éloignait de lui. Mais les prodigues, les joueurs et les buveurs, il les comblait de louanges et d'honneurs. Aussi, non content de les encourager à mener ce genre de vie, il faisait d'eux des champions en matière de crime et d'infamie... Certains passaient leur temps — eux, des hommes ! — à se faire raser et épiler la peau. D'autres prenaient pour partenaires des barbus comme eux. Ils traînaient avec eux deux ou trois mignons et jouaient ensuite le même rôle auprès d'un autre. Bref, c'étaient moins des favoris du roi que des favorites et l'on aurait eu raison de les appeler non des soldats mais des roulures. Ces tueurs d'hommes par instinct étaient devenus des coureurs d'hommes par habitude. Ajoutez qu'ils préféraient à la sobriété l'ivrognerie et qu'au lieu de mener une vie rangée ils ne cherchaient qu'à piller et à assassiner. La franchise et le respect de la parole donnée n'étaient pas faits pour eux, se disaient-ils. Les faux serments, la duperie étaient à leurs yeux les plus saints des actes... A mon avis, les Compagnons, dont le nombre à cette époque ne dépassait pas 800, jouissaient d'autant de domaines que 10 000 Grecs propriétaires des plus fertiles et des plus vastes terres. »

Qu'on ne s'y méprenne pas : l'historien n'en voulait en aucune façon au père d'Alexandre : « Jamais, écrivait-il dans son introduction, l'Europe n'a produit un héros comparable à Philippe, fils d'Amyntas. » Mais il en voulait à ses hommes de confiance, aux 800 *hétaïroï*[74] que le roi avait fait venir de tous les horizons pour être ses hommes liges et lui témoigner un dévouement exemplaire, aussi bien dans l'administration qu'à la guerre et que dans l'exploitation des territoires conquis. D'autre part, l'homosexualité et l'ivresse rituelle appartenaient aux traditions des armées de son temps. A quatorze ans, après l'assassinat de son frère Perdikkas par un usurpateur, Philippe avait été envoyé comme otage à Thèbes, où il avait pu admirer le Bataillon sacré, uniquement fait d'amants, et pratiquer leurs usages, ce qui ne l'empêchait nullement à son retour de s'éprendre également des femmes. Les Anciens mettent à son actif deux qualités éminentes : l'affabilité et le sens de la diplomatie. Il avait appris l'éloquence, ou plutôt la rhétorique, l'art de faire de la plus mauvaise cause la meilleure et il en usait largement, à la grande admiration et aux dépens des orateurs athéniens. Mais il savait les jouer par des procédés dilatoires, des *statu quo* toujours remis en question, des négociations en sous main, des pots de vin, des flatteries, de feintes générosités.

Le véritable maître à penser et à agir d'Alexandre, ce ne furent ni l'austère et bourru Léonidas, ni l'indulgent ou flatteur Lysimakhos, ni même Aristote qu'il finit par considérer comme un sophiste, mais ce fut Philippe, son père. Son exemple fut déterminant. Il lui communiqua son ambition, son amour du commandement et son goût du grandiose, certains disent sa mégalomanie. Le tableau que voici est probablement dû encore à Théopompos, aussi favorable à Philippe qu'il se montre hostile à Démosthène. Il s'agit du décor dans lequel le roi a été assassiné lors des fêtes données à l'occasion de son dernier mariage : « Le jour n'était pas encore levé que la foule accourut au théâtre (d'Aigéai). Au point du jour, la procession commençait avec tous les atours de la magnificence. On y portait les statues des douze dieux, d'un travail et d'un fini remarquables, merveilleusement et luxueusement parées. Avec elles

défilait en treizième lieu la statue de Philippe quasi
divine (littéralement : elle aurait convenu à un dieu,
théoprépés). Le roi était représenté sur un trône à
l'égal des douze dieux. Le théâtre était plein lorsque
Philippe en personne s'avança, tout vêtu de blanc. Il
avait donné l'ordre à ses gardes de se tenir loin de lui
pour le suivre. Il voulait montrer à tous qu'il se sentait protégé par l'affection unanime des Grecs »
(Diodore, XVI, 92, 5-93, 3). Pour s'être relâché un instant de sa méfiance continuelle, par excès d'orgueil
peut-être, Philippe était poignardé au milieu d'une
procession qui le mettait au rang des dieux. Douze
ans plus tard, Alexandre devenu à son tour « dieu
invaincu » s'abattait au milieu d'un festin. Où donc
avait-il pris cette passion pour le vin, pour le pouvoir, pour la pompe, sinon auprès de son père ? Dans
la formation culturelle d'Alexandre il y a les beuveries, avec la vantardise et les exploits plus ou moins
fictifs.

Philippe a fait mieux que de communiquer à son
fils quelques-unes de ses passions : il lui a confié très
tôt des responsabilités. A dix ans, Alexandre paraît à
la cour. Devant les ambassadeurs athéniens, venus
pour négocier de la paix, il joue avec un ou deux
jeunes Macédoniens, ou plutôt il récite une scène
d'Euripide. Démosthène, habitué à d'autres jeux au
théâtre d'Athènes, le trouve grotesque, un Margitès,
dit-il, le type même du mauvais comédien : malveillance manifeste de la part d'un ennemi déclaré de la
Macédoine, mais qui souligne une propension, chez
l'enfant, à se donner en spectacle, à montrer son
savoir et son savoir-faire. Le même Démosthène prétend qu'Alexandre adolescent consacrait tout son
temps à étudier ou bien à inspecter les entrailles des
victimes. Il apprenait d'austère façon son métier de
roi, futur chef religieux de la Macédoine et chef
contraint, avant toute entreprise, de consulter les
signes envoyés par les dieux. Tout au plus peut-on

deviner, pressentir en lui un esprit inquiet, voire superstitieux, respectueux de l'ordre établi et des ordres reçus.

Mais s'agit-il là d'un travers moral ou d'une faiblesse ? L'adolescent avait besoin d'être aguerri. Son père lui montrait comment user alternativement de la ruse et de la force : avec les Athéniens en 348, les Phocidiens en 346, les Illyriens en 345, les Épirotes en 342, les Thraces en 341-340. Tandis que, rompant avec les Perses, il allait assiéger Périnthe et Byzance, il confiait à Alexandre la régence, puis le soin d'une campagne à l'intérieur de la Thrace. Belle occasion de l'inciter à tuer le plus de Barbares possible du haut de son cheval, à la pointe de la lance. Ce furieux goût du sang et du massacre qui ira se développant chez lui jusqu'à l'extermination de populations entières, il est né d'une éducation reçue au contact de brutes appelées les Compagnons de Philippe. Et quel exemple celui-ci pouvait-il donner sur le champ de bataille de Chéronée, après avoir confié à son fils le commandement d'une aile de cavalerie ? Le vainqueur ivre déclamait, chantait, dansait parmi les morts.

UNE CARICATURE D'ACHILLE

A son éducation proprement maternelle, Alexandre a dû de se croire bientôt un nouvel Achille. Les Éacides descendaient du héros de l'Iliade. Olympias le répétait à son fils au moins autant que Lysimakhos, son pédagogue. « Celui-ci n'avait aucune distinction, mais parce qu'il se surnommait lui-même Phoenix et qu'il appelait Alexandre Achille et Philippe Pélée, on le chérissait et il occupait la seconde place » (Plutarque, *Vie,* 5, 8). Dès son avènement, celui que Démosthène considérait comme un petit jeune homme *(mei-*

rakion), passait avec une armée de 30 000 hommes en Thessalie et se rendait directement en Phthiotide, où Achille était né. Dans un discours aux autorités locales, il affirma qu'en raison de leurs liens avec ce héros, ancêtre de la lignée royale de sa mère, le peuple thessalien serait désormais libre de tout impôt. Quant à lui, il jurait qu'Achille resterait son modèle et demeurerait auprès de lui en tous les dangers auxquels il allait s'exposer.

Impatient de prouver qu'il devait, comme Achille, se montrer plus généreux, plus courageux, plus grand que son père, Alexandre, roi des Macédoniens devenu commandant en chef *(tagos)* des armées thessaliennes et Guide suprême *(Hègèmôn)* de la Ligue hellénique, se précipite, aux premiers mois du printemps 335, dans ce qui est devenu la Bulgarie occidentale, prend et pille, comme Achille autour de l'Ida, toutes les bourgades qui s'opposent à son avance, fait vendre les prisonniers comme esclaves et traverse hardiment le Danube pour se lancer à la poursuite des Gètes ou des Scythes « trayeurs de juments ». Achille, lui, ne s'était mesuré qu'aux Amazones.

A la fin de mai, Alexandre reçoit la nouvelle inquiétante que le roi Kleitos d'Illyrie marche sur la Macédoine par l'est. En temps opportun, Alexandre atteint la forteresse de Pèlion (près de Korça) dans laquelle le roi illyrien s'est enfermé, l'investit, est cerné à son tour dans un cirque de hauteurs couvertes d'ennemis, se dégage, apprend que les Thébains se sont soulevés contre leur garnison macédonienne, accourt en Béotie à une allure de plus de 32 km par jour, met le siège devant la ville aux sept portes, donne l'assaut et se fraye de haute lutte un chemin par les rues. 6 000 Thébains sont tués, 30 000 dit-on, sont faits prisonniers. Sauf la maison de Pindare et les temples des dieux, la ville est rasée méthodiquement, en cadence, au son de la flûte. Telle l'antique Troie, ce n'est plus que ruines. Les autres Grecs, terrorisés, cessent de s'agiter et se rallient au vainqueur. Il regagne la Macédoine en octobre, comme un héros pour son propre peuple, comme un prodige pour les autres peuples : Achille devant Troie avait le même âge que lui. Mais, malheureusement, Thèbes était une ville grecque et Troie une ville barbare.

L'imitation d'Achille est aussi manifeste en trois autres circonstances de l'expédition en Asie. Le premier soin du jeune chef est de se rendre, en avril 334, là où s'illustra son ancêtre : en Troade. L'esprit plein de l'*Iliade* d'Homère, dont il est capable de psalmodier une grande partie par cœur, il se représente lui-même comme une figure sortie de la mythologie et éternellement jeune. Il se voit alors sous les traits d'un nouvel Achille, avant de se croire un nouvel Hèraklès et un nouveau Dionysos. Pour lui l'histoire ne fait que se répéter. Pour l'instant, en sacrifiant aux mânes de Priam, en courant nu autour du tombeau d'Achille, en y déposant des fleurs, en y versant des libations, en envoyant Hèphaïstion offrir ses dévotions à la tombe de Patrocle, en honorant la tombe d'Ajax, en célébrant sur le champ de bataille des jeux athlétiques, Alexandre rappelle à ses soldats qu'ils sont des Grecs et que, sous la conduite du descendant de ces héros, ils vont fournir la matière d'une nouvelle épopée. Il fit même remarquer, nous dit Plutarque (*Vie*, 15, 8), combien Achille avait été heureux d'avoir eu de son vivant un ami fidèle et après sa mort un grand poète pour chanter ses exploits. La naïve invitation à de futurs thuriféraires !

Le siège de Gaza en septembre-octobre 332 valut à Alexandre deux blessures. On lui amena Batis ou Bétis, le commandant de la place. « On traversa avec des courroies les talons de Bétis qui respirait encore, on l'attacha à un char et des chevaux le traînèrent autour de la ville. En punissant ainsi son adversaire, le roi se glorifiait d'avoir imité Achille dont il était lui-même le descendant » (Quinte-Curce, IV, 6, 29). Le même Quinte-Curce (VIII, 4, 26) fait tenir à Alexandre en Bactriane, quatre ans plus tard, au moment de son mariage avec Roxane, un discours qui prend Achille en exemple : « Il n'y avait pas d'autre moyen d'enlever leur honte aux vaincus, leur orgueil aux vainqueurs que de faire comme Achille, ancêtre de sa race : s'unir à une captive. » Mais peut-être est-ce là un argument de rhéteur.

Ce qui ne l'est pas, c'est le retrait d'Alexandre pendant plusieurs jours sous sa tente, comme Achille en colère, quand le conquérant se sent outragé par le refus de ses soldats au bord du Bias vers Amritsar, en 326, et à Opis près de Bagdad, en 324, ce qui se solde par quelques exécutions sommaires et un grand banquet de réconciliation. Tous ces actes ne sont pas de nature à qualifier Alexandre comme un héros, mais plutôt comme son contraire, une caricature d'Achille, sans force d'âme véritable et incapable de se dominer.

Il est vrai que, pour certains, Achille est une brute cruelle et vindicative dont l'emportement ne provoque que des catastrophes. L'étrange modèle que voilà ! Surtout si l'on pousse la comparaison jusqu'à évoquer la mort de l'un et de l'autre. Tous deux, paraît-il, souhaitaient une vie brève mais glorieuse plutôt qu'une longue et médiocre vie (Quinte-Curce, IX, 6, 22). Mais l'un et l'autre avaient omis d'en envisager la lamentable fin. Achille a été tué, non pas dans un combat au corps à corps, mais par la flèche d'un lâche (Paris, surnommé Alexandre !) ; Alexandre a péri, victime de sa propre intempérance. Vous le déclarez « Grand », me disait-on un jour, en 1970 à Téhéran : nous autres, en Iran, nous l'appelons plutôt « le Petit ».

A l'enfant, puis au jeune homme très pieux, ritualiste jusqu'à la superstition, Olympias, elle-même livrée aux pratiques de diverses religions à mystères, a communiqué au moins deux inquiétudes : celle de son origine, celle de sa destinée. Les regards tournés vers le ciel, les sourcils arqués, le front ridé d'Alexandre, l'inclinaison de sa tête le disent assez. Il ne fut certainement pas un frénétique gesticulant, grisé par la musique, la danse, les odeurs ou les poisons sacrés, ni non plus un chamane en extase, mais un passionné d'au-delà. La légende veut qu'il ait contraint la pythie de Delphes à lui répondre, un jour férié : « Tu es invincible, mon fils. »

Cette douteuse consultation repose sur un fond de vérité, tout comme le désir que lui prête Quinte-Curce (IX, 6, 26 ; X, 5, 30) de diviniser sa mère. Il est confirmé par une inscription de Delphes en 327 (*Fouilles de Delphes, Epigraphie,* III, 5, nº 58). Car partout où il passait, il allait faire ses dévotions aux dieux locaux, que ce fût le Zeus de l'Olympe, le Dionysos thrace, la déesse Athèna de Troade, l'Artémis d'Ephèse, les Nymphes de Xanthos, le Génie (?) de Gordion, l'Hèraklès de Tyr, le dieu Ammon de Siwah, les dieux tutélaires de l'Égypte, le Baal Marduk de Babylone, Ahura Mazda dans l'Empire perse, dont il ordonnait d'entretenir les feux, Shiva dans l'Inde, etc. Ce fut même une des raisons de son succès auprès des peuples soumis. Il n'y a rien là d'immoral, ni d'impolitique. Nous serions plutôt tentés d'y voir la preuve d'une tolérance bien en avance sur l'esprit de son temps.

Il s'y niche cependant tout autre chose que de l'indifférence aux rites et aux dogmes les plus divers : une certaine faiblesse de caractère, la crainte de ne jamais prendre assez de précautions contre le destin, le besoin impérieux d'être rassuré, protégé, garanti. Il consultait tous les oracles, comme il consultait constamment ses devins, dont le plus célèbre était Aristandros de Telmessos. Entre une douzaine d'anecdotes concernant l'influence de ce der-

nier sur l'esprit d'Alexandre, citons la plus ancienne
et la plus historique, puisqu'elle est rapportée par le
sérieux Arrien (*Anabase,* I, 11, 2) et par le pieux Plutarque (*Vie,* 14, 8-9), en termes analogues. Comme
l'expédition d'Asie se préparait, au printemps de
334, on annonça que le bois de la statue d'Orphée,
dans son sanctuaire de Leibèthra, au pied du mont
Olympe, se couvrait de gouttes de sueur. Tout le
monde s'effrayait de ce prodige, mais Aristandros
invita Alexandre à reprendre confiance. Selon lui, les
poètes et les musiciens, tous successeurs d'Orphée,
allaient suer sang et eau pour célébrer les exploits
prochains du jeune chef d'armée. Cela ne donne pas
une fière idée du caractère du héros, ni de celui de
ses flagorneurs. Mais que dire de sa foi profonde,
quand on le voir enjoindre à son devin, en cas de
danger, de modifier le calendrier ? désormais le 30
du mois daisios deviendra le 28 et le mois s'appellera artémisios bis ! Si les présages sont défavorables
on s'arrangera pour les déclarer favorables (Quinte-
Curce, VII, 7, 22-29). Allez donc écrire l'histoire avec
de tels procédés !

« UN BRIGAND AVENTUREUX »

Nous sommes trop habitués à suivre les historiens
éblouis par la réussite politique et militaire d'Alexandre et par sa gloire posthume. Nous voulons ignorer
qu'il fut détesté, de son vivant, par la majeure partie
des Grecs, jalousé par les clans macédoniens,
contesté au sein même de son armée qu'il épuisait et
dont les intérêts n'étaient pas les siens. Nous
oublions que les critères moraux ont dominé l'historiographie hellénistique et romaine. A en juger par
les fragments des ouvrages littéraires et philosophiques dont nous disposons, l'apothéose d'Alexandre

s'est heurtée, dès 330, à la résistance générale des milieux intellectuels. Les pamphlets se sont multipliés aussi bien dans l'entourage de Démosthène que dans celui d'Aristote, surtout après l'assassinat du malheureux Callisthène en 327 av. J.-C.

On ne sait par où commencer dans l'énumération des mécontents et des contestataires. Les plus bruyants furent sans doute les chefs du parti démocratique qui, à Athènes, ne s'étaient jamais tus que contraints et forcés : Hypéride, Démosthène, Démade. Une harangue, la XVIIe attribuée à Démosthène, sur le traité passé avec Alexandre au début de son règne, souligne toute sa duplicité en matière politique, toute sa sympathie pour les régimes tyranniques. Le Discours funèbre (Epitaphios) d'Hypéride atteste l'indignation d'Athènes quand elle se rappelle l'adoration sacrilège à laquelle elle a été contrainte en 324. Les libelles d'Ephippos d'Olynthe sur *la Fin d'Alexandre et d'Hèphaïstion* et de Nikoboulè (?) présentent Alexandre comme un ivrogne et un mégalomane.

Mais ce sont les diatribes des philosophes qui ont le plus longtemps nourri une tradition hostile à sa personne, au moins jusqu'au IIe siècle de notre ère, au cœur de la *Pax romana*[75]. Nulle doctrine cohérente et suivie, en tout cela, mais plutôt les réactions d'innombrables sensibilités. Parmi les disciples d'Aristote[76], lui-même froissé par la politique orientale de son ancien élève et par la mort ignominieuse de son cousin, Théophraste compose un traité intitulé *Callisthène ou de la douleur,* où il déplore qu'un roi aussi doué qu'Alexandre se soit laissé corrompre par le despotisme, le luxe et la Bonne Fortune, Tykhè, le succès qui ne justifie rien. Il a fourni une cible privilégiée aux Cyniques, depuis Diogène qui se moque de sa prétendue grandeur, jusqu'à Télès qui voit dans l'apothéose d'Alexandre la dernière chimère d'une âme insatiable. Le moyen stoïcisme

avec Panaitios lui reproche le manque de retenue et
de discipline morale et les derniers Stoïciens, Séné-
que et Lucain, emboîtent le pas. L'oraison funèbre
que prononce l'auteur de la *Pharsale* (x, 1-52) « un
brigand aventureux, un forcené... un foudre exterminateur de peuples entiers », fait écho à la phrase de
son contemporain Quinte-Curce (*VII*, 8, 19) : « Tu es
le brigand de toutes les nations où tu as pénétré. »

Plusieurs recueils ont été composés, de notre
temps, sur la méchante idée que se sont faite les
auteurs anciens, en général, du caractère d'Alexandre, au nom de la raison et de la vertu. Les historiens
eux-mêmes ne l'ont pas épargné. Timée, son contemporain de la fin du IVe siècle, constate qu'Alexandre
a conquis l'Asie en moins de temps qu'Isocrate n'en
a mis à composer son panégyrique, ce qui est plutôt
humoristique, mais il blâme Callisthène d'avoir flatté
et perverti Alexandre et d'avoir manqué d'esprit critique, tandis qu'il loue Démosthène d'avoir refusé à
Alexandre les honneurs divins (d'après Polybe, *Histoires,* XII, 12 b).

L'œuvre la plus rationaliste reste encore celle du
grand mathématicien et géographe Eratosthène de
Cyrène, directeur de la Bibliothèque d'Alexandrie
dans la seconde moitié du IIIe siècle av. J.-C. Sincère
admirateur d'Alexandre en tant que conquérant, il
rétablit la triste vérité géographique, démolit toutes
les légendes des Grecs et les exagérations des flatteurs macédoniens et montre, en fin de compte,
qu'Alexandre était la dupe de son ignorance et de
son imagination. Même s'il pensait de bonne foi qu'il
traversait le Caucase quand il était aux flancs de
l'Hindou Kouch et qu'il y rencontrait la grotte de
Prométhée, une telle illusion ne faisait honneur ni à
son intelligence, ni à sa culture. Évidemment, il est
toujours facile d'accabler la science d'un homme
d'autrefois sous celle de ses successeurs, d'un officier
de cavalerie sous celle d'un érudit de cabinet.

Les écrivains latins, jaloux de la gloire des Grecs, ont préféré suivre les savants stoïciens et alexandrins, les historiens Timée et Eratosthène, plutôt que les historiographes officiels et officieux du Conquérant. Laissons de côté l'opinion d'auteurs du Ier siècle av. J.-C. dont il ne nous reste rien, sinon l'esprit, Timagène d'Alexandrie, cet érudit alexandrin qui avait écrit un livre de biographies royales, Trogue-Pompée, un Gallo-Romain de Vaison dont Justin a résumé *les Histoires philippiques,* Terentius Varro (116-27) « le plus savant des Romains », auteur entre autres d'une biographie d'Alexandre : leurs critiques nourrissent la réflexion ou les comparaisons de Cicéron traitant des Devoirs (*De Officiis,* I, 26) ou du simple bonheur (*Tusculanes,* III, 10, 21 ; IV, 37, 79 ; V, 32, 91-92). Que pèsent la gloire et les turpitudes d'Alexandre à côté de la sagesse, de l'affabilité, de la condescendance ou des qualités simplement humaines de Socrate, de Xénocrate, de Philippe de Macédoine, de Diogène le Cynique ou du Romain Gaius Lelius ? Rejetant délibérément les anecdotes à nos yeux savoureuses sur l'esprit joueur, mais inquiet, d'Alexandre, bombardant, par exemple, de pommes ses amis au cours d'une croisière, les écrivains latins, ces moralistes-nés, s'arrêtent longuement sur la condamnation, injuste à leurs yeux, de Philotas et de tout son clan, sur le meurtre de Kleïtos, sur la prétendue conspiration des Cadets et de leur précepteur, Callisthène, sur la révolte des officiers macédoniens refusant de se prosterner, sur sa cruauté, sur sa mort, indigne d'un chef d'armée. Ils font leur cette phrase que l'on prête à un César mourant : « un *imperator* doit mourir debout » (Suétone, *Vie de Vespasien,* XXIV).

Pris sous cet angle, même le génie militaire d'Alexandre est critiqué, remis en question. Les Romains qui avaient vu Alexandros le Molosse et Pyrrhus d'Épire perdre leurs troupes sur le sol italien,

bien qu'elles fussent formées et équipées à la macédonienne, se convainquirent au Ier siècle av. J.-C. et
sans doute dès qu'ils soumirent la Macédoine et la
Grèce, cent ans plus tôt, qu'Alexandre n'aurait
jamais pu réaliser le projet insensé qu'on lui avait
prêté : prendre au pas de course Rome et Carthage.
L'idée s'exprime en quelques-unes des plus fortes
pages de Tite-Live (*Histoire de Rome, Ab Urbe
Condita,* IX, 16-19). En voici les passages les plus
significatifs.

« Ce qui importe plus que tout à la guerre, ce sont
le nombre et la valeur des combattants, l'intelligence
des chefs, la Fortune enfin, qui manifeste sa puissance dans toutes les entreprises humaines et tout
spécialement en matière militaire. Ces facteurs à qui
les considère un à un ou réunis montrent le caractère
invincible de l'Empire romain, aussi bien face à
d'autres peuples et à d'autres rois que s'il avait dû
affronter cet homme-là. Sans doute, et en commençant par comparer les généraux, je ne saurais nier
qu'Alexandre fut un chef remarquable. Mais ce qui
le rend plus illustre, c'est qu'il fut seul à commander,
c'est qu'il mourut jeune, en pleine prospérité et sans
avoir encore éprouvé les revers de la Fortune... Rap-
pelerai-je les généraux de Rome, je ne dis pas de
toutes les époques, mais ceux-là mêmes, consuls ou
dictateurs, auxquels il aurait dû se mesurer, Marcus
Valerius..., Manlius Torquatus, Fabius Maximus, les
deux Decius... ? En chacun d'eux il y avait la même
espèce d'intelligence et de talent que chez Alexandre,
mais surtout une science de la guerre qui, transmise
de génération en génération depuis les origines de
Rome, était devenue une sorte d'art, assujetti à des
principes invariables... Ce n'est pas Darius qu'il
aurait eu à affronter, lequel, au milieu d'une troupe
d'eunuques et de femmes, couvert de pourpre et d'or,
accablé par la pompe même de son opulence, était
une proie plutôt qu'un adversaire. Il fut mis en

déroute sans qu'Alexandre eût à verser une goutte de sang et sans autre mérite de sa part que d'avoir méprisé la vanité du Grand Roi... A son arrivée en Italie il eût été plus semblable à Darius qu'à lui-même, à la tête d'une armée oublieuse de la Macédoine et gâtée par la Perse.

« J'ai regret à rapporter, chez un aussi grand monarque, l'arrogance de sa nouvelle tenue, la génuflexion qu'il réclamait pour lui seul et qui eût répugné à tous les Macédoniens, même s'ils avaient été vaincus, la cruauté des supplices infligés, l'assassinat de ses amis au cours d'orgies et de banquets et la vaine fiction de sa propre naissance. Dirai-je comment s'exacerbait en lui de jour en jour l'amour de la boisson, comment s'envenimait et se déchaînait sa colère ? Je parle là de faits dont ne doute aucun historien... Tandis qu'à Athènes, accablée par les armées de la Macédoine et d'autant plus accablée qu'elle avait sous les yeux les ruines encore fumantes de Thèbes, quelques citoyens osèrent, au témoignage même de leurs orateurs, parler en hommes libres, croyez-vous que parmi tant de Romains insignes personne n'eût osé proférer contre Alexandre le moindre mot de liberté ? »

Il y a, certes, une part de rhétorique et beaucoup de jalousie en toutes ces comparaisons, en toutes ces hypothétiques reconstructions de l'histoire, surtout de la part d'un écrivain pour qui l'homme de gloire, le véritable pacificateur de l'Occident et de l'Orient, était le républicain Pompée que, depuis 63 av. J.-C., tout le monde surnommait Magnus, « le Grand ». Mais les Latins n'ont pas eu tort, après les Cyniques et les Stoïciens, de poser au moins deux problèmes moraux à propos d'Alexandre, deux problèmes qui ne sont toujours pas résolus aujourd'hui : celui de la finalité de l'expédition, celui de la conduite de son chef.

LE BUT DE LA GUERRE

Rien de plus flou, de plus contestable que la mission d'Alexandre. En 346 av. J.-C., le rhéteur athénien Isocrate, à la fois professeur et conseiller politique, objurgue Philippe II, roi de Macédoine, d'unifier la Grèce et de se mettre à la tête d'une sorte de croisade nationale contre l'Empire perse. Il suggère de « délimiter en Asie un territoire aussi grand que possible et de la couper en deux, de la Cilicie (vers Mallos sur le golfe actuel d'Alexandrette) jusqu'à Sinope », au nord de la Turquie actuelle, bref le long du 35e degré de longitude est, ce qui reviendrait à annexer à son profit, ou bien à libérer au profit des colons grecs la moitié occidentale de l'Asie Mineure. Là est la première équivoque : sera-ce une guerre d'annexions ou une guerre de libération ? Aristote (*Politique*, v, 10, 7-8), bientôt éducateur et conseiller moral d'Alexandre, considère l'acquisition de terres nouvelles comme la fonction essentielle de la monarchie macédonienne et il définit l'Evergète, c'est-à-dire le Bienfaiteur, le Bon Roi, comme celui qui acquiert des territoires pour le peuple. La Macédoine sera-t-elle une nation de proie ou une messagère d'idéal ? Isocrate demande, en outre, à Philippe « de fonder des villes dans ce pays (d'Asie Mineure) et d'y établir ceux qui errent maintenant faute de moyens de vivre (entendez les mercenaires, les soldats vagabonds, les bandits de grand chemin) ». Seconde équivoque : s'agira-t-il d'établir des colonies urbaines, comme Philippoï près de Daton en pays thrace en 356 ou Alexandropolis chez les Maides, en 340, ou plus simplement des exploitations rurales ? Ce qu'a réalisé Alexandre en devenant roi de l'Asie et en fondant au moins sept Alexandrie et une trentaine de postes militaires donne à la fois raison à Aristote et aux moralistes latins : si Alexandre, officier de carrière, a pu opter pour un idéal, ce fut pour celui de la conquête.

Neuf ans après la *Lettre* d'Isocrate à Philippe, la Ligue hellénique confie à Philippe la direction de la guerre avec pleins pouvoirs et après la mort de l'*Hègèmôn,* renouvelle la charge à Alexandre, son fils. Là encore le but de la guerre ou, comme on dit quasi religieusement, la « mission » est équivoque : « il devra venger les Grecs des profanations que les Barbares ont commises dans les temples de la Grèce » au cours des guerres Médiques, cent cinquante ans plus tôt, mais également libérer les cités grecques du tribut qu'elles paient au roi de Perse, c'est-à-dire substituer la concorde entre les Grecs d'Europe et d'Asie à la honteuse Paix du Grand Roi, signée par le Spartiate Antalkidas en 386 av. J.-C. Alors, sera-ce une guerre de représailles — noble prétexte religieux — ou une guerre de libération « de tous les peuples, nos frères », — noble prétexte politique ? Ce qui s'est passé dans quelques-unes des plus grandes villes grecques ou hellénisées, Milet, Halicarnasse, Soloï, Tyr et enfin à Persépolis, systématiquement pillée et incendiée, prouve qu'il ne s'agissait là strictement que de prétextes. Au reste, les cités « libérées » furent invitées à remplacer l'odieux tribut au roi Darius, par une « contribution » volontaire, n'est-ce pas ?, au roi Alexandre...

Les discours d'Alexandre, ceux du moins que lui prête Arrien (*Anabase,* VII, 9, 2-4) d'après les *Mémoires* du fidèle Ptolémée, rendent un tout autre son[77]. Lors d'une mutinerie, à Suse, en 324, quand il doit remonter le moral défaillant d'un régiment macédonien, il dit aux grognards : « C'est par Philippe, mon père, que je veux commencer, et c'est bien naturel. Philippe vous a trouvés sans demeure fixe, sans argent, la plupart vêtus de peaux de bêtes, menant de petits troupeaux au flanc des monts et vous battant mal pour les défendre contre les Illyriens, les Triballes et les Thraces de vos frontières... Il vous a fait descendre des montagnes dans les plaines... Il vous a installés en des cités, ce qui vous a permis de vivre dans l'ordre... Il a ajouté la plus grande partie de la Thrace à la Macédoine et, s'emparant des plus belles places de la côte, il a ouvert votre pays au commerce. Il vous a permis d'exploiter les mines en toute sécurité. Il a assuré votre domination sur les Thessaliens devant lesquels depuis longtemps vous étiez morts de peur. Il a écrasé l'orgueil des Phocidiens et vous a ouvert une avenue au cœur de la Grèce... Étant passé dans le Péloponnèse, il a fait régner l'ordre, là aussi et, désigné comme général en chef de toute la Grèce avec les pleins pouvoirs pour marcher contre la Perse, il acquit ce titre glorieux moins pour lui-même que pour la Grèce. »

Le début de ce rappel historique fait penser à certaine proclamation de Bonaparte à l'armée d'Italie : « Soldats, vous êtes nus, mal nourris... » et les plaines d'en face regorgent de trésors. A côté des mots sonores d'ordre, de vertu désintéressée, de dignité, de gloire, de sécurité et de paix de tels discours résonnent d'étranges aveux : il s'agit de dominer, d'exploiter, de conquérir et de faire de bonnes affaires. Quinte-Curce (VII, 8, 19) fera dire plus crûment à un ambassadeur scythe auprès d'Alexandre ce qu'on lit entre les lignes du trop complaisant ou du cynique Ptolémée : « Tu es le brigand de toutes les nations où tu es parvenu », *omnium gentium quas adisti latro es*. La finalité véritable de la guerre, aux yeux du moraliste, ce ne sont ni le patriotisme, ni l'idéal de liberté, ni la foi religieuse, mais la cupidité. « Oui, quel besoin as-tu de richesses qui t'obligent à n'être jamais rassasié ? » (*id.*, § 20). La soif de l'or, des troupeaux, des esclaves. En 328, l'historiographe de l'expédition, Callisthène d'Olynthe, reconnaissait tout haut ce que les officiers de l'état-major macédonien pensaient tout bas : « Je te demande, Alexandre, de te souvenir de la mission dont la Grèce t'a chargé en te confiant toute cette armée : annexer l'Asie à la Grèce » (Arrien, *Anabase,* IV, 11, 7).

Mais qu'entendait-il au juste par « Asie » ? Était-ce la terre de Troade, point de débarquement ? A peine avait-il touché au rivage, près du cap Sigeion (Kum Kalé), non loin de Troie, qu'Alexandre lança un javelot. « Il sauta ensuite du navire et déclara recevoir des dieux l'Asie, comme conquise à la pointe de la lance » (Diodore, XVII, 17,2) : déclaration de guerre, prise de possession juridique, affirmation de souveraineté, il y a de tout cela dans ce lancer spectaculaire et symbolique. Après la victoire du Granique, un mois plus tard, le mot Asie paraît désigner l'ensemble des provinces administrées par les deux satrapes vaincus, la Phrygie hellespontique et la Lydie, comme apparemment au temps d'Hérodote. La soumission plus ou moins réelle de la Carie et de la Lydie, de la Pisidie et de la Phrygie intérieure, de l'été 334 à l'été 333, étend l'ambition du Macédonien jusqu'à l'Halys (Kızıl Irmak) et au lac Salé (Tuz Gölü), c'est-à-dire sur la seule moitié occidentale de l'Asie Mineure, avec une majorité de terres et de villes sans aucune présence grecque. Un raid ou une razzia en Cappadoce en juin 333 et la nomination toute théorique d'un satrape (macédonien ?) en cette région, la descente jusqu'à la côte sud par les Portes ciliciennes et Tarse montrent que le général en chef de la Ligue hellénique pensait avoir définitivement réalisé le programme que l'on prêtait à Philippe II : couper en deux l'Asie Mineure et en annexer la partie Ouest à la Grèce.

La notion d'Asie prend une nouvelle extension après la victoire d'Issos (automne 333). Lorsque Darius propose à Alexandre qui assiège Tyr, dans l'été 332, de devenir son gendre avec, pour dot, « toute la région placée entre l'Hellespont et le cours de l'Halys (Kızıl Irmak) » (Quinte-Curce, IV, 5, 1), Alexandre refuse : la « royauté de l'Asie » s'inscrit désormais dans une perspective non plus panhellénique mais dynastique et personnelle. Un mot qui désignait au temps d'Homère (*Iliade*, II, 461) quelques étendues marécageuses à l'embouchure du Caystre, au nord d'Ephèse, finit par désigner un continent dont nul alors ne connaît les limites. « Alexandre fit dire à Darius (dans l'été de 332) qu'il n'avait nul besoin de son argent et qu'il ne prendrait pas comme territoire une partie pour le tout ; les richesses, en effet, ainsi que le territoire lui appartenaient totalement » (Arrien, II, 25, 3).

Qu'étaient devenues, dans cette conquête avec droit d'appropriation personnelle, l'idée de croisade hellénique, la guerre de représailles, la guerre de libération, sinon le désir, la passion furieuse de posséder toujours davantage ? Lorsque Parménion, le vieux général de Philippe, essaie de ramener Alexandre à la modération et à la raison en lui conseillant d'accepter les propositions de Darius, il est rabroué vertement : que nul ne se mette à *ma* place ! Avec le temps, plus la victoire et le sort semblent sourire au vainqueur et plus le but de la conquête semble à tous s'éloigner. Alexandre lui-même, après la mort de Darius, en juillet 330, ne savait même plus où il allait, sinon en avant, emporté et comme aspiré par le vide ou les gouffres de l'Orient.

LE ROI FOU

Il n'est pas le héros qui soumet les hommes et les événements à sa volonté. Il est celui que mènent sa fortune, au double sens du mot, et ses passions :

l'ambition, le désir de dominer, la colère, la jalousie possessive et, pour finir, le culte du moi. La victoire du Granique, en mai 334, n'est due qu'à un heureux coup de tête ou de chance. Un acte de folie, au regard des stratèges qui, comme Parménion, le suivaient en traînant les pieds. Voilà la première fois que nous employons le terme de folie pour parler de la conduite d'Alexandre : nous ne l'avons pas inventé, car Cicéron, Sénèque, Lucain, traduisent par *insania* ce que leurs informateurs stoïciens, un ou deux siècles avant eux, désignaient comme un manque de raison, *anoïa*, une extravagance, *atopon,* ou un égarement, *mania*.

Peu après la disparition d'Alexandre, Ephippos, qui semble avoir séjourné à la cour en 324/323, l'accuse de *melancholia* : sa bile noire est un signe de démence caractérisé. Les écrits sassanides, qui s'inspirent évidemment d'une tradition perse hostile au conquérant macédonien, le déclarent possédé par Ahriman, l'esprit du mal : il y a quelque chose de malsain, de morbide, d'insensé, voire de démoniaque dans le désir de conquérir et de soumettre tout à tout prix. Les Latins disent plus généralement : *quos vult perdere Jupiter dementat,* « ceux qu'il veut perdre, Jupiter les rend fous ».

Ce qu'il y a de sûr, c'est que toute une partie de l'état-major, Parménion en tête, a considéré comme déraisonnable l'idée d'attaquer, en fin d'après-midi, la cavalerie perse postée de l'autre côté d'un cours d'eau enflé par les crues de printemps, le Granique (l'actuel Kocabas Çai). Parménion, qui avait fait campagne pendant plus d'un an avec Attalos dans cette région de l'Asie Mineure, savait quel adversaire redoutable campait derrière les 20 000 Perses à cheval, en la personne de Memnon de Rhodes. Celui-ci commandait une infanterie supérieure en nombre à celle des Macédoniens et, qui plus est, faite en majeure partie de Grecs, que les soldats de la Ligue hellénique hésiteraient à combattre.

Les traces de cette mésentente entre Alexandre et son principal lieutenant sont sensibles dans les récits divergents que donnent Diodore (XVII, 19-21) et Arrien (I, 13-16) des opérations. Le premier suit une version officielle qui attribue un rôle de premier plan à la cavalerie thessalienne, met à égalité dans les honneurs et pour les éloges tous les combattants de la Ligue, Grecs et Macédoniens confondus, et dissimule soigneusement l'immonde tuerie que constitua l'extermination d'au moins 10 000 Grecs au service des satrapes, par Alexandre et ses Compagnons à cheval. Plutarque, qui suit la version de Callisthène et des officiers favorables à Alexandre, ne peut s'empêcher de montrer en lui une tête brûlée, servie par la chance et la présence de ses Amis. Il écrit en propres termes : « Alexandre parut conduire sa troupe comme un fou *(manikôs)* et en dépit du bon sens *(pros aponoïan),* plutôt qu'en général avisé » (*Vie,* 16, 4).

DE PIÈTRES VICTOIRES

Si heureuse qu'elle fût, la bataille du Granique laissait pratiquement intactes les forces perses et notamment la cavalerie, car Alexandre, occupé à massacrer ou à faire prisonniers les mercenaires grecs, n'engagea pas la poursuite. La postérité, en cette occurrence, a célébré des qualités de stratège qui n'étaient pas les siennes. Et puis, l'*Hègèmôn* avait laissé échapper le meilleur des généraux au service de la Perse, Memnon, qui devait mettre en état de défense Milet et Halicarnasse. Il profita d'une faute ou de l'impécuniosité d'Alexandre. La flotte au service des Grecs étant licenciée, « Darius envoya à Memnon (son gendre) une grande somme en numéraire et lui confia la direction de toute la guerre.

Il réunit une foule de mercenaires et arma 300 navires » (Diodore, XVII, 29, 1-2). Il s'empara de l'île de Lesbos, rallia à la cause perse les îles de la mer Égée et la majeure partie du Péloponnèse et pendant six mois entiers, il tint le corps expéditionnaire de la Ligue hellénique prisonnier en Asie Mineure. Celui-ci ne dut qu'à sa chance la mort soudaine de Memnon en mai 333.

Pressé par le nord et par l'est, coupé de la Grèce, Alexandre s'amusait à trancher ou à défaire le nœud gordien, mais il était en réalité à deux doigts de sa perte. Les historiens antiques parlent à ce propos de l'anxiété, de la vive inquiétude, *agônia*, d'Alexandre. On comprend alors pourquoi il multipliait les consultations d'oracles et de devins, à Xanthos de Lycie, comme à Gordion de Phrygie. Si l'épisode ou, plutôt l'anecdote du nœud gordien fut passée sous silence par toute une partie de la tradition — Clitarque, Ptolémée, Diodore —, c'est qu'elle paraissait peu digne de la gloire d'un héros et disons le mot, franchement ridicule. Devenir le roi de l'Asie (Mineure ?) à condition de trancher ou de cisailler une lanière de cuir ou d'écorce de cornouiller entourant une cheville, c'est là un conte puéril et fait pour un esprit naïf ou superstitieux et non un exploit comparable à ceux du héros Hèraklès. Ptolémée, dans ses *Mémoires*, a tu cette histoire, moins pour rehausser la gloire de l'oracle égyptien de Siwah que pour ne pas compromettre celle de son ami Alexandre.

La seconde bataille rangée, livrée par l'armée gréco-macédonienne en plaine, au sud d'Issos, est la conséquence d'une erreur d'itinéraire qui a bien failli lui être fatale, qui fut fatale en tout cas aux soldats invalides, aux colons et aux commerçants grecs résidant en Cilicie. Darius, empruntant les Portes amanides (le col de Toprakkale) et massacrant les Grecs sur son passage, se trouva tout à coup près d'Issos, sur les arrières du convoi d'Alexandre dont l'avant-garde venait d'occuper les Portes syro-ciliciennes (le col de Belen, au sud d'Alexandrette). Callisthène, cité par Polybe (*Histoire*, XII, 14, 4), déclare qu'Alexandre était à 18 km environ de Darius lorsqu'il apprit la présence de ce dernier dans son dos. Il se retourna, barra la plaine côtière d'un double cordon de troupes, le long du Pinaros (Deli Çaï), et confia tout le poids de la manœuvre à Parménion et à son fils Philotas, tandis qu'il donnait l'assaut à l'escadron perse entourant le char de Darius, « moins désireux de vaincre les Perses que d'être personnellement l'instrument de la victoire » (Diodore, XVII, 33, 5). Darius réussit à s'enfuir, entraînant avec lui la majeure partie de sa cavalerie et la plus solide partie de son infanterie grecque. A la nuit tombante, en ce début de novembre 333, les Perses s'égaillèrent aisément. Les Macédoniens et les Thessaliens arrêtèrent leur poursuite pour se précipiter au pillage du camp ennemi. Alexandre prit plus de soin à s'assurer de la *smalah* de Darius, de sa table et de son matériel de toilette que de sa personne même. Victoire non sur un homme ni sur son empire, mais sur son trésor *(gaza)*: était-ce donc le plus important pour un héros ?

On cite souvent l'exclamation du vainqueur visitant la luxueuse tente du vaincu : « C'était cela, pour Darius, être roi ? » (Plutarque, *Vie,* 20, 13). Mais ce mot « historique » a sans doute été, comme tant d'autres, fabriqué après coup et pourvu d'un sens dédaigneux qu'il n'avait pas nécessairement. Car, dès le lendemain, ordre était donné à Parménion et à ses cavaliers d'aller s'emparer du bagage et du trésor que Darius avait dû mettre en sûreté à Damas, à 400 km vers le sud : « Les richesses du roi jonchaient la plaine entière : argent des soldes..., costumes des gens de la noblesse..., vaisselle d'or, freins d'or, tentes décorées..., voitures abandonnées... Une fortune incroyable, dépassant l'imagination ! On se l'arrachait sur les troncs d'arbres ou dans la boue. Les pillards n'avaient pas assez de mains pour piller » (Quinte-Curce, III, 13, 10). Le vainqueur ferma les yeux. Après tout n'était-ce pas à cette fin qu'on faisait la guerre ? Il paraît même, à cette occasion, qu'Alexandre refusa de violer la vieille mère, la femme (enceinte) et les filles (toutes petites) de Darius, mais ne dédaigna pas de coucher avec Barsine, veuve et belle-sœur de Memnon, son adversaire. Il est vrai que les premières constituaient de précieuses otages et que la dernière, « issue d'une fille du Grand Roi » (Plutarque, *Vie*, 21, 9), lui acquérait des titres que la victoire n'avait pu lui donner. Elle donna un fils à Alexandre qui l'appela, immodestement, Hèraklès : s'assimilait-il déjà lui-même à un héros ou à Zeus, père du héros ?

Alexandre et sa courte escorte ont poursuivi Darius après la bataille d'Issos pendant quelques kilomètres. Sautant par-dessus des monceaux de cadavres dans les gorges de l'Amanus, vers le milieu de la nuit, ils sont revenus couverts de sang, de sueur et de poussière, convaincus qu'ils n'avaient gagné ni la bataille ni la guerre, puisque tout était à refaire. Et en effet, deux ans plus tard, les grands chevaucheurs des steppes se retrouvent face à face. A la bataille de Gaugamèles, à 27 km au nord de Ninive, non loin de Mossoul (en Iraq), le 1er octobre 331 av. J.-C., ils sont, du côté d'Alexandre, 7 000 cavaliers seulement à opposer aux 1 000 immortels de la Garde royale et à 10 000 Perses, sans compter les quadriges munis de faux et les éléphants de combat. Nos Européens n'ont jamais rien vu de tel. « Quant à l'armée d'Alexandre, la peur s'empara d'elle soudain et sans raison. Les soldats, livides, se mirent à trembler, traversés jusqu'au cœur d'une frayeur indicible. L'éclat fulgurant de ce ciel d'été, qu'on voyait briller par places comme une matière incandescente, faisait croire à un incendie... Le roi, averti de l'affolement

des soldats, fit donner le signal de la pause, l'ordre
de mettre à terre les armes et de se soulager... Pour le
moment, le plus sûr parut d'établir un camp retran-
ché » (Quinte-Curce, IV, 12, 14-17). Alexandre,
encore plus soucieux que ses hommes, demeura
éveillé toute la nuit. Il fit réciter des prières, prononcer des vœux, offrir un sacrifice à la Peur, à Zeus-
Ammon et à Athèna Nikè, déesse des Victoires. Au
petit matin, il fit comme tout le monde : il s'endor-
mit. « Parménion, le plus ancien des Amis, prit sur
lui de transmettre à la troupe l'ordre de se tenir toute
prête pour engager le combat » (Diodore, XVII, 56, 2).

De toutes les batailles en rase campagne, la rencontre de Gaugamèles, « le Pâturage du chameau »,
est celle dont nous avons le plus de récits, et divergents. Clitarque, après Callisthène, l'historiographe
officiel, après Ptolémée et Aristoboulos, entre autres,
s'en est fait le compilateur scrupuleux. Néanmoins,
nous ne savons de l'énorme mêlée que trois choses
positives : la première, c'est que les longues sarisses
de la cavalerie et de la phalange macédoniennes vinrent à bout des conducteurs de chars d'assaut et des
cavaliers scythes et perses (« pointez au visage »,
avait dit le roi) ; la seconde, c'est que le bagage grec,
mal gardé et mal appuyé, faillit être emporté et que
Parménion, se voyant tourné, demanda par deux fois
des renforts ; la troisième, c'est que, comme à Issos,
Alexandre dut, en raison de ce débordement, interrompre sa poursuite et qu'il laissa échapper Darius :
ici comme là, il n'avait remporté qu'une demi-vic-
toire, bientôt suivie d'une épouvantable épidémie et
de la démoralisation des cadres de son armée après
le pillage des trésors perses.

Deux mois plus tard, il apprenait l'éclatante victoire d'Antipatros sur le roi Agis de Sparte et les
Grecs coalisés contre la Macédoine, près de Mégalèpolis, en octobre 331. Alexandre, jaloux, affecta de
parler d'une « bataille de rats ». Tite-Live, que nous

avons pris à témoin, avait-il tort de considérer la discipline et l'armement des Romains comme supérieurs à ceux des Grecs et des Macédoniens et de soutenir qu'Alexandre eût été vaincu par les consuls et les légions de Rome ? « Il eût trouvé l'Italie bien différente des Indes, qu'il parcourut à la tête d'une armée ivre, en se livrant à de continuelles débauches, lorsqu'il eût aperçu les gorges des Pouilles, les monts des Abruzzes et les traces toutes récentes de sa propre famille, dans ce lieu où son oncle Alexandros, roi d'Épire, avait trouvé la mort » (*Histoire romaine*, IX, 17).

Puisque l'histoire-fiction se plaît à évoquer ce qui se serait passé, si Alexandre de Macédoine avait essayé de réaliser à son tour le rêve de conquêtes de son oncle et beau-frère, au-delà de l'Adriatique, avec une horde d'Orientaux et une poignée de Macédoniens épuisés, regardons d'un œil critique la quatrième grande bataille livrée, en juin ou juillet 326 par le successeur de Darius assassiné. On la situe dans le Pendjab, entre Jhelum et Haranpur, à 108 km au sud-est de Rawalpindi. Aux dires de Quinte-Curce (VIII, 5, 4), de Plutarque (*Vie*, 66, 5) et d'Arrien (*Indika*, 19, 5) qui puisent chez deux mémorialistes dignes de foi, les amiraux Néarque et Onésicrite, les forces combattantes d'Alexandre à son entrée dans l'Inde, en juin 327, s'élevaient à 120 000 fantassins et 15 000 cavaliers, forces dont il ne ramena même pas le quart en Perse deux ans plus tard.

Si l'on estime à 30 000 fantassins et à 6 000 cavaliers le nombre total des Grecs et des Macédoniens engagés dans la bataille du Jhelum, antique Hydaspès, compte tenu des pertes subies dans le Svat après un an de campagne sans profits, on peut se dire : 1°) que les contingents asiatiques restés en deçà du fleuve — de 70 000 à 80 000 hommes, 8 000 chevaux, 30 éléphants — et tout le convoi n'ont pas participé à la victoire, ou n'ont fait que l'exploiter ; 2°)

que les forces adverses de l'Indien Paurava, celui que les Grecs nomment Poros et les Latins Porus, loin d'être supérieures à celles du Macédonien, étaient sensiblement égales en nombre et probablement inférieures en valeur et en armement, l'essentiel consistant en chars de combat désuets et en une centaine d'éléphants dont les Grecs n'avaient plus peur ; 3°) que la décision obtenue à grand-peine et par une série de feintes ressembla assez à une victoire à la Pyrrhus, puisque Alexandre, traitant Paurava « en roi », non seulement lui laissa son royaume, « mais y adjoignit encore, après en avoir soumis les tribus, un territoire qui comprenait, dit-on, quinze peuples, 5 000 villes importantes et une foule de bourgades » (Plutarque, *Vie,* 60, 15).

Par une chance extraordinaire, nous possédons le compte rendu qu'Alexandre lui-même fit de la bataille dans ses *Lettres* au régent de Macédoine et à Olympias sa mère. L'essentiel se lit au chapitre 60 de la biographie de Plutarque, et se trouve confirmé par Arrien (*Anabase,* v, 15-18). On est loin de l'emphatique reconstitution de Clitarque, suivi par Diodore, Quinte-Curce et Justin, c'est-à-dire de la *Vulgate.* Je cite Plutarque : « Quant aux opérations contre Poros (Paurava), Alexandre a raconté lui-même dans ses *Lettres* comment elles se déroulèrent. Il dit que le cours de l'Hydaspès (l'actuel Jhelum, sous-affluent de l'Indus) séparait les deux camps et que Poros tenait en permanence ses éléphants face au fleuve pour interdire toute traversée. Alexandre faisait faire chaque jour beaucoup de bruit et de tapage dans son camp, pour accoutumer les Barbares à ne pas se soucier (de ce qu'il préparait). Alors, par une nuit orageuse et sans lune, il prit une partie de son infanterie et l'élite de sa cavalerie, s'éloigna des ennemis (vers le nord) et passa dans une île relativement petite (l'actuelle Admana). Là, la pluie se mit à tomber en rafales. On vit même la foudre s'abattre plusieurs

fois sur la troupe. Sous ses yeux périrent quelques-
uns de ses soldats, frappés par la foudre. Il quitta
cependant l'île pour se porter sur la rive orientale du
fleuve. L'Hydaspès s'enflant et s'élevant dangereuse-
ment par suite de l'orage avait creusé dans la rive
une grande brèche où le flot s'engouffrait. Les
hommes se trouvaient pris au milieu, mal assurés sur
un terrain glissant et qui s'effondrait alentour...

« Alexandre dit que les siens, abandonnant leurs
radeaux, franchirent la brèche tout armés avec de
l'eau jusqu'à la poitrine. Après la traversée, il mit
tous ses cavaliers à 20 stades de distance en avant de
ses gens à pied (3,5 km environ). Il se disait que, si
les ennemis se jetaient sur lui avec leur cavalerie, il
serait de beaucoup le plus fort et que, s'ils l'attaquaient avec leur infanterie, ses fantassins auraient le
temps de se joindre à lui. C'est bien l'une de ces
deux hypothèses qui se réalisa : 1 000 cavaliers et
60 chars l'ayant attaqué, il les mit en fuite, il
s'empara de tous les chars sans exception et il tua
400 cavaliers. Poros, ayant réalisé qu'Alexandre en
personne avait traversé le fleuve, marcha contre lui
avec toute son armée, sauf les forces qu'il laissa pour
barrer le passage aux autres Macédoniens. Par
crainte des éléphants et de la foule des ennemis,
Alexandre ne s'attaqua personnellement qu'à leur
aile gauche et donna l'ordre à Koïnos (général de
cavalerie et Compagnon du roi) de foncer sur l'aile
droite. Les deux ailes une fois mises en déroute, les
fuyards se retiraient et se regroupaient les uns après
les autres auprès des éléphants. Dès lors la mêlée
devint confuse et c'est à peine si les ennemis cédè-
rent à la huitième heure. Voilà du moins ce que le
maître d'œuvre a lui-même raconté de cette bataille
dans son courrier » (Plutarque, *Vie*, 60).

On ne peut manquer d'être frappé par la modestie
des chiffres et des actions, par l'aveu de la crainte
éprouvée, par l'hommage rendu, pour finir, à l'adver-

saire, surtout quand on sait combien Alexandre, stimulé par le vin et la flatterie, aimait à se vanter de
ses exploits, à les enfler même jusqu'à devenir insupportable à ses propres amis. Je ne veux pas dire qu'il
ait, en cette bataille, manqué de courage ni d'esprit
d'à-propos. Je constate simplement qu'il ne croyait
pas lui-même avoir accompli un exploit surhumain
en obtenant la reddition de son adversaire. La naï-
veté et la crédulité publiques ont bien vite répandu la
légende qu'Alexandre, sur son petit cheval noir,
abattit d'un coup de sarisse le géant indien posté sur
le plus fort de ses éléphants.

Les Modernes, à la vue de quelques monnaies
frappées à Babylone cinq ans après la mort
d'Alexandre, pour payer les auxiliaires indiens
d'Eumène, se sont imaginés qu'il s'était fait représenter désarçonnant en personne son adversaire en fuite.
La réalité est tout autre : Alexandre, indigné qu'Aristoboulos lui prêtât un combat singulier contre un éléphant, lui arracha le manuscrit des mains (Lucien,
Comment on écrit l'histoire !, 12). Lui qui constatait,
après une blessure, qu'il perdait son sang bien
humain et non de l'*ikhor* ou sang des dieux, savait
mieux que quiconque par quels moyens peu glorieux
il avait fait céder son courageux adversaire :
« Comme la bravoure de Poros paralysait les Macédoniens alignés en face de lui, Alexandre fit venir les
archers et les tirailleurs (frondeurs et lanceurs de
javelots) de ses bataillons et leur donna l'ordre de
concentrer leur tir sur Poros » (Diodore, XVII, 88, 5 ;
Quinte-Curce, VIII, 14, 38 ; *Épitomè de Metz,* 60).
Arrien précise qu'il battit en retraite après avoir été
blessé à l'épaule droite et qu'il ne se rendit qu'au
terme de négociations avec Alexandre (*Anabase,* V,
18, 4-8). Tout le reste n'est que fioritures, majoration
pieuse ou romantisme.

De la cruauté à la tyrannie

Avant, entre et après ces quatre grandes batailles plus ou moins rangées, mais jamais totalement victorieuses ni décisives, l'histoire enregistre de nombreux engagements, des expéditions, des raids, des prises de villes ou de simples bourgades, des escarmouches. Alexandre n'a pas pris part à tous, un des principes de sa stratégie étant de diviser les forces de l'adversaire pour les attaquer séparément, un autre étant de les contourner ou de les prendre de flanc à l'aide de diverses colonnes, aussi rapides que mobiles. Ce qui a frappé le plus les narrateurs de ces dures campagnes que furent, par exemple, celle de Phénicie en 332, celle de Sogdiane en 329-328, celle de l'Inde en 326, celle du Zagros et du Louristan (au sud de l'actuel Kermanshah) en 323, ce ne sont ni les victoires chèrement acquises, ni les maigres avantages remportés, mais c'est la brutalité, voire la cruauté avec laquelle elles ont été accomplies, pour ne pas dire exécutées.

Nous savons le peu de prix qu'on a toujours fait de la vie humaine au Moyen-Orient, surtout de la vie des autres et des mercenaires en particulier, ces hommes qui sont payés pour mourir ou pour tuer autrui et sur le sort desquels personne n'a jamais pleuré. Ils se font tuer par peur de mourir, disaient les poètes. Mais les Anciens étaient sensibles comme nous à l'immensité des massacres d'innocents dans les villes prises de force ou dans les villages supposés rebelles. Ils dénombrent comme nous avec indignation ou avec dégoût les milliers de morts de Thèbes, de Tyr, de la citadelle des Mâlavas près de Multan, du Zagros, victimes expiatoires de la mort de l'ivrogne Hèphaïstion, sur l'ordre et sous la conduite d'Alexandre. Une immense traînée de sang suit le passage de la colonne de répression lancée dans la vallée du Zeravshan jusqu'à Samarcande, puis jusqu'à Bukhara à la poursuite de l'insaisissable Spitaménès, en 328. Les épées des soldats sont tout ébréchées, émoussées, déformées à force d'avoir tranché des corps humains, au bord du Bias, en septembre 326 (Quinte-Curce, IX, 3, 10). A Massaga (Chakdara du Svat), en 327, Alexandre conclut une trêve avec les Assakéniens : les Indiens mercenaires, leurs femmes et leurs enfants pourront se retirer librement « et, tandis qu'ils se retiraient, il les surprit en marche et les fit tous massacrer. C'est là une tache sur sa conduite militaire qui, en général, fut régulière et digne d'un roi » (Plutarque, *Vie*, 59, 6-7). Le même auteur regrette les innombrables pendaisons de brahmanes, qu'il appelle des philosophes, coupables de décrier les rois qui se ralliaient à Alexandre ou simplement de soulever les peuples libres. « Un immense massacre des populations asiatiques », écrit Lucain (*Pharsale*, X, 25) et, en principe, pour établir la Paix du Roi et la concorde entre les nations ! On pense invinciblement à la devise que Tacite prête aux conquérants romains : *Ubi solitudinem faciunt, pacem appellant*, « Quand ils transforment un pays en désert, ils le déclarent pacifié » (*Vie d'Agricola*, 30).

Ce goût du sang, cette fureur de tuer, cette cruauté qui est une des constantes du caractère profond d'Alexandre, on les retrouve en d'autres circonstances que les engagements militaires, dans sa vie privée, dans sa carrière politique, dans l'exercice d'une prétendue justice, en pleine paix, au milieu des fêtes et des beuveries. Ne revenons pas sur le bain de sang dans lequel s'ouvre le règne, au cours de l'automne de 336, ni sur la façon de venger la Grèce des invasions et des atrocités perses de 490 et 480 en saccageant Persépolis, en tuant les habitants, en brûlant le plus grand et le plus beau palais du monde

(25 avril 330), ni sur le massacre de tous les descendants des prêtres de Milet à Tarmita (Termez), au bord de l'Amou Daria, en juin 329 (Quinte-Curce, VII, 5, 27-29). Laissons même de côté le meurtre de Kleïtos le Noir par son frère de lait, au cours d'une scène d'ivresse où ils ne se contrôlaient pas plus l'un que l'autre, dans l'automne de 328, à Samarcande. Mais le supplice et l'exécution de Philotas, commandant en chef de la cavalerie, le meilleur des auxiliaires d'Alexandre, l'assassinat de Parménion, père de Philotas, le supplice et l'exécution d'Alexandros le Lynceste, dans la même fournée et de sang-froid, en automne 330, appellent un complément d'enquête et un jugement plus serein.

Ici, les opinions se partagent. Pour toute l'Antiquité, ces victimes étaient innocentes. Elles ont été sacrifiées à l'orgueil ou à la jalousie plutôt qu'à l'esprit vindicatif d'un monarque devenu un tyran. Pour les modernes, la cause d'Alexandre peut au moins se plaider : il existait un lourd contentieux depuis au moins six ans entre le roi d'une part et les deux clans de Parménion et d'Alexandros prince de Lynkestis d'autre part, à la fois les égaux et les rivaux d'Alexandre dans l'esprit des soldats. Nous avons déjà dit qu'Alexandros, fils d'Aéropos et gendre du régent Antipatros avait été arrêté en 333, soupçonné d'entente secrète avec l'ennemi et de complot contre Alexandre (Arrien, I, 25). Parménion n'avait cessé, dans toutes les batailles et après elles, de désapprouver les initiatives du jeune souverain. En octobre 330, à Phrada (l'actuelle Farah), dans la Drangiane insoumise, ayant derrière lui toutes les satrapies du Nord en état de rébellion, voyant fondre sa cavalerie, ses auxiliaires et son convoi de ravitaillement, Alexandre attendait en vain les troupes et l'argent que Parménion immobilisait à Ecbatane (Hamadan), à 1 300 kilomètres de distance.

Depuis la campagne d'Égypte, où on lui avait dit

de se méfier de l'ambition et du train de vie de l'Hipparque Philotas, Alexandre ne cessait de soupçonner ou de faire surveiller son cher « Ami ». Tout semble s'être terminé de la même façon pour lui que pour Alexandros le Lynceste : « La mère du roi (Olympias) lui écrivit d'avoir à se méfier, entre autres, du prince de Lynkestis. C'était un être d'un courage peu ordinaire et plein d'ambition. Avec les autres Amis il accompagnait le roi et avait sa confiance. Mais comme les soupçons reposaient sur toutes sortes de vraisemblances, il fut arrêté, enchaîné et mis sous bonne garde avant d'être inculpé et jugé » (Diodore, XVII, 32, 1-2). L'ennui, c'est que, dans un cas comme dans l'autre, l'inculpation de complot ne reposait sur rien de positif — tout au plus sur la haine de la reine mère —, que les inculpés eurent affaire à une parodie de justice, furent torturés et mis à mort sauvagement, contre tous les usages, et que leur condamnation, décidée par Alexandre *avant* le jugement, entraîna celle de toute leur famille. Disons que, même si Philotas avait quelque chose à se reprocher, même s'il s'était fait un certain nombre d'adversaires au sein de l'état-major, la procédure suivie était totalement irrégulière et, en tout cas, il s'agissait de procédés indignes d'un roi justicier.

Le récit de Plutarque, le plus clair et le plus sobre qui soit, ne laisse guère de doute sur la culpabilité d'Alexandre en cette sinistre affaire. « Jeune, avec une femme qu'il aimait, Philotas ne s'était pas gêné pour tenir, en buvant, des propos de soldat vaniteux, en s'attribuant le mérite des plus grands exploits, ainsi qu'à son père, et en traitant Alexandre de petit jeune homme qui leur devait sa réputation de conquérant... C'est surtout lorsqu'on disait du mal de lui qu'Alexandre sortait de lui-même et devenait dur et inexorable... Mais malgré la force des témoignages qu'on lui apportait contre Philotas, il se maîtrisait... » (*Vie*, 48, 5 ; 42, 4 ; 49, 2), jusqu'au jour où un

Macédonien nommé Dimnos conspira réellement
contre Alexandre. Le frère d'un jeune amant de Dimnos pria Philotas de les introduire auprès du roi. Ils
avaient à l'entretenir de questions capitales. « Mais
Philotas, sans qu'on sache au juste ses sentiments, ne
les mena pas auprès d'Alexandre qui s'occupait,
disait-il, d'affaires plus importantes (que celles d'un
mignon). Et cela par deux fois. Dès lors, se défiant
de Philotas, ils s'adressèrent à un autre (un jeune
noble, nommé Métron), qui les introduisit auprès du
roi. Ils commencèrent par lui raconter en détail ce
que faisait Dimnos, puis ils laissèrent doucement
entrevoir que Philotas avait par deux fois négligé de
s'occuper d'eux. Leurs paroles fâchèrent vivement
Alexandre. Quand il apprit que Dimnos, se sentant
pris, s'était défendu et avait été tué par le garde
chargé de l'arrêter, il fut encore plus troublé : il
voyait les preuves du complot lui échapper. Aigri
contre Philotas, il convoqua (en Conseil de guerre)
ceux qui le détestaient depuis longtemps... Comme il
prêtait l'oreille à leurs récits et à leurs soupçons, on
lui rapporta dix mille calomnies contre Philotas.
Après quoi, ce dernier fut arrêté et mis à la torture en
présence des Amis du roi. Il écoutait lui-même
dehors, derrière une tenture. Philotas, s'adressant à
Hèphaïstion, poussait des cris pitoyables et d'hum-
bles supplications... Il fut mis à mort et Alexandre
envoya aussitôt des gens en Médie pour faire disparaître aussi Parménion, le meilleur des collaborateurs
de Philippe, le seul parmi les aînés d'Alexandre ou,
du moins, celui qui plus qu'aucun de ses amis l'avait
engagé à passer en Asie » (Plutarque, *Vie*, 49, 5-13).

Terrible procès-verbal ou résumé d'instruction,
d'audience, d'exécution ! On y voit en son plein jour
la peur d'Alexandre, aussi mauvaise conseillère que
sa colère, l'une et l'autre parfaitement indignes d'un
héros. En cette occasion, il ne sut pas plus se maîtriser qu'il ne le sut, quelques mois plus tard, lorsqu'il

fit trancher le nez et les oreilles du faux roi Bessos avant d'instruire son procès, ou lorsqu'il fit fouetter publiquement Hermolaos, jeune homme de la haute aristocratie, coupable d'avoir atteint le premier un sanglier que le roi avait l'intention d'abattre : origine d'une jalousie et d'une autre conspiration qui tournèrent fort mal à Samarcande, au cours de l'automne de 328 av. J.-C.

Il n'y avait donc pas que ses aînés qui fussent hostiles à Alexandre après la disparition de Darius en juillet 330 : les Cadets de l'aristocratie emboîtaient le pas à ses vieux généraux, à ses contemporains comme Kleïtos, à leurs éducateurs qui, comme Callisthène, émissaire d'Aristote, les engageait à se montrer des hommes ; car, à leurs yeux à tous, Alexandre cessait de plus en plus de se croire un homme, l'égal de ses pairs de la noblesse macédonienne, pour se persuader qu'il était d'essence divine, le fils du dieu Zeus Ammon, et pour exiger de ses sujets asiatiques — et des autres — le respect, voire le culte dû à un dieu. Tous les Macédoniens acceptaient en riant que le vainqueur de Darius fît se prosterner, à genoux et le front dans la poussière, les seigneurs mèdes, perses et sogdiens, mais ils n'admettaient pas qu'on prétendît les humilier pareillement ou rendre esclaves des êtres libres, habitués à saluer militairement. Ils se rendaient compte aussi que la victoire n'avait jamais été tout à fait acquise, que tout était toujours remis en question et que ce n'était plus pour la liberté ou l'honneur de la Grèce qu'ils devaient combattre, mais pour satisfaire à l'ambition sans mesure d'un homme pris par la folie des grandeurs. Tel est l'essentiel des propos tenus par Kleïtos que le vin rendait deux fois plus franc et plus direct à Samarcande, en octobre 328, que ne l'était Alexandre. Il lui rappelait même que, sans son père, sans les vieux officiers vaincus ou assassinés, sans ses jeunes Compagnons, il n'eût été rien que hâblerie et forfanterie.

In vino veritas. Mais il est des vérités qu'il n'est pas bon de servir à qui ne peut ni ne veut les entendre.

Après l'arrestation du cousin d'Aristote à Bactres-Zariaspa, au cours du même hiver 328-327, et son incarcération dans un cul-de-basse-fosse, les rapports se tendirent encore plus entre le vieux maître et l'ancien élève. Certaines phrases d'une lettre, dont nous n'avons que la version arabe, rappelant à Alexandre qu'il devait se conduire en chef avec les Grecs, c'est-à-dire en homme juste et digne d'affection, mais en maître avec les Barbares, n'attirèrent que des menaces du meurtrier de Philotas, de Kleïtos, d'Hermolaos et de Callisthène. « Les jeunes gens ont été lapidés par les Macédoniens en armes, écrivit Alexandre à Antipatros, mais pour le Sophiste (le philosophe Callisthène), c'est moi qui le punirai, tout comme ceux qui l'ont envoyé et ceux qui accueillent dans leurs cités les conspirateurs contre ma personne. » Allusion évidente à Aristote, ajoute Plutarque (*Vie,* 55, 7). Il est non moins évident que si Aristote avait pu croire un instant former un homme — je ne dis pas un héros — il s'était trompé, tout comme se trompait le conquérant qui se demandait anxieusement s'il était un demi-dieu, Achille ou Hèraklès, ou un dieu incarné, Dionysos ou Ammon-Rê. Les refus répétés de ses soldats, dans le Pendjab ou à Opis, la perte des trois quarts de ses effectifs au retour de l'Inde, la fin lamentable, à Babylone, d'Alexandre et de sa conquête devaient lui prouver, comme dit Sophocle, « que tous, ici-bas, nous ne sommes rien de plus que des fantômes, rien d'autre qu'une ombre vaine » (*Ajax,* 125-126).

LE ROI IVRE

Où la faiblesse, où la vulnérabilité d'Alexandre se révèlent pleinement, c'est en effet dans son intempérance. Devenu maître, après la bataille de Gaugamèles et son entrée dans les quatre capitales de l'Empire, de toutes les splendeurs et de toutes les illusions de l'Asie, il ne tarda pas à prendre les plus fâcheuses habitudes de ses prédécesseurs, tant pour son habillement que pour sa table, pour sa boisson, ses déplacements et son protocole : un luxe, une prodigalité faits pour éblouir les sujets orientaux, mais pour affliger les rudes et pauvres soldats qui l'entouraient. Ces derniers aimaient bien boire, bien jouer, bien copuler, mais ils n'entendaient pas céder aux caprices d'un chef ivre et qui se jouait de leur existence.

Dès l'entrée à Babylone en novembre 331, l'ivresse d'Alexandre parut double. Il s'était grisé de pouvoir et de boisson. De beuverie en beuverie, à l'occasion de chaque succès, il devenait lentement, mais sûrement, le plus invétéré, non des buveurs, mais des alcooliques. Toute une tradition, représentée par Aristoboulos, Kharès et Plutarque, a tenté d'expliquer, de justifier, d'excuser. « Chez Alexandre, écrit Plutarque (*Vie*, 4, 7), c'est la chaleur naturelle de son corps qui le rendit, semble-t-il, aussi porté à la boisson qu'à la colère », et il ajoute : « Il était moins porté sur le vin qu'il ne paraissait. On l'y crut enclin en raison du temps qu'il passait à causer plutôt qu'à boire chaque fois qu'on lui tendait une coupe, car il proposait à débattre une question longue, et encore, quand il avait beaucoup de loisir. Lorsque les affaires l'appelaient, ni le vin, ni le sommeil, ni le moindre amusement, ni l'amour, ni le spectacle ne le retenaient » (*Vie,* 23, 1-2). Encore faut-il remarquer que les loisirs n'ont guère commencé pour lui qu'après la mort de Darius et que la poursuite d'un ennemi exclut normalement toute distraction.

Un dialogue du même Plutarque rend un tout autre son : « On affirma au cours de la discussion que le roi Alexandre ne buvait pas beaucoup, mais qu'il passait surtout son temps à converser avec ses amis en buvant. Philinnos prouva que c'étaient là des paroles en l'air, en citant les *Éphémérides royales,* où reviennent constamment les mots « tandis qu'il dormait ce jour-là sous l'effet de la boisson », et quelquefois même « et également la journée suivante » (*Propos de table,* I, 6, 1 : *Alexandre et l'amour de la boisson*). Ne tenons pas compte des libelles malveillants d'Ephippos et de Nikoboulè, ni des moqueries des poètes comiques (« Tu bois plus que le roi Alexandre », fait dire Ménandre à l'un de ses personnages) : ils sont tous postérieurs à la mort du roi. Mais comment ne pas tenir compte des scènes d'orgie que la *Vulgate* nous rapporte à Babylone en novembre-décembre 331 et à Persépolis en avril 330 ? « Partout en Perse, rois et dignitaires raffolent des " jeux de repas " *(convivales ludi)* ; les Babyloniens surtout s'abandonnent au vin et à tout ce qui suit l'ébriété », écrit Quinte-Curce, V, 1, 37, qui enchaîne sur des scènes de débauche. Ordonné ou non, prévu ou imprévu, l'incendie du palais de Persépolis s'accomplit au terme d'une farandole bachique, le roi en tête, plus ivre que tous les autres.

Rappelons que l'usage macédonien et l'usage perse refusaient de couper le vin d'eau, comme le voulaient les Grecs, que l'ivresse à laquelle s'adonnaient Philippe de Macédoine et Darius III était regardée comme sacrée, surtout dans les banquets en l'honneur des dieux, et qu'elle pouvait être obtenue aussi bien par le vin très liquoreux de leurs vignes que par la bière ou le gin des populations soumises :

Thraces, Péoniens, Scythes, Parthes... Ajoutons enfin qu'à partir de Babylone, dont les eaux marécageuses ou les eaux de citerne étaient toutes polluées (on disait « impures »), les officiers de l'armée macédonienne ne buvaient que de l'eau de source ou du vin : de là le geste célèbre d'Alexandre refusant un casque plein d'eau, sale nécessairement, que lui tendaient de vieux soldats, quelque part dans les déserts du Turkménistan ou du Béloutchistan. Il n'y a là, quoi qu'en ait claironné la légende, rien d'héroïque ni de surhumain.

Même les admirateurs d'Alexandre, comme ceux qui furent à l'origine de l'*Anabase* d'Arrien, n'ont pu s'empêcher de déplorer un alcoolisme aux conséquences si funestes. Après l'assassinat de Kleïtos, le meurtrier pleure longuement, il veut mourir, il refuse de manger... et de boire, et il faut tous les sophismes de la philosophie — ceux de Callisthène et d'Anaxarkhos —, non pour le guérir, mais pour l'inciter à continuer : « Il craint la loi et le blâme des hommes. Il devrait être pour eux la loi et la définition même de ce qu'il faut faire, puisqu'il a vaincu pour commander et être tout-puissant et non pas se soumettre comme un esclave à une vaine opinion » (Plutarque, *Vie,* 52, 5). La note la plus juste et la plus humaine est donnée, en cette circonstance, par Arrien qui écrit : « J'ai pitié de la détresse d'Alexandre qui, alors, fut incapable de maîtriser deux passions indignes, l'une et l'autre, d'un homme raisonnable : la colère et l'ivrognerie » (*Anabase,* IV, 9, 1).

L'habitude prise dans les satrapies du Nord ne s'arrêtera pas en chemin. Les noces et les fêtes de Bactres qui virent, dans l'hiver de 328 à 327, l'arrestation de Callisthène, lequel refusait de vider la « vaste coupe d'Alexandre » et de se prosterner (Plutarque, *Propos de table,* I, 6, 1 ; *Vie,* 54, 5), furent l'occasion de grandes beuveries, bientôt suivies par celles de l'entrée dans l'Inde où, selon les informateurs de

Quinte-Curce, Clitarque et Mégasthène, « les femmes (des rois) préparent les repas ; ce sont elles qui versent le vin, dont tous les Indiens usent copieusement » (Quinte-Curce, VIII, 9, 30). En effet, à peine arrivés dans la vallée de la Kunar (antique Euaspla), qui sépare l'Afghanistan du Pakistan, les conquérants la remontent, puis ils suivent la vallée du Pech jusqu'à Nysa (Wama, dans le Kafiristan). On y montre encore actuellement les vestiges de l'Indrakun : vignoble, verger sacré, aire sacrificielle, piste de danse, pressoir monolithique, cuves de pierre pour la fermentation du vin, toutes créations du dieu Indra, dont les Kafirs ou « Infidèles » célébraient encore les fêtes au siècle dernier, au début de novembre. Les Macédoniens, assimilant Indra, père de la vigne, à Dionysos, leur dieu du vin, le nom du village de Nysa (peut-être Nishei actuel) et le mont lointain Meru (Koh-i-Mor) aux lieux des enfances de Dionysos, se livrent avec les indigènes à des bacchanales, à des danses et à des beuveries qu'on aurait tort de sous-estimer. Et à peine ce *kômos* est-il terminé, qu'ils se précipitent vers Massaga du Svat (Chakdara) dont ils massacrent les 7 000 mercenaires, malgré les termes de la capitulation.

On n'entend plus guère parler des scènes d'ivresse avant l'entrée dans la Carmanie. Et pourtant, toutes les victoires dans l'Inde, tous les traités passés avec les rois vaincus, toutes les fondations d'Alexandrie ou de postes militaires ou d'autels commémoratifs au bord du monde connu, tous les sacrifices sur les fleuves et sur la mer, sont accompagnés par Alexandre de copieuses libations. Si la tradition littéraire ne les a pas mentionnées, c'est qu'elles étaient devenues une habitude et une nécessité, surtout chez un homme que ses thuriféraires et probablement luimême comparaient au Dionysos indien ou plus simplement au Dionysos, fils de Zeus, que connaissaient bien les Grecs et les Macédoniens. Il n'y a aucune

raison de douter que l'armée qui s'est refaite de ses
privations à Pura (Bampur), à Khanu sur le Rud-bar
(future Alexandrie de Carmanie) et à Saïdabad, capitale de la Carmanie, a célébré, pendant au moins
sept jours, la victoire de son Dionysos et qu'Alexandre a présidé, non à un défilé de carnaval ni à une
mascarade, mais à de véritables scènes d'orgie, plus
ivre, plus fou que quiconque, parce qu'il avait
échappé contre toute attente à la catastrophe qu'il
avait lui-même provoquée. On remarqua que, de la
Gédrosie à la Susiane, les fêtes alternent avec la mise
à mort des gouverneurs accusés de tous les méfaits.

Et puis les événements se précipitent. Au printemps de 324, à Suse, « au retour du bûcher (du
" philosophe " indien Kâlaṇâ), Alexandre réunit
dans un banquet beaucoup de ses amis et de ses officiers et proposa un concours de boisson : celui qui
boirait le plus de vin pur serait couronné. Celui qui
en but le plus, Promakhos, alla jusqu'à treize litres. Il
reçut en prix une couronne d'un talent (soit
6 000 francs-or), mais il ne survécut que trois jours.
Quant aux autres, selon Kharès, 41 moururent après
boire, saisis dans leur ivresse d'un violent refroidissement » (Plutarque, *Vie,* 70, 1-2 ; confirmé par Athénée, *Banquet,* 437 a-b et Elien, *Varia Historia,* II, 41 ;
III, 24 ; XII, 27).

La même source, si l'on peut dire, le grand chambellan Kharès, raconte les noces de Suse qui, aussitôt
après, mirent le roi et ce qui lui restait d'officiers au
milieu des pots et des outres. L'acte essentiel de ces
88 ou 89 mariages simultanés, le roi épousant deux
filles de rois, selon le rituel perse, consistait à boire à
la même coupe de vin pur. Pendant cinq jours, au
printemps de 324, on fit la fête à Suse, car, à l'occasion du rapprochement des deux aristocraties perse
et macédonienne, Alexandre offrit un festin à tous
les soldats macédoniens qui avaient déjà pris pour
femmes des Asiatiques, des milliers, paraît-il, « et

chacun d'eux reçut une coupe d'or pour les libations » (Plutarque, *Vie*, 70, 3). Faut-il établir un rapport entre ces noces mémorables et l'édit de Suse par
lequel Alexandre, perdant toute mesure, demandait à
toutes les Cités grecques qu'on le surnommât « fils
du dieu Ammon » et qu'on lui accordât, en conséquence, des honneurs divins ?

En octobre 324, nouveaux banquets à Opis, à une
trentaine de kilomètres au sud de la moderne Bagdad : le roi, entouré de ses officiers supérieurs et des
aristocrates des autres nations, puise au même
mélangeoir géant, fait les mêmes libations », en souhaitant que s'établissent la bonne entente et l'exercice en commun du commandement » (Arrien, *Anabase*, VII, 2, 8-9) ; un banquet d'adieux prélude au
départ des démobilisés sous la conduite de Kratéros,
malade, et de Polysperkhon. Un mois plus tard, à
Ecbatane, les fêtes données à grands frais avec des
centaines de sportifs et d'artistes, avec d'énormes
beuveries aussi, se terminent mal : le 10 novembre,
l'ami intime du roi, Hèphaïstion, pris d'un accès de
fièvre se met à table malgré son médecin « et boit
tout le contenu d'un grand vase de plus de deux
litres de vin rafraîchi. Il est au plus mal et meurt peu
après » (Plutarque, *Vie*, 72, 2).

A partir de ce moment, Alexandre est comme fou.
On a peine à le détacher du cadavre de son amant. Il
commence par faire pendre le médecin Glaukias. Il
interdit toute musique, fait tondre tous les chevaux et
les mulets en signe de deuil, ordonne d'abattre les
remparts des villes d'alentour, prescrit un deuil
public sur toute l'étendue de l'Empire, envoie
demander à l'oracle d'Ammon, dans le désert
d'Égypte, s'il faut honorer Hèphaïstion comme un
héros ou comme un dieu. Il confie à Perdikkas le
soin de convoyer à Babylone, en grande pompe, le
corps embaumé du défunt. Et tandis que les courtisans rivalisent de flagornerie en affectant de croire à

la présence éternelle du disparu, Alexandre cherche une diversion dans la chasse à l'homme : en plein hiver, il mène une campagne de répression contre les habitants des montagnes du Louristan et tue tout ce qui s'offre à la pointe de sa lance, des milliers de Kassites, nous dit-on. Ce seront les victimes offertes en sacrifice au bien-aimé Hèphaïstion.

Pour s'échauffer et se réchauffer, il boit. Si un policier boit, on ne lui confie pas une arme et, s'il en a une, il est deux fois coupable de s'en servir. En descendant les pentes occidentales du Zagros, il conçoit les projets les plus insensés, ceux que l'on va trouver consignés dans ses papiers par son secrétaire, six mois plus tard : mise en chantier de 1 000 navires de guerre à quatre et cinq files de rameurs de chaque côté, circumnavigation de l'Afrique, conquête de la Méditerranée occidentale, établissement d'une route carrossable d'Égypte jusqu'à Gibraltar, construction de six temples luxueux coûtant chacun 1 500 talents, le plus grand étant en Troade, transferts de population d'un continent à l'autre, « il construirait en outre pour son père (Philippe ?) un tombeau en forme de pyramide, semblable à la plus grande de celles d'Égypte » (*N.B.* : celle de Khéops mesure 147 m de hauteur) (Diodore, XVIII, 4-6). Il est vrai qu'à la même époque il prêtait l'oreille aux propos de l'architecte Deinokratès de Rhodes, qui se disait capable de transformer le mont Athos en une gigantesque statue du roi offrant une libation perpétuelle ; il lui ordonnait de construire pour le bien-aimé Hèphaïstion un catafalque haut comme une maison de vingt étages, aux prix de 12 000 talents (Vitruve, *Architecture,* II, 1, 31 ; Plutarque, *Vie,* 72, 6-8 ; Diodore, XVII, 115). C'est de la démesure, *hybris,* disaient les Grecs ; cela passe la mesure humaine, *meïzon è kat' anthrôpou physin.*

Évitons de répéter tout ce que nous avons déjà dit des actes incohérents qui suivirent cette campagne terrifiante de quarante jours et accompagnèrent l'installation de l'armée à Babylone. Ce sont à la fois des parades contre la tristesse et la peur, qui envahissent l'esprit du roi, des préparatifs en vue d'un départ pour une destination inconnue, des tournées d'inspection sur l'Euphrate et dans les marais entourant la ville, des réceptions d'ambassades, des séances épuisantes de tribunal, un deuil mené à grand tapage et une joie non dissimulée au retour des ambassadeurs envoyés à l'oasis de Siwah : on offrira désormais des sacrifices à Hèphaïstion comme à un demi-dieu. Kléoménès, un franc coquin, sera pardonné s'il construit deux sanctuaires à Alexandrie en l'honneur du héros bien-aimé. Cependant on égorge, sur ordre, le pilote qui a retrouvé le diadème égaré d'Alexandre et l'inconnu qui s'est assis par mégarde sur son trône.

Pour remercier les dieux de ses succès passés, présents et à venir, il fait distribuer des victuailles et du vin aux soldats et il se remet lui-même à banqueter joyeusement et à boire d'autant plus qu'il fait chaud. L'agitation de son esprit est à son comble, à la fin du mois de mai 323, quand il se persuade que les fils d'Antipatros, régent de Macédoine et *stratègos* d'Europe, sont là, près de lui, pour l'assassiner. Il frappe Kassandros, l'un d'entre eux. Il menace. Il a des visions, ou plutôt une sorte bien connue de délire s'empare de lui : il voit, ou croit voir, le plus grand des lions aux prises avec un âne, des vols menaçants de corbeaux. « Dès lors, Alexandre devint accessible aux prodiges et laissa le trouble et une crainte extrême lui envahir l'esprit... et son palais fut plein de sacrificateurs, de purificateurs et de devins » (Plutarque, *Vie*, 75, 1).

Crainte et tremblement. Comme ces termes s'allient bien aux symptômes consignés dans les *Éphémérides royales* et à ceux que rapporte la *Vulgate* : la soif inextinguible, une vive douleur dans la région dorsale ou plus exactement intercostale, la fièvre qui, dans ce pays plus que chaud, en juin 323, ne se manifeste que par des frissons et des claquements de dents, le délire, l'envie de se jeter à l'eau, l'aboulie, la prostration, la raideur de la nuque, l'inconscience enfin ! On n'a pas assez tenu compte du témoignage du plus sérieux des historiens : « Aristoboulos dit qu'Alexandre, pris d'un vigoureux accès de fièvre et ayant très soif, but du vin ; qu'il se mit ensuite à délirer (*phrénitiâsaï*, le mot qu'on retrouve dans « frénésie ») et qu'il mourut le 30 du mois daisios » (Plutarque, *Vie*, 75, 6). La version officielle ne fait état que de trois jours ininterrompus de beuveries, de sept jours entiers de fièvre grandissante, puis de deux jours d'aphonie et de semi-inconscience, enfin de deux jours de coma. Aucune mention de sécrétions. Aucune autre présence que d'officiers et de soldats. Mais les autres témoins, ceux qu'invoquent Clitarque, le Pseudo-Callisthène et le *Livre de la mort d'Alexandre* : les médecins qui entouraient toujours le roi, les domestiques qui l'ont transporté, effondré et dolent, dans sa chambre, ses épouses et notamment Roxane qui avait tout à craindre de sa disparition, les devins et guérisseurs immédiatement consultés, tous ces témoins apparemment inutiles au protocole, mais capables de ternir l'image du dieu invincible, valent bien qu'on prenne la peine de les entendre : ils ont tous été impuissants à tirer Alexandre de sa condition d'éthylique profond [78].

S'il s'était agi d'une crise d'ivresse passagère ou d'un accès paludéen — ce que rien d'ailleurs ne prouve —, les médecins formés à l'école d'Hippocrate ou à celle d'Aristote disposaient de remèdes immédiats. Mais que pouvaient-ils faire contre une imbibition d'alcool, s'aggravant depuis six ans au moins et s'achevant en scènes de délire tremblant ? Rien, évidemment, surtout s'ils voyaient, dans le vin pur des libations, un liquide divin et, dans l'ivresse, une prise de possession par le dieu Dionysos. La folie était alors un mal sacré. Les cliniciens modernes, qui savent ce que sont les hallucinations visuelles, les phases d'angoisse et d'euphorie, l'incohérence dans les idées, le tremblement intense et généralisé du corps et un épisode final évoluant en quelques jours, préféreraient traiter une telle psychose aiguë par des produits chimiques appropriés : des injections de somnifères et d'alcool, et par un régime draconien. Ils tiendraient surtout compte des signes précurseurs, des excès sexuels, des blessures du combattant, de son surmenage et enfin de son dernier chagrin, un chagrin qu'il croyait bon, comme tant d'autres, de noyer dans le vin.

LE JUGEMENT DES MORALISTES

Évidemment, les admirateurs ou les obligés d'Alexandre devaient être gênés de parler d'une mort si peu glorieuse. Avec quel soin ils taisent tous les détails immondes qui accompagnaient nécessairement les joyeuses beuveries de Sa Majesté, la dernière ivresse en particulier ! Seuls, ses adversaires ou ses ennemis pouvaient oser présenter la maladie et la mort du prince comme la sanction morale de son inconduite. Des morts récents, ne parlons qu'en bien, *nihil nisi boni,* dit l'adage latin. *A fortiori,* des grands et célèbres morts. Il a fallu attendre quatre cents ans après l'inhumation de la momie d'Alexandre pour qu'un jeune Espagnol, né sous Caligula, l'empereur fou, osât développer tout ce qu'impliquait le verbe *phrénitiâsaï,* « délirer », employé par le grave et discret Aristoboulos. Il vaut la peine de citer *in extenso* l'épitaphe que Lucain a consacrée au tombeau de l'agora d'Alexandrie (*Pharsale,* v, 20-52).

« Ici repose un fou *(uesana... proles),* le descendant de Philippe de Pella, un brigand chanceux. En l'emportant, le Destin vengea le monde. Au lieu d'être dispersés de tous côtés, ses membres reposent au plus profond du sanctuaire : la Fortune épargna ses restes et la chance que son règne connut s'est perpétuée d'âge en âge. Même si le monde revenait à la liberté, cette dépouille conservée, funeste exemple du pouvoir arbitraire d'un seul homme sur tant de nations, serait encore une dérision à la liberté. Il abandonne le pays des Macédoniens, siège obscur de ses aïeux. Il dédaigne Athènes que son père a vaincue. Poussé, entraîné par ses destins, il se rue, en multipliant les cadavres, sur les populations de l'Asie, il brandit son épée à travers toutes les nations. Il trouble l'eau des fleuves lointains, l'Euphrate avec le sang des Perses, le Gange avec celui des Indiens : fléau de la terre, foudre exterminatrice de peuples entiers, astre de malheur pour le genre humain ! Il s'apprêtait à passer avec ses navires, par la mer qui entoure le monde, jusqu'à l'Atlantique. Rien ne va l'arrêter, ni le soleil de feu, ni les flots, ni les déserts d'Afrique, ni les Syrtes d'Ammon. Il irait jusqu'à l'Occident en suivant la courbe de la terre. Il en ferait le tour d'un pôle à l'autre. Il se désaltérerait là où le Nil prend sa source... La mort le prévient, seul terme que la nature ait imposé au roi fou *(uesano regi)*. Le même désir passionné qui lui a fait vouloir la terre entière lui fait emporter son empire avec lui, sans laisser d'héritier de toute sa fortune. Les cités après lui vont s'entre-déchirer. Le voilà qui s'effondre dans sa Babylone, tandis que les Parthes se prosternent devant lui. O honte !... la terre des Parthes, si fatale aux Crassus, n'était alors qu'une province qui ne portait ombrage à l'infime Pella ! »

Ce qu'on lit en ces vers vengeurs, ce sont essentiellement trois reproches : celui de cruauté, celui d'insatiable ambition, celui de tyrannie. Et une explication : la folie, et plus précisément la folie des grandeurs. Le vin n'est pas mis en cause, comme dans les premiers libelles dirigés contre Alexandre, ceux des orateurs attiques ou d'Éphippos, mais une tare aussi profonde que celle de la famille de Caligula, l'épilepsie, que l'on retrouve chez Philippe Arrhidaios, demi-frère et héritier légitime d'Alexandre. A la même époque que Lucain, en 63 exactement ap. J.-C., Sénèque le philosophe, son oncle, porte à peu près le même diagnostic physique et moral, et l'adjectif *uesanus,* « insensé, fou », revient plusieurs fois dans ses diatribes.

« Cet homme, épris d'une gloire dont il ne connaissait ni la nature ni la vraie mesure, marchait sur les traces d'Hercule et de Bacchus et, ne sachant même pas faire halte là où elle s'arrêtait, reporta ses regards du monde qui l'honorait vers l'Être avec qui il partageait cet honneur ; comme si le Ciel, ambition de son âme remplie d'illusions, était déjà son partage parce qu'on l'égalait à Hercule ! Quel rapport y avait-il en effet entre ce héros et un jeune insensé *(uesanus adulescens)* qui n'avait, au lieu de bravoure qu'une heureuse témérité ?... Il ne fut dès son enfance qu'un brigand et un dévastateur de nations, le fléau de ses amis aussi bien que de ses ennemis, car le bonheur suprême lui semblait consister à terroriser tous les mortels. Il avait oublié que les bêtes les plus fières ne sont pas les plus redoutables. Les plus lâches le sont aussi pour leur venin malfaisant » (*Des bienfaits,* I, 13, 1-3).

Et du même auteur, écrivant à Lucilius : « Je faisais tout à l'heure mention d'Alexandre. Tant de marches, tant de combats, tant d'intempéries traversées malgré la rigueur des saisons et la difficulté des lieux, tant de fleuves descendant de régions inconnues, tant de mers affrontées le laissèrent finalement en sûreté. Mais les excès de boisson, la coupe fatale d'Hercule le mirent au tombeau » (*Lettres à Lucilius,* X, 83, 23). « C'est la fureur de vouloir dévaster le bien d'autrui qui talonnait le malheureux Alexandre et le lançait dans l'inconnu. Accorderais-tu du bon sens à cet homme qui, pour son coup d'essai, inflige désastre sur désastre à la Grèce qui l'avait formé, ravit à chacun ce qu'il a de plus précieux, transforme Sparte en esclave, et Athènes en muette ?... Il s'en va çà et là renverser d'autres villes et promener ses armes par toute la terre, sans que nulle part sa cruauté se lasse et s'arrête, pareil aux fauves qui mordent plus que n'exige leur faim » (*Lettres à Lucilius,* XV, 94, 62). Ce sont toujours les mêmes reproches d'orgueil, d'ambition démesurée et de cruauté, que l'on entend adressés, au nom de la morale ou de la sagesse stoïcienne, à ce malheureux fou furieux, à ce possédé véritable « qui va, non parce qu'il veut aller, mais parce qu'il ne peut se tenir en repos, comme ces masses qu'on jette à l'abîme et qui ne s'arrêtent qu'à plat » *(id., ibid.).*

Il serait facile de multiplier de pareilles citations, prises à tous les écrivains du classicisme latin, de Cicéron (*De officiis,* par exemple, I, 26, 90) à Juvénal (*Satires,* X, 168-173 ; XIV, 308-314). Les images succèdent aux images. La plus saisissante et probablement la plus juste reste celle de l'homme chagrin, mélancolique, tout attristé de son échec final, aussi peu maître de lui que de l'univers. On la retrouve curieusement exprimée dans quelques portraits d'Alexandre et dans le traité du physiognomoniste grec Antonios Polémon (38-145) dont nous possédons le texte en arabe. Il existe d'Alexandre des visages tourmentés, d'autres inquiets, nostalgiques. Ce regard « humide », que Lysippe, le bronzier, a, paraît-il, si bien rendu d'après son modèle, est interprété parfois comme un trait de caractère négatif. On y veut voir, non de la douceur ni de la tendresse, mais de la mollesse, de la féminité avec tout ce que ce mot implique, pour un Ancien, de pauvre maîtrise de soi et d'inconstance. C'est aussi le signe de l'inverti.

On ne sait où le savant Polémon, suivi par le médecin Adamantios (éd. Foerster, t. I, p. 144 et t. II, p. 328), a pris qu'Alexandre avait des yeux agités, comme sautillants, vastes, et le regard brillant et tirant sur le violet foncé *(ad colorem hyacinthinum uergebat)*. Adamantios commente : « De tels yeux donnent des pensées fortes et élevées pour réaliser de grandes actions, un esprit d'une audace et d'une ampleur extrêmes, mais incapable de contrôler sa colère ni son penchant pour la boisson, vaniteux, léger, presque épileptique et plus épris de gloire qu'il n'est permis : tel était Alexandre de Macédoine. » Ailleurs (I, 7), il est dit : « Les yeux grands et tremblants trahissent la folie, la démence, la voracité, l'ivrognerie et la débauche. » Jugements évidemment préconçus, les signes du visage étant interprétés en fonction de ce qu'on croyait savoir *a priori* du caractère, de l'esprit et de l'âme d'Alexandre. Il n'empêche que toute une partie de la tradition, celle des médecins et des psychologues, confirme le jugement des Stoïciens et des écrivains latins, leurs disciples : Alexandre est la parodie du héros véritable qu'est le sage, que ce dernier se nomme Diogène, son adversaire, ou l'empereur Marc Aurèle, son émule. Un anti-héros, analogue à cet Alexandre le Petit, l'interprète du dieu serpent Glycon, le prêtre imposteur, dont Lucien de Samosate, peu après l'an 180, a raconté les méfaits.

Ce pamphlet, intitulé *Alexandre ou le faux prophète,* est en partie une biographie du Conquérant. Comme lui, il naît à Pella, capitale de la Macédoine, et il y doit sa fortune à une femme riche sur le retour, très semblable à Olympias. Elle nourrit, comme tant d'autres femmes de Pella, une longue couleuvre qu'il se charge de faire travailler. Avec un complice il passe en Bithynie, puis s'installe dans le Pont-Euxin à Abônoteikhos près de l'actuelle Sinope. Il se dit le descendant des héros Persée et Podalire et, en usant d'un ingénieux trucage, il fait prophétiser son ser-

pent qui passe pour le dieu de la médecine réincarné.
Il exploite aisément la crédulité des Grecs et des Barbares. Sa réputation s'étend à toute l'Asie Mineure,
puis à tout l'Empire romain, grâce à ses porteurs
d'oracles. Le voici entouré d'une foule de fanatiques,
prêts à détruire tout ce qui lui fait obstacle, hommes
et livres. Débauché, cupide, il meurt, au début de
l'immense carrière qu'il s'est promise, de la façon la
plus misérable ; un ulcère gangréneux, rempli de
vers, le ronge du pied jusqu'à l'aine. Un concours est
ouvert après sa mort. « Les principaux de ses complices en imposture » se disputent son fructueux
héritage, qui, finalement, ne passe à personne.
Alexandre continuera à rendre des oracles même
après sa disparition ! (Lucien, *Œuvres,* trad. E. Chambry, éd. Garnier, 1952, t. II, pp. 120-148). C'est le
même Lucien qui fait dire ironiquement à Hannibal :
« Toute mon œuvre, je l'ai accomplie sans me faire
appeler fils d'Ammon, sans me donner pour un dieu,
sans raconter les visions de ma mère » (*Dialogues des
morts,* XII, 2). Dans trois de ses *Dialogues,* XII, XIII et
XIV, le terrible Voltaire grec fait reconnaître à
Alexandre qu'il a usurpé les titres de Grand, de fils
d'Ammon, voire de dieu, et qu'il n'est qu'un mortel
bien médiocre, en tout cas qu'il n'a rien d'un héros.
S'il s'était cru un Hèraklès, ce n'en était que le masque, la caricature, l'ombre.

LE SALISSAGE DU POUVOIR

Si la façon dont il meurt juge la vie d'un homme,
alors, toute la conduite d'Alexandre se trouve
condamnée. Pour n'avoir jamais su se maîtriser, il est
mort comme il a vécu, d'intempérance, oublieux des
principes élémentaires de la sagesse grecque tels
qu'on les lit à Delphes : rien de trop, se connaître

pour ce qu'on est, ne pas répondre pour un autre, bref, garder la mesure et rester à sa place d'homme. Au possédé du dieu thrace Dionysos, dieu de l'ivresse et de la folie qu'elle entraîne, les leçons apolliniennes échappaient aussi bien que celles des philosophes.

Ce sont eux surtout qui ont fait à Alexandre la plus sombre des réputations. De quelque secte qu'ils fussent, ils ne lui ont pas pardonné l'arrestation et le martyre de Callisthène. Ce dernier avait tout fait pour servir la gloire du jeune chef, pour célébrer ses mérites, son intelligence et son cœur dans *le Récit des hauts faits d'Alexandre,* pour entretenir en son âme les éléments de philosophie qu'y avait mis Aristote, pour instruire les jeunes Cadets, futurs cadres de l'armée, pour distraire noblement les seigneurs de la guerre au cours des banquets, pour réconforter ou même consoler le roi quand il allait jusqu'à assassiner son meilleur serviteur, Kleïtos le Noir. Profitant du complot de quelques pages que les Macédoniens condamnaient unanimement, Alexandre, stimulé ou non par sa mère et ses amis de cœur, fait enchaîner et promener devant l'armée, puis jeter dans la plus ignoble des oubliettes, à Bactres-Zariaspa, le cousin d'Aristote. Il y restera si bien au secret pendant sept mois, entre les deux automnes de 328 et de 327, que nul ne saura même quand ni de quoi il est mort. Théophraste sera le premier à déplorer ce véritable assassinat dans un traité intitulé *Callisthène, ou de la douleur* et à reprocher à l'assassin de n'avoir su ni user de la Fortune, ni se conduire dans la prospérité. Douris de Samos, élève de Théophraste, montre bientôt comment Alexandre s'est corrompu au contact du despotisme et de la dépravation de l'Asie. Les Stoïciens blâment de leur côté Callisthène d'avoir suivi Alexandre et ils louent les philosophes qui ont pris l'attitude contraire (Plutarque, *Moralia,* 1043 d). On ne pèche pas contre l'esprit impunément.

Aussi les jugements moraux des trois principaux biographes d'Alexandre, Quinte-Curce, vers l'an 40, Arrien, cent ans plus tard, et Justin, sous les derniers Antonins, vont-ils dans le même sens : ils louent la bravoure et la générosité du chef de guerre, ce que nous appelons improprement son héroïsme, pour condamner, disons, les faiblesses de l'homme, même s'ils veulent les imputer à sa destinée, à sa fortune ou à son infortune. « Telle est le lot de la Fortune : s'égaler aux dieux et aspirer aux honneurs célestes, croire aux oracles qui l'y poussaient et s'irriter plus passionnément qu'il ne convenait contre ceux qui ne daignaient pas l'adorer, changer de tenue pour s'habiller comme un étranger, emprunter leurs mœurs aux peuples vaincus alors qu'il les avait méprisées avant la victoire. Car la colère et l'amour du vin excités par sa jeunesse auraient pu se calmer au cours de sa vieillesse. Il faut bien avouer que, s'il dut extrêmement à ses mérites, il a dû encore plus à une Fortune que seul, ici-bas, il eut en son pouvoir. Que de fois l'a-t-elle arraché à la mort ! Que de fois l'a-t-elle protégé avec un bonheur constant quand il se jetait témérairement dans les dangers ! A sa vie elle a mis le même terme qu'à sa gloire. Les destins ont attendu qu'il eût dompté l'Orient et atteint l'Océan, tout ce que concevait sa condition d'être mortel. Tel est le roi, le chef à qui on cherchait un successeur. Mais la charge était trop lourde pour un seul homme » (Quinte-Curce, X, 5, 33-37).

« S'il est arrivé à Alexandre de mal faire par précipitation ou sous l'empire de la colère ou de se laisser aller trop loin dans l'orgueil comme les Perses, je ne le trouve pas très grave, personnellement. Si l'on veut être juste, il faut tenir compte de la jeunesse d'Alexandre, de ses succès continuels et des flatteurs qui n'approchent les rois que pour les pousser à jouir et non à bien faire, toujours prêts à les aider à faire

du mal. Cependant, je ne connais guère qu'Alexandre parmi les rois d'autrefois pour s'être repenti
publiquement des fautes qu'il avait commises et
prouver ainsi la noblesse de son âme... Qu'il ait attribué sa naissance à un dieu ne me paraît pas une
faute bien grave, si même il ne s'agissait pas simplement d'une façon ingénieuse d'obtenir la vénération
de ses sujets... De même, il me semble que le fait
d'adopter le costume des Perses était encore un
moyen ingénieux de montrer aux Barbares que leur
roi ne leur était pas tout à fait étranger, et aux Macédoniens qu'il changeait lui-même quelque chose à
leur rudesse et à leurs prétentions. C'est pour la
même raison, à mon avis qu'il a mêlé aux unités
macédoniennes les Gardes perses à pommeau d'or et
les Parents du roi à ses propres Gardes du corps. Il
prolongeait les beuveries, aux dires d'Aristoboulos,
non parce qu'il aimait le vin pur — car il en buvait
peu — mais par amitié pour ses Compagnons »
(Arrien, *Anabase*, VII, 29, 1, 3 et 4).

« A Philippe succéda son fils Alexandre, qui le
surpassa en vice comme en vertu. Leur façon d'obtenir la victoire était bien différente. Alexandre y allait
franchement, Philippe faisait la guerre en rusant.
Celui-ci aimait à tromper ses ennemis, celui-là à les
vaincre. Philippe se décidait avec plus d'adresse,
Alexandre avec plus de noblesse d'âme. Le père
savait dissimuler, souvent même étouffer sa colère.
Le fils, une fois irrité, ne souffrait ni retard ni bornes
à sa vengeance. L'un et l'autre aimaient trop le vin,
mais avaient en eux des défauts divers : le père, au
sortir de table, courait à l'ennemi, livrait bataille, se
jetait, tête baissée, dans les dangers ; Alexandre tour-
nait sa fureur, non contre ses ennemis, mais contre
ses proches. Aussi vit-on souvent Philippe quitter le
combat couvert de blessures et Alexandre sortir d'un
banquet ayant assassiné ses amis. L'un voulait régner
avec ses Compagnons, l'autre exerçait son empire

sur ses Compagnons. Le père préférait être aimé et le fils être craint. Tous deux montrèrent du goût pour les lettres : Philippe eut plus de talent, son fils plus de spontanéité. Le premier fut plus modéré en ses propos et en ses discours, le second en ses actes. Le fils pardonnait aux vaincus plus vite et plus franchement. L'autre ne respectait même pas ses alliés. Le père aimait la frugalité, le fils se livrait de plus en plus à l'intempérance. Ce fut avec ces tempéraments divers que le père jeta les fondements de l'empire du monde et que le fils eut la gloire d'achever tout l'ouvrage » (Justin, *Histoires,* IX, 8, 4-6).

« On ne peut point régner innocemment », disait Saint-Just à la Convention, le 13 novembre 1792. Les sociologues du XXe siècle préfèrent évoquer le salissage du pouvoir. Alexandre n'a échappé ni à ces lois, ni à la malveillance de ses sujets ou de ses administrés. Quelle que fût sa conduite, elle s'exposait elle-même à la critique. Son tort réel, c'est qu'il avait fini par se croire invincible, infaillible, irréprochable. Il est heureux qu'il se soit rencontré des historiens et des philosophes pour lui rappeler et pour nous rappeler qu'Alexandre, tout Roi des rois qu'il était devenu, s'était montré le contraire d'Hèraklès, son ancêtre, ou simplement de Philippe, son vrai père. Finalement, ce pauvre destin donne à réfléchir. Qui pouvait dire, après sa victoire sur le triple Géryon asiatique, s'il n'était pas par hasard un Hèraklès réincarné, ou un nouvel Achille ou un nouveau Prométhée, le surhomme cher au Sogdien Zarathoustra ? Les sept dernières années de sa vie et sa mort même prouvaient à l'évidence qu'il n'avait été qu'un homme, avec toutes ses défaillances et ses mille misères.

Modesto tamen et circumspecto iudicio de tantis viris pronuntiandum est, ne, quod plerisque accidit, damnent quae non intelligunt. « Pourtant, c'est avec retenue et circonspection que l'on doit se prononcer sur de si grands personnages, de peur de condamner, comme il arrive trop souvent, ce qu'on ne comprend pas » (Quintilien, *Inst. orat.*, x, 1, 26).

CHAPITRE V

Le dieu ou l'ange

Point de politique sans mythes.

Paul Valéry.
(Regards sur le monde actuel.)

Les Grecs n'avaient pas attendu l'édit royal de 324 pour vouer un culte à des êtres vivants. La frontière n'était pas étanche entre le monde des dieux et celui des hommes. Les héros d'Homère conversaient familièrement avec des divinités, qui ne dédaignaient pas de combattre sur terre à leur côté. Les Muses, filles de la déesse Mémoire et du dieu Apollon, parlaient à l'âme du poète, du savant, du philosophe. Un *daimôn* ou génie inspirait Socrate. Avec les Pythagoriciens et les Platoniciens, l'âme était conçue comme une parcelle de divinité exilée dans le tombeau du corps humain.

Sans parler des libations, des encensements et des sacrifices que l'on offrait, dans chaque Cité, rituellement et régulièrement aux fondateurs, aux poètes et aux sages, on admettait fort bien qu'un stratège vainqueur et, par conséquent, sauveur et bienfaiteur de son pays reçût un culte, à la fois une vénération et des marques de reconnaissance, comme un dieu. Toute victoire était une preuve manifeste, un signe de la faveur divine. On évoque, à titre d'exemple, le cas de l'amiral spartiate Lysandre, auquel d'île de Samos décerna un autel et une statue de culte, en 404, après l'écrasement d'Athènes. Plutarque (*Vie de Lysandre*, 18) cite, à ce propos, Douris de Samos, biographe d'Alexandre. Philippe, père d'Alexandre, juste avant de mourir assassiné, faisait défiler dans l'enceinte du théâtre de sa capitale les douze statues des dieux olympiens et la sienne propre, « digne de celle d'un dieu », et lui-même, vêtu de blanc, faisait son entrée sous les acclamations et les félicitations de l'assemblée, tandis que ses gardes se déployaient en éventail pour concentrer l'attention sur sa personne. Éphèse lui avait consacré une statue, tandis qu'Aristote, son conseiller, écrivait : « L'homme supérieur est comme un dieu parmi les hommes » (*Politique*, 1284 a).

A vrai dire, on n'en était encore qu'à comparer et non à assimiler tout à fait, bien que des admirateurs ou des flatteurs tels qu'Isocrate aient pu prendre à la lettre, pour Évagoras de Chypre ou Philippe II de Macédoine, de vieilles expressions poétiques telles que : « Il était comme un dieu parmi les hommes » ou « un divin mortel » (*Philippe*, 111-115 ; *Évagoras*, 72). Les honneurs décernés aux grands hommes n'étaient pas la marque d'une divinisation, mais plutôt celle d'une glorification. « On honore à juste titre, écrit Aristote (*Rhétorique*, 1361 A), spécialement ceux qui ont fait du bien, mais aussi quiconque a le moyen d'en faire... Font partie des honneurs les sacrifices, les commémorations en vers et en prose, les bénéfices ou revenus liés à des charges honorifiques, les enclos consacrés, les présidences, les tombeaux, les statues, la nourriture aux frais de l'État, les usages des Barbares tels que la prosternation, la distance respectueuse, les présents que chaque peuple a l'habitude d'offrir. » Il y avait déjà dix siècles que les Grecs réservaient des enclos ou des domaines fonciers, *téménè* (apparemment de la même origine que le mot latin *templum*), à la personne sacrée de leurs rois et qu'ils pensaient honorer d'une couronne divine les vainqueurs aux grands jeux.

Qu'Alexandre ait réclamé un pareil culte de la part des Cités grecques, au printemps de 324, juste au moment où son grand financier Harpale s'enfuyait de Babylone en faisant appeler sa maîtresse « Aphrodite », il n'y a là rien de scandaleux, ni d'inconséquent. Sa circulaire *(diagramma)* faisait valoir l'exemple d'Hèraklès, le grand ancêtre, et des victoires ininterrompues jusqu'au-delà des bornes du monde. Ce qui est neuf et beaucoup plus étonnant, c'est que le roi de l'Asie demandait qu'on le surnommât « fils d'Ammon » et non « fils de Philippe » et qu'il réclamât, à ce titre, des temples, des autels, des sacrifices, des statues, non *comme* un dieu céleste, mais *en tant que* dieu invincible, ou invaincu, *théos anikètos*[80].

On sait que la plupart des cités grecques n'en firent rien, que les Spartiates ironisèrent, que les Athéniens, sur la proposition dépitée et méprisante de Démosthène, décidèrent de lui ériger une statue et de lui rendre un culte public comme « associé » aux douze dieux et que, sauf Thasos, les cités qui avaient envoyé des théores ou ambassadeurs sacrés à Babylone arrêtèrent bientôt les travaux et les manifestations du culte. Seul, un texte suspect du IIIᵉ siècle ap. J.-C. veut que les Athéniens aient surnommé Alexandre le nouveau Dionysos (Diogène Laërce, VI, 63), alors que Démosthène « accordait à Alexandre d'être fils de Zeus... ou de Poseidon, s'il le voulait ! » (Hypéride, *Contre Démosthène*, 31 ; *Oraison funèbre*, 21). C'est à peine si Arrien, qui s'inspire de l'austère Aristoboulos, mentionne l'arrivée à Babylone, en avril 323, de théores couronnés et porteurs de couronnes, c'est-à-dire « comme s'ils avaient été envoyés en députation sacrée pour honorer un dieu. Et pourtant sa fin était proche » (*Anabase*, VII, 23, 2).

Une génération plus tard, tout a changé. Mais c'est en Égypte, à Alexandrie, où repose la momie du Conquérant. Il reçoit, cette fois, un triple culte divin : des habitants de la ville, comme fondateur, des Égyptiens, comme Pharaon, fils de Rê, fils de dieu et aimé des dieux, de Ptolémée Sôter et de ses fidèles, comme fils de Zeus-Ammon. Partageant ou non le sanctuaire de son ami Hèphaïstion et les sanctuaires des dieux dynastiques, il a ses temples, avec leur clergé, leurs domaines, leurs sacrifices, leurs inscriptions, leurs fêtes. Ptolémée Ier institue des jeux en son honneur, les *Alexandreia*. Son culte dynastique est confié dès 290 à un prêtre, dont le nom sert dans toute l'Égypte à dater les contrats, aussi bien ceux des Égyptiens que ceux des Grecs. Les monnaies le représentent pourvu des cornes du dieu Ammon. L'assimilation d'Alexandre à un nouveau Dionysos est achevée quand Ptolémée II Philadelphe célèbre ses troisièmes jeux solennels, les *Ptolemaieia* de l'an 261 av. J.-C.

Les processions organisées à Alexandrie en l'honneur de Dionysos, dieu du vin, et d'Alexandre, fondateur de la dynastie des Ptolémées, mêlaient les thèmes bachiques aux thèmes monarchiques. Alexandre s'y trouvait assimilé à Dionysos conquérant l'Inde et cette équivalence devait rester gravée dans les imaginations jusqu'au-delà de la fin du paganisme. On n'avait jamais vu, dans le monde antique, un pareil carnaval. Il dépassait certainement en prodigalité, en extravagance et en mauvais goût tout ce qu'on a pu inventer depuis dans les villes de Flandre ou de la Riviera. La description qu'en a laissée Athénée (*Banquet*, v, 25, 196 a-203 b) d'après Kallixeinos de Rhodes (*Histoire d'Alexandrie*, livre IV) défie l'imagination. Nous ne pouvons citer *in extenso* les vingt pages de son énumération. Retenons que le défilé, partant du stade, hors de la ville, s'est étiré à travers les rues de la capitale de l'aube au crépuscule et qu'il comprenait une douzaine de cortèges accompagnant des chars géants à motifs divers : en tête avançait la pompe dionysiaque, puis venaient 1 600 enfants en blanc, puis Dionysos revenant des Indes, assis sur un éléphant et suivi d'animaux exotiques, puis le cortège de Zeus et des autres dieux, parmi lesquels Alexandre, tout en or, sur un char attelé d'éléphants, entre la déesse de la Victoire et la déesse Athèna (Alkidèmos) : ce groupe évoquait le conquérant de l'Inde, émule ou double de Dionysos, et le « dieu Invincible », pacificateur de l'Asie, libérateur des villes grecques, fondateur d'un nouveau monde. Autant de thèmes qu'il allait appartenir aux faiseurs d'épopées, de biographies ou de romans de développer ou d'approfondir. « Près de Ptolémée siège Alexandre qui l'aime, redoutable divinité pour les Perses aux tiares bariolées. » Ainsi chante Théocrite, cette année-là (*Idylle,* XVII, vers 18 et 19).

Les auteurs d'*Alexandriades* en vers ne sont pour nous que des noms : au temps d'Alexandre, les poètes Khoirilos et Agis, sous les Attalides un certain Arrien, au IIe siècle de notre ère Clément, Nestor de Laranda et même l'empereur Hadrien, au IIIe siècle Soterkhos d'Oasis. Mais on a déjà vu que les récits de la *Vulgate* reposent sur les témoignages directs ou indirects recueillis par Clitarque à Alexandrie à la fin du IVe siècle av. J.-C., sur le récit plus ou moins remanié du philosophe Callisthène, qui attribuait à l'origine divine d'Alexandre ses victoires et à l'auteur du livre le mérite d'avoir célébré Alexandre comme un dieu, sur la biographie romancée d'Onésicrite, premier pilote de la flotte, sur les relations de voyage de Mégasthène qui, envoyé en 302 auprès du rajah Çandragupta, énumérait et exagérait les merveilles et les monstruosités de l'Inde.

La liste serait longue de tous ces auteurs crédules ou sans scrupules, et dont nous ne possédons que de misérables fragments. Mais leurs racontars fabuleux ont alimenté ce qu'on appelait l'Histoire, jusqu'à l'*Examen critique des anciens historiens d'Alexandre le Grand* par Guilhem de Clermont-Lodève, baron de Sainte-Croix. La deuxième édition de l'œuvre date de 1804. Et ils ont alimenté tous les contes bleus qui, en Égypte d'abord, ont abouti à la confection d'un gros recueil des *Hauts Faits d'Alexandre,* que leurs éditeurs ont placé sous le nom de Callisthène, comme chez nous un dictionnaire est avant tout un Larousse ou chez les Allemands un Brokhaus. Mais jamais les narrateurs n'en seraient arrivés là, je veux dire à composer de pareils romans, si la destinée même d'Alexandre n'avait déjà paru à ses contemporains proprement surhumaine, baignant dans le divin, merveilleuse, et si, de son vivant, on n'avait pas attribué sa naissance à l'intervention d'un dieu, ses victoires à des miracles, ses voyages à un céleste guide ou à un archétype divin, ses actes à une puissance extraordinaire, ses amours pour les dieux et les êtres humains à un don, ses derniers instants à un appel de l'au-delà.

Vue sous l'angle de la théologie ou encore de l'hagiographie, avec toute la majoration pieuse qu'impose la foi, la biographie vole de merveille en merveille. Elle ne demande qu'à célébrer, qu'à psalmodier la vie d'un dieu incarné. Avant d'aborder le *Roman* proprement dit d'Alexandre, qui date probablement, dans sa première édition, de l'époque de l'empereur Alexandre Sévère (222-235), laissons-nous entraîner par ces aventures situées pour ainsi dire hors du temps, avant qu'elles ne le soient hors de l'espace. Le cas d'Alexandre ressemble quelque peu à celui de Pythagore : avec un vigoureux ascendant personnel, il passe d'abord auprès des siens pour un guide ; il les force à le suivre et à devenir ses émules ; quelques réussites inexplicables, la chance, la foule des sectateurs, la réputation, le mystère font de lui un être unique, incomparable et, lorsqu'il a disparu, un être prédestiné, un saint, un dieu à figure humaine et dont la légende va encore multiplier les miracles.

LE FAVORI DU CIEL

Voici d'abord sur quelles bases s'est développée la croyance en la divinité d'Alexandre, au cours même de son existence. Nous nous bornons aux faits ou aux mérites essentiels, tous relevant du folklore ou du panégyrique. En deux mots, la naissance est miraculeuse, les aventures sont sans pareille, les amours romanesques, voire romantiques, la mort est un retour au banquet des dieux. Autant ne relever que les épisodes qui vont donner lieu à d'amples développements ultérieurs et noter, en principe, tout autre chose que ce qui s'est dit précédemment.

Il naît, divinement beau et destiné à rester éternellement beau, de l'union d'Olympias, dernier rejeton de la race d'Achille, et du dieu Zeus qui s'est enlacé à elle sous la forme d'un serpent. Ainsi dans les mystères du Dionysos thrace, Sabazios, on introduit un serpent vivant entre la tunique et la poitrine des mystes pour qu'ils renaissent en dieu[81]. Le jour ou plutôt la nuit de sa naissance, l'aigle du dieu suprême vient se poser sur le faîte du palais, le tonnerre se fait entendre, comme lorsque Sémélè met au monde le « Fils de Zeus », Dio-nysos.

Divers prodiges, signatures divines, accompagnent encore la naissance d'Alexandre, dont le nom, à lui seul, est un gage de félicité : il sera « le Défenseur, le Protecteur, le Sauveur des hommes ». A peine est-il né que la Macédoine apprend la victoire de ses fantassins en Chalcidique et en Illyrie, la victoire de ses chevaux à Olympie, la défaite de l'Asie, qui voit détruire son plus grand temple, à Éphèse, par un fou.

La même année qu'Alexandre, viennent au monde deux héros de légende, ses inséparables compagnons, Hèphaïstion, le demi-dieu, et Bucéphale, l'étalon noir marqué en blanc de la tête du taureau divin. Pour avoir voulu surprendre le secret de la naissance d'Alexandre, son père putatif, Philippe, devient borgne. L'oracle de Delphes consulté prédit que l'enfant sera invincible.

Olympias, qui vit dans le monde des bacchantes et des prêtresses de Zeus à Dodone, à Samothrace et à Dion, enseigne à son fils les rites divers du culte de Dionysos, ceux des Macédoniens et ceux des Thraces. Elle lui apprend même qu'il doit le jour, non au Zeus de l'Olympe, mais à Zeus Ammon, dieu suprême de l'Égypte. C'est lui qu'il devra consulter dans les épreuves. Avec une prodigieuse facilité l'enfant, devenu jeune homme, apprend de Philippe et de ses éducateurs exactement tout. Mais celui qui le marque le plus est Aristote, quand il lui parle de ce qui est « au-delà de notre monde physique », de la méta-physique, science de l'origine et de la fin des choses. Nul ésotérisme qui soit hors de la portée de cet esprit surhumain, de cet initié de naissance, capable aussi bien de guérir ses compagnons empoisonnés dans l'Inde que d'échapper lui-même au poison en Cilicie, aux flèches, aux coups de cimeterre et aux balles de fronde sur les champs de bataille. Il interprète les signes du Ciel et les songes aussi bien que son meilleur devin.

Après la mort de Philippe, pieusement vengé, Alexandre ne cesse de se montrer un modèle de piété. Non seulement il accomplit tous les sacrifices que prescrit chaque jour le rituel, en paix, comme en guerre, mais on le voit s'attacher spécialement à satisfaire les « fils de Zeus » qui lui ressemblent tant : Hèraklès, les Dioscures, Dionysos. Au cours de sa campagne victorieuse dans le Balkan, en 335, il rend visite au sanctuaire oraculaire du grand dieu thrace (Suétone, *Vie d'Auguste,* 94). La même année, quand il doit punir par le fer et par le feu la ville de Thèbes, où le dieu est re-né et où il a lui-même sévi contre l'impiété des habitants, Alexandre épargne les prêtres et les prêtresses et il laisse intacts tous les emplacements consacrés. La soudaine catastrophe de la cité félone « était sans invraisemblance attribuée au courroux divin » (Arien, *Anabase,* I, 9, 6). Plus tard, dans sa tendresse pour la ville de Dionysos, Alexandre essaiera d'expier le mal infligé et subi : il épargnera les Thébains réfugiés à Athènes, il permettra à d'illustres exilés de rentrer dans leur ville reconstruite, il témoignera publiquement de son repentir.

Il faut passer sous silence toutes les faveurs célestes qui accompagnent l'expédition, ce qu'on appelle *Tykhè,* la Chance, la Fortune, la Félicité du vainqueur : fleuves et même bras de mer traversés sans encombre, coups mortels détournés opportunément, blessures soudain guéries, rêves réalisés, visions inspirées, pour ne tenir compte que de trois actions prodigieuses. Il ne s'agit pas des quatre gigantesques victoires du Granique (334), d'Issos (333), de Gaugamèles (331), de Djalalpur (326). Il s'agit plutôt de victoires sur les éléments, qui vont bientôt exciter toutes les imaginations. Les récits les plus longs et les plus circonstanciés qu'on possède sont ceux du siège de Tyr, de la traversée de brûlants déserts, de la prise de citadelles imprenables, les *Aornoï* « auxquelles l'oiseau ne pouvait atteindre » et que, pourtant, les hommes volants d'Alexandre devaient faire capituler : victoires sur l'eau, sur le feu du ciel, sur l'air, en même temps que sur terre. Il n'y manque que la descente aux Enfers, victorieuse de la Mort, à moins qu'on ne songe au sort de la momie royale, au fond de l'hypogée d'Alexandrie, dans sa demeure d'éternité.

C'est le siège de Tyr[82] qui a excité le plus la verve

des conteurs. Non seulement parce qu'il a duré plus de six mois, de février à août 332, et parce qu'il a été terriblement meurtrier, mais surtout parce qu'il a donné à la marine grecque la maîtrise absolue de la Méditerranée orientale. Tyr qui, à cette époque, était une île fortifiée, suggérait plutôt un blocus qu'un assaut téméraire. Faute d'une flotte suffisante, Alexandre résolut cependant de prendre l'île en construisant une chaussée géante qui la relierait au continent. Longue de 720 m et large de 60 m, elle devait transformer l'île en péninsule. C'est aujourd'hui Sour. 50 000 hommes, soldats macédoniens compris, transportèrent les pierres d'un petit port côtier, rasé pour la circonstance, et les couffins pleins de terre en une sorte de noria humaine continue.

Quand cette digue, établie en eau profonde — jusqu'à 70 m au plus creux du bras de mer — se trouva à mi-chemin, les Tyriens vinrent en barque tuer à bout portant les travailleurs sans défense. Diadès de Pella, ingénieur du génie, fit avancer pour les couvrir deux tours de bois, couvertes de cuir et chargées de catapultes. C'est alors que la tempête emporta une partie de la digue. Alexandre la fit reconstruire en l'étayant de gros troncs d'arbres, dont les branches servaient de support et d'armature aux gravats. On tendit des panneaux de cuir et de toile tout le long du chemin. Lorsque la chaussée eut atteint l'île, on en doubla la largeur. Les béliers cachés sous les mantelets de protection démolirent 120 m de remparts. Les Macédoniens se précipitèrent par les brèches, mais furent ramenés sur leurs bases par les tirs meurtriers des bastions. Les assauts devaient se répéter pendant plusieurs semaines à partir de juillet 332, sans résultat. Du haut de leurs remparts, les assiégés lançaient des harpons et des tridents, ou de grands filets de pêche, pour attraper les hommes comme des thons.

Finalement, c'est par la mer que l'ancienne île fut

prise. L'assaut fut donné simultanément à travers le port sidonien, au nord, et à travers l'arsenal, au sud, tandis que l'infanterie fixait l'attention des défenseurs du côté de la chaussée, à l'est. A l'aide d'un pont volant lancé du sommet d'une tour de bois assujettie à deux navires couplés, les écuyers d'Admètos et le roi, près de l'arsenal, sautèrent sur le rempart, bientôt suivis par les soldats embarqués. On rêva longtemps de l'image de ce prince empanaché s'envolant le premier de sa passerelle de bois sur un rempart de pierre, haut comme une maison de six étages, le sabre au côté et le dard en avant : « Courage extraordinaire, péril plus grand ; les insignes de la royauté et l'éclat de ses armes le faisaient reconnaître et c'était lui surtout que l'on visait. Quel spectacle que de le voir transpercer de sa lance les défenseurs de la muraille ! Il en précipita même quelques-uns en les refoulant à coups d'épée et de bouclier. La tour du haut de laquelle il se battait collait presque aux murs de l'ennemi » (Quinte-Curce, IV, 4, 10-11). Le dieu des combats est aussi bien vainqueur du ciel que des profondeurs de la mer.

Après l'eau, le feu, ou plutôt son équivalent, le soleil ardent. A peine les prêtres d'Égypte ont-ils reconnu en Alexandre le successeur légitime du dernier pharaon, Nectanebo II (359-341), et par conséquent un dieu incarné, fils de Dieu, aimé de Dieu, etc., selon la titulature officielle, qu'il entreprend de traverser le désert pour demander une confirmation et une aide au dieu Ammon-Rê que les Grecs assimilent à Zeus. Au reste, avant que la grande armée ne quittât Amphipolis et le territoire de la Macédoine, Olympias avait bien révélé à son fils le secret de sa naissance. « Le voyage à entreprendre était à peine supportable même pour des hommes légèrement équipés et peu nombreux : sur terre, dans le ciel, l'eau fait défaut. C'est l'étendue stérile des sables. Quand l'ardeur du soleil les embrase, le sol devient

torride et brûle la plante des pieds. Un chaleur into-
lérable s'élève et il n'y a pas seulement à lutter contre
la sécheresse ardente du climat, mais aussi contre
l'extrême avidité du sable qui, cédant profondément
sous les pas, entrave le mouvement de la marche »
(Quinte-Curce, IV, 7, 6-7). Pour mesurer la grandeur
de l'exploit, il faut savoir qu'il y a 300 km d'Alexandrie à Mersah Matruh, le long de la côte déserte, et
autant de cette côte à l'oasis de Siwah, sanctuaire
d'Ammon, et que, selon la tradition, le roi Cambyse
avait perdu une armée de 50 000 hommes dans ce
désert de feu.

Le voyage d'Alexandre fut cependant jalonné par
trois miracles, que tous les narrateurs, depuis Callisthène, Ptolémée et Aristoboulos, jusqu'à Plutarque,
ont attribués à la Providence divine : une abondante
pluie d'orage s'abattit du haut du ciel sur les pèlerins
altérés ; des corbeaux, en croassant et en s'arrêtant
devant eux, signalaient le tracé de la piste menant au
sanctuaire ; deux serpents, doués de la parole, précé-
daient la colonne. Pour les Égyptiens, qui d'ailleurs
venaient de construire le temple d'Umm Beida dans
l'oasis de Siwah, sous le règne de Nectanébo II, il
était normal que les dieux fissent pleuvoir à la
demande du pharaon qui était l'un des leurs et que le
serpent Neheb-Kau fût leur propre messager [83]. « En
tout cas, au cours de la traversée, les secours qui lui
vinrent du dieu au milieu des difficultés obtinrent
plus de créance que les oracles ultérieurs et ce furent
en quelque sorte ces secours qui donnèrent du crédit
aux oracles... Quand il eut traversé le désert et qu'il
fut arrivé au bon endroit, le prophète d'Ammon le
salua de la part du dieu comme de la part de son
père » (Plutarque, *Vie,* 27, 1 et 5, d'après Callisthène). Pour un être spirituel, il est une eau encore
plus précieuse et réelle que la pluie, c'est l'eau
vivante, la Parole de vie, l'*ankh* que portent les Pharaons et la Divinité.

EXPLOITS ET MERVEILLES

Alexandre traversa bien d'autres déserts de feu au cours de sa courte existence ici-bas. Le plus terrible sera celui de Gédrosie, entre l'Inde et la Perse. De cette traversée depuis Béla sur le Purali jusqu'à Pura-Bampur dans le Makran d'Iran, en soixante jours de l'automne de 325, au milieu d'un enfer de tortures, à quoi bon parler à nouveau ? Presque tous les satrapes, les stratèges, les grands financiers de l'Empire, croyaient le dieu, que la pythie de Delphes et le prophète d'Ammon avaient déclaré « invincible », mort de soif, emporté par Ahriman le Maudit dans le feu des Enfers. Et cependant, il était sauvé contre toute attente. Il y avait à ses yeux un bien beaucoup plus précieux que l'eau que recherchait avidement son intendance composée de vulgaires cuisiniers : la Gloire impérissable.

Alexandre le montra en trois occasions, lorsqu'il ordonna de brûler au départ les bagages inutiles, y compris les siens, lorsqu'il accepta, impassible, qu'un torrent imprévu emportât en une nuit une partie de son escorte, lorsqu'il refusa de se désaltérer avant ses hommes. Épisode célèbre et maintes fois traité, quoique situé dans les pays les plus divers, de l'Égypte à la Sogdiane. Voici la version de Plutarque (*Vie*, 42, 6-10) : « La plupart des hommes défaillaient. L'eau surtout manquait. C'est alors que le roi vit venir à lui des Macédoniens qui apportaient dans des outres, à dos de mulets, de l'eau de rivière. Voyant Alexandre mort de soif sous le ciel de midi, ils se dépêchèrent de remplir un casque et de le lui tendre. Il leur demanda à qui appartenaient les outres : " A nos fils, répondirent-ils. Mais tant que tu seras en vie, nous en aurons d'autres, même si nous perdons ceux-là. " A ces mots, il prit le casque entre ses mains mais, jetant les yeux autour de lui, il vit que tous les cavaliers de sa suite tournaient la tête dans sa direction et fixaient la boisson. Il rendit le casque sans boire, remercia les porteurs et dit : " Si je bois seul, les hommes vont se décourager. " Les cavaliers, voyant sa maîtrise et sa grandeur d'âme, lui crièrent de les conduire hardiment et ils fouettèrent leur monture. Ils ne pouvaient se dire fatigués ou assoiffés, bref, soumis à la mort, tant qu'ils auraient un tel roi. » Arrien (*Anabase,* VI, 26, 3), Polyen (IV, 3, 25) et Frontin (*Stratagèmes*, I, 7, 7) vont jusqu'à écrire qu'Alexandre, à la vue de tous, répandit l'eau sur le sol, pour redonner courage à l'armée. Le dieu se sacrifie pour le salut de tous. Mais qui donc a pu inventer une pareille histoire sinon un soldat, échappé aux affres de la soif et adorateur d'Alexandre ?

L'épisode des hommes volants n'est pas moins célèbre. Il ne fait que doubler celui de l'ultime assaut des remparts de Tyr, où l'on vit le roi sauter de sa tour de bois sur une courtine mal défendue. Cinq fois au moins entre septembre 330 et septembre 327 le Conquérant doit réduire une place forte que la langue perse désigne du nom générique d'*Avarana,* le fort, le refuge, ce que la langue grecque traduit par un à-peu-près, *Aornos* ou *Aornis* « là où l'oiseau ne peut atteindre ». Peut-être aussi, lors de la traversée du « Caucase indien » (notre Hindou Kouch), les lettrés de l'état-major ont-ils entendu dire que l'*Upari sêna,* « le Paropanisos », près de Kaboul, est un mont « trop haut pour que l'aigle *sêna* puisse le franchir », ou ont-ils confondu l'oiseau Simurgh du mythe iranien de Verethragna avec l'aigle qui rongeait le foie de Prométhée, cloué au Caucase (Diodore, XVII, 83, 1).

Laissant de côté la prise du rocher d'Arie à Qala-i-Dukhtar (près d'Hérat, Afghanistan) en septembre

330, la capitulation de l'*avarana* de Tashkurgân, à 70 km à l'est de Bactres (Balk) au printemps de 329, la reddition de la Roche de Sisimithrès dit Khoriènès (« le chef »), l'actuel Koh-i-Nor, à 80 km au sud-est de Dushambé (R.S.S. du Tadjikistan) en novembre 328, l'investissement et la prise du Pir Sar d'Ohind (Pakistan) gardant l'entrée du Pendjab, remis à un prince indobactrien, Sasigupta, à l'automne de 327, nous ne retiendrons, pour la beauté de « ce qui se dit », que le siège et la capitulation de l'*Avarana-Aornis* du chef rebelle Ariamazès, en Sogdiane, l'actuel Bajsun-tau, à 20 km à l'est de Derbent (Uzbekistan), en mars 328.

La présentation que fait Arrien (*Anabase,* IV, 18, 4-19, 4) de la Roche de Sogdiane est sans doute plus sobre et plus rigoureuse que celle de Quinte-Curce (VII, 11), mais les amateurs de merveilleux préféraient certainement la vie et le pittoresque de ce dernier. Nous ne tiendrons pas compte des mentions succinctes et confuses de Strabon (*Géographie,* XI, 3, 29). Nous ne citerons que Quinte-Curce, quitte à le commenter discrètement pour l'essentiel.

« Il ne restait plus (entre Termez et Samarcande) qu'une roche, que tenait le Sogdien Arimazès (ou Ariamazès) avec 30 000 (?) hommes d'armes. Il s'y trouvait accumulé un ravitaillement capable de suffire à une aussi grande foule, même durant deux ans (!). La roche s'élève à une hauteur de 30 stades (5 550 m ; en réalité, moins de 400 m) et le pourtour mesure 150 stades (en fait le dixième). De tous côtés à arêtes vives et à pic, elle n'est accessible que par un sentier fort étroit (ici Arrien ajoute qu'une récente chute de neige rendait les abords encore plus périlleux)... Avant de se risquer à en faire le siège, le roi envoya aux Barbares le fils d'Artabazès, Kophès, pour les inviter à se rendre avec la Roche. Arimazès, sûr de sa position, répondit par plusieurs insolences et finalement demanda si le roi avait aussi le pouvoir de voler (Arrien, *o.c.,* IV, 18, 6, écrit : " Les ennemis, en riant comme des Barbares qu'ils étaient, lui demandaient de se procurer des soldats volants qui s'empareraient de la montagne à sa place... "). Le roi allait s'arranger, la nuit suivante, pour que le Barbare crût les Macédoniens capables même de voler : " Prélevez, leur dit-il, sur vos divers contingents 300 hommes jeunes, très entraînés, habitués dans leur pays à mener leurs troupeaux par des sentiers et des escarpements à peu près inacessibles, et amenez-les-moi... " »

Après ce discours assorti de la promesse d'énormes récompenses, les soldats se procurent quelques fiches crochues servant à fixer les tentes au sol et de fortes cordes de lin. Ils se proposent de pitonner la glace, la neige et le rocher là où il est apparent. Ils prennent des vivres pour deux jours et chacun un poignard et une pique. Ordre leur est donné d'entreprendre l'escalade à la seconde veille, vers minuit, et du côté où l'escarpement paraît le moins chaotique. « Ils n'eurent au début qu'à marcher. Ensuite, parvenus aux falaises, les uns se hissèrent en empoignant les saillies de la roche, les autres s'élevèrent en y fixant les nœuds coulants de leurs cordes ; d'autres fichaient des coins dans les interstices de la pierre (ou dans la neige, dit Arrien) et ils gravissaient la montagne par degrés... Sur l'ensemble de l'effectif, 32 périrent dans l'ascension... Le lendemain, le soleil n'était pas encore levé, quand le roi aperçut les panneaux blancs signalant l'occupation du sommet... Déjà, du camp des Macédoniens parvenaient aux assiégés les sonneries des trompettes et la clameur de l'armée entière... Kophès conseille alors à Arimazès la reddition du fortin... Il saisit le Barbare par la main et lui demande de sortir de son abri en sa compagnie. Arimazès accepte. On lui montre les jeunes hommes sur la cime et, se moquant non sans raison de son orgueil, Arimazès lui dit : « Les soldats

d'Alexandre ont des ailes. » Arimazès désespéra
d'avoir perdu. Il descendit au camp d'Alexandre
avec ses proches et les plus nobles de ses compatriotes. Le roi les fit tous battre de verges et crucifier
au pied même de la Roche. »

On ne s'étonnera plus, dans ces conditions, que
moins d'un siècle plus tard, les auteurs de la Comédie nouvelle, distraient leurs spectateurs avec l'idée
que les flots de la mer s'ouvrent devant Alexandre
(Ménandre, cité par Plutarque, *Vie*, 17, 6-8) ou que
les airs s'ouvrent devant ses soldats volants : « Je te
disais donc, mon petit mec, qu'au combat des Cinq
trônes il y eut 60 000 hommes volants qui, en un seul
jour, reçurent la mort de ma main » (Plaute, *Poenu-
lus*, 470 sq.). Et c'est le même auteur qui, le premier à
Rome, écrit : « On dit qu'Alexandre le Grand et Aga-
thocle ont accompli tous deux d'immenses choses »
(*Mostellaria*, 775-776)... « Non sans quelque chose de
divin », ajoute Alexandre lui-même, à propos du passage à pied sec de son armée de Phaselis à Sidè, par
vent du nord, en novembre ou décembre 334 (Arrien,
Anabase, I, 26, 2). Car ce qui est devenu fanfaron-
nades de matamores a été considéré comme autant
de miracles ou d'interventions de Dieu. Il suffisait de
croire qu'Alexandre n'était pas seulement un homme
de génie, mais un Génie incarné. Jusque vers 327,
c'est-à-dire pendant les sept premières années de la
grande montée jusqu'au toit du monde — le Pamir
du Tadjikistan —, Alexandre protestait modestement
lui-même. Ses exploits, disait-il, ne dépassaient pas
ceux d'Hèraklès et, quand il était blessé, il répétait
que c'était du sang qui coulait de ses plaies et non
une liqueur divine (Plutarque, *Apophtegmes*, 16 ; 27 ;
Vie, 28, 3 ; etc. ; Quinte-Curce, VIII, 10, 29).

La soumission des Indiens ou plutôt la marche
triomphale à travers l'Inde devait tout changer dans
l'esprit du roi et dans l'idée que se faisaient de lui ses
intimes ou ses courtisans. Pour avoir aperçu dans le

lointain le mont Meru (le Koh-i Mor, 6 293 m) où
était né Dionysos, pour avoir vu, près de Nysa
(= Wama dans le Kafiristan), le lieu de ses
Enfances [84], pour être allé plus loin même que le
dieu, vers l'est, jusqu'aux bornes du monde, Alexandre se convainquit peu à peu que l'oracle d'Ammon
avait toujours raison et qu'il était bien lui-même le
fils de Zeus, comme Dionysos était l'enfant de Zeus,
Dios Nysos. Mégasthène, trente ans plus tard, voya-
geant de l'Iran jusqu'à l'Inde comme ambassadeur
du roi Séleukos Ier, devait confirmer ces identifica-
tions. Deux des fragments de son récit de voyage se
rapportent à la vallée du Kabul-rud et à celle du
Pech d'où il apercevait les trois pics blancs du mont
Meru. A la même époque, Clitarque, collectant les
témoignages des grands voyageurs, signale à quelque
distance un mont Nysa ainsi qu'une plante semblable au lierre (de Dionysos), appelée *skindapsos.* La
bourgade de Nagarahara — à 8 km au nord de
Hadda — devient Dionysopolis et la panthère du
dieu figure au revers de ses monnaies pendant toute
l'époque hellénistique. Nul doute, tous les Grecs
depuis Mégasthénès jusqu'à Apollonios de Tyane, le
prophète et le thaumaturge de la fin du Ier siècle, ont
vu dans les bacchanales de Nysa, puis dans celles de
Carmanie, une résurrection, une répétition par
Alexandre et sa suite du cortège triomphal du dieu.

Là ne s'arrête pas l'émerveillement des premiers et
des seconds témoins. A mesure qu'ils avancent vers
le cœur de l'Asie, ils rencontrent des paysages et des
êtres qui confondent leur imagination. Que ne
deviendront-ils pas avec l'éloignement et le recul du
temps ? Je ne nomme d'abord que ceux qui sont avé-
rés par l'histoire : les éléphants de combat, les
femmes scythes à cheval, les vignes arborescentes de
la Caspienne, le blé sauvage, la manne appelée *giaz,*
le miel de l'abeille mouchetée, les pêches, les abri-

cots, les prunes, le riz, divers stupéfiants et boissons
alcoolisées. Et puis des prodiges : des araignées veni-
meuses, des serpents de toute taille et de toute couleur, du cobra au bongar bleu, des moutons karakuls,
des hémiones, des lynx du Pamir, des singes intelli-
gents, des perroquets, des banyans, des aromates et
des bijoux inconnus : émeraudes, saphirs, rubis,
béryls, lapis-lazuli, les sources de l'or, le naphte, le
mazout et « l'huile de terre », et pour ceux qui,
comme le roi, osèrent affronter les flots de l'océan
Indien et les effets de la mousson, les grands cétacés
et les peuples ichtyophages, la bête la plus étrange
restant toujours l'homme aux mœurs imprévisibles.

Un des titres de gloire d'Alexandre, un des piliers
essentiels de sa légende, est d'avoir fait céder les
Amazones, à peu près partout, des bords de la Caspienne jusqu'à Alexandria Eskhatè sous l'actuelle
Leninabad. Les Grecs, depuis Homère, appelaient
Amazones toutes les tribus de nomades, de l'Arménie au Turkestan chinois, dans lesquelles les femmes
avaient le droit, monstrueux pour un Occidental, de
chevaucher et de guerroyer. Alexandre a, répétait-on
depuis les récits ou les *Histoires* du marin Onésicrite,
du Thessalien Polykleitos et de Clitarque, mis dans
son lit la reine des Amazones, Thalestris, ou Mini-
thya. « Treize jours furent consacrés à satisfaire la
passion de la reine », ajoute malicieusement Quinte-
Curce (vi, 5, 32), malgré les dénégations du vertueux
Plutarque (*Vie,* 46). Car si ce dernier célèbre la longue chasteté et l'abstinence de son héros, la plupart
de nos sources lui prêtent des capacités sans pareilles
avec les enfants (« il était follement *« philopaïs »,*
écrit Dicéarque d'après Athénée, 603 a-b), avec les
eunuques tels que Bagoas, avec les hommes faits, ses
Compagnons, et avec les trois cent soixante-cinq
femmes de son harem, sans compter avec ses quatre
épouses légitimes, dont la « Lumineuse » Roxane, la
plus belle femme qui fût au monde.

Mégasthène a quelque peu ajouté à la liste des merveilles naissant sous les pas d'Alexandre. Successivement au service d'Eumène, d'Antigone et de Séleukos, il a composé une sorte de reportage sur l'Inde, inspiré par ce qu'il avait vu et entendu dire en se rendant, à partir de 302 av. J.-C., auprès de Çandragupta. Voici la notice qu'il inspire à Pline l'Ancien sur les Hindous, brahmanes et fakirs, les plus farouches adversaires d'Alexandre à la fin de 326 : « Dans l'Inde, il est avéré que beaucoup d'hommes ont plus de cinq coudées (plus de 2 m) de taille, ne crachent jamais, n'ont jamais de maux de tête, de dents ou d'yeux et n'éprouvent que rarement des douleurs en d'autres parties du corps, tant est bien propre à les endurcir la chaleur du soleil. Leurs philosophes, qu'on appelle " les sages dévêtus " (gymnosophistes), tiennent, du matin au soir, les yeux fixés sur le soleil et restent debout sur un seul pied pendant toute la journée dans des sables brûlants. Mégasthène rapporte encore que, dans une montagne appelée Nulo, les hommes ont les pieds à rebours et huit doigts à chaque pied... » (*Hist. nat.*, VII, 22-23).

Strabon le Géographe, d'un siècle qui se veut rigoureux et critique, ne peut s'empêcher de suivre les récits de Mégasthène quand il s'agit de la physionomie et les mœurs des Indiens, ou habitants de l'Inde : « Il nous décrit une race d'hommes dont la taille varie de trois à cinq empans (de 0,66 m à 1,10 m) et chez qui le nez est remplacé par un double orifice au-dessus de la bouche. Cela leur sert à respirer... On avait pu présenter au prince des hommes sans bouche, les Astomos, d'une race relativement civilisée, habitant aux sources du Gange. Ils se nourrissent uniquement du fumet des aliments et du parfum des fruits et des fleurs, car la bouche chez eux est remplacée par un double évent pour les besoins de la respiration et, comme rien ne les incommode plus que les mauvaises odeurs, ils ont beaucoup de peine à vivre dans un camp. »

Ce qu'ajoute Mégasthène est censé recueilli de la conversation des philosophes indiens. Grâce à eux, « il distingue et énumère les *Okypodes* (ou êtres « aux pieds agiles »), race de coureurs capables de distancer les chevaux les plus rapides, les *Enôtokoïtoï*, reconnaissables à leurs oreilles démesurées, assez larges pour leur servir de couche, ainsi qu'à une force prodigieuse qui leur permet de déraciner des arbres et de rompre les nerfs de bœuf, les *Monommatoï* (« à un seul œil »), avec leurs oreilles de chien et leur œil unique au milieu du front, leur chevelure hérissée et leur poitrine velue, les *Amyktères* (« sans narines ») enfin, qui, omnivores de nature, mangent crue toute leur nourriture, n'ont qu'une très courte vie... et doivent leur nom à ce que leur lèvre supérieure avance beaucoup sur leur lèvre inférieure » (Strabon, *Géographie*, VII, 711).

Les modernes, plus crédules sur ce point que le sceptique ethnographe, expliquent volontiers de telles figures par la contemplation de sculptures hindoues, par des erreurs également de traduction et d'interprétation. Le dieu à tête d'éléphant Ganeça, par exemple, ressemble fort aux *Enôtokoïtoï* du narrateur. Mais les citoyens des villes de la Méditerranée auxquels on faisait de telles descriptions étaient partagés entre le rire et l'étonnement. L'Inde devenait, à l'époque hellénistique, le pays inquiétant des monstres, des larves, des créatures primitives, que le dieu Alexandre avait fait rentrer dans leurs enfers. Nous les y verrons bientôt foisonner dans l'*Histoire véritable* de Lucien de Samosate, vers l'an 170 de notre ère, en attendant les prodigieux développements du *Roman d'Alexandre*, cinquante ans plus tard.

Un idéal et un modèle, même dans la mort

« Que de dons du Ciel ne faut-il pas pour bien régner ! Une naissance auguste, un air d'empire et d'autorité, un visage qui remplisse la curiosité des peuples empressés de voir le prince et qui conserve le respect dans le courtisan... Le cœur ouvert, sincère, et dont on croit voir le fond... » Ce portrait du souverain idéal, tracé pour Louis XIV par La Bruyère (*Caractères*, x, 35) est assez intemporel pour représenter également Alexandre. Ajoutez à ces dons exceptionnels une beauté rayonnante, un visage souvent tourné vers le Ciel, des yeux profonds et tendres, la parole forte et même rauque magnétisant les foules, ce je ne sais quoi que les Grecs nommaient la grâce, *kharis*, et que nous appelons le charme, des vertus aussi attirantes que l'affabilité, l'amour des êtres humains, la générosité, et vous comprendrez que, dès le début de son règne, Alexandre passa pour plus et mieux qu'un homme : un être hors de pair devant qui les Barbares, les premiers, avaient compris, dès 331, qu'il fallait se prosterner. Ils ne considéraient pas, en Perse ni dans l'Inde, leurs souverains comme des dieux, mais comme des Puissances dont la piété garantit l'Ordre éternel du monde. Rite et Ordre ne font qu'un en indo-iranien. En voyant les vertus éminentes d'Alexandre, son charisme et ses constantes victoires, même les Grecs et les Macédoniens qui s'étaient opposés à lui réalisèrent bientôt, après sa mort, sa sainteté.

D'Alexandrie, cette admiration a gagné Rome[85] au moins dès la seconde guerre punique à la fin du IIIᵉ siècle av. J.-C. puisque Plaute, on l'a vu, faisait du grand conquérant un modèle (*Mostellaria*, v. 775). Et tandis que les philosophes et les historiens latins imbus de néo-stoïcisme en noircissaient le portrait, il n'est pas un général en chef, depuis Scipion Émilien jusqu'aux empereurs byzantins, qui n'ait cherché à rivaliser avec lui, à l'imiter, à égaler ses exploits, même fictifs, à ceux d'Alexandre. Cicéron, si sévère pour la démesure d'Alexandre, se flatte d'avoir été salué comme *imperator* sur le champ de bataille d'Issos. Le « Grand » Pompée, César, Marc Antoine, Octave rêvent de reconquérir l'Asie et de pousser le *limes,* ou frontière de l'Empire, jusqu'à l'embouchure de l'Euphrate. Antoine, par exemple, qui a pensé se faire proclamer roi de l'Orient, imite si bien Alexandre, de campagnes en fêtes et d'amours en beuveries, qu'il finira par s'abandonner à la fureur dionysiaque. Octave, qui va devenir Pharaon en Égypte et Auguste à Rome, se fait montrer le sarcophage et le corps d'Alexandre et le considère comme un roi vivant. Il porte constamment son effigie au doigt et il multiplie ses portraits à Rome. Comme Alexandre, l'empereur fait l'unité de deux mondes, de deux cultures et d'innombrables structures politiques et sociales. Il est à la fois Grand Pontife, chef des armées, tribun de la plèbe, celui dont la personne est inviolable et sacrée, *sacrosanctus.*

A partir de Trajan, au début du IIe siècle, le siècle de la *Pax romana,* c'est beaucoup moins le conquérant Alexandre qui intéresse les empereurs romains, que le chef d'État, le *basileus,* qui a été capable de substituer aux conflits entre les Cités minuscules la concorde et la paix entre les peuples, et a considéré l'ensemble des nations comme un organisme vivant auquel il a donné une âme. Il est le premier au monde, trois siècles avant Rome, qui ait eu le sens proprement divin de l'universel. Les temples que l'on élève à la divinité conjointe de Rome et d'Auguste ne font que répéter ceux que demandait Alexandre, dieu Invincible, pour sa personne par l'ordonnance de Suse, en mai 324 av. J.-C. Mais, de plus en plus, ce dieu est assimilé par les empereurs à Bacchus-Dionysos, parti de Thrace avec son cortège exultant et forcené et revenu triomphant de l'Inde, dompteur de l'Orient *(domitor Orientis)* et maître de l'univers *(cosmocrator)*.

L'empereur Commode (180-192) fait frapper des monnaies à la double effigie de sa majesté et d'Alexandre, l'un et l'autre seuls capables d'assurer la *felicitas* de la terre habitée. Les historiens nous montrent en Caracalla (211-217) un fou passionné d'Alexandre, allant jusqu'à armer une phalange de 16 000 hommes à l'antique façon macédonienne, jusqu'à croire que le dieu allait se réincarner en lui et à se faire donner par son peintre leurs deux visages. S'il étend en 212, par la Constitution antonine, le droit de cité romaine à tous les hommes libres de l'Empire, c'est pour imiter Alexandre qui avait mis sur un pied d'égalité Orientaux et Occidentaux. On brûle les livres d'Aristote et on chasse les Aristotéliciens d'Alexandrie, tenus responsables de la mort d'Alexandre (Dion Cassius, *Histoire de Rome*, 78, 7 et 8 ; Hérodien, IV, 8).

Peu de temps après l'assassinat de Caracalla, le souvenir d'un dieu incarné est si vivace et si populaire qu'un homme n'a qu'à se dire Alexandre, dans les provinces danubiennes et en Thrace, pour qu'aussitôt il se constitue une troupe de 400 fidèles qu'il habille de costumes dionysiaques et fait nourrir aux frais des municipes. L'épopée s'arrête près de Chalcédoine, en 221, non loin du champ de bataille du Granique (Dion Cassius, *o.c.,* 80, 18). Le cousin et successeur d'Elagabal (218-222) abandonne son nom d'Alexianos pour prendre celui d'Alexandre. Les prodiges et les prédictions qui accompagnent sa naissance dans le temple d'Akko (Saint-Jean-d'Acre) en Phénicie, au jour anniversaire de la mort d'Alexandre, sont si éloquents que l'Empire romain tout entier doit penser que l'homme dieu s'est réincarné.

Sa mère rêve au moment des couches qu'elle met au monde un serpent rouge. Il a pour nourrice une certaine Olympias et pour père nourricier un certain Philippe. Un devin leur dit que l'empire du ciel et de la terre attend ce bambin qui possèdera Rome et l'Occident avant de conquérir l'Orient (Lampride, *Histoire Auguste,* Sévère Alexandre, 13-14). Il lui est aussi prédit qu'il mourra jeune, comme le grand Conquérant. Effectivement, Sévère Alexandre, après un règne aussi bref que celui du Macédonien et marqué par un prodigieux syncrétisme religieux et une excellente administration de l'Empire, meurt assassiné à Mayence, sur le Rhin, à l'âge de 29 ans (235 ap. J.-C.).

A mon avis, ce qui accompagne son avènement, en l'an 222, c'est la diffusion, sinon la mise en ordre, d'une compilation destinée à transfigurer pendant mille ans l'image si complexe du Conquérant : ses auteurs qui se dissimulent sous le nom de son biographe officiel, Callisthène, l'intitulent simplement *Vie d'Alexandre de Macédoine.* Et tout le monde comprend que cet ouvrage édifiant peut servir de modèle et de memento au dernier prince de la dynastie, l'enfant du miracle, Sévère Alexandre. C'est en effet dans cette atmosphère de dévotion aux personnes confondues du conquérant oriental et de l'empereur romain qu'est né ce qu'on appelle le *Roman d'Alexandre.*

Le règne d'Élagabal n'avait été qu'une suite de quatre années d'orgies et de bacchanales en l'honneur des dieux qui vivent dans le firmament avec le Soleil Invincible. Avant de raconter comment Alexandre en est descendu pour s'incarner dans la personne de l'empereur, roi du monde, selon le Pseudo-Callisthène, essayons de comprendre sa mort dans la perspective théologique qui fut celle de ses premiers adorateurs. Ce ne pouvait être qu'une mort

exemplaire, consentie, voulue, annoncée à plusieurs
reprises et de manière solennelle, une sorte de sacrifice sublime de son enveloppe de chair au dieu du
ciel, dont il était issu. Le corps n'est qu'un tombeau,
sôma : sêma, disaient les philosophes. Averti par sa
mère, par l'oracle d'Ammon, par l'Indien Kâlaṇâ,
par ses devins, par ses médecins, par les astrologues
chaldéens, du sort qui l'attendait s'il se rendait à
Babylone, au centre de la terre habitée, il s'y est
rendu, ne cessant de précipiter sa fin volontairement.
Il n'a plus rien à faire dans un empire vaincu par son
courage et ses bienfaits. Son meilleur ami sur terre,
Hèphaïstion, est mort, en novembre 324, à Ecbatane,
rappelé dans l'Olympe des demi-dieux par Dionysos : ainsi l'a déclaré l'oracle du Père des hommes et
des dieux, à Siwah. Le héros est mort en sacrifiant au
dieu du vin ou plutôt au dieu de l'ivresse mystique.

Car ces beuveries, dont les moralistes diront le
plus grand mal, faute de les comprendre, sont des
actes religieux et qui mettent en relation directe les
commensaux avec leur dieu. Quand, à Salmous ou à
Karmana, en 325, les soldats voient Alexandre ivre,
sur son âne, célébrant comme Dionysos son retour
triomphal de l'Inde, ils ne se moquent pas, ils ne
s'indignent pas : ils célèbrent simplement la présence
du dieu qui mène la procession. Pas plus là que lors
des beuveries rituelles et des festins communiels de
Suse, d'Opis, d'Ecbatane et de Babylone, les Macédoniens ne se sont pas mépris sur l'ivresse d'Alexandre devenu dieu. Dans l'armée — c'est un adage —
on peut tromper un supérieur, mais jamais un inférieur. Ils consentaient tous à mourir, mais avec des
assurances divines. Dès qu'Alexandre fut mort, ivre
mort, ils ne doutèrent pas un seul instant de sa divinité et ils célébrèrent ses ivresses, non comme une
tare, mais comme une supériorité. « On dit
qu'Alexandre fut un des plus grands buveurs du
monde » (Élien, *Varia Historia,* XII, 27). Le soldat

Bias, dans la pièce du *Flatteur* de Ménandre, se glorifie d'avoir vidé trois fois en Cappadoce un vase contenant près de trois litres, et son parasite lui réplique : « Tu es plus fort qu'Alexandre. » On lit en effet dans les *Éphémérides royales,* publiées par le chancelier Eumène de Kardia après la mort du roi, qu'au mois de dios (octobre-novembre) de l'année 324-323, à Ecbatane, Alexandre a participé à quatre grands banquets, suivis chacun d'une journée entière de sommeil, tant il avait bu de vin pur (Élien, *o. c.,* III, 24). Non, le dieu Alexandre n'est pas mort de malaria, de dépression, d'empoisonnement, de *delirium tremens* comme on a voulu le faire croire jusqu'ici. Il est mort volontairement, *cedens naturae fortunaeque* (Valère Maxime, V, 1, étr. 1), de sa « belle mort », pour retrouver sa condition divine, éternellement jeune. « Ceux que les dieux aiment meurent jeunes » (Ménandre). Il n'y avait qu'à faire, pour s'en assurer, comme César, Auguste, Antonin le Pieux, Alexandre Sévère ou Constantin, un pèlerinage à son tombeau, dans le mausolée d'Alexandrie, où reposait intact à l'intérieur de ses divers sarcophages de pierre, d'albâtre puis de verre, le corps, ou plutôt le signe de sa présence, *sôma : sèma.*

Telle est l'interprétation égyptisante de la fin d'Alexandre, considéré comme le premier pharaon de la XXXe dynastie. Pour les Égyptiens, il allait de soi qu'Osiris, assimilé au Dionysos des Grecs, retournât chez les siens, dans l'au-delà. Son moi a pour patrie le monde céleste de la lumière. Dans plusieurs versions tardives de la mort du roi, celui-ci demande même à disparaître sans laisser de corps. Au cours de la nuit qui suit l'ultime ivresse, il s'échappe à tâtons de sa chambre et veut se précipiter dans l'Euphrate. « Ne me refuse pas cette gloire », dit-il à Roxane qui le retient en pleurant. La plupart des narrateurs ont préféré expliquer sa mort comme la passion même du dieu Dionysos, poursuivi, accablé, dépecé par les

Titans. Ainsi faut-il que le raisin soit coupé et foulé aux pieds par les vendangeurs pour devenir le vin, sang de dieu. Et, pour cette raison, ils font d'Alexandre la victime d'un complot. Ses rivaux, les compétiteurs à son trône, les jaloux de sa gloire l'attirent au printemps de 323 à Babylone, où la fièvre, une fièvre maligne et incurable, le ronge et le paralyse insidieusement. Et pour précipiter sa mort, ils lui font boire une drogue venue de Grèce dans un récipient de corne, car sa puissance est telle qu'elle fait éclater tous les vases : l'eau même de la mort, l'eau du Styx. Iolas la mêle au vin du roi. Il pousse un cri terrible, comme frappé d'un coup de poignard dans le foie. Le sacrifice est consommé. Le dieu est mort comme il est né, sans que l'on sache pourquoi ni comment. Mais l'idée de son sacrifice pour ses futurs fidèles était et restait admise dans toutes les confréries de Dionysos, d'Orphée, d'Hèraklès, etc.

LE ROMAN D'ALEXANDRE

Tels étaient les récits que l'on faisait autour du conquérant le plus célèbre et le plus mystérieux de l'Antiquité grecque quand, au temps des Sévères, un ou plusieurs conteurs alexandrins inconnus en entreprirent la compilation. C'était l'époque où florissaient à la fois les romanciers Apulée, Alciphron, Xénophon d'Éphèse, Philostrate, Héliodore, et les compilateurs, Aulu-Gelle, Elien, Antoninus Liberalis, Solin, Athénée, Diogène Laërce, Galien. Ce qu'on appelle, depuis, le *Roman d'Alexandre,* en réalité d'après les titres de nombreux manuscrits *la Vie et les exploits d'Alexandre de Macédoine,* est attribué au philosophe Callisthène qui, au moins jusqu'en 330 av. J.-C., écrivit l'histoire de la grande expédition.

Presque tout ce qui concerne le passage d'Alexandre en Égypte et en Libye, notamment la fondation d'Alexandrie, repose, dans le *Roman,* sur une documentation historique certaine. Une deuxième source est une série de lettres et de discours apocryphes, attribués à Alexandre, à Aristote, à Darius, à Poros, par exemple, et qui viennent en ligne droite des classes de rhétorique comme autant d'exercices de style. Un troisième apport est celui de légendes asiatiques, indiennes en particulier, ou de récits oraux, qui iront se multipliant à mesure que se diffusera l'ouvrage. Il faut enfin faire une place au génie propre du romancier qui distribue sa documentation de telle sorte que Rome est supposée conquise et l'Occident soumis au fils du dieu-serpent quand commence l'expédition en Asie. Peut-être, comme le suggère la vie de l'empereur Alexandre Sévère, est-ce à lui que pense notre Pseudo-Callisthène quand il bouleverse toute la chronologie pour donner à l'enfant du miracle un modèle. On a même pu parler d'un récit initiatique, tant les merveilles, les mystères et les épreuves, avec recherche de l'eau vivante, y sont multipliés, à moins qu'on ne voie dans la traversée du Pays des Ténèbres hanté de créatures monstrueuses une adaptation du *Livre des Morts* égyptien. Les trois versions de la conquête de l'Autre Monde : rencontre d'êtres inhumains, quête de l'île des Bienheureux, exploration du Pays des Ténèbres, ne constituent pas un simple catalogue d'aventures fantastiques, mais l'esquisse d'une nouvelle religion. L'ouvrage original, tel que nous pouvons le reconstituer à travers ses innombrables réfections, s'inscrit dans le grand courant du mysticisme gnostique, comme tous les évangiles apocryphes cristallisent, à la même époque, la vie et l'enseignement de Jésus. La confrontation d'Alexandre, le roi, et des brahmanes, les sages, est à ce point de vue assez suggestive.

L'Occident a surtout connu cette histoire édifiante
et romancée d'Alexandre par la traduction en latin
qu'en a donnée un certain Julius Valerius Polemius,
vers 338-340 ap. J.-C., sous le titre *Res gestae Alexandri Macedonis*. Si nous la comparons aux principaux
manuscrits grecs, arméniens et byzantins qui nous
laissent entrevoir le plan de l'ouvrage primitif, voici
comment se présentaient la *Vie et les Exploits
d'Alexandre de Macédoine* à l'âge d'or des religions
orientales, sous le dernier des Sévères.

Nectanébo, le dernier pharaon d'Égypte, à la fois
dieu et roi-magicien, contraint par les autres dieux
de quitter son pays, se réfugie en Macédoine où il se
déclare astrologue. Olympias, qui redoute un divorce
en raison de sa stérilité, consulte Nectanébo en
l'absence de Philippe. Le très rusé magicien lui fait
voir en songe Ammon entrant dans son lit, puis il s'y
glisse lui-même métamorphosé en serpent. Il lui
annonce que son fils deviendra maître du monde. A
sa naissance, la terre tremble, le ciel s'emplit
d'éclairs. Alexandre ne ressemble ni à Olympias ni à
Philippe : il a une chevelure léonine, l'œil gauche
presque noir, l'œil droit bleu clair et les dents poin-
tues comme un serpent. On lui donne six maîtres,
dont le savant Aristote. Il dompte le terrible étalon
Bucéphale, un cheval plus beau que Pégase, mais
carnivore. Pour savoir qui est au juste Nectanébo,
Alexandre le précipite. Nectanébo mourant lui révèle
qui est son père. L'adolescent triomphe à la course
des chars à Olympie du présomptueux Nikolaos. Il
se querelle avec Philippe quand celui-ci épouse
Kléopatra, sœur de Lysias. Bientôt il réconcilie son
père putatif et sa mère et fait campagne contre les
gens de Méthona révoltés. A son retour à Pella, il
reçoit les ambassadeurs du roi de Perse, venus exiger
un tribut. Alexandre refuse fièrement et les chasse.
Le scélérat Pausanias s'éprend de la reine Olympias
et poignarde Philippe. Alexandre, qui revient à Pella

juste à cet instant, après une victoire, venge Philippe et lui fait de belles funérailles, puis il tient un grand discours à l'armée des Macédoniens et des Grecs contre les Perses qui les asservissent. Mais il se dirige d'abord vers l'Italie. Les Romains lui envoient une ambassade chargée de présents, notamment d'une couronne garnie de joyaux. Il est reçu au Capitole par le grand pontife de Jupiter. Carthage, à son tour, se soumet. De l'Afrique du Nord il se rend, à travers la Libye, au temple d'Ammon, où il est reconnu pour le fils du dieu-roi Nectanébo. Comme ce dernier a été outragé par les Perses, il appartient à Alexandre de le venger. L'oracle lui enjoint de fonder une ville au nom impérissable près de l'île du Phare. Ce sera Alexandrie. Avec toute son armée et sa flotte, le roi vengeur fait le siège de Tyr tout en échangeant des lettres avec Darius. A la suite de l'échec des négociations, la bataille s'engage au bord du Pinaros et le roi de Perse est vaincu. Une série de voyages mènent le roi victorieux à travers l'Asie Mineure et notamment au tombeau d'Achille, près de l'antique Ilion. Il rentre en Macédoine, ravage la Chalcidique et fait une brève campagne au-delà du Danube, au cours de laquelle les soldats doivent manger leurs chevaux. Fin du livre I.

L'agitation de la Grèce le retient quelque temps. Une coalition se noue entre Thèbes, Athènes et Sparte. Il détruit Thèbes pour la faire reconstruire aussitôt. Après un long échange de lettres et de pourparlers, les Athéniens se soumettent. Les Lacédémoniens sont battus sur terre et sur mer. Le champ des opérations se transporte en Asie Mineure. Alexandre tombe malade en Cilicie pour avoir pris un bain dans le Cydnus, mais il est guéri pour avoir fait confiance à Philippe, son médecin. Tout en essayant de négocier la paix avec Darius, il jette un pont sur l'Euphrate, le franchit avec ses troupes et le fait détruire après son passage. Ammon lui apparaît en songe et lui recommande d'aller trouver Darius en se costumant en messager, comme le dieu Mercure. Il est reconnu au cours d'un banquet et échappe aux poursuites. Une seconde grande bataille s'engage contre les Perses sur le cours de la Strangè. Bessos et Artabarzanès assassinent Darius. Alexandre survient pour recueillir ses dernières paroles : que les deux familles du Perse et du Macédonien soient unies par le mariage du vainqueur et de la fille du vaincu, Roxane. Après les funérailles solennelles de Darius et la cérémonie du mariage, Alexandre fait, par lettre, à Olympias et à Aristote le récit de tout ce qui s'est passé depuis la bataille d'Issos et il se prépare à une campagne contre Poros, pour atteindre le pays où personne n'habite, au-delà des déserts. Fin du livre II.

Les troupes refusent tout d'abord de le suivre ; il les convainc par son éloquence d'entrer en guerre. Alexandre tue Poros en combat singulier, discute de philosophie avec les brahmanes et écrit à Aristote une longue lettre sur les merveilles de l'Inde, sur une éclipse du soleil et de la lune, sur les arbres du soleil et de la lune, semblables à des cyprès et capables de prophétiser. Il se rend au palais de Sémiramis, puis à la cour de la reine Kandakè, en se faisant passer pour Antigonos. Il fait retrouver au fils de Kandakè son épouse. Il est reconnu et relâché, comblé de présents. A son retour auprès de l'armée, il rencontre les dieux et participe à leur festin. Il se dirige vers le pays des Amazones. Après un échange de lettres, leur reine lui offre 100 talents d'or et 500 guerrières. Il revient par un chemin pénible vers le pays où coule l'Hypanis, dont le roi dispose d'une puissance formidable. Près de la mer Rouge, l'armée rencontre des êtres sans tête et divers monstres. Au-delà de la Ville du Soleil apparaissent les merveilles des palais de Cyrus et de Xerxès. Nouvelle lettre à Olympias sur ces aventures. De retour à Babylone, Alexandre est mis en présence d'un fœtus monstrueux. C'est l'annonce de sa mort prochaine. Il écrit son testament. Au cours d'un festin, il boit un liquide empoisonné à l'instigation d'Antipatros. Roxane le retient de se précipiter dans l'Euphrate. L'armée défile devant le lit du roi mourant. Des prodiges célestes accompagnent ses derniers instants : des ténèbres en plein jour, un grand astre descendant, en même temps qu'un aigle, sur la mer, puis remontant et disparaissant dans le ciel. Les Macédoniens et les Perses se querellent pour savoir où enterrer le corps d'Alexandre. Il est transporté à Memphis, puis à Alexandrie, où Ptolémée lit le testament qui le fait, lui-même, héritier d'Alexandre et pharaon. L'ouvrage s'achève sur le décompte des années de la vie et du règne d'Alexandre. Il serait né à la nouvelle lune du mois de tybi et mort au mois de pharmouthi : en réalité le 20 janvier (331) est la date de la fondation d'Alexandrie, et le 7 avril (321) est la date de l'inhumation du roi en Égypte, jours sacrés entre tous. Sont énumérées les nations soumises et les douze villes d'Alexandrie qu'il est censé avoir fondées comme souverain de l'univers.

Le caractère divin d'Alexandre est beaucoup mieux mis en valeur dans ce récit que dans tous les précédents. Il repose sur une tradition orale vivace et il est fort injuste de n'y voir qu'un fatras d'absurdités et d'invraisemblances : la foi garde toujours une sensible mémoire, ne serait-ce que celle de la grandeur, du courage et de l'audace. Le souvenir du « dieu Invincible » est, comme le Soleil Invincible des empereurs du IIIe siècle, irrésistible. Tout n'est point faux dans ce roman. A part la soumission de Rome, qui répond d'ailleurs à une légendaire ambassade des Romains à Babylone en 323 av. J.-C., fiction d'époque hellénistique, les lignes générales de la biographie du Conquérant sont bien conservées. L'intention des narrateurs n'est point tant de faire

rêver que d'édifier ou d'instruire. A l'époque même
où Julius Valerius publiait sa version latine de la *Vie
et les hauts faits d'Alexandre,* un auteur inconnu
adressait à l'empereur Constance, fils de Constantin
le Grand, un *Itinerarium Alexandri* qui devait lui servir de « bréviaire » dans ses campagnes contre les
Perses (345 ap. J.-C.). Il se bornait d'ailleurs à résumer le texte d'Arrien, sauf qu'il racontait, tout à la
fin, le voyage d'Alexandre jusqu'aux Colonnes
d'Hercule et l'histoire des Amazones à la façon du
Pseudo-Callisthène.

Le héros sanctifié des Juifs et des Chrétiens

On sait qu'après la prise de Tyr, à la fin du mois
d'août 332, Alexandre, longeant la côte de Phénicie,
puis celle de Palestine, se rendit par la voie la plus
directe jusqu'à Gaza, à 200 km au sud. « Tous les territoires de la Syrie palestinienne étaient déjà passés
de son côté », écrit Arrien (II, 25, 4), c'est-à-dire
qu'ils avaient envoyé des députations reconnaissant
la suzeraineté de la Ligue hellénique. A l'intérieur
des terres, la guerre n'a touché que l'Anti-Liban, à la
latitude de Sidon et de Damas, et n'a duré qu'une
dizaine de jours (*id.,* II, 20, 4 et 5 ; Quinte-Curce, IV,
3, 1 ; Plutarque, d'après Kharès, *Vie,* 24, 10 ; Polyen,
IV, 3, 4). On sait aussi qu'en 331 Alexandre quittant
l'Égypte se rendit par le même chemin côtier de
Péluse à Tyr et de là à Alep par la vallée de l'Oronte ;
pas la moindre mention de Jérusalem dans tous ces
récits.

Dans la Bible, le premier *Livre des Macchabées,*
rédigé d'après le *Livre des Annales* des grands prêtres
vers 130 av. J.-C., résume en termes hostiles l'œuvre
du Conquérant : « Il poussa jusqu'au bout du monde
et s'empara des dépouilles d'une multitude de

nations. La terre resta muette devant lui. Son cœur
s'exalta et s'enfla d'orgueil. Il rassembla une très
puissante armée et il soumit provinces, nations et
chefs d'États, qui durent lui payer tribut. Après quoi,
il s'alita et comprit qu'il allait disparaître. Il convoqua ses officiers, ces nobles qui avaient été élevés
avec lui depuis sa jeunesse, et il partagea entre eux
son royaume avant de mourir » (*Macc.*, 1, 3). Le
même ouvrage est encore plus sévère pour les Séleucides qui, comme Antiochus IV Épiphane, surnommé Épimane (« le Fou »), ont opprimé la Terre
sainte, pillé et profané le Temple (169-167 av. J.-C.) ;
en quoi, il rejoint les visions et prophéties du *Livre de
Daniel* (164 av. J.-C.), qui n'est guère plus tendre
pour Alexandre, le Bouc, la Bête aux dents de fer, et
pour son royaume « dur comme le fer » (*Dan.*, 2, 40 ;
7, 7).

Tout change après l'intervention d'Alexandre
Balas, un aventurier qui se dit fils d'Antiochus IV et
qui arrache le pouvoir sur la Syrie à l'héritier légitime. Il s'appuie pour cela sur Jonathan, chef des
Juifs révoltés depuis l'an 160, et il le nomme Grand
Prêtre, avec toutes les prérogatives judiciaires et
financières attachées à ce titre. Alexandre Jannée est
roi des Juifs de 104 à 78. Les Juifs demeureront
désormais éternellement attachés au nom d'Alexandre, littéralement « celui qui défend ou secourt les
hommes ». Ils se rappelleront que le fondateur
d'Alexandrie leur a permis de s'installer dans la ville
nouvelle, qu'ils y ont fait prospérer une communauté
rayonnante et répandu la connaissance du vrai Dieu
en traduisant la Bible en grec (270-250 av. J.-C.).

Aussi, à une date indéterminée du Ier siècle av.
J.-C., la légende se forme-t-elle d'un Alexandre visi-
tant Jérusalem après la prise de Gaza[87], honorant le
Grand Prêtre Jaddua (Jaddée), se prosternant devant
lui et offrant un sacrifice au souverain de l'univers, le
Dieu unique des Juifs. Flavius Josèphe (Joseph ben

Matthias) auquel nous devons cette histoire, ajoute en 94 ap. J.-C. qu'Alexandre demanda aux Chefs du peuple élu ce qui pourrait le plus leur faire plaisir : « De pouvoir vivre selon les lois de leurs pères et d'être exemptés d'impôts une fois tous les sept ans », ce qui leur fut accordé, avec le même droit pour les communautés juives de Babylone et de Médie (*Antiquités judaïques*, XI, 326-339). Tout le problème était là. La taxe que les Juifs payaient jusque-là au Temple de Jérusalem pouvait-elle être transférée par les prêtres, les Anciens et les Chefs du peuple à un roi idolâtre ? Deux faits positifs expliquent qu'Alexandre ait été bien accueilli chez tous les peuples sémitiques et chamitiques : il les soustrayait à la tyrannie des Perses, il respectait les droits des prêtres et les cultes locaux.

On ne saurait s'étonner qu'une ou deux générations après la publication de la *Vie d'Alexandre* attribuée à Callisthène, un Juif inconnu de la communauté d'Alexandrie, aussi tourmentée par le mysticisme gnostique que par le christianisme, ait ajouté à la fin du second livre quelques « Hauts Faits » considérés comme aussi historiques et édifiants que les précédents. On les lit désormais dans toutes les versions hébraïques, latines et byzantines du célèbre *Roman,* et notamment dans le manuscrit n° 113 suppl. de la Bibliothèque nationale à Paris. Après ses noces, Alexandre se rend à Jérusalem où le Grand Prêtre le consacre. Il adore et reconnaît Savaoth comme l'unique et véritable Dieu. En route vers l'Égypte, il tombe malade. Les Égyptiens essaient de soudoyer Philippe, son médecin, sans succès. Après une faible résistance, ils se soumettent. La statue du dernier pharaon, Nectanébo, couronne Alexandre comme son fils et lui passe le globe, image de la sphère céleste. Le jeune roi abandonne les cultes païens pour ne plus vénérer que le créateur de l'univers, son protecteur. Il fonde la ville merveilleuse d'Alexandrie et se prépare à traverser le désert, *Aoïkèton*. Il y rencontre des êtres extraordinaires : des femmes anthropophages velues comme des sangliers et pourvues de jambes d'ânes, des fourmis géantes capables d'enlever des hommes et des chevaux, un fleuve large comme un bras de mer, exigeant trois jours de traversée, des nains, la statue de Sésonchosis qui interdit de passer outre, des géants, des hommes tout noirs, des hommes munis de six pieds et de six mains, des cynocéphales, des crabes géants. Malgré la déroute des guides, les angoisses des soldats et les mirages qui font apparaître et disparaître les arbres, malgré les serpents, les poissons, les oiseaux fantastiques, l'armée parvient au Pays des Ténèbres, hanté d'animaux à six pieds et à trois ou six yeux. Au bord d'une mer, on trouve sous la carapace d'un crustacé des perles d'une extrême beauté et qui donnent à Alexandre le désir de descendre au fond des eaux dans une jarre de verre. Il est rejeté sur la terre ferme par un cétacé. Les miracles succèdent aux miracles, mais les oiseaux l'engagent à rebrousser chemin, car il n'est pas permis à un mortel d'atteindre la terre des Bienheureux. Le cuisinier Andréas et la fille d'Alexandre sont transformés en démon et en Néréide pour avoir découvert et bu seuls l'eau de la source de vie. Alexandre est emporté dans les airs par un attelage d'oiseaux géants. Il rencontre un volatile anthropomorphe qui l'engage à revenir bien vite sur terre. L'expédition s'achève par un combat contre les hippocentaures. Mais peut-être faut-il y substituer le rempart élevé pour contenir Gog et Magog, symboles des nations païennes coalisées contre le peuple de Dieu. Cet épisode, en effet, figure à la fin des diverses versions sémitiques de l'ouvrage. De toute façon, Alexandre qui descend sous les eaux comme il monte au ciel, qui vainc les monstres hantant les ténèbres comme les puissances du mal parcourant la terre, dispose, comme le dit le texte, « d'une armée hors de la nature humaine » (II, 34, 3). Et il représente la force au service du Bien. Il est l'instrument de Dieu.

Au Xe siècle de notre ère, cette réfection judéo-alexandrine de l'*Histoire des combats d'Alexandre* fut traduite en latin par l'archiprêtre Léon de Naples. Sa version, incorporée à celle de Julius Valerius, contaminée et amplifiée par la *Lettre d'Alexandre à Aristote sur les merveilles de l'Inde,* par la *correspondance d'Alexandre avec Dindimus, roi des brahmanes,* par le *Voyage au Paradis,* récit du Ve siècle d'origine talmudique relatant les efforts d'Alexandre pour retrouver le paradis terrestre, corrigée parfois aussi par les textes plus « historiques » de Quinte-Curce, Justin et Paul Orose, prêtre espagnol du début du Ve siècle, a donné naissance, au XIIe siècle, à une série prodigieuse de *Vies d'Alexandre* dont l'ensemble constitue ce qu'on appelle proprement le *Roman* d'Alexandre parce qu'elles furent d'abord écrites en langue romane. La plus ancienne, celle d'Albéric de Pisançon (vers 1130 ?) était en octosyllabes. Vers 1160, un poème décasyllabique, composé en Poitou, narrait en 785 vers les « enfances » et les premiers exploits d'Alexandre jusqu'à sa victoire sur Nicolas, vassal de Darius. L'œuvre était poursuivie entre 1170 et 1175 par Lambert le Tort de Châteaudun.

Enfin, un clerc originaire de Normandie, Alexandre de Bernay, appelé le plus souvent Alexandre de Paris, sa ville d'adoption, rassembla et remania toute la matière déjà foisonnante du roman biographique. Il composa, entre 1180 et 1190, un *Alexandre* comptant près de 16 000 vers de douze syllabes, si célèbres qu'on finit par leur donner au XVe siècle le nom de vers alexandrins. Il est impossible même de résumer ici le contenu de cette somme, que l'on répartit pour la commodité en quatre « branches », en fait en quatre gros livres différents : les Enfances, les batailles de Gadres (Gaza) et des Prés de Pailes (= du Camp du drap d'or et de soie, déformation d'Arbèles), les merveilles de l'Orient aux frontières de l'Autre Monde, enfin la mort d'Alexandre. On y retrouve aussi bien ce que nous avons dit de Bucéphale, de la visite à Jérusalem, de l'exploration du ciel et de la mer, des amours de Candace et des Amazones, des prodiges accompagnant la fin du roi, que des leçons de clergie et de chevalerie, de galanterie et de chasteté. Alexandre, entouré de ses douze pairs, propose un idéal de seigneurie et de piété. Il est un modèle de prouesse et de magnanimité, « fontaine de largesse et puits de courtoisie » (branche IV, vers 1152). Il ne lui manque même pas d'être chrétien pour atteindre à la perfection, à lui qui se réfère à l'Ancien et au Nouveau Testament et qui rappelle tant, par sa conduite, les croisés revenus d'Orient. Ici, le saint a doublé et remplacé le dieu antique.

L'influence de ce roman en vers est au moins triple. Littérairement, il donne naissance à une longue série de continuations et d'interpolations dans tout le monde occidental, puis au XIIIᵉ siècle au *Roman d'Alexandre* en prose. Il a été traduit, imité, résumé ou amplifié par les poètes germaniques, anglo-normands, néerlandais, espagnols, etc. tout au long du Moyen Age et l'on vient de faire paraître à Groningen un gros recueil de dix études rien que sur le motif de la mort d'Alexandre : *« Alexander the Great in the Middle Ages »* (éd. Aerts, Hermans et Elizabeth Visser, chez Bouma, 1983). Moralement, cet Alexandre va rester pour toute l'Europe, jusqu'à la fin du XVIIᵉ siècle, le modèle du roi-chevalier, non sans s'affadir, au temps des Précieuses, en héros de roman, en soupirant et en infortuné.

Artistiquement, il inspire les peintres d'enluminures, les graveurs, les ivoiriers qui aiment le représenter parmi les jardins enchantés de l'Orient, au milieu des bêtes étranges, ou avec les femmes-fleurs dont ils rêvent, ou descendant au fond de la mer dans sa cloche de verre ou emporté au ciel dans une cage tirée par des griffons. Il figurera plus tard sur les tentures et les tapisseries, sur les tableaux de la Renaissance et de l'époque classique. Devenu l'égal des trois preux juifs, Josué, David et Judas Macchabée et des trois preux chrétiens, Arthur, Charlemagne et Godefroy de Bouillon, Alexandre figure parfois parmi les défenseurs de la religion, dans les cathédrales de Nîmes et de Chalon, dans le cloître de Moissac. Signe ultime de sa popularité, il est avec David, Charlemagne et Arthur, depuis le xvᵉ siècle, l'un des quatre rois du jeu de cartes, dérivé du jeu d'échecs, le roi au cimeterre, le roi de trèfle.

Entre mille témoignages de cette sanctification du héros chevaleresque par le roman et par l'art, arrêtons-nous au mécénat du pape Paul III, lequel avait pour nom de baptême Alessandro : au cours de son pontificat (1534-1549), il a fait frapper des médailles qui représentent le Conquérant fléchissant le genou devant le grand prêtre Jaddée aux portes de Jérusalem, et il a paré la Sala Paolina du château Saint-Ange, à Rome, d'œuvres d'art antiques et de peintures murales inspirées de la vie d'Alexandre.

LE DERNIER DIEU PAÏEN

Quittant l'Occident, voyons quelle influence a pu exercer l'ouvrage du Pseudo-Callisthène lu, récité, raconté, traduit et amplifié, sur la littérature écrite et orale du Proche et du Moyen-Orient, dans les territoires plus ou moins soumis jadis à son empire. Dans l'Alexandrie du vᵉ siècle de notre ère, où christianisme et culture païenne se mêlent et s'influencent réciproquement, où les lettrés aussi bien que la foule croient aux miracles, à la magie et à l'astrologie, où l'on continue de célébrer, chaque année, le 20 janvier et le 7 avril, Alexandre le Grand, fondateur de la ville, il s'est trouvé un poète originaire de la Haute-Égypte, Nonnos de Panopolis (actuelle Akhnûm), pour mettre en vers, coup sur coup, l'*Évangile selon saint Jean* et la vie romancée du dieu du vin, Dionysos, fils de Zeus, bienfaiteur et sauveur de l'humanité. On date, non sans difficulté, les 48 chants des *Dionysiaka* des années 450 à 470 ap. J.-C., c'est-à-dire qu'ils sont postérieurs d'un siècle environ à l'extraordinaire diffusion, dans le Bas-Empire, du *Roman* d'Alexandre, de son pseudo-*Testament,* du *Livre de sa mort,* de son *Itinerarium,* etc. Je ne dis pas que la vie et les aventures que Nonnos prête au dieu du vin soient celles, sous un autre nom, d'Alexandre divinisé. Mais elles lui ressemblent si étrangement et leur suite est si étroitement comparable à la chronologie du roman du Pseudo-Callisthène, qu'il y a lieu de se demander si l'Alexandrin du ve siècle n'a pas purement et simplement voulu dépasser celui du IIIe siècle et si, sous le voile bariolé de la mythologie, ne se dissimule pas la légende du fondateur d'Alexandrie.

Quelles que fussent les intentions de l'auteur, littéraires, religieuses, philosophiques ou politiques, que le sang de Dionysos-Bakkhos fût ou non considéré comme préférable à celui du Christ, la matière même de l'immense poème, au moins celle des 24 premiers chants, rappelle, évoque ou développe l'histoire romanesque du Conquérant, fils de Zeus et réincarnation de Dionysos. Les cinq premiers chants célèbrent la famille mortelle du dieu. Le sixième chante Zagreus, dont Dionysos est l'avatar. Sa naissance miraculeuse, des œuvres d'une mortelle et Zeus, son adolescence, et son amour viril pour Ampelos occupent les six chants suivants. Les chants 13 à 24 conduisent le jeune dieu et son armée depuis la Phrygie jusqu'en Inde, en suivant l'itinéraire même d'Alexandre, en Troade, en Asie Mineure, en Syrie,

en Assyrie, en Arabie (= les Arabites du Pakistan),
jusqu'à l'Hydaspès. Dans l'Inde, Dionysos est frappé
de folie et éprouve des revers, mais il vainc finalement Dériade et son armée. Le retour triomphal de
Dionysos depuis l'Inde occupe les huit derniers
chants. Au terme de voyages remplis de prodiges et
de bienfaits, Dionysos goûte au nectar et à l'ambroi-
sie qui préludent à son apothéose. Son ultime ivresse
rappelle celle qui doit élever le Macédonien, fils de
la mortelle Olympias et de Zeus-Ammon, au rang
des Olympiens. Cette somme de mythologie érudite
est aussi une somme de récits romanesques, plus ou
moins inspirés de la vie romancée d'Alexandre. Elle
révèle non le dieu fait homme, comme la *Paraphrase
de l'Évangile de saint Jean,* mais le demi-dieu devenant dieu. Rappelons que le vᵉ siècle est celui des
grands conflits théologiques à Alexandrie, à
Antioche, à Constantinople et dans toute l'Asie
Mineure.

Le messager divin des Musulmans

C'est aussi le siècle où se traduit et s'amplifie dans
les diverses langues du Proche-Orient, en copte, en
éthiopien, en araméen, en syriaque, en arménien et
probablement en arabe du Hedjaz[88], la *Vie d'Alexandre* attribuée à Callisthène. On la trouve exploi-
tée dans les *Homélies* de Jacques de Sarouj, mort
au début du vɪᵉ siècle. Transporté par les voies
conjointes de la religion et du commerce, par les
conteurs populaires et par les lettrés en voyage dans
l'empire byzantin et dans ses protectorats, l'ouvrage
est connu des rabbins qui vivent dans les communautés juives de La Mecque et de Médine à l'époque où
naît Mahomet, vers l'an 570 de notre ère[89]. Et c'est
ainsi que seize versets de la sourate xvɪɪɪ du Coran,

Al Qor'an « la Lecture », sont consacrés à Alexandre, sous le nom de *Dhû-l Qarnaïn,* « Celui à la Double Corne ». Il vaut d'autant plus la peine que nous le citions *in extenso* que ce texte inspiré est récité par les croyants, chaque vendredi, dans toutes les mosquées de l'Islam. Et ces croyants sont au nombre de six cents millions sur la terre !

Dans cette sourate intitulée *Al kahf,* « La caverne », Mahomet répond à quatre questions embarrassantes que posaient, selon la tradition, les rabbins de Médine : 1°) quel est ce personnage qui dort au fond d'une caverne pour ne se réveiller qu'à la fin des temps ? — Suit l'histoire des Sept Dormants de la caverne d'Al Ragin (= Éphèse ?), allégorie des vrais croyants qui font profession de foi, *tachahhoud* ; 2°) qui donc possède la Fontaine de Vie éternelle ? — Réponse : celui des deux jardiniers qui, étant pauvre, fait la leçon à l'orgueilleux et riche ingrat en lui montrant ses bonnes œuvres ou en lui faisant l'aumône, *çadaqa ;* 3°) qui donc peut être à la fois plus grand et plus petit que Moïse ? — Réponse : celui qui pratique le jeûne, *çaoum,* et en même temps sait se taire ; 4°) qui donc fait le tour de la terre en attendant le Jugement dernier ? — Réponse : c'est le défenseur de la Foi, celui qui porte sur tous les continents la lumière de la vraie religion et dont la prière, *çalât,* ou communication avec Dieu, s'élève de tous les horizons, du Sud où vit le conteur, du Couchant, du Levant et du Septentrion, pays de Gog et de Magog. On aura aisément reconnu en ces quatre réponses illustrées par autant d'apologues, quatre des cinq piliers de l'islam : la profession de foi, l'aumône, le jeûne, la prière, étant donné que le cinquième pilier, le pèlerinage, *hadj,* à La Mecque, est postérieur à la mort de Mahomet (632, l'an 10 après l'hégire). Le personnage qui sert à illustrer la quatrième réponse est le « Bicornu », qui représente sur tant de monnaies du IVe siècle av. J.-C. le dieu

Ammon d'abord, puis Alexandre devenu son divin messager. Dans la légende syriaque du VIᵉ siècle de notre ère, Iskender dit à son père céleste : « Je sais que tu as fait pousser des cornes sur ma tête pour que je puisse renverser les empires du monde », et le Coran l'interprète ainsi : il a été envoyé pour abattre les injustes et prendre la défense des justes. La sourate tout entière se clôt sur un rappel du sort qui attend les impies et sur celui que Dieu réserve à qui s'est soumis, *moslem,* à ses commandements.

La traduction qui suit repose sur le texte arabe canonique publié chez A. Fayard par le Cheikh Si Hamza Boubakeur (2ᵉ éd. en 1979), et elle s'inspire des interprétations et commentaires du savant recteur de la Mosquée de Paris, de Régis Blachère (1949) et de Denise Masson (1967), entre autres interprètes [90].

Verset 83 : On t'interrogera sur Dhû-l Qarnaïn. Réponds : « Je vais vous raconter quelques faits qui le concernent. »

Verset 84 : Nous l'avions établi fermement sur la terre et Nous avions tout aplani devant lui.

Verset 85 : Il suivit donc son chemin.

Verset 86 : Et quand il eut atteint le couchant, il vit le soleil disparaître dans une fontaine bouillante et près de là, il découvrit une peuplade. Nous lui dîmes « Dhû-l Qarnaïn ! A toi de châtier ces gens ou de te montrer bienveillant envers eux ! »

Verset 87 : Il répondit : « Je tourmenterai l'injuste et il retournera à son Seigneur qui le tourmentera plus encore.

Verset 88 : « Quant au croyant, à l'homme de bien, il aura la plus belle récompense en partage ; les commandements que nous lui donnerons lui seront faciles à exécuter. »

Verset 89 : Il suivit ensuite un autre chemin.

Verset 90 : Quand il fut arrivé aux régions où paraît le soleil, il le vit se lever sur un peuple auquel Nous n'avions pas donné de quoi se voiler le corps.

Verset 91 : Il en était ainsi, et Nous avions déjà embrassé dans notre science toute l'étendue de ce qu'il possédait.

Verset 92 : Il suivit encore un autre chemin.

Verset 93 : Quand il eut atteint un pays entre deux monts qui barraient l'horizon, il trouva à leur pied des gens à peine capables d'entendre sa parole.

Verset 94 : « Ô Dhû-l Qarnaïn, lui dirent-ils, les Ya'jûj et Ma'jûj (Gog et Magog) mettent le désordre sur la terre. Veux-tu que nous te versions un tribut, à charge que tu élèves une digue entre eux et nous ? »

Verset 95 : Dhû-l Qarnaïn répondit : « Ce que Dieu, mon Seigneur, m'a donné vaut bien mieux. Aidez-moi donc avec ardeur et j'endiguerai leur flot.

Verset 96 : « Apportez-moi des blocs de fer jusqu'à ce que l'espace entre les deux monts soit comblé. » Puis il leur dit : « Soufflez, jusqu'à ce que le fer devienne une masse de feu. Ensuite apportez-moi du cuivre, que je le coule par-dessus. »

Verset 97 : Les Ya'jûj et Ma'jûj ne purent ni escalader le rempart, ni le percer.

Verset 98 : « Voici, dit-il, un effet de la bonté de mon Seigneur. Quand viendra le moment où mon Seigneur réalisera sa promesse, il rasera ce rempart. Ce que promet mon Seigneur, Il le tient infailliblement. »

Un tel message ne va pas sans commentaires. Il faut tout d'abord admettre que le Personnage de Dhû-l Qarnaïn, « le Bicornu », n'est pas n'importe quel dieu sumérien, babylonien, égyptien ou crétois, porteur des deux cornes de la puissance et de la gloire, ni non plus Moïse, figuré avec une corne jusque et au-delà de l'œuvre de Michel-Ange. C'est plutôt celui que, de la Méditerranée à l'océan Pacifique, la tradition la mieux accréditée appelle Iskander, Skander ou Iskedder, c'est-à-dire Alexandre le Grand. Mais il est représenté ici, non comme un personnage historique, ni même comme un prophète, *nabi,* mais comme une sorte de messager divin, d'ange ou d'archange de la Justice divine, un envoyé tout-puissant de Dieu, tel Michel ou Gabriel, en tout cas un être surhumain, hors du temps et presque hors de l'espace, puisqu'il vit et opère aux confins du monde et de l'au-delà. Il est celui qui prépare le Jugement dernier en séparant les gens pieux des impies, les justes des injustes, les soumis des insoumis, celui dont la parole est à la fois une loi et une prière. Il est le cimeterre flamboyant de Dieu devant la source en feu qui attend les damnés ou devant le rempart incandescent de la Foi qui protège les croyants. Il est essentiellement le roi justicier. Aux juifs, aux chrétiens, aux idolâtres qui l'interrogent sur le plus grand roi du monde, Mahomet répond que c'est le défenseur de la Foi. Ainsi, l'image que l'Orient tout entier a gardée d'Alexandre est-elle beaucoup moins celle du grand conquérant que celle, toute mystique, de l'homme de Dieu qui, comme l'exprime littéralement le Coran, « suit la corde » qui mène au Ciel.

De la tradition orale relative à Alexandre, du texte raconté du Pseudo-Callisthène et probablement accompagné du son du *rabab* (notre rebec médiéval), Mahomet n'a voulu retenir, comme il dit, que quelques faits. Au moment où il entreprend son récit, l'Arabaya, c'est-à-dire toute la Syrie et la péninsule attenante au sud-est, « la Steppe », est censée soumise, les bons étant séparés des méchants, les croyants des incroyants, les fidèles des infidèles. L'histoire commence par où le grand Macédonien comptait la finir. La scène se situe au sud de la terre habitée et, pour parler en termes de biographie alexandrine, après la déroute de Darius à Issos. « Nous avions tout aplani devant lui », dit Dieu. C'est suivre la version hébraïque du *Roman d'Alexandre,* version revue et complétée par quelque traducteur syrien. Car aussitôt qu'il a reçu la consécration du grand prêtre de Jérusalem et qu'il a adoré le Dieu unique des Juifs, Alexandre se tourne vers l'ouest, traverse l'Égypte et, après maintes péripéties, atteint, au bord de la mer occidentale, le Pays des Ténèbres.

De cette expédition qui mettait le grand marcheur tout près de la source de vie éternelle, l'éloignait du Pays des Bienheureux et l'autorisait seulement à punir sa propre sœur et le déloyal Andréas, Mahomet n'a retenu que le soleil couchant, la fontaine aux eaux brûlantes et la punition qui prélude au châtiment éternel : perspective eschatologique et non plus récit d'initiation manquée. Des aventures dans l'Inde de Porus et chez les brahmanes ou gymnosophistes, le Coran ne cite que la rencontre d'êtres « sans voile pour se protéger », ce que l'on peut interpréter de deux façons au moins : Alexandre a rencontré dans le lointain Orient une peuplade si sauvage qu'elle menait une vie bestiale, ne sachant ni se vêtir ni s'abriter même sous une toile de tente, ou bien Alexandre a rencontré des philosophes complètement nus, à la sagesse desquels il a mesuré son propre savoir. Le mystérieux verset 91 semble incliner en ce second sens. Dieu seul détient la science universelle, Il sait le bien et le mal, le vrai et le faux, le général et le particulier. Le débat historique auquel nous assistions entre Alexandre et Kâlaṇâ ou Dandamis ou entre Alexandre et les dix sages du royaume de Sambhu s'est transformé en une affirmation répétée qu'il existe une Providence divine.

Quant à l'histoire de Gog et de Magog qui clôt les versions juive et syriaque du *Roman d'Alexandre,* elle prend, elle aussi, dans le Coran une valeur symbolique. Ces deux noms désignent traditionnellement depuis au moins les visions du prophète Ezéchiel, au VIᵉ siècle av. J.-C., les nations barbares, féroces et sanguinaires de l'extrême nord de l'Asie Mineure, les Scythes et les Amazones d'au-delà du Caucase (*Ezé-*

chiel, 38-39). Dans la légende syriaque, Alexandre fait construire par ses forgerons un mur de bronze pour les contenir dans leur pays de sauvages et les empêcher de nuire aux peuples civilisés : on évoque irrésistiblement l'immense rempart qu'Alexandre a fait réellement élever dans le Gurgan pour barrer la route aux nomades du Turkménistan, ce mur qu'à Gomishan (Gümüshtepe) on appelle encore aujourd'hui le *Sadd-e-Iskender,* la digue d'Alexandre. Seulement, dans le Coran, il s'agit d'une digue symbolique. Elle retient les puissances du Mal jusqu'au jour du Jugement dernier. Alors, comme l'exprime le verset 96 de la sourate xxi, « les Ya'jûj et les Ma'jûj se déchaîneront et se précipiteront de chaque hauteur ». Ce sera le jour où se réalisera la Promesse du châtiment des méchants et de la récompense des bons. Alexandre, forgeron de Dieu, est l'artisan de sa justice éternelle.

La sourate xviii, dite de la Caverne, use du *Roman d'Alexandre* à des fins d'édification. Son activité, sa vie, son exemple doivent accroître la ferveur des fidèles. Alexandre est présenté successivement aux quatre horizons du monde comme ce que doit être le croyant authentique : soumis totalement à la volonté de Dieu, confiant en sa justice, fort de sa sagesse, luttant pour la foi. Les aventures d'Alexandre, homme de Dieu, sont d'ordre spirituel. Ses guerres n'ont jamais été qu'une guerre sainte, un engagement total, *jihad.*

De l'Arabie jusqu'à Java

Cette vision de l'histoire, si éloignée de nos conceptions occidentales, rationnelles et moralisantes, suscite aussi un tout autre dynamisme. Son symbolisme, son mysticisme même rejoignent, après mille ans de doutes, la ferveur qui animait les Amis ou les fidèles inconditionnels d'Alexandre, lesquels furent les premiers artisans de sa divinisation. Les dons de la Fortune, les charismes que lui ont prêtés ses Compagnons et ses soldats victorieux, nous les retrouvons précisés et majorés dans sa légende orientale et, comme cette légende est, littéralement, ce qui s'est dit de lui, il est naturel qu'elle coure des pays qu'il a réellement traversés à ceux qui ont seulement entendu parler de lui, d'une génération à l'autre, du monde des corps au monde des esprits. Il n'y a que les morts qu'on aime qui soient toujours vivants. Singulier destin de ce Roi des rois, fort et rayonnant comme un archange céleste, dont des millions d'hommes n'ont voulu retenir, et ne retiennent encore, qu'une marche foudroyante vers le Sud, la visite d'une oasis aux eaux bouillonnantes, à l'ouest de l'Égypte (celle de Siwah), la rencontre des sages de l'Inde et un rempart de métal élevé au nord contre les Scythes et les Amazones, *Ya'jûj wa Ma'jûj!* Certains, épris de symbolisme, vont jusqu'à mettre en rapport ces quatre épisodes avec les quatre éléments : « Nous l'avions fermement établi sur la *terre...* ; il vit le soleil disparaître dans une *fontaine...* ; le *souffle* de l'esprit ; ... une masse de *feu* », au risque de confondre Alexandre avec quelque démiurge gnostique ou avec le Maître même de la création.

De même qu'il y a, chez les Romains, deux traditions relatives à Alexandre, l'une qui le noircit, l'autre qui l'exalte et le met, comme les empereurs, au rang des dieux, il faut admettre que les Perses et, à leur suite, les Parthes et les Iraniens n'ont pas été unanimes à célébrer le successeur de Darius. L'auteur de l'introduction à l'*Arta Viraf Nâmak, le vrai Livre de la Loi,* écrit à la belle époque des Sassanides (VIe siècle ap. J.-C.) alors qu'on n'avait pas oublié l'incendie de Persépolis, s'exprime en ces termes : « Le maudit Ahriman (ou Génie du mal), le damné, pour faire perdre aux hommes la Foi et le respect de la Loi, poussa le maudit Iskander, le Grec, à venir au pays d'Iran apporter l'oppression, la guerre et les ravages. Il vint et mit à mort les gouverneurs des provinces de l'Iran. Il pilla et ruina la Porte des Rois (Babâ-i-Khoutayh), la capitale. La Loi, écrite en lettres d'or sur des peaux de bœufs, était conservée dans la forteresse des écrits de la capitale. Mais le cruel Ahriman suscita le malfaisant Iskander, et il brûla les livres de la Loi. Il fit périr les sages, les hommes de loi et les savants du pays d'Iran. Il sema la haine et la discorde parmi les grands, jusqu'à ce que lui-même, brisé, se précipitât en Enfer[91] ».

D'une certaine façon, c'est déjà diviniser Alexandre que de faire de lui une émanation, un éon ou une incarnation du Malin, l'Esprit du mal en personne. Il lui est moins reproché d'avoir détruit l'une des quatre capitales de l'Empire que d'avoir substitué sa volonté à l'Ordre éternel du dieu suprême, Ahuramazda. En 1470, l'auteur du *Jardin de la Pureté,* Mirkhond, reprocha à Alexandre d'avoir fait brûler le livre de Zoroastre, mis à mort les mages et envoyé mourir les savants perses en Grèce. En 1970, encore, j'ai entendu surnommer Alexandre « le Petit » par des Iraniens cultivés, à Téhéran. On me rappelait, un peu plus tard, lors du 2 500e anniversaire de l'avènement de Darius le Grand, que son palais, le plus grand et le plus prestigieux du monde, avait été incendié sur l'ordre d'un barbare de Macédoine et d'une putain d'Athènes.

Après l'introduction de l'islam en Iran, en 652, l'état d'esprit des poètes, des historiens et des géographes a changé, surtout parce que les chrétiens monophysites, les premiers, et les récitants du Coran, en second, avaient de la sympathie pour Alexandre. A Jérusalem, la Ville sainte, il s'était, disait-on, agenouillé et il avait déclaré aux prêtres : « Allez en

paix. Vous êtes les prêtres du vrai Dieu et votre Dieu
sera le mien. » Il devient donc le seigneur à la Double Corne, auquel les diverses dynasties régionales
cherchent à se rattacher. Ferdousi, à la fin du Xe siècle, dans son célèbre *Livre des Rois, Shah Nâmeh,* fait
d'Alexandre un fils de Darius (Darab) et de la fille
de Philippe. Un autre fils de Darius réclame à
Alexandre, devenu roi de Macédoine, un tribut jadis
promis par son grand-père. Alexandre refuse, envahit la Perse et agit ensuite comme dans le roman du
Pseudo-Callisthène. Nizami, vers 1180, dans son
Iskander Nâmeh, ajoute au mysticisme d'Alexandre
tout ce que lui inspire la sourate XVIII du Coran.
Deux cents ans plus tard, Giami écrit *le Livre de la
Sagesse* (Khirad) *d'Alexandre,* en suivant les récits et
les lettres qui mettent en relation Alexandre avec les
brahmanes. Au début du XIVe siècle, « l'historien »
Novairi raconte à sa façon comment Alexandre,
après avoir épousé Roushenk, fille de Darius,
conclut la paix avec le roi des Indes et se rend en
Chine par le Tibet. Le roi des Indes lui cède, après
échange de courrier, une fille d'une merveilleuse
beauté, un philosophe capable de répondre à toutes
les questions, un médecin capable de guérir de tout
sauf d'une atteinte mortelle, un vase qui ne s'épuise
jamais et désaltère promptement. Les problèmes spirituels et moraux intéressent plus notre pieux souverain que la stratégie ou l'administration. Quand il
meurt, ce sont des philosophes qui célèbrent ses vertus. *L'Encyclopédie* de Novairi est faite de l'adaptation des récits apocryphes syriaques et byzantins inspirés du roman d'Alexandre. Mais les voilà transpor-
tés jusqu'en Mongolie par les voies du commerce, de
la diplomatie et du prosélytisme religieux. On
connaît ainsi une version mongole de *la Vie et des
hauts faits d'Alexandre,* parmi les quatre-vingts versions traduites en vingt-quatre langues.
Tandis que les Arabes font de lui un pieux musul-

man qui est allé en pèlerinage à la Kaaba, les princes de Géorgie, d'Arménie, du Turkestan — antique Sogdiane — d'Afghanistan se flattent et se glorifient de descendre d'Alexandre. Il a fondé en Asie six Alexandrie, à Bégram, à Termez, à Leninabad, à ou près de Sukkur, à l'embouchure du Purali et près d'Abadan. La tradition, qui lui en a prêté douze, quarante-deux, voire soixante-dix, a fait fleurir sa légende à peu près partout dans l'ancien Empire perse. Ses successeurs immédiats, Antiokhos et Séleukos, ont donné son nom aux postes qu'ils fortifiaient ou essayaient de coloniser pour assurer la continuité de l'Empire.

Et c'est ainsi que, jusqu'à nos jours, Iskanderun (Alexandrette) en Turquie, Muhammarah en Irak, Mary (Merv) en Uzbekistan, Khanu et Hormuz en Iran, Hérat et Kandahar en Afghanistan, Uchh et Karachi au Pakistan ont prétendu avoir été fondées par Alexandre en personne. Leurs habitants entretiennent pieusement la légende du roi-justicier, protecteur et sauveur de l'humanité, unificateur de l'Empire, même s'il n'a fait que passer à cheval à travers une bourgade indigène, très antérieure en date. Tout le long des cours de l'Amou Daria et du Wakhsh, antique Oxos, les habitants signalent des tertres, des forts, des murs, des passages d'Iskandar. A Derbent, ils montrent le lieu de naissance de Roxane ou Roshane, son épouse. A Kilif, à 70 km au nord-ouest de Balkh (Bactres), les géographes arabes du Moyen Age situaient la Rubat Dhû-l Qarnaïn, c'est-à-dire le Poste de garde d'Alexandre, témoin de son passage de Bactriane en Sogdiane au printemps de 329 av. J.-C. Les guides actuels du Tadjikistan et de l'Uzbekistan ne manquent pas de raconter aux touristes du monde entier les hauts faits et les méfaits d'Alexandre lors de ses campagnes de Sogdiane et de montrer quelques traces de son passage, de Tashkent à Samarcande, dans la vallée du Zeravshan. Ils soulignent qu'il a perdu plus de 2 000 hommes dans l'été de 328 (Arrien, IV, 6, 2 ; Quinte-Curce, VII, 7, 39). La ville de Marghilan, dans le Ferghana, prétend conserver un de ses étendards et on y montre même son tombeau. Dans la vallée de la Kunar, l'antique Euaspla, au nord-est de Djalalabad, les hommes aux yeux bleus « descendent d'Alexandre ». A quelques kilomètres de Taxila, au Pakistan, où l'armée a pris ses quartiers d'hiver en 327-326, à Mankiala, les indigènes croient que, sous le stûpa du milieu de la plaine, Alexandre en personne a inhumé son cheval Bucéphale. Ils continuent même à appeler ainsi leurs propres chevaux. Près de la ville sainte de Thata où, dit-on, s'est terminée la grande marche vers l'est, on parle communément d'Iskedder Siam, Alexandre le Grand [92]. Mais bien au-delà de ce point, dans la vallée du Gange qu'il n'a pas parcourue, et où seul Mégasthène s'est rendu vers 280 av. J.-C., le folklore évoque le Conquérant, soit qu'on fasse de lui le rival du roi Çandragupta, soit simplement qu'on joue aux échecs, jeu du *kshah,* ou aux cartes, jeu du *naïb,* son lieutenant. J'ai eu bien des amis, en Iran, en Afghanistan et au Pakistan, capables de me raconter en détail les exploits de cet homme prodigieux et inspiré, non seulement d'après le Coran et la vie romancée, attribuée à Callisthène et traduite en hindoustani, mais d'après la tradition locale et l'enseignement de leurs instituteurs.

L'histoire d'Iskandar Zulkarnaïn, conquérant du monde et porteur des lumières de la vraie religion, a pénétré avec l'islam à Java, au XVe siècle, et s'est diffusée, au XVIe et au XVIIe siècles, en malais, en javanais et en bugis. La version malaise étudiée par Van Leeuwen en 1937 rapporte, d'abord en style épique, les victoires d'Alexandre, non sans assimilations audacieuses. C'est ainsi qu'Andalus-Candaule y est confondu avec Andalas, un autre nom de Sumatra. Puis l'auteur-interprète montre son héros à la

recherche de la source d'éternité. Cette quête philosophique l'amène à plonger au fond de l'Océan dans
une sorte de cloche et à explorer le monde infernal.
Sa personnalité a été introduite aux origines de la
dynastie des souverains malais. Dans la région de
Palembang, on peut vénérer son tombeau au pied du
mont Siguntang. Non, l'Iskandar malais n'est pas,
comme Vishnû ou Bhîma, un dieu qui descend sur
terre, disparaît et renaît métamorphosé : c'est un
héros culturel mystérieux et qui n'est jamais mort
tout à fait.

Le corps sacré d'Alexandre

C'est probablement le cas autour du vrai tombeau
d'Alexandre à Alexandrie d'Égypte[94]. Nous avons
déjà vu Ptolémée faire déposer le corps momifié du
successeur de Nectanébo, le dernier pharaon, comme
un véritable talisman dans un petit temple à colon-
nade, à l'extrémité orientale de l'agora, et instituer en
son honneur des sacrifices héroïques et des jeux. La
momie, soigneusement embaumée par les spécialistes
égyptiens de Babylone en 323, se trouvait enfermée
dans un sarcophage d'or que recouvrait le dolman
brodé du cavalier. Le sarcophage apparaissait dans
la pénombre de l'hypogée, la tête tournée vers le
soleil couchant, vers l'oasis du dieu Ammon, père
d'Alexandre. Un collège spécial entretenait son culte,
et le prêtre principal était éponyme, c'est-à-dire que
son nom servait à dater certains actes officiels, les
contrats notamment. Ce clergé vivait, non seulement
des offrandes et des sacrifices, mais aussi des revenus de domaines, de fondations pieuses, etc. Le culte
présentait un triple aspect, selon que l'on s'adressait
à l'homme, au héros ou au dieu, au Néos Dionysos.
On célébrait en janvier le fondateur d'Alexandrie, en

juin la date de sa mort, en septembre ou au début
d'octobre la date de sa naissance, en novembre et en
avril, le dieu de la vigne sacrifié puis ressuscité. Les
grands cortèges triomphaux, organisés vers 270 av.
J.-C. par Ptolémée II, associaient Alexandre aux Ptolémées, comme fondateur de leur dynastie et la cour
allait même jusqu'à affirmer que les Lagides appartenaient réellement au clan royal des Argéades. La
foule à laquelle on offrait toutes ces fêtes et ces jeux
ne demandait qu'à le croire.

Entre 221 et 210, Ptolémée IV aurait fait
construire, toujours au centre de la ville d'Alexandrie, un mausolée commun « pour Alexandre et les
Ptolémées, ses ancêtres, lorsque mourut sa mère
Bérénice » (Zénobios, *Proverbes,* III, 94), ce qui laisse
entendre que la chapelle dorique, qui servait de tombeau *(Sèma)* au corps *(Sôma)* d'Alexandre, fut agrandie et approfondie. C'est probablement à cette occasion que le sarcophage d'or fut remplacé par un cercueil d'albâtre plus ou moins translucide (Strabon,
Géographie, XVII, 1, 8), sans doute pour permettre aux
foules d'apercevoir le dieu endormi. César et son
neveu et héritier Octave, le futur Auguste, viendront,
eux aussi et avant tant d'autres empereurs, méditer
devant ce visage éternellement jeune, lui adresser
leurs prières et leurs souhaits. Plus tard encore, le
cercueil fut de verre et les foules continuèrent à défiler devant lui, même à l'époque du christianisme
triomphant. Le dernier témoignage positif que l'on
ait de sa présence à l'extrémité orientale de l'agora
d'Alexandrie date de la fin du IVe siècle où Théo-
dose Ier, dit le Grand, fit fermer les sanctuaires du
paganisme. Mais jusqu'au Ve siècle, les classes
moyennes de l'Empire s'offrent des médailles porte-
bonheur ou des contorniates prophylactiques représentant Alexandre. Sur les dernières, son image est
accompagnée des mots « *Filius Dei* »... !

Il n'est pas certain que les Arabes, généralement

respectueux des *turbeh* et des marabouts et vénérant
particulièrement la personne de Dhû-l-Qarnaïn,
aient comblé l'hypogée où reposaient les restes
d'Alexandre et des Ptolémées. Les tombes devaient
être recouvertes des débris de l'antique mausolée,
lorsque le calife Omar s'empara de la ville, en 640.
Jusqu'au XVIe siècle, les musulmans pieux venaient
vénérer un tombeau imaginaire du prophète et roi
Iskander, instrument de la volonté divine, au centre
de la ville réduite au quart de sa surface. Sur lui
s'était élevée une petite mosquée, dite Dhû-l Qarnaïn
(le Sire à la Double Corne), non loin ou à l'emplacement même du lieu où fut bâtie, au XVIIIe siècle, la
mosquée du Nabi Daniel, fondateur légendaire de
l'Alexandrie arabe.

Puis, c'est le grand silence jusqu'au milieu du
XIXe siècle, époque à laquelle les musées occidentaux
achètent, collectionnent et étudient les momies
d'Égypte. En 1886, Mahmoud el Falaki publie ses
recherches sur la topographie de l'Alexandrie antique. Il a repéré en gros les 15 km de l'enceinte des
Ptolémées, en forme de dolman déployé (un trapèze
de 5,340 km de longueur et de 1 250 à 1 425 m de hauteur), et deux des artères principales, larges de 29 m
et se coupant au nord-est de la colline de Pan, non
au milieu de la ville, mais dans une dépression vers
l'est. L'avenue Canopique, allant d'ouest en est, lon-
geait le *Mésopédion,* ou grand-place, bordée d'édi-
fices publics. Le corps d'Alexandre reposait à la bordure orientale de cette place. On ne se tromperait
guère en cherchant son mausolée au nord-est du fort
de Kôm-el-Dick, avenue El Hurrîya, non loin de la
gare du chemin de fer qui mène au Caire. Des
fouilles innombrables reposant sur des traditions
locales et sur des découvertes de murailles indatables
ont été entreprises depuis 1850 dans les caves et dans
les fondations des immeubles voisins. On conduit
parfois les touristes dans un sous-sol avec une galerie

s'achevant en cul-de-sac et on leur raconte que des-
sous, derrière ou à côté, gît le corps incorruptible du
grand Alexandre.

L'impatience des visiteurs à le retrouver n'a
d'égale que celle des archéologues de tous les pays
du monde. Signe évident que cet immortel d'un nouveau style reçoit encore un culte dans les esprits et
dans les cœurs. On a beau dire que le christianisme
triomphant a fait disparaître ici l'idôlatrie et que,
dans ce sol mille fois bouleversé, on n'a aucune
chance de retrouver fût-ce une parcelle de l'inaccessible tombeau : musulmans, coptes, orthodoxes et
agnostiques, tous veulent croire et espérer. Ne vous
avisez surtout pas de dire, en ces lieux, comme Sénèque, Lucain ou Lucien de Samosate, qu'Alexandre
n'était qu'une misérable brute, un tyran ou un imposteur. Vous vous brûleriez les doigts en voulant toucher à l'idole.

Et rappelons, au passage, que c'est à Alexandrie
qu'on a trouvé et que l'on trouve encore le plus de
statues, de médaillons ou de bas-reliefs représentant
le visage sacré de l'être de légende, images idéales de
la beauté, de la jeunesse et de l'intelligence. Mieux et
plus qu'Adonis (« Mon Seigneur ») et qu'Antinoüs,
le parfait amant divinisé, Alexandre reste pour ses
adorateurs un Génie toujours vivant. On se rend
encore en pèlerinage auprès du lieu où il repose, en
attendant qu'il se réveille. Combien de fois m'a-t-on
demandé, à Alexandrie ou ailleurs : « Savez-vous où
est emmuré le corps d'Alexandre ? » Comme s'il
s'agissait de l'un des Sept Dormants, aussi chers aux
chrétiens qu'aux musulmans !

On n'a pas même manqué de consulter des
voyantes. Il faut lire le second chapitre de l'un des
derniers ouvrages d'André Malraux, intitulé *Hôtes de
passage* (1975). Avec le directeur des musées de
France, il va consulter à Paris la descendante du dernier sultan, sur un très vieux morceau de toile cou-

vert d'étranges taches et, peu à peu, sortent des limbes les aventures du Conquérant, ses dernières heures, sa mort. Dans une vision, Malraux évoque à son tour un Alexandre juvénile et ardent, Bucéphale, des batailles épiques, les soldats défilant en simple tunique devant le héros sans voix. A l'analyse, le morceau d'étoffe se révèle couvert de sang caillé. Renseignements pris auprès du vendeur, il s'agirait bien d'une relique en provenance du lieu où fut embaumé le corps sacré...

Rêve qui pourra, rêve qui voudra. Ce que je retiens de cet incroyant, qui fut en même temps un inquiet et un voyant et qui exposa, un jour de 1977, ce qu'il pensait des phénomènes métapsychiques devant les téléspectateurs stupéfaits, c'est qu'il peut exister d'excellents esprits qui croient encore à la présence réelle d'Alexandre, à l'éloquence de ses reliques comme à celle de son âme immatérielle. Mais, comme dit Pascal : « Tu ne me chercherais pas, si tu ne m'avais pas déjà trouvé. » Et peut-être vaut-il mieux imaginer, comme Malraux, qu'Alexandre est un Génie vivant, que de croire, comme certains théologiens du Moyen Age, en Allemagne surtout, Berthold von Regensburg, Gotfried von Admont et Rupert von Deutz, qu'Alexandre est une méphistophélique incarnation du Diable, l'Orgueil en personne. C'est du moins une croyance assez répandue dans le christianisme pour avoir inspiré les auteurs des mosaïques des cathédrales d'Otrante, de Trani et de Tarante, les sculpteurs des églises de Narni, de Fidenza, de Remagen, de Bâle, de Fribourg-en-Brisgau : certains n'ont jamais pardonné à Alexandre de s'être égalé à Dieu ou, comme il est raconté dans la littérature romanesque, d'avoir tenté de s'élever jusqu'au Ciel sur un char, dans une cage ou un simple panier attelé à deux griffons. Et comme il ne faut pas clore ce bilan sur une représentation aussi négative d'Alexandre, idole pour idolâtres, disons que ce

que l'on veut retrouver en lui depuis au moins dix-
huit siècles, c'est beaucoup moins le Tentateur ou le
Mal incarné que le mystérieux Roi de l'Univers, qui
n'a conquis la terre que pour la sauver.

CHAPITRE VI

Le symbole

Voici une autre tentative d'explication du phénomène Alexandre, la sixième. Après les points de vue de la chronologie, de la psychologie, de l'hagiographie, de la morale, du folklore, voici comment le voit la sociologie, dont le regard se veut aussi objectif que critique. L'objet de son étude, ce ne sont ni l'action, ni l'acteur, ni le héros, ni ses deux contraires, l'antihéros et le dieu. L'objet de son étude est essentiellement sociopolitique : quelle force représente au juste l'individu en son temps et dans son milieu ?

Une infinité de réponses étant possibles, disons qu'Alexandre est devenu un symbole, c'est-à-dire, à la lettre, un rassemblement, un résumé, un ensemble de tensions et de potentialités. Il symbolise pour les modernes, depuis environ deux cents ans, autre chose qu'un homme et que son œuvre : il paraît le représentant de tout un monde. Il est le point d'aboutissement d'innombrables causes, une résultante, un simple effet. En un temps où faire œuvre scientifique, c'est mettre en formule, faire entrer dans une structure, une machine, une mémoire, le personnage que les Anciens imaginaient est parfaitement évacué, réduit à un total ou, si l'on veut rester dans le domaine des images, réduit à son piédestal, avec une brève inscription, ou avec deux dates, selon un code. De toute façon, aussi dépendant que relatif.

Cette conquête de la péninsule balkanique, de l'Égypte et de l'Asie antérieure, que l'on a tant admirée pendant deux mille trois cents ans, devient l'ouvrage : 1°) de Philippe qui l'a rendue possible ; 2°) de l'armée, qui a vaincu les éléments et les hommes ; 3°) des ingénieurs ; 4°) des commerçants et des financiers ; 5°) des marins qui ont ouvert la voie aux autres. Cette volonté impérieuse ou cette ambition passionnée que l'on a prêtées au jeune roi ont été rigoureusement déterminées par les suggestions de ses parents, de ses éducateurs, de ses conseillers, de ses devins. Il a été dopé et perdu par le vin qu'il a absorbé. Dans ces conditions, n'est-il pas normal que l'on ait défini Alexandre d'un mot, d'un seul, conquérant, héros, roi, tyran, fléau, ivrogne, par exemple, qu'on l'ait réduit à une simple équation ?

Plaçons-nous donc dans la perspective ouverte par l'*Examen critique des anciens historiens d'Alexandre le Grand,* ouvrage du baron de Sainte-Croix (1775) dont la seconde édition, en 1804, a lié les diverses images d'Alexandre à divers moments de l'Histoire. Plus on étudie les sources antiques et orientales de sa biographie, plus on constate qu'il n'a jamais été qu'un reflet ou qu'un profil. A chaque auteur de l'interpréter. Les historiens de notre génération, qui refusent absolument les légendes et doutent qu'il y ait une vérité autre que relative, sont plutôt minimalistes et dessinent d'Alexandre un profil bas. Tentons de les suivre dans leur démarche, dussent-ils anéantir l'homme et l'œuvre.

LA CONQUÊTE, ŒUVRE DE PHILIPPE

Tous les historiens modernes sont d'accord sur ce qui n'est que de l'histoire-fiction : si, en vingt-trois ans de règne et d'usurpations, Philippe II de Macé-

doine[95], chef du clan dynastique des Argéades,
n'avait pas transformé l'agrégat de tribus soumises
par ses prédécesseurs ou annexées par lui en un État
solidement organisé, s'il n'avait pas réduit en vassaux les Illyriens, les Thraces, les Péoniens, les Thessaliens, qui menaçaient ses frontières, et en alliées les
Cités grecques si jalouses de leur indépendance, s'il
n'avait pas préparé militairement et diplomatique-
ment la péninsule balkanique tout entière à la guerre
contre l'immense empire d'Asie, jamais son fils
n'aurait eu, malgré sa fougue et son ambition, les
moyens de conquérir un État cent fois plus grand et
plus riche que le sien. Alexandre n'a dû d'être désigné comme chef suprême des forces grecques et
macédoniennes pour conduire la guerre contre
l'Empire perse qu'à son père qui, vainqueur des
Grecs dans deux guerres sacrées, avait convoqué le
premier congrès panhellénique à Corinthe en 337 et
s'était fait reconnaître comme le maître des opérations futures. C'était lui aussi qui, l'année même de
son assassinat, avait établi une solide tête de pont en
Asie Mineure, sans laquelle Alexandre n'aurait
jamais pu franchir les Dardanelles deux ans plus
tard.

Sans doute, à la mort de Philippe, la Grèce était-
elle loin d'être docile, les chefs alliés en Thrace et en
Illyrie loin d'être sûrs, les Macédoniens loin d'être
unis. Le roi qui ne tient son pouvoir que de la
confiance et des acclamations des soldats est obligé
de vaincre, de répartir le fruit des conquêtes équita-
blement, d'user de diplomatie, de générosité et
d'autorité. Sa position est des plus délicate entre ses
compétiteurs, chefs de clans rivaux, et ses ennemis.
Le mérite éminent de Philippe est d'avoir su la fortifier au niveau de l'organisation, au niveau des
finances et au niveau de l'armée.

Pour les historiens anciens, les Macédoniens ou
« Gens du haut pays » occupent et contrôlent à la fin

La Macédoine à la mort de Philippe II (336 av. J.C.)

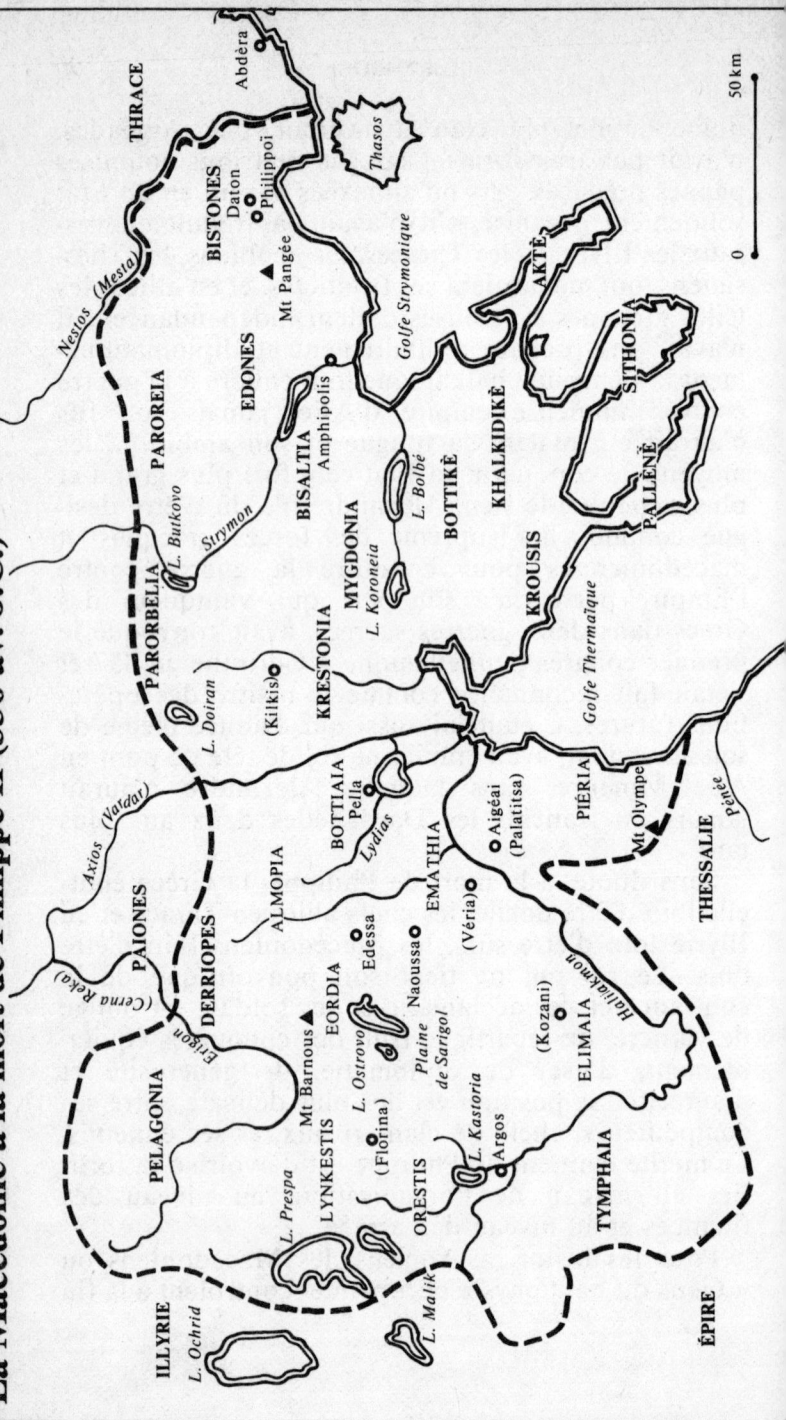

THRACE

Abdéra

BISTONES

Daton

Philippoi

Thasos

Mt Pangée

EDONES

PAROREIA

Nestos (Mesta)

Amphipolis

BISALTIA

Golfe Strymonique

L. Butkovo

Strymon

L. Bolbé

MYGDONIA

BOTTIKĒ

AKTĒ

PARORBELIA

L. Koroneia

KHALKIDIKĒ

SITHONIA

PALLĒNĒ

KRESTONIA

KROUSIS

L. Doiran

(Kilkis)

Golfe Thermaïque

Axios (Vardar)

BOTTIAIA

Pella

PIÉRIA

Aigéai (Palatitsa)

Lydias

Mt Olympe

PAIONES

ALMOPIA

EMATHIA

(Véria)

Pénée

Erigon (Cerna Reka)

DERRIOPES

Edessa

Naoussa

THESSALIE

Mt Barnous

EORDIA

Plaine de Sarigol

Haliakmon

L. Ostrovo

PELAGONIA

LYNKESTIS

(Flórina)

(Kozani)

ELIMAIA

L. Prespa

L. Kastoria

Argos

ORESTIS

TYMPHAIA

ILLYRIE

L. Ochrid

L. Malik

ÉPIRE

0   50 km

du IVe siècle av. J.-C. un pays de montagnes, de coteaux et de plaines marécageuses qui s'étend du lac de Prespa, frontière de l'actuelle Shqipria (Albanie), à l'ouest, jusqu'au cours du Nestos, face à l'île de Thasos, à l'est, et du mont Babouna, au nord, entre Skopje et Prilep, jusqu'aux promontoires de la Chalcidique, au sud : la surface cultivable n'y est que de 2 000 km² environ. La Macédoine est faite de quatre tribus primitives transhumant de la vallée de l'Haliakmon aux versants du Pinde et de l'Olympe : Lynkestis ou « Gens du lynx » au nord (autour de la moderne Florina), Orestis au « Gens des monts », à l'ouest (autour de l'antique Argos, dans la région actuelle de Voïon), Elimaia ou « Tribu du millet », au sud (vers Kozani, puis Grévéna), Emathia ou « Tribu du sable » au sud-est (vers l'actuelle Véria, antique Berrhoè).

De 650 à 410 av. J.-C. quatre districts se sont ajoutés à ces quatre zones de pacage primitives. Ce sont essentiellement des étendues de plaines, de lacs, de marais, de rivages marins, à l'ouest de l'Axios, des régions de pâturages mais aussi de cultures, par lesquelles les montagnards se sont ouverts au commerce et à l'artisanat de la mer Égée : la Piéria ou « Terre grasse » à l'est de l'Olympe, conquise sur les Thessaliens ; l'Eordaia ou Eordia ou « Pays du levant » autour du lac Ostrovo et de la plaine de Sarigol, vers Edessa et Naoussa, où Aristote enseigna au temps de la jeunesse d'Alexandre ; la Bottiaia ou Bottia, à l'est, en Basse-Macédoine, autour du lac Lydias ; l'Almopia, au nord-est, au pied du massif du Barnous et le long du cours de l'Axios, depuis son entrée dans la Grèce actuelle jusqu'à Goumenissa. Les marais offrent l'avantage de mettre la butte de Pella en communication avec la mer.

Depuis Arkhélaos Ier, à la fin du Ve siècle, les cultivateurs creusent des canaux, drainent les eaux dormantes, établissent des chaussées autour de la capitale nouvelle. A ces huit districts ou principautés de la Haute et de la Basse-Macédoine ont été annexées six autres terres de conquête dans la première moitié du IVᵉ siècle : une bande de l'antique Péonia sur la rive droite de l'Axios ; la Pelagonia ou « Plaine », tout à fait au nord, dans le bassin de l'Érigon (Cerna Reka) ; la Krestonia, autour de Kilkis ; la Bisaltia, vers les lacs Koroneia et Bolbè ; la Mygdonia, entre l'Axios et le Strymon ; la Krousis, sur la côte occidentale de la Chalcidique. Philippe s'était emparé des villes et des comptoirs grecs de la Chalcidique et de tout le territoire des Edones et des Bistones de Thrace, entre le Strymon et le Nestos, et il avait fondé près de Daton, au nord-est du mont Pangée, la colonie de Philippoï pour y drainer l'or et l'argent du mont Pangée, peu après 356. A sa mort, la Macédoine comptait six nouveaux districts.

De l'organisation de pays aussi divers de peuplements, de langues, de régimes fonciers, d'usages — du nomadisme à la sédentarisation — on sait fort peu de choses. Il semble qu'en général les structures politiques se soient confondues avec les classes de la société et que, dans les anciens districts au moins, le pouvoir appartînt à la classe des nobles, éleveurs de chevaux s'adonnant exclusivement au dressage des bêtes, à la chasse, à la guerre et ne résidant dans leurs demeures fortifiées qu'en période de démobilisation. Ils laissaient aux petits exploitants ruraux le soin d'entretenir les vastes domaines de leurs maîtres ou seigneurs, *tagoï*, littéralement « ceux qui ordonnent ». Ils fournissaient l'essentiel des cadres de l'armée et des escadrons de la cavalerie lourde. Les autres Macédoniens d'origine, répartis en clans, tribus et districts, cultivateurs, éleveurs, bûcherons et aussi artisans libres des rares agglomérations servaient dans l'infanterie ou dans la cavalerie légère et allaient coloniser les villes nouvelles. Les serfs, restes des populations soumises ou prisonniers de guerre, procuraient à l'administration royale la main-d'œuvre nécessaire à l'agriculture, à l'entretien des canaux et des chemins, au travail des mines, aux constructions de remparts. Les pasteurs nomadisant dans les massifs montagneux les plus récemment annexés, thraces ou péoniens, constituaient de réels problèmes quand ils empiétaient sur les terres de culture, soumises à redevances, ou quand ils se sédentarisaient.

Il semble que Philippe ait eu assez de souplesse et d'énergie pour installer, dans chacun des douze districts les plus récents, à côté des *tagoï,* ou chefs de clans, et des *péligonés* ou « anciens » des tribus, des gouverneurs militaires, les *stratagoï,* et des intendants financiers, les *skoïdoï,* chargés de veiller à l'exécution de ses ordres et à l'application de ses ordonnances. En outre, il porta à 800 le nombre de ses hommes de confiance, de ceux qu'il appelait *Hétaïroï* ou « vrais » Amis ou Compagnons, en provenance de tous les pays, de toutes les conditions, mais, comme le signale l'historien Théopompos (*Histoires philippiques,* livre XLIX), des individus que n'embarrassaient ni principes ni préjugés : des novateurs, des gens efficaces, des hommes à poigne, chargés des missions les plus délicates et les plus périlleuses. Le roi désignait seul, parmi eux, ses gardes, ses conseillers, son chancelier et son trésorier, à la fois contrôleur général et préposé aux revenus des mines, des domaines, des douanes et des tributs, ayant sous ses ordres une brève hiérarchie de fonctionnaires et de secrétaires. Enfin, comme la Macédoine vivait en état de guerre permanent, du printemps à l'automne, il avait mis sous le contrôle des gouverneurs militaires, dans chaque district, un ample système de bases, d'ateliers, de magasins et d'arsenaux, pourvus de stocks de vivres, d'uniformes, d'armes et de munitions.

Cette organisation, qui n'est pas sans rappeler

celle, beaucoup plus large, de l'Empire perse, naguère suzerain nominal de la Macédoine et de la Thrace, offrait un double avantage : un gouvernement personnel qui tenait compte des usages ancestraux, des droits de l'aristocratie foncière et des bouleversements sociaux provoqués par les conquêtes ; une rapide mobilisation des énergies en cas de crise. A cette structure, Alexandre se gardera bien de rien changer, aussi bien avant qu'après son installation en Asie, à cette différence près qu'il prendra comme Compagnons, Amis et Gardes du corps plutôt de jeunes nobles de son âge que de vieux amis de son père.

Quant à l'Assemblée des soldats[96], réduite aux seuls hommes libres de la Macédoine agrandie par Philippe, huit principautés et douze territoires annexés, elle n'était ni un corps législatif ni un rouage de l'administration ; tout au plus avait-elle à désigner le nouveau roi par ses acclamations, confirmer ou refuser son plan de campagne, juger des crimes de haute trahison : un moyen de domination pour une dynastie de conquérants. Le roi devient ainsi le symbole de la nation en armes. Dans toute la carrière du jeune Alexandre de Macédoine, de 336 à 323, cette assemblée ne semble avoir été réunie en tout que sept fois, pas même une fois par an, mais d'une manière contingente et sans ressembler le moins du monde à une assemblée démocratique, sans procédure ni statuts réguliers :

— en septembre ou octobre 336, à Pella, lors de la présentation et de la désignation comme « roi des Macédoniens » du troisième fils de Philippe, Alexandre, troisième du nom ;

— en mars 335, dans la plaine qui s'étend au nord d'Amphipolis, avant d'entrer en campagne, la première du règne, contre les peuples indépendants des Balkans, Thraces, Triballes et Dardaniens ;

— en décembre 331, dans un camp établi entre le

Tigre et Suse, afin de ratifier la désignation, par un jury, des officiers les plus valeureux et, visiblement, pour approuver la campagne contre la Susiane et la Perside ;

— en août 330, en Parthyène, près de l'actuelle Shahrud, pour châtier Bessos et soumettre les satrapies de l'est considérées comme rebelles ;

— en octobre 330 à Phrada (Farah) en Drangiane, pour condamner à mort et exécuter Philotas, fils de Parménion et Alexandros, prince de Lynkestis, inculpés de conspirations diverses ;

— au printemps de 327, à Bactres, pour condamner à mort et exécuter les Cadets soupçonnés de conspirer avec Hermolaos contre la personne du roi, et peut-être pour approuver la campagne en Inde ;

— à la fin du printemps de 324, à Suse, après la décision prise par Alexandre d'incorporer 30 000 jeunes Perses dans l'armée, il s'agit de savoir quels sont les Macédoniens qui seront démobilisés et renvoyés dans leurs foyers : « Ils l'invitèrent à les démobiliser tous » (Arrien, VII, 8, 3). Ce refus de poursuivre la campagne s'est achevé, comme on sait, par l'exécution des meneurs, par la démobilisation de 11 000 Macédoniens et enfin par un banquet d'adieux donné à Opis (Upé), au sud de Bagdad, vers la fin de l'été de la même année, aux officiers d'Orient et d'Occident réunis en cercle autour du roi. La nouvelle et ultime campagne sera menée au cœur de l'hiver contre les Kassites indomptables du Louristan, à partir d'Ecbatane (Hamadan).

Tout ce que prouvent ces quelques réunions d'exécutants trop dociles sans rien de commun avec la démocratie chère aux Cités grecques ni avec nos assemblées nationales, c'est que le roi avait transformé la monarchie élective ou supposée telle en une monarchie personnelle et absolue, à la façon asiatique, bref, qu'il était devenu par excellence l'autocrate, celui qui décide seul. Ou, plus simplement, le symbole de l'État, après avoir été celui de la nation.

L'ARMÉE

L'armée macédonienne[97] qui lui permit d'assurer ses arrières en Europe et de vaincre en Asie les forces perses, plus nombreuses, mieux payées et plus habituées aux températures extrêmes, avait été forgée par Philippe, instruit par deux excellents stratèges, l'Athénien Iphicrate et le Thébain Epaminondas, et par vingt campagnes souvent difficiles entre les embouchures du Danube et le golfe de Corinthe. Le roi, chasseur et cavalier de formation, met toute sa confiance dans la puissance d'attaque, d'encerclement et de poursuite que constitue, à son débarquement en Asie Mineure, la cavalerie macédonienne, doublée par la cavalerie thessalienne.

La première se compose des huit escadrons territoriaux, *ilaï*, des Compagnons du roi, dont le premier, l'*agèma* ou chef de file, constitue la Garde personnelle du souverain. Un escadron compte 225 chevaux jusqu'en 330, où chacun sera divisé en deux compagnies de 128 chevaux. En 334, les Compagnons à cheval sont des cuirassiers armés d'un glaive courbe, *kopis*, d'une courte pique ou javeline, *xyston* ou *dory*, avec un fer de 30 cm, et protégés d'un petit bouclier rond de métal, *pelta*. Les commandants et chefs d'unités, les cavaliers de première ligne destinés à affronter l'ennemi, sont bardés de plaques de métal, voire, comme Philippe, revêtus d'une cuirasse de tôle, dont le bas très élargi permet à l'homme de tenir à cheval. Celle que l'on a retrouvée dans la tombe de Palatitsa (antique Aigéai) en 1977 est de fer, décorée de bandes d'or guilloché et d'appliques rondes à têtes de lion, auxquelles s'accrochent les épaulières et se lace par en bas la jupe de cuir. Les cavaliers des derniers rangs ne revêtaient peut-être que des plastrons et des dossières de toile rembourrée. Par-dessus, flottait la chlamyde pourpre des seigneurs. Un casque doré, à visière, à panache et à aigrettes de plumes, distingue la personne du roi. On conserve dans plusieurs musées quelques casques coniques, analogues aux bonnets phrygiens, munis de couvre-joues.

Les chevaux de combat, croisement d'une sous-race du cheval de Tarpan et d'une autre des steppes de l'Asie centrale, s'apparentaient aux petits chevaux thraces à la robe blanche, à la fine encolure, au large poitrail, aux sabots massifs et non ferrés. Ils étaient sélectionnés, montés, entraînés dans de grands haras des régions de Pella (Bottiaia) et d'Amphipolis (Bisaltia) en Macédoine, et des plaines thessaliennes au sud de l'Olympe. Bucéphale, l'ombrageux cheval bai marqué d'une tête de bœuf — de là son nom — avait été acheté pour une somme énorme à un éleveur de Thessalie. On chevauchait sans selle ni étriers. Le dos de l'animal portait une chabraque ou couverture de fourrure, parfois une peau de panthère, comme on le voit sur les représentations de l'époque hellénistique. Les escadrons d'*asthippoï* provenaient des bourgades de Haute-Macédoine (en grec *asty* = la ville).

La cavalerie légère est faite, à la bataille du Granique en mai 334, de cinq escadrons de lanciers, répartis en quatre escadrons « d'avant-coureurs » ou « éclaireurs » macédoniens et thraces, les *prodomoï*, et d'un escadron de la tribu des Paiones (République de Macédoine yougoslave actuelle) : en tout 700 chevaux. On désigne plus ordinairement ces cavaliers du nom de lanciers, *sarissophoroï*, parce qu'ils chargeaient en tenant à deux mains une longue lance, *sarissa*[98], de bois de cornouiller ou de micocoulier, longue de 4 à 5 m et plus, faite de deux pièces réu-

nies par une virole, donc démontable, avec une large
lame et un talon pointu en acier. Ils contrôlaient la
marche de leur monture avec les seules jambes,
d'une pression du genou ou de la cheville. Lance et
pointage de la lance sont leurs deux supériorités évidentes sur les cavaliers perses, propulsant de loin de
courts javelots, *palta,* et ne sachant se battre qu'au
cimeterre. Les lanciers thraco-macédoniens ne pouvaient porter ni bouclier, ni cuirasse de métal, mais,
pour le cas où leur lance se serait rompue, ils avaient
au fourreau un glaive courbe et qui se maniait de
taille. En attendant que fussent créés entre 330 et
328, à la façon orientale, des corps d'archers montés
et de lanceurs de javelots à cheval, le commandement de l'expédition d'Asie disposait, en outre, de
2 400 auxiliaires grecs à cheval, dont 1 800 Thessaliens. Ces derniers tenaient une longue (?) pique et
un bouclier rond de deux pieds de largeur. À leur
ceinturon pendait le fourreau d'une lame droite à
double tranchant. Les chevaux étaient caparaçonnés.
Quant aux 900 mercenaires thraces et péoniens de la
cavalerie, ils semblent avoir surtout servi comme
piquiers, sans cuirasse, mais couverts d'un casque et
d'un bouclier.

Au total, le corps expéditionnaire comptait
5 200 cavaliers dont les atouts essentiels étaient
l'armement et la discipline. En ajoutant les quelque
900 chevaux, restant de la cavalerie que Philippe
avait envoyée en Asie Mineure sous le commandement de Parménion et d'Attalos, Alexandre disposait
d'un effectif monté énorme, surtout si on le compare
au chiffre de 1 200 chevaux de l'empire d'Athènes.
Tous les effectifs que Diodore (XVII, 16-21) et Arrien
(I, 14-16) prêtent aux Perses — 10 000 ou 20 000 cavaliers — sont de pure imagination, surtout si l'on compare les pertes subies par l'assaillant — 24 (ou 25 ?)
Compagnons contre 2 000 chevaux perses. La vérité
est que les forces s'égalaient, mais que l'offensive l'a

toujours emporté sur la défensive, les charges de cuirassiers et de lanciers sur l'immobilité des piquiers. Au reste, nos informateurs confondent constamment, pour l'ennemi, les effectifs réels et les effectifs des recensements consignés dans les archives de Persépolis et de Suse.

En mars 334, la phalange macédonienne, c'est-à-dire, littéralement, le rouleau, le rondin qui écrase, est forte de six régiments, *taxeis,* de 1 500 hommes chacun. Ces 9 000 phalangites constituent une véritable milice nationale, une levée de territoriaux, très attachés à leur terre natale, à leur langue, à leurs usages, enfin à la personne du chef de guerre qui doit mener à la victoire et agrandir leur domaine. Ces fantassins, casqués et bottés, ne portent, à la différence des hoplites grecs, ni cuirasse de bronze, ni pique, ni vaste bouclier à poignée. Ils ont l'épaule gauche couverte par le petit disque de la *pelta,* large de 60 cm et suspendu à leur nuque, tandis qu'ils gardent les deux bras libres pour brandir la formidable lance, appelée *sarissa.* Elle devait dépasser 5 m en longueur, car Théophraste, contemporain de l'expédition d'Asie, dit que le cornouiller mâle — ou plutôt, en réalité, le micocoulier — dont le bois extrêmement rigide et dur fournissait la hampe de cette pique, s'élevait à une hauteur de 12 coudées, soit à environ 5,50 m, le double de longueur des piques grecques et perses (*Histoire des plantes,* III, 12, 2).

Comme on l'apprend à la bataille d'Issos, en novembre 333, la phalange avait huit rangs de profondeur. Les hommes des quatre premiers rangs, alignés en décalage, pointaient leur sarisse en avant, de telle sorte que toutes les pointes de fer dépassaient la ligne de front. Les sarisses des hommes de la première ligne, destinées à fournir le choc initial, étaient seulement un peu plus courtes et légères que les autres. Les quatre derniers rangs balançaient leur sarisse obliquement et verticalement, la pointe en haut, prêts à prendre la place des morts et des blessés, s'il y en avait dans les premiers rangs. Dans la manœuvre sur le champ de bataille ou dans le défilé de parade, chaque petite unité de la phalange macédonienne, soit 150 hommes avec leur *lokhagos* en tête et leurs chefs de file en avant, ressemblait à un hérisson d'acier. La phalange est aussi un dispositif de combat. Les différents bataillons, *syntagmata,* de 256 hommes commandés par un officier peuvent se déployer en une ligne droite plus ou moins épaisse en doublant les rangs, ou en une ligne oblique, ou en croissant, ou en demi-carré creux ou en un coin ouvert à seize rangs de profondeur. La phalange complète, faite de deux ailes, est sous les ordres d'un général, *stratègos,* qui la fait s'entraîner et manœuvrer tous les jours. Ce sont ces figures qui ont surpris et démoralisé les Illyriens lors du siège de Pèlion en juillet 335 (Arrien, I, 6, 1-4).

Les soldats de la phalange macédonienne sont appelés *pezhétaïroï,* ou Compagnons à pied, par opposition aux *hétaïroï* ou Compagnons de la garde noble à cheval. Six fois, dans son *Anabase,* Arrien mentionne, en des rencontres décisives, ceux qu'on appelle les *asthétaïroï* ou *esthétaïroï*: si ce n'est une faute répétée du scribe, il s'agit, comme dans le cas des *asthippoï,* de formations régionales, désignées d'après leur chef-lieu de canton *(asty)* d'origine, en Haute-Macédoine. On connaît, par exemple, « le régiment de Koïnos d'Elimiotis » et le « régiment de Polysperkhôn de Tymphaia ». De même, dans les armées modernes, des unités ont souvent été désignées par leur province de formation.

On ne sait ni comment étaient recrutés ni comment étaient formés les phalangites. Aucun texte ne nous dit qu'il y eût des sergents instructeurs ni des adjudants. Tout au plus devine-t-on qu'il fallait compter six mois au moins d'entraînement avant qu'un

conscrit pût faire partie du corps expéditionnaire ;
c'est le délai qui sépare l'envoi en Macédoine de
trois recruteurs, à la fin de 334, et leur retour sur le
théâtre des opérations à Gordion, en mai 333. Les
stratagoï, ou magistrats militaires, devaient déléguer
aux vétérans, officiers et soldats, le soin de préparer
les recrues et de leur remettre, avec un uniforme, les
armes sacrées de l'État. La présence à l'armée de
chefs de file et d'anciens soldats aux cheveux gris
(ainsi devant Halicarnasse, en août 334, ou dans la
campagne de Parthyène, en 330), l'analogie de la formation des soldats perses, connue par les traités de
Xénophon, tout donne à penser qu'en Macédoine les
plus âgés instruisaient les plus jeunes. En quelques
mois, dans les campements et en cours de marche,
les recrues apprenaient au moins quatre choses : le
maniement de leurs armes, le pas de charge ou la
course en armes, les diverses manœuvres, l'art de
défiler. En tout cela, le rôle d'Alexandre est nul. Tout
au plus a-t-il pu donner l'exemple du courage et de
l'endurance, ayant été, comme les autres Cadets, à
Miéza ou à Pella, soumis aux ordres de ses aînés, au
« portez armes », *ankharmon,* au « serrez les rangs »,
à d'innombrables exercices et joutes et à la punition
du fouet, en cas de manquement.

Les fantassins macédoniens sont appuyés par trois
bataillons d'infanterie légère, plus mobiles et plus
souples, de chacun 1 000 hommes, les *hypaspistes,* ou
porte-boucliers ou écuyers royaux. Ils sont armés
d'une ou deux javelines, *sigynnoï,* et du coutelas
courbe macédonien, la *kopis.* Désignés à titre personnel par le roi parmi les hommes libres de Macédoine
et d'une fidélité à toute épreuve, ce sont des soldats
de métier, une sorte de garde nationale permanente.
Ils marchent immédiatement après la phalange.
Parmi eux est recruté l'*agèma* ou Garde royale à
pied, ceux que l'on appelle aussi les Gardes du
corps. Après la bataille d'Issos (novembre 333), le roi

fait revêtir d'argent la surface de leur bouclier rond. Ce seront désormais les *argyraspides*.

L'infanterie grecque proprement dite, dont les contingents ont été fixés, au temps de Philippe, par la Ligue de Corinthe, comprend en tout 7 000 fantassins, répartis en hoplites lourdement armés — casque rond de métal, cuirasse à épaulières, jambières, pique de 2,40 m à 2,70 m, courte épée de fer et bouclier rond de métal — et en peltastes munis d'un léger bouclier de vannerie (en grec, *pelta*), couvert de cuir. Les premiers, assez pesants, manœuvrent mal. Les seconds ne peuvent opérer que comme voltigeurs. Aucun d'entre eux n'a de raison particulière d'aider les Macédoniens et leur roi et de combattre les Grecs au service du roi de Perse. Aussi le commandement ne leur fera jouer qu'un rôle d'appoint dans les batailles et se hâtera de les démobiliser, avec une grosse prime, dès que Darius sera mort, en juillet 330. Il en ira de même pour les 600 cavaliers d'Athènes et d'autres cités démocratiques, équipés comme les hoplites classiques, bons, tout au plus, à des missions de reconnaissance, d'entrave, de harcèlement ou de poursuite.

L'état-major d'Alexandre compte bien plutôt sur les mercenaires des Balkans, beaucoup plus rudes, agressifs et motivés par une solde double du salaire de n'importe quel ouvrier des villes. Sur les 13 000 hommes de l'infanterie auxiliaire, en 334, 7 000 sont des Triballes, des Odryses, des Péoniens, des Illyriens. Ils sont essentiellement éclaireurs, voltigeurs, lanceurs de javelines, archers, tous habitués à escalader les montagnes les plus âpres et à courir sur tous les terrains pendant des heures derrière les chevau-légers et la Garde à cheval. Deux corps se distinguent particulièrement : les archers crétois, munis d'un arc à double courbure qui porte, comme l'arc scythe, à près de 200 m, les frondeurs de Rhodes (Arrien, II, 7, 8) tirant des balles de plomb qui forcent l'ennemi à se couvrir la tête et à se découvrir le corps.

De tous les contingents d'infanterie légère, c'est celui des Agriaï, ou Agrianes ou Agrianoï, qui est nommé le plus souvent dans nos textes : quarante-sept fois, par exemple, dans la seule *Anabase* d'Arrien. C'est une tribu d'éleveurs des sources du Strymon et du massif de la Vitosa, détestant les Thraces. De toutes les missions difficiles, de tous les coups de main, de toutes les poursuites, ils se trouvent toujours engagés en avant, le plus souvent à l'aile droite, qui fonce et enfonce. Ils occupent les premiers les passes et les défilés. Ce sont eux qui, avec les archers, escaladeront les à-pics des *avaranas,* ou places fortes de Bactriane, de Sogdiane et du cours supérieur de l'Indus. On nous les présente comme des hommes armés de deux (ou trois ?) simples javelines, à pointe pyramidale d'acier, en principe des armes de jet tombant en pluie sur l'adversaire, mais qui peuvent aussi bien servir à l'embrocher à bout portant. Ces *akontistes* ou lanceurs de dards, aux brodequins et aux casaques de peau, sont tout au plus 500 au printemps de 334. On en compte un millier en 330 pour couvrir le flanc gauche et une partie de l'arrière des troupes sur le champ de bataille de Gaugamèles. Enfin les Thraces et les Péoniens ont fourni 900 cavaliers d'appoint aux troupes auxiliaires.

Au total, si nous confrontons les chiffres quelque peu disparates fournis par nos sources (Callisthène, Clitarque, Ptolémée et Aristoboulos) au début du printemps de l'an 334 av. J.-C., l'état-major de l'expédition disposait de 32 000 fantassins et de 5 200 cavaliers. Quand ils auront opéré leur jonction avec le corps opérationnel envoyé par Philippe, deux ans plus tôt, pour assurer une tête de pont en Asie Mineure, l'armée comptera 43 000 fantassins et 6 100 cavaliers, avec peut-être 800 éclaireurs à cheval, et, en ajoutant les retardataires, alliés et auxiliaires, environ 50 000 combattants. En réalité, les effectifs devaient être beaucoup plus importants, peut-être doubles, si nous comptons les marins de la flotte (37 000 sur 182 navires de guerre, selon Justin, XI, 6, 2) et ce que nous appelons les services ou les armes annexes.

Bornons-nous à les énumérer. D'abord, l'artillerie, utilisée aussi bien en rase campagne que sur les fleuves et même en mer et qu'à l'occasion des sièges. Nous y reviendrons en parlant des machines de guerre. Puis le corps du génie, chargé de construire ces machines, les ponts, les navires démontables. Puis le train des équipages, dont le convoi, lourd de 3 000 à 4 000 chariots, emporte, avec les armes et les bagages, un grand nombre de ravitailleurs, de commerçants, d'artistes, de filles de joie, d'esclaves... Et puis, le service de santé avec de nombreux médecins, l'intendance, la paierie, les services de renseignements avec ses interprètes, ses transfuges et ses agents doubles, la poste avec la censure, les bêmatistes ou métreurs, chiffrant les distances parcourues ou à parcourir, les devins, les savants chargés d'enquêter ou d'instruire, les sculpteurs et portraitistes...

Après 330, la composition de cette armée naguère à dominante macédonienne est destinée à changer du tout au tout. Dès l'automne de 334, après le siège d'Halicarnasse, Kléandros, fils de Polémokratès, est envoyé au Péloponnèse et Koïnos, son frère, est envoyé à Pella pour lever de nouvelles troupes. Kléandros amène 4 000 mercenaires grecs en renfort devant Tyr, après deux ans de recrutement. La phalange est passée peu auparavant de 9 000 à 12 000 fantassins, répartis en six régiments. A Persépolis, elle compte 10 500 fantassins, répartis en sept *taxeis* de 1 500 hommes. A mesure que le commandement démobilise ses alliés grecs, ses cavaliers thessaliens, ses vétérans macédoniens, à mesure que disparaissent dans les combats et les marches épuisantes les combattants, l'armée recrute sur place des indigènes. A l'entrée dans l'Inde, au printemps de 327, si l'armée est forte de 120 000 hommes (Quinte-Curce, VIII, 5, 4 ; Arrien, VIII, 19, 5), les trois quarts des effectifs sont constitués d'Orientaux. Les huit anciens escadrons de cavalerie lourde sont devenus, sur le modèle perse, huit hipparchies, sortes de régiments divisés en deux unités où sont incorporés à côté des Macédoniens des cavaliers de toute origine. A côté de la cavalerie légère européenne sont créés des corps de lanceurs de javelots et d'archers à cheval, à la façon scythe ou iranienne. A Suse, en 324, les nobles perses sont incorporés parmi les Compagnons. A cette date, après le licenciement des vétérans, il est créé une phalange mixte, un corps spécial encadré par des porteurs de lance macédoniens. Le roi prend pour gardes les 1 000 porteurs de canne à pommeau d'or. On compte à la mort d'Alexandre, en juin 323, 4 Macédoniens pour 12 Perses. Avec ses unités d'éléphants de charge, ses convois de chameaux, sa cavalerie d'archers et l'incorporation de 30 000 jeunes gens des satrapies orientales, l'armée est devenue assez semblable à celle du roi vaincu, mais fort différente de l'instrument invincible forgé par Philippe et ses vieux généraux.

LE ROI, SYMBOLE D'UN PEUPLE EN MARCHE

Il y a donc tout lieu de se demander si Alexandre, « pasteur de guerriers », comme dit l'auteur de l'*Iliade* pour désigner Agamemnon lors de la guerre de Troie, n'a pas été réellement plus mené, tiré ou poussé par ses troupes qu'il ne les a conduites, tel le berger que son troupeau entraîne toujours là où il veut paître. Sans vouloir spéculer sur ce qui aurait pu se produire au cas où Alexandre aurait voulu mettre ses ultimes projets à exécution, envahir, puis contourner la péninsule arabique, attaquer Carthage et détruire son empire en Espagne..., constatons seulement que l'armée royale ne comptait plus à Babylone que 5 000 ou 6 000 fantassins macédoniens, maintenus en service contre leur gré et brocardant le roi, 500 à 600 écuyers de la Garde macédonienne et environ 2 000 Compagnons de la garde montée, cherchant à se tailler une part du royal gâteau en Asie. Or, à peine le pasteur fut-il disparu, que le troupeau se divisa, entraînant avec lui d'autres bergers, en Mésopotamie, en Thrace, en Égypte...

Après juillet 330, sa cohésion n'était qu'apparente. Après la retraite désastreuse de Gédrosie, elle n'existait plus. Sans les 10 000 Macédoniens qu'Antipatros refusait d'envoyer, Alexandre ne pouvait plus rien. Pas plus qu'il n'aurait pu faire quoi que ce fût, s'il n'avait eu auprès de lui au départ pour le soutenir, le guider ou le retenir, les généraux de Philippe, Antipatros, Kallas, Parménion. Ce dernier, qu'il a fini par faire exécuter traîtreusement à Ecbatane, dans sa résidence, après six ans de loyaux services, avait pourtant rendu seul possible le passage des troupes en Asie. C'était lui qui y avait établi, sur l'ordre de Philippe, une solide tête de pont à partir de 336, qui avait su concentrer les forces terrestres et navales de la Macédoine et de la Ligue hellénique à Amphipolis, en quelques mois (novembre 335-mars 334), ce qui reste un véritable tour de force quand on sait la mauvaise volonté des Grecs et la lenteur des communications. Cet administrateur-né, strict, méthodique, tenace, épris d'ordre et de discipline a assuré à son roi épris d'aventures le nerf de la guerre en s'emparant pour lui, après chaque victoire, des vivres et de l'argent ennemi : à Daskyleion, puis à Sardes, puis à Damas, puis à Persépolis. Il a permis à l'armée enfer-

mée en Asie Mineure de tenir bon jusqu'à la mort de
Memnon en mai 333. Il a permis à la cavalerie et aux
phalangites d'enfoncer l'aile gauche et le centre
ennemis dans la plaine d'Issos, en novembre 333,
pendant qu'il endiguait lui-même le flot des Perses
sur leur droite. De Damas à Jérusalem, il a reçu la
soumission de toutes les autorités locales. Et si le
précieux bagage des Grecs, avec les prisonniers et la
famille de Darius, fut sauvé, c'est bien grâce à Parménion, lequel avait établi tout le dispositif de la
bataille et réveillé Alexandre endormi, à Gaugamèles, le 1er octobre 331.

Les historiens modernes ont été par trop sévères
ou dédaigneux pour ses « anciens ». S'ils n'avaient
ni le panache, ni la fougue d'Alexandre et de ses
jeunes amis, ils possédaient en revanche ce qui fit
défaut aux nouveaux chefs, entraînés par les Orientaux à 10 000 km de leurs bases. « Les vétérans macédoniens que l'âge exemptait des combats, mais qui
avaient fait campagne avec Philippe et assuré de
nombreuses victoires, furent appelés par les circonstances devant Halicarnasse (août 334) à témoigner de
leur valeur. Leur courage et leur expérience de la
guerre les mettaient bien au-dessus des autres » (Diodore, XVII, 27, 1-2). Les derniers officiers vétérans
avaient disparu avec Andromakhos et Ménédèmos
dans la vallée du Zeravshan en octobre 329.

La postérité s'est gaussée des prétentions du gros
cousin d'Aristote, Callisthène, qui déclarait dans
l'introduction de son *Histoire des campagnes
d'Alexandre* que la gloire du Conquérant dépendait,
non de ses exploits, mais du récit qui en était fait « et
que la divinité d'Alexandre ne dépendait pas des
mensonges forgés par Olympias sur sa naissance,
mais de ce que lui, Callisthène, écrirait et publierait
en faveur d'Alexandre » (Arrien, *Anabase,* IV, 10, 2).
Il faut croire qu'il ne s'égarait pas, puisque les historiens qui l'ont suivi, de Clitarque au Pseudo-Callis-

thène, auteur du *Roman d'Alexandre,* ont pris pour argent comptant ce qu'il racontait des hauts faits d'Alexandre au Granique, à Issos et à Gaugamèles et des « révélations » du sanctuaire d'Ammon à Siwah. Il est même probable que notre historiographe, qualifié d'*épistolographos* d'Alexandre dans une inscription du iie siècle av. J.-C. à Tauroménion, participait à la rédaction des communiqués officiels et des rapports au régent Antipatros, jusqu'à sa disgrâce en 327. La même année, à Delphes, un décret des Amphictions, alors dominés par les Macédoniens, ordonnait la gravure d'une liste des vainqueurs aux Jeux pythiques composée par Aristote et Callisthène, et l'achat de couronnes d'or pour la reine Olympias, mère d'Alexandre (*Fouilles de Delphes,* Épigraphie, iii, 1, 400 et iii, 5, nº 58).

Callisthène n'était pas seulement un écrivain au service de la Macédoine ; il jouait le rôle d'un chroniqueur, d'un informateur, nous dirions, de nos jours, d'un publiciste. Jusqu'à la dure campagne de Sogdiane, en 329, l'opinion accepte qu'Alexandre toujours vainqueur se fasse passer pour le successeur de Darius et adopte même les usages de sa cour et de sa chancellerie. La perte de 2 600 hommes près de Samarcande, en octobre 329, les blessures et la dysenterie d'Alexandre, sa retraite devant les Scythes, sa brutalité envers les Sogdiens, font tout à coup douter de ses charismes véritables. Quand, au cours de l'hiver de 329-328, à Bactres, il suggère à ses Compagnons qu'ils pourraient bien donner le bon exemple en se prosternant devant sa personne, Callisthène, disciple d'Aristote et professeur chargé d'instruire les Cadets, rappelle à tous que les usages des Grecs ne sont pas ceux des Barbares et que, si ces derniers sont des sujets par nature, les Grecs sont et resteront toujours des hommes libres. L'opinion a si bien changé qu'Alexandre doit composer avec son propre état-major : les Grecs et les Macédoniens n'auront pas à se prosterner devant lui, mais à s'incliner devant la divinité du foyer où se donnent les banquets. Callisthène fait échouer ce compromis, évite les baisers du roi, critique les illusions et l'orgueil des Macédoniens, en un temps où le roi vient d'interdire, sous peine de mort, de parler du désastre de Samarcande, afin de ne pas démoraliser son armée. La crise éclate lorsque, dans l'automne de la même année 328 et précisément à Samarcande, Kleïtos le Noir dit tout haut ce que désormais tout le monde pense tout bas : « On témoigne à Alexandre une faveur qu'il ne mérite pas, tout en rabaissant les héros d'autrefois ; en fait, ses prouesses ne sont ni si grandes ni si admirables qu'on le prétend en les exaltant ; il ne les a d'ailleurs pas accomplies seul, car, en réalité, la plus grande partie est l'œuvre des Macédoniens... » ; bien plus, tendant de la droite un bras provocant, « c'est ce bras, dit Kleïtos, qui, à la bataille du Granique, t'a sauvé la vie » (Arrien, *Anabase*, IV, 8, 4-5 et 7).

On sait comment l'affaire s'est terminée : Alexandre, mortifié, tue Kleïtos sur-le-champ, pleure, essaie de redevenir un chef humain, mais fait fouetter un Cadet plus adroit que lui à la chasse et découvre soudain que les Cadets conspirent. Il les condamne à la lapidation et il jette Callisthène en prison pour avoir, comme Socrate, corrompu la jeunesse (décembre 328-janvier 327 av. J.-C.). Quand on fait prendre à une société conscience de ce qu'elle est, de son nombre, de sa puissance, de sa valeur, quand on lui montre que ses intérêts ne sont pas ceux des individus qui la dirigent, elle change : alors la troupe, qui n'était déjà plus un troupeau derrière un pasteur, devient un organisme, une personne, un être indépendant et qui parfois fait grève, dit « non » ou se mutine. Ainsi, au bord de l'Hyphase (le Bias), dans l'été de 326, et à Suse, au bord du Karkheh, deux ans plus tard, des meneurs retournent l'opinion. Les Orientaux de l'armée, de leur côté, dont les intérêts ne sont ni ceux des Iavanas (les Grecs d'Ionie et les Macédoniens), ni ceux d'un roi qui ne parle même pas leur langue, ne désirent que rester en Asie et y regagner leurs capitales respectives. Ils finissent par précipiter Alexandre, coupé des siens, dans les marais de Babylone. Alexandre est devenu le symbole du conquérant vaincu par sa conquête. Tant est grande la puissance de l'information qui façonne l'âme des foules, l'âme de ses contemporains comme celle de la postérité.

En célébrant la réputation ou la gloire d'Alexandre, ce sont leurs propres exploits que faisaient valoir auprès de Clitarque d'Alexandrie les rares soldats revenus de l'expédition d'Asie. Certainement plus des quatre cinquièmes de l'armée, qu'il avait fallu constamment renouveler, étaient restés loin de leur pays d'origine, morts, blessés, disparus, prisonniers ou colons. Et nul en Grèce ou dans les Balkans ne songeait à les plaindre, qu'ils fussent mercenaires, c'est-à-dire payés pour mourir, volontaires ou contraints à servir, c'est-à-dire trop heureux d'assurer la grandeur de leur pays ou de leur roi. Quant aux rescapés, ils rapportaient avec eux une sorte d'auréole, celle de cet Orient dont toute l'Europe rêve encore aujourd'hui :

« Qui les voyait passer à l'angle de son mur
Pensait à ces cités d'or, de brume et d'azur
Qui font l'effet d'un songe à la foule effarée :
Tyr, Héliopolis, Solyme, Césarée... »

Ces vers pour conquérants dans la *Légende des Siècles* suggèrent admirablement comment a pu s'écrire ou se chanter « l'épopée » d'Alexandre. Mais toute l'imagination des bourgeois bien tranquilles dans leurs échoppes ou leurs boutiques reste bien au-dessous de ce qu'a été la grandeur véritable et la gloire de ces soldats anonymes. Quelques pages de

Diodore et de Quinte-Curce, échappées au carnage des temps, nous les montrent marchant jusqu'à l'épuisement, traversant des déserts de feu ou de glace, franchissant des cols de montagnes hauts de plus de 3 000 m et des fleuves larges de 1 700 m, titubant de froid et de faim, exposés aux grands fauves, aux serpents venimeux, aux scorpions et aux épidémies. Ils étaient l'exception, ceux qui avaient pu parcourir les 18 000 km de l'itinéraire et encore avançaient-ils la plupart du temps à cheval. Les rescapés, en célébrant les exploits du dieu mort et en les majorant encore, ne faisaient que rendre hommage à l'endurance de leurs compagnons disparus et à leur propre ténacité. Affrontés à la grandeur des paysages et des civilisations, ils devenaient eux-mêmes plus que grands, immenses, démesurés. Écoutons, à titre d'exemple, le sobre récit que fait Quinte-Curce de la marche vers l'oasis de Siwah, 580 km à travers les dunes du Sahara, en février 331 :

« Le premier jour et le suivant, la fatigue parut supportable ; pourtant, bien qu'on n'eût pas encore atteint le vide infini du désert, le sol était déjà stérile et sans vie. Dès que se découvrirent à eux les plaines enfouies sous l'épaisseur du sable, ils cherchaient du regard la terre, tout comme s'ils avaient pénétré dans une mer profonde. Devant eux, ni arbre, ni trace de culture. L'eau même, que les dromadaires avait portée dans des outres, venait à leur manquer, et il n'y en avait ni dans le sol aride ni dans le sable brûlant. Le soleil avait tout embrasé. Les bouches desséchées étaient en feu » (Quinte-Curce, IV, 7, 10-13). Après quatre jours et quatre nuits de souffrances, une pluie providentielle s'abat sur les cavaliers et les méharistes. « Certains, mourant de soif et perdant le contrôle d'eux-mêmes, ouvraient la bouche pour happer la pluie » (IV, 7, 14). C'est l'épisode qu'a retenu et transfiguré toute la tradition, du Pseudo-Callisthène à Mahomet, relative à la source de vie que le Voyageur s'en va quérir vers l'Ouest, et qui bout et soudain disparaît. Déjà, au Ier siècle avant notre ère, les voyageurs et les géographes s'interrogeaient sur cette fontaine de Siwah, froide sous la canicule et chaude au crépuscule ! Inutile de citer les pages consacrées par tous les narrateurs aux souffrances endurées par l'armée dans l'enfer de Gédrosie, à l'automne de 325. Passons avec elle plutôt à un autre extrême, en décembre 330, dans la région d'Ortospana, près de l'actuelle Kaboul :

« La terre supporte ici une telle épaisseur de neiges durcies par le gel et un froid à peu près constant qu'on ne trouve pas même trace d'oiseaux ou de bêtes fauves... L'armée, isolée dans ce vide de civilisation, souffrit alors de tous les maux imaginables, la famine, les frimas, l'épuisement, le désespoir. Beaucoup succombèrent à l'excès de neige. Beaucoup eurent les pieds gelés. Bien plus encore perdirent la vue. Les moins résistants surtout étaient victimes de l'engourdissement. Épuisés de fatigue, ils s'étendaient à même la glace. Ils cessaient de bouger. Le froid rigoureux les transissait tellement qu'ils étaient incapables de se relever. Leurs camarades essayaient de les secouer de leur torpeur. Il n'y avait qu'un remède, c'était de s'obliger à marcher... Seuls, ceux qui purent arriver jusqu'aux cabanes en pisé des Barbares parvinrent à se rétablir » (Quinte-Curce, VII, 3, 11-15). La même scène se renouvelle, trois mois plus tard, quand il s'agit de franchir l'Hindou Kouch par le col de Khawak à 3 500 mètres d'altitude. Et comme lors du franchissement du Zagros au nord-ouest de Persépolis, en avril de l'an 330, « le roi se garda bien de punir ces gens affolés. Mais il sauta de cheval et à pied, parmi les neiges et sur la couche de glace, il se mit à avancer. En tête, brisant la glace à coups de pic, le roi se frayait un passage. Tous suivaient son exemple » (*id.*, V, 6, 15). En fait, Alexandre se comportait comme les autres, il se confondait avec les soldats, assumait leurs peines et leurs joies, ne faisait plus qu'un avec eux. Son anxiété *(agônia)* était celle de ses hommes et de leur lourd convoi. Symbole de l'itinérant, du voyageur solitaire au milieu d'une foule, il résume en lui, jusqu'après la rédaction du Coran, l'ardeur inquiète de tout un peuple en marche. Porté au pouvoir par l'armée, il est mort comme elle, épuisé.

LA CONQUÊTE, ŒUVRE DES INGÉNIEURS

Si cette armée a réussi à vaincre les éléments et les hommes, ce n'est pas tant à son énergie qu'elle l'a dû, qu'à l'intelligence d'un groupe d'hommes sur lesquels Alexandre s'est reposé bien souvent, ceux que les Grecs appelaient des architectes, des démiurges ou des mécaniciens et que nous appelons les ingénieurs, en faisant entrer dans leur société tous leurs assistants et leurs exécutants, le corps du génie[99]. Pour prendre les citadelles réputées imprenables, pour traverser des cours d'eau larges comme des bras de mer, pour transporter un matériel de plus en plus encombrant, pour exploiter les mines et l'or noir de la terre, bref pour réaliser trois des plus vieux rêves de l'humanité : monter au ciel, explorer la profondeur des flots et voyager au centre de la terre, ce que l'on retrouve dans le *Roman d'Alexandre,* il fallait des machines et des engins inouïs. Et une équipe de techniciens hors pair.

On connaît quelques noms d'auxiliaires d'Alexandre : on cite Gorgos, spécialiste des mines, Kratès, un hydraulicien, Diadès de Pella (ou de Thessalie ?), un mécanicien auteur d'un traité perdu, *Sur les machines de guerre,* Polyeidos de Macédoine, ingénieur en chef, formateur de Diadès et de Kharias, Diognètos et Baton, métreurs, Deinokratès de Rhodes, archi-

tecte. Les gens de lettres, les historiens en particulier,
se sont peu intéressés aux travaux de ces « manœuvres », dont les mérites paraissaient infimes, à côté
de la gloire éclatante du stratège ou du chef d'État.
Notre siècle qui s'attache beaucoup plus aux réalisations matérielles qu'aux vapeurs de l'encens préfère
le génie de ces inventeurs au génie que tant de générations ont prêté gratuitement à leur souverain. Ou
plutôt il considère qu'Alexandre n'a fait que mettre à
profit les recherches et les découvertes d'autrui et
que, là encore, il résume, il symbolise le génie de son
temps. Élève d'Aristote, esprit encyclopédique s'il en
fut, il s'est intéressé aussi bien aux problèmes de physique, d'histoire naturelle et de médecine qu'à la littérature et qu'à la métaphysique. Avec le développement des sciences exactes, tout au long du IVe siècle
av. J.-C. et avec la rédaction, dès 380 peut-être, des
premiers traités de mécanique appliquée à la vis et à
la poulie par Archytas de Tarente, les techniciens de
l'armement et de la construction navale se sont de
plus en plus assimilés aux mathématiciens, qui
comptent, et aux géomètres, qui mesurent. Vers 360,
Énée le Tacticien faisait paraître une *Poliorcétique,*
ou *Art d'assiéger et de prendre les villes,* que nous
avons conservé. Avec des discussions sur la technique militaire, on y découvre une véritable volonté de
transformer un art en science, un effort de rationali-
sation qui porte aussi bien sur l'organisation de
l'armée que sur la préparation méthodique de l'attaque, et l'agencement des engins. Il avait écrit en
outre des traités sur l'usage des feux ou des messages
secrets et sur les problèmes financiers que pose la
guerre.

Les ingénieurs de Philippe et de son fils avaient
réussi, dès le siège de Phères en 354, à mettre au
point quatre sortes d'engins, *mèkhanèmata,* dont les
plus anciens étaient connus des Siciliens, deux générations plus tôt, et qui constituaient une véritable

artillerie. Ils étaient destinés à réduire à peu de chose les corps adverses d'archers et de piétons armés à la légère et même la cavalerie mal caparaçonnée et les murailles trop peu couvertes de l'ennemi. Ce sont l'arbalète ou arc à glissière, la baliste, sorte de grande arbalète montée sur affût, la catapulte, tirant de grosses et longues piques, le pierrier ou lanceur de boulets. Bien que toutes les études de caractère scientifique que nous en possédons soient postérieures de plusieurs siècles à l'expédition d'Alexandre, bien que les croquis accompagnant les textes ne soient que des interprétations des moines du Moyen Age et que la fabrication de telles armes soit toujours restée un secret d'État ou une œuvre d'art, par définition unique, nous entrevoyons le principe de leur efficacité.

L'arbalète est un perfectionnement de l'arc, dit *euthytonos* parce qu'il « se tend directement » sur un fût de bois dont le tireur appuie l'extrémité inférieure contre son ventre. De là le nom de *gastraphétès* donné encore à cet engin. Les deux branches de l'arc, en corne, en bois dur, voire en métal, sont fixées latéralement au fût. On amène la corde de boyaux le long du fût à l'aide d'un crochet muni de saillies qui s'arrêtent sur deux crémaillères latérales. On pose la tige empennée de la flèche dans la rainure centrale. On libère la corde en appuyant sous la gâchette et la flèche, guidée comme une balle dans le conduit d'un canon, file jusqu'à plus de 100 m ou même jusqu'à 150 m. L'avantage de cette arme tient à sa précision. La rigueur du tir augmente encore si l'arbalète repose sur un appui fixe. Au bord d'un fossé de 30 m de largeur, n'importe quel tireur peut placer une flèche à ailettes, ce qu'on appelle un carreau d'arbalète, dans un créneau étroit. Quiconque s'y profile est un homme mort. Ce n'est peut-être pas pour rien que notre jeu de cartes, venu de l'Inde, porte, outre la figure d'Alexandre, les deux images du carreau d'arbalète et de la pique de catapulte.

La *baliste,* appelée aussi scorpion, est une arme de jet qui doit son nom à un verbe signifiant tirer, atteindre. Elle développe d'une manière importante les possibilités de l'arbalète. Montée sur bâti ou affût de bois, elle offre plus de stabilité. L'arme pivotant sur son pied, le tireur peut modifier l'angle et la direction du tir, comme avec un véritable canon. Elle est démontable, donc plus maniable. Elle décoche des traits, longs parfois de deux coudées, près d'un mètre, capables de transpercer avec leurs trois ailettes, non seulement les corps des chevaux, mais les cuirasses de cuir ou de feutre des cavaliers, peut-être même des planches et des palissades. Munies de matières incandescentes, d'étoupe imbibée de naphte ou de poix, elles portent le feu chez l'adversaire, dans leurs maisons ou sur leurs bateaux. Elle tire parfois plusieurs traits d'un seul coup, car la glissière peut comporter plusieurs rainures. Les branches de l'arc, beaucoup plus larges, sont trop rigides et puissantes pour les biceps d'un homme. Il faut utiliser la manivelle d'un treuil pour ramener vers l'arrière du fût le crochet de la corde et son mécanisme d'accrochage le long de la double crémaillère. Cette artillerie a servi aussi bien en terrain plat que sur la mer ou sur les fleuves. Lorsque l'armée a dû traverser sur ses radeaux l'Iaxarte (Syr Daria), vers l'actuelle Leninabad, ses nombreuses machines de guerre à longue portée jetèrent la confusion dans la cavalerie des Scythes qui attendait les Européens sur l'autre rive.

L'*oxybélos,* ou catapulte, est montée elle aussi sur un affût ou pied triangulaire de bois démontable. Le fût à glissière, très allongé, est mobile sur un genou ou sur un simple pivot. Les deux bras latéraux, aux extrémités desquels est fixée la corde ou la courroie de cuir tressé qu'il s'agit de tendre sont dirigés vers l'avant de la machine. Ils sont insérés chacun dans un faisceau vertical de nerfs de bœuf ou de crins de cheval. Lorsque l'on tire la corde avec la manivelle du treuil, les faisceaux subissent une torsion d'autant plus forte qu'ils sont plus épais. On dit que les catapultes sont *palintones,* « à tension de part et d'autre du fût ». A peine a-t-on soulevé le déclic, à l'extrémité de la crémaillère, que les fibres se détendent comme un ressort et ramènent les bras et la corde dans leur position première vers l'avant, en libérant le projectile. Les mathématiciens antiques ont calculé que, pour un projectile long de 3 coudées (1,38 m), le diamètre du ressort, enfermé ou non dans un tambour vertical, devait être de 8 doigts (15,3 cm), soit le neuvième de la longueur du trait. Nos physiciens ont calculé que la catapulte avait une force initiale triple de celle de la baliste. Comme la portée dépendait de la puissance des ressorts, on peut supposer que les ingénieurs au service des Macédoniens ont cherché à faire mieux que leurs rivaux chypriotes et phéniciens, en remplaçant les nerfs de bœuf par des faisceaux beaucoup plus résistants, constitués par exemple de tiges de bois ou de métal.

Le principe du pierrier, *lithobolos* ou *pétrobolos,* est le même : un double système de torsions latérales ramène vers l'arrière, puis projette vers l'avant une certaine masse, en relation avec l'épaisseur des faisceaux. La cuillère ou l'embrasse contenant le projectile, boulet ou bloc de pierre, ressemble à l'extrémité d'un bras de levier. La corde, ou tendeur ou rappel, de cette pelle passe sous elle. C'est un cabestan et non une manivelle qui met en position de départ le levier. Il paraît que lors du siège de Tyr, en 332, les pierriers lançaient d'énormes blocs par-dessus les murs de la place et contre les créneaux du chemin de ronde. On a calculé que les machines de Dèmètrios Poliorcète, trente ans plus tard, lançaient des masses de près de 80 kg à une distance de 150 m. Pour résister au choc de la détente, les montants de chêne devaient être énormes et consolidés par des cornières de métal. Ces appareils montés sur châssis et sur roue étaient tractés comme des canons. Pendant l'action, on couvrait les tireurs à l'aide de fascines et de mantelets.

Presque tout ce que nous savons des tours d'assaut, mobiles et démontables, de Diadès de Pella, l'ingénieur en chef de l'armée macédonienne, dépend d'un vulgarisateur du Ier siècle av. J.-C. et reste donc sujet à caution. Il paraît que ses tours de bois avaient initialement deux étages sur une base carrée de 7,90 m au côté et que le second, plus étroit, ne couvrait en superficie que les quatre cinquièmes du premier. Plus tard d'autres tours, superposant quinze étages, auraient atteint la hauteur de 90 coudées, soit près de 42 m, pour pouvoir dominer les murailles de Tyr ou de Gaza. Diadès aurait inventé une espèce de passerelle ou de pont volant que l'on rabattait du dernier étage sur le chemin de ronde de l'ennemi. Un dessin du manuscrit d'Athénée, *Sur les machines,* nous montre ce dernier type de tour pourvu de six roues motrices. Celles-ci se trouvaient à l'intérieur du bâti, lequel était couvert de plaques de cuir. Des hommes appuyant sur les rayons et les jantes mettaient la machine en mouvement dans un sens ou dans un autre. Biton le Tacticien, au IIIe siècle av. J.-C., affirme que, au temps de Philippe II déjà, le Macédonien Polyeidos avait réalisé une tour « hélépole », ou preneuse de villes, haute de 50 pieds et munie d'une passerelle.

L'appareil de levage des engins (ou la masse même de la tour ?) était actionné par une roue d'écureuil où prenaient place plusieurs hommes. Des escaliers intérieurs ou des échelles réunissaient les étages, l'un pour monter le matériel, l'autre pour descendre. Des descriptions comme celle que nous a laissée Diodore (XX, 91, 2-8) de l'*hélépole* d'Epimakhos d'Athènes au siège de Rhodes en 305 nous contraignent à réviser toutes les idées que nous pourrions avoir héritées sur

le manque d'organisation des Grecs et sur le prétendu mépris dans lequel ils auraient tenu leurs techniciens. Avec des machines comme celles de Diadès,
écrit Athénée, « un ingénieur peut acquérir de la
gloire ». Le tort de la postérité est de l'avoir attribuée
au seul Alexandre.

Le même Diadès et son bureau d'études ont per-
fectionné la tortue, ou galerie couverte, le trépan de
murailles, le corbeau ou grappin mécanique. On faisait avancer les béliers à couvert, suspendus à une
charpente sur un roulement, dans une glissière d'une
vingtaine de mètres de longueur. La tête du bélier,
pourvue d'un véritable éperon de métal, défonçait en
quelques chocs les murs de briques et même de
pierres non appareillées. Diadès aurait même élevé
sur le plancher d'une de ses tortues une tourelle à
trois étages, armée d'une catapulte et pourvue d'une
provision d'eau pour éteindre éventuellement un
incendie, car naturellement les assiégés cherchaient à
bouter le feu à toutes les machines de bois à l'aide de
flèches incendiaires. L'assemblage était recouvert
d'algues, de foin, de bourres diverses sous des peaux
de bœuf pour amortir l'effet des projectiles lancés
depuis les remparts. Le trépan était une poutre
à pointe d'acier qui, ramenée en arrière par des
cabestans, allait et venait sur des rouleaux. Le
trépan forait des brèches, descellait des moellons,
permettait d'introduire des mèches, des tuyaux,
de l'eau.

Du « corbeau » inventé par Diadès on n'a aucune
description chez Athénée. Mais on entrevoit, par
analogie avec un engin utilisé par les Romains contre
la flotte carthaginoise en 256 av. J.-C., qu'il s'agissait
d'un immense grappin pivotant sur un genou articulé
autour d'un mât vertical, capable de s'élever et de
s'abaisser grâce à un système de poulies. Sont mentionnées, au siège de Tyr, en 332, des « mains de
fer », capables d'agripper et d'enlever les assaillants

postés sur les tours. Les sapeurs creusaient parfois des galeries jusque sous les remparts, ils y boisaient une grande chambre, l'emplissaient de fagots enduits des matières les plus inflammables, poix, soufre, naphte et y mettaient le feu. Cette sorte de fougasse ne tardait pas à exploser. Le sol cédait sous le poids du rempart qui s'écroulait. Les textes de Quinte-Curce et de Plutarque ne manquent pas de signaler les expériences faites par les Grecs avec les hydrocarbures de la vallée du Tigre, ces « huiles de terre » qui transmettent le feu d'un bout à l'autre d'une ville à la vitesse de la pensée. Je ne dis pas que les ingénieurs de l'armée d'Alexandre ont découvert alors le célèbre « feu grégeois », cette composition qui avait la propriété de brûler sur l'eau. Je dis qu'en utilisant à Gaza les ressources en bitume et en nitre de la mer Morte, pour miner l'insurmontable rempart, ils ont fait usage des premiers explosifs.

Sans ce corps de techniciens extraordinaires, jamais l'armée gréco-macédonienne n'aurait pu s'emparer des quinze villes fortes ou citadelles qui s'opposaient à sa progression de 334 à 326. Ce ne sont pas les assauts par vagues successives lancés contre Milet, ni le blocus, ni le siège proprement dit qui ont pu venir à bout des remparts, mais les travaux de sape et les machines de guerre, tortues bélières et tours démontables.

A Halicarnasse, le corps du génie comble en plusieurs endroits le large et profond fossé qui couvre le rempart en usant, pendant plusieurs jours, de « la tortue des terrassiers » *(khélônè khôstris),* c'est-à-dire d'une galerie couverte sous laquelle une file de porteurs sans cesse renouvelés achemine des sacs et des couffins pleins de terre, tandis que l'artillerie couvre l'avancée des travailleurs. Puis les béliers et les trépans battent en divers points la courtine de briques et le pied de plusieurs tours qui s'effondrent. Le nid d'aigle des Marmariens au-dessus de Phasèlis, après

deux jours d'assaut ininterrompu, prend soudain feu.
On se rappellera que les catapultes à longue portée
lançaient des traits avec de l'étoupe enflammée. Les
remparts formidables de l'île de Tyr suggéraient un
blocus plutôt qu'un assaut à partir d'une flotte. Celle
des Grecs était insuffisante. C'est Diadès de Pella
qui eut l'idée d'établir une digue entre la terre ferme
et l'île, de faire avancer, pour couvrir les travailleurs,
deux tours chargées de catapultes et à l'épreuve du
feu : c'est lui encore qui eut l'idée et le talent d'assu-
jettir une tour de bois à deux navires couplés et de
jeter du haut de la tour, sur les remparts, un pont
volant par où les écuyers d'Admètos et Alexandre
purent sauter sur le chemin de ronde et prendre la
ville par la mer. Le siège de Tyr à peine terminé, les
tours de bois et les machines de guerre étaient
démontées et transportées par mer devant Gaza.
Comme elles restaient inefficaces sur le sable, les
ingénieurs firent élever un remblai presque aussi
haut que les murailles, y juchèrent des tours domi-
nant la ville et multiplièrent simultanément le nombre des mines. A travers les éboulis, les soldats
purent se frayer un chemin. Le Rocher d'Arie, ou
l'*avarana* de Naratu, à Qala-i-Dukhtar, céda devant
l'incendie d'un énorme bûcher entassé par les
sapeurs, tandis qu'Artakoana, près d'Hérat, capitu-
lait à la seule approche des tours, preneuses de villes,
remontées en un temps record. Nous avons vu comment trois autres *avaranas,* ou places fortes de Bactriane, de Sogdiane et du haut Indus avaient été
prises non d'assaut, mais par le génie militaire :
pitonnage du rocher, comblement des ravins, tirs
d'artillerie.

Le plus surprenant reste l'emploi de l'artillerie de
marine autour de Tyr et lors de la traversée des
grands fleuves. Pour pouvoir installer de puissantes
catapultes *(oxybéleis)* et des pierriers *(pétroboloï)* sur
les navires et pour pouvoir éviter la dispersion des

projectiles, inhérente aux embardées, au tangage et
au roulis, on jumelait les navires, on établissait entre
eux un plancher et, sur cette sorte de catamaran relativement stable, on fixait des batteries. Elles tiraient
par l'avant, et elles concentraient leurs effets sur une
seule cible. A Tyr, Diadès avait fait placer de l'artillerie dans les étages des tours de bois portées par ses
navires couplés. Et il n'y avait pas que les appareils
de tir qui fussent démontables : les embarcations
indispensables aux traversées étaient elles-mêmes
démontées après chaque opération, placées sur des
chariots et tractées à travers les déserts. Des gabarits,
des maquettes, des étalons et des formules chiffrées
permettaient aux charpentiers de marine un rapide
remontage. Mais l'adaptation aux données particulières de la topographie et au régime des eaux restait
toujours entre les mains des ingénieurs qui, chaque
fois, devaient inventer et décider.

Qu'on ne dise pas que le rôle du chef suprême
était nul. Mais ni le courage, ni l'esprit d'initiative,
ni l'ambition ne pouvaient remplacer la compétence
technique. Alexandre obéissait littéralement aux
indications des hommes de l'art. C'est pour s'être
imaginé qu'un coup d'audace individuelle lui permettrait de se passer d'eux et de s'emparer de la
ville des Mâlavas en un tournemain, dans l'été de
326, qu'il va être grièvement blessé : « Comme les
machines de guerre se construisaient trop lentement,
le roi commença par faire enfoncer une poterne et à
se précipiter dans la ville » (Diodore, XVII, 98, 4). Et
ce qui devait arriver, arriva : une foule hurlante
l'entoure, le crible de projectiles et de coups et il
n'est sauvé que par les Macédoniens qui ont introduit des échelles dans la place. Les vainqueurs ont
reconnu leur demi-échec, en tout cas le danger
extrême qu'ils avaient couru. Ils ont attribué la blessure du roi à un manque d'égards pour les prédictions de leurs devins. Il eût mieux valu qu'il s'en

remît aux constructeurs de machines, aux mécaniciens plus forts que lui en calcul des probabilités, beaucoup mieux à même d'apprécier l'utile, le possible et le nécessaire, ou simplement les distances et les délais.

Ce n'est pas qu'Alexandre fût de 334 à 325 un simple témoin des mesures prises par d'autres que lui. Car, à ce compte, la guerre des Gaules eût été gagnée, non par César, mais par ses pontonniers sous les ordres de l'ingénieur en chef Fabius, ou encore le salut de l'armée française, en 1812, eût été dû au seul dévouement des pontonniers d'Eblé. Il fallait, certes, quelqu'un qui conçût l'ensemble des opérations et décidât des mesures à prendre. Seulement, le cas de Polyeidos, de Diadès, de Kharias, de Kratès, de Diognètos... est différent : c'étaient des inventeurs, des calculateurs, des réalisateurs, et le roi ne faisait que profiter de leurs conquêtes. A croire que les véritables conquêtes restent toujours celles de l'esprit. Toujours est-il que la technique est souvent en avance sur les mœurs et sur les lois.

DES PRESSIONS ET DES INTÉRÊTS ÉCONOMIQUES

Si la vie d'Alexandre est bien, avant tout, celle de son armée, si l'on fait, comme les Anciens eux-mêmes, abstraction de sa vie privée (en eut-il jamais une ?), sa victoire dans une Asie qui commence au Nil (Arrien, III, 30, 9) est essentiellement le triomphe du commerce grec ou plutôt égéen, auquel il n'a fait que livrer les matières premières et le numéraire et ouvrir tous les marchés orientaux. L'armée a été le fer de lance de l'hellénisme jusqu'au Pamir et aux frontières orientales de l'actuel Pakistan, à condition d'admettre que ce n'a pas été un simple échange d'idées, de vocabulaires ou de mœurs, mais avant tout et surtout un échange de produits bruts ou élaborés, au sein d'une économie monétaire.

Nous avons dit que le corps expéditionnaire qui franchit les Dardanelles, en avril 334 av. J.-C., comptait, avec les troupes de la tête de pont envoyées par Philippe, environ 50 000 militaires, mais autant de non-combattants, de ceux que nous appellerions les civils, et que, parmi eux se trouvaient tous les gens chargés de ravitailler et de distraire l'armée. De cette foule de civils en marche, Alexandre fut également le chef et l'organisateur et en même temps le tributaire. C'est elle qui lui a permis de vivre et de survivre et souvent l'a incité, l'a poussé à aller de l'avant. S'il est évident que les croisades ont eu, entre autres raisons d'être, une finalité économique, que dire d'un conquérant qui, après chaque victoire grande ou petite, se précipitait sur les trésors perses, livrait les prisonniers et le butin aux marchands, nommait dans toutes les provinces conquises un administrateur financier à côté du magistrat militaire et créait des centres de commerce appelés colonies ou simplement Alexandrie ? Que dire sinon qu'Alexandre est le symbole même du commerce alexandrin ?

Au départ, le grand, le véritable ennemi pour la Ligue hellénique, et non pas seulement pour son Conducteur, l'*Hègèmôn* Philippe, puis pour son fils et ses Compagnons macédoniens, ce n'est pas Darius, ni même l'Empire des Perses : ce sont les commerçants de Phénicie, les négociants, les trafiquants, les marins phéniciens, maîtres de tous les ports de l'Arabaya (Syrie et Palestine) depuis le golfe d'Alexandrette jusqu'à l'Égypte, maîtres, avec Carthage, de la mer Tyrrhénienne, de la Sardaigne et de l'Espagne. « Les Carthaginois jetaient à la mer tout étranger qui aurait pu naviguer vers la Sardaigne ou en direction des Colonnes d'Hèraklès (Gibraltar) » (Strabon, *Géographie,* XVII, 1, 19).

Guerre militaire et concurrence commerciale

allaient de pair depuis mille ans peut-être entre Grecs et Phéniciens. Les Grecs, au vᵉ siècle, s'étaient à grand-peine délivrés de l'emprise économique des Phéniciens sur la mer Égée et sur la Sicile. La victoire de Salamine, dans l'automne de 480 av. J.-C., n'affecta pratiquement en rien le potentiel militaire des Perses, car il ne s'était agi que d'un engagement naval entre une escadre phénicienne et une centaine de trières athéniennes. La flotte phénicienne, plus de deux fois supérieure en nombre à la flotte de la Ligue hellénique (400 navires de guerre contre 180), était si redoutable qu'Alexandre refusa de livrer bataille sur mer devant Milet, dans l'été de 334 et, malgré l'avis de Parménion qui lui conseillait de risquer le tout pour le tout, il préféra licencier toute sa flotte et combattre les Phéniciens par la terre, en s'attaquant à leurs bases. Il y consacra deux ans, marqués par la reddition de toutes les échelles du commerce ennemi, d'Halicarnasse jusqu'à Gaza, par la soumission des dix rois de Chypre, dont la moitié étaient d'origine syro-phénicienne, par la fondation enfin d'Alexandrie un des guichets du « fleuve Aigyptos », « le seul lieu de toute l'Égypte placé également bien pour le commerce de la mer, à cause de l'excellence de son port, et pour le commerce intérieur, parce que le fleuve y transporte facilement toutes les marchandises et les rassemble dans le plus grand marché de la terre habitée » (Strabon, *Géographie,* XVII, 1, 7).

Dans ce port qui ruinait tous les autres comptoirs levantins d'Égypte, entre Péluse et Canope, les commerçants grecs de l'armée prenaient place à côté des soldats macédoniens et des indigènes du delta, en attendant d'y attirer les commerçants de Palestine, je veux dire surtout des Juifs, installés dans le quatrième secteur de la ville. Désormais, à partir de janvier 331, ravitailleurs, pourvoyeurs, trafiquants et revendeurs d'origine sémitique autant que d'origine hellénique vont s'entendre assez bien dans l'immense convoi de l'armée pour qu'on ne signale entre eux nulle querelle, mais plutôt la même volonté de conquérir en commun des marchés, d'exploiter les pays soumis et de fonder des colonies de commerce.

Alexandre était généreux par nature et par art. Mais il avouait qu'il n'entendait rien aux questions d'argent et d'économie. Au moment de quitter la Macédoine, en mars 334, il distribuait tous les domaines de la couronne à ses Amis personnels et aux Compagnons de son père, « ne voulant garder pour lui que l'espérance » (Plutarque, *Vie,* 15, 3, 6). A la fin de l'expédition, en 324, à Suse (ou à Opis ?), il déclarait aux soldats mutinés : « Je ne possède rien en propre. Personne ne peut me montrer des trésors qui m'appartiennent, sinon ceux qui sont à vous ou sont placés sous bonne garde pour vous » (Arrien, *Anabase,* VII, 9, 9). Et il avouait, dans le même discours, n'avoir trouvé à son avènement pas même 60 talents dans le trésor de Philippe, alors que les dettes de la monarchie s'élevaient à 500 talents. Il avait même dû emprunter 800 talents pour équiper son armée avant de quitter l'Europe, à moins que cette somme ne représentât la solde pour un mois seulement de ses 1 800 cavaliers et de ses 12 000 fantassins.

La situation financière de l'armée était si précaire, dans les cinq premiers mois de la campagne, qu'après la première victoire, au Granique, malgré la saisie des trésors de Sardes et de l'or du Pactole, malgré les contributions volontaires des cités grecques « libérées », le roi avait dû congédier sa flotte à la fin de juillet 334, parce qu'elle lui avait coûté 640 talents, neuf fois plus qu'il n'avait d'argent au départ, et parce que son trésorier-payeur général, Harpale, était à court de numéraire. Cependant l'espoir de s'enrichir avait maintenu la troupe dans l'obéissance et les 10 000 soldats congédiés en 324 partaient vers les ports de Cilicie, leur solde ayant été régulièrement payée, leurs dettes personnelles remboursées par la caisse du roi, une prime de démobilisation d'un talent (6 000 francs-or) ayant été ajoutée à la solde due et aux frais de voyage. On peut évaluer l'encaisse des trésors royaux en 331 à 180 000 talents (Strabon, *Géographie,* xv, 3, 9). Qui pourrait nier qu'Alexandre fût à la merci de sa paierie ?

Deux anecdotes, entre dix autres, montrent le poids des intérêts économiques dans la marche lente de l'armée, alors que le chef paraissait s'en désintéresser. Parmi les innombrables commerçants qui accompagnaient l'armée — pourvoyeurs, négociants, trafiquants, proxénètes, marchands d'esclaves, de prisonniers, de femmes et d'enfants, revendeurs, changeurs — certains ne se privaient pas de pratiquer ce que nous appelons le marché noir. Au cours de l'hiver de 330-329, en Bactriane, quand les cabanes en pisé des Barbares voisins de Kaboul sont enfouies sous la neige et que ce qui reste de l'armée est épuisé de fatigue, de froid et de faim, la disette est devenue telle qu'une amphore de miel se vend 390 drachmes et une amphore de vin 300 drachmes (Quinte-Curce, vii, 3, 11, 15). Or un fantassin macédonien ne percevait à cette époque qu'une solde de 166 drachmes par mois, ce qui était encore trois fois supérieur au salaire d'un travailleur libre en Grèce ! Il se trouvait donc, à l'armée, des civils qui faisaient de bonnes affaires, et dans les pires circonstances, bref, des profiteurs de guerre, capables de vendre de tout et de tout transporter, alors que le commandement, par trois fois au moins, en Hyrcanie, en Bactriane et en Gédrosie avait donné l'ordre de brûler les bagages inutiles. Alexandre croyait se faire obéir comme Roi des rois ou Chef suprême. Il obéissait en réalité aux nécessités économiques, aux appétits de ses soldats, à la cupidité des gens d'affaires.

Voici un deuxième récit, aussi historique et cir-

constancié que le premier : « Quant à Alexandre, il
se dirigea (en octobre 325) avec la plus grosse fraction de l'armée (environ 12 000 hommes) sur la
Gédrosie (Béloutchistan), en majeure partie un
désert. Aristoboulos dit qu'il y pousse beaucoup de
baumiers, de plus haute taille qu'ailleurs. Les Phéniciens qui accompagnaient l'armée comme marchands en recueillaient la gomme. Elle était fort
abondante, étant donné les dimensions du tronc et le
fait qu'elle n'avait jamais été recueillie. Ils en remplissaient les bâts de leurs bêtes de somme. Il ajoute
que ce désert produit aussi en abondance des sou-
ches de nard odorant (une valérianacée, la nardosta-
chyde de l'Inde). Une bonne quantité de ce nard,
foulé aux pieds par l'armée, répandait un parfum
agréable sur une vaste étendue, tant il y en avait »
(Arrien, *Anabase,* VI, 22, 4-5). Surprenant désert ! Évidemment, le point de vue du commerçant n'était pas
plus celui du soldat que ne le sont les points de vue
du poète et du paysan dans le concerto de Suppé.
Mais dans quelle mesure les Phéniciens ne menaient-
ils pas eux-mêmes leur farouche vainqueur à la
recherche des matières qui les intéressaient ?

De l'or, de la pourpre, des joyaux, des parfums

Cinq matières étaient particulièrement précieuses
aux yeux des commerçants grecs et de leurs concurrents : l'or, la pourpre, les aromates, les joyaux, le
naphte. Les cavaliers thessaliens chargés de s'emparer à Damas, en novembre 333, des bagages et des
enfants de la noblesse perse « en tirèrent le plus
grand profit... Dès lors, les Macédoniens qui
venaient de goûter pour la première fois à l'or, à
l'argent, aux femmes et au genre de vie des Barbares,
se hâtaient-ils comme des chiens sur la trace que leur

flair avait repérée, pour suivre à la piste la richesse des Perses » (Plutarque, *Vie,* 24, 1-3). Nous avons déjà dit la fascination qu'exerçait l'or, ce soleil pétrifié, ce métal des dieux, des prêtres et des rois, ce corps mystique du feu, sur l'esprit des conquérants, des militaires aussi bien que des civils, des commerçants grecs aussi bien que Phéniciens. Les placers d'or découverts vers 350 dans les quartz du massif de Pangée et dont Philippe II de Macédoine avait tiré, pendant quelque temps, un millier de talents par an, s'épuisaient et, en outre, la Macédoine manquait de main-d'œuvre et de cadres depuis que l'expédition attirait en Asie les plus vaillants, les plus hardis. Même les gisements alluvionnaires traités chimiquement de nos jours en Macédoine, près de Perdikas, de Skafi, de Kilkis, du lac Koronia, de Stratoniki, d'Akhladokhori, n'auraient pu rembourser les dettes contractées par Philippe et les 800 talents empruntés par son fils, à son départ pour l'Asie. Il fallait, de toute nécessité, aller prendre l'or là où il se trouvait : dans les réserves des satrapes et les trésors du roi de Perse, dans les placers du Moyen-Orient.

Diodore (XVII, 71, 1) et Quinte-Curce (V, 6, 9) estiment à 120 000 talents le seul trésor de Persépolis et à 3 000 chameaux les animaux du convoi. Après l'assassinat de Darius, en juillet 330, le butin fait sur son escorte s'élevait à 26 000 talents, dont 12 000 seront distribués aux soldats et autant seront soustraits frauduleusement aux gardiens. La saisie des trésors perses apportait à l'administration d'Alexandre deux cents fois plus de numéraire que n'en avait Philippe, et à tous les créanciers, soldats endettés, mercenaires, filles de joie, quémandeurs, trafiquants et voleurs qui l'entouraient de quoi bouleverser l'économie méditerranéenne et toutes les classes sociales du monde hellénique. En outre, les Grecs savaient depuis au moins mille ans qu'on extrayait de l'or en certains lieux privilégiés d'Asie, en Colchide (actuelle Géorgie, le long du Phase ou Rioni), chez les Scythes dans les massifs de l'Oural et vers les sources du fleuve de même nom, dans le cours de l'Oxos (le Wakhsh, ou Fleuve bouillonnant « qui roule de l'or »), au pied du Pamir (Tadjikistan), enfin au nord-est de l'actuel lac Balkhach, au sud de l'actuel Novosibirsk, vers les sources de l'Irtych, aux flancs de l'Altaï, où l'allaient chercher les griffons légendaires et les fourmis chercheuses d'or, dont parle Hérodote (*Enquête,* III, 102 ; IV, 27). Les conquérants avaient donc un triple intérêt à s'assurer de ce qu'ils croyaient être le Caucase indien, au nord de l'Afghanistan, et des cours de l'Amou Daria et du Syr Daria, zones de production et de passage de la poudre d'or.

Les soldats et les commerçants de leur suite n'étaient ni des prospecteurs, ni des orpailleurs, ni des mineurs, ni des fondeurs. Peu leur importait que l'or fût obtenu par l'immersion de toisons laineuses dans le lit des cours d'eau aurifères (de là la légende de la Toison d'or localisée en Béotie et en Géorgie), par le va-et-vient de la battée, par le concassage de la roche et le lavage sur le plan incliné des sluices, peu leur importait que cet or fût, neuf fois sur dix, de l'électrum contenant jusqu'à 38 % d'argent : les raffineries de Suse, d'Ecbatane, de Babylone et de la Lydie hellénisée sauraient séparer au four, dans leurs creusets, l'or de l'alliage à l'aide de sulfures, de sel marin, de charbon de bois et de matières organiques telles que du son d'orge (Agatharchide, cité par Diodore, *Bibliothèque,* III, 13 ; Pline l'Ancien, *Histoire naturelle,* XXXIII, 84 ; Photios, *Extraits,* § 28). Les fondeurs couleraient l'or affiné en lingots, en plaques, en flans, tout prêts pour la frappe monétaire ou l'orfèvrerie. Les gens d'affaires ne s'intéressaient qu'à la matière vénale, monnayable ou monnayée.

Alexandre franchit en 329 le Syr Daria, négocia avec les Saka du Kazakhstan pour permettre aux

caravanes venues de l'Altaï et du Turkestan chinois
de continuer à échanger la poudre d'or, mais désormais contre de la vaisselle grecque d'argent et de
bronze, celle que l'on voit encore dans les musées de
Termez, de Samarcande, de Leninabad et de Tashkent. Et pour garder le passage, fut fondée en
septembre 329 Alexandrie de l'Iaxarte, *Eskhatè,*
« l'Ultime ». Le roi y installa, comme dans les autres
Alexandrie, tous les indigènes volontaires, quelques
Macédoniens inaptes au service et les Grecs, mercenaires et commerçants, destinés à devenir, comme
ailleurs, des artisans et des boutiquiers. Ils se cherchaient d'abord une épouse ou une compagne ou
une servante dans la communauté indigène. Les marchands d'esclaves, les truchements ou interprètes, les
médecins et autres guérisseurs qui avaient suivi
l'armée jouaient encore leur rôle d'intermédiaires,
non sans en tirer d'énormes profits. Ils répandaient,
avec le grec, l'usage de la monnaie.

On ignore si c'est par dérision ou par mépris qu'un
satrape fit envoyer de l'or monnayé au convoi épuisé
et famélique qui sortait du désert de Gédrosie. Le roi
indigné aurait demandé si les chevaux de l'insolent
personnage se nourrissaient de métal et il l'aurait
destitué (cf. Arrien, VI, 27, 1). Gageons que cette
sorte de provende ne fut pas perdue pour tout le
monde. Car des changeurs, des commerçants, les
artisans et les artistes suivaient toujours les soldats,
que ce fût la colonne d'Alexandre ou que ce fussent
celles de Kratéros et de Léonnatos, en octobre 325.
L'or les intéressait autant que le butin. « Maître de
Suse, Alexandre s'empara au palais royal de
40 000 talents de métal monnayé et, en outre, du
mobilier et de richesses incalculables. On dit qu'il y
trouva aussi 5 000 talents de pourpre d'Hermione
(petit port d'Argolide, au Péloponnèse), qui, bien
que déposée là depuis cent quatre-vingt-dix ans
(depuis l'avènement de Darius Ier, en 521 av. J.-C.),

était encore dans toute sa fleur et dans tout son éclat » (Plutarque, *Vie,* 36, 1-3). Or on sait par les comptes de l'administration de Dèlos qu'une mesure de teinture, extraite d'une glande minuscule du murex ou de la thaïs, se payait à son poids d'argent brut.

La pourpre passait pour le sang même des dieux. Ne portaient des vêtements teints en rouge sang que les idoles divines et les grands de ce monde — rois, chefs de guerre, officiers — selon une tradition indo-européenne qui voulait que chaque caste eût sa couleur, celle des prêtres étant le blanc, celle des guerriers, le rouge, celle des éleveurs-agriculteurs le noir ou le bleu foncé. Le roi au chapeau et au manteau rouges ne voyait rien de plus précieux après l'or que ce symbole de la souveraineté (Plutarque, *De l'éducation des enfants,* 14, p. 11 A).

En outre, en s'emparant des villes de Bactriane et de Sogdiane, les conquérants s'emparaient des marchés du lapis-lazuli, de la turquoise, de la cornaline et des topazes et ils contrôlaient les pistes qui mènent aux mines du Badakhshan, à huit jours de marche au nord-est de Kaboul ou vers la Choresmie, au sud de la mer d'Aral. En s'installant dans les monts des Orites, au nord du moderne Karachi, les trafiquants découvraient des gemmes qui allaient servir de pierres porte-bonheur aux Alexandrins, l'émeraude et le rubis. De plus en plus, après l'expédition, les bagues à cabochons, les coffrets de santal incrustés de pierreries, les boucles d'oreilles et les bracelets scintillants, les coupes de pierre translucide vont prendre la place, en Égypte et en Grèce, de l'antique joaillerie d'or simple ou d'argent raffiné.

On a vu les Phéniciens accompagnant la pénible retraite de Gédrosie, au cours de laquelle les soldats détruisaient leurs chariots et mangeaient la chair de leurs attelages, prendre, eux, tout leur temps pour recueillir les gommes odoriférantes de la savane (octobre 325). C'est qu'ils n'ignoraient pas la valeur commerciale des aromates, en un temps où ils tenaient une place considérable dans les religions les plus diverses, dans la médecine, dans la toilette des vivants et des morts, dans la cuisine, dans la sensibilité même des êtres humains et spécialement dans celle d'Alexandre (Plutarque, *Vie,* 4, 4-6 ; *Propos de table,* I, 6, 623 E F).

A son époque, les Grecs ne disposaient sur leurs terres que de quatre aromates relativement pauvres, le laudanum du ciste crétois, la gomme du lentisque, la résine du térébinthe, le baume styrax de l'aliboufier ou liquidambar, récolté à Selgè, dans le sud de l'Asie Mineure. Ils faisaient venir à grands frais de l'ancien Empire perse le baume de Judée, la cassie, l'amome ou cinnamome des lauracées de Syrie et d'Éthiopie, l'encens ou oliban et la myrrhe des burséracées d'Arabie [101], la cannelle et le benjoin de l'Inde, la noix muscade. Les Sémites, qui avaient découvert, à la fin du IIIe millénaire, l'usage religieux des gommes de la *boswellia Carteri* ou arbre à encens et de la *commiphora simplicifolia* ou arbre à myrrhe, en avaient fait un moyen de mettre en fuite le mal et la mort, de communiquer avec les dieux, d'échapper à la condition humaine et de devenir éternel. L'écorce de l'arbre à myrrhe s'était fendue, disaient les Phéniciens, pour donner naissance à un dieu, Adonis, littéralement « Mon Seigneur », le bien-aimé d'Astarté-Aphrodite à Chypre. Depuis le Ve siècle, les Grecs faisaient des gommes aromatiques une consommation grandissante. Brûler de l'encens et faire des onctions de myrrhe étaient devenus deux des actes essentiels du culte et des fêtes.

En novembre 332, lors de la prise de Gaza (« le Trésor »), le roi fit expédier à Léonidas, le précepteur de sa prime enfance, 500 talents d'encens et 100 de myrrhe « pour n'être plus chiche envers les dieux » (Plutarque, *Vie,* 25, 6-8 ; *Apophtegmes des rois...,* 179 E). Les botanistes de l'école d'Aristote qui accompagnaient Alexandre se sont renseignés à Babylone et dans l'Inde sur les voies et moyens de se procurer les précieux aromates, les condiments et les épices et ils ont, sans aucun doute, comme les Phéniciens de l'expédition, stimulé l'ardeur du chef. Quelques mois avant sa mort, il préparait une grande expédition autour de la péninsule arabique. Une démonstration militaire, accompagnée, s'il était nécessaire, du siège de quelques villes, de Tarim à Sanaa, rappellerait aux petits chefs de tribus qu'ils étaient tributaires du Roi des rois, que l'Arabaya ou « Steppe » faisait partie intégrante de l'Empire perse et que son tribut particulier consistait, outre l'or, les perles et les pierres précieuses, en aromates.

La conquête du Yémen fut un rêve d'enfant et le dernier vœu d'un mourant. A peine mort, le roi fut embaumé et son corps fut transporté de Babylone à Memphis, puis à Alexandrie d'Égypte, dans un sarcophage rempli d'aromates. Le plus clair et le plus solide de sa conquête avait été l'ouverture de trois routes nouvelles des épices et des parfums, par le Béloutchistan, par le golfe d'Oman et par la mer Rouge. Alexandre, le premier des Rois Mages, affectait un souverain mépris pour les épiciers et les trafiquants, mais servait au mieux leurs intérêts.

DES GRECS QUI PRÉCÉDÈRENT ALEXANDRE

On pourrait aisément soutenir que si l'invasion de l'Empire perse fut relativement aisée, c'est non seulement qu'il était bien connu des voyageurs, des diplomates, des médecins et des marchands depuis au moins le VIᵉ siècle av. J.-C., mais parce que s'y trouvaient installés à demeure à peu près partout, sauf dans l'Inde, de véritables foyers d'hellénisme, implantés des noyaux d'artisanat et de négoce grecs. On a eu tort de croire les cités et les rois des Balkans farouchement hostiles aux Perses : même les vainqueurs des guerres médiques, Miltiade, Thémistocle, Pausanias, Kallias, s'étaient mis au service du Grand Roi, précédant le médecin et historien Ktèsias, l'amiral athénien Alcibiade, les amiraux Lysandre, Konôn, Antalkidas, le stratège Xénophon... La Macédoine et la Thrace, sous l'appellation de Yauna au pétase et de Skudra, étaient considérées, encore au IVe siècle, comme faisant partie de la royauté d'Asie, tout autant que l'Yauna (ou Grèce d'Ionie) et les royaumes hellénisés de Chypre.

La charte de fondation du palais de Darius Ier à Suse, découverte le 17 février 1970, dresse la liste des pays et des spécialistes qui contribuèrent à son édification, à la fin du VIe siècle. Le roi se nomme et dit : « Les gens d'Assyrie ont transporté les poutres en cèdre du Liban jusqu'à Babylone et, de Babylone, les Cariens (de la région d'Halicarnasse) et les Grecs d'Ionie les transportèrent jusqu'à Suse... L'or fut apporté de Sardes et de Bactriane et travaillé ici. Les pierres rares de lapis-lazuli et de cornaline qui furent ici travaillées provenaient de Sogdiane. Les turquoises, elles, provenaient de Chorasmie (sud de la mer d'Aral, région de Khiva), elles qui furent travaillées ici. L'argent et l'ébène, eux, furent apportés d'Égypte. Et les éléments de décoration avec lesquels la terrasse fut ornée ont été apportés, eux, d'Ionie. Les artisans qui travaillèrent la pierre étaient des Ioniens et des gens de Sardes. » Ainsi, les artistes et travailleurs grecs ou hellénisés, dans cette civilisation cosmopolite, se trouvent mentionnés cinq ou six fois en quelques lignes. On ignore généralement que le corps expéditionnaire de la Ligue hellénique, en pénétrant en Mésopotamie et sur le plateau iranien, fut successivement ému, stupéfait, indigné, d'y rencontrer tant d'artisans, d'intellectuels, de colons grecs au service des Achéménides.

Si les généraux perses menaçaient, au ve siècle, les Ioniens rebelles de les déporter en Bactriane (à Staphyli ou à Nysa, au Gandhara ?) comme les Barkéens d'Afrique que, selon Hérodote (IV, 204), Darius avait emmenés avec lui, beaucoup de Grecs s'étaient installés en Perse de leur plein gré et y avaient fait souche. On connaît au moins sept endroits où ils exerçaient leur activité à l'arrivée d'Alexandre :

1º « en Kissie (actuel Khuzistan), dans un domaine (de Darius) appelé Ardérikka, à 210 stades (37 km) de Suse et à 40 stades (7 km environ) du puits qui fournit trois sortes de substances : de l'asphalte, du sel et de l'huile de naphte » (Hérodote, VI, 119 ; cf. Philostrate, *Vie d'Apollonios de Tyane,* ch. 23 et 24) ;

2º une « colonie de Milésiens » (Pline, *Hist. nat.,* VI, 28), établie par Darius « sur la mer qu'on appelle Erythrée (= le golfe Persique), dans la ville d'Ampè, près de laquelle coule le Tigre quand il se jette dans la mer » (Hérodote, VI, 20) : site de la future Bassorah ou Basrah (Iraq) ;

3º des Eubéens se trouvaient établis en Gortyène, non loin de Cizré, où l'armée d'Alexandre franchit le Tigre, le 21 septembre 331, à 150 km au nord-est de Mossoul (Quinte-Curce, IV, 12, 11). Les Séleucides fonderont près de là une Alexandrie de Mygdonie ;

4º des Milésiens, prêtres d'Apollon et de Brankhos, auraient été installés par Xerxès en Bactriane près des gisements de pétrole de Tarmita (Termez), sinon à Tarmita même où Alexandre fonda son Alexandrie de l'Oxos. « Des mœurs de leur patrie il restait encore quelque chose (en 329). Mais, devenus bilingues, ils abandonnaient peu à peu leur langue primitive pour adopter celle de l'étranger » (Quinte-

Curce, VII, 5, 27-29). Il paraît qu'Alexandre les fit tous massacrer comme traîtres à la cause hellénique ;

5° à Babylone, il y avait une colonie de commerçants, d'artisans et d'intellectuels grecs, ceux-là qui documentèrent Hérodote vers 450 av. J.-C. et dont les descendants accueillirent si bien la grande armée, cent vingt ans plus tard, qu'Alexandre décida d'installer là sa capitale. On se rappellera que les plus fidèles et les plus solides des mercenaires de Darius étaient grecs ;

6° aux abords de Persépolis, en avril 330, « des Grecs, déportés par les anciens rois perses, vinrent à la rencontre d'Alexandre avec des rameaux de suppliants, au nombre de 800 environ, âgés pour la plupart et tous mutilés » (Diodore, XVII, 69, 3). « Quatre mille », dit Quinte-Curce (V, 5, 5). On a lieu de douter de leur mutilation quand on lit les chartes de fondation des palais achéménides. Les informateurs de Clitarque ont pris des tares de métier ou de vieillesse pour des sévices, alors que les rameaux de suppliants montraient que, là comme à Tarmita, les Grecs avaient à se reprocher leur collaboration avec l'ennemi ;

7° en Khalonitide, le Louristan actuel, à mi-chemin entre Bagdad et le « paradis » ou parc royal, voisin des célèbres inscriptions de Béhistoun, Xerxès avait établi des Grecs, particulièrement compétents en matière d'exploitation minière : « Là subsiste de nos jours une population béotienne qui garde encore le souvenir des usages de ses ancêtres. Ils sont en effet bilingues, mais conservent quelques-unes de leurs occupations traditionnelles » (Diodore, XVII, 110, 5).

Il est notable que des sept établissements grecs dénombrés au Moyen-Orient avant la venue d'Alexandre, cinq au moins se trouvaient en relations directes avec la production de l'asphalte et du naphte [102] et que trois (ou quatre ?) d'entre eux furent absorbés par une Alexandrie. C'est que le commerce grec avait le plus grand intérêt à s'assurer l'exploitation et la vente ou revente des trois hydrocarbures dont les peuples de Babylonie, de Carmanie et de Sogdiane faisaient usage depuis plus de mille ans pour imperméabiliser leurs embarcations, maçonner leurs maisons, chauffer leurs fours. Strabon (XVI, 1, 14-15), Pline l'Ancien (VI, 41) et Plutarque (*Vie,* 35) nous montrent l'étonnement d'Alexandre et de ses Compagnons lorsqu'ils virent s'enflammer une traînée de naphte à la vitesse de la pensée d'un bout à l'autre d'une rue d'Arbèles, non loin des actuels puits de Mossoul. Les mêmes auteurs et Quinte-Curce (VII, 10, 13-14) et Arrien (IV, 15, 7-8) racontent que le Macédonien Proxénos, qui faisait creuser près de Tarmita (Termez) un emplacement pour dresser la tente du roi, découvrit une source d'huile et d'eau, entendez une source de pétrole, au cœur des exploitations modernes.

Ne faisons pas d'Alexandre un prospecteur d'or ou de pétrole, mais concédons qu'il fonda des villes pour des raisons économiques, que son armée de soldats fut l'arme, l'outil ou l'instrument de sa troupe de commerçants. L'occupation de la Sogdiane est liée directement ou indirectement au contrôle des placers d'or, des mines de pierres précieuses et des gisements d'hydrocarbures. Autant que les princes perses Bessos, Spitaménès, Ariamazès, Sisimithrès, le chef macédonien avait un impérieux besoin des ressources économiques de la Sogdiane pour son ravitaillement, son équipement, sa remonte de cavalerie et aussi pour les produits de luxe qui accompagnaient ses audiences, ses banquets et ses fêtes.

DES GENS DE FINANCE

Tous, à l'armée, des officiers généraux au plus simple mercenaire avaient également besoin qu'on leur avançât, qu'on leur prêtât à intérêt de l'argent. En plusieurs centaines de jours de marches et de campagnes, les soldes, les profits du butin, les primes et les économies avaient largement le temps de s'épuiser. Dans les dernières années, les réceptions coûtaient si cher que l'intendance dut limiter à 10 000 drachmes les dépenses permises pour un banquet. Les prêteurs exploitaient la situation. Alexandre, comme les autres, était la proie des financiers. A son avènement, il avait trouvé vide le trésor de son père, avec 500 talents de dettes. Il avait dû cependant équiper une armée de 25 000 hommes et leur verser 4 000 talents de solde pour faire campagne contre les Thraces, les Illyriens et les Grecs révoltés. Comment, sinon en empruntant à des banques étrangères, en concédant à des gens d'affaires le revenu des mines du mont Pangée, le fermage des douanes, des ports, des salines, des terres et des forêts domaniales, etc. [103] ? Je répète que, selon Arrien (*Anabase,* VII, 96), il avait emprunté 800 autres talents pour payer un mois de solde à ses troupes macédoniennes, au départ d'Amphipolis, le 21 mars 334, alors qu'il avait cédé à ses « amis » (?) tous les domaines de la Couronne et que les mines d'or du mont Pangée, surexploitées jadis par Philippe, ne produisaient plus 1 000 talents par an.

Seul, Harpale, fils de Makhatas, le camarade des jours d'infortune, le grand seigneur inapte au service militaire, entendait quelque chose aux questions financières (Arrien, III, 6, 4). Chargé, dès 336, de la garde du trésor macédonien, c'est-à-dire des revenus et de la paierie, il avait su trouver pendant deux ans les crédits nécessaires, probablement sur les places d'Athènes, d'Égine et de Corinthe ; et puis, brusquement, « peu avant la bataille d'Issos (en novembre 333), il s'était laissé séduire par un coquin (un financier véreux) nommé Tauriskos, et s'était enfui avec lui » (Arrien, III, 6, 7). Un an plus tard, Alexandre le rappelait et lui rendait, avec sa confiance, la charge de contrôleur général des finances du nouvel empire. Il alla même jusqu'à lui donner, après la mort de Parménion, à la fin de 330, avec le titre officiel de satrape, le gouvernement d'un vaste territoire, s'étendant de la Babylonie à la Méditerranée (Diodore, XVII, 95). Et cette sorte de vice-roi, maître du trésor central et des services annexes, de l'intendance et du ravitaillement des convois le long des routes royales, chargé de veiller sur les communications avec la Grèce et la Macédoine, s'enfuit à nouveau, en mars 324. Via Tarse, il se rend de Babylone à Athènes avec 5 000 talents et autant de mercenaires [104].

On a longuement épilogué, dans les temps modernes, sur la ou les raisons qui avaient pu pousser le grand financier à trahir ainsi la confiance de son chef. Les Anciens ayant fait valoir la lâcheté naturelle, la pusillanimité, l'amour pour les courtisanes, l'ambition politique, la honte du scandaleux personnage, il y a lieu de se demander si sa conduite ne pourrait pas s'expliquer autrement qu'en termes de morale. Bien d'autres ministres des Finances, dans les temps modernes, ont porté ombrage à leur souverain pour s'être trop rapidement enrichis : qu'il suffise de citer, en France, Jacques Cœur, Jacques de Beaune, seigneur de Semblançay et le surintendant Foucquet. Et ce qui importe en l'occurrence, ce n'est pas le pourquoi de l'enrichissement, mais le comment. Les historiens tombent à peu près d'accord sur deux faits : le premier, c'est qu'Harpale, après la condamnation d'une demi-douzaine de satrapes dans l'hiver 325-324, au retour d'Alexandre en Perse, se trouvait en situation d'avoir à rendre, lui aussi, des comptes à son maître ; le second, c'est qu'Harpale fut tout à fait incapable, avec les quelques mercenaires, les 30 navires et la courte solde qui lui restaient, de soulever la Grèce en sa faveur : on sait que l'Assemblée du peuple, à Athènes, lui refusa son concours militaire, consigna le peu d'argent qu'il avait mis en dépôt et condamna Démosthène et Dèmade comme coupables de s'être laissé corrompre. Aucun autre État ne lui offrit un asile et il fut bientôt assassiné par un de ses compagnons d'infortune dans l'île de Crète. C'est que tous considéraient cet or comme chargé d'opprobre, comme maudit, parce que trop adroitement acquis.

Harpale ne déplaçait pas avec lui le ou les trésors *(gazas)* de l'Empire perse. L'encaisse-or qui s'élevait à 200 000 talents au moins, tant en lingots et en paillettes qu'en métal monnayé, était soigneusement gardée dans les forteresses des anciennes capitales. Elle n'était affectée pratiquement en rien par la disparition de 5 000 talents. Si le grand financier put les emporter sur de lents chariots au printemps de 324, sans que la cavalerie d'Alexandre, alors toute proche de Babylone, eût cherché à le rejoindre et sans même que l'argent confié aux banques d'Athènes leur fût réclamé, c'est qu'Harpale pouvait considérer ces talents comme son bien propre, comme un simple bénéfice personnel, qui lui permettrait de rentrer en Grèce et d'y prendre du bon temps. Au même moment que lui, très exactement, 11 000 Macédoniens à Suse réclamaient à cor et à cri leur démobilisation et leurs primes de fin de service militaire. Harpale, comme tant d'autres, après douze années d'aventures, dont six dans le climat le plus malsain du monde, voulait revoir enfin son pays, fortune faite. Seulement, ce sont les moyens que lui et quelques autres avaient employés qui nous paraissent intéressants. Disons qu'en bons financiers, ils se bornaient à spéculer sur les monnaies et qu'à l'économie de thésaurisation qui était celle des précédents rois de Perse ils substituaient une économie de circulation monétaire riche d'avenir, bref, qu'ils insufflaient dans les relations entre les peuples un dynamisme incomparablement plus créateur que l'élan des conquérants à cheval.

Leur innovation tient en quelques chiffres [105]. Philippe avait donné en Grèce l'exemple d'un bimétallisme foudroyant dans ses effets politiques, industriels, commerciaux et même moraux : en répandant en Grèce ses statères au poids de 8,6 g d'or (*khrysoï* ou *philippeioï*) valant 20 drachmes d'argent attique ou 14 drachmes d'argent éginétique, il ramenait à 1 : 10 le rapport entre les deux métaux, succédant à 1 : 131/3 et à 1 : 12. Autrement dit, il vendait son or relativement bon marché en Grèce. Le statère devenait même préférable à la monnaie des satrapes perses, car le darique, de même valeur faciale, pesait un peu moins lourd que lui, 8,4 g au lieu de 8,6 g.

Pendant longtemps, les ateliers d'Amphipolis, puis de Pella, frappèrent les belles monnaies macédoniennes qui faisaient prime sur les marchés d'Athènes et de Dèlos et jusque chez les trésoriers du dieu Apollon à Delphes. En cette ville, les changeurs prenaient une commission d'1 drachme éginétique d'argent pour 1 philippe d'or échangé, environ 7 %. Inversement, lorsque le corps expéditionnaire se fut emparé des trésors de Daskyleion, de Sardes, de Tarse et de Damas (2 600 talents en dariques) et qu'on se mit à frapper des pièces grecques au nom d'Alexandre, on maintint le rapport 1 : 10 de l'or à l'argent dans un pays qui pratiquait l'ancien change, c'est-à-dire qu'en donnant moins d'or les vendeurs obtenaient 30 % de plus d'argent. L'argent étant relativement plus rare dans l'Empire perse, de ratio 1 : 13, les gens d'affaires avaient le plus grand intérêt à échanger l'argent de l'Europe contre celui de l'Asie. Si les 166 drachmes mensuelles du phalangite macédonien lui étaient payées en or sous la forme de 8 statères et demi, environ 7 500 de nos francs 1985, il se dépêchait de convertir cet or en argent pour ses achats courants et le changeur gagnait deux fois au change. D'autre part, si 300 pièces d'or perses, les dariques, pesaient primitivement 2,520 kg et si 300 statères d'or ou philippes de même valeur faciale pesaient 2,580 kg, les Grecs perdaient 7 philippes par talent ; en substituant les monnaies plus légères aux plus lourdes, ou en refondant les plus lourdes, les trésoriers gagnaient au contraire 7 philippes par talent, soit 140 drachmes d'argent attique, lequel valait moins cher que l'argent perse, etc. On voit par quelles opérations, conversions et manipulations monétaires, quelques personnages aussi ingénieux qu'Harpale pouvaient légalement s'enrichir et faire la nique à Alexandre. La mauvaise monnaie chassait la bonne de toute façon.

Les conséquences de ce trafic sont beaucoup plus importantes qu'on ne peut réellement les mesurer et peut-être même les imaginer socialement. Les trésoriers, les prêteurs et les changeurs qui, sur toutes les places de Grèce, de Macédoine, d'Asie Mineure et d'Égypte, rachetaient aux soldats démobilisés les dariques d'or de leur solde, les États et les cités qui les refondaient ou les convertissaient en statères d'or de 8,5 g à 8,6 g, faisaient les plus profitables opérations. Les statères d'argent qui valaient 2 drachmes d'argent attique et les tétradrachmes d'argent ont pris la place de l'argent perse. L'or se mit, à partir de l'hiver 333-332, à affluer sur tous les marchés de la Méditerranée orientale. A la mort d'Alexandre, on peut compter qu'il y en avait vingt fois plus qu'à son avènement.

L'abondance du numéraire a contribué à développer les progrès techniques et à intensifier la production. L'or a provoqué l'achat rapide de tout ce qui était à vendre, du nécessaire au superflu, du matériel à l'immatériel, des corps humains aux consciences et aux faveurs. Comme il devenait impossible aux pauvres d'acheter avec leur monnaie de billon ou même avec leurs piécettes d'argent des biens devenus de plus en plus chers en raison de la concurrence de l'or, l'appauvrissement augmentait en même temps que les prix. Les riches s'enrichissaient d'autant plus que les pauvres s'avilissaient. Afin de sortir de la misère, même en Asie, la jeunesse infortunée n'avait qu'une ressource : s'enrôler dans les troupes d'un conquérant, c'est-à-dire se vendre, se faire mercenaire et le pousser à rançonner de nouveaux pays riches en or. L'économie nouvelle a bouleversé les rapports sociaux sans qu'Alexandre en eût même conscience.

Enfin, en introduisant la double monnaie dans les États du Moyen-Orient qui ne pratiquaient que le troc ou usaient de pré-monnaies comme le sel, l'ambre, les coquillages, les perles ou les pierres semi-précieuses, les commerçants et les financiers de l'armée créaient des rapports internationaux plus fins, plus artistiques aussi : il n'est que de voir les admirables monnaies des princes grecs de Bactriane et du Pendjab pour s'en convaincre.

LE RÔLE DE LA FLOTTE

En matière économique le rôle d'Alexandre n'a consisté qu'à établir quelques colonies ou postes de garde, pendant la seconde partie de son règne. Il est devenu, pour la postérité, symboliquement encore, le fondateur de toutes les Alexandrie de l'hellénisme. C'étaient, en principe, des bases militaires fortifiées, et où l'élément macédonien devait dominer les indi-

gènes et les allogènes. En réalité, au type antérieur de
colonisation essentiellement agricole où la mise en
valeur, la culture du sol justifiait l'appellation de
colon, le Conquérant substituait la colonisation par
les commerçants, les boutiquiers et les artisans grecs
et phéniciens qui s'entendaient pour exploiter les
militaires et les indigènes.

On évoquera, *mutatis mutandis,* l'activité foisonnante des commerçants libanais ou chinois dans les
colonies du monde moderne et l'incapacité des chefs
d'État à les contenir et à les contrôler. Mais surtout
on fera le mérite d'avoir ouvert une voie commerciale nouvelle, celle de l'océan Indien ou des épices,
non à Alexandre, mais à la grande oubliée de l'expédition, la flotte[106], avec ses amiraux successifs et ses
ingénieurs navals. Au cours de l'hiver 333-332,
l'essentiel des forces navales de Darius s'est mis au
service de la Ligue hellénique et de son chef. Au
cours de l'été de 332 la flotte que fait manœuvrer
l'amiral macédonien Hègèlokhos compte, selon
Arrien (*Anabase*, II, 20, 1-3), environ 225 navires de
guerre : 80 environ viennent d'Arados (Arwada), de
Byblos et de Sidon, 120 de l'île de Chypre à demi
hellénisée, une quinzaine des côtes de Cilicie et de
Lycie, une dizaine de l'île de Rhodes. Jamais sans
eux, Tyr n'aurait capitulé, jamais le commerce phénicien n'aurait cédé le pas au commerce grec, jamais la
marche en avant des troupes de terre n'aurait pu se
poursuivre en Égypte, en Babylonie et dans l'Inde,
car il fallait franchir des cours d'eau dix fois plus
larges que ceux de Grèce, descendre ou remonter des
fleuves, explorer des mers inconnues. En 326 et 325,
une bonne partie du corps expéditionnaire, les non-
combattants surtout, descendent le cours du Jhelum
et de l'Indus sur une flotte de 1 800 à 2 000 navires,
dont 200 construits par les charpentiers de la marine
grecque. Néarque quitte Pattala, vers Tatta, à 155 km
à l'est de Karachi, vers la fin d'octobre 325, avec 120

d'entre les plus grosses embarcations et environ
10 000 hommes. A la veille de sa mort, Alexandre
avait donné l'ordre de construire à Babylone et au
sud-est du lac Roumyah, dans la future Alexandrie
de Characène, des appontements et des quais pour
1 000 vaisseaux et Néarque se préparait, avec une
flotte capable de porter 40 000 hommes, à contourner
la péninsule arabique.

Arrien nous a conservé le début des *Mémoires* de
Néarkhos, fils d'Androtimos le Crétois, conseiller de
Philippe II (*Indika,* ou Choses de l'Inde, 20, 1-2) :
« Alexandre avait le désir passionné *(pothos)* de faire
parcourir à sa flotte la mer qui s'étend de l'Inde à la
Perse. Mais il appréhendait la longueur du voyage, la
rencontre de rivages déserts, dépourvus de mouil-
lages ou insuffisamment fournis de vivres. Il se disait
que sa flotte s'y perdrait et que ce serait une tache
considérable sur ses exploits, capable de réduire à
néant toute sa réussite. Pourtant, il désirait plus que
tout réaliser quelque chose de neuf et d'extraordinaire. »

A lire entre les lignes, le roi manifestait plus
d'ambition et de vanité que de courage et de compétence et reconnaissait que la grande expédition tout
entière restait l'œuvre de ses soldats et spécialement
celle du génie maritime. Dans cette victoire, le plus
important n'a pas été le nombre des navires, mais
leur forme, non la quantité, mais la qualité. Nos historiens mentionnent des bâtiments inconnus de la
marine grecque du Ve siècle : des *pentèreis* (Arrien,
Anabase, II, 22, 3), des *tétrèreis* ou quadrirèmes
(Quinte-Curce, IV, 3), des trières « à marche accélérée » (Arrien, II, 21, 1), des *hémioliaï* ou bâtiments
« d'une file et demie » de rameurs (Arrien, III, 2, 4),
des *triakontoroï* ou navires à 30 rameurs (Arrien, II,
21, 6) parfois entièrement pontés et dits alors *kata-
phraktoï,* des *dikrotoï* ou navires « à double file » de
rameurs à chaque bord (Arrien, VI, 5, 2-3) et des *ker-*

kouroï dont la poupe est semblable à une « queue dressée » (Pline l'Ancien, *Hist. nat.,* VII, 56 ; Arrien, VI, 18, 3, etc.), sans compter divers transporteurs ou cargos appelés « vaisseaux ronds » *(strongyla ploïa),* vaisseaux-huissiers pour les chevaux, ravitailleurs, barges, radeaux et flotteurs indigènes. Les plus originaux et les plus performants de ces engins sont les navires désignés par les Latins comme des quadrirèmes et des quinquérèmes. Dans la première moitié du IVe siècle, les Phéniciens s'étaient avisés de mettre plusieurs rameurs sur une seule rame de leurs galères à large pont et à haut pavois. Leurs bancs de nage étaient disposés de biais. Ainsi apparurent des navires, non à quatre étages, mais à deux étages, dans lesquels on apercevait quatre files de rameurs à tribord et quatre à bâbord quand on regardait la chiourme depuis le pont ; c'étaient les quadrirèmes ou *tétrèreis.* De même, les quinquérèmes présentaient cinq files latérales de rameurs sur deux ou trois niveaux. Le gain de vitesse pouvait aller de 15 à 30 %, étant donné le surcroît de force ajouté à chaque pelle de rame. Ces galères munies d'éperons de bronze pouvaient à la fois combattre et transporter plus de 50 combattants. Lourdes et bien plus stables que les fines trières grecques, elles pouvaient en outre être couplées.

Les plus intéressants, aux yeux des historiens, sont les *kerkouroï* chypriotes, à voile et à rames, imités du *kirkarah* phénicien. Alexandre avait emmené dans l'Inde des constructeurs chypriotes. Leurs navires, qui descendirent le cours de l'Indus en 325, étaient commandés par Nikoklès, fils du roi de Soloï, et par Nitaphôn, fils du roi de Salamis de Chypre. Il est tout à fait vraisemblable, d'après le peu qu'on en sait par l'iconographie, que ce sont les modèles ou prototypes d'une embarcation des côtes de l'océan Indien encore en usage jusque vers 1930, le *dungiyah.* On en voit la maquette au Musée de la Marine à Paris. Il s'agissait de caboteurs longs de 13 à 15 m, marchant à la voile et à la rame, uniquement sous la mousson, et caractérisés par un haut pavois et une dunette à deux ponts fort inclinés. Ceux qui les pilotaient, sur les côtes du golfe Persique, de l'Arabie aux embouchures de l'Indus et à Bombay, affirmaient que c'étaient les plus anciens navires des mers de l'Inde et qu'ils dataient de la venue dans l'Inde du grand Iskander. Entendez de l'expédition de Néarque, d'octobre à décembre 325 av. J.-C., le véritable créateur de la route maritime des épices, une route que suivront désormais les marins de Mésopotamie avant les marins arabes et indiens. De même que pour le passage des grands fleuves sur des plates-formes supportées par des outres, le Conquérant n'avait fait que recourir aux inventions des Asiatiques et non à celles des Grecs ni aux siennes propres.

SYMBOLE DE CONCORDE OU D'IMPÉRIALISME ?

Ainsi les historiens, depuis deux cents ans, donnent d'Alexandre diverses images que les sociologues ne récuseraient pas. S'appuyant sur une critique de plus en plus rigoureuse des textes littéraires et des rares inscriptions que nous possédons, sur le peu que nous devinons des civilisations du Moyen-Orient, au IVe siècle av. J.-C., sur la comparaison avec d'autres conquérants et d'autres conquêtes, ils traitent véritablement la vie d'Alexandre non comme suite d'anecdotes, mais plutôt comme l'expression, le reflet de sociétés multiples et plus ou moins structurées. Ils font de lui un symbole, le signe d'une présence vivante et secrète, et spécialement quand il s'agit d'interpréter sa conduite au cours des six dernières années de son existence, bref, sa politique en Asie après la disparition de Darius en juillet 330. Déjà les

Anciens, en se partageant, s'étaient posé le problème : Alexandre n'était-il qu'un mauvais génie, un
être de démesure, visant à la domination universelle,
ou bien était-il le sage précurseur du cosmopolitisme
auquel aspirent tous les peuples sur terre ?

Les modernes partent de quelques données que
nous avons présentées au chapitre des faits : après
juillet 330, la place des Grecs dans l'expédition
s'amenuise, le roi règle ses comptes avec les vieux
Compagnons, avec les Amis et même avec les Cadets
fidèles à l'esprit macédonien, tandis que les Orientaux prennent leur place du haut en bas de la hiérarchie civile et militaire ; lors des noces de Suse, en
mars 324, puis lors du grand banquet de réconciliation entre les chefs macédoniens et les chefs perses, à
Opis, à 30 km de la moderne Bagdad, en septembre
324, Alexandre « souhaite que s'établissent la bonne
entente et l'exercice en commun du commandement » (Arrien, VII, 11, 9) ; tout en pratiquant scrupu-
leusement les rites religieux de la Macédoine et en
respectant les cultes étrangers, il demande, par un
édit destiné à être lu à tous les Grecs, qu'on le considère à la fois comme roi Alexandre, fils du dieu Zeus
Ammon, chef suprême de la Ligue hellénique, et
comme roi de l'Asie tout entière ; quelques semaines
avant sa mort, il prépare une expédition destinée à
soumettre la péninsule arabique et à détruire
l'empire de Carthage. Faut-il sur ces données faire
d'Alexandre le symbole d'une politique d'assimilation, d'annexion, d'impérialisme ou d'autre chose ?

A l'image du roi héroïsé, ou divinisé, chère à l'iconographie et à la légende antiques comme aux histoires romanesques du Moyen Age et aux peintures
du classicisme, Johann-Gustav Droysen, élève de
Hegel et grand admirateur de ses théories sur le sens
de l'histoire, substitue celle du fondateur d'une ère
nouvelle, celle d'une fusion entre l'Orient conservateur et l'Occident, créateur d'une civilisation mixte et

qui va durer jusqu'à la chute de Constantinople en 1453. L'ouvrage du jeune romantique allemand, publié en 1833 avec un apparat critique considérable, puis refondu en 1877 pour s'insérer dans son *Histoire* (inachevée) *de l'hellénisme,* oppose au concept de miracle celui de l'intelligence qui sait et qui raisonne : « L'être qui, grâce à son intelligence, est capable de prévoir est chef par nature et maître par nature » (Aristote, *Politique,* ı, 2, 1252 a). Il se crée ainsi une représentation du héros, qui, en Allemagne pangermaniste après Bismarck et de plus en plus raciste après Nietzsche, devient l'unificateur par excellence de la cause hellénique, puis le champion des forces aryennes pour avoir mis sur pied d'égalité les Macédoniens et les Perses, deux peuples aryens de même esprit et de même origine. Telle est la position extrême adoptée entre les deux guerres par Helmut Berve, auteur, entre autres ouvrages, d'une somme intitulée *« Das Alexanderreich auf prosopographischer Grundlage »* et parue à Munich en 1926. Pendant la même période, l'historien anglais William Woodthorpe Tarn (*Alexander the Great and the Unity of Mankind,* Proceedings of the British Academy, 1933, pp. 123-126) fait d'Alexandre l'homme de la concorde universelle et de la conciliation, une sorte de précurseur de la S.D.N. et de l'O.N.U.

Après la dernière guerre, une autre tendance se dessine, qui fait d'Alexandre un chef d'État réaliste, le symbole d'une certaine lucidité politique. Il entend, non point fondre diverses cultures ni helléniser des « Barbares », mais gouverner en utilisant les méthodes et le personnel administratif même des populations soumises. Telle est la position de Konrad Kraft, *Der « rationale Alexander »,* Frankfürter Althistorische Studien 5, 1971, qui souligne combien, dans cette prétendue fraternisation de tous les hommes, Alexandre se bornait à juxtaposer deux aristocraties, à créer entre elles parfois une émulation. Même s'il changeait de personnel, il gardait les structures. Dès le mois de mai 334, après la victoire du Granique, Alexandre nommait un satrape macédonien en Phrygie hellespontique, « mais il ordonnait aux habitants de payer les mêmes taxes que celles qu'ils avaient l'habitude de payer à Darius » (Arrien, I, 17, 1). Les problèmes qui se posaient aux administrateurs occidentaux, de la Babylonie à la Sogdiane, étaient les mêmes qu'avaient eu à aborder et à résoudre les gouverneurs indigènes : ceux des prestations, de l'irrigation, de la protection des sédentaires contre les raids des nomades, et comment apaiser les rivalités de clans et de tribus. Nulle part, en dehors des villes grecques, et même dans ses lointaines colonies, Alexandre n'a eu l'idée de substituer aux anciennes autorités des formes de démocratie ou de gouvernement « des Égaux » à la façon d'Athènes ou de Sparte. Sa présence a préservé une continuité, elle n'a pas marqué une rupture véritable. Nulle part, il n'y eut de véritable acculturation. Même s'il aspirait à la domination universelle, il ne croyait pas à l'égalité de tous, ni en fait ni en droit.

On sourit désormais, quand on lit sous la plume de Droysen, à propos des cérémonies d'Opis en 324, des phrases comme celle-ci : « Il n'y eut plus désormais aucune différence entre vainqueurs et vaincus » (*Alexandre,* traduction J. Benoist-Méchin, Paris, 1935, 1957, 1982). Toute une jeune école de chercheurs représentée par Pierre Briant, Paul Bernard, Paul Goukowsky, en France, et par les archéologues et historiens soviétiques V. Gafourof, D. Tsiboukidis, V. Likvinkij, J. Pitchikian, fait valoir l'originalité des civilisations périphériques, leur influence sur Alexandre et sur son entourage, le rejet par les nomades des contraintes imposées par les cités commerçantes, l'adoption par les Grecs des méthodes asiatiques d'exploitation et de domination.

Bien loin qu'Alexandre ait réussi, pendant les der-

nières années de ses campagnes, à rapprocher les
esprits, les langues et les mœurs, à créer cette monarchie universelle et égalitaire dont rêvent les historiens depuis Droysen, il a pu constater de ses propres
yeux, à son retour de l'Inde, qu'il lui avait suffi de
deux années d'absence pour susciter partout la dés-
obéissance et la discorde. Aussi bien lors des
mariages de Suse, que lors de la réorganisation de la
cavalerie et de la phalange et que lors du banquet
d'Opis, en 324, la hiérarchie se manifeste avec éclat.
Les Macédoniens sont les premiers, les aristocrates
perses viennent en second, les représentants des
autres peuples leur sont subordonnés. Si 30 000 Asiatiques doivent être incorporés dans l'armée nouvelle,
c'est instruits et encadrés par les Compagnons et par
les phalangites macédoniens, et toujours dans une
position subalterne. Le refus d'Antipatros d'envoyer
de Macédoine des troupes destinées à remplacer les
vétérans démobilisés explique, au reste, la nécessité
de l'amalgame. Selon Plutarque (*De la chance ou du
mérite d'Alexandre*, 1, 6, 329 b), Aristote conseillait
au roi de traiter les Grecs en chef *(hègèmôn)* et les
Barbares en maître absolu *(despotès)*, conseil corroboré par une pseudo-*Lettre d'Aristote* dont nous
n'avons que le texte arabe (§ 13, 6-9) et par une pro-
testation du savant Eratosthène (chez Strabon, *Géographie*, I, 1, 4, 9) : « Traiter les Grecs en amis, les
Barbares en ennemis. » Ce n'étaient donc ni des
frères, ni des égaux.

Dans une perspective strictement marxiste,
Alexandre, émanation de la classe et de l'éducation
des nobles macédoniens, est le symbole de l'exploitation des plus faibles par les plus forts. Il a substitué
un impérialisme à un autre, celui de ses compagnons
d'armes à celui de la noblesse iranienne. En s'emparant des moyens de production et de puissance, les
Macédoniens n'ont fait que perpétuer des méthodes
d'exploitation typiquement asiatiques, le sol et les

eaux appartenant au roi, qui en laissait la jouissance aux grandes familles, au clergé, à de petits paysans libres, moyennant toute une hiérarchie de prestations. Dans son expédition, souvent signalée par des pillages et des massacres, notamment dans les provinces les plus riches, au nord-est de l'Empire, les faits militaires ont été strictement conditionnés par l'économie et la technique occidentales, très en avance sur celles de l'est. L'histoire, la littérature, l'art, les cultes ont été mis au service des deux nouvelles classes dirigeantes, celle des princes macédoniens, et celle des trafiquants enrichis par le commerce des métaux précieux et des produits de luxe. L'individu Alexandre s'efface devant les collectivités qui l'ont formé, poussé et historiquement déterminé à agir et qui, finalement, l'ont fait périr.

Dans leur énorme étude en russe, *Alexander Makedonskie i Vostok* (Moscou, éd. Naouka, 1980), Vovotzan Gafourof et Dimitri Tsiboukidis (D. Touslianos) préfèrent à l'hypothèse de la malaria *tropica* la version de l'élimination physique du roi, « terme logique des efforts des opposants qui essayaient de diriger son activité dans le sens des intérêts gréco-macédoniens » : un simple conflit d'ordre économique, au sein d'une lutte de castes, sinon de classes. Nulle fantaisie, nulle égalité, pas même l'ombre d'une fusion des races en cette vie et en cette mort d'un riche aventurier. « La mise en pratique de l'idée de " bonne entente " s'est révélée également irréaliste », aussi bien avant qu'après la disparition d'Alexandre. Disons, pour simplifier, qu'il est mort d'incompréhension de sa caste et de solitude au sein de son groupe. C'est là rejoindre un point de vue déjà exprimé par ceux qui faisaient d'Alexandre l'expression ou le symbole de la jeune cavalerie macédonienne : porté par elle au pouvoir, disions-nous, il est mort comme elle, épuisé, et son cadavre est resté huit jours abandonné.

LE SYMBOLE DE L'HELLÉNISME

A partir de Démocrite au moins, cent cinquante ans peut-être avant que naisse Alexandre, les Grecs ont cru à la théorie émissive du regard : une sorte de trait, de flamme ou de rai de lumière part de l'œil et vient frapper l'objet qui, plus ou moins vite et distinctement, lui apparaît et se révèle à l'esprit. Ainsi l'œil *crée* ses images. Pareillement la vie d'Alexandre, objet d'innombrables regards, est perçue d'innombrables façons. De génération en génération, l'image globale qui en est perçue change, grossit ou s'amenuise.

Si chaque époque, chaque société ont les héros qu'elles méritent, les savants qui, de nos jours, réduisent l'image d'Alexandre au minimum, à un plus ou moins pâle symbole de soldat, d'instrument ou de victime ont perdu toute notion de grandeur, de courage ou de volonté. Mieux vaudrait croire, comme au chapitre du dieu, que le personnage d'Alexandre est le Génie de l'hellénisme ou l'Ange exterminateur de l'islam, l'un des précurseurs du Prophète. Qu'ils aient au moins le courage de dire, parodiant le mot fameux de Flaubert sur Madame Bovary : « Alexandre, c'est moi ! » Et pourtant, l'autorité et l'initiative personnelles d'Alexandre sont patentes jusqu'à la bataille de Gaugamèles, en octobre 331. Plus tard, elles sont contestées, et par les participants de l'expédition et par les historiens et par les sociologues, nos contemporains. Il paraît alors dominé par l'immensité de l'Empire à administrer, à pacifier, à parcourir, par le poids des responsabilités, par la fatigue. On sait ce que sont l'usure et le salissage que provoque l'exercice du pouvoir. Après avoir été le symbole du soldat, avec toute la richesse et les variantes que ce mot implique, Alexandre s'est confondu avec l'État. Évidemment, si l'on fait de l'État un symbole misérable et illusoire, on ne saurait donner d'Alexandre, ni de soi, une image bien attirante !

Résumons, pour clore ce chapitre, sa biographie du point de vue de la sociologie. Sa naissance, à l'automne de 356, quelque part en Macédoine, est passée inaperçue, comme un fait banal. Des deux côtés, elle est chargée d'une lourde hérédité, au sein d'un système de clans depuis longtemps rivaux et fiers de leurs origines. Il doit l'essentiel de sa formation aux Compagnons de son père *(Hétaïroï)* et au régime militaire de son pays. Ses campagnes, ses victoires et ses fondations ont été préparées par les anciens généraux et les conseillers de Philippe. Ses conquêtes ont été rendues possibles par des corps entiers de techniciens, des ingénieurs notamment, comme Diadès de Pella et Kharias, par des gens de finances comme Harpale et des commerçants anonymes, par des marins, au moins aussi nombreux que les fantassins, mais manœuvrant sous la conduite d'amiraux remarquables, Nikanor, Hègèlokhos, Néarkhos, créateur de la première liaison maritime de l'Europe avec l'Inde. Les aventures personnelles d'Alexandre, coups de tête, blessures, maladies, échecs, amours, pour contingentes qu'elles paraissent, relèvent toutes de groupes sociaux bien définis : famille, éducateurs, amis, devins, médecins. Sa politique personnelle provoque des complots et des mutineries au sein de l'armée. Des philosophes et des rhéteurs éveillent dans la troupe la conscience de sa dignité et de ses misères. Leurs écrits ont fait la réputation d'Alexandre, bonne ou mauvaise. Il est mort, comme ses amis, épuisé, par ses excès de fatigues, de peines, de blessures, de chagrins et de boisson, que cette boisson ait été ou non empoisonnée par le clan du régent de Macédoine, Antipatros (fin du printemps 323 av. J.-C.). S'il reste pour nous le symbole de l'hellénisme triomphant, c'est grâce aux Grecs de toutes vocations qui ont assuré son triomphe.

CHAPITRE VII

Alexandre le Bâtisseur

> *Le pouvoir, s'il est amour de la domination, je le juge ambition stupide. Mais s'il est créateur...*
>
> Antoine de SAINT-EXUPÉRY.
> (Citadelle, XCVII.)

Partir de cette constatation qu'on ne sait pratiquement rien de positif sur la vie d'Alexandre. Ni la façon dont l'Antiquité concevait l'histoire, ni l'art qui transfigure tout, ni l'épigraphie qui prend parti ne peuvent être appelés en témoins irrécusables, tant leurs points de vue sont partiels ou contradictoires. Ni les romans du Moyen Age, ni les différents folklores d'Asie, ni les critiques des temps modernes n'offrent plus de garanties. Établir sa biographie, je ne dis pas son histoire, c'est faire acte de foi, comme le musulman fait encore profession de foi, *tachahhoud*, en parlant d'Iskander Dhû-l Qarnaïn.

Je ne puis me résoudre à réduire cette existence à un symbole ou à une série d'actes symboliques, pas plus qu'à une série de mythes ou d'anecdotes. On m'a parfois demandé : « Qu'est-ce qu'une vie d'Alexandre peut offrir d'original, en cette fin du XXᵉ siècle, après tant d'autres ? », ou encore plus crûment : « Qu'est-ce que vous apportez de nouveau ? »

A la première question je crois avoir déjà répondu : chaque génération se fait du héros en général, ou de la grandeur, son idée particulière. A la seconde question, je n'oserais répondre que, en lisant, en écoutant et en marchant beaucoup, j'ai essayé de comprendre mieux l'homme et de donner de sa vie un holo-gramme, une vue polyédrique, toute la série des images que les siècles ont élaborées : d'autres s'y sont employés avant moi. Mais j'apporte cette conviction *qu'il a toujours existé et qu'il existe encore une religion d'Alexandre.* Personnage mystérieux et sacré, sorte d'idole dont la dorure reste aux doigts de qui le touche, il est entré vivant dans la légende et il n'en est jamais sorti. Je ne vois plus qu'une voie d'approche, après les six précédentes : l'œuvre, ou plutôt ce qui en est resté. Car en matière de religion, à côté de la foi, il y a les œuvres. Si l'on a si long-temps appelé Alexandre « le Grand », sa grandeur n'a tenu ni à la brièveté de son existence ni à l'ampleur de ses conquêtes, mais à ce qui en a sub-sisté.

Mais avant d'énumérer ses œuvres, en le suivant à grands pas de sa naissance à sa mort, il est bon de situer cette démarche par rapport aux six précé-dentes. Chacun verra d'un coup d'œil laquelle choi-sir comme plus proche de ses goûts personnels. Selon le point de vue auquel on se place, un aspect de la personnalité est privilégié et chacun des moments de la vie prend une couleur et une réso-nance différentes. Tout cela tient en quelques titres d'un tableau à six entrées, pour simplifier.

Il y a là des interprétations qui semblent incompa-tibles, surtout dans le domaine des amours et des aventures personnelles, bref de la vie affective. Peut-être est-on aussi mal informé, en ce domaine, qu'en celui des débuts d'Alexandre, naissance et éducation, ce que nous appelons sa formation. Il a fallu atten-

POINTS DE VUE	OBJETS D'ÉTUDE	FORMATION	CAMPAGNES	VIE AFFECTIVE	GENRE DE MORT
événementiel	les actes	hellénique	réfléchies	féminité	paludisme
psychologique	l'homme	sévère	fougueuses	anxiété	dépression
hagiographique	le héros	double	extraordinaires	maîtrise de soi	empoisonnement
moral	l'anti-héros	bâtarde	démesurées	excès	*delirium tremens*
théologique	le dieu	religieuse	surhumaines	désir passionné	apothéose
sociologique	les symboles	de caste	conditionnées	sans intérêt	épuisement
pragmatique	l'œuvre qui dure	studieuse	construites	ambiguë	accident

dre Plutarque, c'est-à-dire le second siècle apr. J.-C.,
quatre cent cinquante ans après sa mort, pour voir se
rassembler ce dont nous sommes si friands, des anecdotes sur la vie privée des hommes illustres. Pour les
Anciens, les enfants comme les femmes vivent en
dehors de l'Histoire, sont sans histoire ni chronologie. Mais nous tombons d'accord avec eux quand il
s'agit d'apprécier ce qui s'est créé de positif et qui a
passé les siècles. Les amours s'oublient, mais la postérité les perpétue. Peu importe également que les
interprètes discutent et se disputent sur la façon tout
à fait contingente dont est mort Alexandre, à trente-
deux ans et huit mois, quelque part à Babylone,
pourvu qu'ils reconnaissent tous la survie et même
l'éternité de l'œuvre accomplie. L'idée passe les siècles. Il ne s'agit pas de concilier les inconciliables,
mais de dresser un bilan.

Un premier bilan négatif

Arrien, dans son *Anabase* (VII, 9 et 10), vers 150
apr. J.-C., l'a tenté. Mais il l'a fait en homme de
guerre ayant eu à combattre les Parthes et les Iraniens nomades, comme Alexandre, et en orateur, à la
romaine. Il s'agit du discours qu'Alexandre est censé
avoir tenu à ses Macédoniens mutinés, à Opis (en
réalité, à Suse), au printemps de 324 av. J.-C. : « Je
vous ai fait passer les Dardanelles, alors que la flotte
des Perses avait la maîtrise des mers. Après avoir
vaincu, avec ma cavalerie, les satrapes de Darius, j'ai
ajouté à votre empire l'Ionie tout entière, toute
l'Éolide, les deux Phrygies et la Lydie. J'ai fait le
siège de Milet et je m'en suis emparé. Tout le reste
(de l'Asie Mineure) s'est rendu et vous en avez
recueilli le fruit. Tous les biens de la Cyrénaïque et
de l'Égypte que je me suis procurés sans combat sont

tombés en votre possession. La Syrie d'entre-monts, la Palestine et la Mésopotamie vous appartiennent. A vous aussi Babylone, la Bactriane, Suse. Vous possédez la fortune de la Lydie, les trésors de la Perse, les biens de l'Inde et de l'océan Indien... Vous êtes satrapes, généraux, commandeurs... De retour en Macédoine, faites savoir que votre roi qui a vaincu les Perses, les Mèdes, les Bactriens et les Sakas, qui a soumis les Ouxiens, les Arachosiens, la Drangiane, conquis la Parthyène, la Chorasmie et l'Hyrcanie jusqu'à la mer Caspienne, qui a franchi le Caucase (l'Hindou Kouch) au-delà des Portes (les cols de Kaoshan et Khawak), qui a traversé l'Oxos (Amou Daria) et le Tanaïs (Syr Daria) et l'Indus que personne n'avait traversé sinon Dionysos, et l'Hydaspès (Jhelum), et l'Akésinès (Chenab) et l'Hydraotès (Ravi), et qui aurait traversé l'Hyphase (Bias), si la peur ne vous avait fait reculer, qui s'est lancé sur l'océan (Indien) par le double estuaire de l'Indus, qui a traversé le désert de Gédrosie par lequel personne avant lui n'était passé avec une armée, qui, en cours de route, conquit la terre des Orites et la Carmanie, lui que vous avez fait rentrer à Suse quand sa flotte eut rejoint, en longeant les côtes, le golfe Persique depuis l'Inde : faites savoir que cet Alexandre, vous l'avez abandonné, et que vous êtes partis en le laissant sous la garde des Barbares qu'il avait vaincus... »

Voilà un beau défilé de noms propres, mais qui ne nous disent pas grand-chose, s'il ne s'agit que de conquêtes de territoires. Pratiquement se trouvent énumérés, non sans quelque désordre, vingt des trente satrapies de l'espace impérial de Darius Ier défini par les inscriptions officielles de Behistoun, de Suse et de Naqš-i-Rustem près de Persépolis. Ce sont en gros les vingt satrapies connues d'Hérodote[107]. C'est avouer implicitement qu'Alexandre n'a conquis qu'une partie de l'empire des Achéménides et qu'il

n'a jamais pu réaliser son rêve, pharaonique et perse
à la fois, de domination universelle : ses soldats
récalcitrants ne sont jamais allés plus loin que la rive
droite d'un sous-affluent de l'Indus, ils n'ont jamais
soumis la moitié orientale de l'Asie Mineure, ni
l'Arménie, ni l'Azerbaïdjan, ni le Turkménistan, ni
l'Arabie, ni le Soudan revendiqués par Darius... S'il
ne s'agit que d'une promenade militaire de quelque
18 000 kilomètres en douze ans, elle est restée vaine,
puisque aussitôt après la mort du Conquérant, son
empire s'est décomposé, comme s'il avait confondu
son corps avec celui de l'État.

Il n'est resté de ses victoires que de beaux noms de
rivières ou de plaines : Granique, Issos, Gaugamèles,
Hydaspe, de quoi faire rêver les stratèges des temps
modernes, sans qu'ils puissent d'ailleurs localiser
rigoureusement les champs de bataille, tant les eaux
ont changé de cours, tant les hommes et les éléments
ont effacé les dernières traces. Ce que la littérature
écrite et orale a appelé les exploits ou les hauts faits
d'Alexandre ne reste à nos oreilles qu'un souffle de
vent dans le désert. Et nous le préférons au long récit
des massacres qui ont suivi chaque combat, chaque
prise de ville, chaque raid. On reste accablé à la lecture de phrases comme celles-ci : « On tua beaucoup
de gens en fuite, de mercenaires et de leurs femmes. »
Ou encore : « Tout n'était que pillages, incendies et
massacres. » Ou encore : « Il tua la majorité d'entre
eux, sans même qu'ils essaient de résister, étant
donné qu'ils étaient sans armes » (Arrien, VI, 6, 3).
Ou encore : « Le roi, cherchant dans la guerre de
quoi se consoler d'être en deuil, se mit à traquer des
hommes comme à la chasse. Il soumit la tribu des
Kosséens (les Kassites du Louristan, au sud de
l'actuelle Kermanshah) et massacra tous ceux qui
étaient en âge de combattre » (Plutarque, *Vie,* 72, 4).
Si vous avez l'honneur ou la chance de parcourir la
vallée du Zeravshan, les guides de l'Uzbekistan vous

expliqueront, avec ruines à l'appui, que les colonnes mobiles de répression d'Iskander ont fait le désert autour de Samarcande, où les fouilles d'Afrasiab et de Pendjikent révèlent l'existence de cités considérables dès le VIᵉ siècle av. J.-C. On ne saurait évaluer, même approximativement, combien de populations civiles en Sogdiane, dans le moyen Indus, dans le Béloutchistan, dans le massif du Zagros, ont été exterminées, sous le prétexte d'une insoumission ou d'un incontrôlable nomadisme. Tel est le bilan négatif de la conquête à la mort du Conquérant. Il s'aggrave si l'on se rappelle que son armée s'est éparpillée, que ses Diadoques se sont querellés et rendus indépendants et que toutes les provinces du Nord et de l'Est ont fait défection.

L'HÉRITAGE PATERNEL

Ce double constat d'échec de l'acteur et de dégradation de son œuvre, ce tragique bilan, en somme, offre du moins l'avantage de jeter quelque jour sur le caractère d'Alexandre dès les origines de sa carrière. L'éloge de Philippe II, par lequel commence son discours à ses soldats, montre qu'il atribuait à son père le triple mérite d'avoir agrandi la Macédoine, d'avoir enrichi son armée et d'avoir organisé l'expédition en Asie. En 324, un an avant sa mort, quand il commence à recevoir les théores et les couronnes de tous les sanctuaires grecs, Alexandre se reconnaît non comme le fils de Zeus ni comme celui de l'Égyptien Ammon — cela n'offre de sens politique que pour l'Égypte —, mais comme le fils du roi macédonien auquel il rend hommage. C'est Philippe qui l'a formé militairement et moralement et qui lui a communiqué, avec son audace ou sa fougue, les ruses et la brutalité nécessaires à la conquête, le goût de la guerre « fraîche et joyeuse ». Il lui a dû aussi bien le sens de l'État que l'art de parler aux soldats et de retourner une opinion, le souci d'une bonne administration aussi bien que la piété et le respect d'une certaine justice.

De cette application à imiter Philippe, à n'être pas indigne de lui, de ce zèle studieux du jeune homme de dix-neuf ans, nous avons deux témoignages archéologiques, deux œuvres qui ont subsisté. La première est le tombeau gigantesque et somptueux que le fils a fait élever à son père près de la vieille capitale de la Macédoine, Aigéai, au lieudit Palatitsa, et que Manolis Andronikos a fait fouiller, en octobre 1977. Alexandre y a déposé de ses mains les armes, les meubles, la vaisselle plate de Philippe et le coffret d'or étoilé contenant ses restes calcinés, tous objets qui emplissent actuellement une salle du musée de Thessalonique. Alexandre, homme de cœur et désintéressé, n'a rien gardé pour lui, rien que le désir de réaliser le projet de conquérir l'Asie et de libérer les Grecs, qui fut le dernier rêve du roi assassiné. Piètre disciple, s'il ne dépassait pas son maître ! J'entends, son père, qui lui a tout appris, et non Aristote dont on cherche en vain l'esprit dans les frondaisons du parc de Miéza, près de Naoussa.

Le second témoin a été découvert, il y a cinquante ans, dans les ruines de l'antique cité de Philippoï, par Jacques Coupry, alors membre de l'École française d'archéologie d'Athènes[108]. Il s'agit d'une inscription de vingt-huit lignes comptant chacune de 31 à 36 lettres grecques et concernant un litige entre cette colonie mixte du roi défunt et la bourgade indigène de Datos (ou Daton), « document mutilé, mais capital, qui révèle une intervention personnelle d'Alexandre pour la mise en valeur des terrains marécageux autour de Philippes » (Paul Collart, *Philippes, ville de Macédoine,* Paris, 1937, p. 179). Comme le texte de l'original a été communiqué en fac-similé aux 400 participants du Congrès international d'épigraphie à Athènes, le 7 octobre 1982, qu'il est par conséquent tombé dans le domaine public, il me paraît nécessaire et urgent d'en donner enfin la traduction en français la plus vraisemblable. Ce qui figure entre crochets droits est ce qu'on appelle une restitution :

« [Étant donné qu'Alexandre fait actuellement campagne] en Perse, [que X et A]gèsia[das] ont été envoyés en ambassade [auprès de lui pour la se]conde fois et étant donné qu'Alexandre a déjà décidé de faire cultiver par les habitants de Philip[pes] la terre encore en friche du territoire [antérieurement concédé, de soumettre] à l'impôt foncier [tout ce qui avait été jadis] une terre improductive, de fixer d'autre part les limites du [territoire de Datos], et [attendu qu'il avait dépêché] Philotas et Léonna[tos pour interdire aux in]trus, sur le terri[toire que précisément] le roi Phil[ippe] avait donné [aux habitants de Philip]pes, [de le cultiver et d'y faire des récoltes], mais pour voir, [au cas où certains habitants de Datos auraient fran]chi les [limites du territoire de Philippes, comment empêcher ces] usurpateurs [de cultiver la terre et d'y faire des récoltes] et comment leur enlever [les terres qu'ils auraient abusivement occupées, soit environ] 2 000 plèthres (= 200 ha) [s'étendant entre] le territoire de Datos [et la ville de Philippes, les citoyens de Philippes décident] : 1°) que tout ce que, d'une part, la Cité [possède s'étend à X] stades (X fois 180 m), à savoir jusqu'à A [... et jusqu'à ...] ; 2°) que tout ce qui, d'autre part, aux Thraces [a été antérieurement lais]sé, les Thra[ces l'exploiteront] comme Alexandre [en aura décidé] ; 3°) que les citoyens de Philippes occuperont le territoire [déjà mis en valeur et qui se trouve] entre les deux collines [   ] ; 4°) que, dans la région de la terre Seiraïque et du Dainèros, les citoyens de Philippes pourront faire des coupes (?)

comme le leur a concédé le roi Philippe ; 5°) que le bois du massif de Dy [...]os, personne ne pourra le vendre, jusqu'à ce que l'ambassade soit revenue d'au[près d'Ale]xandre ; 6°) que les terrains marécageux [seront exploités] par les habitants de Philippes jusqu'au pont. »

Au début de son règne, en tout cas avant l'exécution de Philotas (330) et même avant de partir en Asie (334), Alexandre a confirmé les mesures prises par son père en faveur de la colonie mixte de Philippes, a envoyé deux Compagnons pour régler en son nom un différend et faire la paix entre les Macédoniens et les Thraces, pour mettre en culture et en valeur des terres stériles, bref pour faire œuvre de colonisateur. Pour faire rentrer aussi de l'argent dans les caisses du fisc ! Philippes (au pluriel), fondation du roi Philippe II à partir d'agriculteurs et d'éleveurs macédoniens déplacés, c'est-à-dire de soldats paysans, à partir d'indigènes de Krènidés et de Datos (ou Daton) et à partir de commerçants, d'artisans et de mercenaires venus de toute la Grèce, va servir de modèle ou de précédent à toutes les villes et à tous les comptoirs qu'établira l'armée d'Alexandre, composée, elle aussi, de Macédoniens, destinés à commander, de Thraces, servant d'auxiliaires, et de Grecs surtout préoccupés de techniques et de négoce.

Tout l'art du chef consistera à doser correctement les apports, à concilier ce qui paraissait incompatible, à empêcher les usurpations, à juger selon l'équité, à obtenir la concorde intérieure et la paix avec les voisins. Disons tout de suite que, tant qu'il a été en contact avec ses colonies, il y est parvenu. En renforçant les garnisons et les remparts de Philippes, chez les Bistones, d'Alexandropolis en Thrace et de Philippoupolis dans la vallée de Kumli, il obtenait un quadruple résultat : il assurait ses frontières, il facilitait le commerce intérieur et le rapprochement des civilisations, il aidait au développement de l'agriculture chez des peuples semi-nomades, il préparait pour l'avenir un plus large recrutement militaire. A l'époque même où s'infiltrent les Thraces entre Philippes et Datos, Théophraste, élève d'Aristote, mentionne une revendication de territoire près de Philippes de Macédoine. Ce qui n'avait été qu'un bois d'aulnes marécageux, un territoire de chasse impaludé, au temps des tribus thraces, devenait par force et par intérêt une terre bien drainée et bien cultivée, munie de chaussées et de ponts. En cas d'urgence, il était laissé assez d'autonomie à ces fondations pour prendre des décisions de police analogues à celle qu'on lit dans la seconde partie de notre inscription, sans attendre le retour de l'ambassade envoyée à Alexandre au fin fond de l'Asie. Elles ont été gravées sur la pierre, parce qu'Alexandre était mort dans l'intervalle (juin 323). Douze ans au moins après la première ambassade, c'était encore lui, et non Antipatros, stratège d'Europe, qui était capable de trancher les différends d'une ville de Macédoine et de ses alliés.

Tout ce que l'on peut dire de la campagne du printemps 335, c'est qu'Alexandre, en franchissant le Danube, établit des relations nouvelles, politiques et économiques, avec les Gètes et les Celtes. Il a jeté le premier pont avec l'Europe centrale.

BÂTIR SUR TERRE ET SUR L'EAU

Après la bataille du Granique (mai 334) le vainqueur commande à Lysippe, son portraitiste attitré, un groupe de 25 statues en bronze, représentant ses Compagnons de la cavalerie tués à ses côtés lors du premier choc (Arrien, I, 16,4). Elles seront érigées à Dion, au pied de l'Olympe, puis transportées à Rome après la victoire de Metellus sur Persée (167 av. J.-C.) : escadron si impressionnant qu'il fut capable d'orner tout un portique de Rome, celui d'Octavie, au Ier siècle de notre ère (Pline, *Hist. nat.,* XXXIV, 64 et Velleius Paterculus, 1, 11, 3). Il est peu vraisemblable que la statue d'Alexandre à cheval ait figuré à l'origine parmi celles de ses cavaliers morts. Mais il est certain qu'après l'érection du tombeau gigantesque de Philippe à Aigéai, haut de 14 m et large de plus de 100 m à la base, Alexandre conçoit tous les monuments comme des œuvres destinées à dépasser toutes les autres en taille et en durée. Très visibles aussi, et aussi sacrées que possible. « Puis il se dirigea sur Sardes... Il monta sur l'acropole où était installée la garnison perse... Le lieu est en effet très élevé, abrupt de tous côtés et défendu par un triple rempart. Il pensait y élever un temple à Zeus Olympien et un autel » (Arrien, I, 17, 5).

Désormais, une partie des trésors confisqués et du butin vendu sera consacrée à l'édification de monuments grandioses ou à la restauration des temples et des tombeaux, par exemple celui de Cyrus (*id.,* VI, 29, 4-11). « Alexandre arriva à Éphèse... Les impôts que les habitants versaient aux Barbares, il les fit verser à la déesse Artémis. N'ayant plus à craindre les oligarques, le peuple se hâta de massacrer... ceux qui avaient pillé le temple d'Artémis, renversé la statue de Philippe dans le sanctuaire et profané sur l'agora le tombeau d'Héropythos, libérateur de la cité... Si Alexandre a mérité sa réputation, c'est bien par sa façon d'agir alors à Éphèse : (*id.* I, 17, 10-12). Il faut se rappeler que le temple d'Artémis, à Éphèse, comptait parmi les sept plus grandes merveilles du monde et que toutes les boiseries, les charpentes et les idoles avaient brûlé le jour même, disait-on, de la naissance d'Alexandre, au début d'octobre 356. A Priène, délivrée, elle aussi, des taxes et impositions ennemies, Alexandre demande à la démocratie que soit dédié en son nom un temple à Athèna, déesse des Victoires : nous possédons encore la dédicace de ce temple et, gravée sur la pierre, une *Lettre* du roi Alexandre aux citoyens de Priène, probablement très postérieure à 334 (Tod, *A Selection of Greek Historical Inscriptions,* II, Oxford, 1948, nᵒˢ 184 et 185). Au sanctuaire de Lètô, le Lètôon, à Xanthos de Lycie, une base inscrite porte une dédicace « d'Alexandre Roi » (Christian Le Roy, *R.E.G.,* 1977, p. XXII) : les habitants ont tenu à rappeler, bien après 330, assurément, le passage de celui qui était devenu maître de l'Empire perse, *Basileus* en grec, sans article, mais en même temps de celui qui avait consacré, ici comme à Priène et au sanctuaire d'Athèna à Lindos (*Fr. Gr. Hist.,* nᵒ 532, l. 38) un monument ou un ex-voto de sa victoire.

En faisant construire une chaussée géante pour relier l'île de Tyr au continent, longue de 720 m et large de 40 m, il donnait en 332 une répétition générale de ce qu'il entendait fonder désormais. Son initiative dans la fondation d'Alexandrie « près de l'Aigyptos » — tel en est le nom officiel — est bien marquée par Arrien (III, 1, 5) qui suit apparemment le texte des *Mémoires* du roi Ptolémée : « Il arriva à Canope et son navire fit le tour du lac Maréotis (Mariout). Il débarqua là où se trouve la ville qui porte son nom, Alexandrie. Il lui sembla que l'emplacement convenait admirablement à la fondation d'une ville et il se dit que cette ville serait prospère. Pris du vif désir de réaliser son projet, il établit lui-même le plan de la cité, il fixa l'endroit où il fallait construire l'agora, le nombre des sanctuaires et leurs destinataires : les dieux grecs, mais aussi Isis, déesse d'Égypte. Il précisa où devait être érigé le rempart entourant la ville. »

Excellent lecteur et interprète d'Homère depuis son enfance, Alexandre savait ce qu'était le mouillage de Pharos, en égyptien *Per-ao,* « la Grande

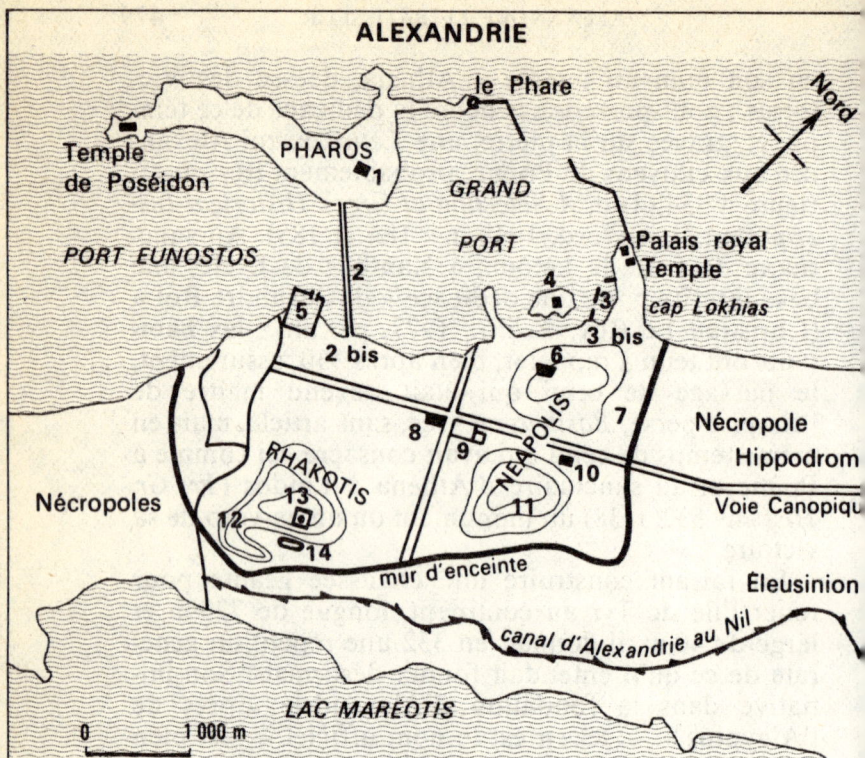

ALEXANDRIE

le Phare

PHAROS

Temple
de Poséidon

GRAND

PORT EUNOSTOS

PORT

Palais royal
Temple

cap Lokhias

Nord

Kibôtos

2 bis

Nécropole

Hippodrom

NEAPOLIS

Voie Canopiqu

BRAKOTIS

Nécropoles

Éleusinion

mur d'enceinte

canal d'Alexandrie au Nil

LAC MARÉOTIS

0   1 000 m

1 : Temple d'Isis de Pharos
2 : Jetée, dite Heptastadion (1239 m)
2 bis : Agora du port
3 : Port des rois
3 bis : Bâtiments de la Cour royale
4 : Ilot d'Antirhodos et palais
5 : Kibôtos (bassin de radoub)
6 : Quartier du Broukhion et théâtre
7 : Quartier juif
8 : Mouseion et temple de Sarapis
9 : Agora, tribunal et mausolée d'Alexandre (Sôma)
10 : Gymnase
11 : Paneion, colline de Pan (Kôm-el-Dick)
12 : Kôm-el-Chougafa (colline des tessons)
13 : Serapeion et colonne dite de Pompée
14 : Hippodrome

Plan d'Alexandrie d'Egypte
(extrait du *Guide Grec Antique*, Hachette Classique, 1982, par
P. Faure et M.-J. Gaignerot).

Porte », depuis les aventures légendaires d'Ulysse et de Protée, de Ménélas et de la belle Hélène : un des guichets du fleuve Aigyptos, à sept jours de navigation de Memphis, une étape obligée vers la Cyrénaïque, colonie grecque. Ce qu'il a pu y voir, avec les fantassins, les archers, les cavaliers, les ingénieurs et les ouvriers qui l'accompagnaient, n'avait rien de rassurant : « C'est une cuvette naturelle qui reçoit une partie des crues du Nil et se transforme en un lac, d'une certaine profondeur en son milieu, mais qui finit en marécage sur les bords. C'est là que tous les brigands d'Égypte ont leur pays... Le lac fournit aux brigands la plus sûre retraite... Les roseaux du marais leur forment une sorte de palissade avancée » (Héliodore, *les Éthiopiques,* I, 5). Une étroite langue de calcaire blanc avec quelques buttes sépare ce lac de la mer, refuge naturel d'innombrables volatiles, de serpents et de petits rongeurs. A 1 260 m de distance, en mer, un long banc rocheux, à double échancrure à l'est et à l'ouest, protège la côte des effets destructeurs de la houle. Et quand Alexandre arriva, en janvier 331, la mer était agitée, le vent soufflait fort, il pleuvait ! Avec les ingénieurs de l'armée, Diadès et Kharias, et l'architecte Deinokratès de Rhodes, Alexandre se rendit compte que l'île de Pharos se présentait de la même façon que l'ancienne île de Tyr que les soldats de la Ligue venaient de changer en presqu'île : Pharos pouvait remplacer Tyr si on jetait une digue de 7 stades entre la côte et le rocher biscornu et, du même coup, on créerait deux ports latéraux. Les navires pourraient trouver refuge vers l'est ou vers l'ouest pour échapper aux vents contraires. C'étaient des travaux énormes en perspective, surtout si l'on devait peupler à la fois l'île et la terre ferme.

Ici, il faut laisser de côté tous les récits légendaires qui font intervenir les songes, les oiseaux voraces, les présages, dans la décision d'Alexandre. Il consulta, comme toujours, les prêtres et les devins, dont les avis furent favorables. Puis il parcourut avec son architecte et quelques compagnons la frange nord du marais et l'espace séparant la butte de Rhakotis, haute de 16 m, du rivage marin. Il approuva, pour l'enceinte, le contour en forme de dolman déployé que lui recommandait Deinokratès, afin de tenir compte de la configuration du sol, le plan en damier, l'idée d'y ménager deux agoras et des espaces verts, un palais, des sanctuaires, un gymnase, un théâtre, tout ce qui définit l'hellénisme. Un réseau d'égouts devait doubler celui des rues, elles-mêmes assez larges pour qu'une voiture, des cavaliers et des piétons pussent s'y croiser. En outre, et probablement dès 331, on prévit une double adduction d'eau, l'une par un canal depuis le lac du sud, l'autre par un aqueduc depuis la branche canopique du Nil, distant de 25 km.

Véritable visionnaire, Alexandre voyait loin, grand et puissant : la ville munie de trois ports, deux sur la mer et un sur le lac, couvrait une surface de 750 ha dans une enceinte de plus de 15 km. De par la volonté même du fondateur ce devait être non seulement une grande place de commerce, le débouché naturel de tous les produits de la riche Égypte et la porte ouverte aux marchandises de la Méditerranée orientale, mais encore une forteresse cosmopolite. Ce fut désormais un principe arrêté de peupler les villes nouvelles d'indigènes, de Grecs et de Macédoniens[109]. Les gens des comptoirs étrangers du delta reçurent l'ordre d'émigrer à Alexandrie (Quinte-Curce, IV, 8, 5). On y introduisit même les Juifs dont les ancêtres avaient été expulsés d'Égypte au temps de l'Exode, sous Ramsès II. Deux cents ans plus tard, on y dénombrait un million d'habitants, faubourgs compris, et c'était la plus grande ville de la Méditerranée. Prenant Alexandrie pour base, César, Antoine, Octavien, futur Auguste, Germanicus, les

Antonins, les Sévères referont le rêve d'Alexandre de soumettre l'Asie à leur empire.

Du pèlerinage d'Alexandre et de sa courte escorte d'officiers et de caravaniers jusqu'à l'oasis de Siwah, oracle du dieu Ammon, après 580 km de marche, il n'est rien resté matériellement, sinon quelques inscriptions en caractères hiéroglyphiques, qui déclarent Alexandre fils du dieu Rê, aimé du dieu, souverain de la Haute et de la Basse-Égypte, bref, Pharaon, « Sublime Porte », et successeur légitime de Nectanébo, le dernier souverain légitime, détrôné en 345 par l'envahisseur perse. Ainsi, Alexandre fondait une nouvelle dynastie, tandis que Ptolémée, fils de Lagos, appelé à lui succéder, notait soigneusement dans ses *Éphémérides* les itinéraires, les étrangetés du désert, les mirages, les bêtes fantastiques et, entre toutes les merveilles rencontrées, l'activité d'une source « qui ne ressemble en rien à celles qui jaillissent de terre », très froide à midi, très chaude à minuit (Arrien, *Anabase*, III, 4, 2) : de là viennent tant de légendes, tant de récits oraux concernant les origines et la destinée d'Alexandre et qui ont nourri le *Roman* du Pseudo-Callisthène et la sourate XVIII du *Coran*. Alexandre le bâtisseur a créé lui-même sa propre légende d'ouvreur de chemins et d'annonciateur, en pénétrant dans l'Inhabité, *Aoïketon,* et en répandant autour de lui la Parole du prophète d'Ammon.

Comme les habitants de la ville de Philippes, ce pionnier établit des ponts, au propre et au figuré. Après avoir mis l'administration de l'Égypte sous le contrôle de Kléoménès, un Grec originaire de Naukratis, et confié à deux généraux macédoniens, avec 4 000 hommes, et à un amiral, avec 30 trières, la défense de l'Égypte, Alexandre décida de prendre la tête d'une armée de 47 000 hommes et de leurs services auxiliaires, suivi d'un grand nombre de chevaux et de bêtes de somme, peut-être près de 20 000. Immense et lourd convoi. Quittant Memphis au printemps de 331, « il fit jeter des ponts pour pouvoir traverser le Nil et tous ses canaux » (Arrien, *Anabase*, III, 6, 1). « Alexandre arriva à Thapsaka (actuel Jérablus, en Syrie, sur l'Euphrate) au mois d'hékatombaion (vers le 1er août 331). Il y trouva le passage assuré par deux ponts. Darius avait chargé Mazaios de défendre le fleuve avec 3 000 cavaliers et [autant de] fantassins, dont 2 000 mercenaires grecs. Jusquelà, il avait monté la garde au bord du fleuve, sans quitter la place et, du fait de sa présence, le pont entrepris sur l'Euphrate n'avait pas été achevé ni mené jusqu'à la rive d'en face par les Macédoniens, par crainte d'une attaque des soldats de Mazaios contre les dernières travées. Mais à l'annonce de l'approche d'Alexandre, Mazaios prit la fuite. Aussitôt les ponts furent lancés jusqu'à la rive d'en face et Alexandre traversa le fleuve avec toutes ses troupes » (id., *ibid.*, III, 7, 1-2). Or, à cet endroit et en cette saison, je l'ai vérifié, l'Euphrate est large de 750 m. Comme le corps du génie ne disposait alors ni des enfonçoirs, ni des moufles ni des bâtardeaux de nos ingénieurs, et comme il n'était pas possible qu'en quelques jours seulement il bâtît des culées en pierre de taille sur 1 500 m de longueur, il lui fallait jeter essentiellement deux tabliers de poutrelles, le premier sur des piles de bois, préexistantes, le second sur les plats-bords de bateaux placés côte à côte. Arrien (*o.c.,* V, 7 et 8,1) se donne beaucoup de mal pour imaginer la construction d'un pareil pont flottant sur l'Indus, large de plus de 1 000 m, soit à la façon perse, soit à la façon romaine.

Ce que l'on voit encore aujourd'hui au Pakistan sur la Kaboul est des plus significatifs. De longs canots étroits et capables de naviguer dans les deux sens sont amarrés flanc à flanc et sont retenus dans le courant par deux solides câbles unissant les deux rives. Sur la partie centrale des canots court un tablier de poutres, large de 4 à 5 m, bordé d'un double parapet et tapissé d'une jonchée de roseaux. Ce pont de bateaux est assez ferme et souple pour supporter le poids des éléphants indiens. L'armée d'Alexandre transportait sur des chariots tout son matériel flottant démonté (Quinte-Curce, VIII, 10, 3 ; Arrien, V, 12, 4). Elle trouva en outre à Thapsaka des appontements et des stocks de bois considérables, car là étaient concentrées les grumes de résineux coupés sur le mont Liban, dans les forêts au sud d'Alep et sur les monts d'Arménie, le Karacali Dağ en Haute-Mésopotamie (Strabon, *Géographie,* 766). En 324, Alexandre fera de Thapsaka une énorme base de constructions navales (Arrien, VII, 19, 3). Lieu de passage obligé pour quiconque se rend du golfe Persique au golfe d'Alexandrette, Thapsaka possédait un solide pont de bois au temps de l'Empire perse. On y surveille en permanence, de nos jours, le pont du chemin de fer de Bagdad. Juste avant l'arrivée des pontoniers d'Alexandre, le général perse a fait sauter le pont sur l'Euphrate en retirant le tablier. Mais le génie macédonien qui s'était formé dans les plaines inondées de la Basse-Macédoine, de l'Axios au Strymon, stimulé par ses rois, savait comment bâtir sur l'eau aussi bien et parfois mieux que le génie romain, et cela trois cents ans avant Jules César franchissant le Rhin, quatre cent cinquante ans avant Trajan franchissant le Danube à Turnu Severin.

Une forme neuve de colonisation

Après la bataille de Gaugamèles (1er octobre 331), le vainqueur passe une année entière à se frayer un chemin à travers la Susiane, la Perside, la Médie et la Parthyène, à la poursuite de Darius. Il n'a ni le temps de construire un nouvel ordre du monde, ni celui de réorganiser avec des indigènes son armée amoindrie.

Tout au plus ordonne-t-il de restaurer les sanctuaires de Babylone, celui du dieu Mardouk notamment, mis à mal par Xerxès et ses successeurs. La destruction du palais de Xerxès à Persépolis, en avril 330, voulue d'un commun accord par Alexandre et par les Grecs, reste un symbole politique : la capitale sera ailleurs, là où se trouve le souverain.

Six ans plus tard, devenu plus que jamais roi bâtisseur d'empire et de cités, il regrettera son acte. A l'automne de 330, il descend avec émerveillement la fertile vallée du Loup (Gurgan, Verkhana), frontière septentrionale de l'Iran. Vers le nord, les Saka Tigrachauda, les Scythes « aux bonnets pointus » et les Amazones, leurs épouses, ceux et celles que la Bible appelle les Gog et Magog et le Coran les Ya'jûj et les Ma'jûj, et aussi les cavaliers Dahaï des bords orientaux de la Caspienne lancent des raids contre les populations de la riche Hyrcanie et contre Zadrakarta, sa capitale. De Gümüsh Tepe (le « Tertre de l'Argent »), au bord de la Caspienne, à Qara Quzi, à l'est, Alexandre ordonne de construire des fortins quadrangulaires sur la rive droite du fleuve. On a pu repérer les ruines croulantes de 36 d'entre eux, régulièrement espacés sur une longueur de 180 km. Lorsque Séleukos II (246-226) aura refoulé les Parthes dans la steppe, il ordonnera à son tour de construire un rempart continu entre ces fortins, une haute et épaisse levée de terre, revêtue de briques, que les Turkmènes appellent aujourd'hui Kızıl Yilan, le Serpent Rouge, et les Iraniens Sadd-e-Iskender ou le Mur d'Alexandre.

L'idée première de ce rempart, antérieur à la Muraille de Chine, remonte peut-être à Alexandre, au grand défenseur de l'Ordre cosmique, *Arta,* au protecteur des paysans et des citadins, tous sédentaires, contre les puissances du mal que représentent les nomades pillards et leurs femmes qui osent, ô honte, chevaucher à cru et combattre comme des hommes. Strabon (ix, 509, 511) et Pline (vi, 25, 113) lui attribuent la fondation de Nikaia contre leurs incursions. Rappelons que c'est le Coran qui a rendu célèbre cette digue d'Alexandre contre le déferlement des peuples et que les versets qui la concernent sont récités chaque vendredi dans toutes les mosquées du monde. Quand Dieu voudra punir les infidèles, Il abaissera le mur ; alors les Gog et les Magog se précipiteront sur le monde. Les géographes ont calculé que le niveau de la Caspienne, immense étendue d'eau salée, a baissé de 4 m depuis l'Antiquité. Le mur semble plus haut d'autant. Cependant un espace vide de 7 km s'est découvert entre le dernier bastion et le bord de la mer : depuis la fin du iie siècle av. J.-C., les Barbares ont contourné sans cesse le mur infranchissable.

Après l'assassinat de Darius, au début de juillet 330, par ordre du satrape Bessos, Alexandre se déclare le successeur légitime du roi défunt et se heurte à la triple opposition des satrapes ou des chefs des provinces du nord et de l'est de l'Empire, qui se rebellent ou refusent de payer les tributs coutumiers, des alliés grecs, qui demandent à rentrer dans leur pays, et d'une partie de plus en plus grande des cadres macédoniens qui reprochent à leur chef d'oublier les usages de sa nation pour adopter le protocole, les mœurs et la façon autoritaire de commander des monarques perses. Il s'agit donc de refaire, dans le même temps, autour de sa personne une triple unité, celle de l'Empire perse, celle de la nation hellénique, celle de l'État macédonien. Après six ans de campagnes militaires, parfois très dures et meurtrières, à l'est d'un méridien allant de la mer d'Aral au détroit d'Ormuz, Alexandre parvient momentanément à se faire reconnaître comme le roi de la plupart des territoires soumis jadis à Darius Ier, c'est-à-dire contraints à l'impôt du sang et à des tributs divers. Et pour bien marquer que cet espace impérial était bien reconstitué et recouvré, il y eut désormais 30 divisions administratives, soit avec leurs anciens titulaires, soit avec de nouveaux faisant acte d'allégeance personnelle à Alexandre, comme il y avait eu théoriquement 30 circonscriptions obéissant à Darius et à Xerxès : autour de Parsa (la Perside), patrie des Achéménides, 22 satrapies réelles et 7 protectorats. On remarquera cependant que les listes officielles des inscriptions perses de Naqš-i-Rustem, près de Persépolis, et de Suse ne correspondent pas à celles des historiens d'Alexandre, qu'un bon nombre de principautés, en Arménie, en Scythie, en Arabie, au Soudan et en Éthiopie, ne reconnurent jamais l'autorité d'Alexandre et qu'enfin, de son vivant même, de 325 à 323, la moitié au moins de la Sogdiane (Uzbekistan actuel) et tout le bassin de l'Indus (Ouest Pakistan actuel) cessait d'obéir.

Mais partout où il avait rencontré une résistance, Alexandre ne se bornait pas à prendre d'assaut les forteresses et à faire capituler les défenseurs. Pour reconstruire l'Empire, il demandait aux aristocraties locales et aux divers clergés de collaborer avec les trois sortes d'administrateurs qu'il désignait, satrape ou roi allié, gouverneur militaire et contrôleur des finances, et surtout il installait des garnisons de Macédoniens et de mercenaires et faisait construire des forts pour la surveillance du territoire et la protection des frontières. C'est ainsi que les villes actuelles d'Iskanderun (Alexandrette) en Turquie, d'Hérat, de Farah, de Kandahar en Afghanistan, de Bukhara en Uzbekistan, de Mary (Merv) en Turkménistan, de Nich en Tadjikistan, de Pattala et du Mashkaï dans le Pakistan, de Khanu en Iran, furent des postes de garde ou des forteresses d'Alexandre qui, au temps des Séleucides, prirent son nom, telles les Alexandrie d'Arie, de Drangiane, d'Arachosie, de Margiane, de Makarène ou de Carmanie. Les historiens mentionnent également la création de fortins le long de l'Iaxarte (le Syr Daria) pour barrer la route aux cavaliers des steppes de l'actuel Kazakhstan, de six autres autour de Mary (Merv) à la frontière du désert de Kara Kum au Turkménistan.

Sur les soixante-dix Alexandrie[110] que Plutarque attribue à l'initiative d'Alexandre (*De la chance ou du mérite personnel d'Alexandre*, I, 5), une soixantaine au moins sont des localités indigènes qu'il a fait fortifier, des *avaranas* comme on disait en indo-iranien, et qui furent des pôles d'urbanisation, avant de devenir des capitales régionales, plus ou moins soumises au pouvoir central. C'est ce qu'on pourrait aussi appeler des colonies militaires. Certes, les invasions parthes, turkmènes, mongoles, indiennes ont détruit ou au moins modifié bon nombre de ces points d'appui, de ces nœuds de la grande structure. Mais ils ont gardé, avec le nom d'Alexandre, « aux ultimes frontières », tel le Digenis « Akritas » des épopées byzantines du VIIIe siècle, le souvenir du génie militaire gréco-macédonien, fer de lance de l'hellénisme. Il ne faut surtout pas les confondre avec les six Alexandrie d'Asie et les trois ou quatre ports construits à son instigation. Ce sont là des colonies véritables qui, fondées sur le modèle de la ville de Philippes de Macédoine et de l'Alexandrie d'Égypte, répondent à une autre finalité : il s'agissait de satisfaire des intérêts souvent opposés, mais essentiellement économiques, ceux de ces foules qui, venues des Balkans, des côtes d'Asie Mineure, de Phénicie ou de Syrie, cherchaient une terre à exploiter, des femmes à épouser, des hommes avec qui échanger des marchandises ou des idées, du travail et de l'argent, alors qu'ils chômaient dans leur pays ou devaient se vendre comme mercenaires.

On remarquera aussi que ces colonies cosmopolites, comme Philippes ou Alexandropolis, furent toutes installées à une frontière, aux confins de deux civilisations, que ce furent toutes des lieux de transit et d'ouverture vers d'autres horizons, toutes des lieux de brassage de populations, où Grecs et Macédoniens, parlant grec, avaient conscience qu'ils appartenaient à une seule et même nation, face à d'autres communautés. Ainsi en allait-il d'Alexandrie d'Égypte, où l'Europe était au contact de l'Asie et de l'Afrique. Quant à affirmer, comme Plutarque dans l'ouvrage cité, qu'Alexandre, en fondant ces villes, apporta la civilisation à des hommes qui menaient une vie primitive et sauvage, c'est une illusion de tous les colonisateurs. Ce n'était pas le but du fondateur, si respectueux de la sagesse des Égyptiens, des Chaldéens, des hindous, par exemple. Tout au plus espérait-il, d'une façon pratique, sédentariser et fixer des populations nomades, par nature insaisissables, incontrôlables et échappant au fisc : augmenter les risques de paix entre les nations, plutôt que les risques de conflit.

Remarquons encore que cette forme de colonisation, avec déplacements obligatoires de populations, recommandée par la réflexion politique d'Isocrate et d'Aristote *(Lettre sur les colonies),* paraissait chaque fois parfaitement adaptée au terrain : ainsi Alexandrie d'Égypte s'étalant comme une chlamyde macédonienne ou une cape flottante entre la mer et le lac ; parfaitement adaptée aux techniques de construction indigènes (murs de pierres ou de briques crues ou cuites, levées de terre, fossés, palissades) ; parfaitement adaptée aux moyens de communication sur de grands axes routiers ou fluviaux. Une logique certaine a présidé à l'édification de Bouképhalia-Nikaia, d'Alexandrie d'Opiène, d'Alexandrie des Sogdes, de Pattala, d'Alexandrie des Orites, à trois cent cinquante kilomètres environ l'une de l'autre. Avec intelligence et courage, Alexandre construisait une nation nouvelle et qu'on ne peut appeler ni grecque, ni macédonienne, ni barbare, mais composite et coordonnée.

DE GRANDES CITÉS, DES CAPITALES COMMERCIALES

L'armée et son convoi ont quitté Kandahar « vers le coucher des Pléiades », c'est-à-dire vers le 1er novembre 330. A la fin de novembre, les hommes épuisés parviennent au pied des monts Paropanisades. Ils s'arrêtent, vers le milieu de décembre, à Ortospana, près de la moderne Kaboul[111]. De Kandahar à Kaboul il y a, par l'actuelle route bitumée, exactement 510 km. Au nord de la vallée de Kaboul, la sierra profile ses dents blanches entre 5000 et 6000 mètres. Le Koh-i-Baba culmine à 5143 m, un des sommets de l'Hindou Kouch, que les géographes qui accompagnent Alexandre croient être le Caucase, à la frontière nord de la Perse. C'est là, au pied d'un massif sans arbres et enneigé, à 68 km au nord de Kaboul, tout près de Bégram où les fouilles de la mission archéologique française en Afghanistan ont exhumé une cité cosmopolite d'époque hellénistique, qu'Alexandre a fondé sa seconde Alexandrie, celle « du Caucase », ou « du Paropanisos ».

En faisant la synthèse des informations dues à Diodore (XVII, 83, 2), à Quinte-Curce, (VII, 3, 23) et à Arrien (IV, 22, 5), la ville fut bâtie au cours de l'hiver 330-329 par 7000 habitants du Gandhara et par autant de soldats grecs et macédoniens et de non-combattants de l'arrière-garde. Un sacrifice solennel aux trois divinités principales de la Macédoine Zeus Olympien, Athèna Alkidèmos et Hèraklès a inauguré l'installation. Les maisons ont été construites à la façon indigène : des huttes de brique au sommet pointu, telles que les voyageurs chinois et européens les ont décrites, depuis le Moyen Age, au pied de l'Hindou Kouch. La conduite des travaux — remparts, monuments, voirie, ravitaillement en eau, stockage des vivres — a été confiée à un des Compagnons du roi, Neiloxénos, qui sera bientôt chargé du commandement militaire d'une satrapie particulièrement difficile. Alexandre, mécontent de ses services, le destituera trois ans plus tard et nommera Nikanor, un autre de ses Compagnons, pour gouverner la cité, poste clef sur la route de l'Inde à la Bactriane et à la Perse, place de commerce et lieu d'échanges intellectuels et artistiques considérables.

De cette colonie proviennent un grand nombre d'objets d'un art composite définissant, au IIIe et au IIe siècle, l'art du Gandhara, orgueil des musées de Kaboul et de Paris, et quelques-unes des monnaies les plus belles de rois gréco-indigènes de la Bactriane, de Diodotos Ier (vers 260-240) aux trois Dikaios (entre 135 et 60 av. J.-C.). On signale, entre autres trouvailles, faites à Begram, un gobelet d'argent qui représente, en relief, le phare d'Alexandrie d'Égypte. Des liens étroits, artistiques et commerciaux, ont existé, entre les deux villes sœurs, distantes de 3 600 km à vol d'oiseau, jusqu'au Ier siècle de notre ère. Une des langues officielles du royaume indo-bactrien étant le grec, on ne s'étonnera pas que le christianisme naissant se soit diffusé, grâce aux diverses fondations d'Alexandre, jusqu'au cœur de l'Asie centrale.

En mai 329, une troisième Alexandrie est fondée non loin de Taugast (Tchuchka Ghuzar) où l'armée, qui a franchi l'Hindou Kouch, vient de traverser sur des outres le cours de l'Oxos (Amou Daria) en demi-crue. Tandis que Ptolémée se précipite avec le plus gros de la cavalerie à la poursuite de l'usurpateur Bessos à travers la steppe, Alexandre oblique vers l'est, reçoit la soumission de Tarmita (Oppidum Tarmantidem de l'*Epitomè de Metz,* § 4) et, avec les plus âgés des Macédoniens devenus inaptes au combat et les volontaires thessaliens restés à l'armée, il agrandit et fortifie cet important lieu de passage entre la Bactriane au sud (Afghanistan actuel) et la Sogdiane au nord (Uzbekistan). Dans cette ville « il établit 7 000 barbares, 3 000 des non-combattants qui suivaient l'armée ainsi que tous les mercenaires qui se portaient volontaires » (Diodore, XVII, 83, 2 ; cf. Arrien, III, 29, 5). Ce sera Alexandreia Tarmita ou Oxeianè, Oxeiana, l'Alexandrie de l'Oxos[112].

Cette ville a été pendant toute l'Antiquité et jusqu'à son incendie par Gengis Khan vers 1220 le marché le plus prospère entre le monde des steppes et le monde indo-iranien, celui par lequel transitaient le riz, le coton, la soie, l'or et les tapis de l'Asie centrale, la vaisselle, les armes, les techniques, les religions de l'Inde et de la Perse. De nos jours, Termez, grand centre pétrolier, usinier et militaire, à cheval sur l'Amou Daria, draine le commerce de la vallée d'un fleuve très semblable au Nil d'Égypte. Le chemin de fer, la route, l'avion la relient à Dushanbe, capitale du Tadjikistan. Par Termez, les troupes pénètrent directement en Afghanistan. Bactres-Zariaspa, capitale de la Bactriane, n'était distante de la nouvelle Alexandrie que de 80 km : aussi Alexandre y passa-t-il plusieurs fois jusqu'en 327. Il put voir les nouveaux remparts de terre et de briques descendre des hauteurs jusqu'à la rive droite de l'Oxos et se dire que, là comme en Égypte, il avait créé une capitale excentrique, mais destinée à durer autant que durerait le commerce grec. En tout cas, son souvenir, sous le titre d'Iskander Dhû'l Qarnaïn, s'est perpétué là jusqu'à nos jours.

A l'extrémité nord de la Sogdiane, à 400 km de Termez à vol d'oiseau, autre frontière, celle que constitue le Syr Daria, l'antique Iaxarte qui se jette dans la mer d'Aral. « Le roi pensait bâtir une cité en bordure du fleuve et lui donner son nom. L'endroit lui semblait bien convenir à une ville destinée à s'agrandir et propre à faciliter une éventuelle invasion de la Scythie. Il constituait un bastion défensif contre les incursions des Barbares, habitant sur l'autre rive du fleuve. Alexandre se disait que la ville grandirait en raison du nombre des habitants qui viendraient s'y grouper et en raison de l'éclat de son nom » (Arrien, *Anabase,* IV, 1, 3-4). Cette ville, ce sera « l'Ultime », *Eskhatè,* ou plus simplement Alexandreia Sogdianè, dont les bâtiments, les remparts et les rues gisent sous le sol de l'actuelle Leninabad, naguère Khodjent, au Tadjikistan, à 145 km au sud de Tashkent (capitale de l'Uzbekistan). « On ceignit d'un mur l'espace de terrain qu'avait couvert le camp. Ce mur eut 60 stades (10,800 km ; 6 milles romains = 9 km, selon Justin, XII, 5, 12). Le travail fut terminé avec une telle rapidité que la ville fut achevée jusqu'aux toits, dix-sept jours après l'apparition des remparts... On avait réparti le travail. On peupla la ville nouvelle avec les prisonniers (faits dans la " Ville de Cyrus ", l'actuelle Ura-Tiube à 73 km au sud-est, et dans sept fortins pris d'assaut). Alexandre fit d'eux des hommes libres en les rachetant à ceux des soldats qui les avaient capturés. Maintenant encore, après tant de siècles, leur postérité se souvient d'Alexandre, » (Quinte-Curce, VII, 6, 25-27).

Le récit d'Arrien, beaucoup plus sobre, donne vingt jours pour la construction du seul rempart de la future cité. La raison de cette rapidité se lit dans le récit de voyage de F. von Schwarz, *Alexanders des Grossen Feldzüge in Turkestan :* en 1893, les murs de toutes les constructions de cette région étaient encore en pisé, c'est-à-dire en terre armée de branches et de poutrelles. Le peuplement fut assuré non seulement par les prisonniers libérés, c'est-à-dire par des indigènes déplacés, mais par des Sogdiens volontaires, par des Grecs mercenaires et par quelques Macédoniens inaptes au service. Les textes précisent que la fondation de la ville s'accompagna, selon l'usage, de sacrifices aux dieux, de courses hippiques et de concours athlétiques, signes, non de fusion entre les composantes ethniques ni d'assimilation des Grecs aux Barbares, mais de fervent patriotisme, à quelques jours de marche de l'Empire chinois. De l'autre côté du fleuve nomadisaient les Saka Haomavarga, les « Scythes faiseurs de drogue », redoutables cavaliers aryens mêlés de populations altaïques, de chez qui venaient l'or, les pierres précieuses, les fourrures, les pur-sang. Et comme une seule ville, mesurât-elle réellement 6 stades au côté (1 080 mètres) et non 60 et fût-elle très densément peuplée de 5 000 ou 6 000 habitants, ne pouvait prétendre s'opposer aux infiltrations des Scythes sur plusieurs centaines de kilomètres de frontières, l'armée établit huit et peut-être même douze postes frontières entre le Syr Daria et le Zeravshan, rivière de Samarcande (Strabon, XI, 11, 4 ; Justin, XII, 5, 13).

Au cours de l'année 326-325, à l'instigation d'un de leurs officiers nommé Athènodoros, puis d'un de ses rivaux nommé Biton, 3 000 soldats grecs abandonnèrent leur poste et se transformèrent en bandes errantes dans l'Empire : tant il fallait d'héroïsme pour tenir bon face au désert et au milieu de l'hostilité générale des Sogdiens. Les habitants d'Alexandrie de l'Iaxarte furent plus patients et mieux protégés. Ils se livrèrent intensément au commerce ou à l'exploitation de leur position. On admire au musée de Leninabad un cratère de bronze à volutes, figurant une danse de Ménades, du plus pur style grec du IIe siècle av. J.-C.[113]. Les fouilles poursuivies à Takht-i-Sankin, au confluent de l'Amou Daria et du Wakhsh, ont permis de préciser ce que devenait l'art des steppes au contact avec l'art hellénistique : une admirable synthèse d'abstraction et de naturalisme, d'art animalier et d'anthropomorphisme.

Passons sur les fortifications de Nich, d'Aï Kha-

num, de Charsadda, de Massaga, de Barkot, d'Udi-
gram, qui ne devinrent, selon toute apparence, que
des points d'appui ou des garnisons après le passage
d'Alexandre, pour nous arrêter aux quatre villes véritables construites dans le bassin de l'Indus, en 326 et
325. A peine les cavaliers et les phalangites de
l'armée, aux trois quarts orientale, ont-ils mis en
déroute les éléphants et les fantassins du roi Paurava,
près de Haranpur, au bord de l'Hydaspès (Jhelum),
qu'Alexandre décide d'assurer le contrôle de toutes
les voies de communication, au centre du Pendjab,
au point de rencontre des populations indo-européennes et des populations dravidiennes les plus turbulentes.

On admet généralement aujourd'hui, après les travaux de reconnaissance archéologique de Sir Aurel
Stein dans le Pendjab en 1932 et 1937, qu'Alexandre,
venant de Taxila (à 30 km à l'ouest de Rawalpindi,
capitale du Pakistan actuel), et se dirigeant droit vers
la moderne Amritsar à l'extrémité orientale du Pendjab, suivit, en gros, la voie la plus directe, celle
qu'empruntent encore de nos jours les camions et les
trains de la ligne Delhi-Peshawar. Il se heurta aux
forces des Paurava, une dynastie qui joue un grand
rôle dans le *Mahâbhâratâ,* au plus creux de la boucle
de l'Hydaspès, un peu au nord de Jhelum. Il établit
son camp là où se trouve de nos jours Haranpur,
puis il traversa le fleuve avec sa cavalerie et sa phalange à 28 km au nord-est, là où se trouve de nos
jours Djalalpur, en utilisant l'île d'Admana comme
relais.

Après la bataille, les honneurs rendus aux morts,
les récompenses distribuées et les sacrifices offerts au
Soleil (Mithra apparemment), il fonda deux villes,
l'une sur la rive (droite) du fleuve, à l'endroit où il
avait commencé à passer, l'autre, là où il avait vaincu
Paurava (d'après Diodore, XVII, 89, 6 ; Quinte-Curce,
IX, 1, 6 ; 3, 23 ; Plutarque, *Vie,* 61, 1-2 ; Justin, XII, 8 ;

etc.). La première fut appelée Boukephalia, en souvenir de Bucéphale, le cheval bien-aimé, qui venait de
mourir à trente ans, la seconde Nikaia, « Celle qui
donne la Victoire » (Nikè), probablement d'après un
des surnoms de la déesse Athèna. La main-d'œuvre,
tant en prisonniers qu'en mercenaires et en volontaires macédoniens (Élien, *Nat. an.*, XVII, 3) ne manquait pas, mais le travail fut si léger, en pleine mousson que, quelques mois plus tard, en octobre 326,
l'armée tout entière devait réparer les dégâts causés
par les eaux (Arrien, V, 29, 5). Ces villes, apparemment face à face et n'en formant qu'une administrati-
vement — voyez le *Périple de la mer Érythrée*, § 47, au
Ier siècle de notre ère — devaient durer aussi longtemps que les souverains indo-bactriens frappèrent
des monnaies à légendes grecques et prakrites. On
en a trouvé quelques-unes à Djalalpur. Au temps
des Mauryas, la « Ville de Bucéphale » changea
seulement de nom : elle devint Bhadrâśva, la
« Ville du Bon Cheval ». Au-delà d'une fondation matérielle, Alexandre avait posé un jalon
sur la route du bouddhisme dans un sens et de
l'islam dans l'autre : un pont, une place d'échanges spirituels.

A la fin de l'été de 326, tandis que Kratéros forti-
fiait cette double cité et dirigeait les travaux du chantier naval du Jhelum où se construisait une flotte de
200 galères à 30 rames latérales et de 800 chalands,
Alexandre ordonnait d'élever sur les bords du Bias,
terme de son expédition vers l'est, douze (?) autels de
22,50 m au côté, en l'honneur des dieux qui l'avaient
conduit là. Au Ier siècle de notre ère, vers l'an 60,
Apollonios de Tyane vint encore voir ces monuments
destinés, comme le camp d'Alexandre, à frapper les
imaginations (Philostrate, *Vie*, II, 42). L'armée tout
entière avait participé à l'érection en matériaux
solides et durables des ultimes témoins de la foi et du
courage grecs. On les a, depuis l'occupation anglaise,

longuement cherchés un peu à l'est d'Amritsar : le cours du Bias, en proie aux crues de la mousson, de la mi-juin à la mi-septembre, a tout fait disparaître, tout, sauf le souvenir et la légende d'Iskander.

Au printemps de 325 la flotte et l'armée atteignent le confluent du Chenab et du Sutlej, à 130 km au sud de l'actuelle Multan. Hèphaïstion et Philippos reçoivent l'ordre d'Alexandre, alors en convalescence, de fortifier une cité indienne, d'y rassembler tous les indigènes consentants et les mercenaires de l'armée inaptes au service (Arrien, VI, 15, 2). Il se peut que cette agglomération ou plutôt ce poste de défense aux confins des terres des redoutables Mâlavas ait été surnommé du nom du chien indien préféré du roi, « Péritas », le chasseur de lions (Plutarque, *Vie,* 61, 3) ; il est possible aussi qu'elle soit devenue à l'époque hellénistique ou romaine l'Alexandrie d'Opiène, au Moyen Age Askaland-Usah, de nos jours Uchh, à 100 km au nord-est de Rajanpur, « la Ville du Roi ». Ce qu'il y a de certain, c'est que, parvenu au confluent de la Mula et de l'Indus, à 330 km au sud-ouest d'Uchh, Alexandre fait bâtir et fortifier une nouvelle cité que les textes nomment Alexandreia Sogdôn, chez les Sogdes (Arrien, VI, 15, 4), un peuple difficile, les Sûdras de l'épopée indienne. « Il fonda une ville, Alexandrie, en bordure du fleuve, en rassemblant 10 000 habitants » : le mot *oikètoras* employé par Diodore (XVII, 102, 4) implique la création d'une cité cosmopolite, analogue à la première des Alexandrie. « Celle de l'Inde » proprement dite était la cinquième. On en retrouve les traces à Rohri, faubourg sud de Sukkur, sur la rive gauche de l'Indus, à 200 km au nord du delta. De là partent les trois grands canaux qui irriguent le Sindh. Travaux durables certainement, puisque selon le *Périple de la mer Érythrée* (§ 41) les habitants du Sindh montraient aux négociants occidentaux des restes de l'expédition d'Alexandre, des temples, des camps. Alexandre avait créé et laissé après son passage une ligne de navigation fluviale depuis le haut bassin de l'Indus, au nord, jusqu'à l'océan Indien au sud, avec des ports de commerce, des docks et des arsenaux tous les 350 km...

« Lorsqu'il arriva à Pattala (vers Tatta, à 155 km à l'est de Karachi), il trouva la ville vidée de ses habitants et la campagne déserte... Il confia alors à Hèphaïstion le soin de fortifier la citadelle et il envoya dans la partie désertée du voisinage des hommes pour creuser des puits et rendre le pays habitable... A Pattala, les eaux de l'Indus se séparent en deux grands bras de fleuves, qui, tous les deux, conservent le nom d'Indus jusqu'à l'océan. Là, Alexandre fit construire un port et des cales de radoub. Quand les travaux furent assez avancés, il résolut de descendre le bras droit du fleuve jusqu'à son embouchure » (Arrien, *Anabase*, VI, 17, 5-6 ; 18, 1-2).

Ce que voulait le grand bâtisseur, ce n'était pas tant satisfaire une orgueilleuse ambition, voire une vaine curiosité, comme le suggèrent les récits de Néarque, son amiral, et d'Onésicrite, son premier pilote : c'était de vérifier si le fleuve était totalement navigable et en quel endroit il était accessible depuis la mer. Il s'aperçut que la branche occidentale était soumise aux effets d'une barre redoutable et que l'océan Indien subissait des marées inconnues des Méditerranéens. La branche orientale se perdait dans une sorte de lac dont l'exutoire pouvait être aménagé. « Il descendit le fleuve à nouveau jusqu'au lac, et y fit construire un autre port et d'autres chantiers navals ; il y laissa une garnison, fit apporter quatre mois de ravitaillement pour la troupe et tout ce qui est nécessaire à une navigation côtière » (Arrien, *Anabase,* VI, 20, 5). Puis il confia à Néarque 120 navires capables de tenir la mer avec environ

10 000 hommes. Puisque le Fleuve Océan entoure, disait-on, le monde habité, il paraissait clair que les mêmes eaux baignaient les côtes de l'Inde, de la Perse, de la Babylonie et de l'Arabie.

Pattala une fois fortifiée et bien équipée devait jouer le même rôle, aux confins de l'Inde et du désert de Thar, qu'Alexandrie d'Égypte aux confins de la vallée du Nil et du Sahara. « Néarque allait attendre le coucher des Pléiades et la fin de la mousson, c'est-à-dire le début d'octobre 325, pour lever l'ancre (Arrien, *Anabase,* VI, 21, 2 ; *Indika,* 21, 1 ; Strabon, *Géographie,* XV, 2, 5). Alexandre avait quitté Pattala depuis un mois en direction de l'ouest pour prêter main-forte, depuis la terre, à l'escadre qui établissait sur son ordre, la première ligne de navigation maritime entre le golfe d'Oman et le golfe Persique. Il y sacrifia la moitié de son armée, ses bagages, ses forces, son crédit — car on le crut perdu —, mais de juillet à décembre 325 il avait fait plus pour bâtir un monde nouveau de relations économiques et politiques qu'il n'avait fait en dix années de marches et de batailles.

Il résulte des informations extraordinairement confuses de nos informateurs antiques, en l'absence de toute fouille archéologique et de toute exploration systématique, qu'au moment même où la flotte de Néarque levait l'ancre et explorait la baie dite d'Alexandre — l'emplacement de la future Karachi —, l'armée fondait sa sixième Alexandrie, celle qu'on appellera des Orites, ou Orôn, pour la distinguer des autres. « Il arriva, écrit Arrien (VI, 21, 5) à une bourgade qui était la plus grosse du pays des Orites et qui s'appelait Rhambakia. Il en trouva bon l'emplacement et il estima que les gens qu'on y ferait cohabiter *(xynoïkistheisa)* en feraient une cité grande et prospère. Il laissa sur place Hèphaïstion à cette intention. » Rhambakia peut être localisée dans la vallée du Purali, au sud du Béloutchistan actuel, soit près de Béla où des restes antiques (?) ont été repérés, thèse de Sir Aurel Stein (*Géogr. Journal,* 1943, p. 215), soit plus vraisemblablement un peu au nord-ouest de Liari, sur le site de Khaira-Kot, encore florissant au Moyen Age, thèse de Holdich (*Journ. Soc. of Arts,* 1901, p. 421), à une vingtaine de kilomètres de la côte actuelle et de la baie de Kôkala, la seule bourgade indigène qu'ait mentionnée Néarque et où il put se ravitailler (Arrien, *Indika,* 23, 4-5).

« Dans cette région, Alexandre fonda une ville et on y déporta des Arachosiens », écrit Quinte-Curce (ix, 10, 7), c'est-à-dire qu'on y concentra des indigènes de la vallée du Purali, des Ichtyophages de la côte et tous les commerçants grecs, phéniciens et babyloniens qu'intéressaient les épices, les aromates, les pierres précieuses et les perles de ce qu'on appelle aujourd'hui le Béloutchistan (Ouest-Pakistan). On ne prétendait pas polir des sauvages, mais les policer et leur apprendre à négocier. Pour les protéger du côté de l'ouest, Léonnatos fut chargé, ou se chargea, d'établir un fortin avec une garnison dans la vallée du Maxatès (Mashkaï), affluent du Toméros (Hingôl) [114]. A l'entrée du désert, sur la route des caravanes, ce sera la future Alexandrie de Makarène, à 100 km à l'ouest de Béla. Au siècle dernier, Ch. Masson entendait parler dans la vallée de Jhau ou Jhal Jhao, affluent de l'Hingôl, d'une vieille cité où l'on trouvait des monnaies grecques (*Various Journeys,* ii, 1844, p. 14). Cette ligne de commerce par l'intérieur des terres, à plus de 100 km de la côte, doublait celle de l'océan Indien.

Passons sous silence l'installation de soldats et de convoyeurs épuisés à Salmous, Cano-Salmi au temps de Marco Polo, Khanu actuellement dans le Rudbar, à 150 km au nord du détroit d'Ormuz, en décembre 325, bourgade dite Alexandrie de Carmanie à l'époque romaine (Pline, *Histoire naturelle,* vi, 107).

Ce n'est qu'un jalon sur cette immense piste terrestre qui conduit du golfe d'Oman aux oasis de l'Afghanistan et du Turkménistan. Mais nous considérerons comme une authentique fondation de ville par Alexandre ce que Pline (VI, 100 et 138-139) appelle *Alexandria ad Tigrim*, ou *de Susiane*. Entre les embouchures du Tigre et de l'Eulaios (l'actuel Kârûn), près de la moderne Abadan, elle aurait pris la place, au printemps de 324, d'une bourgade perse en ruine, Dourine. La composition aurait été la même que celle des six autres Alexandrie énumérées : une population indigène regroupée des rives du fleuve, divers soldats macédoniens ou mercenaires démobilisés, des civils, artisans ou gens d'affaires. Ils devaient transformer cette place, au fond du golfe Persique, en un centre d'activités fort important, le symétrique de l'Alexandrie des Orites, à l'embouchure du Purali, 2 100 km plus à l'est.

Je crois qu'il ne faut pas confondre cette Alexandrie de Susiane avec la future *Alexandreia Kharax* ou *de Characène*. Le conquérant, qui projetait de soumettre l'Arabie et de rallier l'Égypte par la mer Rouge, avait fait construire, équiper et fortifier en 324-323 un port, immédiatement au nord du Koweït et au sud-est du lac Roumyah, probablement là où se trouve de nos jours Umqasir, l'avant-port de Bassorah. Voici ce que nous en dit Arrien (*Anabase*, VII, 21, 7), qui a oublié de nous en donner le nom : « Il descendit le cours du Pallakopas (une branche méridionale de l'Euphrate) jusqu'aux lacs, en direction de l'Arabie. Là, ayant aperçu un emplacement favorable, il fit construire une cité fortifiée et il y installa des mercenaires grecs, des volontaires et des hommes rendus inaptes à la guerre par leur âge ou leurs blessures. » Simultanément, il faisait équiper et fortifier les îles du golfe Persique, dont les plus connues sont Ikaros ou l'« île d'Alexandre » (= Faylaka du Koweït), à l'embouchure de l'Euphrate, et Tylos ou

Tyrus (= Bahrein, Al Bahrayn), au nord du Qatar, autant de relais et d'escales pour le commerce futur avec Muscat, Oman et l'Inde.

Résumons. Sept villes d'Alexandrie sont à attribuer à l'initiative personnelle d'Alexandre, véritables fondations de caractère politique, militaire et commercial, assumant les trois grandes fonctions des sociétés indo-européennes et groupant trois sortes de populations. Ce sont :

— Alexandrie d'Égypte, bâtie entre Pharos et Rhakotis, en janvier 331,

— Alexandrie du « Caucase » (indien) ou du mont Paropanisos, à Bégram, en décembre 330,

— Alexandrie d'Oxiane, sur l'Oxos (Amou Daria), à Termez, en juin-juillet 329,

— Alexandrie Eskhatè, ou de l'Iaxarte (Syr Daria) à Léninabad, en octobre 329,

— Alexandrie des Sogdes, ou de l'Indus, près de Sukkur, au début de 325,

— Alexandrie des Orites, vers l'embouchure du Purali, en septembre 325

— Alexandrie de Susiane, au fond du golfe Persique, en avril-mai 324.

PLUSIEURS NATIONS, UN SEUL ÉTAT

On voit que, pendant les deux dernières années du règne, l'aménagement de lignes commerciales entre les parties les plus reculées et le centre de l'Empire a été le problème majeur d'Alexandre. Il l'a résolu non en rêveur ni en sentimental, comme les historiens modernes le laissent entendre de son caractère, mais en réaliste. Trois initiatives sont fort éclairantes. A peine parvenu de Susiane à l'embouchure du Tigre, il décide de faire supprimer tous les barrages que les Perses y avaient dressés et il rend le Tigre navigable jusqu'à la hauteur d'Opis, près de Bagdad (été 324). La même année, il fait concentrer à Thapsaka (Jerablus), sur le haut Euphrate, tous les bois disponibles du Liban et des monts d'Arménie pour construire une flotte de 1 000 vaisseaux, capable de naviguer aussi bien sur le Double Fleuve que sur la mer. Enfin, au printemps de 323, « pendant qu'on construisait ses trières et qu'on creusait le port de Babylone, il descendit l'Euphrate jusqu'au Pallakopas. C'est, à 800 stades (144 km) de Babylone, un canal latéral de l'Euphrate (ou plus exactement un déversoir naturel, clos à la saison des crues)... 10 000 Assyriens étaient employés à le boucher pendant trois mois de l'année... Alexandre, ayant avancé d'environ 30 stades (5,5 km) trouva un sol assez rocheux pour qu'on y pût tailler une ouverture... où il serait facile, le moment venu, de fermer le déversoir » (Arrien, VII, 21, 1-6). Ainsi on facilitait l'irrigation des terres cultivées de la Basse-Mésopotamie et la navigation régulière sur l'Euphrate, tout en libérant pour d'autres travaux une abondante main-d'œuvre.

Alexandre en personne examinait les chantiers, parcourait les bras de rivière et les marais autour de Babylone, prenait conseil de ses capitaines de navires et ne parlait, au moment de sa mort, que de contourner la péninsule arabique, pour établir une nouvelle ligne de communication entre la première et la dernière de ses Alexandrie. S'il peut être question de sentiment, pour Alexandre, en toutes ces entreprises, c'est du sentiment d'avoir construit matériellement de grandes villes, d'avoir tissé tout un réseau inouï de relations entre elles, d'avoir fait de leurs habitants une seule nation forte, riche et composite, une nation qu'on pourrait appeler, comme la civilisation à venir, alexandrine.

Autant les informations et les documents sont rares et contradictoires sur la jeunesse et les pre-

mières années du règne d'Alexandre, autant ils se
multiplient et se font précis quand il approche de sa
fin. L'année 324-323 qui voit son retour dans les cinq
capitales de l'Empire perse — Persépolis, Pasargades, Suse, Ecbatane, Babylone — est la plus chargée d'événements qui soit, ou plutôt d'actes de gouvernement. Alexandre, depuis qu'il a quitté l'Inde,
laquelle s'étend à l'ouest jusqu'aux frontières de la
Gédrosie, ne fait pratiquement plus la guerre : il
cherche à construire la paix. A peine a-t-il atteint,
avec les pauvres restes de son armée et son convoi,
les vergers et les vignobles de Carmanie et retrouvé
les forces quasi intactes du fidèle Kratéros et de
l'audacieux Néarque, qu'il punit les satrapes et les
administrateurs qui l'avaient cru mort ou avaient
cessé d'obéir, qu'il a procédé à de nouvelles nomina-
tions, qu'il a restauré l' « Ordre » à tous les sens du
mot *Arta* en perse : le commandement, l'organisation, l'alignement, la justice.

« Les indigènes et les troupes elles-mêmes portaient de nombreuses accusations contre Kléandros,
Sitalkès et leur entourage. On leur reprochait d'avoir
pillé des temples, violé d'anciennes sépultures et per-
pétré toutes sortes d'exactions contre leurs administrés avec une folle présomption. Dès qu'il en fut
informé, Alexandre les fit exécuter, pour inspirer aux
autres satrapes, aux gouverneurs ou aux administrateurs locaux laissés en place la peur de subir le même
châtiment, s'ils commettaient les mêmes crimes. Et
c'est cela plus que tout qui maintint l'ordre (*kosmos,*
en grec) chez les peuples, de gré ou de force... à
savoir : l'interdiction, sous le règne d'Alexandre,
faite aux gouvernants de léser les gouvernés »
(Arrien, *Anabase,* VI, 27, 4-5 ; cf. Quinte-Curce, X, 1).

Ce n'est là ni de la propagande, ni du paterna-
lisme. C'est une punition pour l'exemple et qui est
suivie de l'ordre de restaurer la tombe de Cyrus à
Pasargades et de poursuivre les pillards. Pour assurer

la paix intérieure dans un empire très différent de la petite Macédoine, le successeur des Achéménides prit le plus grand soin de respecter les usages religieux, administratifs, sociaux des nations et de les faire respecter. Représentant du Dieu suprême sur terre et investi par Lui — quel que fût son Nom — de la victoire et de l'autorité, le Roi des rois pouvait édicter et devait être obéi. Non sans difficulté, les Macédoniens et les Grecs ont appris que la loi n'émanait plus désormais d'une assemblée civile ou militaire, mais de la volonté d'un homme. En août 324, la loi s'abat sur 13 meneurs macédoniens, protestant contre les mesures prises à Suse : ils sont remis par le roi aux gardes perses qui les enchaînent et les précipitent dans le fleuve, à la façon perse.

Qu'on ne nous parle ni de fusion, ni d'assimilation, ni d'amalgame, ni de Société des nations. Ce ne sont qu'inventions des temps modernes. Tout ce qui reste de l'œuvre d'Alexandre en 324 sert une politique d'impérialisme, aussi conservateur que possible de l'ordre établi, une politique de pacification ou de bonne entente, une politique de prestige. Qu'il suffise d'énumérer les mesures prises entre le retour à Suse et le départ d'Ecbatane :
— Mariage du roi et de quatre-vingt-huit de ses Amis intimes et de ses Compagnons du plus haut rang avec les filles des plus illustres familles mèdes et perses ; cadeau de noces offert à tous les Macédoniens ayant pris pour femmes des Asiatiques. Cette alliance de deux aristocraties vise à légitimer l'autorité des vainqueurs et à les attacher à la terre conquise. « L'acquisition de terres est la fonction primordiale de la monarchie macédonienne » (Aristote, *Politique*, v, 10, 7-8). Après la mort d'Alexandre, tous ceux, officiers ou soldats, qui ne sont pas rentrés en Europe, se sont taillé des domaines dans la terre royale, depuis un royaume jusqu'à de simples fermages.

— Circulaire *(diagramma)* adressée à toutes les cités grecques pour qu'on reconnût officiellement Alexandre, fils d'Ammon, roi invincible (ou invaincu) et digne des honneurs dus à son rang : statues, espaces consacrés, sacrifices, couronnes, envoi d'ambassades, sollicitation de faveurs et d'alliance. L'adoration que la postérité a vouée et voue encore à ce héros d'épopée, à ce demi-dieu, vient de là.

— Réforme de l'armée et de la garde royale, composées de plus en plus d'Asiatiques et apprenant à manœuvrer et à combattre à la façon macédonienne. Malgré la mutinerie de Suse, en août 324, et sa répression, les mesures envisagées vont servir de modèles à tous les souverains hellénistiques. Ils recruteront de plus en plus de mercenaires hors de Grèce, ils useront des mêmes machines de guerre qu'Alexandre, ils reprendront sa hiérarchie militaire, etc.

— Au banquet de réconciliation d'Opis, en septembre 324, seuls les chefs macédoniens et, après eux, les chefs perses sont pris en considération dans les vœux « de bonne entente et d'exercice en commun du commandement » (Arrien, VII, 11, 8-9) et ils ont la préséance sur tous les autres, assis en cercles concentriques. Ce rêve de souveraineté universelle du personnage central hantera désormais tous les successeurs d'Alexandre, jusqu'à et y compris les différents empereurs d'Europe, plus de deux mille ans plus tard.

— Édit *(épitagma)* de Suse, lu solennellement par le héraut à tous les Grecs réunis aux Jeux olympiques, en août-septembre 324, et leur enjoignant d'abolir les tyrannies et de rappeler tous les bannis dans leurs cités respectives : mesure de pacification et de bienfaisance (Diodore, XVIII, 8, 2-5) qui fut généralement bien accueillie des Grecs, sauf des Athéniens, qui perdaient Samos, et des Étoliens, qui avaient expulsé les habitants d'Oiniadaï. Par ce décret, Alexandre affirmait son hégémonie sur la Grèce comme sur l'ancien empire des rois de Perse. Il préparait le jour où l'État se confondrait dans les esprits avec la personne qui le dirige et le gouverne.

— Ordre d'armer une flotte de 1 000 vaisseaux avec des équipages phéniciens, syriens, babyloniens, de rendre le cours du Tigre et de l'Euphrate navigable depuis les monts d'Arménie jusqu'aux deux ports nouvellement construits au fond du golfe Persique, Alexandrie de Susiane et Alexandrie de Characène (Abadan et Umqasir). La création de cette ligne commerciale permettra d'unir la Méditerranée à l'océan Indien pendant des millénaires. Avant de réaliser l'unité politique d'une terre, d'un pays, d'un continent, Alexandre a pressenti qu'il fallait en réaliser l'unité économique et culturelle. La mise en ordre précède l'Ordre.

— Le 10 novembre 324, le Chiliarque ou Commandant des Mille Gardes, Hèphaïstion, ami personnel du roi et second personnage de l'Empire, étant mort, ordre est donné à tous de prendre le deuil et de célébrer les funérailles les plus grandioses qu'on ait jamais vues : grande pompe funèbre jusqu'à Babylone, érection d'un catafalque gigantesque et luxueux, institution d'un culte de demi-dieu, sacrifice de 10 000 habitants de l'actuel Louristan à la mémoire du héros. Ces actes destinés à frapper les imaginations s'inscrivent simplement dans les *Éphémérides royales* et dans l'art, qui tend à devenir pathétique, tourmenté et démesuré et presque tout entier au service du roi. Les funérailles solennelles du Grand Vizir préparent celles du roi dont le char funèbre, surchargé de symboles, va être proposé pendant dix-huit mois à la vénération et à la contemplation des peuples.

Qu'est-ce à dire sinon qu'avec ces sept dernières mesures de l'an 324 av. J.-C. Alexandre a modifié dans la conscience politique et dans les faits la conception de l'État ? A la vieille notion de Cité, *Polis,* régime établi par et pour un groupe restreint d'individus, seuls pourvus de droits politiques, se substitue, sur le modèle de l'Empire perse, la notion de gouvernement, *arkhè,* ou, si l'on veut, d'autorité souveraine, *kratos,* qui anime et administre un pays et qui souvent se confond avec lui. Et si l'autorité est concentrée entre les mains d'un homme et qu'elle revête, en outre, un caractère sacré ou divin, comme ce fut le cas d'Alexandre et des empereurs romains, l'État, ce sera lui, qui n'aura de comptes à rendre qu'à Dieu seul, ou à l'Histoire. Tel l'*imperium romanum* qui est à la fois la personne de l'empereur et l'empire de Rome, une personne morale.

Le grand bâtisseur ne s'est donc pas contenté de bâtir dans son temps et dans ses terres des colonies, des ponts, des canaux, des lignes de commerce, des monuments plus ou moins fastueux, une administration, des moyens de commandement. Il a créé avec l'avenir et avec la périphérie de son empire les relations les plus fines : par exemple, intellectuelles et spirituelles, en chargeant Hèrakleidès d'explorer la mer d'Hyrcanie en 324 (Arrien, VII, 16, 1-4), en faisant explorer par Arkhias, Androsthénès et Hiéron de Soloï les côtes de l'Arabie (*id.* VII, 20, 7-8), en attirant auprès de lui, jusqu'à Suse, les sages ou philosophes hindous, Kâlaṇâ et Dandamis, en se faisant traduire les écrits des mages et les inscriptions perses, en répandant par ses colonies l'usage du grec commun, la *koïnè,* qui devait être le véhicule des Évangiles et du christianisme jusque chez les nestoriens du Turkestan chinois, huit siècles plus tard, en appelant à Suse, à Ecbatane, à Babylone des artistes, des acteurs, des sportifs, les meilleurs diffuseurs qui fussent de l'hellénisme.

L'empire fondé ne fut pas que commercial ou mercantile. En diffusant la langue et les mœurs grecques, voire comme à Aï Khanum, au nord-est de l'actuel

Afghanistan, les Maximes delphiques[115], les démobilisés, les artisans, les colons répandaient aussi ce que leur civilisation avait de plus original, les valeurs de leur religion, de leurs arts et de leurs techniques. Oui, à Suse, à Ecbatane et à Babylone, lorsque Alexandre recevait les députations de tous les peuples vivant et agissant, de la Sicile au Pendjab, il bâtissait l'avenir.

UN SEUL HOMME

Dans une telle perspective, comme l'attitude de Diogène « cherchant un homme » nous paraît dérisoire, aveugle ou au moins bornée ! Lui et tant d'autres spéculatifs immobiles n'ont pas su voir même le soleil à la hauteur de leur regard. Toute création dans l'histoire est due à l'action d'un individu. Si l'idée de grandeur est diffuse en certains siècles, elle s'incarne en quelques hommes, Alexandre au IVe siècle av. J.-C., César ou Pompée au terme de l'alexandrinisme, Condé au siècle de Louis le Grand. Ces conquêtes qui nous semblent si meurtrières n'eussent vraisemblablement pas été sans la toute-puissante *virtú* du vainqueur de Chéronée, d'Issos et de Djalalpur. Il y avait cinquante ingénieurs ou savants au service du Conquérant. Mais sans lui, sans sa forte personnalité, sans son intelligence et son esprit de décision, ils eussent été stériles et ils n'auraient su créer ni l'unité de l'Empire — on le vérifie dès sa mort — ni le mécénat, ni l'esprit de recherche, ni les longitudes, ni les latitudes, ni les chiffres d'origine indienne sur lesquels nous vivons aujourd'hui. Diogène, incapable d'agir sur les choses, se contente de les regarder. Alexandre ne se contente pas d'agir sur les choses et sur les hommes : il se crée lui-même.

Car là est l'ultime paradoxe de cet aventurier de la

démesure, c'est que sa vie, emplie d'excès de tous ordres, était condamnée à être insignifiante mais qu'il lui a donné un sens. Né on ne sait où, on ne sait quand, d'un père ivrogne et d'une mère hystérique, second en tout dès son enfance et durement châtié, s'entendant traiter de bâtard par ses rivaux et de gamin bouffon par Démosthène, humilié cruellement par Philippe devant ses camarades à l'occasion du mariage de son frère épileptique et des septièmes (!) noces de « son prétendu père » — que serait-il arrivé si Philippe avait vécu ? —, refusant pendant long-temps les femmes qui lui étaient offertes, pour se livrer avec ses compagnons de lutte et de jeu à l'amour des hommes, piètre athlète qui ne savait même pas nager, Alexandre a construit sa personna-lité comme il a construit son empire, à force de volonté, d'ambition, de ténacité.

Ame tendre, délicate, imaginative, quasi féminine, caractère anxieux, comme il apparaît en tous ses por-traits, même les plus idéalisés, il mène la vie affective la plus imprévisible, contrastée, ambiguë au possible. Sa passion pour Roxane en 328, à qui il ne donnera un fils que cinq ans plus tard, ne l'empêche pas de lui préférer la virile affection d'Hèphaïstion. Ce ne sont là que des accidents amoureux qui n'ont guère intéressé les contemporains. Ce qui les intéressait et qui nous intéresse encore, c'est la fougue maîtrisée, le calcul du stratège, la curiosité, l'ouverture d'esprit, la quête de l'au-delà, le courage de l'homme. Et tout le reste n'est que littérature ou que légende, tels les horoscopes des devins chaldéens et le babil des Ama-zones.

Un jour, cet élan vital si bien discipliné s'arrête. Alexandre meurt soudain, quasi brusquement, à l'âge de trente-deux ans, au comble de la gloire comme un maçon au comble de son édifice. Nul ne s'est demandé comment ? pendant dix ans. Au temps d'Aristote, on a cherché le pourquoi ?, les causes finales. On a fait valoir la volonté des dieux, le destin, et l'on s'est résigné à ignorer. Il est mort « par accident », *quod accidit* : c'est ce qui arrive..., que ce soit de fièvre, ou de poison. Depuis un siècle les biographes, plus ou moins inspirés par Littré, un médecin, essaient de rassembler les prodromes, les symptômes de l'épisode final. L'intoxication alimentaire de 329, en Sogdiane, huit blessures reçues, dont une très grave près de Multan en 326, les souffrances endurées dans la traversée des déserts, la construction de l'empire reconquis, dix-huit mois de marches en 324-323, coupées de banquets et d'orgies, trois nouvelles démoralisantes : la fuite d'Harpale, la mort d'Hèphaïstion, la défection d'Antipatros ont constitué autant de chocs, autant de prodromes, si l'on veut, à la maladie finale. Dans les deux ou trois derniers mois de sa vie, Alexandre est brutal, irascible, inquiet, irrésolu. Il essaie de conjurer la mort qu'il sent approcher, avec l'aide de ses devins et de ses prêtres. Il s'isole. Il se perd. Il boit beaucoup. Il ne dort pas. La fatigue intellectuelle et physique est sensible jusque dans le texte officiel de ses *Éphémérides*. Depuis dix-huit mois il construit sa mort comme on construit une maison, mais en silence, mystérieusement, sans que les médecins qui l'entourent aient rien vu ou aient rien pu dire. Pour les pragmatistes de la postérité, il est usé de surmenage, de peines innombrables, de ses excès alimentaires et sexuels. Mais ce qui l'a abattu, terrassé, finalement, c'est le minuscule accident, la goutte d'eau putride avalée dans les marais de Carmanie ou de Babylone, pleine d'on ne sait quel virus fréquent en Orient. Une quelconque leptospirose ou maladie infectieuse à évolution rapide, sans qu'elle pût être prévue ni soignée, l'a emporté tout effaré.

Telle est la septième mort prêtée à Alexandre. Cette disparition du jeune conquérant, beau comme un ange et fort comme un Achille, si elle a été voulue, désirée, préparée passionnément, reste encore un chef-d'œuvre aux yeux de quiconque le prend pour un bâtisseur. Un chef-d'œuvre de mystère, qui va alimenter l'histoire, la légende, le roman, jusqu'à ce que les biographes de l'avenir proposent une huitième, une dixième, une centième mort, comme si, après tout, Alexandre n'était pas mort tout à fait. On le croirait, à voir la vénération dont sa personne est encore entourée, le respect qu'on lui témoigne, le nombre de livres et de films[116] qu'on lui consacre, la ferveur avec laquelle on donne et on porte son nom : Skander, Sacha, Alexander... Il n'y a que ceux qu'on aime qui soient immortels.

ANNEXES

Repères chronologiques

Octobre (?) 356 av. J.-C. Naissance d'Alexandre, à Aigéai (?) de Macédoine.

Août (?) 336. Assassinat de Philippe II, son père.

335. Campagnes du Danube, d'Illyrie, de Béotie.

Mai 334. Victoire du Granique.

Novembre 333. Victoire d'Issos.

Février-août 332. Siège de Tyr.

20 janvier 331. Fondation d'Alexandrie d'Égypte.

Février 331. Visite à l'oasis de Siwah, sanctuaire d'Ammon.

1er octobre 331. Victoire de Gaugamèles.

25 avril 330. Incendie du palais de Persépolis.

Juillet 330. Mort du roi de Perse, Darius III Codoman.

Juillet-décembre 330. Campagnes d'Hyrcanie, d'Arie, d'Arachosie.

329-328. Campagnes de Bactriane et de Sogdiane.

327-325. Campagnes dans l'Inde.

25 juin 326. Victoire de l'Hydaspe (Jhelum), près de Djalalpur.

Septembre-novembre 325. Traversée des déserts de Gédrosie et de Maka.

Mars 324. Noces de Suse. Fuite d'Harpale.

Août 324. Mutinerie des soldats à Suse. Réconciliation à Opis.

10 novembre 324. Mort d'Hèphaïstion, deuxième personnage de l'Empire, à Ecbatane.

10 juin 323. Mort d'Alexandre à Babylone.

Notes

1. Sur Clitarque d'Alexandrie, la meilleure étude reste celle de P. GOUKOWSKY, *Notice à Diodore de Sicile, Bibliothèque historique, I. XVII,* Paris, Les Belles Lettres, 1976, pp. IX-XXXI, et « Notes complémentaires », pp. 165-277 *(passim).*

2. Sur Arrien de Nicomédie (87-167 ?), on dispose de cinq travaux récents : 1º La thèse de doctorat d'H. TONNET, *Recherches sur Arrien. Sa personnalité et ses écrits atticistes* (Bibl. de la Sorbonne, exemplaire dactyl., 1979) ; 2º P. A. STADTER, *Arrian of Nicomedia,* Univ. of N. Carolina Press, 1980 ; 3º R. SYME, « The Career of Arrian », *Harvard Studies in Classical Philology,* t. 86 (1982), pp. 171-211 ; 4º P. A. BRUNT, *Arrian with an English Translation,* vol. I. Introduction, pp. IX-LXXXII ; vol. II, appendix XXVIII : *The date and Character of Arrian's work,* pp. 534-572, Cambridge (Mass.) et Londres, 1976 et 1983 ; 5º P. VIDAL-NAQUET, *Flavius Arrien entre deux mondes,* à la suite d'Arrien, *Histoire d'Alexandre...* trad. par P. SAVINEL, Paris, Éd. de Minuit, 1984, pp. 311-394.

3. Sur la légende et le *Roman* d'Alexandre, cf., outre les éditions citées dans la bibliographie générale, § g, les cinq ouvrages suivants : ERWIN MEDERER, *Die Alexanderlegenden bei den ältesten Alexanderhistorikern,* Stuttgart, Kohlhammer, 1936 ; Fr. PFISTER, « Studien zum Alexanderroman » *Würzburger Jahrb, f. d. Altertumswiss.,* 1 (1946), 29-66 ; Reinhold MERKELBACK, *Die Quellen des griechischen Alexanderromans,* Zetemata, vol. 9, Munich, 1954 ; Fr. PFISTER, « Alexander der Grosse in den Offenbarungen der Griechen, Juden, Mohammedaner und Christen », *Denkschr. d. Akad. d. Wiss. zu Berlin,* Sekt. für Altertumswiss, 3, 1956 ; Jean FRAPPIER, *Le Roman d'Alexandre et ses diverses versions au XIIe siècle,* Grundriss der romanischen Literaturen des Mittelalters, vol. IV, Heidelberg, 1978, pp. 149-167.

L'édition du *Roman* grec d'Alexandre par C. MULLER chez Didot en 1846, d'après trois manuscrits des XIVe-XVIe siècles, et les notices qui l'accompagnent, sont considérées actuellement comme artificielles et dépassées. Cf. Bibliographie générale, f.

4. J. E. ATKINSON, *A Commentary on Q. Curtius Rufus' Historiae Alexandri Magni,* t. 3 et 4, London Studies in Classical Philo-

logy, 1980. L'auteur serait peut-être le Q. Curtius Rufus, consul suffectus en 43, puis proconsul d'Afrique, que stigmatise TACITE, *Annales,* XI, 20-21. Son *Histoire* aurait été commencée au début du règne de Claude (41 sq.). L'imitation de Tite-Live est évidente. La rhétorique et parfois les idées sont celles de Sénèque, de Lucain, de Stace : milieu et 2e moitié du Ier siècle de notre ère. Il cite deux fois CLITARQUE (IX, 5, 21 et 8, 15) et une fois TIMAGÈNE (IX, 5, 21).

5. LUCIEN DE SAMOSATE (vers 115-185) publie vers 165 *Comment écrire l'histoire* (satire de l'histoire prévisionnelle et spécialement d'Arrien), et peu après 180 *Alexandre ou le Faux Prophète* (pamphlet écrit à la demande de Celse contre Arrien). *L'Histoire véritable* de Lucien est une parodie de l'*Odyssée,* de l'Atlantide de Platon, de l'utopie d'Iamboulos, de l'*Inde* de Ktésias et d'Arrien : c'est une des sources possibles du *Roman d'Alexandre* du Pseudo-Callisthène (vers 220). Édition avec trad. angl. dans Loeb Classical Library, t. I-IV, Londres, W. Heinemann, 1913-1959.

6. Georges DAUX, *Aigéai, site des tombes royales de la Macédoine antique,* comptes rendus de l'Académie des Inscriptions et Belles-Lettres, Paris, nov.-déc. 1977 (avril 1978). Les plus récentes précisions en français sur le site sont celles du fouilleur, M. ANDRONIKOS, « La nécropole d'Aigéai » dans le gros recueil d'articles richement illustrés, publié en 1982 par la firme Ekdotikè Athènôn S.A., sous le titre *Philippe de Macédoine,* pp. 188-229. Il est rendu compte, chaque année, des fouilles du Service archéologique et de la Société archéologique helléniques dans la chronique du *Bulletin de correspondance hellénique* (*B.C.H.*) publié par l'École française d'Athènes. Il se confirme d'année en année : 1o que la résidence ordinaire de la famille de Philippe était à Aigéai ; 2o que la sépulture ouverte en octobre-novembre 1977 était bien celle de ce roi et d'une de ses sept épouses ou d'une de ses filles, morte entre 20 et 25 ans d'âge.

7. Pour la date de cette mort, fixée au 10 juin 323 av. J.-C., j'adopte les calculs d'E. J. BICKERMAN, *Chronology of the Ancient World,* revised edition, Londres, Thames and Hudson, 1980, pp. 38, 67 et 179, compte tenu surtout du fait que PLUTARQUE (*Vie,* 75, 6 et 76, 9) nous donne deux dates, l'une officielle, l'autre traditionnelle, alors qu'Alexandre avait fait modifier par deux fois le calendrier, en 334 et 332 (PLUTARQUE, *Vie,* 16, 2 et 25, 2 : deux ou trois jours de décalage) : cf. L. EDMUNDS, « Alexander and the Calendar », *Historia,* 28 (1979), pp. 112-117.

8. Les Jeux olympiques commençant à la pleine lune la plus proche de l'équinoxe de septembre (scholies de PINDARE, *Olympiques,* III, str. 2, vers 35-36), on a pu calculer que les Jeux de l'an 356 av. J.-C. avaient commencé le 27 septembre (H. NISSEN, *Rhei-*

nisches Museum, XI, 1888, p. 350). Or, entre Olympie et le pays des Péoniens, vers l'actuel Titov Veles, on compte par la route 880 km et il y a un bras de mer à franchir. La victoire de l'écurie de course de Philippe étant acquise le 30 septembre, il n'a pu l'apprendre au plus tôt que le 10 octobre et comme il y a environ 150 km entre Aigéai, palais royal de Philippe, et Stobi, au confluent de la Cerna Reka et du Vardar, la nouvelle de la naissance d'Alexandre a mis au moins trois jours à lui parvenir, vers le 10 octobre. L'enfant est donc né dans la première semaine d'octobre 356. Cf. aussi Arthur WEIGALL, *Alexandre le Grand,* Paris, Petite Bibliothèque Payot, 1976, p. 56. Ces calculs réduisent à néant les dates proposées dans la plupart des biographies d'Alexandre, en juillet 356.

9. N. G. L. HAMMOND, *A History of Macedonia,* vol. I, *Historical Geography and Prehistory,* Oxford, Clarendon Press, 1972 (préface de septembre 1969). Comptes rendus de G. DAUX, *R.E.G.,* 1977 (1), pp. 122-124, et *Journal des Savants* 1977, pp. 145-163. — N. G. L. HAMMOND and G. T. GRIFFITH, *A History of Macedonia,* vol. II : *550-336 BC,* Oxford, Clarendon Press, 1978. C.R. de Yves BÉQUIGNON, *R.A.,* 1981 (1), pp. 135-138.

10. J. N. KALLERIS, *Les Anciens Macédoniens, Étude linguistique et historique,* t. I et II, Athènes, Collection de l'Institut français, 1954 et 1976.

11. Henri-Irénée MARROU, *Histoire de l'éducation dans l'Antiquité,* t. I, *Le monde grec,* 8e éd., Paris, Le Seuil, 1981, pp. 55-144.

12. Ultime mise au point par Jean HAUDRY, *Les Indo-Européens,* Paris, PUF, 1981, Que sais-je ? no 1965, et la revue *Études indo-européennes,* publiée par l'Université de Lyon III depuis janvier 1982.

13. Le texte mutilé du papyrus, corroboré par celui de Justin, implique que Pausanias fut jugé par un tribunal, condamné et crucifié. Sur les spéculations que permettent ces textes, v. N. HAMMOND, La mort de Philippe, dans *Philippe de Macédoine, o.c.,* pp. 166-175, et *Alexander the Great, o.c.,* 37-41 ; P. GOUKOWSKY, *R.E.G.* (1983), pp. 233-234.

14. A. R. BELLINGER, « Essays on the coinage of Alexander the Great », *Numismatic Studies* 11, New York, 1963 ; Georges LE RIDER, *Le monnayage d'argent et d'or de Philippe II frappé en Macédoine de 359 à 294,* Paris, 1977 ; du même : « Le monnayage de Philippe II et les mines du Pangée », dans le recueil *Philippe de Macédoine, o.c.,* pp. 48-57 ; A. N. OIKONOMIDÈS, *The Coins of Alexander the Great. An Introductory Guide,* Chicago, 1981.

15. Sur cette campagne, on se ralliera aux explications de N. HAMMOND, *Ancient Macedonia, o.c.,* II (1978), pp. 503-509 ; *Classical Quarterly,* 30 (1980), 455 sq. ; *Alexander the Great, o.c.,*

pp. 45-57 : le meilleur connaisseur qui soit du terrain et, en outre, un brillant officier.

16. C'est pourquoi je préférerais à l'itinéraire proposé par N. HAMMOND, *Alexander the Great*, p. 58 et fig. 5, p. 59 (col de Bara, Fourka, Kipourio, Karpero, Mavreli, Pelinna), un autre plus commode et plus court à partir de la vallée du Devol : les cols du Loup et de Vatokhori, la vallée de l'Haliakmon jusqu'au col de Siatista, Kozani, Servia, le col de Volustana et la Perrhébie jusqu'à Pelinna : 170 km au lieu de 210.

17. Nos informateurs (Ptolémée, Callisthène, Anaximène, Diodore, Justin, Arrien) n'étant pas d'accord sur les effectifs, je recours aux analyses de P. A. BRUNT, *J.H.S.*, 83 (1963), 27 sq. et p. LXIX-LXXI de son *Arrian I*, Loeb, 1976, suivi par N. HAMMOND, *o.c.*, p. 66 et par P. SAVINEL, trad. d'Arrien, éd. de Minuit, 1984, p. 12. Il faut rétablir une ligne sautée dans la traduction Goukowsky de Diodore, XVII, 17, 4 : le texte grec dénombre « 1 800 cavaliers macédoniens, sous la conduite de Philotas, fils de Parménion et 1 800 Thessaliens ». Pour de plus amples détails sur la composition, les soldes, le renouvellement, le moral de ce corps expéditionnaire, cf. P. FAURE, *La Vie quotidienne des armées d'Alexandre*, Paris, Hachette, 1982, pp. 37-80 : chap. I « La grande armée ».

18. Plans clairs et adroitement commentés de la bataille du Granique (mai 334) dans *Historia tou Hellènikou Ethnous, o.c.* (1973), p. 51 (bonne photo, p. 50) et dans N. HAMMOND, *o.c.* (1981), fig. 6, 7, 8 (médiocres photos, pp. 273-274). Sur la stratégie, cf. K. LEHMANN, « Die Schlacht am Granikos », *Klio,* 11 (1911), pp. 230-244 ; E. WOOD DAVIS, « The Persian Battle-plan at the Granicus », *Mélanges Caldwell,* 1964, pp. 34-44 ; P. GOULOWSKY, C.R. critique de N. T. NIKOLITSIS « The battle of the Granicus », Stockholm, 1974, dans le *Bull. de l'Assoc. G. Budé,* 1975, pp. 424-430 ; ID., *Essai sur les origines du mythe d'Alexandre, I, o.c.,* pp. 21-22 et n. 45-55, pp. 246-247 ; les articles de E. BADIAN et de C. FOSS sur cette bataille, dans le recueil *Ancient Macedonia II,* Institute of Balkan Studies, Thessalonique, 1977, sont à confronter à celui de N. HAMMOND : « The Battle of the river Granicus », dans *J.H.S.,* 100 (1980), pp. 73-88. Il suffit de voir le paysage, en mai, pour comprendre qu'il n'y eut sur quelques plages de la rivière qu'un petit engagement de cavalerie.

19. Christian LE ROY, « Alexandre à Xanthos », *Actes du Colloque sur la Lycie antique,* Paris, Maisonneuve, 1980, pp. 51-61, et pl. XI, croit à l'existence d'une dédicace d'Alexandre, contemporaine de cette campagne (fin 334) ; thèse vivement contestée par P. GOUKOWSKY, *Essai..., o.c.,* t. I (1978), p. 182 ; t. II, 1981, pp. 113-117, et P. VIDAL-NAQUET, *Flavius Arrien..., o.c.,*

pp. 353-355, s'appuyant, tous deux, sur l'expérience épigraphique de J. et L. ROBERT, *Bulletin* de la *R.E.G.,* n° 487 (1980).

20. Ayant vu le site, je préfère identifier le Pinaros au Deli Çai. Cf. (le colonel) A. JANKE, *Auf Alexanders des Grossen Pfaden, eine Reise durch Kleinasien,* Dissert. Berlin, 1904, spécialement pp. 49-59 sur Issos ; du même « Die Schlacht bei Issos », *Klio,* 10 (1910), pp. 137-177. N. HAMMOND, qui a visité les lieux en janvier 1941 et en juin 1976 préfère le cours du Payas : *Alexander the Great,* pp. 94-110 et fig. 25, 26, 27, en se fondant essentiellement sur le récit de Callisthène. Mais ce dernier est justement critiqué par POLYBE, *Histoires,* XII, 17-23, en raison de ses invraisemblances. On lui préférera les récits d'ARRIEN, II, 7-11 (d'après Ptolémée). DIODORE (XVII, 33-34) et QUINTE-CURCE (III, 8, 13-11), comme PLUTARQUE (*Vie,* 20, 4-10) semblent suivre le récit romanesque de Clitarque. Cf. aussi F. MILTNER, « Alexanders Strategie bei Issos », *Oesterr. Archäol. Institut,* 28 (1933), pp. 69-78.

21. DIODORE, XVII, 47 ; QUINTE-CURCE, IV, 1, 16-26 (« Abdalonymus » ; JUSTIN, XI, 10 ; POLLUX, VI, 105. Cf. K. SCHEFOLD und M. SEIDL, *Der Alexander-Sarkophag,* Berlin, 1968 ; V. VON GRAEVE, « Der Alexandersarkophag und seine Werkstatt », *Istanbuler Forschungen,* t. 28, 1970 : il se peut que ce sarcophage, décoré de scènes de chasse et de guerre analogues à celles du catafalque d'Hèphaïstion, représente Alexandre et son ami (pl. 52, 1-2 et 54, 1-2).

22. DIODORE, XVII, 40, 2-46 ; QUINTE-CURCE, IV, 2-5 ; PLUTARQUE, *Vie,* 24, 4-25, 3 ; ARRIEN, *Anabase,* II, 15, 6-24 ; JUSTIN, XI, 10.

23. DIODORE, XVII, 48, 2-5 ; ARRIEN, I, 17, 9 ; 25, 3 ; II, 6, 3 ; 13, 3 ; il s'agit d'Amyntas, fils d'Antiokhos, d'un clan rival, hostile à Philippe et à Alexandre.

24. PSEUDO-CALLISTHÈNE, *Roman d'Alexandre,* I, 34, 1-2 ; cf. Henri GAUTHIER, *Le Livre des Rois d'Égypte,* Mémoires de l'Institut français d'archéologie orientale du Caire, t. XX, 1916, vol. 4, pp. 199-203 ; G. POSENER, « De la divinité du Pharaon », *Cahiers de la Société asiatique,* n° 15, Paris, 1960.

25. Mahmoud BEY, *Mémoire sur l'antique Alexandrie,* Le Caire, 1872 ; P. JOUGUET, « La date alexandrine de la fondation d'Alexandrie », *R.E.A.,* 1940, pp. 192-197 ; C. BRADFORD WELLES « The discovery of Sarapis and the foundation of Alexandria », *Historia, Zeitsch. f. alte Gesch.,* XI (1962), pp. 271-298 ; André BERNAND, *Alexandrie la Grande,* Paris, Arthaud, 1966 ; R. CAVENAILLE, Histoire d'Alexandrie, les origines, *L'Antiquité classique,* 41 (1972), pp. 94-112 ; P. M. FRASER, *Ptolemaic Alexandria* ; I, Text ; II, Notes ; III, Indexes, Oxford, 1972.

26. Il est probable que la relation de Clitarque qui inspire les récits de DIODORE, XVII, 49, 3-51 ; QUINTE-CURCE, IV, 7, 10-31 ;

PLUTARQUE, *Vie,* 26, 11-27 ; *Apophtegmes...* 180 D ; JUSTIN, XI, 11, et, en partie, d'ARRIEN, III, 3, 4 et IV, 1-4, remonte à CALLISTHÈNE (*F.G.H.,* n° 124, fr. 14 a et b). Sur l'oasis de Siwah et l'oracle d'Ammon, v. P. JOUGUET, « Alexandre à l'oasis d'Ammon et le témoignage de Callisthène », *Bulletin de l'Institut d'Égypte,* 26 (1943-1944), pp. 91-107 ; A. FAKHRY, *The Egyptian deserts, Siwa Oasis, its History and Antiquities,* Service des Antiquités de l'Égypte, Le Caire, 1944 ; Jean LECLANT, « Per Africae sitientia », *B.I.F.A.O.,* 49 (1950), pp. 193-250. Bonne discussion des témoignages par P. GOUKOWSKY, *Essai..., o.c.,* I (1978), pp. 23-25 (Le pèlerinage à Siwah) et n. 72 à 92, pp. 250-253. Il n'est pas exclu qu'Alexandre soit aussi venu consulter l'oracle sur l'issue de la guerre qu'il poursuivait contre Darius.

27. Itinéraire de l'expédition d'Alexandre en Asie. Outre les cartes et les commentaires contenus dans les ouvrages de la Bibliographie générale ci-dessus et notamment dans les plus récentes éditions de DIODORE (1.XVII), de STRABON (1.XI), de PLINE l'ANCIEN (1.VI), d'ARRIEN (*Anabase* et *Indika*), dans les articles déjà cités de P. BRIANT et P. BERNARD (*Les Dossiers de l'Archéologie,* n° 5, juillet-août 1974), d'A. KALOGEROPOULOU, A. DESPOTO-POULOS et L. LOUKOPOULOU (*Megas Alexandros,* 1973), outre les itinéraires construits successivement par J. G. Droysen (1833 et 1877), H. Berve (1926), G. Radet (1931), U. Wilcken (1931), W. Tarn (1950), Th. Sarantis (1970), P. Goukowsky (1975), N. G. L. Hammond (1981), j'ai consulté et souvent vérifié *in situ* : Robert BOULANGER et collaborateurs, *Les Guides bleus, Turquie,* Paris, Hachette, 1958 ; J. MURRAY, J. G. ANDERSON, *A Classical Map of Asia Minor,* revised by W. CALDER and G. BEAN, Londres, British Institute of Archaeology at Ankara, 1958, Ech. 1 : 2 000 000 ; *Naher Osten, Autokarte, Road Map,* 1 : 5 000 000, éd. Kümmerly und Frey, Berne (Suisse), 1970 ; R. BOULANGER et coll., *Iran-Afghanistan,* Hachette, 1974 ; D. W. ENGELS, *Alexander the Great and the Logistics of the Macedonian Army,* Berkeley University of California Press, 1978 ; L'*Atlas Universel* de John BARTHOLOMEW et H. A. G. LEWIS, publié par « The Times » et « Le Monde », Edimbourg et Paris, 1978-1982 ; Joël SCHMIDT, « Les routes d'Alexandre », *L'Histoire,* n° 22, avril 1980, pp. 52-63. Les meilleures discussions, à mes yeux, restent celles de P. A. BRUNT dans les appendices VIII, XII, XVII et XVIII de son édition d'Arrien, coll. Loeb, 1976 et 1983 et celle de N. G. L. HAMMOND, dans le texte et les notes de son *Alexander the Great* (1981).

28. N. HAMMOND, *o.c.,* pp. 132-135 et fig. 13, trouvant ce délai trop long, suppose qu'Alexandre a fait un détour dans les montagnes de Gortyène (vers le Cudi Dăg, 2 089 m), sous prétexte qu'il s'agit d'une région bien fournie de vivres, selon XÉNOPHON

(*Anabase*, III, 5, 1-4). Même s'il avait ajouté que des Eubéens se trouvaient déjà établis en Gortyène, non loin de Cizré où l'armée franchit le Tigre, le 21 septembre 331, il me paraît tout à fait douteux qu'Alexandre soit allé perdre du temps et des forces dans une zone à toute époque aussi dangereuse que l'est l'actuel Kurdistan : exemple typique des difficultés que l'on rencontre à tout instant quand on veut établir un itinéraire d'Alexandre cohérent, surtout si on lui suppose abusivement une marche rapide de 20 miles par jour (HAMMOND, *o.c.*, n. 54, p. 313) ! Sur les différentes cadences de cette marche, qu'il me soit permis de renvoyer à ma *Vie quotidienne des armées d'Alexandre* (1982), ch. IV, pp. 166-213.

29. F. HACKMANN, *Die Schlacht bei Gaugamela. Eine Untersuchung zur Geschichte Alexanders des Grossen und ihren Quellen*, Halle, 1902 ; G. T. GRIFFITH, « Alexander's generalship at Gaugamela », *J.H.S.*, 67 (1947), pp. 77-89 ; E. W. MARSDEN, *The Campaign of Gaugamela*, Liverpool, University Press, 1964. P. A. BRUNT, éd. d'Arrien (1976), appendix IX, remarque fort justement que, malgré, ou à cause même de la prolixité de nos informateurs qui dépendent essentiellement des récits bien arrangés de Callisthène et de Clitarque (DIODORE, XVII, 57-61 ; QUINTE-CURCE, IV, 12, 5-16 ; PLUTARQUE, *Vie*, 31, 6-33 ; ARRIEN, III, 7, 6-15 ; JUSTIN, XI, 13-14 ; POLYEN, IV, 3, 6 ; 17-18), il est pratiquement illusoire de reconstituer même les péripéties essentielles d'un engagement qui a duré 12 heures et s'est étendu sur un front de 5 à 10 km.

30. J. M. BALCER, « Alexander's burning of Persepolis », *Iranica Antiqua*, t. XIII (1978), pp. 119-133. L'incendie délibéré du palais sanctuaire *(apadana)* fut considéré par les Iraniens pieux comme une rupture de l'ordre cosmique dont Darius était le représentant, la fin d'un monde. P. BRIANT, « Conquête territoriale et stratégie idéologique : Alexandre le Grand et l'idéologie monarchique achéménide », *Actes du colloque international sur l'idéologie monarchique dans l'Antiquité*, Varsovie-Cracovie, 1980, pp. 51-53, préfère voir là, comme dans l'exploitation de la victoire d'Issos, un acte de propagande idéologique. Ce qu'il y a de sûr, c'est qu'en assassinant Darius, le 1er juillet 330, les Touraniens n'avaient plus foi en lui : il n'était plus le protégé d'Ahura Mazda depuis au moins octobre 331.

31. Le *Livre d'Esther* (composé vers 175 av. J.-C.), 2, 23 ; 6, 1-2 ; 10, 2, montre que depuis Xerxès Ier, roi des Mèdes et des Perses (486-465 av. J.-C.), il était tenu un Journal des faits et gestes du souverain dans son palais de Suse, dit dans le texte hébreu de la Bible *Le Livre des chroniques des rois* ou *Le Livre des souvenirs, les Chroniques*. Il ne s'agit pas d'Annales triomphales comme celles des Assyriens, mais de Mémoires au jour le jour. Cet usage a passé dans la chancellerie d'Alexandre, devenu à son

tour roi de Perse, etc., sous la rubrique hellénique d'*Éphémérides royales*. Les citations qu'on en possède (*F.G.H.*, nº 117) ne concernent pas, quoi qu'on en ait dit, les dernières semaines de la vie d'Alexandre, mais des événements qui se situent entre 330 et 323 (voyez par exemple PLUTARQUE, *Vie*, 23, 4) et une foule de menus faits, pour nous indatables. Publiées en 319 par son chancelier, Eumène de Kardia, ces *Éphémérides* ont longtemps tenu lieu de biographie officielle, faisant suite à celle que Callisthène avait rédigée jusqu'à la fin de l'an 330. Les auteurs de la *Souda*, vers l'an 1000, attribuent à un certain STRATTIS d'OLYNTHE (IIIe ou IIe siècle av. J.-C. ?) un *Commentaire* en cinq livres des *Éphémérides d'Alexandre*. Sur ce document, v. P. GOUKOWSKY, *Essai...*, *o.c.*, I, appendice XVIII, pp. 199-200.

32. Sur le Mur d'Alexandre, Sadd-e Iskender, achevé sous les Séleucides (ou sous Mithridatès II, vers 100 av. J.-C. ?) et dont il sera reparlé aux chapitres V et VII, v. Dietrich HUFF, « Der Alexanderwall », *Iranica Antiqua*, t. XVI (1981) et *Architectura*, XI (1981) ; Kiani, « Vorbericht über Sondiergrabung am Alexanderwall », *Iran* (1982) ; G. GERSTER, *Der Alexanderwall : ein Limes in der Turkmenensteppe*, NZZ, 2/10/1982.

33. Sur toute la région de Kaboul à Kandahar et au Seistan, François BALSAN, *Inquisitions de Kaboul au golfe Persique*, Paris, J. Peyronnet et Cie, 1949 (voyage de 1937) ; A. FOUCHER et E. BAZIN-FOUCHER, *Mémoires de la Délégation archéologique française en Afghanistan*, t. I et t. II, Paris, 1942 et 1947 ; E. HERZFELD, *The Persian Empire. Studies in Geography and Ethnography of the Ancient Near East*, Wiesbaden, Franz Steiner, 1968.

34. R. GHIRSHMAN, *Begram*, Le Caire, Impr. de l'Institut français d'archéologie orientale, 1946, pp. 6-10.

35. James HORNELL, *Water Transport, Origins and early Evolution*, Cambridge, 1946, pp. 22-25 et fig. 3.

36. P. GOUKOWSKY, *Essai...*, I, *o.c.*, appendice XXVII, pp. 219-221. Le passage s'est effectué à la fin du printemps de 329. Tchuchka Ghuzar est aussi la ville de Taugast « que les Barbares disent avoir été fondée par Alexandre », écrit Theophylaktos Simokattes (éd. de Boor, Teubner, 1887, p. 261) à l'époque des premières invasions turques, vers 630 ap. J.-C. Cf. encore W. MINORSKY, « A Greek crossing on the Oxus », *Bull. of the School of Or. and Afr. Studies*, 1967, pp. 45-53 : Hâfiz-i Abrû, traduisant vers 1415 en persan un traité arabe, explique que Tirmidh (Termez) « passe pour avoir été bâtie par Dhu'l Qarnayn » c'est-à-dire le Sire à la Double Corne, Alexandre.

37. *Afrasiab* (brochure anonyme en langue russe du Musée d'histoire de Samarcande), Tashkent, 1969, 43 pages, donne un aperçu sur les fouilles archéologiques poursuivies au sud, à l'ouest et au nord-ouest de la ville actuelle. Au IIIe siècle av. J.-C.,

Samarcande se trouvait sur une hauteur entourée de canaux artificiels depuis au moins 300 ans. Afrasiab doit son nom « à un tzar touranien ayant vécu à une époque légendaire », p. 3 (d'après le *Shah Nameh* de Firdousi). Une grande activité archéologique est déployée actuellement sur le territoire de l'Uzbekistan et du Tadjikistan, non seulement autour de Samarcande, mais à Pendjikent, à 70 km au sud-est, et à Takht-i-Sankin, à 300 km au sud-est, près de Nich (antique Nikaia ?). Pour l'archéologie, cf., outre l'ouvrage de GAFOUROF et TSIBOUKIDIS déjà cité, G. FRUMKIN, « Archaeology in Soviet Central Asia », *Central Asian Review,* Londres, The Eastern Press, 1963-1970 (le tome 13, 1966, concerne l'Uzbekistan) ; O. M. DALTON, *The Treasure of the Oxus,* Londres, 1903, réimprimé en 1964 (la découverte, qui date de 1877, est probablement à placer dans la citadelle de Takht-i-Sangin, au confluent du Wakhsh, nom iranien de l'Oxos des Grecs, « l'Eau bouillonnante », et de l'actuel Amou Daria, un peu au nord de Takht-i-Khubad). Cf. les deux articles suivants : Dimitris TOUSLIANOS, « Arkhaia Hellènikè Technè kai Sovietikè Mesè Asia », *Hellènosovietika Khronika,* n⁰ 54 (octobre 1980), pp. 32-33. Il mentionne, outre le trésor de l'Oxos, le cratère de Leninabad (Tadjikistan), les pièces de harnais de Dushanbé (capitale du Tadjikistan), le Laocoon du Surkhan Daria et l'askos de Termez (Uzbekistan) ; V. A. LIKVINSKIJ et J. P. PITCHIKIAN, « Découvertes dans un sanctuaire (de Takht-i-Sankin, IIIᵉ siècle av. J.-C.) du dieu Oxus de la Bactriane septentrionale », trad. P. Bernard, *R.A.,* 1981 (2), pp. 195 et sq. ; D. SCHLUMBERGER, Paul BERNARD, « Aï Khanoum », *B.C.H.,* 1965, pp. 590-657 ; D. SCHLUMBERGER, *L'Orient hellénisé,* coll. « L'Art dans le monde », Paris, 1970 ; Paul BERNARD, « Aï Khanoum, une ancienne cité grecque d'Asie centrale », *Pour la Science,* mars 1982, pp. 88-97. Sur la vie quotidienne des pays au nord de l'Oxos (Amou Daria) naguère et aujourd'hui, v. Arminius VAMBÉRY, *Voyages d'un faux derviche dans l'Asie Centrale. De Téhéran à Khiva, Bokhara et Samarcand par le grand désert turcoman,* trad. E. D. Forgues, Paris, Hachette, 1877 (voyage effectué entre juillet 1862 et janvier 1864) ; Sylvain BENSIDOUN, *Samarcande et la vallée du Zerafchan. Une civilisation de l'oasis en Uzbekistan-URSS,* préface de J. Dresch, Paris, Anthropos, 1979.

38. Depuis l'ouvrage de Franz VON SCHWARZ, *Alexanders des Grossen Feldzüge in Turkestan,* 2ᵉ éd., Stuttgart, 1906, on discute ferme sur la chronologie des campagnes d'Alexandre (et de ses généraux !) dans les Hautes Satrapies en 329 et 328, non seulement parce que 17 paragraphes du livre XVII de Diodore sont perdus, mais surtout parce que les relations de QUINTE-CURCE (VII, 5-VIII, 4) et d'ARRIEN (III, 29-IV, 22) s'opposent bien plus qu'elles ne se complètent. La reconstitution que je propose s'ins-

pire partiellement de celles de P. A. BRUNT, éd. d'Arrien, t. I,
appendix XII (Caspian, Caucasus, Tanais) et de N. HAMMOND,
Alexander the Great, o.c., pp. 187-196 et fig. 15, p. 173. Malgré
D. ENGELS, *Logistics..., o.c.,* pp. 104-105, je ne puis croire
qu'Alexandre ait fondé *Alexandreia Margiana,* actuelle Mary,
naguère Merv, ni que le texte obscur de QUINTE-CURCE, VII, 10, 15
*(superatis amnibus Ocho et Oxo ad Urbem Marganiam/Margi-
niam)* désigne la Kashka Daria et l'Amou Daria, puis Merv. La
géographie et la chronologie font difficulté. Le mystérieux Ochos
serait plutôt le Murghab ou le Surkhan.

39. A. DELATTE, « Le baiser, l'agenouillement et le prosterne-
ment de l'adoration chez les Grecs », *Bulletin de l'Académie
royale de Belgique, Lettres et Sciences morales,* t. 37 (1951), p. 423
sq. Les Macédoniens et les Grecs s'opposaient vigoureusement à
la façon dont les Orientaux, en général, se prosternaient devant
le Grand Roi, tombaient à ses pieds et lui envoyaient un baiser
(cf. par ex. HÉRODOTE, I, 1, 34 ; XÉNOPHON, *Anabase,* III, 2, 8 ;
Cyropédie, 1, 4, 27 ; *Agésilas,* 5, 4). Sur « l'affaire de la *prosky-
nèse* » (prosternation), v. P. GOUKOWSKY, *Essai...,* I, pp. 47-49 et
notes, pp. 267-270, qui distingue deux tentatives faites par
Alexandre pour convaincre ses officiers.

40. Pour les campagnes d'Alexandre dans le Pendjab, on se
réfère en général aux investigations de Sir Aurel STEIN, « Alexander's Campaign on the Indian North-West Frontier », *The Geographical Journal,* 70 (1927), pp. 417-440 et 515-540 ; *On Alexander's Track to the Indus,* Londres, Mac Millan, 1929 ; « The site
of Alexander's passage of the Hydaspes and the battle of
Poros », *The Geogr. Journal,* 80 (1932), pp. 31-46 : *Archaeological
Reconnaissance in N. W. India and S. E. Iran,* Londres, 1937 ; cf.
également W. W. TARN, *The Greeks in Bactria and India,* 3e éd.,
Cambridge, 1966 ; G. RADET, « Aornos », *Journal des Savants,*
1929, pp. 69-73 ; P. GOUKOWSKY, *Essai...,* II (1981), pp. 3-41,
auquel il y a lieu de confronter les données proprement
indiennes de G. DUMÉZIL, *la Courtisane et les seigneurs colorés,*
Paris, Gallimard, 1983, chap. « Trans Indum flumen » et spécialement l'essai nº 31 : *« Alexandre et les sages de l'Inde »,*
pp. 66-74. La chronologie longue (6 mois d'attente de l'armée à
Alexandrie « du Caucase » et départ en automne 327) et les itinéraires douteux et contradictoires des cartes pp. 173, 292, 293,
de N. HAMMOND, *Alexander the Great...,* pp. 199-206, me paraissent très en deçà de ceux de Stein.

41. Sir John MARSHALL, *Taxila,* 3 vol., Cambridge, 1951. Les
ruines de cette grande ville se visitent encore aujourd'hui, à partir d'Islamabad (North-Pakistan).

42. Outre les reconstitutions de la bataille de Djalalpur, dite
naguère de l'Hydaspe, proposées par Alex. DESPOTOPOULOS, *His-*

toria tou Hellènikou Ethnous, t. IV, *o.c.,* pp. 181-188, et par N. HAMMOND, *o.c.,* pp. 206-212, avec des plans différents, outre l'article de Sir A. STEIN cité ci-dessus n. 40, on pourra consulter : G. VEITH, « Der Kavalleriekampf in der Schlacht am Hydaspes », *Klio,* 8 (1908), pp. 131-153 ; G. RADET, « Alexandre et Poros : le passage de l'Hydaspe », R.E.A., 37 (1935), pp. 349-356, et *Journal des Savants,* Paris, mai 1930, pp. 207-227 ; J. R. HAMILTON, « The Cavalry Battle of the Hydaspes », *J.H.S.,* 76 (1956), pp. 26-31 ; Richard GLOVER, « The elephant in ancient war », *The Classical Journal,* 39 (1944), pp. 257-269. A propos d'éléphants, je crois qu'il est vain désormais d'attribuer à Alexandre la frappe de médailles commémoratives ou de monnaies sans légende le représentant à cheval aux prises avec deux guerriers assis sur un éléphant, ou bien debout tenant le foudre de Zeus et couronné par la Victoire. Dans une brillante communication à l'Association des études grecques, rue de la Sorbonne à Paris, le 6 février 1984, Paul Bernard a démontré que les rares exemplaires connus de ces tétradrachmes et décadrachmes, provenant d'un trésor trouvé dans la région de Babylone, avaient été frappés dix ans après la bataille de l'Hydaspe, donc bien après la mort d'Alexandre, pour payer le contingent indien d'Eudamos venu au secours d'Eumène contre Antigonos. Cette thèse communiquée à P. Vidal-Naquet en octobre 1983 et destinée à paraître dans les *Mélanges G. Tucci,* sert d'appendice à l'essai « Flavius Arrien entre deux mondes », qui fait suite à la traduction d'Arrien par P. SAVINEL, *o.c.,* janvier 1984, pp. 387-393.

43. P. H. L. EGGERMONT, « Alexander's Campaign in Sind and Baluchistan and the siege of the brahmin town of Harmatelia », Leuven-Louvain, University Press, *Orientalia Lovaniensia Analecta,* 3, 1975.

44. Rien n'est plus difficile que d'établir l'itinéraire de la petite troupe d'Alexandre (environ 12 000 hommes : cf. HAMMOND, *o.c.,* p. 231 et n. 104, pp. 319-320), de l'embouchure du Purali (vers l'actuel Sonmiani, où l'on signale « des ruines que les habitants attribuent aux Grecs d'autrefois ») jusqu'à Pura (« la Ville », en sanskrit), capitale de la Gédrosie, dont les ruines se voient à Iranshar, à 24 km à l'est de Bampur. Les indications fort vagues et parfois contradictoires de DIODORE (XVII, 105-106), de STRABON (*Géographie,* § 720-723), de QUINTE-CURCE (IX, 10, 4-19), de PLUTARQUE (*Vie,* 66, 4-7), d'ARRIEN (*Anabase,* VI, 21-27 ; *Indika,* 20-36,3), de JUSTIN (XII, 10, 7), confrontées aux récits des explorateurs modernes depuis Pottinger, le premier Européen à avoir vu Bampur en 1810, et aux cartes des voies et communications actuelles, permettent de croire que les quelque 8 000 hommes de Léonnatos, après avoir laissé un poste de garde sur un des affluents de l'Hingôl (la future Alexandrie de Maka-

rène) ont suivi la piste ordinaire des caravanes à l'intérieur des terres, mais que la troupe d'Alexandre contournant l'estuaire du Purali, puis le massif du ras Malan (le cap Malana de Néarque) a suivi le plus possible la côte jusqu'à Gwadar pour remonter, sur 275 km, directement de la mer jusqu'à Pura. Au total, 700 km en soixante jours. Sir Thomas HOLDICH, « Alexander's the Great retreat from India », *Journal of the Society of Arts,* 39 (1901), pp. 417-431 ; Sir Aurel STEIN, « On Alexander's route into Gedrosia : an archaelogical tour in Las Bela », *The Geographical Journal,* 102 (1943), pp. 193-227 ; François BALSAN, *Dans le secret du Béloutchistan,* Paris, Grasset, 1946 (pistes de Karachi à Béla et de Kalat à Béla) ; IDEM, *La colline mystérieuse, nouvelles recherches au Balouchistan,* Paris, 1957, spécialement le chap. VI, pp. 41-50, « L'aventure d'Iskandar » (récit d'un chamelier baloutche d'Iranshar à Liari) ; H. STRASBURGER, Alexanders Zug durch Gedrosische Wüste, *Hermes,* 80 (1952), pp. 456-493. Bonne discussion des itinéraires et de la chronologie par P. A. BRUNT, *Arrian, o.c.* (1983), appendice XVIII, pp. 474-483 : « From Patala to Pura ».

45. Notre reconstitution des itinéraires, des étapes et de la succession des faits diffère totalement de celle de P. GOUKOWSKY, *Essai...* II, *o.c.* (1981), pp. 47-64, parce que, selon notre propre expérience d'explorateur en Iran, des étapes quotidiennes de 43 km pour une troupe accablée de soif et de fatigue dans le désert ne sont pas du tout « plausibles » (*ibid.,* p. 57). C'est P. A. BRUNT, *o.c.,* pp. 480-481, à la suite de Sir Aurel Stein, qui a raison : *« Thus on average the army covered only 11-12 km a day. »* — Il nous est également impossible, connaissant la géographie, d'admettre qu'une cérémonie bachique ait été célébrée par une armée d' « au moins cent mille âmes » sous le nom de *« Dionysies de l'Hydaspe »,* dans la vallée du Halil-Rûd, entre Bampur et Khanuj, sous prétexte qu'un texte d'Athénée (*Banquet,* XIII, 595 E : vers 330 apr. J.-C.) mentionne cette fête et cette rivière après l'arrivée d'Harpale à Athènes ! (GOUKOWSKY, *o.c.,* chap. V, pp. 65-77, et n. pp. 175-180). « Hydaspès » n'est ni une simple erreur de copiste pour « Khoaspès », fleuve de Susiane, ni une confusion, mais il s'agit de l'actuel Qareh Su qui, traversant le Hamadan, c'est-à-dire Ecbatane et la Médie, justifie Virgile (*Géorgiques* IV, 211) : *Medus Hydaspes.* La fête en question n'a pas pu être donnée avant l'annonce de l'arrivée à Athènes et peut-être de la mort d'Harpale en 324 : la pièce qui le ridiculisait, l'*Agèn,* a été jouée en novembre ou décembre 324 à l'occasion des jeux et des concours théâtraux donnés à Ecbatane.

46. P. GOUKOWSKY, « Un aspect de l'administration d'Alexandre dans les Hautes Satrapies : la première révolte des colons grecs de Bactriane en 325 », *Actes du Colloque de Strasbourg,*

14-16 juin 1979, pp. 7-17 : « Ce qui fait défaut dans les Hautes Satrapies, c'est évidemment une dense implantation macédonienne » (p. 15).

47. Selon cette interprétation des textes officiels, Alexandre aurait été, comme tant d'autres Méditerranéens de son temps, en proie à une thalassémie à fièvre récurrente, ou paludisme à *plasmodium falciparum*. Les symptômes en ont été maintes fois décrits par Hippocrate et son école : cf. Mirko GRMEK, « Les ruses de guerre biologiques dans l'Antiquité », *R.E.G.* XCII, 1979, pp. 141-163 et spécialement p. 156, n. 35, 159, n. 32, 160 (avec renvoi à la collection Hippocratique, *Aph.*, III, 21 et au *De aere, aquis et locis*) ; du même : *Les maladies à l'aube de la civilisation occidentale : recherches sur la réalité pathologique dans le monde grec préhistorique, archaïque et classique,* Paris, Payot, 1984, pp. 383-420. Littré a soutenu la thèse de la malaria dans la *Revue des Deux Mondes* du 15 novembre 1853, article repris dans *Médecine et Médecins,* Paris, Didier, 1872, pp. 392-428. F. DESTAING, dans *la Presse médicale,* 12 décembre 1970, 78, n° 53, pp. 2391-2393, reconstitue même une courbe thermique de la fièvre d'Alexandre. Parmi les derniers tenants de la *malaria tropica,* D. ENGELS, « A note on Alexander's death », *Classical Philology,* t. 73 (1978), pp. 224-227 ; Dr Pierre RENTCHNICK, *Ces malades qui font l'histoire,* Paris, Plon, 1983, ch. 1 (« Alexandre le Grand et le petit moustique »). Il faut remarquer que les textes antiques, fort peu explicites et scientifiques au regard de la médecine actuelle, nous proposent au moins trois versions de la mort d'Alexandre : une officielle, celle des *Éphémérides royales,* c'est-à-dire celle d'une mort naturelle, avec un seul symptôme : la fièvre ; une version romanesque, qui est celle de la *Vulgate* (dieu, il a été rappelé par les dieux au cours d'un banquet rituel et son corps ne s'est même pas décomposé) ; une version dramatique, répandue par Olympias et sa famille : Alexandre est mort empoisonné. Nous revenons sur ces différentes versions dans chacun de nos chapitres. On pourrait imaginer encore bien d'autres fins. Maurice DRUON, *Alexandre le Grand ou le Roman d'un dieu,* Paris, Del Duca, éditions Mondiales, 1958, p. 475, n. 55, rejette la malaria et l'empoisonnement, et écrit : « La violente douleur dorsale en coup de poignard (DIODORE, XVII, 117, 2 ; JUSTIN, XII, 13 ; et les diverses rédactions du *Roman* du Pseudo-Callisthène) qui marqua le début de la maladie pourrait bien davantage signaler une lésion grave située dans la région supérieure de l'abdomen : perforation d'ulcère ou pancréatite aiguë. » Cf. J. M. ESCOFFIER, P. GAUTHIER et H. SARLES : « Les pancréatites aiguës », *Revue du Praticien,* 31, 3 (11 janvier 1981), pp. 231-239. Mais la P.A.A. ne s'observe que chez l'éthylique chronique, souvent vers la cinquantaine.

48. Aux points de vue mentionnés dans la *Bibliographie générale*, il y a lieu d'opposer ici d'autres perspectives biographiques :
— Arthur WEIGALL, *Alexander the Great*, Londres, Thornton Butterworth, 1933 ; trad. franç. de Théo Varlet, Paris, Payot 1934, 1955, 1976 ;
— Gustave GLOTZ, Pierre ROUSSEL, Robert COHEN, *Alexandre et l'hellénisation du monde antique*, P.U.F., 1945 ;
— Léon HOMO, *Alexandre le Grand*, Paris, A. Fayard, 1951 ;
— Mary RENAULT, *The King must die*, New York, Panthéon, 1958 ; *Fire from Heaven, ibid.*, 1969 ; *The Nature of Alexander, ibid.*, 1975 et 1976 ; trad. franç. du 2ᵉ vol. « *Le feu du ciel* », Paris, Julliard, 1985 ;
— Maurice DRUON, *Alexandre le Grand ou le Roman d'un dieu*, Paris (Del Duca), 1958 ; rééd. Lausanne, Paris, Plon, 1969 et Livre de Poche nᵒ 3752, 1974 ;
— A. B. DASKALAKIS, *Ho Mégas Alexandros kai ho Hellénismos*, Athènes, 1963 ;
— Jacques BENOIST-MÉCHIN, *Alexandre le Grand ou le rêve dépassé*, Lausanne, Clairefontaine, 1964 ;
— R. D. MILNS, *Alexander the Great*, Londres, Robert Hale, 1968 ;
— J. R. HAMILTON, *Alexander the Great*, Londres, Hutchinson University Library, 1973 ;
— François CHAMOUX, *La Civilisation hellénistique*, ch. Iᵉʳ : « Alexandre », collection « les Grandes Civilisations », Paris, Arthaud, 1982.

49. Pierre CABANES, « Problèmes de géographie administrative et politique dans l'Épire du IVᵉ siècle av. J.-C. », in *La Géographie administrative et politique d'Alexandre à Mahomet*, Actes du colloque de Strasbourg, 14-16 juin 1979, éd. E. J. Brill, 1981, pp. 19-38.

50. Chr. BARTHOLOMAE, *Altiranisches Wörterbuch*, Strasbourg, 1904, aux mots *mašya, mašyaka*, traduits par « Mensch ». Hèsykhios, *Lexikon* (vers 600 ap. J.-C.) attribue le mot *amazarakan* aux Perses et dit qu'il signifie « faire la guerre ». Cette étymologie du nom des Amazones est rejetée par Manfred MAYRHOFER, *Studi in honore... Pisani*, II (1969), pp. 661-666, et *Die altiranischen Namen*, Vienne, Verl. d. Oesterr. Akad. d. Wiss., 1979, fasc. 1-3. Les Amazones, que les plus anciennes légendes considèrent comme les épouses des Scythes ou des Sauromates (HÉRODOTE, *Enquête*, IV, 110-117), ne seraient-elles pas simplement les Magog de la Bible, ou Mâ jûj du Coran, c'est-à-dire « les femmes » des nomades ? v. *Le manuscrit de Roman Ghirshman : les Cimmériens et leurs Amazones*, éd. Recherches sur les civilisations, mémoire nᵒ 18, Paris, 1983. A. VAMBÉRY, cité ci-dessus n. 37, parle copieu-

sement des Amazones uzbeks aux prises avec les Tadjiks, au cours de son voyage au Turkménistan entre 1862 et 1864.

51. P. GOUKOWSKY, *Essai..., o.c.,* II, *Alexandre et Dionysos,* spécialement pp. 12-14 et 21-33 : Dionysos conquérant de l'Inde avant Alexandre, et les Bacchanales de Nysa (Kafiristan, vallée du Pech, massif du Koh-i-Mor).

52. Nous rencontrons très peu d'observations, chez les auteurs anciens, sur le physique d'Alexandre et il se pourrait qu'elles fussent toutes inspirées d'œuvres picturales et plastiques. On les lit, chronologiquement, chez POSEIDIPPOS DE PELLA et ASKLÈPIADÈS DE SAMOS (dans l'*Anthologie* de Planude, XVI, 119 et 120) ; QUINTE-CURCE, III, 12, 16 ; V, 2, 13 ; VI, 5, 29 ; PLUTARQUE, *Vie,* 4, 1-3 ; *De la chance ou du mérite d'Alexandre,* II, 2, 3 (= *Moralia,* 335 B) ; *Comment distinguer le flatteur de l'ami,* 8 (= *Moralia,* 53 d) ; POLÉMON, *Scripta Physiognomonica,* I, p. 144 Foerster ; ARRIEN, *Anabase,* VII, 28, 1 ; ÉLIEN, *Varia Historia,* XII, 14 ; SOLIN, *Collectanea,* 9, 20 ; ADAMANTIOS, *Scripta Physiogn.,* II, p. 328 ; EUMÈNE, *Panégyrique de Constantin,* XVII ; Julius VALERIUS, *Vita Alexandri,* XIII ; TZETZÈS, *Chiliades,* VIII, 409-427 ; XI, 90-101. La plupart de ces auteurs se bornent à répéter qu'Alexandre était le modèle même de la beauté grecque : un corps robuste et de taille moyenne, un visage incliné, aux yeux brillants ou chargés d'émotion. Les détails ne remontent pas au-delà du IIe siècle de notre ère (450 ans après la mort d'Alexandre!) quand l'idéalisation a fait son œuvre.

53. La notion « d'humidité » du regard *(hygrotès tôn ommatôn ; hygra ommata)* a préoccupé la physique, la médecine et la physiognomonie grecques, de Démocrite, vers 430 av. J.-C., jusqu'à Adamantios, au IVe siècle apr. J.-C., et spécialement l'école aristotélicienne (v. par ex. DIELS, *Vorsokratiker,* A 135, t. II, p. 114 ; ARISTOTE, *Des parties des animaux,* II, 2, 648 a ; *Météorologique,* III, 4, 374 a ; ADAMANTIOS, *o.c.,* I, 12). L' « œil humide » suppose et implique un caractère positif, moralement bon, doux, tendre et il est le contraire de l' « œil ou du regard dur » *sklérophtalmos* (ARISTOTE, *P.A., l.c. ; Histoire des animaux,* 505 b 1 ; 526 a 9 ; THÉOPHRASTE, *De sensu,* 36). Il est permis d'hésiter, pour traduire la célèbre description de PLUTARQUE (*Vie,* 4, 2, etc.), entre « la douceur du regard d'Alexandre » (Amyot, L. Homo, Frank Cole Babbit) et « son regard mouillé » (Ch. Picard), voire « tendre », sur la foi d'Aristote. Rendre l'expression par « la limpidité de ses yeux » est commettre un contresens ; « la fluidité du regard », surtout pour parler de l'œuvre du bronzier Lysippe, reste un non-sens. Le mot *agônia,* « anxiété, embarras », étant un de ceux qui reviennent le plus souvent chez les historiens grecs pour exprimer l'âme profonde d'Alexandre, ils ont établi un rapport entre ce qu'ils savaient du caractère

inquiet de l'homme et ce qu'ils voyaient dans ses portraits : quelque chose qui était le contraire de la dureté et de la sécheresse. *Hygron*, « l'humide », est une qualité que l'antiquité attribue par excellence à la femme (ex. : ARISTOTE, *Gener. anim.* II, 8, 748 b ; IV, 1, 765 b ; *Hist. anim.*, IV, 2, 538 b ; HIPPOCRATE, *Du régime*, I, 34 ; PLUTARQUE, *Propos de table*, III, 3, 650 B-C). La plupart des portraits d'Alexandre, surtout à l'époque romaine, ont quelque chose de féminin.

54. Pour essayer de classer et de dater les innombrables portraits que nous possédons d'Alexandre, on a recours aux ouvrages et aux articles suivants :

— Charles de UJFALVY, *Le type physique d'Alexandre le Grand, d'après les auteurs anciens et les documents iconographiques*, Paris, A. Fontemoing, 1902.

— G. LIPPOLD, *Real Encyclopädie der classischen Altertumswissenschaft*, XIV, 1928, au nom *Lysippos* 6, col. 52-57, 61 sqq.

— K. GEBAUER, « Alexanderbildnis und Alexander Typus », *Athenische Mitteilungen*, t. 63-64 (1938-1939), pp. 1-106 et planches 1-16.

— G. KLEINER, « Das Bildnis Alexanders des Grossen », *Jahrbuch des deutschen archäologischen Instituts*, t. 65-66 (1950-1951), pp. 206-230.

— Ch. PICARD, *Manuel d'archéologie grecque, La sculpture*, IV, 2, Paris, 1963, pp. 690-753.

— Margarete BIEBER, *Alexander the Great in Greek and Roman Art*, Chicago, Argonaut Inc., 1964.

— Paul GOUKOWSKY, « Le portrait d'Alexandre », *R.E.G.*, LXXIX (1966), pp. 495-498 : compte rendu critique de l'ouvrage précédent.

— E. von SCHWARZENBERG, « Der lysippische Alexander », *Bonner Jahrbücher*, 1967, pp. 58-118 (pp. 70-72, il traite spécialement de « l'humidité » du regard d'Alexandre).

— Tonio HÖLSCHER, *Ideal und Wirklichkeit in den Bildnissen Alexanders des Grossen*, Heidelberg, C. Winter. Universitätsverlag, 1971.

— Mary RENAULT, *The Nature of Alexander* (ill.), New York, Pantheon 1975 et 1976.

— *Sylloge Numorum Graecorum*, V, Ashmolean Museum, Oxford, Pt. III : Macedonia, pl. 46-65, Londres, 1976.

— Bernard ANDREAE, *Das Alexandermosaik aus Pompeji*, Recklinghausen, 1977.

— E. von SCHWARZENBERG, « The Portraiture of Alexander », dans : Fondation Hardt, Entretiens XXII : *Alexandre le Grand, image et réalité*, Genève, 1976, pp. 223-267 (cf. R.E.G., 1977, pp. 128-129).

— P. GOUKOWSKY, *Essai...*, I, 1978, pp. 206-214 (Alexandre coiffé d'une protome d'éléphant ; Alexandre Ktistès) ; *Essai...*, II, 1981, pp. 138-140 (deux portraits authentiques d'Alexandre).

— Mary-Anne ZAGDOUN, « Collection P. Canellopoulos : Sculptures II, n° 11, portrait d'Alexandre », *B.C.H.*, 1979, pp. 411-416.

— Kate NINOU, Loula KYPRAIOU, et collab., *Alexander the Great, History and Legend in Art*, Archaeological Museum of Thessaloniki, 1980.

— A. N. OIKONOMIDÈS, *The Coins of Alexander the Great. An introductory Guide*, Chicago, 1981.

55. Bon exposé sur les travaux des docteurs Alexander, Weiss, English, Flanders, Dumbar en Amérique, et sur le Centre mondial de médecine psychosomatique à Paris, par Françoise Condat sur T.F.1, le lundi 26 novembre 1984 à 20 h 35. Pour un exemple typique, v. Didier-J. DUCHÉ, *L'énurésie,* Paris, P.U.F., 1968.

56. V. ci-dessus, n. 21 et ajouter Ch. DE UJFALVY, *Le type physique d'Alexandre le Grand, o.c.*, pl. 1 (l'Alexandre du grand sarcophage de Sidon) et fig. 6 (« Ephestion sur la façade sud du même sarcophage »).

57. V. la référence à P. BERNARD, ci-dessus, n. 42 *in fine.*

58. V. notre *Bibliographie générale* a), et les mises au point ou états des questions signalés p. 552 (Études bibliographiques).

59. P. GOUKOWSKY, *Notice* à Diodore de Sicile, livre XVII, Paris (Les Belles-Lettres), 1976, pp. XVI-XLIV et Notes complémentaires, pp. 165 sq. Sur Evhémère, v. J. PÉPIN, *Dictionnaire des Mythologies,* Paris, Flammarion, 1981, t. I, pp. 175-178, et *F. Gr. Hist.*, n° 63.

60. Mentionné une dizaine de fois par Arrien et autant par Quinte-Curce, cet illustre devin lycien, au service de la famille d'Alexandre depuis 356 (PLUTARQUE, *Vie,* 2, 5), intervient à tous les moments décisifs de la vie du conquérant jusqu'au moins au passage de l'Iaxartès (Syr Daria) en 329. Il est possible que le *Livre de Prodiges* que Pline lui a attribué ait constitué en réalité un livre de *Mémoires.* Maurice Druon a essayé de le reconstituer en écrivant son *Alexandre le Grand,* maintes fois réédité depuis 1958.

61. D'après l'historien Hègèsandros (IIIe siècle av. J.-C. ?), cité par ATHÉNÉE, *Banquet,* I, 18 a. HÉRODOTE, *Enquête,* VII, 125-126, nous apprend que les lions hantaient les montagnes de Macédoine et de Grèce continentale, entre le Nestos à l'est et l'Akhekoos d'Arcananie à l'ouest, au temps où il écrivait, vers 440-430 av. J.-C.

62. G. DUMÉZIL, *Heur et malheur du guerrier, aspects de la fonction guerrière chez les Indo-Européens,* Paris, P.U.F., 1970.

63. Paul FAURE, *o.c.*, pp. 74-77.

64. PLUTARQUE, *Vie*, 25, 6-8 ; *Apophtegmes*, Alex. 4 ; PLINE, *Hist. nat.*, XII, 32, 62.

65. Christian LE ROY, « Les Oiseaux d'Alexandrie », *B.C.H.*, 1981, pp. 393-406.

66. Jeannie CARLIER, article « Amazones », *Dictionnaire des Mythologies, o.c.*, t. I, pp. 9-10.

67. P. GOUKOWSKY, *Essai..., o.c.*, t. I (1978), pp. 27-28, 39-40, 169-170 (« Le contentieux entre Alexandre et Parménion).

68. PLINE, *Hist. nat.*, VI, 16, 49 : « *Arae ibi sunt ab Hercule et Libero Patre constitutae... finis omnium eorum... includente flumine Iaxarte.* » Les pierres dressées ou la simple colonne sont attribuées par la *Vulgate* au seul Dionysos (QUINTE-CURCE, VII, 9, 15 ; *Epitomè de Metz*, § 12).

69. Jozef BIELAWSKI et Marian PLEZIA, *Lettre d'Aristote à Alexandre sur la politique envers les cités,* texte arabe établi, traduit et commenté, Archivum Filologiczne XXIV, Wroclaw-Warszawa-Krakow, 1970 ; Samuel M. STERN, *Aristote on the World-State,* Oxford, Cassirer, 1968 ; Pierre THILLET, « Aristote conseiller d'Alexandre vainqueur des Perses ? », *R.E.G.*, 85 (1972), pp. 527-542 ; Paul GOUKOWSKY, *Essai..., o.c.*, I (1978), pp. 49-55 et notes pp. 270-276 ; Paul FAURE, *o.c.*, pp. 145-149 (« La lettre d'Aristote »). Tout bien considéré, relu et confronté, je ne crois plus à l'authenticité de cette lettre : simple exercice d'école, elle entre dans la grande série des fausses lettres d'Alexandre à ses proches et des réponses de ces derniers.

70. G. DUMÉZIL, *La courtisane et les seigneurs colorés, et autres essais,* Paris, Gallimard, 1983, nᵒ 29 « Héraclès, ses fils et sa fille » ; nᵒ 31 « Alexandre et les sages de l'Inde » (avec références à U. Wilcken, R. P. Festugière, B. Rees), spécialement pp. 48-49 sur le mont Meru et le Dionysos grec. — P. A. BRUNT, *Arrian, o.c.*, t. II, 1983, appendix XVI : « Dionysus, Heracles and India », pp. 435-442.

71. La thèse de l'assassinat politique est bien défendue, de nos jours, par A. B. BOSWORTH, « The Death of Alexander the Great : Rumour and Propaganda », *The Classical Quaterly,* 21 (1971), pp. 112-136, et par le Dr Jean COULOMB, « La mort d'Alexandre le Grand », *Histoire des Sciences Médicales,* nᵒ 1 (1984), pp. 137-145 (communication présentée à la séance du 17 mars 1984 de la Société française d'histoire de la médecine). Entre autres arguments, l'inconsistance des symptômes fournis par le *Journal* officiel de la cour, la séméiologie tout à fait différente de la *Vulgate,* établie à la suite de l'enquête ordonnée par la mère d'Alexandre et publiée cinq ans après sa mort, l'intérêt politique que les clans macédoniens avaient à le faire disparaître, les exemples d'empoisonnement des princes aussi bien en Perse qu'en Macédoine. Aux yeux de l'historien moderne, cette thèse,

pour romanesque qu'elle ait paru bien avant le *Roman* d'Alexandre, mérite au moins examen. Elle ne saurait être rejetée *a priori*. Ajoutons que, dans la perspective héroïque où se placent les auteurs de la *Vulgate,* la mort d'Alexandre par le poison rappelle celle de son ancêtre Achille atteint en son seul point vulnérable, le talon : c'est l'histoire du plus vaillant assassiné par le plus lâche. Un héros invincible ne saurait mourir que trahi. Voyez aussi le cas d'Hèraklès, un autre ancêtre d'Alexandre, victime de la tunique empoisonnée que lui présente Déjanire. Il n'y a point de politique sans mythe.

72. H. und S. WICHMANN, *Schach. Ursprung und Wandlung der Spielfiguren in 12 Jahrhunderten,* Munich, Callwey, 1960 ; H.J.R. MURRAY, *A History of Chess,* 2ᵉ éd., Oxford, Clarendon Press, 1962 ; J. Michel MEHL, « Le jeu d'échecs à la conquête du monde », *L'Histoire,* nᵒ 71 (octobre 1984), pp. 40-50. Voici, en outre, une citation typique du *Roman du Comte d'Anjou* par Jehan MAILLART (1316) : « Et elle avoit, si je ne ment, Chevalier, auffin (ou alfin), roc et fierce Qui fut de paonnez lui tierce » : on y reconnaît le cavalier, le fou, la tour, la dame, les pions, sous leurs noms médiévaux.

73. Maurice DRUON, *Alexandre le Grand, o.c.* (1958), part de cette idée qu'Alexandre, comme d'autres bâtisseurs d'empire (Romulus, Moïse ou Sargon, par exemple), fut essentiellement un bâtard. L'ambiguïté de ses origines le hantera pendant toute son existence et expliquera en partie les réactions de ses contemporains. Le père putatif, Philippe II de Macédoine, aurait fait assassiner sa propre mère, la reine Eurydice. Olympias aurait été une prostituée sacrée à Samothrace avant de donner le jour à Alexandre. Sur Olympias, qu'il soit renvoyé à l'article *Olympias* 5) Die Mutter Alexanders d.Gr., par H. Strassburger, dans la *Real Encyclopädie* (1942), col. 177-182. Sur les mœurs prêtées à Olympias, v. LUCIEN, *Alexandre ou le faux prophète,* § 6-7 et 38-39.

74. Sur les gens de la suite du roi : Compagnons, Amis, Conseil, v. S. DEGER-JALKOTZY, *E-qe-ta, zur Rolle des Gefolgschaftswesens in der Sozialstruktur Mykenischer Reiche,* Vienne, Akad. d. Wissenschaften, spécialement pp. 147-156.

75. A. BRUHL, « Le souvenir d'Alexandre le Grand et les Romains », *Mélanges de l'École Française de Rome,* t. XLVII (1930), pp. 202-221 ; P. CEAUSESCU, « La double image d'Alexandre le Grand à Rome. Essai d'une explication politique », *Studii Clasice,* XVI (1974), pp. 153-168 ; Chiara FRUGONI, *La fortuna di Alessandro Magno dall' antichità al Medioevo,* Florence, La Nuova Italia Editrice, déc. 1978.

76. P. GOUKOWSKY, *Essai..., o.c.,* t. I (1978), pp. 111-114 et 316-319 : « Alexandre et les écoles philosophiques. »

77. Comparer au discours que lui fait tenir QUINTE-CURCE (x,

2, 23-29) à Suse. Voir aussi E. N. Borza, *Philip II, Alexander the Great and the Macedonian heritage,* Washington, University Press of America, 1982 ; H. G. L. Hammond, « Ta problèmata kai ta epiteugmata tôn megalôn Makedonôn Philippou kai Alexandrou », *Publications de la Société des Études Macédoniennes* no 31, Thessalonique, 1982, pp. 5-15.

78. La thèse de l'intoxication éthylique avec crise hépatique et *delirium tremens* est soutenue par Louis Lewin, *Die Gifte in der Weltgeschichte,* Berlin (Springer), 1920, pp. 177-180, et par J. M. O'Brien, *Annuals of the Queen's College,* New York, 1980. Quel crédit faut-il accorder à cette indication du Ps. Callisthène, *Roman d'Alexandre (in fine),* selon laquelle « il buvait, quand soudain il poussa un grand cri comme s'il avait été frappé d'un trait de flèche au foie » ?

79. M. Caster, *Études sur « Alexandre ou le faux prophète »,* de *Lucien,* Paris (Les Belles Lettres), 1938 : rapprochements repris par P. Vidal-Naquet, à la suite de l'*Histoire* d'Alexandre, trad. par P. Savinel, Paris, Éd. de Minuit, 1984, pp. 365-373. Ce pamphlet, postérieur à l'an 180, fait suite à deux autres de Lucien : *Histoire Véritable* (satire des *Indika,* et l'un des modèles possibles du *Roman d'Alexandre*), vers l'an 165, et *Comment écrire l'histoire,* satire générale d'Aristoboulos et d'Arrien, peu après 165.

80. Ulrich Wilcken, *Zur Entstehung des hellenistischen Königskultes,* Sitzungsberichte der Preuss. Akad. d. Wiss., Phil.-Hist. Kl., no 28 (1938), pp. 298-321 ; Paul Goukowsky, *Essai..., o.c.,* t. I (1978), spéc. pp. 57-68 et notes pp. 277-289 (*Theos Anikètos,* c'est-à-dire le dieu invincible) ; appendice XXIII, pp. 206-212 *(Alexandre et les exuviae elephantis);* t. II (1981), pp. 3-83 *(Alexandre et Dionysos),* 144-184 (notes critiques) ; Claire Préaux, *Le monde hellénistique,* t. I, P.U.F. Nouvelle Clio, 1978, pp. 238-271 (Les cultes royaux).

81. Clément d'Alexandrie, *Le protreptique,* éd. C. Mondésert, S.J., Paris, Éd. du Cerf, 1941, II, 16 : « Le dieu qui s'unit est pour les initiés le symbole des mystères de Sabazios : c'est un serpent qu'on fait passer dans leur sein, témoignage de l'inconduite de Zeus. »

82. A. Poidebard, S.J., *Un grand port disparu, Tyr,* Paris (Geuthner), 1939 ; D. Harden, *The Phoenicians,* Londres, 1963 ; Les Dossiers de l'archéologie, no 12 (septembre-octobre 1975), *Liban, les grands sites : Tyr,* etc., par Émir Maurice Chehab, Directeur général des Antiquités et musées de la République libanaise.

83. G. Posener, « De la divinité du Pharaon », *Cahiers de la Société asiatique,* no 15, Paris (1960), pp. 53-54 ; P. Kaplony, *Chronique d'Égypte,* t. 46, 1971, pp. 250-251.

84. P. Goukowsky, *Essai..., o.c.,* t. II (1981), pp. 25-31, et notes

pp. 154-158 (d'après les récits de Ch. Masson, 1844, Sir G. Scott Robertson, 1896 et M. Klimburg, 1975, principalement).

85. Aux références d'A. Bruhl, P. Ceausescu, Chiara Frugoni, mentionnés ci-dessus, note 75, il y a lieu d'ajouter ici celles de H.J. GLEIXNER, *Das Alexanderbild der Byzantiner,* dissert., Munich, 1961, et de Lellia CRACCO-RUGGINI, « Sulla cristianizzazione della cultura pagana. Il mito greco e latino di Alessandro dall'età antonina al medioevo », *Athenaeum,* t. 63 (1965), pp. 3-80.

86. Sur le texte de ce *Roman* et ses développements, v. Bibliographie générale g) La tradition romanesque, et note 3, ci-dessus. En outre, A. ABEL, *Le Roman d'Alexandre, légendaire médiéval,* Bruxelles, Office de Publicité, 1955.

87. A. MOMIGLIANO, « Flavius Josephus and Alexander's visit to Jerusalem », *Athenaeum,* N.S., 57 (1979), pp. 442-447. On a vu ci-dessus, au chapitre I, 1°) qu'Alexandre avait reçu à Tyr en 332 des ambassades de toutes les villes et principautés de Syrie et de Palestine se soumettant aux ordres du chef de la Ligue hellénique ; 2°) que la rébellion des Samaritains, coupables d'avoir arrêté et brûlé vif le gouverneur macédonien Andromakhos, leur avait valu, en 331, un raid de représailles, à 55 km au nord de Jérusalem. Ainsi Alexandre, le juste, respectait Jérusalem et punissait les schismatiques.

88. F. de POLIGNAC, « L'image d'Alexandre dans la littérature arabe : l'Orient face à l'hellénisme », *Arabica,* t. 29 (1983), pp. 296-306. En outre, Fr. PFISTER (1956), référence donnée à la note 3.

89. Émile DERMENGHEM, *Mahomet et la tradition islamique,* « Maîtres Spirituels », aux Éditions du Seuil, 1955 (réimp. 1957), qui renvoie dans sa Bibliographie à ses propres ouvrages et à ceux, aussi appréciés, de Régis Blachère, Gaudefroy-Demombynes, Henri Massé, Louis Massignon... Rappelons, en passant, que les textes en vieux perse de l'empire achéménide désignent par *Arabaya* (de « araba », la steppe) non seulement la péninsule arabique, mais une partie de l'actuelle Syrie, la Palestine et Israël, et que les pays devenus déserts, au cours des millénaires, étaient sillonnés par de nombreuses pistes. V., par ex., Pierre LÉVÊQUE, *Empires et barbaries,* IIIe siècle av. J.-C.-Ier siècle ap. J.-C., Paris (Larousse, 1968, pp. 351-367 (« Arabes et Parthes »).

90. *Le Coran,* traduit par Régis BLACHÈRE, 4 vol., Paris, G. P. Maisonneuve, 1947-1951 ; par Denise MASSON, Gallimard, coll. « La Pléiade », 1967 (rééd. 1980) ; par le Cheikh Si Hamza BOUBAKEUR, recteur de la mosquée de Paris, 2e éd., avec le texte arabe de la version du Caire, Paris, A. Fayard, 1979.

91. Cité par Amir Mehdi Badi, *Les Grecs et les Barbares,* Paris-Lausanne, Payot, 1963, p. 106.

92. Témoignages groupés dans *Les Mémoires d'Alexandre le Grand*, d'après le manuscrit de Babylone, roman de Nestor MATSAS, Paris, Les Belles Lettres, 1983, pp. 129-137.

93. P. J. VAN LEEUWEN, *De Maleise Alexander Roman*, Utrecht, 1937.

94. André BERNAND, *Alexandrie la Grande*, Paris, Arthaud, 1966, pp. 233-234.

95. M. Andronicos, G. Cawkwell, Harry Dell, Ch. Edson, J. R. Ellis, G. T. Griffith, N. G. L. Hammond, G. Le Rider, P. Lévêque, M. Sakellariou, *Philippe de Macédoine*, Ekdotikè Athènôn (1 Vissarionos, Athènes), 1982 (éd. originale en grec, *ibid.*, 1980). Sur le titre et les fonctions du roi : F. E. ADCOK, « Greek and Macedonian Kingship », *Proceedings of the British Academy*, 39 (1953), pp. 163-180 ; André AYMARD, « Basileus Makedonôn », *Études d'histoire ancienne*, Paris, 1967, pp. 100-122 (article paru dans la *Rev. intern. des Droits de l'Antiquité*, 4, 1950, pp. 61-97 ; Pierre CARLIER, *La Royauté en Grèce avant Alexandre*, Strasbourg, Association pour l'étude de la civilisation romaine, 1984.

96. Sur les Assemblées militaires : CÉSAR, *De Bello Gallico*, VI, 23, 4 ; TACITE, *Germania*, 7 ; 11 ; 13, pour une comparaison avec le cas macédonien ; André AYMARD, « Sur l'Assemblée Macédonienne », *R.E.A.*, 1950, pp. 115-137, et spécialement p. 127 ; Pierre BRIANT, *Antigone le Borgne, les débuts de sa carrière et les problèmes de l'Assemblée Macédonienne*, Paris, Les Belles Lettres, 1973 ; R. LOCK, « The Macedonian army assembly in the time of Alexander the Great », *Classical Philology*, 72 (1977), pp. 91-107.

97. Sur les armées d'Alexandre ont été consultés, outre les ouvrages ci-dessus mentionnés de P. A. BRUNT (Arrian, *Anabasis Alexandri*, I, p. LXIX-LXXXII, et appendix XIII ; II, appendix XIX), de N. G. L. HAMMOND (*Alexander the Great*, pp. 24-34), de P. FAURE (*La Vie quotidienne des armées d'Alexandre*, chap. I), de D. ENGELS (*Alexander and the Logistics of the Macedonian Army*), Hans DROYSEN : *Untersuchungen über Alexanders des Grossen Heerwesen und Kriegsführung*, Freiburg, 1885 ; A. von DOMAZSZEWSKI : « Die Phalangen Alexanders und Caesars Legionen », *Sitzungsberichte Heidelberger Akad. d. Wiss.*, 1925-1926, Abh.1 ; Helmut BERVE : *Das Alexanderreich*, *o.c.*, t. I (1926), chap. II : « das Heer », pp. 103-217 ; J. KROMAYER et G. VEITH : *Heerwesen und Kriegsführung der Griechen und Römer*, Handbuch der Altertumswissenschaft, IV, 3, 2, Munich (Beck), 1928 ; H. W. PARKE, *Greek Mercenary Soldiers*, Oxford, 1933 ; Marcel LAUNEY : *Recherches sur les armées hellénistiques*, Bibliothèque des Écoles françaises d'Athènes et de Rome, n° 169, 2 vol., Paris, 1949-1950 ; W. W. TARN : *The Cambridge Ancient History*, vol. VI : *Macedon 401-301* BC. 3e éd., Cambridge, 1953, pp. 358 sq.

(composition de l'armée d'Alexandre) ; F. E. ADCOCK : « The Greek and Macedonian Art of War », *Sather Classical Lectures,* n° 30, Berkeley and Los Angeles, Univ. of California Press, 1957 ; P. A. BRUNT : « Alexander's Macedonian Cavalry », *J.H.S.,* 83 (1963), pp. 27-46 ; A. M. SNODGRASS : *Arms and Armour of the Greeks, Aspects of Greek and Roman Life,* Londres, Thames and Hudson, 1967 ; R. D. MILNS : *The Army of Alexander the Great,* Fondation Hardt : *Alexandre le Grand, o.c.* (1975), pp. 87-130, et discussion pp. 131-136 ; Peter CONNOLY (avec l'aide de H. Catling, A. Snodgrass, F. Walbank et H. Russel Robinson) : *L'Armée grecque,* trad. de L. E. Junker, Aartselaar, Belgique, Éd. Chantecler, 1979 ; Pierre SAVINEL, trad. d'Arrien, *Histoire d'Alexandre, o.c.* (1984), préface, pp. 12-15.

98. Manolis ANDRONIKOS : « Sarissa », *B.C.H.,* 1970, pp. 91-107, spécialement fig. 5-7, p. 99 : conclusions confirmées par les découvertes du même archéologue dans les tombes royales d'Aigéai, proches de Vergina, en 1977 (v. les ex. au musée de Salonique). D'une communication de Mlle S. Amigues à l'Association des études grecques, le 7 mars 1983, *R.E.G.,* t. XCVI, 1983, pp. XVIII-XIX), il ressort que les deux espèces de *kraneia* distinguées par THÉOPHRASTE (*Hist. plant.,* III, 4, 3) sont le cornouiller *(cornus mas L.)* et le micocoulier ou falabreguié *(celtis australis L.),* l'un de la famille des cornacées et dialypétale, l'autre de la famille des ulmacées et apétale, mais tous deux servant à fabriquer les bâtons, les manches et les lances les plus rigides. On rapprochera le nom du falabreguié ou micocoulier provençal (quinze variantes chez F. Mistral) du grec *phalanx,* fût ou bille de bois, bâton, rondin : c'est « l'arbre à triques ».

99. Sur la poliorcétique et les mécaniciens antiques, on se réfère à C. WESCHER, *La Poliorcétique des Grecs,* Paris, 1867 (recueil de textes antiques et, en particulier, de celui de Biton le Mécanicien, qui écrivait vers 225 av. J.-C.) ; A. DE ROCHAS D'AIGLUN, *Traduction du Traité des Machines d'Athénée* (Ier siècle ap. J.-C.), Mélanges Graux, Paris, 1884 ; A. B. HOFFMEYER, *Antike Artillerie,* Bonn, 1958 ; ENÉE le Tacticien, *Poliorcétique,* texte établi par A. Dain, traduit et annoté par A. M. BON, Paris, Les Belles Lettres, 1967 (ouvrage écrit entre 360 et 355 av. J.-C.) ; Roland MARTIN, *Manuel d'architecture. Matériaux et techniques.* Paris, A. Picard, 1965 (concerne aussi l'art des fortifications) ; F. E. WINTER, *Greek Fortifications,* Londres, 1971 ; E. W. MARSDEN, *Greek and Roman Artillery.* I, *Historical development ;* II, *Technical treatises.* Oxford, Clarendon Press, 1969, 1971 ; Yvon GARLAN, *Fortifications et Histoire grecque. Problèmes de la guerre en Grèce ancienne,* Civilisations et Sociétés, 11. Paris-La Haye (Mouton), 1968, pp. 245-260 ; *La Guerre dans l'Antiquité,* Paris,

F. Nathan, 1972 ; *Recherches sur la poliorcétique grecque,* ouvrage
suivi du livre v de la *Syntaxe mécanique de Philon de Byzance* (fin
du IIIᵉ siècle av. J.-C.), Athènes, École française d'Archéologie et
Paris, E. de Boccard, 1974 ; Jack LINDSAY, *Blast-Power and Ballistics. Concepts of Force and Energy in the Ancient World,* Londres,
Frederick Miller, 1974 ; Peter CONNOLLY, *L'Armée grecque, o.c.,*
pp. 64-71 (illustrations de l'auteur) ; E.W. MARSDEN, « Macedonian military machinery and its designers under Philipp and
Alexander », *Ancient Macedonia,* II, Institute of Balkan Studies,
Thessalonique, 1977, pp. 211-223 ; Bertrand GILLE, *Histoire des
techniques,* Encyclopédie de la Pléiade, Paris, Gallimard, 1978 ;
Les Mécaniciens grecs. La Naissance de la technologie. Paris, Le
Seuil, 1980, pp. 7-52.

100. Sur la fascination de l'or et des métaux, voir : John
LITTLEPAGE and Demaree BESS, *In Search of Soviet Gold,* New
York, Brace and Co., 1938 ; R.J. FORBES, *Studies in Ancient Technology,* vol. VII et VIII, Leyde, Brill, 1963-1964 ; Jacques RAMIN,
La Technique minière et métallurgique des Anciens, coll. Latomus,
vol. 153, Bruxelles, 1977 ; Paul FAURE, *La Vie quotidienne des
colons grecs... au siècle de Pythagore,* Paris, Hachette, 1978, spécialement pp. 213-221 sur la coupellation ; Lucette BOULNOIS,
L'or du Tibet, Paris, éd. du C.N.R.S., 1983.

101. Sur les parfums de l'Arabie, voir : Hugo BRETZL, *Die
botanischen Forschungen des Alexanderszuges,* Leipzig, 1903 ; *Dictionnaire archéologique des techniques,* Paris, Éd. de l'Accueil,
1963-1964 ; J. PIRENNE et coll., « Au pays fabuleux de la reine de
Saba », *Les Dossiers de l'Archéologie,* nᵒ 33, mars-avril 1979 : les
royaumes sud-arabes antiques ; les trésors des rois de Awsan ;
Shabwa, capitale du royaume de l'encens. Christian ROBIN et
coll., « Dossier Yémen, sur la piste de l'encens », *Archéologia,*
nᵒ 160, nov. 1981, pp. 26-53 ; P. FAURE, *La Vie quotidienne des
armées d'Alexandre, o.c.,* pp. 252-257 ; Pierre DELAVEAU, *Histoire
et renouveau des plantes médicinales,* Paris, A. Michel, 1982,
pp. 56-63.

102. R.J. FORBES, *Studies in early petroleum industry,* Leyde,
1958 ; IDEM, *Studies in Ancient Technology,* « Bitumen and Petroleum in Antiquity », 2ᵉ éd., Leyde (Brill), 1964, pp. 1-124 ; Jacques RAMIN, « Les Hydrocarbures dans l'Antiquité », *Archeologia,* nᵒ 69, avril 1974, pp. 10-15 (avec référence à l'*Histoire mondiale du pétrole,* de J.J. Berreby, Hachette, s.d.).

103. (PSEUDO-) ARISTOTE, *Économiques,* l. II, éd. Van Groningen et Wartelle, Paris, Les Belles-Lettres, 1968, traite de « l'économie royale », c'est-à-dire de problèmes de budget, de fisc, de
stratagèmes monétaires dans l'empire d'Alexandre. Voir Michel
AUSTIN et P. VIDAL-NAQUET, *Économies et sociétés en Grèce
ancienne,* Paris, A. Colin, U², 1973 ; P. BRIANT, *Alexandre le*

Grand, o.c., pp. 80-92 ; G. LE RIDER, *Le monnayage d'argent et d'or de Philippe II,* Paris, 1977.

104. HÉRODOTE (v, 50 et 53) estimait à 14 040 stades (environ 2 500 km) la distance d'Éphèse à Suse par la route royale : à raison de 50 km par jour, il fallait 50 jours pour relier la capitale de la Perse à la Méditerranée. N.G.L. HAMMOND calcule qu'entre Alexandre, à Suse, et Antipatros, à Pella, en passant par la route du sud de l'Asie Mineure, il fallait quatre mois pour qu'une réponse fût donnée à une question posée (*Alexander the Great...,* *o.c.,* p. 158). De Babylone à Tarse, par la route royale du Tigre, j'ai compté personnellement 1 200 km : la troupe d'Harpale, encombrée de lourds chariots et de « services », ne parcourait certainement pas plus de 20 km par jour. Harpale, parti de Babylone en mars 324, n'a pas pu arriver au Pirée avant soixante-dix jours de voyage. Les menaces d'Alexandre sont parvenues à Athènes en même temps que l'or d'Harpale. V. Siegfried JASCHINSKI, *Alexander und Griechenland unter dem Eindruck der Flucht des Harpalos,* Bonn, Habelt, 1981, et le compte rendu de Wolfgang WILL dans *Gnomon,* 54 (1982), Heft 8, pp. 746-750.

105. Outre les ouvrages et articles déjà mentionnés de G. LE RIDER et de M. AUSTIN et P. VIDAL-NAQUET ci-dessus, les lecteurs francophones consulteront avec profit D. SCHLUMBERGER, *L'argent grec dans l'Empire achéménide. A propos d'un trésor perse découvert à Caboul,* Mémoires de la DAFA, t. XIV, Paris, 1953 ; R. BOGAERT, *Banques et banquiers dans les cités grecques,* Leyde, Sijthoff, 1968 ; Jean BOUSQUET, « Inscriptions de Delphes », *B.C.H.,* 1985, 221-253, étudie spécialement dans les *Fouilles de Delphes, Épigraphie,* III, 5, les numéros 50 (change de philippes d'or), 58 (achat de [4] couronnes d'or pour Olympias), 80 (pièces de 1/4 de statère en or). Nous sommes amenés à considérer qu'un statère d'argent de Philippe valait 2 drachmes d'argent attique ; qu'un statère d'or valait 20 drachmes d'argent attique ou 14 drachmes ou 7 statères d'argent éginétique ; que les trésoriers du temple de Delphes assimilaient le darique d'or au philippe d'or ; que lorsque les prytanes prêtaient aux trésoriers du Temple de l'or au taux de 14 drachmes éginétiques, ils ne faisaient aucun bénéfice, alors que l'agio de change en banque était de 1 drachme par philippe d'or couramment, en 337/336 (7 %).

106. Essai bibliographique sur les flottes d'Alexandre (par ordre alphabétique) : Lucien BASCH, « Phoenician Oared Ships », *The Mariner's Mirror,* vol. 55 (1969), nᵒˢ 2 et 3, pp. 139-162 et 227-246 ; IDEM, « Trières grecques, phéniciennes et égyptiennes », *J.H.S.,* vol. XCVII (1977), pp. 1-10 ; IDEM, « Éléments d'architecture navale dans les lettres grecques », *L'Antiquité classique,* t. XLVII (1978), fasc. 1, pp. 5-36 ; IDEM, « Roman triremes and the outriggerless Phoenician trireme »,

The Mariner's Mirror, vol. 65 (1979), nº 4, pp. 289-326 ; IDEM, The Athlitram, A preliminary Introduction and report, *Ibid.,* 68 (1982), pp. 3-7 ; IDEM, *Le Musée imaginaire de la Marine antique,* Athènes (ministère de la Culture), 2 vol., avec 240 planches, à paraître en français et en grec, septembre 1985 ; Lionel CASSON, *Ships and Seamanship in the Ancient World,* Princeton, 1971 ; P. FAURE, *La Vie quotidienne des armées d'Alexandre, o.c.,* pp. 306-348 ; J. M. GASSEND, Miss HONOR FROST, L. BASCH, J. THURNEYSSEN, « La Navigation dans l'Antiquité », Les Dossiers de l'Archéologie, Fontaine-lès-Dijon et Bruxelles (Soumillion), nº 29, juillet-août 1978 ; P. A. GIANFROTTA et P. POMEY, *Archeologia subacquea,* Milan, Mondadori, 1980 ; Arvid GÖTTLICHER, *Materialen für ein Corpus der Schiffsmodelle im Altertum,* Mayence Ph. von Zabern, 1978 ; James HORNELL, *Water transport, Origins and early Evolution,* Cambridge, 1946 ; J. S. MORRISON, « Hemiolia, trihemiolia », *The International Journal of Nautical Archaeology and Underwater Exploration,* 9, 2 (1980), pp. 121-126 ; Photios PETSAS, *Pella, Alexander the Great's Capital,* Thessalonique, 1978, pp. 68-69, nº 5 (stèle de Makartos) ; G. A. ROST, *Vom Seewesen und Seehandel in der Antike,* Amsterdam, 1968 ; Jean ROUGÉ, *La Marine dans l'Antiquité,* Paris, P.U.F., 1975 ; Julie VÉLISSAROPOULOS, *Les nauclères grecs,* Paris, Minard, 1980 ; G. WIRTH, *Nearchos. Der Flottenschef,* Acta Conventus IX, Eirene 7, 1968 ; The National Maritime Museum Haifa (avec la collaboration de Lionel Casson), *Ships and Parts of Ships on ancient Coins,* I, Haifa, 1975. Photo d'une *bagala* d'Oman prise en 1937 par Fr. BALSAN, *De Kaboul au golfe Persique,* Paris, Peyronnet, 1949, face à la p. 257.

On ajoutera aux quelque 30 types d'embarcations connues par AULU-GELLE (*Nuits attiques,* X, 25, 5) les bateaux-corbeilles *(nebout)* des bouviers voisins d'Alexandrie (cf. HÉLIODORE, *Théagène et Chariclée,* I, 5 ; Achille TATIOS, IV, 12), les bateaux cousus des habitants de la bouche Pèlusiaque du Nil (*Souda,* aux mots *Amma, Ammata,* Kasion oros, Pèlousion), les bateaux circulaires en peau, ou *quffa,* de Mésopotamie (HÉRODOTE, I, 194). Et on aura toujours recours pour la comparaison, à l'*Essai sur la construction navale des peuples extra-européens,* de l'amiral Edmond PARIS (1841), mentionné dans notre récit.

107. Voici, d'après l'inscription du tombeau de Darius Ier (486), à Naqš-i Rustem près de Persépolis, la liste des peuples soumis au Grand Roi et lui payant tribut. Elle est confirmée par l'inscription rupestre de Behistoun, par une liste de Persépolis, par l'inscription hiéroglyphique de la statue de Darius trouvée à Suse en 1972, par une stèle de Suse et une autre (mutilée) de Suez. Nous donnons le nom perse, sa forme latinisée et, quand nous le connaissons, le nom de la ville principale, chef-lieu de

Satrapie : 1. Parsa, Perside (capitale Persépolis) ; 2. Mada, Médie (Ecbatane) ; 3. Huvja, Susiane (Suse) ; 4. Parthava, Parthyène (Hékatompylaï, près de Sharud) ; 5. Araiva, Arie (Artakoana) ; 6. Bakhtriš, Bactriane (Zariaspa-Baktra) ; 7. Suguda, Sogdiane (Marakanda) ; 8. Uvarazmiš, Chorasmie (Kalaly Gyr, ou Khiva ?) ; 9. Zranka, Drangiane ou Zarangiane (Phrada) ; 10. Harauvatiš, Arachosie (Kandahar ?) ; 11. Thataguš, Sattagydes (Quetta ? Sindimana ?) ; 12. Gandhara, Paropamisus (Ortospana ?) ; 13. Hinduš, Sindh (Pattala) ; 13. Saka Haomavarga, « Nomades faiseurs de drogue » (protectorat ; au voisinage de Kuruškatha, « Cyropolis », Ura Tiube du Tadjikistan ?) ; 15. Saka Tigrachauda, « Nomades aux bonnets pointus » (protectorat ; l'actuel Kazakhstan ?) ; 16. Babirus, Babylonie (Babylone) ; 17. Athura, Assyrie (Arbailou ?) ; 18. Arabaya, Syrie-Palestine (Damas) ; 19. Mudraya, Égypte (Memphis) ; 20. Arminia, Arménie (Van ?) ; 21. Karpatuka, Cappadoce (vers Kayseri ?) ; 22. Isparda, Lydie (Sardes) ; 23. Yauna, Ionie (Daskyleion, près de Bursa) ; 24. Saka Paradraya, « Nomades d'Outre-Mer » (protectorat ; à l'ouest de la Caspienne) ; 25. Skudra, Thraces (protectorat, actuelle Bulgarie) ; 26. Yauna coiffés du pétase, Grecs d'Europe (protectorat de Macédoine) ; 27. Putâyâ, Pays de Pount (Érythrée ? Soudan ?) ; 28. Kušiyâ, Éthiopie, ou Somalie ? (protectorat ; Kush ?) ; 29. Maciya, Maka, actuel Makran du golfe Persique (Pura-Bampur) ; 30. Karka, Carie ou « Pays de la Mer » avec Cilicie et Chypre (Halicarnasse). On remarque que cette liste s'ordonne autour des trois premiers peuples, selon les quatre points cardinaux, nord, est, sud et ouest, avec intercalation, puis addition de sept protectorats et de deux peuples nouvellement soumis. La liste des vingt gouvernements ou satrapies que donne HÉRODOTE (*Enquête*, III, 89-94), cinquante ans plus tard, ne correspond plus tout à fait à celles de Darius, ni pour la nomenclature, ni pour l'ordre : elle va de l'Ionie (côte ouest de l'Asie Mineure) à la vallée de l'Indus. Les 30 divisions administratives d'Alexandre, celles qu'il s'est efforcé de pourvoir de satrapes et de gouverneurs militaires et financiers, ne recouvrent qu'en partie l'espace impérial de Darius Ier. Ce sont : Mèdia, Susiana, Persis, Babylonia, Syria Koilè, Syria Palaistinè, Mésopotamia, Aigyptos I et II, Kappadokia, Phrygia (Kelainai), Phrygia (Hellespontia), Lydia, Karia, Pisidia, Lykia, Pamphylia, Kilikia, Drangiana, Parthyaia, Hyrkania, Areia, Baktria, Sogdiana, Arakosia, India I (Pendjab) et II (Sindh), Paropamisos, Karmania, Gedrosia. Il manque évidemment toute la péninsule arabique, tout le nord de l'Asie Mineure, le Soudan...

108. Mention, avec brève analyse du document, dans les *Comptes rendus de l'Académie des Inscriptions* (C.R.A.I.), séance du 5 juin 1936, pp. 165-166, et en 1937, p. 182. Jacques Coupry,

mon collègue, a bien voulu m'en communiquer la photographie, avec son propre fac-similé et sa transcription personnelle. Le texte original a été présenté par Cl. Vatin aux congressistes d'Athènes réunis en séance plénière, le 7 octobre 1982, sous le faux titre : « Lettre des ambassadeurs d'Alexandre ». A notre connaissance ni le texte grec, ni le commentaire du présentateur n'ont encore paru. Il ne s'agit pas d'une « décision d'Alexandre envoyée par des ambassadeurs à Philippes », mais d'une décision de la ville de Philippes en l'absence d'Alexandre. Rappelons qu'au printemps de 323 le roi reçut de la plupart des Cités grecques des ambassades, des félicitations et des couronnes (DIODORE, XVII, 113, 1-4 ; ARRIEN, VII, 15, 5 : « On dit même que certains confièrent à Alexandre le soin de juger leurs différends. ») Aucun fragment nouveau n'est venu compléter le texte de cette inscription, conservée, en principe, au musée de Kavala, en Macédoine. Mon interprétation a été soumise à J. Bousquet, G. Daux et J. Coupry avant la rédaction de cet ouvrage.

109. Victor CHAPOT, « Alexandre fondateur de villes », *Mélanges Glotz*, t. I, P.U.F., 1932, pp. 173-181, rectifie le Catalogue d'H. BERVE, *Das Alexanderreich, o.c.*, I, 278 ; Roland MARTIN, *Recherches sur l'agora grecque*, Paris, 1951, pp. 197-201 ; 412-415 ; Idem, *L'urbanisme dans la Grèce antique*, Paris, A. et J. Picard, 1956 ; 2e éd., 1974 ; Christian LE ROY, « Les oiseaux d'Alexandrie », *B.C.H.*, 1981, pp. 393-406.

110. Les historiens modernes, depuis Guillaume de Sainte-Croix (1775), se référant aux indications d'Arrien, de Strabon, de Pline l'Ancien et d'Étienne de Byzance, se sont tous évertués à localiser ces foisonnantes Alexandrie. Tâche vaine : il n'y en a que deux dont la position soit assurée, l'Alexandrie d'Égypte et celle de l'Iaxarte, à Leninabad. Encore les sondages ou les fouilles de sauvetage qui y ont été pratiqués depuis un siècle n'ont-ils rendu au jour que des témoins d'époque hellénistique. Le cours des fleuves, la rage des hommes ont fait disparaître les ruines des cinq autres cités que l'on peut attribuer à Alexandre. Mais le grand fondateur a fourni des modèles, a laissé son nom et sa légende, a suscité des initiatives et il a plus créé après sa mort physique que de son vivant. GAFOUROF et TSIBOUKIDIS consacrent les six dernières pages du 9e chapitre et dix pages du dernier chapitre de leur *Alexandre de Macédoine*, Moscou, 1980, à distinguer les fondations d'Alexandre de celles des diadoques, en s'appuyant surtout sur la critique de J. DROYSEN, *Geschichte des Hellenismus*, 1978, III, pp. 331-375. Peu importe le nombre, disent-ils. « L'important est que l'expédition gréco-macédonienne a donné l'essor à l'esclavage, au commerce, aux échanges et au rapprochement de populations fort éloignées l'une de l'autre » (ch. IX, fin).

111. R. GHIRSHMAN, *Begram...*, *o.c.* (1946), p. 9 et pl. III, a localisé Ortospana sur la butte d'Eskanderia ou Sikanderia, entre Kaboul et Charikar. Selon lui, pp. 6-10 et fig. 4, l'Alexandrie dite « du Caucase » était sur la hauteur fortifiée (en briques) de Parvan ou Djebel Saraj, au nord-est de Begram. Les fouilles menées sur le site en 1940 et 1941 n'ont atteint, au plus profond, que des débris, parfois magnifiques, de l'époque des Séleucides. Toute la région (vallées de la Kaboul et du Panjir) a été submergée par les Kouchans au Ier siècle de notre ère.

112. P. CHUVIN, « A propos de deux hypothèses sur les vignes et le raisin grecs dans la toponymie afghane : Istalif et le fantôme des « Aristaphyloi », *Studia Iranica,* t. 12 (1983), pp. 243-247. Ces remarques sur la persistance des noms grecs et de la légende de Sikandar ou Dhû-l Qarnaïn au voisinage des deux Alexandrie de l'antique Bactriane complètent les données de notre note 36, ci-dessus.

113. La question se pose à nouveau de savoir si toutes ces Alexandrie et ces postes frontaliers sont parvenus à coloniser les terres lointaines, c'est-à-dire à les occuper, à les cultiver et à les exploiter, avec le bon vouloir des indigènes, dès l'époque d'Alexandre, ou si ce ne sont pas en réalité de nouvelles fondations militaires et commerciales des diadoques, au IIe siècle av. J.-C. Sur les apports de cette première colonisation s'opposent les thèses de P. BRIANT (*Alexandre le Grand, o.c.,* pp. 104-106 ; *Dialogues d'histoire ancienne,* Besançon, t. II, 1976, pp. 194-210; t. V, 1979, pp. 283-292. « Colonies hellénistiques et populations indigènes, la phase d'installation », *Klio,* t. 60 (1978), pp. 57-60) et de P. GOUKOWSKY, dans les *Actes du Colloque de Strasbourg,* 1979, *o.c.,* pp. 7-17 (cf. notre note 46). Qu'il nous soit permis de poser ici, pour terminer, une simple question : peut-on toucher à l'économique sans toucher au social, au politique et même à l'art et aux idées ?

114. P. GOUKOWSKY, *Essai...,* *o.c.,* II (1981), pp. 99-100 (« Alexandrie de Makarène »).

115. Louis ROBERT, « De Delphes à l'Oxus, inscriptions grecques nouvelles de la Bactriane », *C.R.A.I.,* 1968, pp. 416-457. Cléarque de Soloï est un disciple d'Aristote. Son inscription date du début du IIIe siècle av. J.-C.

116. Trois films ont paru au cours de ces trente dernières années : deux *Alexander the Great,* de Robert ROSSEN (1955) et de Frederic MARCH (1973), et *O Megalexandros* de Theodoros ANGELOPOULOS (1980), sorte de saint Georges libérant le peuple grec opprimé par les Anglais et qui rappelle *Ivan le Terrible* d'Einsenstein.

Bibliographie générale

a) Historiens contemporains d'Alexandre

Die Fragmente der Griechischen Historiker, édition de Felix Jacoby, 2e partie B, Leyde, Brill, 1962, nos 117 à 153, pp. 618-828, les principaux documents étant : les *Éphémérides royales* (no 117), les rapports des Bèmatistes (nos 119-123), les Histoires ou Mémoires de Kallisthénès d'Olynthe (no 124), de Kharès de Mitylène (no 125), d'Ephippos (no 126), de Néarkhos de Crète (no 138), d'Onèsikritos d'Astypalaia (no 134), de Kleitarkhos (= Clitarque) d'Alexandrie (no 137, pp. 741-752), du roi Ptolémée Ier, fils de Lagos (no 138), d'Aristoboulos de Kassandreia (no 139) et l'anonyme *Fragment sabaïtique* (no 151). Ajoutez les fragments de Timée, 3e partie B, no 566, p. 581.

b) Documents épigraphiques

P. Bourguet, Fouilles de Delphes, Épigraphie, III, 5, nos 50, 58, 80 (comptes de 327 à 324/3), Paris, 1932.
Inédit de la ville de Philippes, traduit ci-dessus pp. 475-476.
Tod Marcus N., *A Selection of Greek Historical Inscriptions,* vol. II, nos 183-205 (« The reign of Alexander »), Oxford, Clarendon Press, 1950, pp. 240-315.
Christian Le Roy, *Alexandre à Xanthos,* in Actes du Colloque sur la Lycie antique, Paris, Maisonneuve, pp. 51-62.
A.J. Heisserer, *Alexander the Great and the Greeks. The epigraphic Evidence,* University of Oklahoma Press, 1980.

c) Numismatique

B. V. Head, Hill, MacDonald, Wroth, *Historia Numorum, a Manual of Greek Numismatics,* new and enlarged edition, Chicago, 1957.
Ch. Seltman, *Greek Coins,* Londres, 3e éd., 1960, pp. 200 sq.

A.R.BELLINGER, « Essay on the coinage of Alexander the Great », *Numismatic Studies*, 11, New York, 1963.

G. LE RIDER, *Le monnayage d'argent et d'or de Philippe II de 359 à 294*, Paris, 1977.

d) Œuvres d'art

Margarete BIEBER, *Alexander The Great in Greek and Roman Art*, Chicago, Heinemann, 1964.

e) La « Vulgate » de l'histoire d'Alexandre

DIODORE de SICILE, *Bibliothèque historique*, livre XVII (composé entre 54 et 36 av. J.-C.), texte établi et traduit par Paul Goukowsky, Paris, Les Belles Lettres, 1976.

Philippika de Trogue Pompée (entre 20 et 2 av. J.-C.) = Justin (M. Junianus Justinus), *Epitoma Historiarum Philippicarum Pompei Trogi*, livres XI et XII, éd. Fr. Ruehl, Leipzig, Teubner, 1886, trad. franç. par J. Pierrot et E. Boitard, revue par E. Pessonneaux, Paris, Garnier, 1925, pp. 120-160.

QUINTE-CURCE, *Histoires* (rédigées sous Claude, entre 42 et 50 ap. J.-C.), texte établi et traduit par H. Bardon, Paris, Les Belles Lettres, t. I, 1948 ; t. II, 1961 (3e tirage en 1976).

PLUTARQUE, *De Alexandri Magni Fortuna aut Virtute*, libri II (vers 75-80 ap. J.-C.) *et Regum et Imperatorum Apophthegmata*, éd. et trad. en ang. par F. C. Babbitt, Londres, Heinemann, coll. Loeb. Moralia, t. III et IV, 1961-1962.

PLUTARQUE, *Vie d'Alexandre* (vers 110-115 ap. J.-C.), texte établi et traduit par Robert Flacelière et Émile Chambry, Paris, Les Belles Lettres, 1975 (= PLUTARQUE, *Vies*, tome IX, pp. 30-125). Information éclectique, mais souvent tributaire de Clitarque, des *Lettres* et des *Éphémérides*. Cf. J. R. HAMILTON, *Plutarch, Alexander : a Commentary*, Oxford, 1969.

Épitomè de Metz, Incerti Auctoris Epitoma rerum gestarum Alexandri Magni cum libro de morte testamentoque Alexandri (IVe ou Ve siècle), éd. P. H. Thomas, Leipzig, Teubner, 2e éd., 1966.

f) La tradition critique

PSEUDO-DÉMOSTHÈNE, *Sur les conventions passées avec Alexandre*, éd. Croiset, Paris, Les Belles Lettres, 1925, II, 17.

STRABON, *Géographie* (entre 3 et 18 ap. J.-C.), livre XI, chap. 6 à

13, texte établi et traduit par François Lasserre, Paris, Les Belles Lettres, 1975 ; livre XVII, éd. et traduction en latin de C. Müller et Dübner, Paris, Didot, t. II des *Geographica,* 1877 (tradition d'Eratosthène de Cyrène, né vers 290-285 av. J.-C.), éd. et trad. en angl. par H. L. Jones, Coll. Loeb n° 40, t. VIII, Londres, Heinemann, 1949.

PLINE l'ANCIEN, *Histoire naturelle* (vers 70 ap. J.-C.), livre VI, 38 à 144, éd. Jahn, Leipzig, Teubner, 1898 ; éd. partielle (46 à 106) et trad. en franç. par J. André et J. Filliozat, Paris, Les Belles-Lettres, 1980 (d'après : la *Correspondance* d'Alexandre et les œuvres perdues de Clitarque, d'Onésicrite, de Néarque et d'Eratosthène). Résumé par Solin, *Collectana,* 9, 17-21.

ARRIEN DE NICOMÉDIE, *Anabasis Alexandri,* books I-IV (vers 140-150 ap. J.-C.), texte de l'éd. Roos et Wirth, Teubner, 1967, trad. angl., introduction, notes et XV appendices de P.A. Brunt, Cambridge (Massachussets) et Londres, W. Heinemann, The Loeb Classical Library, 1976 ; *Anabasis Alexandri,* books V-VII, et *Indica* (d'après Néarkhos), éd. et trad. anglaise du même P. A. Brunt, Londres (même éditeur, même collection), 1983.

A. B. BOSWORTH, *A Historical Commentary on Arrian's History of Alexander,* I, Commentary on books I-III, Oxford, 1980.

ARRIEN, *l'Inde,* éd. Chantraine, Paris, Les Belles Lettres, 1927.

ARRIEN, *Histoire d'Alexandre. L'Anabase d'Alexandre le Grand,* traduit du grec par Pierre Savinel, Éd. de Minuit, Collection « Arguments », Paris, 1984.

Itinerarium Alexandri, ouvrage anonyme (vers 340 ap. J.-C.), éd. commentée d'H. J. Hausmann, Dissertation, Cologne, 1970 (en partie d'après Arrien). Édition plus accessible à la suite des *Scriptores Rerum Alexandri Magni* et du Pseudo-Callisthénès (codices A, B, C + Julius Valerius) par C. Muller, Paris, coll. Didot, 1846, pp. 155-167.

g) La tradition romanesque

PSEUDO-ALEXANDRE, *Lettres,* notamment à Aristote, au roi Darius, au roi Poros et avec la réponse de Poros, le testament d'Alexandre (recueils fabriqués au IIIe et au IIe siècle av. J.-C.) : cf. Reinhold Merkelbach. *Die Quellen des griechichen Alexander-romans,* Zetemata, vol. 9, Munich, 1954, et la préface plus les notes de l'éd. P. H. Thomas de l'*Epitomè de Metz,* cité ci-dessus. Les *Lettres des Satrapes,* citées par ATHÉNÉE, *Banquet des sophistes,* IX, 393 et XI, 784.

PSEUDO-ARISTOTE, « Récits merveilleux » (de l'époque hellénistique), *De Mirabilibus auscultationibus,* translatio Bartholomaei de Messana, et Anonyma Basileensis, éd. G. Cornelia-J. Livius-Arnold, thèse de lettres, Amsterdam, 1978.

PSEUDO-CALLISTHÉNÈS, *Roman d'Alexandre* (paraît avoir été rédigé en langue grecque, en Égypte, sous l'empereur Alexandre Sévère, 222-235 ap. J.-C.). Nous le connaissons surtout traduit et adapté en latin par Julius Valerius Polemius (vers 338-340) sous le titre *Res Gestae Alexandri Macedonis,* éd. B. Kuebler, Leipzig, Teubner, 1888, texte qui devait inspirer les divers auteurs du « Roman d'Alexandre » au Moyen Age. Les versions byzantines (peut-être du IXe siècle) se lisent, en grec, dans les éditions W. Kroll, *Historia Alexandri Magni* (1926) et H. Van Thiel, *Leben und Taten Alexanders von Makedonien* (1974). On possède plusieurs versions orientales, assez éloignées de l'original grec : arménienne (éd. Raabe, 1896), éthiopienne (éd. W. Budge, 1889), hébraïque (éd. J. Ben Gorion, 1896), syrienne (éd. V. Ryssel, 1893).

NONNOS DE PANOPOLIS, *Dionysiaka* (vers 460-470 ap. J.-C.), chants XIII-XL (campagnes de Dionysos de la Phrygie jusqu'à l'Inde et séjour à Tyr), éd. R. Keydell, t. I et II, Berlin, 1959.

OUVRAGES MODERNES ORIGINAUX
CONCERNANT ALEXANDRE

Johann Gustav DROYSEN, *Geschichte Alexanders des Grossen,* Gotha, 1833 ; 2e éd. refondue, 1877 ; traduction en français par A. Bouché-Leclercq, Paris, E. Leroux, 1883, puis par Jacques Benoist-Méchin, Paris, Grasset, 1935 et février 1982.

Helmut BERVE, *Das Alexanderreich auf prosopographischer Grundlage,* I Bd : Darstellung ; II Bd Prosopographie, Munich, C. H. Beck, 1926.

Georges RADET, *Alexandre le Grand,* Paris, L'Artisan du Livre, 1931 et 1950.

Ulrich E. WILCKEN, *Alexander der Grosse,* Leipzig, 1931 ; traduction en français de Robert Bouvier, Paris, Payot, Bibliothèque historique, 1933 ; en anglais avec une introduction de E. N. Borza, New York, 1962.

Charles-Alexander ROBINSON, *Alexander the Great, the meeting of East and West in World Government and Brotherhood,* New York, Dutton and Co, 1949.

IDEM, *The History of Alexander the Great,* 2 vol., Providence, 1953-1963.

William Woodthorpe TARN, *Alexander the Great,* 1er vol., Cambridge, University Press, 1950-1951 ; rééd. du I, Boston, 1956.

Paul CLOCHÉ, *Alexandre le Grand et les essais de fusion entre l'Occident gréco-macédonien et l'Orient,* Neuchâtel, Messeiller, 1953.

ID. Alexandre Le Grand, P.U.F., 1954.

Amir Mehdi BADI', *Les Grecs et les Barbares.* L'autre face de l'histoire, Paris, Lausanne, Payot, 1963, spécialement pp. 19-21, 74-75 et 106.

Peter BAMM, *Alexander oder die Verwandlung der Welt,* Zurich (Droemer), 1965 : en français : *Alexandre le Grand.* Pouvoir et destin, Paris-Bruxelles, Éd. Sequoia, Elsevier, 1969.

Peter GREEN, *Alexander the Great,* Londres, Weidenfeld and Nicholson, 1970.

Theodoros SARANTIS, *Ho Mégas Alexandros : apo tèn historia heôs ton thrylo,* 2 vol., Athènes, 1970.

Konrad KRAFT, *Der « rationale » Alexander,* éd. Helga Gesche, Frankfürter Althistorische Studien, 5, Kallmunz Opf. M. Lassleben, 1971.

Robin LANE FOX, *Alexander the Great,* Londres, Allen Lane, 1973.

FRITZ SCHACHERMEYR, *Alexander der Grosse : das Problem seiner Persönlichkeit und seines Wirkens,* Vienne, Oesterr. Akad. der Wissenschaften, Philos. Klasse, t. 285, 1973.

Panagiotis KANELLOPOULOS, Athina KALOGEROPOULOU, Alexandros DESPOTOPOULOS, Louiza LOUKOPOULOU, *Megas Alexandros, 336-323 p. Kh.,* Historia tou Hellènikou Ethnous, t. IV, pp. 2-235, Athènes, Ekdotikè Athènôn A.E., 1973.

Pierre BRIANT, André BERNARD, Pierre LERICHE, *Alexandre le Grand dégagé de l'histoire conventionnelle.* Les Dossiers de l'archéologie, no 5, juillet-août 1974, pp. 5-114, Paris, Impr. Edicis, 1974.

Pierre BRIANT, *Alexandre le Grand,* Presses Universitaires de France, coll. « Que sais-je ? » no 622, Paris, 1974 ; 2e éd. mise à jour, 1977.

M. A. LEVI, *Alessandro Magno,* Milan, Rusconi, 1977.

Paul GOUKOWSKY, *Alexandre et la Conquête de l'Orient* (336-323), dans E. WILL, *Le Monde grec et l'Orient,* Paris, P.U.F., Peuples et Civilisations, t. II, livre II, 1975.

IDEM, *Essai sur les origines du mythe d'Alexandre (336-270 av. J.-C.),* I, *Les origines politiques,* Nancy, Université II. Annales de l'Est, Mémoires, 60, 1978, pp. 9 à 71 et notes, et pp. 167-224 (XXVIII appendices).

t. II, *Alexandre et Dionysos, ibid.*, 1981, pp. 3 à 83, XII appendices, pp. 86 à 140, notes critiques, pp. 143-198.

Entretiens sur l'Antiquité classique, *Alexandre le Grand. Images et Réalité*, Fondation Hardt, Entretiens du 25 août au 30 août 1975, nᵒ XXII, Vandœuvres-Genève, 1976. Compte rendu par P. Goukowsky; *R.E.G.*, 1977, pp. 124-130.

B. GAFOUROF et D. TSIBOUKIDIS, *Alexander Makedonskie i Vostok*, Moscou, Éd. Naouka, 1980 ; traduction en grec moderne par G. Stergiou, Athènes, éd. Papadima, 1982, 736 p., illustrations et cartes.

N. G. L. HAMMOND, *Alexander the Great, King, Commander and Statesman*, Londres, Chatto & Windus, 1981.

ÉTUDES BIBLIOGRAPHIQUES

ET CRITIQUES POSTÉRIEURES

À LA DEUXIÈME GUERRE MONDIALE

W. W. TARN, *Alexander the Great*, t. II : The Sources and Studies, Cambridge, 1948.

F. HAMPL, *La Nouvelle Clio*, VI 1954, pp. 91-136.

Lionel PEARSON, *The lost Histories of Alexander the Great*, Londres, Blackwell, 1960.

C. A. ROBINSON, *The History of Alexander The Great*, t. II, Providence, 1963 (fragments et séquences).

E. BADIAN, « Alexander the Great, 1948-1967 », *The Classical World*, t. 65, 1971, pp. 37-56 et 77-83.

J. SEIBERT, *Alexander der Grosse, Erträge der Forschung*, Bd 10, Darmstadt, Wissenschaftliche Buchgesellschaft, 1972 (état des questions à cette date).

Paul GOUKOWSKY, compte rendu du précédent ouvrage, avec compléments, *R.E.G.*, 1974, pp. 425-428.

ID., Compte rendu des *Entretiens sur l'Antiquité classique, t. XXII*, Genève (1976) « Alexandre le Grand, Image et réalité », *R.E.G.*, 1977, pp. 124-130.

ID., « Recherches récentes sur Alexandre le Grand (1978-1982) », *R.E.G.*, 1983, pp. 225-241.

Mario Attilio LEVI, *Introduzione ad Alessandro Magno*, Milan, La Goliarda, 1977.

Paul PÉDECH, *Historiens Compagnons d'Alexandre*, Paris, Les Belles Lettres, 1984.

Remerciements

Il m'est agréable, pour clore cet ouvrage, fruit de tant d'années d'enquêtes, de voyages, de lectures et de discussions, de remercier toutes celles et tous ceux qui m'ont aidé à le réaliser, les fautes et les erreurs n'incombant qu'à moi seul.

Et tout d'abord M. Claude Durand, directeur de la Librairie A. Fayard, et Mlle Agnès Fontaine, conseiller littéraire, qui ont présidé, veillé et pourvu avec talent à la confection du livre. Un grand merci également aux illustrateurs et dessinateurs de cette maison Mme Anne Touzé et M. Pluvinage.

Puis aux collègues de l'Université avec qui j'ai longuement discuté des innombrables problèmes d'histoire et d'interprétation que pose la biographie de l'illustre et mystérieux Alexandre, à tous ceux et celles qui m'ont adressé des critiques constructives : M. Albert Anger, M. Lucien Basch, Mlle Danièle Berranger, MM. Jean Bousquet, Pierre Cabanes, Pierre Chuvin, Jean Coulomb, Jacques Coupry, Georges Daux, Michel Federspiel, François Fuhrmann, Pierre Hamer, Jacques Harmand, Jacques Mettra, Yves Millet, Olivier Pelon, Mlle Suzanne Rey, MM. Marc Santoni, Pierre Thillet et M. l'abbé André Wartelle.

Et aussi aux aimables personnes qui ont, avec infiniment de patience et de cœur, assuré la frappe et la correction de mon manuscrit, Mme Marie-Jeanne Gaignerot, ma fille, co-auteur du *G.G.A.,* Mme Michèle Faure, épouse de mon frère.

Enfin, mon épouse, Andrée Faure, *the last but the best,* plus connue en art sous le nom de Sonia Kraskine et dont la sensible compréhension des hommes et des choses m'a permis de dépasser en Grèce et en Asie mon petit horizon.

Paris, 9 février 1985.

Index

Hèraklès, fils d'Alexandre :
183, 246, 304.
Hèrakon : 126.
Hérat (Araiva, Alexandrie
d'Arie) : 89, 96, 98, 254, 350,
388, 431, 488.
Hermione : 441.
Hermolaos : 105, 159, 261, 315,
316, 405.
Hérodote : 245, 440, 446, 447,
471, 531, 534, 542, 544.
Hèroménès : 45.
Hétaïroï (v. aussi Compa-
gnons) : 7, 31, 38, 157, 281,
403, 465.
Hiéron de Soloï : 135, 509.
Hindous : 7, 356, 490.
Hippocrate : 140, 325, 530.
Hippolyte : 242.
Holkias : 137.
Homère : 30, 34, 53, 56, 155,
177, 199, 286, 299, 327, 415.
Horace : 221.
Horites (cf. Orites) : 118.
Hydaspès (Jhelum) : 89, 111-
114, 219, 234, 266, 306-308,
378, 455, 471, 496, 527-528.
Hydaspès de Médie (Qareh
Su) : 529.
Hydraotès (Ravi) : 89, 112,
114, 234, 266, 471.
Hylas : 243.
Hypanis (= Hyphasis ?) : 368.
Hypéride : 290.
Hyphase, Hyphasis (Vipasa,
Bias) : 89, 112, 190, 197, 265,
287, 311, 419, 471, 497-498.
Hyrcanie (Hyrkhan, Gurgan) :
95, 220, 244, 245, 251, 437,
471, 486, 509.
Hycanienne (= mer Cas-
pienne) : 84, 88, 93, 95, 96,
133, 184, 234, 244, 251, 471,
486, 487.

Iaxarte (Syr Daria) : 89,
101-103, 158, 190, 234, 243,
247, 258, 426, 534, 535.
Ichtyophages : 119, 501.
Ida : 172, 227, 285.
Ikaros : 88, 502.
Ilion : 228.
Illyrie, Illyriens : 41, 42, 49, 50,
51, 53, 152-153, 166, 170,
187, 221, 226, 278, 284, 297,
343, 399, 400, 410, 412, 449.
Imbros : 39.
Inde, Indiens : 98, 106-119,
121, 132, 141, 155, 156, 158,
163, 171, 184, 188, 189, 193,
197, 204, 249, 253, 262-268,
306, 311, 312, 319, 320, 327,
340-341, 344, 353, 356-357,
360, 365, 387, 405, 415, 444,
455, 457-458, 505, 527, 535.
Indra : 109, 110, 194, 320.
Indus : 89, 107-110, 112, 113,
115-117, 122, 160, 234, 263,
265, 266, 307, 413, 455, 457,
458, 471, 484, 488, 498-499,
544.
Iobatès : 252.
Iolas : 137, 273-274, 364.
Ionie : 43, 59, 94, 228, 420,
445, 446, 470, 544.
Iphicrate : 406.
Iskandar, Iskander, Iskender,
Skander : 380-381, 386-389,
392, 458, 467, 473, 493, 498,
513, 529, 546.
Isocrate : 56, 291, 295, 296,
338, 490.
Issos : 64-66, 68, 69, 70, 80, 93,
161, 174, 175, 187, 233-235,
298, 302, 304, 305, 345, 359,
409, 411, 417, 450, 510, 522,
524.
Ister (Danube) : 251.
Itones : 242.

Muses : 227, 337.
Mushikas : 115.
Mygdonie : 446.
Myrmidons : 156.
Mysie : 243.
Mytilène : 34.

Nabarzanès : 66, 68, 92, 244.
Nagarahara (Dionysopolis) : 354.
Naukratis : 76, 79, 178, 483.
Nautaka : 100.
Naxos : 239.
Néarque (Néarkhos) : 40, 61, 106, 116, 118, 120, 123, 125, 126, 132, 134, 135, 137, 214, 268, 272, 306, 455-458, 465, 499-501, 505, 529, 543, 547.
Nectanebo II : 347, 348, 366-367, 372, 390, 483.
Neheb-Kau : 348.
Neiloxénos : 99, 492.
Némée : 239.
Némésis : 215, 270.
Néoptolémos : 43, 279.
Néréide : 373.
Néron : 185.
Nessos : 41, 243, 272, 400, 402.
Nestos (Mesta) : 46, 49.
Nich (= Nikaia ?) : 488, 495, 526.
Nicolas, Nikolaos : 366, 374.
Nicomaque : 34.
Nikaia (diverses) : 88, 108, 111, 113, 265, 487, 490, 497.
Nikanor : 465, 492.
Nikèsipolis : 279.
Nikoboulè : 290, 318.
Nikoklès : 457.
Nikomakhos : 254.
Nil : 75, 76, 79, 100, 178, 212, 327, 433, 481, 482, 483, 493, 543.
Ninive : 82, 238, 304.
Nitaphôn : 457.

Nonnos : 377, 550.
Nulo : 356.
Nymphes : 227, 288.
Nysa (= Nishei ? Wama ?) : 109, 188-190, 320, 354, 446, 532.

Ochos (Vahûka) = Artaxerxès III : 92, 128, 275.
Ochos, fils de Darius III : 67, 233.
Ochos (Murghab, riv. de Sogdiane) : 527.
Octave, Octavien : 359, 391, 482.
Odessos : 37.
Odryses : 412.
Oeta : 207.
Oiniadaï : 507.
Olympe, Olympiens : 49, 54, 145, 148, 193, 215, 227, 272, 288, 289, 338, 344, 362, 400, 401, 477.
Olympias : 26, 28-30, 39-45, 144, 147-149, 153, 177, 179, 188, 217-218, 232, 273, 274, 279-280, 284, 287, 307, 313, 330, 343-344, 347, 360, 417, 418, 530, 536.
Olympie et Jeux olympiques : 39, 159, 181, 343, 507, 519-520.
Omar : 392.
Omphale : 242, 252.
Omphis (Ambhi) : 107, 110.
Onésicrite : 19, 103, 120, 125, 126, 132, 196, 214, 219, 241, 262, 264, 268, 341, 355, 499, · 547.
Onkhestos : 52.
Opiène (Usah, Uchh) : voir Alexandrie.
Opis (Upè) : 88, 129, 131-132, 134, 152, 270, 287, 316, 322,

Table des cartes

TABLE DES MATIÈRES

Document de couverture :
Alexandre de Musée d'art et d'histoire de Genève, IIIe siècle av. J.-C.

L'impression de ce livre
a été réalisée sur les presses
des Imprimeries Aubin
à Poitiers/Ligugé

pour le compte de la librairie Arthème Fayard
75, rue des Saints-Pères à Paris

ISBN 2-213-01627-5
35-14-7403-01

No d'édition, 7185. - No d'impression, L 20352
Dépôt légal : septembre 1985

35-7403-5